Karl Kraus

Die Fackel

Karl Kraus

Die Fackel

ISBN/EAN: 9783742819567

Hergestellt in Europa, USA, Kanada, Australien, Japan

Cover: Foto ©Andreas Hilbeck / pixelio.de

Manufactured and distributed by brebook publishing software
(www.brebook.com)

Karl Kraus

Die Fackel

Auflage nach der Konfiskation·

DIE FACKEL

NR. 223–224 WIEN, 12. APRIL 1907 IX. JAHR

2668

Anton Bruckner's Bittschrift.

Einmal — nach dem Tode Hugo Wolf's — wurden hier einige Folterszenen geschildert, wie sie sich in Wien vor nicht gar langer Zeit abgespielt haben. Darunter die folgende:

»... Anton Bruckner wird vorgeführt. Das hochnotpeinliche Verfahren nimmt seinen Fortgang.

Hanslick fragt:

Bekennst du dich schuldig, Symphonien geschrieben zu haben?

Bruckner schweigt und schafft.

Der Oberrichter legt leicht die kleinen Daumschrauben an.

Er erklärt, vor einer Bruckner-Symphonie den Musikvereinssaal zu verlassen, um die Entwürdigung des Musikvereinssaals nicht mitanzusehen.

Die Menge johlt. Vor jeder Bruckner-Symphonie wird der Musikvereinssaal verlassen.

Bruckner's Knochen knacken.

Aber Bruckner hat eine starke Konstitution.

Gehilfe Dömke schürzt die Ärmel auf.

Der Oberrichter fragt:

Anton Bruckner, bekennst du dich schuldig, ein Quintett geschrieben zu haben?

Bruckner schweigt und schafft.

Gehilfe Dömke tritt vor: ,Anton Bruckner komponiert wie ein Betrunkener!'

Die Menge johlt.

Bruckner's Knochen knacken.

Aber Bruckner hat eine starke Konstitution.

Gehilfe Kalbeck wird gerufen. Er drückt den Schlapphut ins Gesicht.

Der Oberrichter fragt:

Anton Bruckner, bekennst du dich schuldig, noch immer gegen uns Symphonien zu schreiben und das Ausland zu verlocken?

Bruckner schweigt und schafft.

Gehilfe Kalbeck beginnt Bruckner ‚aufzuziehen‘.

Die Menge johlt.

Bruckner's Knochen knacken.

Aber Bruckner hat eine starke Konstitution.

Er wird für toll erklärt.

Aber er will nicht wahnsinnig werden. Er hat Gottesglauben und den Glauben an die Kunst.

Er schreibt die Neunte und stirbt.

Gehilfe Kalbeck ‚zieht‘ ihn noch immer ‚auf‘ . . .«

— — — — — — — — — — — — — — — —

In der Beilage, die ich diesmal der ‚Fackel‘ voranschicke, findet der Leser seltsame Schriftzeichen. Eine Willenskundgebung des Gefolterten während der Folter. Ein letztes Bittgesuch um Gnade. Er bekennt sich schuldig, eine Symphonie geschrieben zu haben, will sie aber ungeschehen machen . . . Anton Bruckner bittet die Philharmoniker, von der Aufführung seines Werkes abzustehen, »aus Gründen, die der traurigen lokalen Situation in Bezug auf die maßgebende Kritik entspringen«. Anton Bruckner fürchtet die »Feindseligkeit maßgebender Wiener Kritik«, vor der er nur seine jungen Erfolge in Deutschland schützen möchte . . . Die große Freundlichkeit eines Bruckner-Schülers, der es als schmerzensreiche Erinnerung bewahrt hat, verschafft den Lesern der ‚Fackel‘ den Anblick dieses einzigartigen Dokumentes, das ein furchtbares Urteil über das geistige Wien enthält. Ein Dokument von der journalistischen Zeiten Schande, wie es überwältigender nicht gedacht werden kann. Hier tastet die Hilflosigkeit des Genies, das nicht einmal weiß, wie sich das Ding schreibt, das seiner Kunst dient, und wie man die Mächte anredet, von denen ihm so viel Übles kommt, nach Worten. Tränen treibt hier der Anblick gedemütigter Größe, die sich klein machen muß in einer Zeit, in der sich die Kleinen groß machen. Wie lehrt einen diese Unterwürfigkeit, die mit ängstlichen Augen nach dem richtigen Wort fahndet, dieser kindische Formenrespekt, der die glückliche Abfassung eines Gesuchs vielleicht für eine größere Tat hält als die Vollendung einer Symphonie, jene Menschen hassen, die besser schreiben konnten als Anton Bruckner! In Wien hat es sich — im Jahre 1885 — begeben, daß ein Anton Bruckner seinen kritischen Peinigern durch ein Bittgesuch um Nichtaufführung seines Werkes zu entrinnen versuchte! Ob das Schreiben abgesendet wurde, weiß der Besitzer des Konzeptes nicht. Dieses wird in keiner Geschichte der Wiener Kultur des 19. Jahrhunderts fehlen dürfen. In keiner Geschichte, die von den Zeiten erzählen wird, da boshafte Zwerge über gutmütige Riesen herrschten.

Medizinisches Familienidyll.

Vor acht Jahren hat die ‚Fackel' dafür gesorgt, daß die Stammbäume der Wiener medizinischen Fakultät nicht in den Himmel wachsen. Es ward damals in überzeugender Weise — an der Hand von genealogischen Tafeln — nachgewiesen, daß die öffentliche Wirksamkeit unserer Akademiker eine unehrenhafte Angelegenheit ihres Privat- und Familienlebens sei, und die Fortpflanzung der medizinischen Geschlechter schien für einige Zeit unterbunden. Nun aber freuen sich die Sippen der glücklichen Wendung, die das Interesse der ‚Fackel' von einer speziellen Ausrottung des akademischen Nachwuchses zur Fruchtabtreibung im allgemeinen genommen hat, und glauben sich jeder

Kontrolle ledig. Mit Unrecht. Und es hätte gar nicht erst der zahlreichen Weckrufe aus Universitätskreisen bedurft, um zu bewirken, daß ich mich zum freudigen Ereignis in der Familie Exner als Gratulant einstelle. Es ist erhebend, daß die alte Burschenherrlichkeit, die man schon entschwunden glaubte, noch lebt. Beinahe hätte man befürchten müssen, daß Herr Professor Exner sichs genügen lassen werde, seinen Sohn als Assistenten des Herrn Professors Hochenegg wirken zu sehen, und daß er am Ende verhindern werde, daß die Akademie der Wissenschaften dem jungen Exner ein Stipendium zum Studium der Radiumtherapie zuwende. Die Gefahr lag nahe; Professor Exner übt einen entscheidenden Einfluß auf die Entschließungen der Akademie der Wissenschaften aus. Aber es ist für seine streng antikorruptionistische Gesinnung bezeichnend, daß er seinen Einfluß dort nicht geltend machte, wo es sich um eine bedeutende Zuwendung an seinen Sohn gehandelt hat, und in eigener Sache sich jeder Einmischung peinlich enthielt. Herr Professor Exner war es, der nicht gezögert hat, die Vertretung der Akademie der Wissenschaften in Grönland durch den Forscher Trebitsch zu befürworten. Und tatsächlich hat kein Fakultätsgenealoge bis heute eine Verwandtschaft der Familien Trebitsch und Exner nachweisen können. Nichts wäre aber thörichter als der Einwand, daß Professor Exner die Verleihung des Stipendiums an seinen Sohn etwa deshalb hätte perhorreszieren müssen, weil dieser ohnehin wohlhabend sei. Denn wohlhabend ist der junge Exner nicht als Sohn eines Professors, sondern als Schwiegersohn eines Professors und zwar eines, der wiederum auf die Entschließungen der Akademie der Wissenschaften nicht den geringsten Einfluß hat, nämlich des Professors Obersteiner. Wie korrekt in dieser Sache die Haltung aller Beteiligten war, beweist, daß sich bald darauf auch die Universität selbst entschloß, dem Sohn des Professors Exner und

Schwiegersohn des Professors Obersteiner ein Stipendium zu verleihen, und zwar eines der beiden 1000-Kronen-Stipendien, die zum Jubiläum des Operateurinstitutes gestiftet wurden. Wiederum hätte Herr Professor Exner, diesmal als Vertrauensmann des Unterrichtsministeriums in Hochschulangelegenheiten, in eigener Sache intervenieren können. Er that es nicht und vermied auch diesmal die Hervorkehrung der verwandtschaftlichen Beziehungen zu dem Stipendisten. Um aber selbst den leisesten Schein einer Voreingenommenheit zu meiden, nahm Herr Professor Exner die Gelegenheit wahr, auch die Verleihung des zweiten 1000-Kronen-Stipendiums an seinen Neffen, den jungen Dr. Frisch, nicht zu vereiteln. Nun könnte man wieder den törichten Einwand machen, der junge Dr. Frisch sei ohnedies wohlhabend. Aber wohlhabend ist der junge Frisch nicht als Neffe eines Professors, sondern als Sohn eines Professors, und zwar eines, der wiederum nicht Vertrauensmann des Unterrichtsministeriums in Hochschulangelegenheiten ist. Und daß der Neffe des Professors Exner als Assistent des Professors Eiselsberg nicht denselben Anspruch auf ein Stipendium haben sollte wie der Sohn des Professors Exner als Assistent des Professors Hochenegg, wäre schwer zu begreifen. Hätte Herr Professor Exner die Verleihung des Stipendiums an seinen Neffen Frisch verhindert, man hätte ihn mit Recht wegen der Bevorzugung seines Sohnes angegriffen. Hätte aber Herr Professor Frisch die Verleihung des Stipendiums an seinen Neffen Exner verhindert, man hätte auch ihn der Protektion seines Sohnes beschuldigt. Und hätten beide die Verleihung der Stipendien an ihre Söhne verhindert, man hätte sie für reif erklärt, in die Anstalt des Professors Obersteiner aufgenommen zu werden, der auch seinerseits sich nicht dem Verdacht aussetzen wollte, die Verleihung des Stipendiums an seinen Schwiegersohn verhindert zu haben.

Ihre Freundschaft mit Ibsen.

Der Reporter Brandes hat neulich in einem Berliner Blatt Weininger und Chamberlain vernichtet und einen kosmopolnischen Juden, der entdeckt hat, daß es keine Rassenunterschiede gebe, in den liberalen Himmel gehoben. Endlich aber müßte doch der Moment gekommen sein, wo Herr Brandes selbst die intellektuellen Kreise von seiner Plattheit überzeugt und wo sie sich einfach die Frage vorlegen, ob es denn passend sei, einem Händler mit Hasenhäuteln Weidmannsheil zuzurufen. Nur in dieser schäbigsten aller Welten, in der der Freisinn den von anderer Macht gefesselten Geist bemogelt, waid es möglich, daß Leute wie Nordau und Goldmann Woche für Woche vor großen Leserschaften die Religion der Kunst besudeln und den schamlosesten Exhibitionismus ihres Ungeschmacks treiben dürfen. Und nur in dieser maßstablosesten Zeit konnte einem Herrn Brandes, der sich um keinen Ton von solcher Couleur unterscheidet und lediglich als skandinavischer Platzagent die Vorteile einer modernen Weltanschauung erspäht hat, das Malheur widerfahren, für eine literarische Instanz angesehen zu werden . . .

Im geistigen Ghetto, das auf die umliegende Welt strenge Sperre gelegt hat, gabs neulich großen Lärm. Fräulein Emilie Bardach, die Mai-Sonne, suchte noch einmal im Wege der Zeitung Anschluß an ein Septemberleben. Ohne Erfolg. So zuversichtlich der Titel »Meine Freundschaft mit Ibsen« klang, der Artikel, den die ‚Neue Freie Presse‘ gedruckt hat, dürfte vergebens geschrieben sein. Die Dame bleibt dabei, den Lebensabend Ibsens verschönert zu haben. Aber wenn nicht die grammatische Verwahrlosung, die ihr Artikel zeigt, für einen Rest von Weiblichkeit spräche, man würde ihr die Leistung, die sie vollbracht haben will, nicht glauben. Eine Mai-Sonne, die auf ihrem Schein besteht: gegen solche Beharrlichkeit schirmt kein Unglaube. Es ist fatal, daß die Nachwelt Ibsens zugleich die Mitwelt des Fräuleins Bardach ist. Aber schließlich ist sie jene Welt, die für die falsche Erziehung ihrer jungen Mädchen selbst verantwortlich ist, und so muß sie auch für den literarhysterischen Ruhm sorgen, nach dem es manche gelüsten mag, die mit ihren Trieben auf natürlichere Art nicht fertig werden durfte. Da pocht eines Tages die Hilde Wangel an die Tür und präsentiert ihre Forderung. Scheußlich. Und man möchte brutal werden, wenn man sich nicht immer wieder sagte, daß man es mit einer Patientin zu tun hat. Nur die liberale Intelligenz spürt nicht, wie ärgerlich es ist, wenn die Muse krampfhaft darauf besteht, den Dichter angeregt zu haben; wenn das Fräulein Bardach ihre Papiere ausbreitet, um nachzuweisen, daß sie Ibsen in Stimmung gebracht hat, — um also einen Vorwurf gegen einen Menschen zu erheben, der sich nicht mehr verteidigen kann. »Es konnte niemandem entgehen, daß er mich mit besonderem Interesse beobachtete.« Das ist eine jener tatsächlichen Feststellungen, durch die sich heutzutage eine höhere Tochter selbst für eine verminderte Heiratsfähigkeit schadlos hält. Aber wie wurde dieses Interesse geweckt? Fräulein Bardach entwickelt ihr Programm. »Ich lernte ihn am Schluß einer Ibsen-Feier kennen — ich glaube, sein Monument wurde eingeweiht. Dann war Konzert — dann drängte sich alles an ihn heran. Ich stand nicht weit . . .« Und so hat es die Dame erreicht, daß auch sie heute bei der Enthüllung ihres Denkmals zugegen ist, und noch dazu eines Denkmals, das sie selbst geschaffen hat und dessen Hülle sie selbst fallen läßt. Aus den Gesprächen mit Ibsen hat sie sich bloß das eine gemerkt, das er mit ihr über die »Eröffnung des Suez-Kanals« führte. Wäre dieses Gespräch ein Traum, Professor Freud, der die Wünschelrute des Geschlechts an die verschütteten Quellen der

Hysterie führt, wüßte ihn zu deuten. Und bei der Neigung des Traumes, schlechte Wortwitze zu machen, würde der Neurologe die Häufung eines bestimmten Wortes in den Bekenntnissen des Fräuleins Bardach, »ganz Anfang Mai« habe sie Herr Brandes besucht, im Sommer sei sie »in einem Schloß ganz im schottischen Hochland« gewesen, die sensationelle Wirkung der Publikation sei »ganz gegen ihr Gefühl« gegangen und Frau Ibsen sei ihr »mit ganz besonderer Liebenswürdigkeit entgegengekommen«, verdächtig finden. Und er käme vielleicht auch hinter die wahre Meinung Ibsens, der die Bekanntschaft mit dem Fräulein Bardach jenem Konzert verdankte, nach dem sich alles an ihn herangedrängt hat; er brauchte bloß das schlechte Deutsch der Dame als eine jener versunkenen Glocken zu deuten, die aus dem Unterbewußtsein heraufltönen, und auf den Satz zu verweisen: »Auf einem unserer Spaziergänge bückte er (Ibsen) sich plötzlich in seiner ganzen Schwerfälligkeit, und als ich ihn nach der Ursache fragte — meinte er — er hätte nur einen Stein vom Boden entfernt, denn e r könnte mich verletzen.« Er, nämlich der Stein selbst, nicht Ibsen . . .

Fräulein Bardach gibt aber auch mit vollem Bewußtsein zu, daß Ibsen sie später aus dem Auge verloren hat. Freilich war sie selbst daran schuld. »Er hatte keine Adresse und wußte nicht, was aus mir geworden«. Sie schrieb ihm nicht, um einem Mißbrauch ihrer Briefe vorzubeugen. Ibsen hätte sich vielleicht mit Herrn Brandes in Verbindung gesetzt, um vor der literarischen Welt mit dem Abenteuer von Gossensaß zu renommieren und am Ende gar seinen Anteil an der Gestalt der Hilde Wangel zu behaupten. Es wäre interessant, zu erfahren, ob Ibsen die Trostlosigkeit jenes Zustandes, in dem sich nach Nestroy ein »Liebhaber ohne Adress'« befindet, auch voll empfunden hat. Von der belebenden Wirkung, die die Briefe des Fräuleins Bardach auf ihn übten, können wir uns eine Vorstellung machen. Ein einziges Mal noch hatte sie ihm geschrieben. Und was war die Folge? Ein neues Drama. Es war das letzte, denn ihr Brief war der letzte Brief. Hören wir Fräulein Bardach: »Wie Baumeister Solneß manche zusammen verbrachter Stunden berührt — so blieb wohl auch mein Gratulationsbrief zu seinem siebzigsten Geburtstag nach so langer Trennung nicht ohne Einfluß auf ‚Wenn wir Toten erwachen'«. Wenngleich Fräulein Bardach in übertriebener Bescheidenheit hinzufügt: »Es war nicht meine Persönlichkeit, die es vollbracht — es war der Blick und Geist, mit denen Ibsen diese Persönlichkeit erfaßt«, so wissen wir, was wir davon zu halten haben. Es war doch ihre Persönlichkeit! Denn einer Persönlichkeit, die es vermocht hat, den Zweifeln an ihrer Mitwirkung beim Schaffen des »Baumeister Solneß« mit der Erklärung zu begegnen, sie habe auch »Wenn wir Toten erwachen« verursacht, ist alles mögliche zuzutrauen.

Der Einfluß des Fräuleins Bardach auf Ibsen ist unbestreitbar. Was will es dagegen besagen, daß am andern Tag Herr von Hornstein die Dame, die sich auf seinen Rat in der Sache der Brief-Publikation beruft, Lügen straft und sich mit aller Entschiedenheit gegen den Verdacht wehrt, als ob er ihr je einen andern Rat erteilt hätte, als den, die Briefe Ibsens nicht zu publizieren! Kommt es denn überhaupt noch auf die Briefe Ibsens an? Längst überwiegt das Interesse an den Briefen des Fräuleins Bardach. Wir wollen sie kennen lernen. Wenn Frau Susanna vor der Literaturgeschichte die Quellen des dramatischen Schaffens ihres Gatten nicht verbergen will, winke sie eiligst den Brandes herbei!

Zur Naturgeschichte des Wählers.

Parlamentswahlen (nach dem allgemeinen, gleichen, geheimen und direkten Wahlrecht) werden in der Regel als politische Stimmungsbarometer angesehen. Man hat sich gewöhnt, zu glauben, daß die ausgezählten Majoritäten die im Lande vorherrschenden positiven Gesinnungen spiegeln. Das ist eine Verkennung der Massenpsychologie. Der Psychologe darf bei der Beurteilung einer von vielen gemeinsam geführten Aktion die Stellung jedes einzelnen zu der ihn mitumfassenden Vielheit nicht übersehen. Er darf nicht vergessen, daß ein Ich, je dürftiger und nichtiger es dasteht, d. h. je größer die Majorität ist, der es zugehört, umsomehr das Bedürfnis fühlt, sich als Mitglied der Masse persönlich zu dokumentieren. Hat eine große Persönlichkeit den Drang, seine Seele im Rhythmus der Welt schwingen zu lassen, so sucht umgekehrt das Massenmenschchen den Radau des Alltagslebens, den es Welt nennt, auf seine spezielle Existenz zu beziehen, um sich als »Persönlichkeit« gefallen zu können. So und nicht anders ist die Massenneurasthenie zu erklären, die jede politische Bewegung hervorruft, und der Ausfall von Parlamentswahlen bietet somit in erster Reihe Interesse als statistisches Material für den Neurologen.

In welchem Prozentsatz sich die abgegebenen Stimmen auf die einzelnen Parteigruppen verteilen, ist psychologisch sehr belanglos. Majoritätsmensch ist nicht der nur, der zu den Wählern des endlich siegenden Kandidaten zählt, sondern jeder, der von seinem Stimmrecht Gebrauch macht; jeder also, der seine Meinung als maßgeblich für die Mehrheit ansehen möchte, weil er sie für so gut hält, daß sie ihm als Normalmeinung seiner Zeitgenossen geeignet erscheint. Das Prinzip der Wahl ist ein durchaus demokratisches Prinzip. Es hat die Tendenz, aus der Volksseele einen Diagonalwillen zu destillieren. Jeder Wähler erkennt mit der Ausübung seines Rechtes dieses Prinzip ausdrücklich an, das Prinzip der Berechtigung des Mehrheitswillens, das einzelne, selbständige Individuum zu unterdrücken, es den Beschlüssen der Majorität der aus der Majorisierung der Minoritäten hervorgegangenen Körperschaften gefügig zu machen, aus jeder Persönlichkeit eine Nummer im Gesamtbetriebe und aus jeder autonomen Regung eine Gefahr für das demokratische Ganze herzustellen.

Jeder Wähler ist ein Tröpfchen von dem Öl, das die große Staatsmaschine schmiert. Was er wählen darf, ist allein das Ölkännchen, aus dem er in das Räderwerk träufeln darf, und von dem je nach der Größe des Behälters ein Schuß mehr links oder ein Schuß mehr rechts in den Apparat gegossen wird, dessen Hauptwalze sicher und exakt funktioniert, unbeirrt darum, welche von den vielen kleinen Seitenrädchen sich etwas schneller und welche sich etwas langsamer um ihre Achse drehen. Die Stimmabgabe des einzelnen Wählers hat also für den Gang der Geschicke eines Volkes ebensoviel zu bedeuten, wie der Rauch einer Zigarre, der sich im weiten Raum einer Wolke beimischt, für den Niederschlag eines Gewitters.

Für den Psychologen sind alle Wähler konservativ. Sie haben ausnahmslos das Bestreben, in das Rädchen zu fließen, das dem mächtigen Staatsrad am schnellsten vorwärts hilft. Sie erkennen damit die Notwendigkeit des Bestehenden und den Wert seiner Erhaltung an. Im Gegensatz zur konservativen Partei steht ausschließlich die Gruppe der Nichtwähler, stehen die paar Individualisten, Anarchisten, Künstler und Skeptiker, die in der Staatswalze einen Apparat erkennen, die Persönlichkeit durch die Masse zu wälzen und in jedem ihrer Räder ein Instrument, die Individualität, deren ein Riemen habhaft werden kann, zu rädern. Sie sind revolutionär. Ihr negatives Verhalten bezweckt die Unbrauchbarmachung der ganzen Maschine, entweder dadurch, daß durch das Einrostenlassen aller Seitenräder die Mittelachse gezwungen wird, sich aus eigener Despotenkraft zu drehen — eine Betriebsform, die infolge der Vereinfachung des Werkes dem Individuum sehr viel weniger gefährlich ist, als die demokratische Versimpelungsfabrik —, oder durch die positive Aktion des Sabots, d. i. die gewaltsame Außerbetriebsetzung des Werks. Wirft man Seife in den Kessel, so platzt der Apparat, und seine Wirksamkeit ist vernichtet.

»Revolutionär« nennt sich nun freilich auch die Sozialdemokratie, die Partei, der die Massensuggestion, der Wahlakt sei eine heilige Handlung, in erster Linie zu danken ist, und der es — aus Gründen, die gleich erörtert werden sollen — niemals beizubringen sein wird, daß die Beteiligung an der Wahl ein Bekenntnis zur bestehenden Staatsordnung in sich schließt und eine im Kern antirevolutionäre Demonstration darstellt. Man hat ganz haarsträubende Motivierungen konstruiert, die die revolutionäre Tendenz der prinzipiellen Umgestaltung des Staatswesens mit der konservativen Wahlaktion in Einklang bringen sollen. Man behauptet und glaubt, die Zentralisation alles Schmieröls in einer dicken Kanne werde das Mittelrad in einen so rapiden Schwung versetzen, daß es alle Seiten- und Nebenräder rotierend mitreißt und sich so ganz aus sich selbst heraus zu jener prächtigen Zentral- und Universalwalze entwickelt, die den idealen einheitlichen Brei aller Staatsbürgerfunktionen produziert, der der fromme Traum jedes unverfälschten Demokraten sein muß.

Man wird nicht von mir verlangen, daß ich diesen ideologischen Blödsinn ernsthaft widerlege. Mir kommt es darauf an, zu zeigen, welche tieferen unterbewußten Gründe gerade die Partei, die die Masse hinter sich zu haben strebt, und die am meisten mit den Masseninstinkten rechnen muß, zu ihrer Sakrifikation der Parlamentswahl bewegen.

Der Mittelmensch, der Bürger, der aus der Not seiner Wesensgleichheit mit all seinen Mitmassenmenschen eine Tugend herleitet, hat gleichwohl das starke, seelische Bedürfnis, sich persönlich zu dokumentieren. Das innerstempfundene Gefühl seiner eigenen Unwesentlichkeit, der letzten Endes auch im Nichtigsten schlummernde Drang nach Unsterblichkeit, der verborgene Trieb, irgendwie doch einen noch so verschwommenen Schatten zu werfen, drängt ihn ans Sonnenlicht. Aus diesem Triebe sind so viele Äußerungen zu verstehen, die dem kleinen Mann Vergnügen machen. Wird irgendwo ein Haus photographiert, gleich stehen eine Reihe guter Leute in Positur vor der Fassade, um mit aufs Bild zu kommen. Sie werden ihr Konterfei nie zu sehen kriegen, der Photograph und der Besitzer des Hauses, die es anschauen werden, werden nie erfahren, wer die Leutchen sind, deren Typen sie vor sich haben, werden sich auch nie Gedanken darüber machen — aber der Bürger fühlt eine Befriedigung, weil seine Physiognomie irgendwo festgehalten ist; seinem Unsterblichkeitsdrange ist — wenn auch noch so dürftig — Genüge geschehen. Ein noch beliebteres Mittel, seine Wesenheit in die Ewigkeit hinüberzuretten, ist das Anschreiben des Namens an Stellen, wo recht viele fremde Menschen ihn lesen werden, auf die Ruhebänke in gernbesuchten Parks, vor allem an Pissoirwände. Den Kommis und den Bäckergesellen, den Primaner und den Bücherrevisor überkommt ein Gefühl innerster Beruhigung, wenn er das Häuschen mit dem Bewußtsein verläßt, für seinen Nachruhm etwas getan und — sei es nur durch seinen Namenszug, sei es durch eine schweinische Zeichnung oder einen obszönen Vers — seiner tieferen Wesensart den Sprung in die Ewigkeit erleichtert zu haben. Jedenfalls hat er seiner Existenz einen weiteren Resonanzboden geschaffen, als sie auf korrektere Art gefunden hätte.

Mit diesem Phänomen rechnet die sozialdemokratische Parteileitung; muß sie rechnen um eine Massenbewegung hinter sich zu haben. Sie muß ihren Mitgliedern, grade weil sie sich zu einer die Persönlichkeit eliminierenden Tendenz bekennen sollen, die Gelegenheit bieten, sich persönlich wichtig zu machen. Mit welchem Stolz geht der Wähler zur Urne! Erfüllt er sein heiligstes Recht, alle fünf Jahre einmal einen Zettel mit dem Namen einer anderen Null feierlich zur Auszählung abzuliefern! Wie unentbehrlich kommt er sich vor! Sein Name steht in den Wahlregistern eingetragen, wird öffentlich aufgerufen; er kann selbst hervortreten, sich coram publico zu seinem Namen bekennen, kann sogar zwischen verschiedenen Zetteln, die ihm Weltanschauungen repräsentieren, aussuchen und kommt sich vor, als ob er am Steuerrad der Historie drehte. Die Befriedigung, die ihm das Bemalen der Abtrittwand erweckt, erfüllt sich beim Wahlakt potenziert.

Wer da glaubt, die ursprüngliche causa movens des Wählers sei politisches Interesse, sei die ernste Sorge um die Verwaltung des Vaterlandes, der irrt. Das Parteigefühl ist in fast allen Fällen erst nachträglich als Beweggrund zum Wählen eingeschoben. Aber soviel Selbstpsychologe ist der Staatsbürger nicht, um zu erkennen, daß er in der Wahrung seiner vornehmsten Rechte kleinlicher Eitelkeit folgt. Er konstruiert erst aus der Handlung, die er gern tut, das Motiv, das ihm diese Handlung erst recht weihevoll erscheinen läßt. Es geht ihm so wie Nietzsches bleichem Verbrecher, der den von ihm Ermordeten beraubt, um vor sich selbst einen Grund zum Mord zu haben. Der Ausfall der Wahl regt den Wähler kaum anders auf, als das Ende eines Wettrennens den, der auf ein bestimmtes Pferd gesetzt hat. Daß es sich bei dem Wettenden um Geld handelt, während sich der Wähler ideelle Interessen einbildet, macht keinen Unterschied. Denn erstens stehen alle Staatsbürger-Ideale auf materieller Grundlage und werden erst in der politischen Abstraktion ideell verklärt, und zweitens verquickt sich bei dem Startsetzer das Interesse an der riskierten Stimme so sehr mit der Aufregung des Zuschauens, daß es sich zu einer wirklich begeisterten Spannung auswächst.

Eine kleine Probe aufs Exempel bestätigt, was ich hier gesagt habe. Die anarchistische Taktik verwirft das Wählen prinzipiell. Sie wendet sich an den Arbeiter mit der Aufforderung, lediglich auf seine wirtschaftliche Förderung bedacht zu sein. Sie weist ihn auf die Kampfmittel hin, mit denen er sich hohe Löhne und kurze Arbeitszeit — also den größten für ihn wünschenswerten Nutzen — erobern kann: auf Klassenkampf und Streik. Sie warnt ihn vor dem Parlamentarismus, der an sich staatsstützend ist und als Ausbeutungswaffe ehrgeiziger Führer gegen die Arbeiter protegiert wird; betont die Nutzlosigkeit und die absolute Gleichgiltigkeit des Ausfalls der Wahlen, weil es garnicht von Belang ist, wer die Dummheiten macht, von der jede Gesetzlichkeit lebt. In Deutschland wird das allgemeine, gleiche, direkte und geheime Wahlrecht seit 40 Jahren ausgeübt, ohne daß der Sozialismus die allermindeste Förderung dabei erfahren hat. All das führt die anarchistische Taktik gegen die der Sozialdemokratie an; all das habe ich ungezählte Male in Arbeiterversammlungen hervorgehoben. Aber, kommt in einer sozialdemokratischen Versammlung irgend ein Agitator einer anderen Partei zum Wort, der den Arbeitern sagt: Wählt nicht den Müller! Wählt den liberalen Meyer oder den Antisemiten Schultz! — dann wird er mit sanfter Ironie abgefertigt, dann begründet man, weshalb nicht der Meyer oder der Schultz, sondern grade akkurat der Müller gewählt werden muß. Anders, wenn ein Anarchist spricht. Ihn, der doch ganz vom materiellen Interesse des Arbeiters ausgeht, der ganz sachlich, ganz unpersönlich diskutiert, widerlegt man nicht. Er wird niedergebrüllt, als Schuft, Polizeispitzel, Söldling der Gegner persönlich verdächtigt oder — wie es mir kürzlich in einer großen Wahlversammlung in München erging — tätlich insultiert.

Diese oft beobachteten, immer sich wiederholenden Tatsachen beweisen wohl, was ich oben behauptet habe: daß der Massenmensch nicht aus irgendwelchen materiellen, politischen oder ideellen Gründen wählt, sondern daß ihm das Wählen Selbstzweck ist. Der Anarchist, der das Wählen an sich angreift, verletzt sein Gefühl. Mit dem ist nicht zu debattieren; der ist ein Lump... Dem Volke muß die Religion erhalten bleiben. Und dem Volke muß die Möglichkeit erhalten bleiben — oder geschaffen werden —, sich an Pissoirwänden und Wahlgefäßen zu manifestieren.

Erich Mühsam.

* * *

Rumänien.

Der folgende Brief eines jüdischen Fabrikanten, den ich im Wortlaut wiedergebe, ist mir zur Verfügung gestellt worden:

Galati, am 16/29. III. 1907.

»— — ich kann Ihnen Ihre Anfragen nur dahin ergänzen, daß Rumänien gewiß ein Jahr brauchen wird, um sich geschäftlich zu erholen. Weniger dadurch, daß bedeutende Werte vernichtet worden sind, als vielmehr durch den Umstand, daß viele faule Kundschaft die Gelegenheit benützt, umzuwerfen, ist die heutige Situation eine gefährliche. Die Zeitungsnachrichten, insbesondere der Freien Presse, sind empörend übertrieben. Ich habe von meinen achtzehn Agenten im Land noch keine ausgesprochen schlechten Nachrichten. Es heißt immer nur, wir konnten seit vierzehn Tagen nichts verkaufen, weil keine Bauern in die Stadt gelassen werden. Wenn in der Presse steht, der oder jener Ort ist vernichtet, kommen Sie der Wahrheit am nächsten, wenn Sie annehmen, daß in einigen Geschäften die Fenster eingeschlagen worden sind. Mit besten Grüßen Ihr...«

* * *

Das Gesetz.

Aus einer und derselben Gerichtssaalrubrik:

Der 37jährige Straßenkehrer R. hatte zu dem Dienstmädchen Anna L., die im gleichen Hause wie er wohnte, eine Neigung gefaßt, fand aber keine Gelegenheit, sich ihr zu nähern. Am 28. November v. J. begab sich das Mädchen zeitlich früh in die Bügelkammer. R. schlich ihr nach, packte sie von rückwärts und versuchte sie zu küssen. Da sie sich wehrte und zu schreien begann, hielt er ihr mit der Hand den Mund zu, und zwar mit solcher Gewalt, daß sie an den Lippen leichte Verletzungen erlitt. Im Ringen fielen beide zu Boden, doch wehrte Anna L. so tapfer alle Angriffe ab, daß R. endlich von ihr abließ und aus der Bügelkammer flüchtete. Gestern hatte sich R. vor einem Erkenntnissenat wegen Einschränkung der persönlichen Freiheit zu verantworten. Der Angeklagte gab an, er habe das Mädchen nur küssen wollen; daß sie zu Boden gefallen sei, wisse er nicht, auch den Mund habe er ihr nicht zugehalten.... Der Gerichtshof verurteilte den Angeklagten zu vier Monaten schweren Kerkers

Gegen die Gemischtwarenverschleißerin Julie G. wurde kürzlich eine anonyme Anzeige erstattet, nach welcher die Frau ihr dreijähriges Söhnchen Leopold oft in der unmenschlichsten Weise mißhandelt, und zwar stets in der Abwesenheit ihres Gatten, der Sicherheitswachmann ist. Die hierauf gepflogenen Erhebungen führten zu einer Anklage, über die gestern der Bezirksrichter zu judizieren hatte. Zwei Zeuginnen erzählten geradezu schauerliche Einzelheiten aus dem Martyrium des Kindes, das bei dem geringfügigsten Anlaß blutig geprügelt wurde. Einmal soll ihn die Angeklagte derart auf den Mund geschlagen haben, daß die Oberlippe zum Teil durchtrennt wurde, und ehe noch die Wunde verheilt war, wurde sie durch neuerliche Mißhandlungen wieder aufgerissen. Als das Kind unlängst von einer Übelkeit befallen wurde, soll die Mutter ihm das Erbrochene wieder in den Mund gestopft haben. Wenn der Kleine infolge der Züchtigungen schrie, so pflegte ihm die Frau den Kopf in einen Polster zu drücken. Der Richter verurteilte die Angeklagte zur Strafe des strengen Verweises.

»In der Nähe von jener alten Pforte mit dem bleiernen Kopfe, dem schicklichsten Zierrat für die Schwelle einer alten Körperschaft mit bleiernem Kopfe, dem Temple Bar, ist der rauhe Nachmittag am rauhesten, ist der dichte Nebel am dichtesten, sind die schmutzigen Straßen am schmutzigsten. Und dicht am Temple Bar, in Lincolns Jun-Sale, so recht eigentlich im Herzen des Nebels, sitzt Seine Lordschaft der Oberkanzler in Seinem Hohen Kanzleigerichtshofe. Nimmer kann dorthin Nebel zu dicht kommen, nimmer kann dorthin Schlamm und Schmutz zu tief sich lagern, wenn er zu dem Zustande unsicheren Tastens und Umherfahrens passen soll, in dem sich angesichts von Himmel und Erde dieser hohe Kanzleigerichtshof, der giftigste grauhaarige Sünder, den es geben mag, heute befindet.

— — An einem solchen Nachmittage sollten — wie es heute der Fall ist — einige dutzend Beisitzer des Hohen Kanzleigerichtshofes versammelt sitzen, nebelhaft vertieft in eines der zehntausend Stadien eines Prozesses ohne Ende, wobei dann einer dem andern, auf schlüpfrigen Präzedenzfällen fußend, ein Bein stellt, beide bis zu den Knieen in technischen Förmlichkeiten herumtappen, mit ihren mit Ziegen- und Roßhaar wattierten Schädeln wider Wälle von Worten rennen und mit ernsten Gesichtern nach Komödien-Art so tun, als wollten sie Recht und Billigkeit gelten lassen.

— — Wie ich gestern diesen würdigen Gerichtshof mit so heiligem Ernste die Partie weiterleiern sah und bei mir dachte: wie jämmerlich es doch um die Figuren auf dem Brette bestellt sei, da taten mir Kopf und Herz zusammen bitter weh. Der Kopf schmerzte mir vom Sinnen darüber, wie es wohl gehen möchte, wenn die Menscheit weder aus Narren noch aus Schurken bestände — und das Herz tat mir weh über den Gedanken, daß die Menschen schließlich gar beides zusammen sein könnten — !

— — — Einen solchen Teufelskessel, wie dies Kanzleigericht hats auf dem Antlitz der Erde nie mehr gegeben. -- Weiter nichts als eine Mine drunter an einem Tage, wenn das Gericht Sitzung hat und flott bei der Arbeit sitzt, wenn alle seine Protokolle, Beschlüsse und Präzedenzfälle drin aufgestapelt sind, und auch alle Beamten und Würdenträger zur Stelle sind, die zu ihm gehören, hoch und niedrig, aufwärts und abwärts, von seinem Sohne, dem Hauptrechnungsführer, bis zu seinem Vater dem Teufel, weiter nichts sage ich, als eine Pulvermine von zehntausend Zentner Gehalt und in Brand gesteckt und den ganzen Plunder zu Atomen verbrannt — weiter hilft da zum allermindesten nichts zu einer Reform!«

(Aus »Bleak House«, Roman von Charles Dickens.)

Erotik der Grausamkeit.

Die beinahe schon vollendete Demokratisierung der Wissenschaft hat in der Psychologie der Erotik zu dem verwunderlichen Resultat geführt, daß alles darin, was nicht zur Norm der demokratischen Psyche paßt, als eine krankhafte Nebenerscheinung, als Verirrung oder sogenannte Perversität dargestellt wird. Diese »Verirrungen« umfassen aber merkwürdigerweise das ganze Gebiet der Erotik überhaupt, die eben dort beginnt, wo die bürgerlich-mechanische, mit religiöser und sozialer Metaphysik garnierte Kindererzeugung aufhört. Die moderne Wissenschaft sollte daher folgerichtig die Erotik selbst als Perversität erklären, gerade so wie das Christentum alle Wollust als Sünde erklärt. Da ich aber mit dem abgeschmackten Philisterwort »Perversität« absolut nichts anzufangen weiß, so habe ich mich längst daran gewöhnt, in den so benannten Phänomenen nicht krankhafte Nebenerscheinungen eines legendären »normalen Geschlechtslebens«, sondern im Gegenteil die erotischen Urtriebe zu sehen, die sich mit wundervoller Zähigkeit sogar in die demokratische Normalpsyche Eingang zu verschaffen wissen. Nicht diese Psyche verirrt sich (sie kann sich gar nicht verirren, sie stapft wie der blinde Karrengaul automatisch auf dem gewohnten, ausgetretenen Weg dahin), aber Urtriebe verirren sich selbst in diese Psyche — zu ihrem nachträglichen Bedauern, denn es bekommt ihnen schlecht! Sie fühlen sich in der neuen Wohnung unleidlich beengt, sie werden trist und boshaft und schlagen manchmal unvermutet aus. Der Besitzer der Psyche denkt bei solchen erschrecklichen Wahrnehmungen natürlich, wie jeder gute Christ, sogleich an den bösen Geist. Schon will er auch zum Priester eilen, um den Teufel unter Fasten, Waschungen und Beschwörungen austreiben zu lassen, da besinnt er sich noch rechtzeitig, daß er ja bereits aufgeklärt sei, und geht zum modernen Medizinmann, der sich — lucus a non lucendo — Psychiater nennt und es unternimmt, »die dunkle, unerklärliche Macht« mit Diät, Kaltwasserkur und Hypnose zu verscheuchen. Aber »nicht wenige, die ihren Teufel austreiben wollten, fuhren dabei selber in die Säue«, sagt Nietzsche . . .

Tatsächlich kann ich mir vorstellen, daß die allermeisten von den sehr vielen, die heute durch einen elementaren erotischen Trieb (der durch irgend eine schlecht bewachte Pforte Einlaß in sie gefunden hat) zu »Anormalen« und »Perversen« gestempelt werden, sich kaum anders verstehen können, wie als unglückliche Besessene, daß sie sich selbst als krank empfinden und geächtet fühlen. Der demokratische Ameisenhaufen, der Staat, bekriegt die elementare Erotik mit einer stumpfsinnigen, unterdrückenden Gesetzgebung, anstatt in ihr die wichtigste, unentbehrlichste Kraft der Entwicklung und Erneuerung zu erkennen, die unter klugen Kautelen zum Vorspann der Kultur gestaltet werden soll. Die Religion der Gleichheit weist das Element der Erotik mit ihrer trostlosen, starren Sündenlehre zurück, anstatt sich seiner zu bemächtigen, Glut und Nahrung aus ihm zu schöpfen und es immer wieder zu befreiender Auslösung zu führen. Der Ameisenhaufen hat keinen Raum und keine Zeit für die Erotik, das verlebte Dogma kein Assimilationsvermögen und kein intuitives Verständnis. Daher überall die ängstliche Geheimtuerei, daher die seltsamen Formen, die erstaunlichen Umwege, die fast bis zur Unkenntlichkeit entstellenden Maskierungen erotischer Triebe. Daher bei den einen dieses Verstecken vor dem eigenen Bewußtsein, bei anderen diese Ablenkung ins bloße Vorstellen, in »ungefährliche« geistige Onanie, daher diese immer mehr anschwellenden Geheimliteraturen, dieser Berg von spezialisierter Pornographie, daher die zwischen »Gewissensbissen« und Betäubungen herumpendelnde Nervenschwäche, daher mit einem Wort dieser ganze Aspekt von Krankhaftigkeit und Schmutz . . .

Die erotischen Triebe selbst aber sind weder krankhaft noch dunkel, sondern vielmehr das große Geschenk und die ewige Verlockung des Lebens, die unversiegliche Quelle der reinsten und natürlichsten Freuden. Sie sind ein Licht, das wie jedes Licht von Schatten umsäumt ist, von Schatten, die umso schwärzer sind, je heller die Freudenflamme lodert. Diese Triebe sind in unserer Zeit der »Vernunft« genannten Zahmheit und des klein- und gemeinmachenden Maßhaltens der einzige glutvolle Strom, der die erstarrte Welt der künstlichen Ordnung immer wieder zerbricht, in Brand setzt, und so ein Chaos schafft, aus dem ein neues und heißeres Leben sich gebären kann. »Es ist mehr Vernunft in deinem Leibe, als in deiner besten Weisheit«, sagt Nietzsche. Und nur die Vernunft des Leibes vermag die Welt von der Unvernunft des Geistes zu erlösen.

Ich will nun im folgenden von der Genesis eines Urtriebes, von seinen Metamorphosen und seiner innigen Verschmelzung mit dem Element der Erotik erzählen, und zwar von einem Urtrieb, der sich als der unzerstörbarste, verwandlungsfähigste und allgemeinste erwiesen hat und gleichzeitig den Schwachherzigen und Schwachnervigen, den »Gutgesinnten« aller Zeiten — die, ohne es zu wissen, selbst von diesem Triebe gelenkt werden — als besonders unerträglich und schreckensvoll, gleichsam als die Synthesis jedwedes Bösen und Dämonischen erschien: vom Grausamkeitstrieb.

•

Die Lust der Grausamkeit ist im Grunde nichts als eine Befriedigung des Machttriebes. Die beiden entgegengesetzten Strebungen dieses Triebes — nach innen und nach außen — machen das Wesen des primitivsten organischen Gebildes, der Zelle, aus und erschufen in unaufhörlichem Widerspiel immer höhere Gebilde, kompliziertere Kraftmechanismen und schroffere Differenzen. »In der Loslösung und Einhäutung, in Isolation und Inkrustation«, sagte ich vor einiger Zeit an dieser Stelle*), »betätigt sich der individualisierende Trieb der Zelle. In der Einverleibung und Assimilation der Außenwelt offenbart sich ihr geniales Wesen, ihr Zusammenhang mit dem All: denn indem sie die Welt sich einverleibt und wächst, — wächst auch die Anziehungskraft der Welt und lockt sie, in ihr sich aufzulösen. Wenn nämlich die Haut im weitesten Sinne (als Summe aller zentripetalen Kräfte) und die von ihr umschlossenen assimilierenden, mehr und mehr zentrifugal wirkenden Kräfte das Maximum von Spannung und Druck erreicht haben, dann ist die Lebensfähigkeit der Zelle als solcher erschöpft – und das Ich ist von der Welt überwunden. In der Kulmination seiner Entfaltung verliert das Individuum seine ursprünglichen Triebe. Der Trieb zur Isolierung weicht dem Trieb der Auflösung und der Trieb der Assimilation potenziert sich zum Trieb der teilenden Zeugung. Unter dem Drucke der sprengenden, zentrifugalen Kräfte gibt das Individuum sein Selbst preis und teilt sich in zwei Zentren. Das Mutterindividuum hat sich im Genieakte der Zeugung verbraucht und ist — unsterblich in seinem genialen Wesen — ohne Hinterlassung eines Leichnams gestorben. Und in zwei neuen Individuen ist die gelöste Kraft neuerdings gebunden.« Der Besitzdurst (Einverleibungslust, der positive Machttrieb, der naiv das Ich betont) äußert sich auf sehr niedriger Stufe hauptsächlich als Freßlust, verbindet sich aber in der Jagdlust des Raubtieres — man denke z. B. an den Blutrausch des Marders — bereits sehr innig mit dem Grausamkeitstrieb. Der Auflösungstrieb (Zeugungsslust, der negative Machttrieb, der das All sucht, der in der größeren Macht aufgehen will, um sich als untrennbaren Teil von ihr zu fühlen) äußert sich zunächst in der Überwältigung des Anorganischen, in der Belebung des Toten — man denke an die ungeheuer rasche und intensive Fortpflanzung der niedrigsten Organismen, an die maßlos üppige Wucherung der Pflanzen —, dann in der Schaffung der Geschlechts-

*) Vergl. den Aufsatz »Weltbild«, ‚Fackel' Nr. 201.

differenz und endlich in der Sexuallust, an der sich wieder der Grausamkeitstrieb entzündet. Denn die höheren Formen der sexuellen Differenzierung bedingen das Aufsuchen des passiveren Geschlechtscharakters durch den aktiveren, sie ermöglichen eine neue, gesteigerte Jagdlust, eine sublimere Art der Überwältigung und Grausamkeit. (In dieser Beimengung von Grausamkeit ist nicht nur der Anreiz aller Art von sexueller Verführung, sondern auch — in wiederholter Sublimierung — aller Art von geistiger Propaganda, insbesondere des religiösen Fanatismus, begründet.) Der Besitzdurst findet im konträren (oder als konträr empfundenen) Geschlechtsträger ein neues und überaus kompliziertes Objekt. Auf der niedrigsten Stufe erstreckt sich der Besitzdurst lediglich auf die Quantität (Ursprung aller Formen der Polygamie und aktiven Polyandrie), alsbald erstreckt er sich auch auf die Qualität (Ursprung der Sexualästhetik), dann auf den Eigenwillen des Objekts (Verschmelzung der Polygamie mit sozialer Unterdrückung: Haremssklaverei; Ausgangspunkt des Eherechts) und allmählich auch auf die Psyche (höchste Stufe des Besitzdurstes: die Forderung der »Liebe«; er will sie — sie ihn — ganz haben, Leib und Seele).

Der Besitzdurst erweist sich überhaupt — bei stetig zunehmender Verfeinerung und Intensität — als die treibende Kraft in der Gestaltung der Verhältnisse zwischen den Geschlechtsträgern. Der Besitzdurst bestimmt aber auch vielfach Form und Inhalt der Erotik selbst, indem er sich unter besonderen Umständen — und unter Verkettung mit anderen erotischen Urtrieben — auf spezielle Qualitäten oder spezielle Teile des Objekts konzentriert. (Manche Formen des Fetischismus und der skatologischen Erotik zeigen deutlich eine durch Triebe-Verkettung herbeigeführte Konzentration des Besitzdurstes.) Vor allem aber verhilft der sexuell fixierte Besitzdurst mit seinen Begleitumständen dem Grausamkeitstrieb zu einer mächtigen Entwicklung und selbständigen Entfaltung. Das merkwürdige Wesen des Besitzes besteht nämlich darin, daß jeder Besitz erst durch den Gebrauch, beziehungsweise den Verbrauch oder die Vernichtung des Objekts lustvoll bewußt wird. Die Lust des Verschwendens und des Zerstörens, die bereits — durch Betonung der Willkür — eine leise Grausamkeitsfärbung hat, ist jedenfalls ursprünglicher als die eigentliche Besitzlust. Die bloße Vorstellung des Besitzens genügt erst auf einer relativ ziemlich hohen Stufe der Geistigkeit zur Lust und weist (in gewissen Formen des Geizes und des Parvenustolzes z. B.) als Vorstellung einer stets verfügbaren, anderen entzogenen Machtanhäufung fast immer einen starkbetonten, unverkennbaren Grausamkeitsgehalt auf, der gewissermaßen die Entschädigung für die unbenützte Lustmöglichkeit des wirklichen Vergeudens darstellt. Wie kann man nun von einem lebenden Besitze, soweit er nicht schon durch Zwangsarbeit und sexuelle Hörigkeit vom sozialen Zwecksystem absorbiert ist, den lustvollsten Gebrauch machen? Die Antwort, die der primitive Mensch, der Mensch mit dem Raubtier in seinem Blute, ohne Zögern auf diese sich ihm aufdrängende Frage gab, bildet ein langes, ein unendliches Kapitel der Geschichte des Menschen. Durch Zufügung von Schmerzen und durch Töten, antwortete er. Denn durch nichts anderes kann er sich von der Wirklichkeit und Wirksamkeit eines solchen Besitzes unmittelbarer überzeugen. Im Akt der Grausamkeit, in der willkürlichen Tötung zumal, kommt das persönliche Machtgefühl des primitiven Menschen zur höchsten und unmittelbarsten Geltung. Für den selbstherrlich gewordenen Grausamkeitstrieb ist der fremde Organismus nicht mehr der Träger einer sozialen Nützlichkeit (Arbeitstier) und nicht mehr Geschlechtsträger, sondern lediglich der Träger einer — in dieser reinen, von der Sexualität und dem sozialen Zwecksystem losgelösten Form — neuen erotischen Verlockung. Der lebendige Leib ist nunmehr ein Gefäß der Schmerzen, das beim Entleeren und Zerbrechen lautere Lust spendet.

•

Ist der Grausamkeitstrieb einmal auf der Stufe psychischer Selbständigkeit angelangt, dann dringt er unaufhaltsam — verwandelnd und schaffend — in alle Gebiete des menschlichen Sich-Äußerns ein. Hat er sich aus dem Widerspiel der Triebe als eine Resultante ins Bewußtsein emporgehoben, so bemächtigt er sich als aktivste psychische Kraft aller anderen bewußten Strebungen und wird zum Motor der sozialen und kulturellen Entwicklung. Religion, Rechtspflege und Kunst sind seine vornehmsten Domänen.

Gottfried Keller erzählt im »Grünen Heinrich«, wie zu ihm als Kind von der Mutter mancherlei über den lieben Gott gesprochen wurde, ohne daß er sich eine Vorstellung von diesem Wesen bilden konnte. Als er jedoch eines Tages in einem Bilderbuche einen grellfarbig und in überlegener, respekteinflößender Pose gemalten Tiger sah, war ihm mit einem Schlage klar, daß dies der liebe Gott sein müsse. Und bei dieser Überzeugung blieb er lange Zeit. Die Götter des primitiven Menschen aber sind nichts anderes als dieser Tiger-Gott des Kindes: naive Abbilder des menschlichen Machtgelüstes. Grausamkeit ist das wichtigste Attribut primitiver Götter (und ebenso der primitiven Helden), denn nicht anders kann sich ihre Überlegenheit zeigen. Um daher die Götter fröhlich und wohlgesinnt zu stimmen und zugleich ihre Macht sichtbar werden zu lassen, muß man ihnen den Anblick von Grausamkeiten bieten, indem man in ihrem Namen und ihnen zur Ehre möglichst viele Menschen auf eine möglichst martervolle Weise tötet. (Auch zu Ehren und zur Ergötzung eines Kriegshelden oder Herrschers werden Gefangene getötet.) Für diese Opfer bildet sich alsbald eine gewisse Wertskala: die Opferung eines Gefangenen oder Sklaven ist weniger wert als die eines Freien, die eines Verbrechers weniger als die eines Unschuldigen, die Opferung eines Geringen weniger als eines Vornehmen, die einer Frau weniger als die eines Mannes, die Opferung von Kindern, Greisen, Krüppeln und Kranken weniger als die von Gesunden, Kräftigen und Erwachsenen. Daß das feierliche Opfer ein Menschenopfer sein müsse, gilt die längste Zeit der Menschheitsgeschichte hindurch für selbstverständlich. Erst in einer verhältnismäßig sehr späten Epoche, wenn der Respekt vor den Göttern schon bedenklich im Schwinden begriffen ist, wagt man es, ihnen bei feierlichen Gelegenheiten Stiere, Kälber, Schweine oder gar Feldfrüchte und leblose Wertgegenstände als Opfer anzubieten.

Während bei der Konzeption der Götter nur die im allgemeinen Machttrieb (dessen Kehrseite — das respektvolle Grauen, das sich zum Begriff der unnahbaren Heiligkeit sublimiert – dann den psychischen Inhalt der Götterverehrung bildet) eingeschlossene Grausamkeit wirksam war, ist bei der Ausgestaltung des Ritus, dessen Mittelpunkt das Opfer bleibt, bereits die nackte Grausamkeitslust tätig. Und man darf vermuten, daß die unzähligen Vorwände, die der Betätigung des Grausamkeitstriebes durch die Religion geliefert werden, der mächtigste Garant ihres Bestandes sind. Denn so wie der Ritus und die weitere religiöse Gesetzgebung nicht nur die wirklichen Grausamkeitsakte, sondern vor allem auch zahllose Schauspiele der Grausamkeit, ein festliches Zuschauertum der Grausamkeit ermöglichen (neben dem Opfer: öffentliche Selbstverstümmelung der Priester oder besonderer Ekstatiker, öffentliche grausame Bußübungen der Gläubigen bei Unglücksfällen und Elementarkatastrophen — der erzürnte Gott ist immer nur durch Darbietung von Schmerzen zu versöhnen —, öffentliche Heilung von Kranken durch grausame Prozeduren, Verbrennung der Witwen usw.), so ermöglicht endlich die religiöse Mythologie ein Schwelgen in grausamen Vorstellungen. Die heiligen Bücher aller Religionen sind eine Lektüre von ausgesuchter Blutrünstigkeit.

Die mit erotischer Grausamkeit verbundene, außerordentliche Erregung des Gesamtnervensystems führt fast immer zum sexuellen Spasma. Die Wollust der Grausamkeit mündet wieder in die sexuelle Wollust, an die grausamen Schauspiele der primitiven Religionen schlossen sich gewöhnlich sexuelle Orgien an. Novalis, der als Jüngling dem Tode geweiht war und vielleicht deshalb so viel von den Geheimnissen des Lebens wußte, wundert sich einmal, daß noch niemand den innigen Zusammenhang von Religion, Grausamkeit und Wollust begriffen habe. (Wenn er die Bücher moderner »Forscher«, wie Forel, über sexuelle Probleme lesen könnte — er würde sich noch mehr wundern!) Dieser innige Zusammenhang ist übrigens für jeden, der überhaupt sehen will, auch heute noch sichtbar, ein Blinder könnte ihn mit den Händen greifen. Daß aber die erotische Grausamkeit trotz der engen Verkettung mit Religiosität und Sexualität eine selbständige Lust ist, läßt sich aus ihrer Wirksamkeit in der primitiven Rechtspflege klar ersehen. Denn in dieser gilt die Lust, die dem Geschädigten durch einen Akt oder ein Schauspiel der Grausamkeit geboten wird, als ein reeller Gegenwert, der für den erlittenen Schaden entschädigt. Ja, die primitive Justiz kennt überhaupt und ausschließlich nur die Grausamkeit-lust als Schadensäquivalent. Anfänglich durfte der Geschädigte sich selbst durch Grausamkeiten an seinem Schädiger entschädigen. (Als Äquivalent für unbezahlte Schulden z. B. gilt noch im frühesten altrömischen Zivilrecht das Ausschneiden von Fleischstücken, das der Gläubiger selbst am Körper des Schuldners vornimmt.) Später wurde jeder

Schädiger — Verbrecher — als Schädiger der ganzen Gemeinde betrachtet, die ihn deshalb öffentlich martern ließ, damit alle Gemeindemitglieder sich durch den lustvollen Anblick seiner Qualen für die ihnen gemeinsam zugefügte Unbill schadlos halten könnten. Und die alten Gesetzbücher, die an Blutrünstigkeit nicht hinter den alten Religionsbüchern zurückstehen, enthalten ungemein detaillierte Tabellen, die den Grad und das Ausmaß der zu verhängenden Qualen nach der Höhe des verursachten Schadens, beziehungsweise der Größe des verübten Verbrechens bestimmen. Die Möglichkeit, körperlich gemartert zu werden, war zu jenen Zeiten tatsächlich ein Besitz (die geistige und seelische Schmerzfähigkeit ist es noch heute), mit dem man die Gnade Gottes, einen entliehenen oder entwendeten materiellen Besitz und Übertretungen von Verboten gewissermaßen bezahlen, ja den man sogar anderen zugute kommen lassen konnte. So war es z. B. keine seltene Form des Familiensinns oder Patriotismus, sich Mächtigen oder Feinden als Objekt ihrer Grausamkeitslust anzubieten, um den Angehörigen oder Stammesgenossen ein Benefizium zu erwirken. In der spontanen Privatjustiz — in der Rache — erweist sich übrigens die Äquivalenz der Grausamkeitslust noch immer und uneingeschwächt als wirksam. Er tat mir Übles, jetzt zwinge ich ihn, mir durch seinen Schmerz ein Vergnügen zu bereiten. Das ist die Logik der Rache. Das Faktum aber ist: anderen wehtun, ist ein Vergnügen ....

Ich habe die Wirksamkeit des Grausamkeitstriebes in den Anfängen menschlicher Kulturentwicklung zu skizzieren versucht. Es wäre nun das Oberflächlichste und Verkehrteste, wollte man in dieser Wirksamkeit, in all diesen Blutrünstigkeiten etwas Düsteres, Schauerliches, etwas Verzerrtes, Krankhaftes und Pessimistisches erblicken. Gerade das Gegenteil ist richtig: Diese Wirksamkeit — einem Impuls der Lust entsprungen — ist immer mit der naivsten und lebendigsten Freude gepaart, aus dieser Wirksamkeit wurde der Begriff des Festes geboren. »Die Grausamkeit gehört zur ältesten Festfreude der Menschheit«, sagt Nietzsche. Und er drückt sich noch zu vorsichtig aus: Die Grausamkeit *ist* die älteste Festfreude der Menschheit. Die Begriffe Fest und Grausamkeit waren die längste Zeit hindurch Synonyma, und bis weit in die neuere Zeit hinein war die Grausamkeit immer noch ein wichtiges Attribut des Festes. Es ist kaum einige Jahrhunderte her, daß bei Herrscherbesuchen, fürstlichen Hochzeiten und Kirchenfesten regelmäßig auch der Henker arbeitete und Scheiterhaufen prasselten, um dem Feste besonderen Glanz zu verleihen.

Mit dem Charakter des Festes nahm jedoch die Grausamkeit zugleich den Charakter des Schauspiels an. Bei öffentlichen Schauspielen der Grausamkeit ist jeder einzelne Zuschauer auch der Folterknecht, mit dem seine Phantasie sich identifiziert, und tausend Intellekte verschmelzen sich dabei in einem wollüstigen Bewußtsein der Macht des Peinigers. Die Öffentlichkeit der Grausamkeit ist ein ideeller Multiplikator der Grausamkeitslust und verhindert gleichzeitig — indem sie der Gesamtheit reichlich Gelegenheit gibt, dem Grausamkeitstrieb zu fröhnen — ein dem Gemeinwesen schädliches Überhandnehmen privater Grausamkeit. Die Öffentlichkeit ist die Ökonomie der Grausamkeit, indem sie den einzelnen Akt zum Vergnügen aller gestaltet, und ein Ventil der Grausamkeit, indem sie die Gesamtheit daran gewöhnt, aus bloßem Sehen der Grausamkeit denselben Genuß zu schöpfen, den die Aktivität gewährt. Dies ist aber nur durch Phantasietätigkeit möglich. Die Schauspiele der Grausamkeit fördern also die Phantasietätigkeit zu ungunsten der Aktivität, sie sind der erste Schritt zur Vergeistigung der Grausamkeit. Die Phantasietätigkeit des Zuschauers beschränkt sich hauptsächlich auf die Identifizierung mit dem Peiniger (oder auch — im Falle der später zu besprechenden Inversion des Grausamkeitstriebes — mit dem Gepeinigten). Diejenigen aber, die aus mündlichen oder schriftlichen (bildlichen) Berichten über ein solches Schauspiel eine erotische Lust ziehen wollen, sind außerdem noch zu einer möglichst lebhaften Imagination genötigt. Dieser letzte Notbehelf des Triebes wird jedoch um so allgemeiner sein, je seltener die aktive Grausamkeit und deren Öffentlichkeit ist, und er wird — mit fortwährender Zunahme dessen, was man später »Humanität« nennt — schließlich die gebräuchlichste und auch die begehrteste Spezies der Grausamkeit sein. Denn die imaginative Grausamkeit hat vor der aktiven einige recht beträchtliche Vorteile voraus: sie ist zunächst — bei einer gewissen Schulung der Phantasie — konzentrierter und intensiver. Die Imagination spielt sich ungleich rascher und müheloser ab, ist viel geschützter vor psychischen Ablenkungen und vermag in einem Zuge weit mehr Inhalt zu umspannen, als die Wirklichkeit des Tuns und Sehens. Die imaginative Grausamkeit ist ferner unabhängig von Ort, Zeit und Gesellschaft, von Außenwelt und Zufall, sie ist — in der Form von Erinnerungen, selbständigen Phantasien, Büchern, Bildern — stets verfügbar, bewegt sich leicht in der speziellen Wunschrichtung des Imaginierenden und kann in ruhiger Einsamkeit genossen werden ...

In die Bahn der »Humanität« wird die Gesellschaft zwar ursprünglich durch nackte soziale Notwendigkeiten gedrängt — der steigende Bedarf an Arbeitskräften z. B. verhindert die Schlachtung der Gefangenen und Verbrecher; das Zwangsarbeitssystem ist eine Urform der »Humanität« —, sobald aber der Mensch gelernt hat, die ins Auge fallenden ökonomischen Vorteile der »Humanität« mit der imaginativen Befriedigung seiner »wilden« Triebe zu kombinieren, verliert er allmählich den Geschmack an der »rohen Wirklichkeit« und beginnt die »Humanität« als solche zu schätzen. Je mehr die private und direkte Befriedigung des Grausamkeitstriebes eingeschränkt wird, desto größer ist der Zulauf zu grausamen Schauspielen; je seltener diese Schauspiele und je beschränkter ihre Öffentlichkeit, desto begehrter sind Berichte darüber, desto häufiger ist auch die Produktion freierfundener Grausamkeitsschilderungen. Die bald nach der Erfindung der Buchdruckerkunst Sitte gewordenen ausführlichen, manchmal illustrierten Mordtaten- und Hinrichtungsbeschreibungen z. B., die als Flugblätter in ungeheurer Anzahl kolportiert wurden und reißenden Absatz fanden, sind geradezu als die Vorläufer der heutigen Zeitungen anzusehen, welche diese Funktion noch immer mit besonderem Eifer, wenn auch unter dem recht dürftigen Mäntelchen des sittlichen und humanen Entsetzens ausüben. Und wenn die gewissen blutigen Zeitungen und Kolportagehefte zu naiv und gewöhnlich sind, dem steht außerdem für etwas mehr Geld eine reichhaltige, ausgewählte Literatur zur Verfügung, die aus 90 Prozent eingekochter Grausamkeit und aus 10 Prozent literarischer Einkleidung, historischem Kostüm und »Wissenschaftlichkeit« nebst etlichen Tropfen aromatischer Scheinheiligkeits-Essenz besteht. Die hunderte Auflagen von »Quo vadis?« bürgen für den Erfolg dieser Mischung.

»Humanität« und imaginative Grausamkeit sind also Begleiterscheinungen, denen sich noch eine dritte anschließt: die sexuelle Neurasthenie. Die durch Phantasietätigkeit hervorgerufene Erregung verlangt nämlich eine Auslösung. Die natürliche Auslösung — die Umsetzung der Phantasie in eine entsprechend bescheidene Wirklichkeit — ist im allgemeinen nicht nur wegen der äußeren politischen »Humanität« (Demokratismus) und wegen der immanenten, psychischen »Humanität« (Christentum, »Gewissen«) unmöglich, sondern auch deshalb, weil die erotische Phantastik sehr leicht zum Selbstzweck, zu einem Nonplusultra des Genusses wird und die Wirklichkeit so weit überbietet, daß diese dem erotischen Bedürfnis in keiner Hinsicht mehr genügt und dafür überhaupt nicht mehr in Betracht kommt. Die Gefahr der geistigen Onanie besteht eben darin, daß sie die Triebe der Wirklichkeit entfremdet, daß sie zum aktionsunfähigen Phantasiekrüppel macht. Die Auslösung durch Religion und volkstümliche Kunst wird in der christlichen Demokratie von der Entkräftung, Verflachung und Zersplitterung dieser beiden eminent sozialen Strebungen verhindert. Es bleibt also zur Auslösung der erotischen Erregung nur noch ein durch Verkettung gangbarer Weg: ins Sexuelle. Die Sexualität an sich ist aber »ungenügende Wirklichkeit« und muß erst wieder durch die erotische Phantasie schmackhaft gemacht werden. Aus diesem circulus vitiosus, der immer aufs neue in geistige Onanie mündet, resultiert schließlich ein Zustand, der sich als Unvermögen sexueller Befriedigung bei gleichzeitiger sexueller Überreizung darstellt: die sexuelle Neurasthenie. Auf solche Weise ist der erotische Trieb in eine Sackgasse geraten . . .

•

Einst wurde aber der erotische Trieb von der Kunst tatsächlich ausgelöst. Er fand in ihr jenes unersättliche Meer, das ihn begehrlich aufsaugte, in dem er die eigene Begierde vergessen konnte, und in das er sich endlos ergießen durfte, ohne von ihm zurückgestaut zu werden. Das Ergießen des Grausamkeitstriebes in den schaffenden Kunstwillen der Gesamtheit war nicht eine bloße Vergedanklichung, sondern eine wahrhafte Sublimierung der Lust, ein Umgebären der unvollkommenen und beschwerten Wirklichkeit in eine neue, vollkommene und unbeschwerte Wirklichkeit. Die Kunst war die höchste und innigste Synthesis von Religion, Grausamkeit und Wollust, von Fest, Schauspiel und Phantasie, von Wirklichkeit und Illusion. Die religiöse Mythologie — das erste Produkt des künstlerischen Gesamtschaffens — ist nichts anderes als die unbewußte und unbedenkliche Personifizierung der elementaren Triebe. Und jeder dieser Triebe ist in seinem mythologischen Repräsentanten herrschsüchtig und in jedem Augenblick zur Grausamkeit gestimmt. Der Besitzdurst verschlingt die eigenen Kinder, der Neid (das primitive Bewußtwerden des Besitzdurstes) erschlägt den eigenen Bruder, der Stolz (Bewußtsein des Besitzes) tötet den eigenen Vater oder lehnt sich gegen den »Schöpfer« auf, der Ehrgeiz (die Verkettung von Neid und Stolz) rast gegen alles und sich selbst. Der kleinste Ausschnitt aus einer beliebigen Mythologie zeigt ein Schwelgen der Volksseele in Grausamkeit und läßt die Verkettung der primitiven Triebe und Gefühle mit der Grausamkeitslust erkennen. In der Tragödie — dem höchsten Produkt des künstlerischen Gesamtschaffens — ist der »Held« der Generalrepräsentant aller Triebe und Gefühle. Er wird von ihnen bewegt und geht durch sie zugrunde – zum lustvollen Entzücken der Götter, die ihre Grausamkeitslust hinter dem Prinzip der »Rache« für den anmaßenden Übermut des Sterblichen verbergen. Aber die Götter – selbst vom Neide besessen – tun alles, den Helden ins Verderben zu locken: sie schlagen ihn mit Blindheit, täuschen ihn durch listige Zweideutigkeit, helfen ihm dann, wenn er zu schnell und schmerzlos unterginge, sie verlängern seine Leiden zu ihrem Vergnügen, sie korrigieren das gleichgiltige, unparteiische Schicksal zu seinen Ungunsten. Wer sind nun diese Götter, die sich hinter Rache und Gerechtigkeit verbergen, diese ausgeprägten Wollüstlinge der Grausamkeit, die klüglich die Erinnyen vorschieben? Es ist kein Zweifel möglich: hinter diesen Göttern verbirgt sich die Volksseele, welche die Tragödie geschaffen hat, der Dichter, durch welchen die Volksseele spricht und der Zuschauer, der sich mit der dichterischen »Gerechtigkeit« identifiziert. Und hinter dieser »Gerechtigkeit« verbirgt sich die erotische Grausamkeit. Der Zuschauer empfindet die Leiden des Helden lustvoll mit. Er hat kein »Mitleid« mit dem Helden, sondern genießt im Gegenteil die Illusion der Macht über den Helden. Der Genuß, den die Tragödie verschafft, ist Grausamkeitslust. Aber im Gegensatze zur konzentrierten, abstrakten und einsamen Grausamkeitslust des Neurasthenikers ist sie hier vermählt mit der ästhetischen Lust am Kunstorganismus und mit der religiösen Lust an der übersinnlichen, in den Göttern und im Schicksal ruhenden Bedeutung des Leidens, ist sie hier aufgelöst in einer visionären, übernatürlichen Wirklichkeit und verteilt und ausgegossen über eine einsgewordene schöpferische Gesamtheit . . .

•

Die aktive Grausamkeit fehlt natürlich auch in unserer Zeit nicht, sie hat sich vielleicht quantitativ nicht einmal vermindert. Sie hat nur unverfängliche Namen und harmlos erscheinende Formen angenommen, und ihr Objekt ist im allgemeinen nicht mehr der Körper, sondern die P s y c h e des Nebenmenschen. Wir sind — man muß dies festhalten, um von moderner Grausamkeits-Erotik etwas zu verstehen — in Bezug auf diesen Grundtrieb der Natur durch den Einfluß des Christentums insgesamt Neurastheniker geworden. Unsere Nerven vertragen unter gewöhnlichen Umständen weder die Verübung noch den direkten Anblick körperlicher Mißhandlung und Verstümmelung mehr. Nur in der passionierten Tierquälerei der Kinder und intellektuell zurückgebliebenen Erwachsenen äußert sich der Grausamkeitstrieb noch völlig unmittelbar und naiv. Der intelligente Erwachsene läßt sich zur direkten Befriedigung des in seinem Blute lauernden Grausamkeitsgelüstes nur unter dem den künstlichen Hemmungen entgegenwirkenden Einfluß irgendeiner Art von Rausch hinreißen. Wenn der Rausch die Schranken der »Vernunft«, des »Gewissens«, der Gewohnheit, der Gesetzesfurcht usw. wegtaucht, dann schnellt oft plötzlich wieder die alte, tigerhafte, langverhaltene und manchmal schon totgeglaubte Vernichtungslust hervor. Zu solchen Rauschzuständen kann z. B. die religiöse Mystik hinführen (Gilles de Rais, Jan von Leyden), oder auch heftiger Rachedurst, oder heißes Klima im Verein mit großer Machtbefugnis (Tropenkoller). Die im Rauschzustande verübten Grausamkeiten tragen aber immer den Stempel des Abrupten und Exzentrischen, den Stempel der Leidenschaft (wobei der Ton eben auf dem Leiden liegt, das gewöhnlich in der Form der »Reue« erscheint). Der sogenannte Sadismus hat den Charakter einer Ausschweifung, sadistische Handlungen vollziehen sich zwangsgemäß, im Zwiespalt mit dem eigenen Willen, und ihre Folge ist nicht Freude und Befriedigung, sondern Betäubung und Zerknirschung.

Um nun beim Leiden-machen dem eigenen Leiden — der »Reue« — möglichst auszuweichen, beschränkt sich der moderne Mensch auf psychische Grausamkeiten, die ebenso bestimmt wirksam sind wie die körperlichen, aber den für den Neurastheniker unschätzbaren Vorzug haben, daß sie den Sinnen nur durch äußerliche physiologische Symptome (Gesichtsausdruck, Erbleichen, Zittern, Erröten) wahrnehmbar sind. Und im Zufügen psychischer Grausamkeiten hat der Mensch von heute eine ziemliche Feinheit und Findigkeit erworben. In dem berechneten Zurschaustellen von Reichtum, Rang und anderer Überlegenheit vor den Ärmeren und Untergeordneten, im Toilettenwettkampf der Frauen, in allem Herablassen und Leutseligtun, im meisten Kritisieren, im meisten Lob sowie im Tadel, in allem Nachreden, Verleumden und Ehrabschneiden steckt mehr oder weniger von Grausamkeit. Alles, was man heute »esprit« nennt, ist kaum etwas anderes als eine Kette von Grausamkeiten, die gleich blitzenden Dolchen in die Psyche des Nebenmenschen versenkt werden. Die Verletzung des fremden Schamgefühles ist eine unversiegliche, durch die Art unserer Mädchenerziehung noch künstlich genährte Quelle grausamer Freuden. Hinter der sittlich-idealen Forderung der Virginität der Braut verbirgt sich bloß die Grausamkeitslust des passionierten Deflorateurs.

•

Schließlich wendet sich der Grausamkeitstrieb unter besonderen Umständen auch nach Innen und macht das eigene Subjekt zum Objekt. Von den mannigfachen Wegen, die zu der den meisten so befremdlichen Inversion des Grausamkeitstriebes führen, seien wenigstens einige erwähnt. Häufig verleitet eine gewisse Neugierde des Besitzdurstes den aktiv Grausamen zur passiven Erduldung derselben Grausamkeit, die er auszuüben pflegt. Er will sich durch das eigene Empfinden überzeugen, welche Empfindungen die von ihm geübte Grausamkeit hervorruft. Zur Zeit, da in Amerika das Negerpeitschen in Schwang war, gab es Geißlersekten, in denen die Sklavenhälter sich gegenseitig flagellierten.

Der Schmerz der Flagellation wurde dabei von der Vorstellung, denselben oder noch stärkeren Schmerz bereits oft verursacht zu haben und noch weiter verursachen zu können, lustvoll aufgehoben. (In ähnlicher Weise wehrt sich auch der gepeitschte Sklave gegen den Schmerz, indem er während der Züchtigung auf Rache sinnt und imaginativ seinen Peiniger die gleichen oder verstärkte Qualen bereitet.) Oft ist auch ein hoher Grad von Willensschwäche die Ursache der Inversion des Triebes. Die Entschlußunfähigkeit ist bei manchen Personen so groß, daß sie jede Gelegenheit, ihrer Selbstbestimmung zu entgehen, mit Lust ergreifen. Solchen Personen erscheint dann ein absolutes Abhängigkeitsverhältnis, ein künstliches Sklaventum als Idealzustand. Die in diesem Zustande erduldeten Mißhandlungen sind dann Symptome der gewünschten Unfreiwilligkeit und werden als solche lustvoll empfunden. Auch in Personen, die lange Zeit hindurch befehlen mußten, verdichtet sich das mit dem Übergeordnetsein verbundene Verantwortlichkeitsgefühl manchmal bis zur heftigen Unlust und läßt sie sozusagen ein Ausruhen in freiwilliger Unterordnung, ein zeitweiliges Auskosten der Lust des blinden Gehorsams ersehnen. Denn dem verantwortlich Befehlenden erscheint das Gehorchen als Lust, ebenso wie den unfreiwillig Gehorchenden das Befehlen. Grausamkeit ist hiebei immer nur ein Symptom, die unzweideutigste Bestätigung der Über- oder Unterordnung. Eine andere Ursache der Grausamkeitsinversion ist die absolute Ohnmacht, den Trieb nach außen wirken zu lassen. Kinder z. B., welche von der dem Trieb des Kindes sonst so naheliegenden Tierquälerei ferngehalten werden, pflegen sich fast stets — eine längere oder kürzere Periode hindurch — an invertierten (masochistischen) Grausamkeitsvorstellungen bis zur förmlichen Berauschung zu ergötzen. Nicht selten verbindet sich damit auch jene durch Rousseau's Bekenntnisse berühmt gewordene Lust am Gezüchtigtwerden. Bei Frauen, deren psychische Konstellation in Bezug auf den Grausamkeitstrieb manche Ähnlichkeit mit der der Kinder hat, gesellt sich hiezu noch ein ausgesprochen sexueller Besitzdurst, der sich in dem (hier die Regel bildenden) Fall der Inversion in die Lust am Überwältigt- und Besessenwerden verwandelt. Männliche Brutalität und Grausamkeit wird hier zum Symptom der sexuellen Überwältigung, beziehungsweise der sexuellen Hörigkeit. Eine Ursache der Inversion ist endlich auch die zuweilen mit elementarer Wucht hervorbrechende Auflösungslust, der negative Machttrieb. Diese außerordentlich starke Lust — die sich als religiöse Verzückung, patriotische Überschwänglichkeit, Opferfreudigkeit, romantische Menschenliebe, Askese, Nihilismus, Propaganda der Tat u. s. w. verkleidet — tritt bei heftigen Erschütterungen der Gesamtpsyche eines Volkes auch leicht epidemisch auf: als ekstatische Selbstzerfleischung. (Drastische Beispiele hiefür sind: die Selbstverstümmelungen der Priester und Ekstatiker bei den höchsten Religionsfesten alter Kulte, des ganzen Volkes beim Tode orientalischer Herrscher, die Züge der Flagellanten im Jahre 1000.)

Das in Begleitung der »Humanität« allgemein auftretende neurasthenische »Mitleiden« ist eine gleichsam unvollendete Inversion des Grausamkeitstriebes. Der Trieb des Wehetuns schwankt beim Mitleidigen zwischen der Richtung nach außen und innen. Ist der Trieb stark und genügend selbständig, so nimmt er gewöhnlich den Weg nach innen und steigert sich zur Allbarmherzigkeit und asketischen Aufopferung. Der unselbständige, abgeschwächte Trieb wird mit anderem psychischen Ballast auf möglichst mühelose Art nach außen abgestoßen. In diesem Falle verwandelt sich das Mitleiden in verhüllte Schadenfreude und in grausame Schaulust. »Ihr habt mir zu grausame Augen und blickt lüstern nach Leidenden. Hat sich nicht eure Wollust verkleidet und heißt sich Mitleiden?« (Nietzsche). Zweifellos fördern Christentum und Demokratismus die versteckten und verkehrten Formen der Grausamkeit. Das Christentum ist eine »Verinnerlichung« des Menschen im schlimmsten Sinne. Während der heidnische Mensch, der Mensch der Aktion, sein Ich in die Welt ausströmt, nimmt im Christen alles den Weg nach innen, nach dem Selbst. Und die Lehre des Christentums gipfelt in der kühnsten und erstaunlichsten aller Inversionen: Gott bringt sich selbst den Menschen zum Opfer . . .

Karl Hauer.

ANTWORTEN DES HERAUSGEBERS.

Spezialist. Die sinnige Rundfrage »Wann soll man heiraten?«, die die ‚Zeit' als Osterei gelegt hat, hat auch der Herr Professor Finger beantwortet. Er scheint die Ansicht seines Kollegen Zeißl zu teilen, daß die Geschlechtskrankheiten durch die Schmierkur moralischer Zeitungsartikel zu heilen seien. Sein Rezept enthält — wörtlich — die folgenden Anweisungen: »Besonders beim Manne ist es wünschenswert, daß er in die Lage kommt, schon in jungen Jahren zu heiraten, denn man weiß ja nicht, was alles er in späteren Jahren in die Ehe mitbringt, was dieser dann schädlich ist« . . . »Meiner Meinung nach ist es gar nicht nötig, daß der junge Mann sich von seinen Gefühlen schrankenlos leiten läßt und so die Möglichkeit zu jenen Infektionen gibt« . . . »Die jungen Männer sollten die freie Zeit nicht im Müßiggang vergeuden, sondern während dieser sich lieber sportlich betätigen. Dann werden sie nicht einmal Gelegenheit haben, auf Gedanken zu kommen, die ihrer Natur schädlich sein könnten« . . . »Wenn diese jungen Wesen (die Mädchen) neben der Furcht auch Kenntnis von allen den Gefahren hätten, denen sie entgegengetrieben werden, dann würden sie sich es wohl sehr überlegen, sich zu Handlungsweisen verleiten zu lassen, über die sie sich niemals Rechenschaft geben können« . . . »Auch ist die Arbeitszeit in den verschiedenen Berufsklassen eine derartige, daß der Mann auch während der Ehe allzu leicht in die Versuchung kommt, die Gebote der Ehe zu überschreiten, wodurch die Unmoral immer neue Nahrung erhält.« Wörtlich! Ein Spezialist könnt' einen Pfarrer lehren.

Reisender. Unter dem Titel: »Kein Unfall auf der Südbahn« schreibt die ‚Mittagszeitung': »In der Station Knittelfeld hat sich gestern ein Eisenbahnunfall zugetragen, indem ein Güterzug, ohne daß übrigens irgend ein besonderer Schaden zu verzeichnen gewesen wäre, entgleiste. Infolge eines Irrtums trug diese Meldung in unserem Blatte die Überschrift: ‚Unfall auf der Südbahn'; es sei hiemit richtiggestellt, daß Knittelfeld keine Station der Südbahn, sondern der Staatsbahn ist.« Das ist der Dank, den die Südbahn für ihre Pauschalien erntet! Zuerst die falsche Meldung und dann noch die viel kränkendere Berichtigung. Es wäre wirklich besser gewesen, das Odium dieses einen Unfalls auf der Südbahn zu lassen, als zu verraten, daß die irrtümliche Meldung der selbstverständlichen Annahme, daß sich alle Eisenbahnunfälle auf der Südbahn ereignen, ihre Entstehung verdankt.

Sammler. Aus der ‚Neuen Freien Presse': »Für den 20. April d. J. ist die Versteigerung einer anderen Shakespeare-Rarität, nämlich der ersten Ausgabe der Shakespeare-Sonate von 1609 angekündigt; zum letztenmal kam ein vollständiges Exemplar dieser ersten Ausgabe der Sonate 1864 zur Versteigerung und erreichte damals den Preis von 215 Guineen.« Was nicht einmal viel ist für diese Shakespeare-Rarität im wahrsten Sinne des Wortes! — Wenn Herr Moriz Benedikt aufgeregt ist, klingts, als ob der Haushund des Ghetto hinter dem Gitter bellte. »Die Papiere fallen. Fünfzig, auch hundert Kronen verhauchen in der Luft, eingebildetes Vermögen zerstäubt in nichts und ein rauhes Unwetter fegt über das Meer herüber.« Um Gottes Willen, was ist denn geschehen? Es muß jemand Herrn Benedikt auf den Zinsfuß getreten sein. Natürlich die bösen Ungarn, die nicht einsehen wollen, daß es noch idealere Güter gibt als die nationale Ehre und die sich gegen die Österreichisch-ungarische Bank zu versündigen wagen: »Kossuth, Hollo und Barabas mögen uns eine bescheidene Frage gestatten. Spüren sie gar nichts in der Herzgegend, wenn die Österreichisch-ungarische Bank mit Ehren vor der ganzen Welt dasteht? Nicht das geringste, nicht einmal so viel, als dem ungarischen Beitrag zur Einlösung der Staatsnoten entspräche, also nicht einmal dreißig Prozent?« — Der Mottenfraß in Diplomatenfräcken, Herr Sigmund Münz, hat wieder schönen Schaden angerichtet: »Auf dem Lobkowitzplatz, gegenüber der französischen Botschaft, hat Baron Pasetti sein Heim aufgeschlagen. Dort widmet sich dieser hervorragende Staatsmann, dessen feine, biegsame Gestalt den Besuchern des Praters an windstillen Nachmittagen nicht unbekannt ist, kunsthistorischen Studien, und gerne führt er den Besucher vor die alten Ölbilder, die in dem Plafond eines seiner Salons eingefügt sind.« — Wie die ‚Neue Freie Presse' aus dem Französischen des Tristan Bernard übersetzt: »Diese alten Menschen waren unbestreitbare Greise .... Und das Monat darauf kaufte er sich von etwas Geld, das er zurückgelegt, ein neues Geschenk Leonorens ...« Der Übersetzer war so bescheiden, sich nicht zu nennen. Offenbar verwechselt er Tristan Bernard mit jenem andern Tristan, über den in Kreisen der ‚Neuen Freien Presse' auf die Frage, wie er einem gefalle, bekanntlich die Auskunft gegeben wird: »Ma lacht!«

Dieb. Das ‚Neue Wiener Journal' ist bekanntlich aus lauter Originalartikeln anderer Blätter zusammengestellt, und den besondern Wert dieser von den anderen Blättern teuer erworbenen Originalartikel pflegt es durch die Anmerkung »Nachdruck verboten« zu betonen.

Damit man aber nicht etwa glaube, die Herstellung des ‚Neuen Wiener Journals' sei eine gar so einfache Sache, wird den Lesern eingeredet, daß der Dieb nicht in Wien sitze, sondern daß in allen Städten der Welt Spezialdiebe aufgestellt seien, die den Inhalt der in allen Städten der Welt erscheinenden Zeitungsartikel telegraphisch — per Post tun sie's nicht — nach Wien befördern. So hat sich bei den Lesern des ‚Neuen Wiener Journals' allmählich die Überzeugung herausgebildet, daß das Stehlen von Artikeln viel kostspieliger sei als das Schreiben von Artikeln und daß das ‚Neue Wiener Journal' aus purer Noblesse keine eigenen Beiträge bezahle. Immerhin ist die publizistische Taktik des Blattes eine andere geworden. Früher genügte es Herrn Lippowitz zu wissen, daß Wien an der Donau liegt; ihre Quelle anzugeben, wäre er um keinen Preis der Welt zu bewegen gewesen. Nun ist er in den letzten Jahren öfter gezwungen worden, seinen Lesern zu verraten, daß es auch in Berlin, Frankfurt, Paris und London Zeitungen gibt. Das Prestige des ‚Neuen Wiener Journals' wäre verloren gewesen, wenn Herr Lippowitz nicht auf den Ausweg verfallen wäre, sich aus Berlin, Frankfurt, Paris und London eigens depeschieren zu lassen, was sich in Wien so bequem ausschneiden läßt. Die technische Arbeit ist komplizierter geworden, aber auch effektvoller. Die Zeitungen werden genannt, aber »man telegraphiert uns«, daß sie den und jenen Artikel gebracht haben. Sogar Witze läßt sich das Blatt telegraphieren. »Zwei derartige Anekdoten«, hieß es kürzlich im ‚Neuen Wiener Journal', »erzählt, wie uns aus London depeschiert wird, die ‚Amalgamated Preß Limited' . . .« Der grundehrliche Lippowitz scheut kein Originaltelegramm, wenn es den Diebstahl eines Beitrags gilt.

Europäer. Nur wir verkennen ihn. Die Italiener schwören auf ihren Battistini, der Pariser ‚Figaro' zählt seinen Rodolphe Lothar zu den größten Dramatikern der Weltliteratur, und in einem Berliner Blatt war kürzlich die folgende Ankündigung einer Aufführung des Bernstein'schen Sensationsschmarrns »Der Dieb« zu lesen: »— — der deutsche Bearbeiter, Dr. Rudolf Lothar, führt selbst die Regie. Lothar ist für Berlin kein Fremder, seine Stücke ‚Königsidyll' und ‚Frauenlob' wurden hier am Königlichen Schauspielhause aufgeführt, sein ‚König Harlekin', der mit dreitausend Aufführungen das meistgespielte deutsche Stück der letzten Literaturepochen ist, am Deutschen Theater anläßlich des Gastspieles des Deutschen Volkstheaters.« Ob der königliche Herr Lothar wirklich dreitausend Aufführungen gezählt hat, mag zweifelhaft sein. Da die Literaturepochen, die auf ihn stolz sind, keine reinen Epochen, sondern sogenannte Mischepochen sind (in denen mit Übertreibungen gearbeitet wird), ist eine nachträgliche Feststellung nicht leicht möglich. Sicher ist, daß der »König Harlekin« aus dem Hethitischen in alle Sprachen übersetzt worden ist und daß es zwischen Island und Jassy keinen guten Europäer mehr gibt, der nicht schon von Rudolf Lothar gehört hätte. Vor allem aber sind es Deutsche, Franzosen, Italiener und Slaven — ja, auch Slaven —, die sich um die Popularisierung eines Werkes bemüht haben, das seinen zungenfertigen Schöpfer so ziemlich in allen gangbaren Tonarten preist: vom Harlekin über den arlequin und arlecchino bis zu dem schwer auszusprechbaren, aber darum nicht weniger beliebten König Aflekin.

Passant. Bahnkatastrophen, Brände, Unglücksfälle auf der Straße werden neuestens durch das Dazwischentreten irgend einer hohen Persönlichkeit, die immer in der Nähe ist, unnötig kompliziert. Ob sich der »Prinz-Gemal« bei dem holländischen Schiffsunglück endlich die Popularität verdient hat, die ihm die inspirierte Presse neidlos zuerkennt, mag zweifelhaft sein. Jedenfalls gewann man den Eindruck, daß es sich um ein Debut gehandelt hat, für das die Katastrophe die längst erwünschte Gelegenheit bot. Stand der Prinz-Gemal der Rettungsaktion nicht im Wege, kann man mit seinem Erfolg auf alle Fälle zufrieden sein.

Konfisziert!

Konfisziert!

Wiener. Die Presse beginnt, Bernhard Baumeister zu würdigen. Das ‚Neue Wiener Tagblatt' brachte neulich die folgende Theaternotiz: »Bernhard Baumeister, auf den gegenwärtig durch das vor drei Tagen erfolgte Ableben seiner einzigen Tochter wieder die öffentliche Aufmerksamkeit gelenkt wurde, könnte im Mai dieses Jahres die fünfundfünfzigjährige Zugehörigkeit zum Burgtheater und den fünfzigsten Jahrestag seiner Ernennung zum Hofschauspieler feiern. Die Gedenktage werden jedoch still vorübergehen, obwohl ein gleicher Fall im Burgtheater bisher nicht zu verzeichnen war«. Hier scheint die Dummheit in ihrem Übereifer ganz übersehen zu haben, wie abenteuerlich taktlos sie ist. Die durch alle Zeiten bewährte Wahrheit, daß »so etwas nur in Wien möglich ist«, feiert einen Triumph. Wenn ein Schmalztenor vom Carltheater eine Tarockpartie gewinnt oder das Fräulein Günther ein Hühnerauge verliert, ist die »öffentliche Aufmerksamkeit« dieser gottverlassenen Stadt von selbst gesichert. Die Zeitungen melden einfach das Ereignis und damit basta. Das Familienunglück Baumeisters muß kommentiert werden; und es wird mit der liebenswürdigen Hirnrissigkeit, die in Wien jede Schande resolut beichtet, als das einzige Motiv jenes Interesses enthüllt, das Wiener für ihren größten Bühnenmenschen etwa noch übrig haben. Ein donnerndes Pfui sei dieser Gutmütigkeit dargebracht! Sie hat auch jene Osterbeilage der ‚Zeit' ruhig hingenommen, in der die Wiener Bühnenlieblinge bei der Lektüre einer Warenhausreklame dargestellt waren. Sonnenthal, Girardi, der tote Lewinsky und der trauernde Baumeister als Sandwichmen der Firma Herzmansky, Reklamplakate in Händen haltend! Charlotte Wolter und Zerline Gabillon läßt dieser Ostereinfall Auferstehung feiern. Eh' noch die Schuh verbraucht, mit der die ‚Zeit' Lewinsky's Leiche folgte, vertritt sie den Grundsatz, daß der Lebende, nämlich der Inserent, Recht hat. Und um die öffentliche Aufmerksamkeit auf Bernhard Baumeister zu lenken, läßt der Zeichner der ‚Zeit' (ich finde für diesen Künstler kein stärkeres Wort) den Ehrwürdigen ausnahmsweise keine Parte, sondern eine Geschäftsreklame in der Hand halten. So geschehen zu Wien am 31. März 1907! Die Spucknapfverordnung ist ein Hohn auf alle Zweckmäßigkeit. Warum soll man denn angesichts solcher Taten des Wiener Geschmacks daneben spucken? Die Näpfe kann man ja dann immer noch für jenen Zweck verwenden, zu dem sie vermöge ihres Gewichts prädestiniert erscheinen. Mindestens wäre es aber ein gutes Werk, wenn sich die porträtirten Schauspieler aufraffen und zu einer malerischen Gruppe vereinigen wollten, um einander ihre Beleidigungsklagen gegen das Hundeblatt vorzulesen.

Herausgeber und verantwortlicher Redakteur: Karl Kraus.
Druck von Jahoda & Siegel, Wien, III. Hintere Zollamtsstraße 3

DIE FACKEL

Nr. 225 WIEN, 3. MAI 1907 IX. JAHR

Nulla dies . . .

Kein Tag vergeht, ohne daß ein Gerichtsfall die Erkenntnis von der wahren Bestimmung aller Gesetzlichkeit und Behördlichkeit predigte: ein Hohn ihrer Bestimmung, ein Lohn ihrer Verhöhnung zu sein. Seit langer Zeit ahnt man es, aber die Ahnung wird zur Gewißheit erwachsen, wenn erst ein neues Strafgesetz die Gehirnschande besiegelt haben wird: Diese dreiste Richterspielerei erwachsener Schulknaben, denen man durch Ministerialerlässe die Lebensfremdheit abzugewöhnen sucht, taugt nichts. Diese ganze Institution »Justiz« kann in einer Welt, der der Mensch ein Fremdling ist und der nur die Tat gilt, nie etwas anderes bedeuten als die kostbare Gelegenheit für eine Rotte schlechtbezahlter Sünder, sich an den Gerechten zu rächen, nie etwas anderes als das wollüstige Vorhalten von Spießruten, an denen der Menschenwert vorbei muß und von allen Lebensgütern zuerst das Schamgefühl verblutet. Kreaturen, die höchstens durch ihren Ursprung aus dem Aktenstaub der Schöpfungsprotokolle an eine göttliche Absicht glauben lassen, deren Anblick aber in keinem Falle die Feststellung, daß es gut war, provoziert haben kann, sind berufen, über Menschen zu richten. Das Weltbild, das uns die Justiz an jedem Tage gibt, zeigt, daß die Flüsse an ihrer Mündung entspringen und in ihre Quelle münden. Das Verbrechen beginnt mit der Gerichtsverhandlung. Alle bösen Triebe sind zur Sitzung versammelt, aller dolus der Welt ist aufgeboten, um einen dolus zu schaffen. Die

Menschheit verblutet unter dem trostlosen Scharfsinn einer Wissenschaft, die operiert und nicht verbindet. Wie lange noch wird sie's ertragen? Wie lange werden ihre Richter ungestraft strafen dürfen? Gäbe es doch eine Statistik der durch die Gerechtigkeit erzeugten Übeltaten! Die Summe moralischen und materiellen Schadens, der einem Volk durch seine Verbrecher zugefügt wird, ist nichts neben der Summe moralischen und materiellen Schadens, den seine Richter bewirken. Der Strafe mag es gelingen, Verbrecher abzuschrecken. Einen Richter hat sie noch nie abgeschreckt.

*

Der Landesschulrat hat beschlossen, in eine neue Ausgabe der Fibel das folgende Lesestück aufzunehmen:

»Im Juli 1894 — also vor mehr als zwölf Jahren — wurde der gegenwärtig 27 Jahre alte Privatbeamte L. P. unter eigenartigen Umständen vom Bezirksgerichte Favoriten wegen Übertretung des Diebstahls zu acht Tagen Arrests verurteilt. P., der damals 15 Jahre alt und in der Elektrizitäts-Aktiengesellschaft E. als Lehrling bedienstet war, hatte in Favoriten auf der Straße ein kleines Kind weinend angetroffen, das sich verirrt hatte und nicht anzugeben wußte, wo seine Eltern seien. Aus Mitleid führte der Lehrling das Kind auf die nächste Wachstube, wo sich inzwischen die Eltern des Kindes bereits gemeldet hatten. Als der Lehrling sich aus der Wachstube entfernen wollte, fragte ihn der diensthabende Polizeibeamte, woher er die zwei Zinkpole, einen Metalltaster und eine Platte, die aus seiner inneren Rocktasche hervorlugten, habe. Der Lehrling gab freiwillig an, daß er die Metallstücke aus der Fabrik E. genommen habe, um sie für häusliche Arbeiten zu verwenden. Er wurde nun beim Bezirksgerichte Favoriten wegen Diebstahls der beiden Zinkpole im Werte von 80 Kreuzern angeklagt. In der im Juli 1894 durchgeführten Verhandlung gab P. zu seiner Verantwortung an, daß er der Meinung war, die beiden Metallstückchen für häusliche Arbeiten mitnehmen zu können. Auf Grund seines Geständnisses wurde der Lehrling wegen Diebstahls zu acht Tagen Arrests verurteilt.

Die Eltern des Knaben waren von der Verhandlung nicht verständigt worden. Der Verurteilte wurde sofort in Haft behalten und büßte die Strafe ab. In späteren Jahren aber konnte er wegen der Arreststrafe nirgends Arbeit finden. Er wendete deshalb alles auf, um die Verurteilung rückgängig zu machen. Ein von ihm überreichtes Majestätsgesuch blieb erfolglos, ebenso ein Gesuch um Wiederaufnahme des Strafverfahrens. Erst eine von seinem Rechtsfreunde überreichte Beschwerde hatte Erfolg. Es wurde dem Bezirksgerichte Favoriten die Vornahme einer neuerlichen Verhandlung wider P. aufgetragen, die vor dem Strafrichter durchgeführt wurde. Der Angeklagte beteuerte, daß er sich, als er als Lehrling die beiden Metallstücke aus der Fabrik nach Hause nahm, nicht bewußt war, eine strafbare Handlung zu begehen. Es sei oft vorgekommen, daß Arbeiter kleine Metallstücke für ihren Gebrauch anstandslos nach Hause nahmen. Der als Zeuge vernommene Professor R., der im Jahre 1894 Direktor der Fabrik war, entlastete den Angeklagten, indem er angab, daß er diesem, wenn er darum ersucht hätte, ohneweiters die Metallstücke geschenkt hätte. Seitens der Fabrik sei auch keine Anzeige gegen den Angeklagten erstattet worden. Auch ein als Zeuge vernommener Werkführer bestätigte die Richtigkeit der Verantwortung des Angeklagten P., der nun von der vor zwölf Jahren verbüßten Strafe freigesprochen und rehabilitiert wurde.«

Die Moral: Sei nicht mitleidig, sonst wirst du in späteren Jahren keine Arbeit finden. Wenn du ein verirrtes Kind auf der Straße siehst, führe es nicht auf die Wachstube, sonst kann es dir geschehen, daß du dort behalten wirst und dann als verirrtes Kind auf der Straße stehst. Laß dich von fremden Tränen nicht rühren, damit du nicht eigene trocknen mußt... So findet's der Bürgersinn in Ordnung. Er geht an der Gerichtssaalwelt vorüber: es ist nichts. Die Märtyrer wohnen auf der Teufelsinsel. Aber die diensthabenden Polizeibeamten und die Bezirksrichter wohnen in Wien, zertreten Existenzen und sind auch nach zwölf Jahren noch davor geschützt, daß die Chronik, die ihre Taten kündet, ihre Namen verrät. Zwölf

Jahre hat der Angeklagte gebraucht, um sich zu rehabilitieren. Die Diensthabenden waren in all der Zeit nicht müßig und sind avanciert. Wenn sie Mut haben, mögen sie vortreten. Schlimmere Lynchjustiz, als sie geübt haben, kann ihnen nicht widerfahren. Man wird sie als Vertreter des verbreitetsten Amtstypus höchstens fragen, ob die Wichtigmacherei auf Kosten des Menschenglücks zu den Grundbedingungen des staatlichen Lebens gehört. Man wird einen Polizeibeamten, der ausschließlich jene Platten für gefährlich hält, die aus der inneren Rocktasche eines Lehrlings hervorlugen, fragen, ob die Deklassierung der Ehrlichen eine Aufgabe der behördlichen Fürsorge sei. Der arme Junge wollte den Verstand darüber verlieren, daß gerade er zu einem tragischen Konflikt mit der Gesellschaftsordnung ausersehen sei. Die acht Tage Arrest für die Einmengung in die Untätigkeit einer Behörde leuchteten ihm ein. Aber die zwölf Jahre Ehrverlust empfand er als grausame Verschärfung. So lange Zeit mußte er sehen, daß die Welt sich zwischen zwei Zinkpolen bewege, — und hatte vordem nicht einmal geahnt, daß man Metallstücke auch zum Schutz gegen einen diensthabenden Peiniger verwenden könne. Wehe einer Gerechtigkeit, die solche Erkenntnisse vorbereitet!

•

Eher noch würde eine Feuersbrunst durch Hineinspucken gelöscht werden, als daß ein Ministerialerlaß jene freiheitliche Errungenschaft ersticken könnte, die wir als die richterliche Unabhängigkeit von Takt, Würde, Einsicht und Erbarmen kennen. Nulla dies ... Aber derselbe Tag sah nebeneinander die folgenden publizistischen Tatsachen:

»Das Justizministerium will nicht behaupten, daß diese Mahnungen fruchtlos geblieben sind; aber einige Fälle neueren Datums, in denen das Verhalten der

»Vor dem Schwurgerichte unter Vorsitz des Landesgerichtsrates Dr. Engelbrecht hatte sich der 26jährige Holzdrechslergehilfe Leopold Sch. wegen Ver-

Vorsitzenden in der Öffentlichkeit nicht ohne Grund einer herben Kritik unterzogen wurde, verpflichten, auf diesen Gegenstand zurückzukommen und die eben erwähnten Mahnungen des Erlasses vom Jahre 1892 in Erinnerung zu bringen. Wenn ... menschliche Schwächen des Beschuldigten und Verirrungen, die mit der Tat selbst in keinem Zusammenhange stehen, in gesuchter Weise hervorgekehrt, dessen Antworten mit ironischen oder mißgünstigen Bemerkungen begleitet oder gegen ihn auffahrend und rauh verfahren würde, so steht das nicht bloß mit den Pflichten des Vorsitzenden als Richter und Verhandlungsleiter in Widerspruch, sondern ein derartiges Verhalten vermag auch Konflikte aller Art heraufzubeschwören, Leidenschaften zu wecken und das Urteil zu trüben. Der Vorsitzende soll durch die gelassene und sachgemäße Methode seines Verfahrens beruhigend und ernüchternd wirken und darf nicht der Versuchung unterliegen, seinen Scharfsinn, seine Gewandtheit, seinen Witz im Lichte der Öffentlichkeit glänzen zu lassen oder sonst durch die Art der Vorführung der Beweise und der Fragestellung die Sensationslust brechens der Notzucht zu verantworten. Die Anklage vertrat Staatsanwaltssubstitut Dr. Wiesner, als Verteidiger fungierte Dr. L. Der Angeklagte bewohnte seit Mai 1906 bei einer Frau und deren 13jähriger Tochter im 16. Bezirk als Aftermieter ein Kabinett. Nach einigen Monaten fiel der veränderte Zustand des Kindes auf und es gestand der Mutter, daß seine Niederkunft bevorstehe. Sch. gibt die intimen Beziehungen zu dem Mädchen zu, er habe dessen Alter gekannt und sei auch der strafbaren Folgen seines Tuns sich bewußt gewesen. Auf die Frage des Präsidenten, warum er dann so gehandelt habe, antwortet er einfach: ‚Ich hab' sie lieb gehabt.' Später fügt er dann noch hinzu: ‚Seit Jahren hab' ich sie gern gehabt und dann hab' ich mir gedacht, wenn die Zeit kommt, wirst du sie heiraten.' — Verteidiger: ‚Haben Sie auch jetzt noch diese Absicht?' — Ang.: ‚Ja, wenn sie vierzehn Jahre alt ist, werden wir heiraten.' Die 13jährige Marie H., ein kräftig entwickeltes, hübsches Mädchen, bestätigt die Verantwortung des Angeklagten. Sie gibt an, daß sie am 6. März d. J. eines Mädchens genas, das sich in Pflege befindet. Die Zeugin sagt verschüchtert aus, worauf

zu fördern.... Der Vorsitzende wird überdies mit aller Sorgfalt zu verhüten haben, daß Vorkommnisse des Privat- und Familienlebens, sei es eines Zeugen, sei es des Angeklagten, die in keiner Beziehung zur Sache stehen, unnütz zur Erörterung gelangen und der Öffentlichkeit preisgegeben werden. Unser Strafgesetz hat die nicht durch besondere Umstände gerechtfertigte Veröffentlichung ehrenrühriger Tatsachen des Privat- und Familienlebens unter Strafsanktion gestellt. Der Gerichtssaal darf nicht als eine Stätte gelten, an der diese Vorschrift ungescheut übertreten werden kann. Daß der Richter sich von derlei Mitteilungen fernhalten müsse, ist selbstverständlich. Er wird aber auch bei der Leitung der Verhandlung darauf Bedacht zu nehmen haben, daß Fragen unterbleiben oder zurückgewiesen werden, die darauf abzielen, Privat- oder Familienangelegenheiten ohne zwingende Ursache in die Verhandlung einzubeziehen. Ebensowenig wäre es zu billigen, wenn ein Vorsitzender an der Handlungsweise der Zeugen und an ihrem Verhalten in bestimmten Lebenslagen Kritik üben oder, von der Aufgabe und dem Zwecke der gerichtlichen Verhandlung der Präsident bemerkt: ‚Genieren Sie sich nicht, Sie haben sich früher auch nicht geniert. Wenn Sie schon die sonstigen Begriffe von Anständigkeit und Moral nicht gehabt haben, mußten Sie doch wissen, daß das eine unerlaubte Handlung ist.' — Zeugin (leise): ‚ich habe es nicht gewußt.' — Präs.: ‚Daß es eine Sünde ist, haben Sie wissen müssen.' — Zeugin: ‚Ich habe es nicht gewußt.' — Präs.: ‚Warum haben Sie Ihre Schamhaftigkeit nicht gewahrt?' — Zeugin schweigt. — Präs.: ‚Sind Sie nicht während der Zeit in der Beichte gewesen? Sie mußten doch vom Priester hören, daß das nicht gestattet ist.' — Zeugin schweigt. — Verl.: ‚Wären Sie bereit, den Sch. zu heiraten, wenn Sie vierzehn Jahre alt sind?' — Zeugin: ‚Ja. Ich hab ihn gern.' — Staatsanwalt: ‚Wissen Sie denn überhaupt, was das heißt einen Mann gern haben, mit Ihren dreizehn Jahren? Ich glaube, das sind Begriffe, die bei Ihnen nicht vorhanden sein können.' — Zeugin: ‚Ich hab' ihn sehr gern.' — Der Staatsanwalt plädiert für

abschweifend, über allgemein gesellschaftliche, sittliche, religiöse und ähnliche Fragen individuelle Urteile und Auffassungen oder sonst persönliche Ansichten in einer Art äußern würde, die den Zeugen bloßstellen oder das Gericht in ein schiefes Licht setzen könnte. Der Vorsitzende als Leiter der Verhandlung wird zu solcher Kritik am allerwenigsten berufen und berechtigt sein.« die Schuldigsprechung des Angeklagten und hebt hervor, daß das Gesetz sich eine zu große Selbstbeschränkung auferlegt habe, indem es die Grenze mit vierzehn Jahren setzte. Der Verteidiger bittet um Freispruch seines Klienten, die Geschwornen mögen Gnade üben und drei Existenzen retten. — Die Geschwornen verneinten die Schuldfragen mit sieben gegen fünf Stimmen, worauf der Präsident sofort den Freispruch des Angeklagten verkündete.«

Aber wenn Erlässe nicht helfen, wird man mit Richtern, die sich's nicht versagen können, an einen Angeklagten die Gretchenfrage nach der Religion zu stellen oder ein Gretchen als böser Geist in der Domszene zu quälen, in einer anderen Sprache sprechen müssen. Es ist in Österreich möglich, daß eine Sühne, wie sie die Kundgebung des Justizministers nach den schmachvollen Offenbarungen des Ruthofer-Prozesses bedeutet, auf der Stelle durch eine Tat wettgemacht wird, die alles hinter sich läßt, was bis dahin in Österreich möglich war. Nie hat kriminalistischer Wahn blinder am Leben vorbeigetappt als in diesem Zeitalter einer barbarischen Humanität, aber nie war das Ärgernis der Sehenden größer als in diesem letzten Gerichtsfalle. Wenn ein Meßner den Staatsanwalt machte und ein Kerzelweib präsidierte, könnte das Liebesleben einer Zeugin nicht fühlloser mißhandelt werden. Wieder einmal ist in einer österreichischen Gerichtsverhandlung die Natur mit ihren Ansprüchen auf den Kirchenrechtsweg verwiesen worden. Aber daß darüber gleich auch judiziert worden ist und der Gerichtshof sich für kompetent erklärt hat, das Beichtgeheimnis einer

Zeugin zu empfangen, ist das Besondere des Falles Engelbrecht-Wiesner. Diese Kompagnie erdreistet sich, eine Gerichtsbarkeit über »Sünden« auszuüben, hält das Kruzifix, das auf dem Gerichtstisch steht, dem Zeugen nicht zum Schwur, sondern zum Gebet vors Antlitz. So mag dem Priester künftig nichts mehr übrig bleiben als die erstaunte Frage an sein Beichtkind, ob es denn nicht in der Gerichtsverhandlung gewesen sei und ob ihm der Landesgerichtsrat nicht gesagt habe, daß der außereheliche Geschlechtsverkehr verboten sei. Aber ein Hirn, in dem eine Altarkerze brennt, ist immer noch heller als eines, an dessen Paragraphenwindungen sich die Strahlen des Lebens brechen. Man sehe nur, wie sich in den Köpfen des Wiener Landesgerichts die Sexualentwicklung eines jungen Mädchens malt. Zuerst bekommt es die »sonstigen Begriffe von Anständigkeit und Moral«. Dann erfährt es, daß der Geschlechtsverkehr eine unerlaubte Handlung sei. Dann kommt die Schwurgerichtsperiode. Ein unbezähmbarer Naturtrieb zwingt das Mädchen, »seine Schamhaftigkeit zu wahren«. Hat es sich gegen diesen Naturtrieb ausnahmsweise vergangen, so hat es auch schon das Recht verwirkt, nachträglich vor einer Schar unbeteiligter Landesgerichtsräte seine Schamhaftigkeit zu wahren. Es gibt junge Mädchen, die sich kein Gewissen daraus machen, mit ihrem Geliebten Dinge zu tun, über die sie später vor Herrn Engelbrecht am liebsten schweigen möchten. Das täte ihnen so passen. In einem Kabinett sündigen und im Gerichtssaal rot werden! Das Schamgefühl eines Landesgerichtsrates gröblich verletzen und sich dann gegen eine Verletzung des eigenen Schamgefühls sträuben! Herr Engelbrecht duldet keine Heimlichkeiten. Aber während er bei einem dreizehnjährigen Mädchen die Begriffe von Anständigkeit und Moral wenigstens bis zu ihrem Eintritt in den Gerichtssaal voraussetzt, glaubt der Staatsanwalt, daß die »Begriffe des Gernhabens« bei ihr überhaupt nicht vorhanden sein können. Eine Gerichtsverhandlung zur Feier der Anwesenheit Frank Wedekinds in Wien! Der Vorsitzende verwertet die Erkenntnisse aus »Frühlingserwachen«, und der Staatsanwalt hat »Franziskas Abendlied« gelesen: »Weiß die Mutter doch so gut, wann die Äpfel reifen, und ihr eigen Fleisch und Blut will sie nicht begreifen!« Aber er heißt Wiesner, ist der Sohn eines berühmten Pflanzenphysiologen und muß sich demgemäß die beschämende Variante gefallen lassen, daß der Vater so gut um die Reife Bescheid weiß und daß sein eigen Fleisch und Blut sie nicht begreifen will.

Eine dreizehnjährige Mutter! Das bringt eine Kriminalistik, die der Entwicklung des Menschen von rückwärts Rechnung trägt und aus dem idealen Zustand jenseits von Potenz und Klimakterium zur »Altersgrenze« hinablangt, außer Fassung. Aber ein Mädchen, das noch die Fibel liest, kann lebensreifer sein als ein Landesgerichtsrat, der das Leben nach Fibelbegriffen wertet und vom Geschlechtsgenuß nichts weiter weiß, als daß er unmoralisch ist. Und ein Mädchen, welches das Schamgefühl verletzt, handelt gottgefälliger als ein Richter, der die Verletzungen des Schamgefühls demonstriert. Daß sich die Geschlechtstriebe der Judikatur so schwer anpassen, ist die rätselvolle Tatsache, vor der jeder Kriminalist, von der Pubertät bis zum Ablauf des Staatsdienstes, staunend steht, die er an seinem eigenen Leib erleidet und darum an fremden Leibern ahndet. Die Göttin der Gerechtigkeit ist blind, verstopft sich die Ohren und legt einen Keuschheitsgürtel an. So gerüstet, hat sie von den neuen Erkenntnissen nichts zu fürchten. Und wenn Herr Engelbrecht von einem Neurologen erfährt, daß der Mensch eigentlich sein ganzes Leben hindurch, von der Geburt bis zur Hinrichtung, daß der

Säugling beim Stuhlgang und der Delinquent, dem die Schlinge um den Hals gezogen wird, Sexualempfindungen haben, er glaubt es nicht. Sonst würde er diesen und jenen mit dem Vorwurf einschüchtern: »Wenn Sie schon die sonstigen Begriffe von Anständigkeit und Moral nicht gehabt haben, mußten Sie doch wissen, daß das eine unerlaubte Handlung ist!«

Weibliche Ärzte.

Die miserable Anlage des Staates zwingt das Weib, einen Beruf zu ergreifen. Es muß entgegen seinem Prinzip (das ist die Anlockung des Mannes) Lehrerin, Beamtin, Geschäftsfrau, Dienstmagd sein. In diesen Berufen wird es nicht glücklich, sondern verkümmert, altert vor der Zeit oder geht zur Prostitution über in einer Weise, die eine Prostitution der wahren Prostitution genannt werden könnte und die vielleicht die tiefe Mißachtung erklärt, in welche dieser Stand geraten ist. Alles das verschuldet und verantwortet der Staat. Aber niemand zwingt das Weib zum Studium der Medizin, es hat sich dieses Recht mit großem Schwung erobert und das Weib unternimmt freiwillig nur, was zur Lösung seines Problemes (das ist der Mann) führt, sei es nun geradezu oder auf einem Umwege. Nicht weibliche Proletarier studieren Medizin, sondern Bürgerliche, die Männer fangen wollen. Die Bewegung hat nicht den großen Stil der proletarischen Massen, sie ist eine Angelegenheit der guten Gesellschaft, ein neuer weiblicher Sport, eine Operette. Die Festungen der Wissenschaft, darein sich Männer tagsüber vor Weibesbedrängung verschanzen, werden vom schönen

Geschlecht durch Überwindung von zwanzig rigorosen Prüfungen erstürmt.

Da die Weiber aber auch im Dienste ihres Prinzips Neues nicht selbständig erfinden können, so bedeutet das Entstehen studierter Weiber, daß es Männer gibt, welche lernende und gelehrte Weiber reizend finden. Diese Männer nennen sich Feministen. Wir möchten den Ehrentitel für uns in Anspruch nehmen und werden sie lieber Masochisten nennen, nämlich verkrüppelte und unfreie Masochisten. Denn sie wollen das Weib zum Manne machen, sie haben Phantasien von starken Weibern, die dasselbe leisten können wie Männer, ja besonders als Ärztinnen zweifellos viel mehr leisten würden als Männer und kämpfen für diese uneingestandenen sexuellen Perversionen mit der ganzen Leidenschaft, die den bewußten Masochisten auf die Suche nach der gestrengen Herrin treibt. Und weil, was ein Masochist ist, auch sadische Triebe hat, wünscht er vom Weibe, daß es lustrenlang und länger in Hörsälen, Laboratorien und Spitälern wie in Folterkammern geschäftig und heimisch tue. Im Dienst ihres Prinzips sind die Weiber Heldinnen. Die Feministen riefen und das Weib hat den Sprung ins Dunkle gewagt.

Das studierende Weib will sich vor anderen Weibern erhöhen und wählt hiezu den Weg durch die Wüsteneien der Wissenschaft, von dessen Länge und Beschwer es falsche Vorstellungen hat. Es geht ihm wie Columbus, der Asien im Westen suchte und die Größe der Erde unterschätzte. Und wie das Festland von Amerika den Genuesen rettete, so hilft das Weib sich fort mit manchem Unerwarteten, das es unterwegs entdeckt. Am besten dann, wenn es hysterisch ist. Denn das hysterische Weib hat die geheimnisvolle Fähigkeit, seinen Sexualwillen vom Sexualziel abzuziehen und auf die Tätigkeit zu lenken, in die es sich gerade verrannt hat. Das Ziel wird vergessen und das Drängen nach dem Ziel wird Selbstzweck und lustbetont. Mit Hilfe dieser hysterischen Verkehrung erklärt sich der unnachahmliche, wollüstige Fleiß mancher Studentinnen. Es ist ein geiler, im bürgerlichen und wohl auch im metaphysischen Sinne unsittlicher Fleiß, das Weib absolviert in Form von Wissenschaft sein Sexualleben vor aller Augen, es ist ein maßloses, bacchantisches Sichausleben, denn Furcht und Scham, die das normale Weib hemmen, fallen hier weg; es ist eine öffentliche Liebe, von der niemand nichts weiß.

Diese Mänaden, die im heiligen Hain solchen Höllenlärm schlagen, daß die Quellgötter, die hier zuhause sind, schaudernd in die Tiefe tauchen, stellen das Extrem dar, das in unmerklichen Übergängen zum gesunden Weibe führt, das glücklicherweise diese Arbeit der künstlichen Sterilisierung nicht leisten kann und seinem Prinzip, der Anlockung des Mannes, in Treuen hold bleiben möchte. Es ist in der andromorphen Wüste, aus der es ein Paradies nicht machen kann, verloren. Die armen Geschöpfe hasten frühmorgens durch Sturm und Nebel zum Borne der Weisheit, sie bekommen rote Nasen davon und breite Füße, sie verwelken gleich einer Verlobten in lange währendem Brautstand. Denn es sind bürgerliche Mädchen, die man gelehrt hat, nur mit dem Ring am Finger was zulieb zu tun, und ein dauerndes enges Zusammenleben von Mann und Weib ist schadlos nur bei periodischer Entladung denkbar. Darüber hilft die Hysterie hinweg. Der hysterischen Kollegin gelüstet es mit jedem Tage mehr an der Weisheit Brüsten, die Gesunden erfrieren dabei die Nase, die Füße und das Herz. Es ist ein Glück, daß wohl keine zur Medizin geht, die nicht ein bißchen Anlage zur Hysterie hat, die sich nicht wenigstens temporär hysterisch pervertieren kann. Nur blitzt das weibliche Prinzip in seiner Urgestalt wie ein elektrischer Kurzschluß immer wieder durch und ist dann ganz und gar unbändig, wenn es durch fortwährende Perversion bis zur Weißglut erhitzt ist. So bleibt dem nicht extrem hysterischen Mädchen, das durch Phrasen in die Wissenschaft gehetzt wird, wenn niemand es rechtzeitig legitim liebt, zur Rettung seiner Seele nichts als die illegitime Liebe. Aber das bedeutet verminderte Heiratsfähigkeit. Die Studenten, deren Sexualleben in der entsetzlichsten Weise verwahrlost ist, mögen sich des Geschenkes freuen, das ein Irrtum ihnen in den Schoß wirft: die Pforten sprangen auf, weil Minerva pochte, und Venus tritt in die Halle. Hinter Retorten und Gasometern läßt sichs kosen als wie im grünen Tann, auch im Seziersaal kann man sich duftende Märchen ins Ohr flüstern. Leider ist die unausrottbare Heuchelei der bürgerlichen Gesellschaft damit nicht einverstanden. Man wird bei geistig gesunden Mädchen wohl annehmen dürfen, daß das Blümchen in der Studentenbrandung verloren geht, und das zur Ehre der studierenden Mädchen — aber man muß ihnen, bevor sie inskribieren, sagen, daß sie nach bürgerlicher Schätzung mit dem Gang zur Quästur ihre Heiratsfähigkeit vermindern. Da Studenten noch nicht heiraten können, müßten sich höchstens die ledigen Dozenten ihrer erbarmen und deren sind wenige. So versäumen die Mädchen auch die beste Jugendzeit zum Lieben und Gebären.

Man wird aber auch vom freiesten Standpunkte unnatürlich nennen müssen, daß einige wenige Weiber, die wahrscheinlich nicht die wertvollsten sind, den unverständigen jungen Männern aufgedrängt werden. Die Gefahr ist groß, daß ein Student mit der ganzen Hartnäckigkeit der ersten Liebe sich in ein Scheusal vergafft, nur weil es ihm immer um die Nase streicht und besseres Futter für den der Welt noch Abgekehrten nicht zu haben ist. Wer jung ist, ist blöde, wagt nicht, zurückhaltende Frauen im Sturme zu erobern. Er ist auf aggressive angewiesen. Das Eindringen des Weibes ins Laboratorium fühlt auch der schüchterne Liebhaber als Angebot, und einmal im Netz, zappelt er lange. Die nicht studierenden Frauen könnten das als unlautern Wettbewerb bezeichnen. Man kann von den Studenten, die starke Ausdrücke lieben, oftmals hören, die weiblichen Kollegen kämen ihnen vor wie Prostituierte. Sie glauben, daß das Weib unter gefälschtem Vorwand die Stoa betritt und die alma mater zur Kupplerin herabzerrt. Das ist ein gegen beide Teile ungerechter Vergleich. Aber eine Gemeinsamkeit ist da: die aggressive Art der Anlockung.

Unter solchen Fährlichkeiten reift die Studentin zur Ärztin. Die »Feministen«, diese Zierde der Menschheit, tun, als hienge die Frage an der Fähigkeit des Weibes, den Prüfungsstoff aufzubüffeln. Natürlich kann auch das Weib so viel Gehirnschmalz aufbringen. Es handelt sich aber darum, ob der Weg zur Ärztin nicht ein Irrweg ist, ob er sich nicht zu weit vom weiblichen Problem entfernt, ob er nicht etwa das Weib unglücklich macht. Wer stark ist, irrt sich nicht. Nie wird ein wahrhaft geniales Weib Medizin oder überhaupt studieren, es sei denn um Liebe. Aber das führt in die Weltgeschichte.

•

Die Studentin schädigt sich selbst; die Ärztin möglicherweise auch andere. Ihre Beziehungen zu weiblichen Kranken sind schnell erledigt: Frauen wollen von weiblichen Ärzten fast ausnahmslos nichts wissen. Im Spital, wo sie sich's nicht wählen können, sind sie mit den weiblichen Ärzten unzufrieden. Das ist sehr leicht verständlich. Für eine kranke Frau ist es eine schwere Enttäuschung, wenn man ihr eine Ärztin schickt. Sollte sie Fieber und schmerzhafte Gebreste leiden und um den männlichen Trost kommen? Auf dem Zahlstocke eines Wiener Spitales lag einmal eine Witwe, der man eine Ärztin zur Behandlung schickte. Sie sagte entrüstet: »Ich will einen Arzt. Mein Mann hat das Mädchengymnasium unterstützt. Wenn er aber gewußt hätte, daß es solche Früchte tragen wird, dann hätte er sich's anders überlegt.« Wie weiblich, wie reizend unlogisch und wie tief und wahr! Was für andere Früchte könnte denn ein

Mädchengymnasium tragen als eben Ärztinnen? Aber die Ärztinnen pflegen auch untereinander spinnefeind zu sein und verfechten einzeln selber die Meinung, es sollte keine andere den Doktorhut erlangen, der wie jeder Damenhut an Wert verliert, wenn viele das gleiche Modell tragen. Will man erkennen, wie echte, eifersüchtige Feindschaft aussieht, dann frage man das weibliche Pflegepersonal über seine Meinung von Ärztinnen. Es ist ein Glück, daß die Weiber, wenn sie sich noch so sehr in Unweiblichkeit und Hysterie verlieren, die Eifersucht als einen Leitstern immer bewahren. An der Eifersucht sollt ihr sie erkennen, und durch die Eifersucht könnten sie sich selber finden, solange noch Zeit ist.

Am Krankenbette des Mannes schaltet seit je die weichere Hand des Weibes als Pflegerin. Es gibt keinen weiblicheren Beruf, Männer erweisen sich immer wieder als untauglich dazu. Die Krankenpflege ist die reinste Objektivation des weiblichen Prinzips, verklärte Mütterlichkeit, und die Pflegerin ist die Verkörperung der Rafaelschen Madonnen, die Jungfräulichkeit und Mutterschaft vereinigen. Die Krankenpflege des Weibes in ihrer reinen, einfältigen Form ist ein Trieb, in den die ganze Sexualität des Weibes einfließen kann. Für Pflegerinnen gibt es keine Männer, nur Kinder, und für Kranke ist die Pflegerin nicht das Weib, sondern die Mutter. Manchmal heiraten Genesene ihre Pflegerin, aber auch Ödipus hat seine Mutter geheiratet, ohne es zu wissen. Das Prinzip der Mütterlichkeit tritt in der Uniformierung des Pflegepersonals bewußt zutage; wenn das Weib wirken will, legt es auf individuelle Toilette Wert, die seine Mängel verhüllt und seine Vorzüge geltend macht.

Die »Feministen«, die man nicht genug loben kann, folgern aus der Pflegefähigkeit des Weibes seinen ganz besonderen Beruf zur Medizin. In Wirklichkeit folgt das Gegenteil daraus. Die Pflegerin legt ihre Einzelpersönlichkeit ab und wird zur Mutter;

der Arzt wirkt nur durch seine Persönlichkeit. Die Pflegerin liebt den Patienten, aber der Arzt liebt den Patienten durchaus nicht, sondern er heilt ihn, er wird die Geschwulst nicht streicheln, sondern herausschneiden, und die besten Ärzte sind die gröbsten. Der Arzt ist seinem Wesen nach ein Kämpfer, ein Feldherr. Die Pflegerin ist ihrem Wesen nach ein Weib, in dessen Engelsarmen gut ruhen ist. Deshalb erkennen die »Feministen« die besondere Eignung des Weibes zum ärztlichen Beruf.

Die Ärztin tritt ins Krankenzimmer und wirkt. Wir begegnen der grotesken Zumutung, ein Mann sollte sich vor einem Weibe und für ein Weib entblößen können, von ihm besehen, betastet, behorcht werden: mit Ausschluß der Sexualität. Soll der Mann, weil er krank ist, von einem Weibe andere Gefühle empfangen, als da er gesund war? Er müßte homosexuell sein, wenn er vom Weibe, das ihm helfen will, andere Hilfe erwartete als Rettung aus Liebesnot. Es sei denn, daß es um das blanke Leben geht, und dann wird er das Weib zum Teufel jagen, weil dann zum Schäferspiel nicht Zeit ist. Er wird in jedem Falle, den er mit Galanterie nicht überwinden kann, das Weib zum Teufel jagen. Er schämt sich vor dem Weibe; nicht weil er sich entblößen soll, sondern weil es so geschehen soll, als wäre er impotent und exhibitioniere. Es gibt nichts reizvolleres, als sich von einem Weibe den Spahn aus dem Finger ziehen zu lassen; aber man muß gesehen haben, wie das Weib einen gelähmten Mann katheterisiert. Der Patient rettet sich in seinen Masochismus, wozu ja der Kranke leichtgeneigt wird, — die leichtkranken Männer im Saale lachen. Die Feministen sagen, daß die lachenden Männer ungebildet und roh seien. Gott erhalte uns solche Unbildung und Roheit. Der alte Hildebrand konnte auch nicht zusehen, wie Chriemhilt den gefesselten Hagen schändete. Es möchte den Weibern schlimm ergehen, wenn die Männer über sie nicht mehr lachen.

Der äußerste Fall ist aber das Katheterweib noch nicht, sondern der weibliche Psychiater. Die Angst vor Irrsinn ist fürchterlich genug. Läuft man noch dazu Gefahr, einem weiblichen Psychiater in die Hände zu fallen, dann möge ein E. T. A. Hoffmann oder ein Poë versuchen, das Grauen der Situation auszuschöpfen: Der physiologische Irrsinn über den pathologischen triumphierend. Daß ein Mensch, der über die »dritte reitende Artilleriebrigade« stolpert, Paralyse, und ein Mistbauer, der sich für einen Malteserritter hält, auch kein tadelloses Seelenleben hat, erkennt natürlich auch eine Frau, sei sie nun Ärztin oder seit vierzehn Tagen Irrenwärterin. Aber wie soll ein Weib mit den Grenzfällen des Seelenlebens fertig werden, die Spiegelung in der eigenen Persönlichkeit verlangen, die mit Namen nicht benannt werden können und mit allem zusammenhängen, was der Mensch Tiefstes und Höchstes hat? Die dem Manne nachgeäffte geistige Scheintätigkeit kann hierzu nicht ausreichen. Es ist einmal unmöglich, Federzeichnungen auf Sackleinwand zu entwerfen. Man denke sich ein Weib in amtlicher Stellung als Psychiater, wenn man das Gruseln lernen will. Denn das Weib ist äußerst gewissenhaft als Postbeamtin, das ist die Gewissenhaftigkeit des Drills, dressierte Tiere lassen auch niemals einen Reifen aus, wenn sie springen; aber das Weib hat kein Verantwortungsgefühl vor der eigenen Persönlichkeit, es fühlt sich nur seinem Prinzip verantwortlich.

Amtsärztinnen! Die Aspirantinnen der Wiener Krankenanstalten wollen zu Sekundarärzten und Assistenten ernannt werden, sie petitionieren und überlaufen die Hofräte im Ministerium. Es ist schwer, dem weiblichen Liebreiz ins Angesicht zu widerstehen. Dennoch hatte einer der Herren den Mut, den Damen zu sagen, er könne sich nicht denken, daß es einem männlichen Arzte gut möglich wäre, unter einer Frau zu dienen. Da kam er schön an. Im Hause der Wissenschaft, erwiderte die Ärztin, gäbe es nicht Subordination, wie im Amt oder beim Militär. Wer mehr wisse, der gelte mehr und man werde die Frauen nicht verhindern können, mehr zu wissen als so mancher Mann. Ist das nicht eine Antwort zum Küssen? Kann ein Hofrat schlauer bei seinen eigenen Idealen gepackt und zum Schweigen gebracht werden? Natürlich wollen die Frauen bezahlte Stellen, weil sie Geld brauchen, wenngleich des Lebens Notdurft gedeckt ist. Aber daß es ihnen ganz besonders darum zu tun ist, etwas zu gelten, ein ganz klein wenig zu herrschen, das kann jeder sehen, der die Ärztinnen dort beobachtet, wo sie schon jetzt Gelegenheit haben, Befehle zu erteilen. »Mit dem gnädigen Herrn könnte man ganz gut auskommen, wenn nur die gnädige Frau nicht wäre«, — diese uralte Dienstbotenklage wird in das Krankenhaus verpflanzt, und die den Seufzer ausstoßen, sind außer dem weiblichen Wartepersonal gerade die weiblichen Kranken. Die männlichen Kranken mögen eine Nachmittagsvisite mit vielem Vergnügen über sich ergehen lassen. Aber auch da muß es mäuschenstill sein, die jungen Ärzte müssen aufhören, mit ihren Kranken zu sprechen, jedermann im Saale muß die Frau Doktor als Herrscherin anerkennen, sonst gibt es Krach. Wir haben es mit der infantilen Form der Herrschsucht zu tun, wie sie sich etwa in einem Häuptling der Dahomeyneger zeigt, der täglich eigenhändig ein paar Untertanen köpft, um sich an seiner Machtfülle zu weiden. Ein Sekundararzt spielt die untergeordnetste Rolle im Staatshaushalt, ein Assistent ist nicht viel mehr; da es aber das Nächste ist, was die Frau Doktor als vorläufig unerreichbar vor Augen hat, so möchte sie ebenso gern Assistentin sein wie Kaiserin, und die Energie, mit der sie diese Winzigkeiten erstrebt, ist manchmal bewunderungswürdig: es ist die Energie ihres Prinzips, der Anlockung des Mannes. Die Herrschsucht des Weibes folgt unmittelbar aus ihrem Prinzip und, wer an das Prinzip nicht glauben willen, der frage, was Weiber der Welthistorie, die kommandieren durften, kommandiert haben. Und immer war ihr Sinn nur auf das Nächste gerichtet und dieses Nächste wurde mit infernalischer Energie betrieben. Wir wissen das, seitdem Xerxes mit zwei Millionen Mann in Griechenland einfiel, weil seine Frau eine korinthische Sklavin wünschte.

Ein Blick in die amtsärztliche Zukunft des Weibes ist reizend. Mit einem Handkuß oder einem zierlichen Kompliment wird der Patient eine Kostaufbesserung erzielen, eine Liebeserklärung wird das ärztliche Zeugnis zärtlich beeinflußen, und die Irrsinnigen werden sich jedenfalls durch ein Eheversprechen aus dem Kotter befreien. Die Ärztinnen, die noch einiges erreichen wollen, auch wohl noch immer unter den Männern leicht verschüchtert sind, haben ihre wahre Natur noch nicht enthüllt. Aber sind es nicht Frauen wie andere auch? Und man kann schon jetzt die Krallen in der Katzenpfote bemerken. Am schlimmsten werden die weiblichen Kranken leiden. Denn das Weib will bekanntlich nicht so sehr dem Manne gefallen, als die Konkurrentin ausstechen. Die Frauen werden es zu fühlen bekommen, daß die Frau Doktor über sie herrscht und keine Göttinnen duldet neben sich. Die Kranke kommt nicht nur um den Trost, einen Mann an ihrem Bette zu finden, sie läuft Gefahr, ob des Besten, das sie hat, von der Ärztin in unmerklichen Kleinigkeiten, in halbbewußten Sticheleien, in allen Formen, die weiblicher Haß ersinnt, gepeinigt zu werden. Besser noch möchte ein Mann, der eine Operateurin durch seine Gleichgültigkeit beleidigt hat, unter ihrem Messer davon kommen, als eine Frau, die neben der Ärztin glücklicher um Mannesgunst gebuhlt hat. Die Ärztin wird der Nebenbuhlerin bei der Operation lockere Darmnähte setzen, daß sie stirbt, und da das Unbewußte einmal entdeckt ist, wird sie es unbewußt tun, um aller Verantwortung ledig zu sein. Hier kommt man von der

Operette unvermittelt ins Medeenhafte, in jedem Weibe steckt eine Medea, und Medea war eine Ärztin...

In allen Berufen gerät das Weib mit seinem Prinzipe in Konflikt. In keinem Berufe kann dieser Konflikt, in welchem das Prinzip Sieger bleibt, bis es erstirbt, so großen Schaden anrichten wie im ärztlichen, der überdies bis heute — wenigstens bei uns — eine Spielerei für das bürgerliche Weib geblieben ist. Läge der Konflikt an der Oberfläche, so möchte ihm mit Moralsprüchen und Drohungen beizukommen sein; aber die fluchwürdige Heuchelei und Verstellung, die wir das Weib seit Jahrtausenden lehren, rächt sich an uns und am Weibe, das sich selber nicht mehr kennt. Die unbewußten Triebe des Prinzips strahlen aus den Tiefen der weiblichen Seele, lenken des Weibes Sinn und Hand. Dort in der Tiefe steckt das einzige Gewissen, das dem Weibe eigen ist; es braucht kein anderes. Es heißt nicht das Weib befreien, wenn man es zu männlichen Berufen heranzieht, sondern sein Prinzip knechten. Nirgends könnte das gefesselte Prinzip sich schrecklicher rächen als im ärztlichen Beruf, der, wie kein anderer, ins Leben schneidet.

Um nicht die Anhänger der blutleeren und weltfremden Gerechtigkeit auf sich zu hetzen, die da sagen: man darf es ihnen nicht verbieten, läßt die Obrigkeit die Weiber Ärztinnen werden, aber sie hat vorläufig die Unnatur und Hysterie nicht durch bezahlte Stellen sanktioniert. Wir müßten nicht in Österreich sein, wenn der wahre Grund dieser ablehnenden Haltung nicht ganz anderswo zu suchen wäre. Die petitionierenden Damen hatten nicht genügend hohe Verbindungen, vielleicht waren sie nicht hübsch genug und einige von ihnen waren Jüdinnen. Das alles kann plötzlich anders werden, es ist noch nicht aller Tage Abend.

Tatsächlich arbeiten die Frauen in provisorischen Stellen neben männlichen Kollegen, und diese Herren verlangen manchmal selber, daß den Frauen, die gleiches leisten, auch gleiche Rechte verliehen werden. Sie vergessen dabei, daß niemand die Frauen gerufen hat. Die Kette der faits accomplis muß endlich irgendwo durchbrochen werden: Erst hieß es erweiterte Frauenbildung, man eröffnete ein Gymnasium. Dann hieß es, wir haben dieselbe Vorbildung wie die Männer, man muß uns an die Fakultät lassen. Dann weiter, wir hören Vorlesungen, wir arbeiten und studieren, wir verlangen den Doktorhut. So soll es endlos weiter gehn. Niemals haben die Weiber mit dem Prinzip der Gerechtigkeit, das ihnen selber fremd ist, überlegener gespielt. Immer waren neue Ansätze da, die glücklich vorwärts führten. Auch die provisorischen Stellen der Frauen zeigen in die Zukunft: Das Provisorium muß ins Definitivum führen.

Item, es scheint, als wolle Staat und Land von Amtsärztinnen vorläufig nichts wissen. Daraus folgt unmittelbar, daß er auch private Ärztinnen nicht dulden sollte; denn jeder Arzt ist seinem Patienten ein Amtsarzt. Aber dem Staate gilt nur der gesunde Mensch. Der Kranke leistet nichts und das Menschenmaterial ist billig. Deshalb schätzt der Staat den privaten Heilkünstler gering: er braucht nur den Amtsarzt zur Jurisdiktion. Wo der Staat lau ist, zeigt er sich immer erstaunlich liberal: er sagt, wenn die Ärztin am Krankenbett nicht tauge, so stehe es jedem Kranken frei, sich einen Arzt oder eine Ärztin zu holen, ganz wie er will. Aber er erlaubt nicht, daß schlechtes Fleisch oder gefälschtes Mehl feilgeboten werde, obgleich es auch hier jedermann freisteht, dieses oder besseres zu kaufen. Er verzichtet auf die Vormundschaft, wo sie am wichtigsten wäre. Es wird nötig sein, daß die Ärzte selber zu dieser Frage Stellung nehmen: die Ärzte und die Professoren.

Freilich, können wir die Meinung von Professoren, die wissenschaftliche Gelder ihren Söhnen und Neffen zuschanzen, respektieren? Sollte in der Fakultät des Nepotismus, die die neuen Kliniken in der Spitalgasse nur deshalb so unangenehm hoch und massiv zum Himmel wachsen läßt, weil sie als Stammburgen einiger Professorendynastien gedacht sind, der Feminismus, nämlich weiblicher Liebreiz und Schwägerschaft nicht auch Meinungen fälschen? Die studierenden Frauen hatten bis jetzt kein Glück; die Professoren konstatieren ziemlich übereinstimmend, daß wissenschaftlich von den Frauen nichts geleistet werde und sie fügen hinzu, daß auch für die Zukunft nichts zu erwarten sei, denn die jetzt studierenden Weiber seien eine Auslese. Wir müssen hier wiederholen: Die Auslese der Frauen studiert nicht Medizin und wird nie studieren. Aber wer bürgt uns gerade in Wien dafür, daß nicht Damen zu wissenschaftlichen Pfründen kommen, wenn sie die Töchter und Nichten des Referenten sind, oder wenn sie den Tarokpartner des Referenten mit ihren Reizen bestricken?... Es soll junge Chirurginnen geben, die man ganz vorzugsweise viel operieren läßt; wenn man ihre schönen Arme sieht, die Chirurginnen entblößt tragen, dann wundert man sich nicht darüber, sondern blickt erwartungsvoll in die Zukunft. Schöne Arme sind ein ganz bedeutender Milderungsgrund. Man möchte beinahe sagen, daß sie wichtiger sind, als was in Wien an Wissenschaft geleistet wird, und da die Fakultät einmal unaufhaltsam niedergeht, so ist es besser, daß sie durch schöne Arme geschädigt wird, als durch Nepotismus, Kapitalismus und Antisemitismus. Aber selten haben Ärztinnen schöne Arme. Der Feminismus, den sie repräsentieren, ist dürftig genug.

Möchten doch die Ärzte soviel asiatische Weibauffassung bewahrt haben, um das Auftreten der Kollegin als die tiefste Erniedrigung ihres Standes zu empfinden! Nicht anders sitzt die hellblusige Frau in den Hörsälen als ein Kind mit papierenem Generalshut in einem Kriegsrat ernster Männer, nicht anders bewegt sie sich im Krankensaal als Omphale im Löwenfell des Herkules. Das Ansehen des ärztlichen Standes ist trotz Lister, Pasteur und Behring nicht gestiegen; denn das Ansehen stammt einzig von der Wucht der Persönlichkeit. Und man kann ja sehen, wie hoch die ärztliche Persönlichkeit eingeschätzt wird, wenn die Frauen herbeihüpfen und fröhlich rufen: Seht, wir können das auch.

*

Wie hinter dem sozialen Elend die Tuberkulose und hinter dem sexuellen die Syphilis, so steht hinter der Frauenfrage die Hysterie. Wer sie kennt, fürchtet sie nicht weniger als Schwindsucht und Lustseuche, sie ist erblich und ansteckend, sie unterscheidet sich von allen anderen Krankheiten dadurch, daß der Gesunde, wenn er in hysterischer Umgebung leben muß, gewöhnlich mehr darunter leidet als die Kranke. Wir können die hysterische Frau bedauern, können versuchen ihr zu helfen, aber wir müssen uns auch vor ihr schützen. Wir versprechen ihr feierlich, daß wir sie niemals heiraten werden. Wir werden ihr aber auch jedes Mitleid versagen, wenn sie mutwillig in den Konkurrenzkampf mit dem Manne getreten ist, in welchem Kampfe sie nicht so schwer gegen den Mann wie gegen sich selbst kämpft. Wir behaupten, daß die Erstrebung des ärztlichen Berufes — in westlichen Ländern — nicht mehr ist als ein Sport des bürgerlichen Weibes, gefährlich für das Weib und für die Kranken. Wir wollen nicht, daß das Studium dem Weibe verboten werde: jedes Verbot schafft neue Möglichkeiten der Hysterie, die anfing, als dem Weibe der Geschlechtsverkehr verboten wurde. Aber wir glauben, daß das Weib als Amtsärztin nicht verwendet werden darf, somit einen Arzt zweiter Güte darstellt. Man kann die Ärztin nicht einmal als eine gebildete Pflegerin schätzen, denn der Wille zum Arzt schließt den Willen zur Pflegerin aus.

Endlich warnen wir das Weib, dem wir vom

Herzen wohlwollen, vor den Feministen, von denen das Weib wissen soll, daß es keine schlimmeren Feinde hat. Der Menschenglaube hat einen chimärischen Gott geschaffen, der Männerglaube hat ein Idealweib konstruiert. Es ist ein erdachter Satan des Weibes auf Erden, ist das ungeheuerste Attentat männlicher Impotenz, der es nicht genügt, das Weib mit dem Gonokokkus zu beschmutzen. Die männliche Bestie kann auch gutmütig sein und das Weib bedauern, wenn es sich in metritischen Krämpfen windet; aber was sind alle Verwüstungen des Leibes gegen die Knechtung des weiblichen Prinzips, die irgend ein geistiger Gonokokkus erzeugt, der das Beste der weiblichen Seele verdirbt, nicht anders als die Gonorrhöe das Beste des Leibes. Es ist eine Krankheit, die wir nie mehr überwinden werden. Nie wieder wird es werden, wie es einstmals war, eher erstünden aus den zerborstenen Säulen Attikas die glänzenden Tempel der Olympier, als daß uns ungestraft das Weib wieder würde, wie es schaumgeboren dem Meere Griechenlands entstieg... Wenn wir aber die Krankheit nicht heilen können, so wollen wir doch wenigstens Krankheitseinsicht predigen. Man soll nicht länger Weiber, die auf russische Minister schießen, sich um das Wahlrecht prügeln oder Medizin studieren, als Heldinnen auf den Sockel heben, man soll die Heldinnen anderswo suchen, da sie in schmerzvoller Tragik leider überall zu finden sind. Die Tragik liegt nicht allein in Unterdrückung von Jugend und Natur. Es gibt nichts Schlimmeres, als eine nachgeborene Griechin zu sein. Jeder hergelaufene Psychiater kann ihr die Marke der psychopathischen Minderwertigkeit aufkleben, sie wird sich eilig verludern in einer Welt, die wahre Weiblichkeit nicht mehr verträgt, in der Welt der Familie, der Religion, der Hysterie und der Syphilis.

Avicenna.

Herausgeber und verantwortlicher Redakteur: Karl Kraus.
Druck von Jahoda & Siegel, Wien. III. Hintere Zollamtsstraße 3.

Die Fackel

Nr. 226 WIEN, 22. MAI 1907 IX. JAHR

Fahrende Sänger.

Der Fußschweiß des Fortschritts, der sich auf die politische und soziale Atmosphäre dieser Stadt gelegt hat, wirkt nicht weniger drückend, weil der Wiener Männergesangverein sein Stimmrecht in Amerika ausübt. Anschauliche Reiseberichte machen die Entwicklung der Unkultur vom Männergesang zum Männergebrüll erst fühlbar. Je lauter der Lärm, je schlechter die Luft, umso klarer die Erkenntnis, daß in dem Kampf um das Recht, der Zeit ihre Phrase zu prägen, mehr Bier als Blut fließt.

Aber es ist gleichgiltig, ob die Morgenröte besungen oder begröhlt wird. Die Phantasie braucht den Siegeszug des demokratischen Gedankens nicht mitzumachen; sie begnügt sich mit dem Sturm auf das Buffet, den der Wiener Männergesangverein in allen Stationen bis Genua unternommen hat, und mit der Kapitulation konservativer Schiffsköche. Wir müssen nicht erst an die ästhetischen Möglichkeiten des allgemeinen Wahlrechts denken: seit Wochen ist unser Horizont mit Schmerbäuchen verhängt. Seit Wochen erleben wir etwas, was bis jetzt noch nicht erlebt ward: den Triumph der Unappetitlichkeit. Denn solange der Wiener Männergesangverein Ausflüge in die Wachau unternahm, hatte die Presse des Landes noch Raum für die Betrachtung anderer Ereignisse. Jetzt aber steht man wie betäubt und ahnt den gemeinsamen Zweck der beiden größten Taten, die einst die Welt neugestaltet haben: der Entdeckung Amerikas und der Erfindung der Buchdruckerkunst. Was die Wiener Presse jetzt tut, ist

hunderten zurückgehaltenen Anerkennung für Columbus auf die Herren Schneiderhan und Bandian, und die Wiener Bevölkerung, die über die Wirkungen einer Schiffs-Table d'hôte sozusagen auf dem Laufenden gehalten wird, freut sich der Gelegenheit, eine alte Dankesschuld für Johann Guttenberg an den Korrespondenten der ‚Neuen Freien Presse' abzustatten.

Indes, müssen nicht auch wir Bewohner des Festlands uns erbrechen, wenn die Wogen der journalistischen Ekelhaftigkeit häuserhoch gehen? Soweit ich zurückdenke, kann ich mich eines ähnlichen Sturms nicht entsinnen. Vielleicht bin ich voreingenommen, weil mir, wie ich offen zugebe, schon übel wird, wenn der Wiener Männergesangverein, statt auf einer Seereise durch vierundzwanzig Stunden im Tag zu »lunchen«, im Lande bleibt und sich redlich von Rindfleisch nährt, oder wenn er etwa nach Potsdam geht und den deutschen Kaiser dazu hinreißt, sich auf den Schenkel zu schlagen. Nichts auf der Welt ist mir nämlich zuwiderer als ein Aufgebot von singenden Männern mit Bärten, Brillen und Bäuchen, als eine Schar von Rechnungsräten und Fabrikanten, die sich plötzlich zusammenfinden, um den Abendstern zu begrüßen, den Schöpfer zu loben oder zu beteuern, daß nur wer die Sehnsucht kennt, wissen könne, was jeder einzelne der Herren leidet, dem das Eingeweide vor Verlangen nach einem Gullasch brennt. Vielleicht bin ich voreingenommen. Aber wer bei der Schilderung der animalischen Vorgänge zwischen Genua und New-York, wer angesichts einer Berichterstattung, die keinen Rülpser dieser Wiener Unkulturträger totschweigt, standhaft bleibt, muß Magennerven haben, die wie die Schiffstaue der »Oceana« selbst beschaffen sind. Die Wiener Presse geberdet sich nicht nur, als ob es die eigentliche Entdeckung Amerikas durch ein paar kühne Tarockspieler gälte. Nein, es scheint auch die erste Gelegenheit gekommen, den Lesern zu zeigen, wie man auf einem Schiff Hunger und sonstige

auszieht. Daß sich die Pariserin manchmal zu Bett begibt, wissen wir annähernd aus kinematographischen Vorführungen. Aber wie das ist, wenn ein Mitglied des Wiener Männergesangvereins seine Hosenträger nicht finden kann, das uns anschaulich darzustellen, blieb der ‚Neuen Freien Presse' vorbehalten. Man traut seinen Sinnen nicht. Die durch alle Scheußlichkeiten einer detailgierigen Journalistik abgehärtete Wiener Phantasie kann es nicht glauben, daß in einem Blatt, das seit der ersten Entdeckung Amerikas als Weltblatt gilt, die folgenden Schilderungen Platz haben sollen: »Nur mit den Getränken, da hat es seine Not. ‚Dreher Lager vom Faß' steht auf der Karte, und die Kehlen der braven Sänger sind trocken ... ‚Hieher, Hieher!' schallt es von allen Tischgenossen. ‚Ich bediene nur auf dieser Seite,' wehrt der gegnerische Steward ab. ‚Also dann mir! Ich habe zwei Glas bestellt.' — ‚Haben Sie schon ein Ticket ausgestellt?' — ‚Freilich, ich war der erste.' ... ‚Wir möchten gern rascher bedienen,' entschuldigt ein Steward, ‚aber beim Faß stehen 35 Stewards und keiner bekommt etwas.' — ‚Ja, warum denn nicht?' — ‚Das Rohr von der Kohlensäurepression ist gebrochen, deshalb müssen wir warten.' — ‚So, das auch noch! Pression bei dem Absatz' — ereifert sich ein Sachverständiger — ‚unser Schwechater verderben? Da könnt's es selber trinken — ich gewöhn' mirs Bier ab! Und deswegen fahr'n wir nach Amerika? ...« Nun, eine Table d'hôte-Unterhaltung, wie sie eben Wiener führen; mögen sich die Stewards, die sonst nicht gewohnt sind, unter ihrem gesellschaftlichen Niveau zu servieren, darüber ihre Meinung bilden. Aber man höre die Kajütengespräche, die der Vertreter der ‚Neuen Freien Presse' erlauscht hat. Zuerst die Beratung zweier Sänger, »wer das obere Bett benützen soll«. Dann heißt es wörtlich: »‚Da braucht man ja einen Aufzug, um hinauf zu kommen.' — ‚Bitt' Sie, trinkens und essens nicht zu viel während der Seereise' —

heit.' — ,Ich kann wenigstens auf die Uhr schau'n' — konstatiert der obere mit Befriedigung — ,hab' das Licht vor der Nase.' Endlich wird es nach Mitternacht ruhig und ich schlafe ein, doch schon um 6 Uhr früh weckt mich wieder das Zwiegespräch. Die Nachbarn verlangen vom Badesteward ein Bad. ,Jetzt ist es besetzt.' — ,Wie lange wird es dauern?' — ,Eine halbe Stunde.' Dieses Frage- und Antwortspiel wiederholt sich halbstündlich bis acht Uhr. ,Ja, wann kommen denn wir daran?' — ,Wahrscheinlich um zwei Uhr nachmittags' — eröffnet der sächsische Badedirektor — ,es sind noch 17 vorgemerkt.' — ,Warum haben Sie denn das nicht gleich gesagt?' fragen gleichzeitig beide Tenoristen. — ,Weil Sie sich erst abends vormerken lassen können.' . . . ,Ich hab' mich ja eh' vorige Woche dreimal gebadet, es ist nur, daß der Schwitz 'runter kommt, und so' — erklärt der untere und geht ans Waschen. »Wo ist denn mei' Reibsackl?« — ,Verbrauchens nicht 's ganze Wasser!' warnt der obere. — ,Es bleibt Ihnen eh' noch ein halber Liter; wo haben's denn wieder mein' Hosenträger hinmanipuliert?'« . . . Welch erhabene Gegenständlichkeit! Und wie werden einem Individualitäten, die sonst im Wirbel weltgeschichtlicher Geschehnisse untergetaucht wären, mit ein paar markanten Strichen hingestellt! Die Stimmung der Reisegesellschaft ist deprimiert. Das Wetter! »Sie regnet«, sagt der launige Wiener in solchem Falle, wenn er zuhause ist. Aber auf einer Seefahrt? »Man ist zu nichts aufgelegt. Viele machen es wie Herr Ackerl, legen sich nach dem Frühstück in die Bordstühle und schlafen weiter«. Man wird sich also den Namen Ackerl merken müssen. Oder wie anschaulich wirkt es, wenn wir lesen: »Da schlängelt sich Herr Dworaczek von einer Gruppe zur anderen, die Verlegung der nachmittägigen Probe auf 11 Uhr vormittags ankündigend, weil abends das Kapitänsdiner stattfindet«. Und nun das zum Essen einen Frack anziehen müssen. Da sich dieses Entsetzen aller Betroffenen bemächtigt, unterbleibt die Aufzählung von Namen. »Was, den Frack soll ich auspacken? — da geh' ich gar nicht nunter, hab' keinen Platz zum Einpacken.« »Dieser Gedanke«, sagt der Vertreter der ‚Neuen Freien Presse', »ist in allen Variationen zu hören, und mancher fährt aus seinem Schlummer mit dem Schreckenswort: ‚Was? Frack?'« Die Gedankentätigkeit der Wiener Sänger läßt sich indes durch solche Zumutungen von der Hauptsache, dem Essen, nicht ablenken. Und einem Schiff, das 11.000 Kilo Rindfleisch mitführt, können sie sich beruhigt anvertrauen ... Damit man aber nicht glaube, daß die Mitglieder eines Männergesangvereines sich außer der Verdauung nur noch mit Tarockspielen und die gebildeteren mit dem Schreiben von Ansichtskarten beschäftigen, versichert der Korrespondent, daß sie sich auch für Delphine interessieren, die sich aber ihrerseits für den Chorgesang durchaus nicht zu begeistern scheinen. Ungemein plastisch ist die folgende Schilderung: »Der Ruf: ‚Delphine!' wirkt wie ein Alarmsignal. — ‚Wo? Wo?' — ‚Hier, dort, aha, hier auch einer, o, viele!' — ‚Singen wir etwas, vielleicht kommen sie näher!'« Aber sie denken natürlich nicht daran näherzukommen, sind auch selbst verstummt in den Zeiten, da Gesangsvereine die Meere bevölkern und statt der picksüßen Weisen eines Arion die Schrammeln und das Hallodriquartett locken ...

Doch wo Männer und Frauen auf einem Deck versammelt sind, darf ein intelligenter Berichterstatter nie versäumen, neben dem Appetit auch der zarteren Triebe zu gedenken, galante Spiele zu inszenieren und aufzuhorchen, wenn der Schneiderhan balzt. Im Nu entwickelt sich jene Stimmung, die der Dichter so unvergleichlich in dem Liede festgehalten hat: »Weibi! Weibi! Sei doch nicht so hart! — Bist so spröde, wart' nur Schlimme, wart! — Denk', mein süßes Zuckerkanderl — Jedes Weiberl braucht ein Manderl!« »Geh'ns

stimmen antworten. Und nachdem wir erfahren haben, daß in Genua außer den selbstverständlichen 11.000 Kilo Rindfleisch auch ein ebenso großer Proviant an Hammelfleisch, Kalbfleisch, Lämmernem, Schweinernem, Poulards u. s. w., u. s. w. aufgeladen wurde, wirkt es erst sinnig, wenn der Vertreter der ‚Neuen Freien Presse‘ zur nachfolgenden Schilderung ausholt: »Schwerer ist es, die Zerstreuungen der Damen zu schematisieren. Nur in einem Plaisierchen sind fast alle ausnahmslos zu beobachten. Hingegossen auf die Deckchaiselongues, kokettieren sie mit ihren eigenen Füßchen, deren Zierlichkeit selbst von den verschämtesten Bässen nicht übersehen wird. Dabei wird übrigens das Schöne mit dem Nützlichen verbunden. Ein Buch, eine Handarbeit vervollständigen — allerdings sehr selten — den Reiz der Attitude. Zumeist fröhnen die Äuglein in Bewunderung der Natur. Die Damen Czerveny, Geßl, Hofmann, Kary, Schindler, Schulz, von Sögner, Trebesiner und andere fehlen bei keinem Sonnenuntergang, dessen Stadien Frau Fabro skizziert, während Fräulein Alice v. Heintschel ihre Empfindungen dem Tagebuch anvertraut. Bei diesem unvergleichlichen Schauspiele unterbricht auch Frau Schneck die Stickerei der Autogramme hervorragender Mitglieder der Reisegesellschaft, und selbst die Häklerei der nie untätigen Frau Speyer sinkt in den Schoß.« Von diesem Anblick gebannt, taucht die Sonne nur langsam ins Meer. Und wenn dann der Korrespondent der ‚Zeit‘, der sich darüber beklagt, daß er auf dem Schiffe so oft baden muß und sobald er vom Steward geweckt wird, bereits die Vorempfindungen »peinlicher Sauberkeit« hat, wenn Herr Bendiner den verfluchten Kerl spielt, von heimlicher Augensprache und stummen Händedrücken diskret berichtet und zugleich die »Hüterin seines eigenen Hauses« aus der Ferne neckisch beruhigt, so sind wir allmählich in die Stimmung eines Sommernachtstraums gerückt, die bloß durch die Nennung der Firma Jensen

hat, beeinträchtigt wird. Das macht aber nichts: wir nähern uns ja bereits der Küste von — Tarifa ... Und der eintönige Ruf der mit Recht durch einen Setzerirrthum so genannten »Mastwache« klingt durch die Stille, »unten aber schlafen Hunderte in Sicherheit und träumen von Liebem, Süßem«, von der Heimat und deren Zeitungen, in denen sie alle ihre Namen gedruckt finden werden.

Daß auf solch einer Fahrt »der Humor nicht zu kurz kommt«, versteht sich von selbst. Der Vertreter des ‚Neuen Wiener Tagblatts' hatte Gelegenheit, Zeuge der folgenden Szene zu sein. Ein erwachsener Oberrechnungsrat »nimmt eine Prüfung aus den Reisemitteilungen vor. Mit großer Strenge fragt er den Kandidaten: ‚Wie ist das Klima der Vereinigten Staaten?' Jede Antwort ist natürlich ungenügend. Sie lautet richtig: ‚Das Klima ist keineswegs.' Der betreffende Satz in den Reisemitteilungen lautet in Wirklichkeit: ‚Das Klima an der Ostküste der Vereinigten Staaten ist keineswegs, wie vermutet werden könnte, ein ozeanisches etc.'. Zweite Frage: ‚Was ist der Amerikaner?' Antwort: ‚Er ist stolz' .... ‚auf sein Land und seine kulturelle Entwicklung' heißt es natürlich in den Mitteilungen weiter. Diese und ähnliche Fragen erwecken stürmische Heiterkeit.« Was ist das aber alles gegen die gute Laune der Frau des Vereinskassiers, die »ein über das anderemal ausruft: ‚Das heutige Tagblatt möcht' i haben!' oder: ‚Bitt' schön, wie komm' i denn auf den Franziskanerplatz?'« Natürlich sind Anwandlungen von Seekrankheit das weitaus beliebteste humoristische Motiv, werden aber von den mitreisenden Ästhetikern in die Kategorie des »Tragikomischen« eingereiht. »Wohl dem«, führt der Ironiker der ‚Neuen Freie Presse' in zarter Umschreibung aus, »der ein verläßliches Vis-à-vis mit gutem Magen und festen Nerven hat, sonst ist es um den Frack geschehen, eine Gefahr, die durch Languste mit Remoulade, Freibier und Sekt nicht gemildert wird«. Aber leider muß er melden, daß sich einige Reisegefährten »bereits in unauffälliger Weise mit dem bekannten Seeheiligen ins Einvernehmen gesetzt haben«. Der resolute Vertreter des demokratischen Organs spricht gradaus von der »Anrufung des heiligen Ulrich«. Die ‚Neue Freie Presse' ist aber das besser informierte Blatt. Wo die anderen bloß ein Stimmungsbild entwerfen, gibt sie eine Statistik. Es dürfte wohl zum erstenmal geschehen, daß diejenigen Herren und Damen, die auf einer Seefahrt ihren Mageninhalt entleeren mußten, in einer Zeitung genannt, gleichsam wie in einer Liste repräsentativer Persönlichkeiten »u. a.« angeführt werden. Man glaubt auf dem Concordiaball zu sein, und eine Modeberichterstatterin notiert: »Das natürliche Weiß kleidet manche Dame umso besser, als es verläßlich unverfälscht ist«. Wörtlich wird dann, im Tone der Verherrlichnng eines Bahnbrechers, gemeldet: »Der erste Seekranke war Herr Sild schon in den ersten Tagen der Reise und laboriert seither noch immer daran.« Folgt die Aufzählung der »Leidensgenossen leichteren Genres«, eine Serie speiender Notabilitäten, kotzender Kommerzialräte, aufstoßender Hoflieferanten. »Man wird vornehmer, feiner auf hoher See« meint ein anderer Berichterstatter, »darüber ist kein Zweifel. Man sieht tiefer in die Geheimnisse des Lebens«. Ach ja, Männer und Frauen werden bis in jene Winkel ihres Privatlebens verfolgt, in die sie streng separiert sich flüchten mußten. Hätte einer die rechte Tür verfehlt, der Vertreter der ‚Neuen Freien Presse' hätte gewiß nicht verfehlt, in besonderer Kabeldepesche von einem »lustigen Quiproquo« zu sprechen... Der Ekel beginnt den Leser eines Weltblattes zu würgen, und auch er muß dorthin, wo der Journalist sein Interview verrichtet... Wenn sich das Meer über so schamlosen Mißbrauch von Druckerschwärze endlich beruhigt hat, geben sich die Mitglieder des Männergesangvereins wieder heiteren Spielen hin, und die Gefälligkeit der Berichterstattung fließt mit dem Humor dieses Künstlertums zu einer Symphonie der Gehirnerweichung zusammen, in der Anklänge an die »Lustige Witwe« — man nennt launig eine »umworbene« Mitreisende nach ihr — nicht fehlen dürfen. Kein Mißton aus jenen Gegenden, in die der Vertreter der ‚Neuen Freien Presse' soeben gekrochen war, stört mehr die Lebensfreude dieser Schlaraffen, und ungetrübte Heiterkeit weckt ein Advokat, der mit offenem Munde schläft und in dieser »überwältigenden« Situation natürlich photographiert wird. Überhaupt ist das Vergnügen an den »Tücken« des photographischen Apparates ungeheuer. »Man fordert sich auf Apparate, trägt Händel mit Apparaten aus, aber auch die Damen gewähren die höchste Gunst nur mit ihren Apparaten«, versichert der intelligente Vertreter der ‚Neuen Freien Presse'. Wie das? Nun, zum Beispiel so: »Wehe dem Herrn, der sich, endlich einmal unbemerkt wähnend, dort kratzt, wo es ihn ausnahmsweise einmal beißt!« Die Mitglieder des Männergesangvereins kratzen sich nämlich immer, wenn sie glauben, daß es niemand sieht, und diejenigen unter ihnen, die es doch sehen, finden es humoristisch. Es ist also harmlos aufzufassen, wenn der Korrespondent sagt, daß es in der Reisegesellschaft Damen gebe, »die nur auf Spezialmomente männlicher Natürlichkeit lauern«, um dann eben mit ihren Apparaten die höchste Gunst zu gewähren... Aber der Humor des Kratzens, die Komik verschwitzter Socken und verlegter »Reibsackln«, ja selbst der Spott, den eine zerstörte Damenfrisur oder die Unbequemlichkeit des Frackanziehens in einer Kajüte hervorruft, kann mit jener tief satirischen Erfassung menschlicher Schwächen, die sich in dem befreienden Lachen über die Seekrankheit ausdrückt, nicht wetteifern. Der Abdominalwitz ist und bleibt die eigentliche Domäne singender Vereinsbrüder.

Doch neben dem Humor der Aufnahme und Widergabe des täglichen Brotes soll auf einem Dampfer die Andacht, die dafür dankt, nicht fehlen, und eine Sonntagspredigt, der die Reisegesellschaft »ohne Rücksicht der Konfession« beiwohnen darf, versetzt die anwesenden Schmöcke in gerührte

Stimmung. Aber selbst wenn »Friede« durch solche Seelen zieht, wird die Luft nicht besser. Und man sehnt sich wieder nach den verschlagenen Winden des Humors zurück, wenn die Vertreter der Wiener Presse den Zusammenhang mit dem Weltganzen ahnen, wenn Rezensenten, die nicht wissen, wo Gott wohnt, ihn zu loben beginnen, als ob er der Chormeister des Männergesangvereins selber wäre. »Eine Probe Kremsers hat den Wert einer akademischen Demonstration, sie ist nicht einpaukend für ein Lied, sondern bildend für die Kunst des Vortrages. Der Zeuge einer Probe Kremsers hat den gleichwertigen geistigen Genuß und Nutzen auf musikalischem Gebiete wie seinerzeit ein Hörer Billroths im Operationssaale.« Und Gott? »In dem weiten Kreise, den das Auge aus dem Mittelpunkte überblickt, ein einziges Gebilde von Menschenhand, ein auf dem wogenden tückischen Elemente schwankendes Schiff, das winzige Stück festen Bodens zwischen dem Leben von Hunderten und den unerforschten Tiefen des Ozeans!« Ein wahres Glück, daß wenigstens die Menukarte erforscht ist und man mit Sicherheit nach Wien berichten kann, daß es heute Rebhendeln gibt ... Das Tafelleben entschädigt die journalistischen Mitesser für manche Enttäuschung. Sie durften leider auf Madeira nicht landen, weil dort die Pocken herrschen. Journalistische Tantalusqualen: »Wir sahen das Ganze zum Greifen nahe, aber die Barkasse durfte nicht in unsere unmittelbare Nähe kommen« ...

Da ich diese pietätvolle Reiseschilderung vom Standpunkte des in Wien zurückgebliebenen Lesers entwerfe, sind die Berichte über die Landung und über das Benehmen des Wieners in Amerika noch nicht eingetroffen. Gigantisches steht uns bevor. Die unappetitliche Plastik, mit der das begleitende Schmocktum jedes Bauchgrimmen auf dieser Banausenfahrt verewigt, kann amerikanische Dimensionen annehmen. Das Motiv der Heimatssehnsucht, das schon in St. Pölten angeschlagen wurde, wird in die Höhen der Wolkenkratzer empor und in die Zelte der Indianer dringen. Und diese rindfleischbewußten Wiener, denen die Schiffahrt eine Mastkur, die sie nicht nötig hatten, bedeutete, werden sich schließlich auf die Eindrücke einer fremden Kultur ausreden, wenn ihnen der sogenannte Gesichtskreis erweitert und das deutsche Wams zu enge wurde.

... Diese triumphalen Ausschreitungen eines rohen Genießertums, die einem die Freude an der Lebensfreude nehmen könnten, geschehen in den Tagen, in denen ein ebenso stimmkräftiger Männerchor die Geburt eines neuen Österreich verkündet. Aber ich bekenne aus tiefster Ungläubigkeit die Meinung, daß keine Wahlreform der Welt jenen Geschmack veredeln wird, der einen Transport von Mastbürgern zum Kulturereignis erhebt. Unsere Zukunft liegt gewiß nicht auf dem Wasser. Aber daß Österreich ein Männergesangverein ist, können uns auch Reiseberichte beweisen. Hier sind die starken Wurzeln seiner Kraft. Österreichs politische Repräsentanz wird auf sein Schicksal weniger Einfluß haben, als ein Leichenkutscher auf die Unsterblichkeit der Seele.

Eine Wiener Verhaftung.

Die Polizei-Anstalten in einer gewissen Stadt lassen sich füglich mit den Klappermühlen auf den Kirschbäumen vergleichen: sie stehen still, wenn das Klappern am nötigsten wäre, und machen einen fürchterlichen Lärm, wenn wegen des heftigen Windes gar kein Sperling kommt.

Georg Christ. Lichtenberg.

Wegen eleganter Kleidung wurden in der Nach-Riehl'schen Epoche zwei Mädchen verhaftet und, weil sich das zur Elegance gehörige Betrugsfaktum absolut nicht entdecken ließ, durch Wochen aus einem Polizeiarrest in den andern geschleppt. Ein gaunerischer Zeitungsausträger kassierte neulich in den Tabaktrafiken den Erlös jener Doppelnummer der ‚Fackel‘ ein, die wegen Ehrfurchtsverletzung des Staatsanwalts vor der Majestät der Satire konfisziert worden war, und schädigte die Firma, die den Einzelverkauf der Zeitschrift vermittelt, auf das schwerste. Er wurde zwei Tage nach der Anzeige verhaftet. Und zwei Tage nach der Verhaftung enthaftet. Wieder ging er von Trafik zu Trafik und kassierte auch noch den Rest ein, dessen er durch eine Verlängerung der Haft verlustig geworden wäre. Auf die bestürzte Anfrage der geschädigten Firma-Inhaberin über den Grund der Enthaftung, die sie vorläufig sogar um die Aussicht auf eine genaue Feststellung des Schadens bringt, wußte man in der Polizeidirektion keine Antwort zu geben. Vielleicht war man dort im guten Glauben, die ‚Fackel‘ selbst sei geschädigt worden, und wollte dem verdienstvollen Manne entgegenkommen, der die administrative Verwirrung, die durch die Wichtigmacherei des Staatsanwalts geschaffen und dank der k. k. Schlamperei bei Ausstellung der Konfiskationsbestätigungen vermehrt wird, durch die Unterschlagung dieser höchst unsicheren Zertifikate ins Unermeßliche gesteigert hat. Aber ich will gerne glauben, daß das Motiv für die Enthaftung des Gauners und für die behördliche Vorschubleistung zu weiteren Gaunereien nicht Böswilligkeit, sondern bloß jene Eigenschaft war, die als ein Geburtsfehler österreichischer Behörden weitestgehende Berücksichtigung verdient: Unfähigkeit. Denn die Polizei entschloß sich, einen neuen Haftbefehl zu erlassen, und sie wird jetzt sicherlich den Gauner suchen, den sie schon einmal vergebens gefunden hatte. Trotzdem kann ich mich eines gewissen bitteren Gefühles nicht erwehren bei dem Gedanken, daß die Wiener Einbrecher, selbst wenn sie einmal erwischt worden sind,

viere, die nach dem Prozeß Riehl in den Wiener Bordellen verhaftet wurden, noch heute in Verwahrsam sind.

ANTWORTEN DES HERAUSGEBERS.

Jenen Mitarbeitern des Feuilletons der ‚Neuen Freien Presse', die doch noch etwa Wert darauf legen sollten, daß ihnen jemand die Hand reicht, teile ich mit, daß an derselben Stelle, an der sie sonst schreiben, Herr Max Nordau am 12. Mai in einer Besprechung der Pariser ‚Salome'-Aufführung die folgenden Sätze veröffentlicht hat: »Über das Buch von Oskar Wilde mich zu ereifern, sehe ich keinen Grund. Ich habe meine Diagnose über den Mann und sein Geschreibsel gestellt, als er noch in eitler Marktschreierei sein Pfauenrad schlug und sein Laster wider die Natur noch nicht die nach meiner Empfindung viel zu harte Strafe der englischen Rechtspflege auf seinen hohlen Narrenkopf herabgerufen hatte. Dem aufrechten, sich brüstenden und spreizenden Gecken gegenüber brauchte ich keine Schonung zu üben. Dem Gefallenen, über den das Rad des Verhängnisses zermalmend hinweggegangen ist, weicht mein Fuß aus. Für die angelsächsische Welt ist und bleibt er abgetan. Das Herrenvolk Englands und Amerikas denkt und empfindet zu gesund und hat zu viel ernste Arbeit zu tun, um sich mit der Wortmacherei eines perversen Tropfes zu beschäftigen. Es wirft ihn mit einem Fußtritt aus seinem Wege und kümmert sich nicht weiter um ihn. Einigen berufsmäßigen Geschmacksvergiftern und Urteilsfälschern, deren mißetäterisches Treiben dem heutigen Geistesleben Deutschlands einen erschreckend siechen Zug aufdrückt, ist es gelungen, den Auswürfling Englands einem allen ästhetisch-kritischen Poppereien zugänglichen Teil der deutschen Bildungsschicht als großen Dichter aufzuschwindeln. Glücklicherweise ist jener Teil nicht groß und diese Schicht nicht tief. Denn mir wäre für den Ausgang des gewaltigen Ringens zwischen dem deutschen und englischen Volke bang, das wohl für ein Jahrhundert den Hauptinhalt in der Weltgeschichte ausmachen wird, wenn ich ihre Wertung eines Oskar Wilde zum Maßstabe des Ernstes, der sittlichen Integrität und der organischen Kraft des einen und des anderen Volkes nehmen müßte. Die ‚Salome' ist von allen Machwerken Wildes das erbärmlichste. Es ist vom Anfang bis zum Ende ein echtes Ästhetenprodukt: ein stutzerhaftes Kokettieren mit Schamlosigkeit.

und das muß ihm als mildernder Umstand angerechnet werden; er hatte also doch noch einen Rest von Achtung vor seiner Muttersprache. Die Erfindung aller Einzelheiten, die Verliebtheit von Salome, den Zank der fünf Juden u. s. w., hat er sich unbedenklich bei Flaubert geholt, dessen ‚Hérodiade‘ übrigens die unerfreulichste seiner Novellen ist, und im kindisch lallenden, blödsinnigen Dialog mit seinen Ausrufungen, Schreien, Wiederholungen den Maeterlinck der ersten Periode, den Ur-Maeterlinck der ‚Princesse Maleine‘ nachgeäfft. Das Stück wurde französisch von Lugné-Poë im Februar 1896 gespielt. Man schüttelte hier den Kopf dazu, sagte aber nichts, denn der Verfasser saß damals hinter dem Tretrad des Zuchthauses und das sicherte ihm das mitleidige Schweigen der Pariser Kritik, die immer vornehm empfindet, wenn ihre politische Parteileidenschaft nicht erregt ist. Oskar Wilde hat die überlieferte Sage von Herodias und dem Täufer, die Heine unerreichbar künstlerisch gestaltet hat, nach Flaubert geändert, um Gelegenheit zu haben, schlüpfrige Dränge eines Sexualpsychopathen, die er in seinem eigenen Gefühlsleben fand, einer Bühnengestalt beizulegen. Salome zeigt erotischen Fetischismus und Nekrophilie, zwei Verirrungen des Triebes, die nur bei entarteten Männern, doch nie bei pathologisch erregten Weibern beobachtet werden. Ich muß es mir versagen, auf den Gegenstand näher einzugehen. Solche Dinge umständlich zu erörtern, ist nur auf einem klinischen Lehrstuhl und — auf der heutigen deutschen Bühne möglich.« — Man reformiert jetzt allerorten die Strafgesetze. Wird man daran denken, für gewisse Fälle Wahrung berechtigter Interessen und Straflosigkeit festzusetzen? Wer zur Selbsthilfe greift, weil ein Kritiker seine gleichgiltige Privatehre oder gar seine schäbige Eitelkeit verletzt hat, verdient jene Schonung keineswegs. Aber absurd wäre die Vorstellung, daß jener Brave gestraft werden sollte, der die Bepissung von Dichtergräbern durch Herrn Nordau endlich mit ein paar erlösenden Ohrfeigen vergelten wird!

Chauffeur. Zu dem Falle »Corriger la fortune« (‚Fackel‘ Nr. 222). Die ‚Allgemeine Automobil-Zeitung‘ schreibt in Nr. 16 unter dem Titel »Warnung an die ‚Neue Freie Presse‘«: »Wir haben uns letzthin mit der ‚Neuen Freien Presse‘ beschäftigen müssen, indem wir gezeigt haben, wie sie, um Inserenten gefällig zu sein, das Glück korrigiert, das heißt, in einer wörtlich zitierten Notiz eines anderen Blattes willkürliche Änderungen vornimmt. Wir haben damals gesagt, daß sich die ‚Neue Freie Presse‘ voraussichtlich ‚in vornehmes

die Sache immer bedenklicher. Wir möchten mit Bezug auf zwei Fälle, die wir im Auge haben, vorerst ein Avis, das heißt eine Warnung geben. Der Chefredakteur eines Blattes ist zwar moralisch für dessen ganzen Inhalt verantwortlich, es ist ihm aber bei den vielen Agenden, die er hat, selbstverständlich nicht möglich, alles vor der Drucklegung zu lesen, wie überhaupt alles zu wissen, was in den einzelnen Ressorts vorgeht. Deshalb wollen wir vorläufig noch durch die Blume sprechen und die Chefredaktion der ‚Neuen Freien Presse' darauf aufmerksam machen, daß in der Sportrubrik vom 7. und 10. April d. J. zwei Notizen von sehr unangenehmem Geruch enthalten waren. Besagte Notizen sind, um uns eines artilleristischen Vergleiches zu bedienen, sozusagen ‚indirekte Schüsse' auf zwei Firmen, die die wiederholten Einladungen eines Inseratenagenten der ‚Neuen Freien Presse', in der Sportrubrik zu annoncieren, mit Dank abgelehnt haben. In einem dieser beiden Fälle hat der betreffende Inseratenagent sogar eine Drohung ausgesprochen. Wir stehen auf dem Standpunkte, daß ein Inseratenagent seine ganze Beredtsamkeit aufbieten darf, um jemanden zum Inserieren zu animieren; wenn aber der Betreffende trotzdem nicht inserieren will, so dürfen weder drohende Bemerkungen fallen, noch dürfen nachträglich versteckte Angriffe auf diese Firmen im redaktionellen Teil des Blattes enthalten sein. Wir nehmen an, daß die Chefredaktion der ‚Neuen Freien Presse' von den hier angedeuteten ‚indirekten Schüssen' ihrer Sportrubrik nichts weiß, erklären aber, daß wir, wenn noch ein einziges Mal in der Sportrubrik der ‚Neuen Freien Presse' derartige journalistische Unreinlichkeiten vorkommen sollten, die ganze Affäre aufrollen werden, und zwar in einer solchen Weise, daß sich die ‚Neue Freie Presse' genötigt sehen wird, mit uns zu Gericht zu gehen.« Das wird sie nicht. Aber die ‚Automobil-Zeitung' droht der ‚Neuen Freien Presse', daß sie, wenn diese noch einmal drohen werde u. s. w. Warum beweist sie nicht gerade heraus, daß die ‚Neue Freie Presse' ein Erpresserblatt ist? Natürlich kann der »Chefredakteur« nicht »alles wissen, was in den einzelnen Ressorts vorgeht«. Aber davon wird er eben reich. Glaubt die ‚Automobil-Zeitung', daß Herr Benedikt Millionär geworden wäre, wenn er stets sämtliche Rubriken seines Blattes auf Verstöße gegen den Erpressungsparagraphen durchgelesen hätte? Und wüßte er, daß er ein Erpresserblatt leitet, könnte er dann noch ruhigen Gewissens Hofräte des Obersten Gerichtshofes mitarbeiten lassen? Herr Benedikt ist ein viel zu anständiger Mensch, um sich der Lumpereien bewußt zu werden, die tagtäglich in den einzelnen Ressorts seines Blattes geschehen. Und darum glaube ich, daß die Drohung der ‚Automobil-

Zeitung' nichts fruchten wird. Es ist klar, daß der Vorwurf weder Herrn Benedikt persönlich, noch seinen Angestellten trifft. Die Geldbeträge, die durch die Bedrohung eines Inserenten etwa verdient werden, fließen nicht in die Tasche des Angestellten, dem also eine gewinnsüchtige Absicht nicht nachgesagt werden kann. Und die Bedrohung des Inserenten, durch die die Geldbeträge verdient werden, wird von einem gleichgiltigen Angestellten und nicht von Herrn Benedikt begangen. Ob sie von ihm geduldet wird? Nur ein Nichtkenner der Verhältnisse wäre solchen Argwohnes fähig. Die geringfügigste Unsauberkeit, die in seinem Blatte geschehen soll, empört Herrn Benedikt derart, daß er jede Diskussion darüber rundweg abschneidet. Er warf einmal einen Reporter hinaus, der beauftragt war, über die Wienerberger Ziegelfabriksgesellschaft den vom Verwaltungsrat bestellten Reklameartikel zu schreiben. Bloß deshalb, weil einer der Auftraggeber Herrn Benedikt auf der Straße in liebenswürdigster Form darauf aufmerksam machte, daß der Geldbetrag bereits angewiesen sei. Als Chefredakteur muß es Herr Benedikt grundsätzlich ablehnen, sich um administrative Angelegenheiten zu kümmern, und als Chefadministrator nimmt er nicht den geringsten Einfluß auf die redaktionelle Haltung des Blattes. Gewiß, von der ‚Neuen Freien Presse' kann man Alles haben. Aber man darf es ihr nicht zum Bewußtsein bringen. Sie ist keine gewöhnliche Strichgängerin. Sie ist eine Nachtwandlerin der Korruption; wenn sie ein bestechender Verwaltungsrat anruft, fällt sie vom Dache. Es versteht sich von selbst, daß Herr Benedikt, der seinen Gerichtsredakteur über jeden Kuppeleiprozeß sich moralisch entrüsten läßt, auf den Ertrag der Kuppelannoncen nicht verzichten kann. Eben deshalb aber muß das Erscheinen von Kuppelannoncen in seinem Blatt vor ihm streng verheimlicht werden. Hätte ihn ein Redakteur rechtzeitig gefragt, ob das Inserat, das am 23. April in der ‚Neuen Freien Presse' erschien, gedruckt werden solle:

> **Junger Mann,**
> fein gebildet, perfekter Reiter, sucht Stelle bei vornehmer, energischer Dame. Offerten unt. „Dog whip" an das Ank.-Bur. d. Bl.

Herr Benedikt hätte das Inserat drucken lassen, weil er sich um solche Dinge grundsätzlich nicht kümmert, aber die ungeheuerliche Zumutung mit einem Hinauswurf des Redakteurs beantwortet. Und er hätte dabei, temperamentvoll wie er ist, jene beiden Hände zu Hilfe genommen, von denen die eine nie wissen soll, was die andere tut.

Sekundant. Eine der ernstesten Ehrenaffairen, die je befürchten ließen, daß der ganze Vorrat von »Kugeln« aus der rituellen Küche des Hauses Tonello benötigt werden könnte, beschäftigte neulich das Interesse der Wiener Journalistik. Jener Musikkritiker Korngold, der den Stil des Herrn Hanslick beinahe so schlecht kopiert wie sein Bruder, der Vereinshumorist Kornau, die Stimmen der Burgschauspieler, hob in einem Nachruf für Josef Hellmesberger die musikalische Bildung dieses Komponisten gegenüber den neuesten Verderbern der Wiener Operette hervor. Herr Korngold wies unter den »mit welker Tanzmusik und schaler Vorstadtsentimentalität bestrittenen Produkten« besonders auf das »Süße Mädel« des Herrn Reinhardt hin, jenes Herrn Reinhardt, der als Musikkritiker des ,Neuen Wiener Journals' die musikalische Bildung des Komponisten Gustav Mahler tief unter die musikalische Bildung des Komponisten Reinhardt stellt. Es hieße Scheren in die Redaktion des ,Neuen Wiener Journals' tragen, wollte man den Unterschied zwischen einem — übrigens unerlaubt maßvollen — Angriff auf die Fähigkeit des Herrn Reinhardt und einem Angriff auf dessen Ehrenhaftigkeit ausdrücklich klarlegen. Oder wollte man die Verwechslung, die dem Herrn Reinhardt beliebt hat, mit Rücksicht auf seine eigene kritische Tätigkeit, die ihm monatlich zehn Ehrenaffairen eintragen müßte, als eine zehnfache Überhebung bezeichnen. Was der Angelegenheit ihren besonderen Reiz gibt, ist die pikante Tatsache, daß ihr das ,Neue Wiener Journal' einen noch nirgends veröffentlichten Artikel verdankt: die Zuschrift des Herrn Reinhardt an Herrn Lippowitz, die diesem, wie jener sagen würde, als Geschenk der Danaë in den Schoß gefallen ist. »Eine Ehrenaffaire Dr. Korngold — Heinrich Reinhardt«. Aus diesem Originalartikel geht unzweifelhaft hervor, daß Herr Reinhardt als Beschützer des »Süßen Mädels« ritterliche Absichten zeigen wollte und daß ihm ein Uhlanenrittmeister und ein hoher Beamter dabei behilflich waren. Da Herr Reinhardt das Protokoll seiner Ehrenaffaire veröffentlicht, dürfte seinen Sekundanten künftighin die Überlegung der Zweckdienlichkeit ihrer Mitwirkung an journalistischen Händeln nahegerückt sein. Und hier liegt die prinzipielle Wichtigkeit des Falles. Ein Offizier und ein Staatsbeamter protokollieren, daß ihr Mandant »ganz ohne Notwendigkeit in einer die Grenzen der dem Kritiker zustehenden Rechte überschreitenden Art und Weise gegenüber der Öffentlichkeit angegriffen und« als ein Lump?, als ein Mitarbeiter des ,Neuen Wiener Journals', der Melodien ohne Quellenangabe verwendet? nein: »g e w i s s e r m a ß e n a l s m i n d e r g e b i l d e t e r M u s i k e r h i n g e s t e l l t w u r d e«. Man denke nur! Aber das ganze Offizierskorps der österreichischen Armee wäre an einem einzigen Tage für Sekundantendienste aufzubieten, wenn der kritische Tadel, den die österreichische Presse an einem Tage verausgabt, von Musikern, Sängern, Dramatikern, Novellisten, Lyrikern, Schauspielern, Malern, Bildhauern, Tänzern, von den Gatten und Liebhabern der Sängerinnen, Schauspielerinnen und Tänzerinnen, von Artisten, dummen Augusts und Komponisten als Ehrenbeleidigung empfunden würde. Zugegeben, daß die österreichische Armee dazu da wäre, die Grenzen der dem Kritiker zustehenden Rechte gegen den Feind zu verteidigen, darf sie ihre privilegierte Empfindlichkeit in Ehrendingen auf die Tantiemenverdiener übertragen? Können Offiziere in der Herabsetzung der musikalischen Bildung eine Überschreitung jener kritischen Befugnis, einen Angriff auf die Ehre erblicken? Sollen sie für die musikalische Integrität einer Operette eintreten, als ob es sich um deren leibhaftige Titelheldin handelte? Müssen sie die Originalität eines Musikers wie eine Angelegenheit seines Privatlebens schützen und für die Freigebigkeit seiner melodischen Begabung mit demselben Ernst einstehen, mit dem sie etwa — nur ein Beispiel — den Vorwurf abzuwehren hätten, ein Komponist verdiene leichter Tantiemen, als er Alimente zahle?... Die vorgesetzte Behörde wird sich entschließen müssen, die Offiziere darüber aufzuklären, daß die Verpflichtung, in Ehrenaffairen zu intervenieren, noch kein künstlerisches Sachverständigenamt bedeutet. Sonst müßte man es militärischen Sekundanten protokollarisch geben, daß sie ganz ohne Notwendigkeit in einer die Grenzen der dem Kartellträger zustehenden Rechte überschreitenden Art und Weise einen Schriftsteller gewissermaßen als minder ehrenhaften Menschen hingestellt haben. Ich lasse mir's von keinem Offizier der österreichischen Armee aufschreiben, daß ich der Privatehre des Herrn Reinhardt nahegetreten bin, wenn ich das »Süße Mädel« nicht bloß ein mit welker Wiener Tanzmusik bestrittenes Produkt, sondern geradezu einen Schund nenne! Ich müßte es höchstens bedauern, daß Offiziere und Staatsbeamte dem Herrn Lippowitz zu einem Originalbeitrag verhelfen, an dessen Schluß er die lapidare Bemerkung setzen kann: »Wir haben diesen Ausführungen nichts hinzuzufügen«. Aber Herr Lippowitz hat noch nie einem Beitrag etwas hinzuzufügen gehabt, und er hat doch schon so viele — na, sagen wir — ausgeführt.

Commis voyageur. In der ‚Münchener Medizinischen Wochenschrift' (Nr. 13) ist die folgende Zuschrift zu lesen: »Alljährlich im Frühjahr fühlt sich eine Anzahl von Badeärzten gedrängt, die in den Städten praktizierenden, ihnen persönlich völlig unbekannten Ärzte, meist während der Sprechstundenzeit, aufzusuchen und sich vorzustellen. Manchmal sind es zwei, drei Ärzte an einem Tage. Ich fühle mich, wie wohl die meisten der so Aufgesuchten, immer bei solchen Besuchen im Interesse des Standesansehens beschämt. Dieser Tage erhielt ich während der Ordinationsstunde die Karte eines Herrn Dr. Hugo Sch. aus Marienbad in mein Sprechzimmer geschickt. Mit einer Patientin beschäftigt, ließ ich dem Herrn höflich sagen, daß ich seinen Besuch dankend für empfangen ansehe. Heute erhielt ich beiliegende Ansichtskarte des mir persönlich unbekannten Herrn aus dem Münchener Ratskeller: ,Werter Herr Kollege! Aus dem Ratskeller sende ich Ihnen mein Prosit und besten Dank für den liebenswürdigen, kollegialen Empfang! Besten Gruß Dr. Sch.-Marienbad. Rechne mit Bestimmtheit auf Ihren werten Gegenbesuch in Marienbad.' Das Verhalten des Herrn Dr. Sch. kann die Kollegen, denen er sich weiter vorstellt, nur veranlassen, ihm möglichst viele Patienten zur taktvollen Behandlung zuzuweisen. Vielleicht aber auch nehmen die in den Badeorten praktizierenden Ärzte einmal die Regelung der Frage in die Hand, wie sie dem Unfug steuern könnten, daß einzelne von ihnen wie Geschäftsreisende in den Städten umherziehen und das Ansehen der Badeärzte und das des ärztlichen Standes im allgemeinen schädigen.« Und was ist's mit dem Gesundheitshandel »am Platz«? Man muß zum Beispiel nicht nach Marienbad gehen, um mager zu werden. Was sagt die Ärztekammer, was sagt die Fakultät zu dem Wiener Universitätsprofessor, der nicht nur ein Entfettungsgeschäft betreibt, sondern auch an einer Speisewage verdient, die er einem nichtgraduierten Papierhändler in Kommission gegeben hat? Und was sagt das akademische Schamgefühl zu dem Treiben jenes neuimportierten Herrn, der mit den Prozenten der Zuckerkrankheit wie ein Frankfurter Bankier wirtschaftet und sich vom Ekonomisten kürzlich die folgende Empfehlung ausstellen ließ: »Aus Bukarest wird uns geschrieben: Seit seiner letzten Krankheit zeigte sich der König nur äußerst selten öffentlich. Anläßlich des am letzten Ostermontag stattgefundenen ersten Rennlages hatte das große Publikum Gelegenheit, den König aus nächster Nähe zu betrachten. Der König sieht ausgezeichnet aus. Er hat sehr bedeutend an Körpergewicht zugenommen und seine frühere Gestalt ist voll und kräftig geworden. Das von dem weißen Barte umrahmte Gesicht ist frisch und gut gefärbt, der Gesichtsausdruck ist heiter und lebhaft und in seinem ganzen Wesen macht der König den Eindruck eines Mannes, der sich der besten Gesundheit erfreut und das Gefühl des Wohlseins im vollsten Behagen genießt. Das gute Aussehen des Königs fiel allgemein auf und gab dem Publikum Anlaß, des Arztes zu gedenken, der dieses Wunder vollbracht hat, nachdem für die Gesundheit des Königs die ärgsten Besorgnisse gehegt wurden. Dieser Arzt ist bekanntlich der Wiener Professor v. Noorden, dem das rumänische Herrscherpaar die größte Dankbarkeit zollt.«

Kritiker. Eine Rezension kann auf dreierlei Art entstehen. Entweder ist der Künstler aufgetreten und der Kritiker war abwesend, oder der Kritiker war anwesend und der Künstler hat abgesagt, oder es waren sowohl der Künstler als der Kritiker abwesend. Der erste Fall ist der weitaus häufigste. Der zweite setzt schon eine gewisse Fähigkeit im Verwechseln bekannter Künstler — des absagenden und des

tener vor. Der dritte ist der weitaus interessanteste. Wenn Entfernung des einen oder des anderen Teiles kein Hindernis für das Zustandekommen einer Kritik ist, so scheint die Entfernung beider Teile die Sicherheit des Urteils geradezu zu fördern. Da wurde z. B. im Kleinen Musikvereinssaal das Konzert der Schule Materna abgehalten. Von den fünfzehn Programmnummern wurden bis auf eine alle absolviert. Die Arie aus der »Jüdin«, die von einem Fräulein Batlén hätte gesungen werden sollen, entfiel. Und siehe da, der Musikkritiker des ‚Neuen Wiener Tagblatts' schreibt: »Aus der Fülle trefflicher Leistungen einzelne hervorzuheben, hieße anderen unrecht tun, darum sei nur die Beste hervorgehoben, Fräulein Martha Batlén, die in einer Arie aus der ‚Jüdin' sowohl stimmlich als auch in Bezug auf feinpointierten Vortrag eine ansehnliche Leistung bot.« Aus der Fülle trefflicher Leistungen der Wiener Kritik verdient gerade diese hervorgehoben zu werden. Denn daß Herr Demuth oder Fräulein Kurz nach einer Absage ein Lob in den Blättern finden können, ist keine Kunst. Aus einer Produktion von Schülern, die vielleicht überhaupt nicht kritisiert werden sollten, gerade die Leistung jener Dame hervorzuheben, die gar nicht mitgewirkt hat, das beweist eine Schlagfertigkeit des Urteils, die selbst bei der Wiener Kritik selten ist und die sich offenbar nur im Wege privater Information oder durch jene Redaktionsbesuche, die man törichterweise abschaffen wollte, erwerben läßt.

Schmock. Ein »Wiener Bühnenklub« soll gegründet werden. Die Idee dazu stammt von keinem Geringeren als Rudolf Lothar. »Der Bühnenklub soll eine gesellschaftliche Vereinigung aller jener werden, die mit der Bühne in Verbindung stehen.« Wer aber steht in Wien nicht mit der Bühne in Verbindung? Das kann nett werden. Eine Organisierung des Auswurfs der Menschheit. Der Bühnenklub will »durch originelle Veranstaltungen allen Theaterfreunden Gelegenheit geben, die Bühnenangehörigen auch außerhalb ihrer engeren Berufssphäre kennen zu lernen.« Also programmatische Züchtung des Tinterltums, Förderung des Buchbindergewerbes, Auffindung jener Spuren, auf denen der kleine Kohn errötend der lustigen Witwe folgt. »Unter den Komponisten und Schriftstellern wird auch schon ein origineller Plan besprochen, der im kommenden Fasching zur Ausführung gelangen und der Förderung dieses Projektes dienen soll: die Veranstaltung eines musikalisch-dramatischen Gschnas-Abends. Die Wiener Komponisten wollen nämlich gemeinsam ein musikalisches Bühnenwerk heiteren Genres schaffen, in dem jede Gesangs- und Orchesternummer von einem anderen Komponisten herrührt, doch so, daß die einzelnen Autoren ungenannt bleiben.« Das Prinzip ist also, wie man sieht, das alte, neu ist nur der Gedanke der Gemeinsamkeit. Unter den Mitarbeitern werden die Herren Charles Weinberger, C. M. Ziehrer und Heinrich Reinhardt an erster Stelle genannt.

Zeitgenosse. In einem Zirkular, das die Administration der »Allgemeinen Versorgungsanstalt« versendet, heißt es: »P. T. Die Administration war von jeher bestrebt, dem gerechtfertigten Wunsche der Teilnehmer nach einer ausgiebigen Erhöhung der Dividenden Rechnung zu tragen .... Leider vermindert die seit einer Reihe von Jahren vorausgesetzte Anzahl und Höhe der Erbschaften und hindert es, größere Kapitalien zur Verteilung zu bringen. Um nun eine hiedurch hervorgerufene unangenehme Stagnation in der Entwicklung der Dividenden nicht aufkommen zu lassen, hat die Administration ....«

Sammler. Ein Kritiker des ‚Neuen Wiener Tagblatts' schreibt: »Sagen wir also in Kürze, daß Tanner, der Autor des von allen braven Leuten anathematisierten ‚Katechismus des Umstürzlers', der die Theorie verficht, daß Don Juan das beklagenswerte Opfer Donna Annas war, daß das Weib es ist, von dem der Mann verfolgt, gefesselt, unterjocht wird, daß speziell Anne, zu deren Vormund ihn das Testament eines väterlichen Freundes gemacht hat, eines der gefährlichsten, fluchwürdigsten Geschöpfe sei, vor dem er seinen verliebten Freund Octavius retten müsse, daß dieser Tanner trotz allen Scheltens, trotz halsbrecherischer Flucht im Automobil, trotz dem und dem schließlich diese Boa constrictor umarmt, nicht mehr losläßt, ja sogar heiratet.« — Bekanntlich glaubt man sich Fremden dadurch leichter verständlich zu machen, daß man die eigene Sprache absichtlich schlecht spricht. Dieser Grundsatz ist für die ‚Neue Freie Presse' bei der Auswahl ihrer Korrespondenten bestimmend. Herr Frischauer spricht in Frankreich, der sogenannte Herr Fiori in Italien schlechtes Deutsch. Dieser meldet, Herr Tittoni werde »vom Frühstück an Bord der ‚Trinacria' umso weniger fernbleiben können, als auch König Eduard ihm stets großes Wohlwollen bewies und seine Abwesenheit vermissen würde«. — Ist die ‚Neue Freie Presse' bloß dem Druckfehlerteufel verfallen oder wirklich ihrem Gott abtrünnig geworden, wenn sie Herrn Reicher einen »Babbi« statt eines Rabbi spielen läßt? So etwas sollte doch nicht vorkommen! Aber siehe, sie scheint in der Tat abtrünnig zu sein. Und daß sie nicht mehr jüdisch versteht, sucht sie unter anderm dadurch zu beweisen, daß sie nicht italienisch versteht. Da sind in der Venetianischen Kunstausstellung Bilder ausgestellt, deren Maler — es ist Herr Kaufmann — ein gewisses stoffliches Verständnis bei der ‚Neuen Freien Presse' hätte voraussetzen können. »Il padre del tempio«: der Tempelvorstand, »un tempio antico«: ein alter Tempel, »la festa delle capanne«: das Laubhüttenfest. Die ‚Neue Freie Presse' tut völlig ahnungslos und übersetzt: »Der Vater der Zeit«, »Aus alter Zeit«, »Das Glockenfest.« Zeit heißt aber tempo, tempio heißt Tempel, Glocke heißt campana, capanne Hütte. Daß die ‚Neue Freie Presse' den von Kaufmann porträtierten alten Juden etwa für den Vater der ‚Zeit' hielte, wäre ein Beweis kollegialer Neidlosigkeit, aber daß sie das Laubhüttenfest für ein Glockenfest hält, beweist, daß sie in Wahrheit nichts mehr »hält« und daß dem Glauben der Väter der Zeit die letzte Stunde geschlagen hat. So gehts, wenn man den tausendjährigen Schmerz auf die Lage der Deutschen in Österreich überträgt. Die ‚Neue Freie Presse' wird jenem Ischler Dirndl immer ähnlicher, das die Bauern auf der Esplanade fragen, wann wir »Jomkipper« haben, oder jenem deutschen Mädchen, das mit Schreiben beschäftigt war und dem die Mutter verweisend zurief: »Thuswelda! Sonntag!« ... Der Kalender der ‚Neuen Freien Presse'? Sie schreibt jetzt Wonnemond 5567.

Österreicher. Ein kürzlich verstorbener Wiener Schullehrer war diszipliniert worden, weil er an einem Freitag eine Schinkensemmel gegessen hatte. Ob der Walfisch den Propheten Jonas an einem Freitag verschluckt hat, ist nicht mehr festzustellen. Aber ein anderer Wiener Schullehrer wäre neulich beinahe diszipliniert worden, weil er in der Naturgeschichtsstunde behauptet hatte, daß der Walfisch einen engen Schlund habe. Diese Aufklärung gab das Gemüt eines Knaben bangen Zweifeln preis und veranlaßte eine Interpellation des Katecheten über die mechanische Möglichkeit der Geschichte vom Propheten Jonas. Der Katechet erstattete die Anzeige, und alsbald richtete ein christlich-sozialer Gemeinderat und Bäckermeister an den Schulleiter die Frage: »Ja, ist der Lehrer noch immer in der Schule?« Die Affaire nahm ihren Instanzenlauf, aber sie verlief glimpflich; dem Lehrer wurde bloß der Rat gegeben, sich durch seinen Eintritt in einen christlich-sozialen Verein gegen naturwissenschaftliche Erkenntnisse zu schützen ... So behauptet die ‚Arbeiterzeitung'. Aber ihre Parteireligion ist nicht duldsamer, wiewohl sie vor Anfechtung eher geschützt ist: ihre Propheten reißen das Maul so weit auf, daß sie bequem einen Walfisch verschlucken könnten.

Wiener. »Ein künstlerisches Ereignis, etwas, desgleichen man positiv noch nicht gesehen hat«, so schreibt das ‚Neue Wiener Journal' über einen Cabaret-Sänger: er »tritt in der Uniform eines österreichischen Reiteroffiziers aus der Zeit der Türkenkriege auf und singt den ‚Prinz Eugen'. Nicht den von Karl Löwe, sondern einfach das Volkslied. An den Schläfen baumeln ihm zwei dünne Zöpfe herab, der Waffenrock ist ein monumentaler Bau in Grau und Rot, über der Brust wölbt sich ein schwarzer Küraß. Monumental sind auch die Kanonenstiefel. An der linken Seite hängt dem Manne der breite Pallasch herunter, in der Rechten schwingt er den Stock, über den linken Arm hat er nachlässig den Reitermantel geworfen. Es ist schon ein hohes Lob für alle anderen Darbietungen des Abends, daß man ihrer neben diesem Prinz Eugen nicht vergißt« — Ein Mitarbeiter desselben ‚Neuen Wiener Journals' hatte Gelegenheit, mit dem Operettentenor Fritz Werner in dessen Wohnung zu sprechen: »Ein eigenes Tischchen ist dem bayrischen Königshause geweiht. Ich habe mir der Einfachheit halber die Sache alphabetisch gemerkt: Albert, Arnulf, Ferdinand, Gisela, Ludwig, Luitpold, Otto, aber ich wette, daß ich zwei Dutzend vergessen habe. In München ist Fritz Werner gesellschaftlich und künstlerisch hoch obenan. Sein Antlitz leuchtet, wenn er von seinen hohen Beziehungen automobilistischer Natur zu sprechen beginnt. Man kennt ihn, sein Gut und sein Automobil. Die Prinzen, Fürsten und Grafen fahren mit seinem Wagen, und wenn auf der Straße ein Hofwagen in Sicht ist, dem das Automobil nicht vorfahren darf, dann wendet sich ein oder der andere leutselige Prinz sofort um und sagt: ‚Ah, der Fritz Werner! Fahren Sie nur vor!' Die Photographien zeigen ihn mit den

Dankschreiben in Form von Gedichten. Aber auch auf der Straße sprechen ihn die Prinzen an und in Ischl ist es gar keine Seltenheit, daß Prinzessin Gisela sich nach seinem Befinden erkundigt. Man begreift also, daß Fritz Werner sich in München behaglich fühlt.« Er ist aber auch durch den Pferdesport mit der noblen Welt in Verbindung. Ein Buchmacher hat ihm neulich zu viel ausgezahlt. »Na, ich habe meinen Freund Steinberger gefragt, der kennt sich aus mit den Pferden und der hat gesagt: ‚Die Hälfte gibst du zurück, das ist Usus bei Gentlemen'«. Herr Fritz Werner möchte aber auch gerne fischen, und er ist unruhig, weil ihm in Wien die Gelegenheit dazu fehlt. »Ich brauche das Angeln so notwendig, Sie machen sich keine Idee davon.« Herr Werner, der jeden Abend im »Walzertraum« singen muß, übt täglich vor- und nachmittags, er »singt mit Vorliebe Wagner. Lohengrin ist eine prachtvolle Übungsoper«. Wie verhält sich dieser nicht untergehende Werner zu den Wienern? Er nennt sie »treu und anhänglich.« »Sie vergessen nicht und sie interessieren sich auch für den Künstler als Privatmenschen. Es ist ganz hübsch, von allen Herren und Damen auf der Straße gekannt und von allen Fiakern gegrüßt zu werden.« Und einige Sekunden später, versichert der Vertreter des ‚Neuen Wiener Journals', »zeigt er sich dem Volke und steigt in den eleganten Wagen. Die Umstehenden sehen ihm mit leuchtenden Blicken nach.« — Von der 400. Aufführung der »Lustigen Witwe« – noch können wir jappen, aber wahrlich, ich sage euch: Paralyse ist nicht immer die Folge von Syphilis — wird berichtet: »Die Hauptdarsteller schienen von einer ernsten Stimmung ergriffen; so versicherte Herr Treumann, er betrachte den heutigen Tag als einen der bedeutungsvollsten seines Lebens«.

Leser. In Wien glaubt man offenbar noch immer, daß ich der Inhaber eines »Aufdeckungsbureaus« bin. Und doch wirkt seit Jahren nichts so verstimmend auf meine Magennerven wie das Wort »Übelstände«. Gegen den Querulantenwahn gibt es keinen Schutz; aber der gesunden Dummheit muß ich immer wieder abwinken, wenn sie mich für die schlechte Bezahlung der Beamten eines Bankinstituts oder für die ungenügende Lüftung eines Hörsaals der technischen Hochschule, für die Ausbeutung der Verkäuferinnen einer Konditorei oder für die ungerechte Verurteilung des Herrn Pollak aus Gaya, endlich zu zahlen, interessieren möchte. Am häufigsten werde ich mit Angelegenheiten belästigt, die in das Interessengebiet der sozialdemokratischen Publizistik

eher reagiert, als auf die ethischen Forderungen eines größeren. Zur Strafe dafür finde ich dann freilich den abgelehnten Notschrei auf einem alldeutschen Käsepapier, dessen Ausschnitt mir ein Bureau sendet, weil die ‚Fackel' darin genannt ist. »Bezeichnend ist«, heißt es nämlich dort, »daß die ‚Fackel' trotz Mitteilung sich der Sache nicht anzunehmen geruhte.« Und was »bezeichnet« es? Wahrscheinlich, daß die ‚Fackel' von der Regierung bestochen ist oder, weil ihr Verlag im Clearing-Verkehr steht, sichs mit der Leitung des Postsparkassenamtes nicht gern verderben möchte . . . Zu solchem Verständnis für die ethischen Ziele der ‚Fackel' gesellt sich Gott sei Dank auch die Anerkennung ihrer ästhetischen Forderungen. Man achtet den Eifer, mit dem ich gegen die Verpestung der deutschen Sprache durch die Tagespresse losziehe. Das heißt auf Wienerisch: es gibt Leser, die mich auf einen Druckfehler in der ‚Neuen Freien Presse' aufmerksam machen und an die Verwertung solcher kostbaren Information die Bedingung knüpfen, daß ich »den Namen des Einsenders nicht nenne.« Dann wieder gibt es eine Art von Mitteilsamkeit, die meine Lebensfreude durch passende Fragen erhöht. Zu den dümmsten, die täglich meinen Nervenfrieden bedrängen, gehört die Frage nach der Autorschaft dieses oder jenes Artikels der ‚Fackel'. Noch immer gibt es zum Beispiel Leute, die das Fackelzeichen für den Beweis meiner persönlichen Autorschaft halten und nicht begreifen, daß es bloß der Trennung zweier Stoffgebiete dienen soll. Noch immer wissen sie nicht, daß jede Zeile, die nicht ausdrücklich von einem Namen oder einer Chiffre signiert ist, von mir geschrieben, daß meine Unterschrift eben das Fehlen einer Unterschrift ist. Natürlich wird in medizinischen Kreisen ein Mitarbeiter, der Arzt ist, verdächtigt, daß er meinen Artikel »Medizinisches Familienidyll« in der letzten Doppelnummer verfaßt, und er wird der drolligen Stil- und Charakterlosigkeit für fähig gehalten, daß er auch im ‚Neuen Wiener Journal' über den Fall Exner geschrieben habe. Da ich aber erkläre, daß er dem Artikel der ‚Fackel' vollständig fernsteht, dürften die Eingeweihten sich damit helfen, daß sie mir die Autorschaft des Artikels im ‚Neuen Wiener Journal' zuschreiben. Bei der hohen Wertschätzung, deren sich in Wien stilistische Persönlichkeit erfreut, ist schließlich alles möglich. »In Hietzing«, schrieb mir kürzlich ein anonymer Esel, sei »das Gerücht verbreitet«, daß ich der Verfasser einer Stadtbahnbeschwerde sei, die in einem alldeutschen Blatt erschienen ist. In Wien — und Hietzing gehört zu Wien — überwiegt das stoffliche Interesse das literarische; und Stadtbahnbeschwerden sind bekanntlich mein Stoffgebiet . . . Wenn ich einmal die ‚Fackel' beschließe, eröffne ich mein »Museum der Dummheit«, das ich mir dank einem täglichen Briefeinlauf seit acht Jahren angelegt habe. Dann erst beginnt mein Kampf gegen die wahre öffentliche Meinung, deren schwächliches Zerrbild das Zeitungswesen darstellt. Und sollten meine verehrten Korrespondenten sich durch diese Mitteilung abschrecken lassen, so würde der Gewinn an Nervenkraft mich für den stofflichen Verlust kaum entschädigen.

Herausgeber und verantwortlicher Redakteur: Karl Kraus.
Druck von Jahoda & Siegel, Wien, III. Hintere Zollamtsstraße 3.

DIE FACKEL

Nr. 227–228 WIEN, 10. JUNI 1907 IX. JAHR

Die sechzig Zeilen

oder

Die sieben Worte.

Von **Frank Wedekind.**

I.

Ich, der ich Ich bin,
Der Allgewaltige,
Ich bin der Verborgene,
Der dich zu seiner
Lust geschaffen hat.
Denn meine Freuden
Sind deine Schmerzen,
Denn mein Leben
Ist dein Tod.

II.

Dein Eigen sollst du nicht nennen,
Nicht Erde, nicht Feuer, nicht Wasser,
Nicht Pferd, nicht Hund,
Nicht Vater, nicht Mutter,
Nicht Mann, nicht Weib, nicht Kind.

III.

Deine Jagd nach Beute
Sollst du nicht Arbeit schmähn,
Denn besser, dem Jäger
Fehle die Beute,

Als daß sich der Jäger
Erjagen läßt
Und er genährt werde
Um seiner Arbeit willen.

IV.

Züchtige den Körper nicht
Um der Seele willen,
Um des Körpers willen jedoch
Züchtige die Seele.
Denn deine Seele fürchte
Den seelischen Schmerz.
Deines Körpers Schmerzen aber
Sind deine herrlichsten Opfer.

V.

Ich, der ich Ich bin,
Ich schuf den Menschen,
Damit er stirbt.
Ich, der ich Ich bin,
Schenkte dir Wollust,
Auf daß du den Tod
Nicht fürchtest,
Der du an deinem Tod
Deine Wollust sättigest.
Wehe dem, der seine Wollust
Sättigt an schlechterer Kost.
Er wird in der Dunkelheit
In Fäulnis zergehn.

VI.

Halte die Spiele
Der Kinder heilig
Und störe sie nicht.
Denn in ihnen ist weder
Torheit noch Müßiggang.

VII.

Du sollst nicht in Wollust lieben,
Sondern in Kraft
Und Selbstgefühl.
Du sollst nicht im Dunkeln lieben,
Sondern im Licht.
Wehe der Liebe,
Die an den Blicken
Der Menschen stirbt.
Denn wie deine Liebe
So deine Kinder.
Wer aber im Dunkeln liebt,
Der lebt auch im Dunkeln.

Salome.

»Obgleich das Gedicht nicht im Hinblick auf die Vertonung geschaffen wurde ...« sagt ein Pariser Musik-Nordau, namens Pierre Lalo, den die ‚Neue Freie Presse' unmittelbar nach dem wahren Nordau sich über Oskar Wilde ausspeien ließ. Nein, »im Hinblick auf die Vertonung« wurde es wirklich nicht geschaffen. Und mag die Vertonung — ich kenne sie nicht und verstünde sie nicht — noch so bedeutend sein, für mein Gefühl bleibt Salome im Incest blutsverwandter Künste geschändet. Der Herr Lalo ist anderer Ansicht, hält den »Text« Oskar Wildes für wertlos genug, um musikalischer Unterstützung zu bedürfen, und erfrecht sich nach den bodenlosen Schäbigkeiten, die das Saublatt durch die Herren Schütz, Goldmann und Nordau schon an Wilde verüben ließ, zu den folgenden Bemerkungen: »Die literarische Technik des Stückes ist die verlogenste, empörendste, geschmackloseste, die man sich denken kann. Die Sprache bewegt sich in anspruchsvollen, geschraubten und manierierten Bildern, die Muster unnatürlicher Poesie und schlechten Geschmackes sind.« Folgt pünktlich der wundervolle Vergleich des Mondes mit der kleinen Prinzessin, deren Füße weiße Täubchen sind. Wildes Sprache »ist unerträglich, eine ärgerliche Nachahmung des Hohen Liedes durch einen ästhetisierenden Engländer. Sie steckt voll von der albernen Ziererei des englischen Ästhetentums. Was einen völlig gegen das Werk aufbringt, ist die absichtliche Brutalität, die dicht neben die Ziererei gestellt ist, das Gemisch von Fadheit und Greueln, von Süßelei und Blut, das ein skandalsüchtiger Literator hier betriebsam und ruhig dosiert.« Die Musik des Richard Strauß sei »der Literatur des Oskar Wilde glücklicherweise weit überlegen.« »Oskar Wildes Gedicht ist ganz voll von fader und niedriger Sinnlichkeit«: »an Stelle von Wildes Stammeln« trete bei Strauß ein männlicher und energischer Ton.

Glücklicherweise ist der Salome in Herrn Felix Salten ein Ritter erstanden, der sie gegen den beleidigenden Vorwurf der niedrigen Sinnlichkeit in Schutz nimmt. Denn darin sind sich Freund und Feind in dieser christlich-jüdischen Welt einig, daß Sinnlichkeit eine niedrige Eigenschaft des Weibes ist. Herr Salten, der schon die Lustige Witwe gerettet, Herrn Treumann eine psychologische Seite abgewonnen und von Herrn Viktor Leon behauptet hat, daß er »von der Epoche langsam gemodelt worden« sei, führt bekanntlich die modernsten Muster am hiesigen Literaturplatz. Aber es wäre dankenswert einmal zu zeigen, wie auch in der Literatur alles auf das wirksamste Auslagenarrangement ankommt. Keine Kluft der Weltanschauung, bloß die Verschiedenheit der Auffassung eines bestimmten Kunstwerks trennt den Banausen vom Snob. Wäre Salome »bloß« eine perverse Prinzessin, Herr Salten müßte Herrn Nordau zustimmen. So aber verteidigt er mit dem ganzen Aufwand moderner Adjektiva, die dieser geschickteste Wiener Journalist mit typewritermäßiger Handfertigkeit immer parat hat, Oskar Wilde gegen die Zumutung erotischer Absichten und nennt Herrn Nordau, der sie ihm mit vollem Recht zuschiebt, einen »frechen

Kretin«. Fälschlich wird darob Herr Salten sogleich auch für den mutigsten Wiener Journalisten erklärt. Fälschlich. Denn er nennt bloß den frechen Kretin und begnügt sich damit, Herrn Nordau zu meinen, dem er als loyaler Zionist solche Majestätsbeleidigung wohl nicht ins Angesicht zu rufen wagte. Herr Nordau ist mutiger; er nennt die Könige, deren Gräber er schändet, beim Namen. Mutiger und ehrlicher, weil er stets die äußersten Konsequenzen aus seinen Blamagen zieht. Weil er sich zum Exponenten der ganzen Heuchelei des zeitgenössischen Philisteriums macht. Herr Salten, der Moderne, schützt nicht die erotischen Absichten der Salome gegen den Vorwurf der Zeitgenossen, sondern die Salome gegen den Vorwurf erotischer Absichten. »Man bringt es fertig«, ruft er, »trotz dem ungeheuren Hintergrund dieses Dramas nur eine plumpe Erotik spüren zu wollen. Die verwöhnte, gesalbte und geschmückte Prinzessin soll an der rauhen von Erdgeruch starrenden Männlichkeit des Johannes nur einen ungewohnten Reiz empfinden, soll in ihrer hysterischen Überkultur beim Anhauch dieser Urwüchsigkeit in rasende Begehrlichkeit geraten. Liefe es darauf allein hinaus, es wäre ein plumpes Spiel. Salome fühlt, wer Johannes ist. In dem Augenblick, da die Stimme des Propheten aus der Tiefe des Kerkers zu ihr empordringt und ihr Ohr trifft, fühlt sie, daß da eine andere, eine neue Welt zu reden anhebt. In diesem Augenblick weiß sie, daß sie verloren ist. Verloren mit all ihrer Macht, mit all ihrem Rang, ihrem Glanz und ihrer Schönheit. Verloren, wenn es ihr nicht gelingt, sich in diese neue kommende Welt hinüberzuretten, von ihr aufgenommen und geliebt zu werden... Von einer Sehnsucht, die keinen Gegenstand und kein Ziel hat, ist sie gejagt. Es ist der Zustand, in dem sich die Jugend einer verfallenden Zeit befindet. Sie ahnt, daß sie nur da ist, um von einer neuen Welt befreit oder überrannt zu werden. In diesem Mann, der da bleich und abgehärmt, aber furchtlos und verzückt aus dem Kerker heraufsteigt, sieht sie eine Macht, die außerhalb der Macht des Tetrarchenhofes ist. Eine Welt, die jenseits dieser glänzenden, nichtigen und verkommenden Welt liegt. Ihr bringt sie sich stürmisch dar, ihr wirft sie sich mit aller Heftigkeit entgegen, bereit, sich aufzugeben, sich hinzuopfern, zur Empfängnis bereit. Eine Sehnsucht, die sich selbst nicht kennt, schreit in Salome nach des Täufers Güte. Er stößt sie zurück. Jesus hätte sie aufgenommen, hätte ihre verirrte, verflatterte und verängstigte Seele beschwichtigt, gereinigt und erlöst. Der Vorläufer starrt über sie hinweg. Der Vorläufer kann noch hassen und verachten.« Salome ist also ein Schmock, dessen Sexualität — wenn von einer solchen überhaupt noch die Rede sein darf — nur mehr in einer zu literarischen Dämpfen sublimierten Religiosität ausströmt. »Hier sind tiefere Bezüge«, meint Herr Salten geheimnisvoll, »verzweigtere Zusammenhänge, und wir lieben in unserer Zeit den farbig dunklen Schimmer tiefer Bezüge, den feinen Pulsschlag, der durch verzweigte Zusammenhänge klopft.« Ein Satz, für den man Herrn Salten aus innerstem Herzen dankbar sein muß. Denn hier ist jener farbig dunkle Schimmer tiefer Bezüge zwischen der Gedankenlosigkeit und dem Schlagwort, hier ist jener feine Pulsschlag der Phrase, der immer zu klopfen beginnt, so oft das Wort »Zusammenhänge« in der modernen Kritik genannt wird. Es ist merkwürdig. Seitdem in die Literatur die Sehnsüchte eingeführt und die Zusammenhänge mit dem Leben entdeckt wurden, hat die Literatur den Zusammenhang mit dem Leben und das Leben die Sehnsucht nach der Literatur verloren. Die Nordaus können wenigstens die Seichtigkeit der abgestandenen Wässer, die ihre Phrasen decken, ermessen, die Saltens haben nicht einmal eine Ahnung, was unter dem farbig dunklen Schimmer ihrer Adjectiva verborgen ist. Darum rechtfertigen leider Gottes die Saltens immer wieder die Nordaus. Denn daß in Oskar Wilde »alle die Farben und alle die Formen dieser Zeit schon fertig dalagen«, ist eine Erkenntnis, bei der der Philister mehr erkennt als der Snob. Jener versteht, was er verurteilt; dieser weiß nicht, warum er erhebt. Der Philister ist vom Flachkopf bis zum Plattfuß immer er selbst, aber der Snob möchte durch Geschwätz davon ablenken, daß er ein Philister ist. Er hat in Nr. 150 der ‚Fackel' gelesen, wie ich die »Salome« beschrieb: »Die somnambule Stimmung einer aus Wollust und Grauen bereiteten Vision; das rhythmisierte Tempo des aus schwüler Ruhe zur Katastrophe eines Zeitalters hastenden Fiebertraums; die aus dumpfen Seelen, aus einer Zisterne und vom Himmel drohende Wende zweier Welten, der unsichtbare Galiläer und ein stilisierter Mond, der vom blanken Rund zum scharlachfleckigen Ungetüm alle Phasen irdischen Unheils begleitet, — die Unregelmäßigkeit der aus den Fugen gebrachten Natur«. Dies der berühmte »Hintergrund«. Aber der Vordergrund bleibt die simple Erotik, das Verlangen nach der von Erdgeruch starrenden Männlichkeit, das die Herren Nordau und Salten so »niedrig« wie sie nur irgend wollen eineinschätzen können. Freilich ersehnt die Prinzessin den Propheten und nicht bloß den Mann in Jochanaan. Aber ihre Sehnsucht ist eben eine erotische Sehnsucht, und Eros ersehnt den Reiz, sich noch einmal an einer den Sinnen feindlichen Lehre zu entzünden. Wäre Salome nicht »pervers«, sie wäre reif, Artikel über die Frauenbewegung für die ‚Zeit' zu schreiben. Das Große an Wildes Dichtung — der Herr Servaes hat sich bereits so gut in den Rahmen der ‚Neuen Freien Presse' gefügt, daß er den Leistungen der Schütz und Nordau das kritische Wort gesellt, »Salome« sei »künstlerisch betrachtet, vielleicht bloß ein Schmarren« — das trotz aller Blindheit und Bosheit Große an dieser Dichtung ist eben die Umfassung des Ewig-Niedrigen mit den welthistorischen Kulissen des Zeitlich-Großen.

Die Debatten der Schriftgelehrten am Hofe des Herodes klingen reiner als das Quintett der kritischen Juden, das sich im Nu vor Wildes Dichterwerk etabliert. Aber die Frage bleibt, ob der Pharisäer verständlicher mauschelt, wenn er den Part des verstehenden Snobs oder den des unverständigen Schmocks übernommen hat. Da Salomes Wunsch nach dem Haupt des Täufers vernehmbar wird, reckt der Haß die Arme, schon gleichsam den Weg nach Golgatha weisend. Die kritische Gilde aber verlangt auch den Kopf der Salome, wenn ihr Gelüsten ein »perverses« ist. Und wenn Herodes bereits den Befehl erteilt hat, daß man dieses Weib erschlage, beeilt sich Herr Kalbeck ihr noch eine schlechte Sittennote zu geben. So büßt in der Tretmühle der Kritik ein Dichter auch nach dem Tode noch seine Laster. Sein artistisches Vermögen wird zugunsten einer snobistischen Horde konfisziert. Die seiner Moral den Strick um den Hals wünschen, preisen die Art, wie er seine Kravatte geschlungen hat. Und es ist eines seiner besten

Paradoxe, daß von dem abscheulichen Nachruhm, den sie ihm gönnen, sich die deutsche Theaterwelt mästet und daß wir bis zur nächsten Hinrichtung einer Persönlichkeit mit den Premièren eines Toten versorgt sind. Die Wege, auf denen er die Schönheit gesucht hat, bleiben verrucht, aber mit den Schönheiten, die er gefunden hat, schmückt sich eine Generation rasierter Jünglinge, deren träumerischer Verschmocktheit ein Roman gewidmet werden müßte: Das Bildnis des Dori Gray.

Das neue Strafgesetz.

Das »Wissenschaftlich-humanitäre Komitee« in Berlin hat an den österreichischen Justizminister, Herrn Dr. Franz Klein, die folgende Eingabe gerichtet:

»Charlottenburg, den 10. Mai 1907.

Ew. Exzellenz!

Wie wir erfahren, haben unter Ew. Exzellenz Leitung im Österreichischen Justizministerium die Beratungen über den Strafgesetzentwurf begonnen. Wir werden von dortigen Eingesessenen gebeten, Ew. Exzellenz bei dieser Gelegenheit darauf hinzuweisen, daß der § 129 b des österreichischen Strafgesetzbuches auf Grund der neueren wissenschaftlichen Erkenntnisse und im Interesse wahrer Menschlichkeit einer Abänderung bedürftig erscheint. Wie Ew. Exzellenz wissen dürften, erstrebt unterzeichnetes Komitee für Deutschland die Abänderung des entsprechenden § 175. Unser streng wissenschaftliches Vorgehen hat es zu Wege gebracht, daß die Meinung der Gebildeten und weiterer Volkskreise mehr und mehr von den alten Vorurteilen in dieser Frage zurückkommt, so daß der endlichen Abänderung, die nur noch eine Frage der

Zeit ist, ernstliche Schwierigkeiten kaum im Wege stehen, ist doch die Regierung selbst unserer grundlegenden und aufklärenden Arbeit durchaus günstig gesonnen. Wir möchten weiter Ew. Exzellenz darauf verweisen, daß in jüngster Zeit Norwegen seine diesbezüglichen Gesetzesbestimmungen gemäß den wissenschaftlichen Feststellungen geändert hat und daß die Schweiz in ihren Entwürfen eine Änderung vorsieht. Wir erlauben uns hierzu auf die in unserm 8. Jahrbuch enthaltene Arbeit von Dr. B. Friedlaender, „Kritik der neueren Vorschläge zur Abänderung des § 175", zu verweisen. Auch werden wir uns gestatten, Ew. Exzellenz Material über das fragliche Problem zugehen zu lassen. Indem wir die Hoffnung aussprechen, daß Ew. Exzellenz der Anregung, die wir uns zu geben erlaubten, im Interesse des Fortschrittes und der Gerechtigkeit Folge geben werden, verbleiben wir u. s. w.«

Der Monatsbericht des Komitees verzeichnet stolz den Empfang des folgenden Rückschreibens:

»An das geehrte Wissenschaftlich-humanitäre Komitee
Charlottenburg-Berlin.

Ich beehre mich den Empfang der an das Justizministerium zur Strafrechtsenquete eingesendeten Drucksachen dankend zu bestätigen.

Wien, am 20. Mai 1907. Ergebenst

Schober, k. k. Ministerialrat.«

Sonderbare Schwärmer! Die nicht wissen, daß in Österreich nicht die Menschlichkeit Sexualgesetze macht, sondern die Sittlichkeit, nicht die Lebenserfahrung, sondern die Unverdorbenheit, nicht der Fortschritt, sondern die Feigheit, nicht Phantasie, sondern die normale Sexualität eines Universitätsprofessors und eines Oberstaatsanwaltes. Die nicht wissen, daß eher die Furcht, für einen Dieb gehalten zu werden, den Gesetzgeber die Freigebung des Diebstahls wagen lassen wird, als die Furcht, für einen Päderasten gehalten zu werden, die Abschaffung des homosexuellen Strafparagraphen. Wahrlich, ich sage euch, es wird noch viel Wasser in das Bassin des Centralbades fließen — und viel Wein in die Becher der Liebenberger Tafelrunde —, ehe sich die Erkenntnis Bahn bricht, daß kein Staatsbürger für die Richtung seiner Nervenwünsche verantwortlich gemacht werden kann!

* * *

Das Kind.

Dieselbe Gesellschaft, welche die »Prostitution« (der ganze Moralwahnsinn stinkt aus diesem Wort) abschaffen will, aber dafür jede Krüppelehe gutheißt und die Mädchen den männlichen Berufen zutreibt, welche die Frauen infolge der ärztlichen Schweigepflicht der Ansteckung preisgibt und dafür den Fötus schützt, welche ihre sechsjährigen Kinder dem Katecheten, die Auslese ihrer Knaben dem Gymnasium und die Auslese ihrer Jungfrauen deflorationswütigen Sadisten ausliefert, — diese selbe saubere Gesellschaft knallprotzt jetzt auf einmal mit einem angeblichen besonderen Verständnis, das sie dem Problem des Kindes entgegenbringt, und mit einer angeblichen besonderen Fürsorge, die sie dem Kinde angedeihen läßt. Diese Gesellschaft hat das Schlagwort vom »Zeitalter des Kindes« erfunden, hat aber vom Wesen des Kindes eine verkehrtere Vorstellung und behandelt ihre Kinder schlechter und unsinniger als jede frühere Gesellschaft. Während gehirnweiche pädagogische Theoretikaster, Literaturweiber im kanonischen Alter, die ihre Mütterlichkeitsinstinkte zu spät entdeckt haben, und hochstapelnde Talmipsychologen das große Wort führen, während jeder Snob seinen herostratischen Wahnsinn und jeder spekulative Streber seinen Ehrgeiz und und seine Gewinnsucht auf Kosten der wehrlosen Kinder befriedigt, wird ein Dichter oder Denker, der einmal über das Kind ein unbefangenes Wort zu sagen wagt, das der mütterlich-idiotischen Vorstellung unserer Gesellschaft vom Kind als unschuldsvollem Engel nicht entspricht — wie etwa Wedekind in »Frühlingserwachen« oder Freud in den »Abhandlungen zur Sexualtheorie« — vom ausschlaggebenden Bildungspöbel als Zyniker oder verstiegener Ketzer gebrandmarkt. Insbesondere die Erotik will man beim Kinde nicht gelten lassen, und wenn man trotz aller absichtlichen Blindheit endlich in einem konkreten Falle doch die Existenz einer kindlichen Erotik zugeben muß, so schreit man entsetzt von Entartung und Verführung oder ruft fassungslos: »Es gibt keine Kinder mehr!« Es scheint daher notwendig, nicht nur daran zu erinnern, daß das Kind auch vor der Pubertät bereits ein ausgeprägtes und überaus mannigfaltiges erotisches Triebleben führt*), sondern auch festzustellen, daß die Lieblingsvorstellung der modernen Gesellschaft vom unerotischen Kind-Engel nur das Produkt eines diese Gesellschaft beherrschenden erotischen Triebes ist.

In Wirklichkeit wird nämlich nicht etwa dem Kinde selbst eine überragende Bedeutung in unseren sozialen und kulturellen Bestrebungen eingeräumt, sondern lediglich der konventionellen Vorstellung vom Kinde. Man betont heute die Wichtigkeit erzieherischer und pädagogischer Probleme nicht aus sozialem Ernst oder aus Interesse an Kinderpsychologie und Pädagogik, sondern weil die Illusionen, denen das Gros der Gesellschaft seine sublimsten erotischen Erregungen verdankt, innig mit seiner Vorstellung vom Kinde verquickt sind. Es besteht nämlich heute ein anscheinend sehr dringendes Bedürfnis nach einer durchaus künstlichen Naivität, nach einer extrem unnatürlichen »Natürlichkeit« und »Unschuld«, um dieser Qualitäten entweder teilhaftig zu werden oder sie zu zerstören. Der

*) Vergl. hierüber Prof. Dr. Sigm. Freud: »Drei Abhandlungen zur Sexualtheorie«, F. Deuticke, Leipzig und Wien 1905.

Mann von heute ist in seiner Mehrzahl entweder ein Feminist, d. h. ein Masochist, der seine Männlichkeit, seine Besonnenheit, seine Verantwortlichkeit los werden will, der im Weibe als in der »Natur« (einer rein illusionistischen »Natur«, die er sich nach seinem speziellen Bedürfnis gut oder böse, sanft oder grausam, himmlisch oder dämonisch vorstellen kann) untertauchen will, — oder er ist ein Nihilist, der alles zerstören will, was er nicht besitzen kann, ein Sadist, der grausam sein muß, weil er leidet, ein Deflorateur, der die »Unschuld« besudeln will, weil er an diese »Unschuld« glaubt und sie nicht hat, und der an die »Unschuld« glaubt, weil er in diese Illusion verliebt ist. Und in sehr vielen Fällen ist der Mann beides zugleich: ein Masochist, der sich nach einer »Herrin« sehnt, die ihn schulmeistert und bei der er selbst zum »Kinde« werden kann, und ein Sadist, der einen jungfräulichen Kind-Engel sucht, um ihm die »Unschuld« abzuzapfen. Aber nichts hat mit der wirklichen Natürlichkeit des Weibes weniger zu tun als die Vorstellung solcher verstiegenen Erotik vom »Weib als Natur«. Die Natürlichkeit des Weibes — das beste Besitztum unserer armseligen »Kultur« — wird gerade durch den femininen Weibskultus zerstört. Das Ziel einer wahren Kultur wird immer die schroffste Differenzierung von Mann und Weib sein. Die Differenzierung und die unbedingte Suprematie des Mannes ist der wirksamste Schutz der Natürlichkeit und harmonischen Gesundheit des Weibes. Die Anähnlichung und Vermischung der Geschlechtscharaktere — die heute auch auf dem Umwege eines allgemeinen und grundverkehrten Kindeskults herbeigeführt wird — ist der Weg zur schlimmsten Unkultur, zur Verweiblichung des Mannes und zur Vermännlichung des Weibes. Der Mann wird dabei zum Idioten und das Weib zur Hysterikerin. Die Vorstellung vom Kinde — in welchem man eben vor allem die Unschuld und Engel- oder Lammhaftigkeit entdeckt zu haben glaubt — bestimmt aber heute zum größten Teil Richtung, Form und Inhalt der männlichen Erotik, es gibt also neben der kindlichen Erotik auch eine kindische Erotik der — Erwachsenen. Die Frauen passen sich natürlich dem männlichen Bedürfnis an und sind entweder »Engel«, wenn sie das Geschäft mit der Unschuld noch vor sich haben, oder »Herrinnen«, wenn sie mit der Unschuld kein Geschäft mehr machen können: aut virgo — aut virago ... Ein Psycholog der Kleidung wird dies nach tausend Jahren noch aus unseren Mädchen- und Frauentrachten erraten können. Die Idee der kindischen Kindlichkeit ist sowohl für die Erziehung wie für die Selbst-Formung des Weibes maßgebend geworden. Unsere Mädchen (man kann dies meines Erachtens nicht oft genug wiederholen) werden anstatt zu Weibern zu erwachsenen Kindern, zu künstlichen Engeln erzogen, weil die Kindlichkeit — das Babyhafte in Kleidung, Haltung, Ausdruck und Sprechweise — die unwiderstehlichste Anziehungskraft auf den Mann von heute verbürgt, dessen sadistischer Passion sie entgegenkommt. Später verwandelt sich dann das Baby in eine »Wanda« — die traurigste und modernste Metamorphose von Semiramis und Kleopatra — und mimt entweder im Pelzmantel die königliche Würde oder posiert die kokett-arrogante »Erzieherin«, adaptiert für ihre Toilette männliche Kleidungsstücke und läßt die großen Kindlein zu sich kommen. Denn nunmehr verleiht ihr dies die sicherste Wirkung auf den Mann, dessen masochistischer Passion es entgegenkommt....

Auch die übertriebene Kinderliebe der Eltern, das unnatürliche Verliebtsein der Eltern in ihre Kinder, das Herausputzen und Stilisieren der Kinder zu lebenden Puppen, zum Spielzeug einer klandestinen Erotik der Erwachsenen, einem Spielzeug, dem wir jetzt Schritt für Schritt begegnen können, das Zurschaustellen dieser lebenden Puppen bei allen Festen und Empfängen, in Ausstellungen und auf Bühnen, die auffallend häufige Verwendung der puppenhaften Kinderfigur auf Plakaten, — alle diese Erscheinungen sind unzweideutige Symptome der tiefgehenden Beherrschung des modernen erotischen Empfindens durch die Idee der kindlichen Puppenunschuld. Und diese Idee ist auch in unsere Vernunftvorstellungen bereits so tief eingedrungen, daß sie sogar unserer Vorstellung vom Genie eine mütterlich-idiotische Färbung gibt, so daß wir uns den äußersten Gegensatz des wirklich Kindlichen — also etwa Goethe, den höchsten Grad von Besonnenheit und männlicher Selbstbeherrschung — mit Vorliebe als »großes und ewiges Kind« vorstellen. Napoleon empfand ihn anders. »Es ist ein Mann!« rief er aus. (Nach Nietzsche soll er sich dabei gedacht haben: — »und ich hatte nur einen Deutschen erwartet.«) Unsere Gesellschaft ist zum Weibe kondeszendiert, hat sich einen Ammeninstinkt zugelegt und degradiert alles, was es liebt, bewundert oder verehrt, zum Kinde. Unsere Vorstellung von Gut und Böse ist wieder bei Rousseau angelangt, dem Vater des modernen Feminismus und Demokratismus, bei Rousseau, dessen Genie wohl auch in der völligen Unfähigkeit bestand, Realitäten zu sehen und zu unterscheiden, der der Menschheit das verlogenste Buch über das Kind — den »Émile« — geschenkt hat. (Und der einzige berühmte Franzose ist, den Herr Nordau in sein schmalziges Herz geschlossen hat.) Unser Gut und Böse ist wieder in den Gleichungen ausgedrückt: Gut = Natur = Unschuld = Kind = Weib; Böse = Kultur = Wissen = Ernst = Mann. Die »Natur« der ersten Gleichung ist jedoch nur romantisch-sentimentale Unnatur.

Unsere Vorstellung vom Kinde ist aber auch an sich — abgesehen davon, daß sie nur eine verlarvte Form einer feministischen Erotik ist, der es an spezifisch männlicher Energie gebricht — die falscheste und verkehrteste, die jemals über das Kind verbreitet war. Das Kind ist eben nicht ein Idealgeschöpf, das den Erwachsenen vorbildlich sein könnte, sondern etwas Unfertiges, Rückständiges und in Entwicklung Begriffenes, ein Stück Natur, das glücklicherweise reeller, kräftiger und entwicklungsfähiger ist als der imaginäre »Engel« des Rousseau'schen Naturaberglaubens. Wenn im Kinde noch all das sich vorfindet, was im erwachsenen Kulturmenschen entweder unterdrückt oder derart verwandelt ist, daß der Ursprung mancher »Tugenden« aus kindlichen »Lastern« den meisten unglaubwürdig erscheint. so ist dies eine notwendige und urnatürliche Entwicklungsstufe und kann selbstverständlich nicht den Inhalt einer »Anklage« gegen das Kind bilden. Das wahre Porträt des Kindes ist nur bei einem ganz ungerechtfertigten Vergleich mit dem vollentwickelten erwachsenen Kulturmenschen unerfreulich. In Hinblick auf die Entwicklung selbst ist im Gegenteil eine recht ausgeprägte Erscheinungsform der kindlichen »Laster« wünschenswert. Jedenfalls ist das Kind in Wirklichkeit das Gegenteil eines Unschuldsengels, es ist in jeder Hinsicht »lasterhafter« als der erwachsene Dutzendmensch. In erotischer Hinsicht ist es eine Mustersammlung aller jener Triebe, die wir beim Erwachsenen »pervers« nennen: speziell die Sekretionsvorgänge und -produkte spielen in der kindlichen Erotik eine hervorragende Rolle. Sein Gefühlsleben ist hauptsächlich reaktiv und wird nur von der Furcht einigermaßen gehemmt und reguliert. Das Kind ist rachsüchtig, schadenfroh, jähzornig, neidisch, habsüchtig und feig, ein Ausbund von Verlogenheit, es wäre ein »Verbrecher«, wenn es handeln könnte. Seine intellektuelle Situation gleicht ungefähr der des Wilden. Es kennt anfänglich keinen Unterschied zwischen äußern Objekten und Ereignissen, Sinneswahrnehmungen und subjektiven — psychischen oder somatischen — Empfindungen. Es schreibt alle wahrgenommenen und empfundenen

Veränderungen in und außer ihm imaginären Ursachen zu. Es lebt in einer gewissermaßen aufgelösten, nebelartigen Welt, in einer pittoresken und verworrenen Welt des blinden Zufalls, in der noch keine logischfaßbare Gesetzmäßigkeit Geltung hat, sondern das Unerwartete, Unfaßbare, Widerspruchsvolle und Wunderbare, das Absurde die Regel bildet. (Aussagen von Kindern sind daher immer und unter allen Umständen, besonders vor Gericht, mit dem größten Mißtrauen aufzunehmen. Kinder lügen auch dann, wenn sie wahrhaftig sein wollen.) Eine ganz ähnliche Welt ist, nebenbei gesagt, auch die Welt des homo religiosus. Der Katechet hält also das Kind auf der kindlichen Stufe der Intellektualität fest, er verzögert oder verhindert den Eintritt der geistigen Mündigkeit. Wirkliche Typen erwachsener Kindlichkeit sind: mancher »Perverse«, der konstitutionelle Verbrecher und der Frommgläubige, der freiwillige Idiot.

Die aus dem psychischen Habitus des Kindes sich ergebenden Grenzen einer vernünftigen Erziehung sind nicht schwer zu bestimmen. Man soll das Kind zunächst sehen und unterscheiden lehren, es möglichst wenig durch unfruchtbaren, ihm fremden abstrakten Wissensstoff verwirren und verstopfen, man soll es alles möglichst von selbst lernen lassen (das wird jeder Vernünftige auch ohne Rousseau einsehen; unser Gymnasium ist eine beispiellos grausame Vergewaltigung kindlicher Gehirne), man soll es aber auch mit etwas kräftiger Hand anfassen, man soll es durch das Stadium der Kindlichkeit hindurchziehen und nicht auf eine mirakulöse Selbstentfaltung seiner guten, engelsgleichen »Natur« warten. Es soll damit keineswegs einer nutzlosen Härte und Strenge, oder gar einer Prügelerziehung das Wort geredet werden. Ich finde vielmehr den Schutz, den das Kind im »Zeitalter des Kindes« genießt, gänzlich unzureichend. Der Willkür in der Erziehung ist noch immer ein viel zu breiter Raum gewährt, während die verständige Förderung der kindlichen Entwicklung noch viel zu selten ist. Ich bin auch dafür, daß man die Natur des Kindes — so wie sie wirklich ist — sich austoben läßt. Man soll ihm vor allem nicht die Schmerzlichkeit der schlimmen eigenen Erfahrung des Lebens ersparen wollen. Die Hauptsache bei aller Erziehung aber ist ein zielbewußter lenkender Wille! Die verfehlteste Erziehung ist jene für das Kind wehleidige Weichlichkeit, jene weibisch-romantische Empfindsamkeit, die das Kind mit Kindereien langweilt, die Erziehung mit »sezessionistischen« Bilderbüchern und »künstlerischem« Spielzeug, die Erziehung mit »Liebe«, Begeisterung, Snobismus und Unverstand, welche die Kindheit mit einer Gloriole der allerdümmsten Poesie — der Kindheitspoesie — umgibt und die Kindheitsperiode künstlich verlängert, jene jetzt so eifrig propagierte, nicht in Hinsicht auf die Zukunft der Kinder, sondern mit Rücksicht auf die Verzückungen von Tantenseelen erfundene Erziehungsmethode, die nichts so sehr zu fürchten scheint als — das Mündigwerden der Kinder. Ich meine, das Kind ist eine zu wichtige und diffizile Angelegenheit, um dem Poesie- und Spielbedürfnis unbeschäftigter Schwachköpfe zu dienen. Ganz besonders widerwärtig ist die Sorte von Snobs, die heute das Kind durch die Kunst beglücken und veredeln will, was genau so geistreich ist, wie wenn man Fidschi-Insulaner mit den Bildern von Velasquez, Murillo und Tizian zivilisieren wollte. Für die ungeheure Vernunft eines von allen überflüssigen Härten gereinigten spartanischen Erziehungssystems ist heute jeder Sinn abhanden gekommen, wir haben im Gegensatz zu aller Vernunft die zwei unsinnigsten Erziehungssysteme, die es gibt — das alexandrinische und das romantisch-sentimentale —, zur Vollendung gebracht. Unsere Erziehung produziert daher nicht Männer und Frauen, sondern auf der einen Seite verbildete Berufskrüppel, auf der andern Feministen und jungfräuliche mimosae pudicae. Zwar spricht man jetzt da und dort von der Notwendigkeit einer »sexuellen Aufklärung« der Kinder. Bei der allgemeinen stupenden Unwissenheit der Erwachsenen in sexuellen Dingen dürfte aber diese »Aufklärung« eine sehr sonderbare und zweifelhafte sein. Und die sexuelle Aufklärung der Erwachsenen scheint mir vorderhand viel dringender als die der Kinder . . .

Die moderne und äußerst ideal erscheinende Forderung, das Interesse und Glück der Erwachsenen dem Interesse und Glück der Kinder zu opfern, ist zwar nichts als die groteske Vermummung feministischer Erotik. Nichtdestoweniger aber ist diese Lehre der eigenartigen modernen Kinderfreunde wahrhaft gefährlich und kann nicht nachdrücklich genug zurückgewiesen werden, denn sie bedroht in gleicher Weise das Interesse und Glück der Erwachsenen sowohl als der Kinder. Im Interesse der Erwachsenen — und das Erwachsensein bedeutet doch auch die Zukunft des Kindes; die Wichtigkeit des Kindes beruht nicht in seiner Kindlichkeit, sondern darin, daß es zu einem tüchtigen Erwachsenen geformt werden soll — im Interesse der Erwachsenen also liegt es, durch die Rücksicht auf die Kinder in ihren Betätigungen und in ihrem Lebensgenusse möglichst wenig behindert zu sein. Und im Interesse der Kinder liegt es, durch stupide Herumerzieherei und verkrüppelnden Schulmechanismus in der Überwindung ihrer natürlichen kindlichen Rückständigkeit und in ihrer natürlichen Lebenslust möglichst wenig gestört zu werden. Die »Liebe« der Eltern und Tanten, die Künsteleien und der Eifer der Erzieher und Lehrer sind für das Kind nichts als eine

Quelle nutzloser, seine Entwicklung verzögernder Plagen. Den Armen ist das Kind meist eine Last, sie quälen es daher oft mit ihrem Haß. Den Reichen ist das Kind gewöhnlich ein erotisches Spielzeug, sie quälen es daher mit ihrer Liebe. Dem Kind der Reichen sind nicht selten die Eltern eine Last. Man beginnt jetzt einzusehen, daß die Kinder, die von den Eltern mit Haß verfolgt werden, weil sie ihnen eine Bürde sind, von den Eltern getrennt werden müssen. Man sollte aber endlich auch einsehen, daß die Kinder, die von den Eltern mit einem Übermaß von Liebe verfolgt werden, weil diese ein erotisches Spielzeug brauchen, von den Eltern getrennt werden müssen. Man redet jetzt sehr viel von Kinderschutz und Mutterschutz. Ich glaube, Kinder und Mütter wären in vielen Fällen am besten geschützt, wenn sie getrennt würden. Die altehrwürdige Institution der Familie hat heute zwar keinen praktischen Zweck mehr, ist aber dafür der Hort aller Rückständigkeit, Verkrochenheit und Unsinnigkeit geworden. Diese sehr muffige Institution endlich aufzulassen, wäre nicht nur ein sozialer, ethischer und intellektualer Fortschritt, sondern auch die beste Lösung des Interessenkonfliktes zwischen den Kindern und Erwachsenen. Zu fordern, daß der zur Selbstbestimmung und zur höchsten Fähigkeit des Lebensgenusses Gelangte auf die Befriedigung seiner eigensten Bedürfnisse zugunsten der Unselbständigen und wenig Genußfähigen verzichte, heißt die natürliche Lustmöglichkeit des Menschen in seine unreife, für den vollen Lebensgenuß untaugliche Periode verlegen wollen, heißt auf den größten Teil der Freuden, die das Leben bietet, verzichten wollen, heißt das Leben verarmen wollen. Die Führung des Lebens ist eine Schöpfung des Mannes. Er ist das natürliche Schwergewicht im Gesellschaftsbaue. Verlegt er es — seine Mission verkennend oder vergessend — in die Natur des Weibes, die nur als Material, als bildsames Wachs seines schöpferischen Willens ihren hohen Wert gewinnt, so wird die Führung des Lebens weibisch werden; verlegt er es in einen falschen, dem Kinde selbst schädlichen Kult des Kindes, so wird die Führung des Lebens kindisch werden.

Karl Hauer.

* * *

Zur Frauenfrage.

Von Strindberg ist in der Zeitschrift ‚Kritik der Kritik' ein Dialog zwischen dem »Verfasser« und dem »Interviewer« erschienen. Der Verfasser interviewt den Interviewer »Was halten Sie von meinem neuen Buch ‚Heiraten'?« »Ich finde zuerst, es ist schlecht gemacht. Es ist nicht ausgeführt.« »Verfasser: Wenn Sie wüßten, wie recht Sie haben. Es ist nicht ausgeführt! Das war eben meine Absicht. Ich wollte nämlich eine recht große Anzahl von Fällen schildern, von gewöhnlichen Fällen des Verhältnisses zwischen Mann und Weib, wollte nicht vier Ausnahmefälle schildern wie Frau Edgren-Leffler, noch einen ungeheuerlichen Fall wie Ibsen, die nachher als Regel für alle Fälle genommen werden — — Interviewer: ... Zweitens ist das Buch unsittlich! Gestehen Sie das ein? Verfasser: Ja, das tue ich, nach Ihren Begriffen nämlich; denn wenn die Sittlichkeit ist, was sie geworden ist: ein Verbrechen gegen die Natur, dann ist mein Buch unsittlich: denn es ist der Natur gemäß. Interviewer: — — Drittens ist Ihr Buch reaktionär. Sie sind freisinnig und erlauben sich, sich über die Frauenfrage lustig zu machen? Wie können Sie das wagen? Verfasser: Ich gebe zu, es erfordert mehr Mut, sich über die Albernheiten der Mode lustig zu machen, als sich vom Strom der Umstände tragen zu lassen! Interviewer: Können Sie die Frauenfrage albern nennen, mein Herr? Verfasser: Ja! Das Weib von der Natur befreien, ist für mich ein ebensolches Verbrechen, wie den Mann von ihr frei zu machen suchen. Merken Sie nicht, Herr Interviewer, daß die jetzigen Versuche, das Weib zu befreien, eine Empörung gegen die Natur sind, die sich rächen wird? — — Interviewer: Viertens haben Sie Ibsen angegriffen; das ist gefährlich! Verfasser: Wer Karl XII. angegriffen hat, Herr, fürchtet weder Hölle noch Teufel! Siebenmal bin ich gefallen und wieder aufgestanden; und ertrage es wohl, noch einmal zu fallen! Übrigens habe ich das Puppenheim nur als Codex angegriffen! Ich liebe Codices nicht! Legt man einen Codex fest, so gilt er mindestens fünfundzwanzig Jahre und man kommt nicht vom Fleck! — Was Ibsen betrifft, so hat sein Beispiel die Gefahren der schönen Literatur gezeigt. Er schrieb Brand gegen das Christentum — und die Leser haben einen Christentumscodex daraus gemacht! Ist das nicht köstlich! Es schrieb die Gespenster gegen die Unsittlichkeit — und die Sittlichen machten sie zu einem Unsittlichkeitscodex. Er schrieb den Volksfeind gegen die Gesellschaft — und die schlimmsten Feinde der Gesellschaft warfen Steine nach ihm. So gehts einem, wenn man Moses auf dem Berg ist und mit einem blauen Tuch überm Kopf spricht. Ibsen schrieb von den Sorgen und Bitternissen seiner Jugend in den Kronprätendenten — und ein Kandidat der Philosophie in Helsingfors schreibt eine akademische Abhandlung darüber und beweist, daß es ein rein historisches Drama ist. Wenn der Kandidat vernünftiger zuwege gegangen wäre, hätte er an Ibsen geschrieben und ihn gefragt, ob es sich so verhalte; dann hätte er, falls ihm Moses geantwortet, klar gesehen. Einmal hat Ibsen das Tuch abgenommen und in menschlichen Zungen gesprochen. Das war, wie wir uns erinnern, nach den Gespenstern. Da desavouierte er sich selbst! Vielleicht will er mißverstanden werden. Gut, dann habe ich das Puppenheim am besten von allen verstanden. Doch lassen wir das. Haben Sie noch etwas mißverstanden, mein Herr? — — — Interviewer: Aber Sie greifen ja die Verteidiger der Frauenfrage an und sind doch selbst radikal! Verfasser: Eben! Ich greife die unverantwortliche Art an, in der man die Frage behandelt. Und die Frauenfrage hat in unseren Tagen einen häßlichen Anstrich von Poussade bekommen. Das ganze Puppenheim ist eine altmodische romantische Galanterie voll von idealistischen Schwächen. Ich habe den Versuch der Frau angegriffen, sich vom Kindergebären zu emanzipieren, nicht von Wiege und Küche. Ich habe das

Verlangen des Weibes angegriffen, die Mütter durch Latein zu verderben, wie die Väter dadurch verdorben sind. Ich habe, hören Sie es, Herr, und schreiben Sie es auf, die Ehe unter den jetzigen Verhältnissen angegriffen; ich habe gezeigt, daß eine vollkommene Seligkeit — unsinnig ist; ich habe gezeigt, daß das Weib unter den jetzigen Verhältnissen oft (nicht immer) durch die Erziehung ein dummes Ding geworden ist; ich habe also, schreiben Sie's auf, Herr, die Erziehung des Weibes angegriffen, die kirchliche Ehe und die Galanterie-Emanzipation der Männer. Ich habe also nicht das Weib angegriffen, sondern ich habe, schreiben Sie's mit großen Buchstaben auf, die jetzigen Verhältnisse angegriffen . . . Das Weib braucht meine Verteidigung nicht! Sie ist die Mutter, und darum ist sie die Herrin der Welt — —«.

*

Ellen Key und Friedrich Nietzsche . . . Man wird mir diese Zusammenstellung verzeihen; aber der Widersinn von Namenskupplungen wie »Goethe und Nietzsche« (Essay des Fräuleins Ellen Key im Aprilheft der ‚Neuen Rundschau') mußte gleich bewiesen werden. Bald ja wird es nicht mehr möglich sein, irgend einen berühmten Namen zu entdecken, der mit dem Goethes noch nicht in ein widernatürliches Verhältnis gebracht worden wäre. Am Ende wird überhaupt nur mehr das Paralytikerbekenntnis übrigbleiben: Goethe und Goethe . . .

Aber weil eine Dame nicht Köchin geworden ist, darf dies allein schon ein zureichender Grund für sie sein, uns ein fades Kompot aus Lesefrüchten zu servieren? Sollte Nietzsche wirklich das Wort von der »Schreibekuh« umsonst gesagt haben? Er ist faktisch nicht imstande, die Weiber, die den Philosophen im Leben (wie nie Weiber einen Philosophen mehr!) gezogen, gestriegelt und gegängelt haben, wenigstens im Tode fernzuhalten. Er ist aus den Weiberhänden nicht zu erretten.

Wir wissen alle, wie sehr es zu beklagen ist, daß der Schwester Nietzsches die Redaktion der Werke ihres Bruders überlassen bleiben muß. Wo ist die »mit einem Zynismus sondergleichen geschriebene« Autobiographie »Ecce homo« hingeraten? Spurlos verschwunden. Rein aus der Welt hinausredigiert. Der

Nietzsche des Ecce homo mag wohl nicht in den zärtlichen Geschmack der Schwester gepaßt haben. Welcher Schaden der objektiven Nietzscheforschung durch die Existenz des Weimarer Archivs angetan worden ist, läßt sich noch gar nicht abschätzen; aber er ist jedenfalls bedenkenerregend groß.

Kein Philosoph (Pythagoras nicht ausgenommen) hat so viele Anhängerinnen gehabt, wie der Mann, der kein Weib fand, von dem er Kinder gemocht hätte. An einen eminent männlichen Mann würden sie sich auch nicht so ungeniert herangewagt haben. Kein Weib hat zum Beispiel Verständnis für Schopenhauer. Aber Nietzsche wird von den Nietzscheanerinnen als ein Auch-Weib empfunden, und sie vertreten eigentlich nur Fraueninteressen, wenn sie Nietzschegedanken propagieren und Z u c h t (in einem anderen Sinne als in der guten alten Zeit) befürworten. Fräulein Ellen Key spricht ganz in der traulichen Terminologie der Wochenstube von einem »Gedanken Nietzsches, den er unter dem Herzen getragen, den er mit seinem Blute genährt und dem er noch das Leben geben konnte« und sagt das verräterisch-dunkle Wort: »Die Lehre vom Glückswert des Leids war Nietzsches köstlichste Opfergabe an das Geschlecht, mit dem seine Qual ihn am innigsten verbindet . . .«

Am allerersten fingen die Nietzscheweiber das Wort vom vornehmen Ideal auf. Von Fräulein Meta von Sahlis-Marschlin, die eigentlich ein Literaturdragoner ist, bis hinab zu Fräulein Ellen Key sind sie eingestandenermaßen alle »vornehm«. Wer diese »Elitemenschen« ungefähr kennen lernen will, braucht sich nur in das ekle und seichte Buch des Frl. Meta zu versenken: er findet darin alle Eigenschaften — vom »hohen Fußrücken« angefangen bis zur »höchsten Einfachheit und Eleganz der Kleidung« — eines richtigen Rasse-Übermenschen in der naiven Selbstbeschreibung der lieben Dame beisammen. Wie leicht doch Arroganz nnd Vornehmheit verwechselt wird! Man könnte, angesichts dieser Adels- und Elitesnobs, die Behauptung aufstellen: wer zwanzigmal in seinem Leben »vornehm« gesagt hat, ist ein Nietzscheaner . . .

»Gustav Fröding«, schreibt Fräulein Key, »nannte einmal das Genie eine größere Lebensvollheit und eine höhere Feinfühligkeit als die anderer Menschen«. Mag Gustav Fröding über das Wesen des Genies das erlösende Wort gesagt haben; mag er es selbst in der »Lebensvollheit« finden; mag er platt wie der Teufel sein: uns kümmert das nichts. Uns ekelt nur der Keysche Nachsatz: »Aber wie sollen die, die selbst nichts von Lebensvollheit und Feinfühligkeit besitzen« — also Fräulein Key besitzt sie — »wie sollen die imstande sein« — Fräulein Key ist imstande — »im Weltraum des Genies Sterne von — Nebelflecken zu unterscheiden? . . .« Ja, wie sollen sie? Überhaupt: die — Männer! Was verstehen die von Flecken, und wie man sie ausputzt! . . .

B.

*

Herr Harden, der Zitatenreiche, druckt unter einem Essay von Hedwig Dohm über Frauenlyrik einige Sätze von Luther, Rousseau, Goethe und Jean Paul ab, die das Lob weiblicher Handarbeiten in der Dichtkunst in nicht unpassender Weise entwerten. Luthers wundervolles Wort: »Wenn Weiber wohlberedt sind, das ist an ihnen nicht zu loben; es steht ihnen an, daß sie stammeln und nicht wohlreden können. Das zieret sie viel besser«, macht eigentlich auch alle Beredsamkeit der Männer über das Weib überflüssig. In unklar zusammengestellten Zitaten aus Eckermanns Gesprächen mit Goethe verblüfft eine Bemerkung, die Goethes Arzt, Hofrat Rehbein, fallen läßt und die wie eine Ahnung modernster Erkenntnisse vom Uterus anmutet. Herr Harden zitiert sie unvollständig, weil er die Bedeutung solcher Erkenntnisse geringer einschätzt als die Bedeutung der Marokko-Konferenz. Die Stelle lautet vollständig: »Das Gespräch kam nun auf die Dichterinnen im allgemeinen, und der Hofrat Rehbein bemerkte, daß das poetische Talent der Frauenzimmer ihm oft als eine Art von geistigem Geschlechtstrieb vorkomme. ‚Da hören Sie nur', sagte Goethe lachend, indem er mich ansah, ‚geistigen Geschlechtstrieb! — wie der Arzt das zurechtlegt!' — ‚Ich weiß nicht, ob ich mich recht ausdrücke', fuhr dieser fort, ‚aber es ist so etwas. Gewöhnlich haben diese Wesen das Glück der Liebe nicht genossen, und sie suchen nun in geistigen Richtungen Ersatz. Wären sie zu rechter

Zeit verheiratet und hätten sie Kinder geboren, sie würden an poetische Produktionen nicht gedacht haben.'« Goethe sagt dann: »Ich will nicht untersuchen, inwiefern Sie in diesem Fall (Therese von Jakob, Übersetzerin serbischer Volkslieder) recht haben; aber bei Frauenzimmertalenten anderer Art habe ich immer gefunden, daß sie mit der Ehe aufhörten. Ich habe Mädchen gekannt, die vortrefflich zeichneten, aber sobald sie Frauen und Mütter wurden, war es aus; sie hatten mit den Kindern zu tun und nahmen keinen Griffel mehr in die Hand.« Freilich, nie sollte man ein der Frauenrechtlerei feindliches Bekenntnis durch Goethes prächtige Absage an die Männer auszugleichen versäumen: »Man hatte die gelehrten Weiber lächerlich gemacht und wollte auch die unterrichteten nicht leiden, wahrscheinlich, weil man es für unhöflich hielt, so viele unwissende Männer beschämen zu lassen.« Und – in der Ausführung des Rehbein'schen Gesprächs —: »Doch unsere Dichterinnen mögen immer dichten und schreiben so viel sie wollen, wenn nur unsere Männer nicht wie die Weiber schrieben! Das ist es, was mir nicht gefällt. Man sehe doch nur unsere Zeitschriften, wie das alles so schwach ist und immer schwächer wird!« Zum Beispiel die ‚Zukunft'. Dilettanten nämlich und Frauen, sagt Goethe, haben »von der Poesie sehr schwache Begriffe. Sie glauben gewöhnlich, wenn sie nur das Technische los hätten, so hätten sie das Wesen und wären gemachte Leute; allein sie sind sehr in der Irre.« Sie haben »von der Wichtigkeit der Motive in einem Gedicht keine Ahnung«. Und machen Gedichte, die »bloß durch Empfindungen und klingende Verse eine Art von Existenz vorspiegeln«. Der lyrische Hausarzt der ‚Zukunft' ist Herr Dr. Salus, und die Rechtsanwälte des Herrn Harden, Suse und Sello, dichten bekanntlich gleichfalls. Und in derselben Nummer der ‚Zukunft', in der unter einem Lob der wirklich außerordentlichen Margarethe Beutler Goethes Verurteilung der Frauenlyrik zitiert wird, ist eine Probe männlicher Verskunst enthalten: nicht weniger als vier Seiten Verse eines der beiden dichtenden Rechtsanwälte, und siehe, im Inventar dieser Poesie finden wir – in fünfzehn Jahrgängen der ‚Zukunft' hat sich hierin nichts geändert — Lothos, Narzissen, Jasmin und Orchideen, Elfenhände und Engelsschwingen, glühende Pokale und Weihrauchkessel, Altar und Orgel, einen Silberflor und ein blütenweiches Kissen und — beinahe hätte ich ihn vergessen — einen Sarkophag wieder. Herr Harden hat wohl nicht gefürchtet, daß seine Leser ihm die Absicht zutrauen könnten,-auch Goethes Wort von den Männern, die wie die Weiber schreiben, mit einem Beitrag in derselben Nummer zu belegen.

Die vermeyntliche Hexe.

Im Hause, genennt »zum schmeckenden Wurm«, wohnete eine Jungfrau, Aloisia Schmiedhuber mit Namen, hausete da einsamb als eine Waise und hatte der Blumen eine schöne Auslese vor ihrem Fenster, dahinter sie saß und so lieblichen sung als wie auf grüner Linde droben Frau Nachtigall sitzt und singt. Spazierte aber viel junges Volk vorüber, inmaßen die Universität ohnweit von da war und blieb stahn und sagete Schmeichelwort hinauf, und erklang manch Carmen zur Mandolina, darauf die Jungfrau hätte gefügig seyn und freundlich erwidern sollen. Aber die Schmiedhuberin lebte also sittsam, dass keiner ihren Gruß erlangen kunnt, item sie nicht einmal den Fuß vor die Thür setzete, wodurch sie aller Nachstellung ledig blieb.

Darüber zerriß sich männiglich das Maul, denn so viel castitas atque pudicitia war des Landes nicht der Brauch, und ein jeglicher fand sein Lieb, wo er es suchte, was nicht anders geworden bis auf den heutigen Tag. Solches gefiel auch nicht dem hochehrwürdigen Collegio, maßen sie die Anschläge des Meisters Urian gar wohl kenneten, und befürchteten die hochwürdigen Herren, die Schmiedhuberin möchte heimlich mit Beelzebub Buhlschaft treiben; was dann freilich ihre sonstige Zurückgezogenheit erkläre, da niemand die Weibsen ingenti sua pubertate besser zu befriedigen versteht als der Volant.

Da nun die Indicia, so gegen Obgenannte sprachen, annoch nit kräftig gnug waren, um sie gefänglich einzuziehen und peinlich zu verhören, beschloss das hohe Collegium, ream vorerst scharf zu beobachten, zu was End ein Rauchfangkehrer, der schon hiebevor in Diensten der Companie Jesu stund, den Auftrag erhielt, zu nachtschlafender Zeit in den Rauchfang des Hauses zum schmeckenden Wurm zu schliefen und vom Ofen aus das Gehaben der Jungfrau, scilicet vermaledeiten Teufelshure, zu beobachten, gestalten das Mensch von der Ueberwachung nichts vermerken könnte, alswann sie ihre Fahrt auf den Blocksberg antreten wölle. Der Rauchfangkehrer gehörte zu den Forchtsamen und gedachte, der Teufel möchte tun wie andere Liebhaber und zu seiner Buhle selbsten sich bemühen, anstatt sie zu beschicken, wobei dem russigen Höllenkerl, wie allgemein bekannt, kein Weg lieber sey, als der durch den Rauchfang führt. Wenn der Rauchfangkehrer dann in dem Ofen steckete, gäbe es kein Ausdrehn und Davonlauffen, ohn dass es ihm an den Kragen ginge. Begab sich derowegen zu einem Studenten, einem Vaganten, der in seinem Hause herbergte, legte ihm die Sache für und bat um einen kräftigen Spruch, einen rechten Teufelsbann. Der Vagante holte ein dickes Buch vom Schragen, enthaltend die Formeln des Nostradamus, die jedoch dem Rauchfangkehrer ob ihrer lateinischen Länge viel zu schwierig und gentzlich unerlernbar bedunkten, gestalten er froh war, als der Student vorschlug, er wölle statt seiner in den Rauchfang schliefen, inmaßen er lateinisch redte, als wenn die Orthographia selber es ausspräche.

Also wartete der Student den Abend ab und als er sahe, dass die Schmiedhuberin die Vorhänge zusammenzog, item die Stille der geruhsamen Nacht in das Haus eingezogen war, stieg er nach des Rauchfangkehrers Weisung durch ein Nachbarhaus aufs Dach, verband, sich vor Russ zu bewahren, Mund und Kopf und schloff durch den finsteren Schlund des Kamin, mit Ellenbögen und Knieen sich stützend, und sorgsamlichen, dass kein Steinchen abbröckelte, abwärts und rückte nach einigem Suchen in der Jungfrau Schlafgemach (id est in deren lahmernen Ofen) woselbst ein Oellämpchen brennete, und blinkte durch die Lucken im Ofenthürchen in die Stube, wobey die Schmiedhuberin sich nichts weniger versehen mochte, denn dass ein heimlicher Besuch im Ofen gestaken wäre. Sie spazierte in der Camera umher und begann gemächlich sich auszukleiden, dass ihrer Bewegungen Anmut mit dem Glanz der Glieder, so hier nächtens ans Licht kam, wetteiferte und dem Studenten in seiner engen Herberge, woselbst er aufrecht stund, der Schweiß über die Wangen loff. Weil die Schmiedhuberin aber ein munteres Geschöpf war und nur übergroße Sittsamkeit sie in Bann hielt, vollführte sie allhier einen fröhlichen Tanz mit Springen und ehrbarer Lustbarkeit, und der Gast im Ofen hatte sich eines seltenen Anblickes zu getrösten, inmaßen sie gleichsam nackend war. Plötzlich ließ die Jungfrau das Tanzen seyn und fiel auf die Kniee und wandelte sich all ihre Fröhlichkeit in Inbrunst, mit der sie vernehmlich den englischen Gruß hersagete und manch Vaterunser und mit dem allgemeinen christkatholischen Bekenntnisse ihre Andacht endete. Der im Ofen erzitterte fast heftig, angesehen er nur durch eine dünne Lahmwand von der betenden Schönheit getrennt war, und schien ihm, als müsse er sein Gefängnis auseinanderschmeissen. Aber er bezwang sich und sahe, wie die Schmiedhuberin das Bettlaken zurückschlug und in die Lagerstatt hüpfte, nachdem sie das Oellämpchen ausgeblasen hatte, gestalten nur ein leiser Schimmer von ihrem schneeweißen Lailich erglänzte. Da sah der Studente, was für eine Bewandnus es mit der Schmiedhuberin habe, und dass ihr Lebenslauf reiner war denn eines Schmetterlings in einem Rosengarten.

Nun juckte ihn aber das Fell, dass er nachdachte, wie er ihr wohl communicieren möcht, dass er da im Ofen stecke, da sie ohn Zweiffel ein gross Geschrei erheben würde, wenn er sie geradewegs anrufete. Wählte dahero das Nächste das Beste und sprach halblaut den englischen Gruß, so er eben vernommen, aus seinem Versteck in die Stube, erwägende, dass sie den nicht für einen Bösewicht ansehn mügete, der sich also sänftiglich anmeldte. Erreichte auch fürerst, dass die Jungfer sich annoch schlafende im Bett herumwarf, wobey ein Fuß unter dem Laken herfürluegte als wie ein neubegierig Kücken aus dem Nest, und träumte ihr probabiliter, sie sey in der Kirche oder gar im Paradeis, allwo die Engelein lieblichen sungen. Weil aber der Gesang nit endigen wollt, auch mählich lauter wurde, erwachte sie vollends und lauschte, und bedunkte ihr die Stimme aus dem Ofen zu schallen, also dass sie ein wüllen Tuch umwarf, Feuer schlug und in die Ecke schritt, wobey der Student nit aufhörte, andächtig zu beten, und die Frucht Mariens schon an die funfzigmale benedeit hatte. Da öffnete die Jungfrau die Ofentür und guckte ihr des Teufels russiger Bruder mit Mundtuch und Kapot gar freundlich lächelnde entgegen uud betete weiter, gestalten die Jungfrau zwar fast erschrak und ineinander fuhr, item bis in die Mitte der Camera sich retirierte, aber nicht schrie, sondern stumm auf die Erscheinung schaute, die alsobald den englischen Spruch abbrach und statt dessen ein gemütliches: »Guten Abend, liebwerte Magedein« fürbrachte.

»O du abgefäumter Ertzvogel«, sagte Aloisia, »troll dich, von wannen du kommen.«

»Solches ist unmüglich«, erwiderte der Studente, »wenn schon ich gern wollte, denn mich schickt das wohlehrwürdige Collegium, dass ich dich beobachte, indem deine übergroße Sittsamkeit Verdacht erregt, du möchtest nächtliche Spazierfahrt auf dem Besenstil unternehmen.«

»Jesus und Josef!« rief die Jungfrau passis manibus und rückte ein weniges näher.

»Loisl, ich glaubs nit und gedenk dich beim Collegio wohl in Salvo zu bringen. Du kannst nit anders hexen denn schöne Jungfern sonsten.«

»So helfe mir die heilige Maria jetzt und in der Stunde meines Absterbens!« Und da sie für Schrecken fast schwach geworden, rückte sie ein Sesseleyn herbey und setzte sich fragende:

»Wer bistu und was willstu annoch von mir?«

Da redete der Studente freundlich zu ihr erklärende, wie er des Schornsteinfegers Auftrag übernommen, und sprach ihr also trostmütig zu, dass das Kind seine Munterkeit wieder gewann, und als er sie frug, ob sie denn vorhabens sey, als eine Jungfrau zu sterben, dass sie jederlei Occasion ausschlage, sagte sie klüglich:

»Was nützen mir ein Schock Springinsfelde? Glücklich machen kann mich doch nur Einer.« Und als der Studente keck erwiderte: »ja, immer nur einer nach dem andern,« bestand sie darauf: »nein, nur Einer und sonst keiner.«

Alsdadurch kamen die zween beide in einen leidlichen Discurs und achteten nit darauf, dass es Nacht war und der Siebenstern von hoch oben in die Camera luegte, und stand der Studente gar enge mit angezogenen Händen in seiner Klappe und die Jungfrau nur leicht angetan sass ohnweit auf ihrem Sesseleyn, fürcht sich nit gross, alldieweil der Gesell sich nit rühren kunnt, gestalten ihr niehmal keine Unterredung so angenehme Vexation erschienen war und sie froh war, dass sie sich allen Lermens enthalten. Interim handierte der Studente mit den grossmächtigsten Gedanken, redete von der Wahrheit, redete von der Treuheit, redt von der Welt Süssigkeit, redt von der Welt End, worauf das säuberliche Mägdelein gern hörte und, allwo es verstand, wacker sekundierte. Fragte ihn, ob er denn nicht ängstlich wäre, der Teufel möchte ihm im Kamine den Hals umdrehn, worauf er auf lateinisch erwiderte, sagende:

Namque me silva lupus in Sabina
Dum meam canto Lalagen
Fugit inermem,

was zu deutsch so viel heißt als: nicht einmal die Wölfe im Wald können dem Liebhaber Böses anhaben. Da drohete die Jungfrau mit dem Fingerlein und verbot sich die lateinischen Sprüch. War aber nicht ihr steiffer Wille und Vorsatz, solche nit zu dulden, denn gleichwie sie sicher war, dass sie nicht zu Fall könne gestürzt werden von einem, der in den Ofen gesperrt war, also durfte der disto ehender mit einem freieren Discurs sich mausig machen.

»Urit me Glycerae nitor
Splendentis Pario marmore purius,
Urit grata protervitas,

zu deutsch: war ein sanfter Anblick, als du im Sprungtanz dich drehtest, unwissend meiner Anwesenheit.

Da wandelten sich die Lilien auf der Jungfrau Wangen in rote Rosen, und forcht sich der im Ofen, zu viel gesagt zu haben. Derowegen erzählte er vom Tantalus, der dürstend im Wasser und hungernd unter Essensspeise stand, verglich sich selbsten mit dem heidnischen Mann, indem obgenannter Anblick gleichsam eine

Castigation gewesen sey für seiner Seele Heil, item er nichts anderes wünsche als solcher Versuchung, in der er gleich dem heiligen Antonius bestehen müsse, noch einmal teilhaftig zu werden. Fügte hinzu, daß er schier vermeyne, es sey ihre Christenpflicht, ihm bey dieser seelischen Castigation behülflich zu seyn, inmaßen sie bey seiner Verbannung in das Ofengehäuse keine Gefahr lauffe und je mehr Reize sie entfalte, je vollständiger seine Reinigung und Busse ausfallen möchte. Und wirklich, o mirum, die Sittsamkeit zerschmolz unter seinen Worten wie ein Butterstollen, so unachtsamb auf die Ofenbank placieret worden, denn die Jungfer sahe, dass hier ein gottgefällig Werk ohne viel Mühe zu vollbringen sey, wollt sich auch die Occasion nit gern entgehen lassen, redte noch so hin und her, wobey ihr aber der Student weit überlegen war, auch Citate aus den heiligen Schriften zur Hand hatte, von denen niemand weiss, wo sie geschrieben stahn, summa: dem Studenten ergings wie Actäon, als er am parthenischen Quell Dianen belauschte, ohn dass er in darauffolgender Hundshatz sein Fell lassen brauchte.

»Herzallerliebstes Mägdulein, rück doch ein wenig näher und lass mich die Süssigkeit eines Küsschens kosten.«

»Du darfst nit so überkeckes Verlangen stellen«, sagte sie und retirierte sich neuerdings um einen Klafter.

»Vitas hinnuleo me similis Chloë, sey doch nit wie ein Reh, atqui non ego te tigris ut aspera persequor, ferne sey mir unziemliches Verlangen; aber ein Küsschen in Ehren mögest du mir nit weigern als Lohn für die Fahrt, die ich saluti tuae unternahm.«

»O du russiger Kerl, wie soll man dich küssen? Hast den Mund verbunden und kansts im Ofen nit lösen.«

»Oscula qui sumpsit, si non et caetera sumit, hab' den Mund verbunden und kann die Händ nit regen in dem Mauerloch und das ist gut, alldieweil ich dir nit raten mögete mit mir als regsamem Gesellen dergestalt beysam zu seyn.«

»Obs wahr ist, dass du dich nit rühren kanst?«

»Gäb viel darum, wenns anders wär.«

Da ging sie zur Ofentür, band ihm das Mundtuch ab, strich fein säuberlich mit ihrem Fazzolet die Lippen des Gesellen rein und küsste ihn, eins, zwei, drei, schämte sich allsogleich und machte das Thürl zu. Da er aber rief und bat, öffnete sie's wieder und küsste ihn zum viertenmale am längsten und lief ins Bett und versteckte das Gesicht. Da sahe der Student, dass ihr der Nectar als ein ungewohntes Getränke zu Kopf gestiegen war sahe auch, dass die Kühle des Morgens nahete, also dass er in die Stube rief: »Morgen komm ich wieder« und lustig durch den Kamin nach oben schloff. Kam auch glücklich ohne männigliches Vermerken aus dem Hause, spazierte in früher Morgenstund auf den Ravelins, bis alle Welt erwachte, alswann er sich zu obgenanntem Rauchfangkehrer begab und vermeldte, dass er nur Schönes und übergrosse Frumbheit gesehen hätt.

Als die Herren vom hochehrwürdigen Collegio des Rauchfangkehrers Aussage vernahmen, entsatzeten sie sich bass und sprachen: was dörffen wir ferner Zeugnis? alldieweil die Arglist des Satans zu Tage lag und Zauberey, die des Rauchfangkehrers Aug geblendet musst haben, klärlich im Spiele war. Denohngeachtet ward beschlossen, ream weiter zu beobachten, ehbevor man sie öffentlich der Maleficenz zieh, dessen man freilich ehistes gewärtig war, dass alle Anschläge des Meisters Urian zu Schanden würden und die verfluchte Hex, als welche sie war, in flagranti möge erdappt werden. Derowegen bezogen drei Domini von der Companie Jesu heimlicherweis das Nachbarzimmer der Schmiedhuberin, allwo eine alte Vettel hausete und nur eine dünne Wand zwischen ihrer und der Verdächtigen Kammer war, gestalten man daselbsten alles hören kunnt, was drüben gesprochen ward, sofern einer sein Ohr an die Mauer legte. Da waren die drei Domini, und weil ein kühler Tag war heizte die Vettel ein rechtschaffenes Feuer im Ofen ein, daran man wohl erwarmen kunnt und der Rauch zum Kamin hinausschlug.

Die Schmiedhuberin ging den ganzen Tag umher als wie im Traum über das wunderliche Begegnis, kaufte mancherlei Essensspeis ein, ihren nächtlichen Gast in einem fröhlichen Convivium zu bewirten, freute sich und putzte sich reputierlich heraus als wie zu einem Besuche von grosser Importanz. Als nun der Mond aufgegangen war und der Studente über das Dach kroch wie ein Kater im Hornung, schlug ihm der Rauch ins Gesicht, dass er wohl sahe, es sei für heut unmüglich seinen Weg zu kontinuieren, wusst auch nicht, ob nit die Jungfrau selbsten ihm diesen Streich spielete, gestalten er nichts besseres wusste denn umzukehren·

Drunten aber, woselbst die Jungfrau vom Rauche nichts verspürte wartete sie sehnsüchtig auf ihren lieben Gast, der nicht kommen wollte, öffnete das Türlein und redete in das Loch, sagende: »Ei du mein lieber Buhle, du süßer Teufel, wo bleibest du so lang?«

Dieses hörten die Domini in der Nachbarstube, dass eine Gänsehaut ihnen den Buckel hinabloff, liessen sich aber die frommen Laffen nit irren, sondern brachen der Schmiedhuberin in die Tür und kamen processionsweis daher mit den Chorröcken bewaffnet samt den Stolen, mit Wachslichtern, Sprengel und Buch, exorcierten die Hex und befanden da einen gedeckten Tisch, befanden da auch das russige Mundtuch, das der Student vergessen, was alles mit Weihwasser reichlich besprengt, die Schmiedhuberin abgeführt und in Thurn geworfen, worauf die Camera versperrt und versiegelt wurde.

Solches verbreitete sich gassatim durch die Stadt wie ein Lauffeuer, und rottete sich eine große Menge vor dem Stockhaus am roten Thurn zusammen, schreiend und die Hex maledicierend, item ward der Stadtrichter Dominus Johannes Georgius Dietmayr beschickt, der aber nur Formeswegen befragt wurde, denn die hochehrwürdige Companie führete die Untersuchung ohne weltliche Assistenz. Uebrigens wurde Inquisitin am ersten Tage all in ihrem Elend gelassen und ein Verhör verschoben, bis dass man ihre Stube durch und durch spindisieret, ob nicht teils Verehrungen des Satans darinnen befunden werden möchten.

Was aber den Studenten anbetrifft, so verbrachte er bey seiner nächtlichen Kletternus den Tag mit Schlafen und verschlief den Rummel. Des Abends machte er sich nichts ahnende auf den Weg, kam auch glücklich durch den dasmal kalten Kamin und thät seinen Augen nit trauen, als er in der Camera zwar die Jungfrau nit, dafür aber 2 hochehrwürdige Fratres Jesu fand, die allda den Rauchfangkehrer einem strengen Verhör unterzogen, ihn mit peinlicher Frag bedroheten, sintemal er sich durch seine Aussage selber verdächtig gemacht habe. Da erzählte der feige Kerl ausführlich, wie der Teufel in rotem Gewande des Nachts hereingestiegen und gräuliche Unzucht mit der Schmiedhuberin getrieben, benennete die Orte, wo er gesessen, und die Stelle, wo er gelegen, und log so viel, dass es dem Studenten im Ofen zu viel ward, gestalten er den lahmernen Bau zersprengte und wie der Hui in die Clerisei sprang, dass die nit anders vermeyneten, als der Teufel wolle sie lebendigen Leibes holen. Durch diese demonstratio ad oculos, und weil der Student als im Collegio selbsten als Schüler inskribiert genügend fides besass, ward alles aufgeklärt und statt des Teufels ein richtiger Christenmensch als nächtlicher Besuch festgestellt. Entfiel also alles weitere Verfahren und Domini Jesuitici bestanden nicht einmal darauf, dass Inculpatin leiblich auf etwan ein verborgen Teufelsmal untersucht werde, denn der Student wollt auf die Hostie schwören, dass ihr Leib frey sei und marmore purius. Also wandte sich diese höchst gefährliche res wieder zum Guten, so getreu und barmhertzig ist GOtt, dem sey Ehre in Ewigkeit, Amen.

Fritz Wittels.

ANTWORTEN DES HERAUSGEBERS.

Dem Polizeipräsidenten. 6. Juni. Der Gauner, den die Polizei aus der Haft entließ, weil er noch den Rest des Erlöses einer ‚Packel'-Nummer einzukassieren hatte, ist bis heute nicht gefangen. Der Gerechtigkeit wegen muß ich erwähnen, daß die Polizei ihn inzwischen einmal wieder hatte und daß er bei der Eskortierung entsprungen ist. Da kann man der Polizei wirklich keinen Vorwurf mehr machen. Kupplerinnen, die durch ein Kaffeehausklosett nach Ungarn fliehen und den »Vertrauten« wochenlang auf der Straße warten lassen, machen der Behörde das Leben schwer genug. Und wenn ein Gauner, den man zum zweitenmal hat, an irgendeiner Straßenbiegung sich's überlegt und doch lieber nicht mitgeht, so kann eben die Polizei auch nichts tun. Sie wird sich gewiß freuen, zu hören, daß es dem Manne gut geht, daß er inzwischen einen sicheren Dienerposten bekommen und sich neulich über Herrn Stukart ungemein lobend geäußert haben soll. Hiemit wäre alles in bester Ordnung. Der geschädigte Zeitungsverschleißer hat bis heute immerhin in Erfahrung bringen können, daß ein »dicker Polizeikommissär« es war, der die Enthaftung angeordnet hat. Die Identität des Täters mit jenem trefflichen Mann, auf den sich das geflügelte Wort der Frau Riehl bezieht: »Madeln, verführts mir den dicken Kommissär!« war bisher nicht festzustellen. Aber das macht nichts. Es ist so vieles nicht festzustellen, was im Gebiete behördlicher Interessen spielt, es ist nicht einmal der Schaden festzustellen, den die Zeitungsfirma erleidet. Hier hat einmal ein Gauner sich die legitime Verwirrung, die durch die Konfiskation einer ‚Fackel'-Auflage erzeugt wird, zunutze gemacht. Der Staatsanwalt Pollak aus Gaya hat die Ware konfisziert und ein entlassener Austräger hat das Geld konfisziert. Aber ihm haben die Trafikantinnen nicht nur das Geld, sondern auch die amtlichen Konfiskationsbestätigungen ausgeliefert, so daß eine Unterscheidung zwischen verkauftem, konfisziertem und gestohlenem Wert nicht mehr möglich ist. Wir haben Gottseidank ein Polizeimuseum. Die Geschichte dieser prächtigen Enthaftung, wie ich sie in der letzten und in dieser Nummer erzählt habe, sollte dort in irgend einer Form zu finden sein. Aber ich möchte auch die Aufnahme der schönsten amtlichen Konfiskationsbestätigungen empfehlen, die ich schon längst anregen wollte. Ein großer Teil ist natürlich zur Stelle geschafft und ich kann mir nicht gut denken, daß jene, die der gaunerische Austräger unterschlagen hat, schöner sind. Ich bin so frei, Ihnen, Herr Präsident, mit der gleichen Post eine Kollektion ins Haus zu senden. Zwar habe ich das seit mehr als acht Jahren schon einigemale getan. Als ich's das erstemal tat, erreichte ich die Einführung amtlicher Formulare. Aber die Formulare wurden später von den meisten konfiszierenden Wachorganen nicht anders ausgefüllt als jene schmierigen Tabakpapierfetzen, auf denen bis dahin mit Bleistift und in Ziffern die Zahl der konfiszierten Exemplare einer Zeitung bestätigt worden war. Die analphabetische Schmierage amtlicher Kreuzelschreiber war eben von nun an auf schönen Formularen zu lesen, aber die Tabakpapierfetzen wurden auch nicht außer Kurs gesetzt. Das Polizeipräsidium schien einzusehen, daß hiedurch dem Mißbrauch mehr Türen geöffnet werden, als unbedingt notwendig ist, und versicherte mir öfter, daß Erlässe an die Wachstuben ergangen seien, die zu einer Bestätigung mit Tintenschrift und in Buchstaben nachdrücklich animierten. Aber das Polizeipräsidium scheint auf die Herren Wachmänner keinen Einfluß zu haben, und diese haben im Grunde auch nicht die Zeit zur korrekten Durchführung einer Beschlagnahme, wenn ihnen als ihre wichtigste Aufgabe immer wieder die Beaufsichtigung der Prostituierten eingeschärft wird. Die Einfälle des Staatsanwaltes muß ich ertragen; gegen diese Pollakwitze gibts bloß das Mittel, für ihre Kolportierung im Parlament zu sorgen. Aber der illegitime Schaden, den die legitime Schädigung durch eine Konfiskation bewirkt, ist bei einer Zeitschrift, deren Verbreitung im Trafikenverschleiß begründet ist, so fühlbar, daß man fast zum Verdacht gelangen könnte, das Opfer einer zielbewußten Schlamperei zu sein. Ich kann natürlich nicht beweisen, daß auf einem der schäbigen Zettel, die ich Ihnen einsende, die Zahl 16 früher 6 gelautet hat, aber ich kann — in einem früheren Fall — beweisen, daß die Gesamtzahl der als konfisziert angegebenen Nummern größer war als die im Landesgericht deponierte Auflage. Ich wünschte, daß dieser Wirtschaft ein Ende gemacht werde. Daß dem Besitzer einer Zeitschrift die Erwerbsteuer nach der »Ausdehnung« des Unternehmens zugemessen wird, daß also der Revolverjournalist, der bloß fünfzig Beleg-Exemplare für Banken druckt, billiger davon kommt, als der unabhängige Schriftsteller, der auf die Verbreitungsmöglichkeit angewiesen ist, muß sich dieser gefallen lassen. Auch daß ihm die Verbreitungsmöglichkeit zumeist nach der Zahl konfiszierter Exemplare bemessen wird. Aber daß er draufzahlen soll, weil die Herren Wachmänner in Wien bloß Ziffern und außer ihrem Namen und einem k. k., keinen Buchstaben schreiben können, ist eine unerlaubte Zumutung. Ich möchte den Skandal nicht noch einmal erleben. Eine Schadenersatzklage gegen den Staat habe ich bisher aus dem einfachen Grund nicht anstrengen können, weil ich österreichischer Staatsbürger bin und meine freie Zeit mit Rekursen gegen ungerechte Steuervorschreibungen verbringen mußte.

Leser. Natürlich halte ich die Veröffentlichung von Sexualannoncen für die weitaus verdienstvollste aller Tendenzen, die die ‚Neue Freie Presse' verfolgt. Und nur weil die ‚Neue Freie Presse' nicht selbst dieser Ansicht ist und in ihrem redaktionellen Teil sich manchmal über das Treiben der Kupplerinnen entrüstet hat, habe ich manchmal den Charakter ihres Inseratenteils zu enthüllen für notwendig erachtet. Nur die beschränktesten Leser konnten glauben, daß es mir etwa um eine Verdrängung der Masseusen aus der ‚Neuen Freien Presse' zu tun war. In Wirklichkeit lag mir bloß die reinliche Scheidung des Liebesmarkts vom redaktionellen Teil am Herzen. Kein wahrer Kenner meiner Lebensanschauung kann glauben, daß ich nicht eine junge, sympathische Masseuse für kulturfördernder halte als einen alten, unsympathischen Schmock, und die Körperpflege, wie sie auf der letzten Seite empfohlen wird, für anregender als die Pflege des Geistes, die weiter vorn betrieben wird. Was in die ‚Neue Freie Presse' entschieden nicht hineingehört, sind die Beiträge der Herren Unger, Schönborn, Menger und Gomperz und die Annoncen der Damen Schlager, Prügler, Klopfer und Masochin. Und ich glaube, daß sich die Wissenschaft durch eine Verbindung mit dem schäbigsten Journalismus nicht weniger vergibt als die Hurerei. Es ist peinlich, die berühmtesten Gelehrten im Vorspann finanzieller und geistiger Niedertracht zu sehen, aber es ist direkt beschämend, im Nachwort solide Angebote wie die folgenden (Sonntag, 19. Mai) zu finden:

Jeune homme,
très élégant, pas banal, tout à fait indépendant désire à faire la connaissance d'une femme du meilleur monde seulement, qui a passé la première jeunesse et qui voudrait se rajeunir dans l'amitié. Ecrire sous »Cheveux de neige« au bureau de Journal.

Feiner junger Herr gesucht,
der einige Wochen als Gast oder Gesellschafter auf einfachem Landschloß bei jungem Aristokraten zubringen möchte. Briefe mit Photographie, die retourniert wird, unter »Offizier oder Ausländer bevorzugt« an das Ank.-Bur. d. Bl.

Alte häßliche Frau
sucht Korresp. mit nur älterer, vornehm und ernst denk. Persönlichkeit. Nichtanonymes erw. unt. »Anspruchsvoll ohne Berechtigung« a. d. Ank.-Bureau d. Bl.

Intelligenter junger Mann,
in vornehmer Stellung sucht die Bekanntschaft eines ähnlichen Herrn (wenn auch mittellos), mit dem er seine freie Zeit verbringen könnte. Offiziere bevorzugt. Gefl. nichtanonyme Zuschriften unter »Ehrbare Bekanntschaft« an das Ank.-Bur. d. Bl. erbeten.

Dazwischen suchen ein »fescher Staatsbeamter« und ein »stattlicher Ministerialsekretär« normalere Betätigung ... An der ‚Neuen Freien Presse' sind Kopf und Schwanz genießbar; das Mittelstück stinkt. Wie, wenn sich die Vertreter der Wissenschaft und die Beschicker des Inseratenmarktes vereinigten? Hoffentlich wirkt das folgende Angebot vorbildlich, das am 23. Mai in der ‚Neuen Freien Presse' zu finden war:

5000 Kronen
demjenigen, der einen österreichischen oder ausländischen Rechtsgelehrten von anerkanntem Rufe namhaft macht, welcher in dem ung.-kroat. Konflikt wegen der Dienstsprache bei den Eisenbahnen den ungarischen Standpunkt billigt und sich hierüber motiviert äußern will. Gefl. Zuschriften unter »Recht 5000« etc.

Regisseur. » — — Aber sonst ist diese Vorstellung des Brahm-Ensembles gewöhnlich, oder schlechter als gewöhnlich. Und wahrhaftig zur General-Ekstase kein Anlaß. Und wahrhaftig fürs Burgtheater kein Anlaß zu lernen oder zu beneiden. Herr F. und Herr M. diesmal in keiner Weise das landläufige Normalmaß schauspielerischer Zulänglichkeit überschreitend. Und die übrigen, besonders die Damen, einfach provinzlerisch-miserabel. Jene Hochsaison des Naturalismus ist schließlich vorüber, in der jeder schlechte Komödiant eben deshalb ein guter

Komödiant hieß; nach der Logik: was so ganz und gar nicht ‚Theater' ist, muß wohl ‚Leben' sein. Man lernt erst den charakteristischen Witz des Herrn Treßler, die stille Würde der Frau Bleibtreu, die schlichte, feine Art des Herrn Olmnig, die unaufdringlich echte Komik der Herren Baumgartner und Sommer, die Anmut der Frau Kallina, den breiten Humor des Fräuleins Walbeck und der Frau Kratz recht schätzen, wenn man erlebt hat, mit welcher saloppen Beiläufigkeit vom Lessing-Theater all die vielen markanten Nebenrollen in den ‚Stützen' einfach hingeschmiert werden. Und man bekam angesichts dieser allzu ruppigen Unkultur Respekt vor der allzu glatten Kultur des Burgtheaters. Für den Effekt des Abends war das natürlich gleichgiltig. Die Begeisterung der Zuhörer war das Primäre; man brachte sozusagen die fertige ‚Wirkung' ins Theater mit und fahndete gierig nach Ursachen . . .« Da Herr Polgar vom Theater nicht allzuviel versteht, könnte man glauben, daß er Unrecht habe. Er hat trotzdem Recht. Nur schade, daß diese Erkenntnis der Detektschauspielerei erst jetzt von anderen Federn übernommen wird, nachdem ich sie seit vielen Jahren bei jedem Einbruch der Berliner Regiekunst und bei jedem Ausbruch des Wiener Idiotismus, der die Persönlichkeitskunst seines Burgtheaters nicht verdient, propagiert habe. Wenn Spezialitäten das Heil der modernen Bühne bedeuten, könnte gerade der Reichtum des Burgtheaters den Glanz eines Dutzends Berliner Gastspiele bestreiten. Der Ausnahmswert eines Künstlers wie Sauer sei anerkannt. Aber Herrn Rittner neben Baumeister, Frau Lehmann neben das Andenken der Helene Hartmann stellen zu wollen, ist schon wieder ebenso unerlaubt wie der Vergleich des ausgezeichneten Episodisten Bassermann mit Friedrich Mitterwurzer. »Bassermann als Konsul Bernick giebt ein reiches Maß wirkungsvollster Spieleinfälle. Aber sie schließen nicht zur Linie zusammen. Diese ruckweise Genialität packt den Zuschauer, hält ihn aber nicht. Alle ‚Zustände' des Konsuls Bernick spielt Bassermann außerordentlich, aber von Zustand zu Zustand führt immer nur der gleiche gleichgiltige, ärgerlich psalmodierende Sprechgesang. Wie Konsul Bernick (eben im Augenblick) erbittert, zum äußersten entschlossen, darniedergeworfen, zerknirscht, groß ist — keiner spielt's mit intensiverer Echtheit, plastischer ausschattiert, reicher an scheinbar unwillkürlichen, reflektorischen, wärmsten Menschlichkeiten als Herr Bassermann. Wie Konsul Bernick dies alles wird, den Weg der Entwicklung, das, was zwischen den theaterstarken ‚Momenten', — das fehlt der Leistung bei gänzlich.« Wie ausführlich! Herr Polgar hat das Wesen des Episodenspielers entdeckt ... Nur Herr Großmann wagt es heute noch, den Wert schauspielerischer Persönlichkeit mit dem Klischee naturalistischer Meinung abzuschätzen: »Da darf das Wort Schauspieler nicht mehr angewendet werden. Rittner und Lehmann scheinen zu sein, was sie darstellen.« Aber dann ginge man doch besser noch weiter zurück, nämlich bis zum Bekenntnis, daß König und Königin mehr sind als Fuhrmann und Stallmagd ... Die Suggestion, die Name und Schlagwort auf Wiener Kritikerhirne ausüben, läßt sich bei den Berliner Gastspielen besser als sonst nachweisen. Die Herren Brahm und Reinhardt haben nämlich die praktische Gewohnheit, ihre ersten Kräfte öfter auf den Zettel als auf die Bühne zu stellen. Und so erreichte die Bassermann-Begeisterung ihren Höhepunkt, als statt des Schauspielers ein unbekannter Herr Fuchs im »Florian Geyer« als Tellermann auf der Szene stand.

Kritiker.

‚Arbeiterzeitung':	‚Zeit':
»Den dichtenden Kammerdiener spielte Herr Wilhelm Klitsch. Ein junger Mann, der Schwung und Hitze hat, auch ein prächtiger Sprecher werden könnte.«	»Herr Klitsch verdarb die Hauptrolle durch seine äußerliche, unbeseelte und im übrigen nur selten verständliche Deklamation.«

Arzt. In der ‚Münchener Medizinischen Wochenschrift', aus der ich im letzten Heft die Zuschrift über die geschäftsreisenden Ärzte zitiert habe, war der volle Namen des Badearztes Dr. Hugo Schlesinger genannt. Dies ersucht mich ein Marienbader Kollege des Herrn festzustellen, der gleichfalls Dr. Hugo Sch. heißt und dem die Deutung dieser Chiffre als Abkürzung s e i n e s Namens peinlich wäre.

Sammler. Wie soll ich's denn bewältigen? Um alle Komik der Unwissenheit und allen stilistischen Ulk der Wiener Tagespresse zu reproduzieren, müßte die ‚Fackel' täglich im Umfange sämtlicher Wiener Tageblätter erscheinen. Und mögen die freundlichen Mehrer meiner Sammlung nie vergessen, daß ich zwar das Recht habe, einen großen Feind, gegen den ich mit Kanonen auffahre, hin und wieder auch mit Brotkügelchen zu bewerfen, daß aber nicht jede Krume solchen Aufhebens wert ist. Was kümmerts denn mich, wenn die ‚Neue Freie Presse' glaubt, es sei ein »Eisenbahnerstreik in B r a s i l i e n« ausgebrochen, weil ihr aus B u e n o s - A y r e s gemeldet wird, daß die Werkstättenarbeiter eine Lohnerhöhung verlangen? Wenn sie glaubt, daß Italien durch H u m b e r t und nicht durch Viktor Emanuel geeinigt worden ist? Das weiß doch heute bereits jedes Schulkind, daß die ‚Neue Freie Presse‘ weder in der Geographie noch in der Geschichte noch auf irgend einem andern Gebiete so viel wie ein Schulkind weiß.

Optimist. Aus Salzburg wird dem ‚Deutschen Volksblatt‘ geschrieben: »Als intimer Freund des erkrankten Künstlers ersuche ich folgende Berichtigung, die direkt aus dem Kreise Ritters stammt, in Ihr geschätztes Blatt aufzunehmen: ‚Ritter ist nicht irrsinnig geworden; er weiß es selbst, daß er in einer Nervenanstalt bei Salzburg weilt. Er hat auch keinen Geistlichen bei der Gurgel gepackt, auch wurde er nicht mit Gewalt in den Wagen gebracht. Die Demission Mahlers hat ihn so aufgebracht, weil er sich von ihm zurückgesetzt glaubte. Ritter wollte auf gütlichem Wege die Verbesserung der Menschen und ihres Vaterlandes erreichen, deshalb wollte er sich den Segen Gottes erbitten. Sein ganzes Auftreten zeigte, daß er verwirrt, aber viele lichte Augenblicke hatte. Die Ärzte hoffen auf Besserung.‘«

Wiener. Ich übergebe mich. Seekrankheit, der geniale Schneiderhan, Indianer, Weltgeschichte, Karpath, die Damen mit ihren Apparaten, Tarockpartie — immer wieder und tausendmal wieder. Sie sind längst zurück, schnarchen wohlbehalten im Familienkreise, und wir Anderen haben es noch immer nicht überstanden. In das Chaos dieser aus Paralyse und Grieszweckerln zubereiteten Wiener Gemütlichkeit vermag ich keine Ordnung mehr zu bringen. Das Weltblatt hat seine spaltenlangen Bulletins über das Befinden der seefahrenden Bäckermeister noch nicht eingestellt, noch immer werden an Bord Gottesdienste ohne Unterschied der Konfession abgehalten, Amerika ist für den Appetit der Wiener noch immer das Land der unbegrenzten Möglichkeiten. »Meister Kremser schildert den Jubel, der sich erhob, als die Reisegesellschaft in der Station Gmünd wieder das erste duftende Gulasch sah. ‚Dieser Augenblick‘, meint der Ehrenchormeister, ‚hat uns für alle Unbill der Rückreise entschädigt‘«. Wir sind wieder in Wien. Elisabeth-Denkmal. Was will die einsame Träne? Wo ist denn mei' Reibeackl? Verdienstkreuz an einem Hangerl zu tragen. Kapuzinergruft und Nachtcafé. Wieder der geniale Schneiderhan. Amerikanische Riesenerfolge. »Kritik streckt Waffen«. Ich bin besiegt. Ich übergebe mich.

Herausgeber und verantwortlicher Redakteur: Karl Kraus.
Druck von Jahoda & Siegel, Wien, III. Hintere Zollamtsstraße 3

DIE FACKEL

Nr. 229 WIEN, 2. JULI 1907 IX. JAHR

Kehraus.

Der Witz der Tagesschriftsteller ist in der Regel das Wetterleuchten einer Gesinnung, die irgendwo niedergegangen ist. Nur der Gedankenblitz schlägt ein, dem der Donner eines Pathos auf dem Fuße folgt.

•

Die Ideensumme eines literarischen Aufsatzes sei das Ergebnis einer Multiplikation, nicht einer Addition.

•

In einer Druckseite soll man nicht mehr sagen wollen, als mittelmäßige Schreiber in acht auszudrücken suchen.

•

Frauenkunst: Je besser das Gedicht, desto schlechter das Gesicht.

•

Gewissensbisse sind die sadistischen Regungen des Christentums.

•

Eine sittliche Prostitution fußt auf dem Prinzip der Monogamie.

•

Jedes Weib sieht aus der Entfernung größer aus, als in der Nähe. Daraus folgt, daß bei den Weibern nicht nur die Logik und die Ethik, sondern auch die Optik auf den Kopf gestellt ist.

•

Persönlichkeit des Weibes ist die durch Unbewußtheit geadelte Wesenlosigkeit.

•

Zuerst ward der Mann erschaffen. Aber das Weib ist ein Hysteron-Proteron.

•

Wie hinter dem Don Quixote sein Sancho Pansa, so schreitet hinter dem Christentum die Syphilis einher.

•

Der Mann hat fünf Sinne, die Frau bloß einen.

•

Die Eifersucht des Mannes ist eine soziale Einrichtung, die Prostitution der Frau ist eine Eigenschaft.

•

Enthaltsamkeit rächt sich immer. Bei dem einen erzeugt sie Wimmerln, beim andern Sexualgesetze.

•

Ein Weib ist unter Umständen ein ganz brauchbares Surrogat für die Freuden der Selbstbefriedigung. Freilich gehört ein Übermaß von Phantasie dazu.

•

Hat einer schon darüber nachgedacht, auf welcher geistigen Höhe eine Nation stehen muß, in der als das beliebteste Zitat ihres Lieblingsdichters das Wort Geltung hat: Franz heißt die Kanaille?

•

Eines der unbedeutendsten und berühmtesten Gedichte Heinrich Heine's beginnt mit der Frage, was die einsame Träne will, die dem Dichter ja den Blick trübt, die, wie er selbst zugibt, aus alten Zeiten in seinem Auge zurückgeblieben ist und die trotzdem durch das ganze Gedicht in ungetrocknetem Zustande konserviert wird. Wiewohl er sich hier also selbst der Möglichkeit einer klaren Anschauung beraubt hat, ist diesem Lyriker die Plastik der Träne ausnahmsweise gelungen. Ich möchte ihm beinahe nachrühmen, daß er die Poesie des Gerstenkorns gefunden hat.

*

Der Philister berauscht sich an dem reinen Wein, den er dem Mädchen über seine Vermögensverhältnisse einschenkt.

*

Welche Wollust, sich mit einer Frau in das Prokrustesbett seiner Weltanschauung zu legen!

*

Nichts beweist mehr gegen eine Theorie als ihre Durchführbarkeit.

*

Wo sie hintrat, wuchs kein Gras, außer jenem, in das sie die Männer beißen ließ.

*

Ich unterscheide culpose und dolose Frauen.

*

Der Unmoralprotz steht dem Moralprotzen näher als die Unmoral der Moral.

*

Eine Frau, die nicht häßlich sein kann, ist nicht schön.

Einförmige Schönheit versagt gerade in dem Augenblick, auf den es hauptsächlich ankommt.

*

Weiber sind oft ein Hindernis für sexuelle Befriedigung, aber als solches erotisch verwertbar.

*

Man unterscheide Menschen, die im Frühling den Winterrock ablegen, und Menschen, die die Ablegung des Winterrocks als unfehlbares Mittel zur Herbeiführung des Frühlings ansehen. Die ersten werden eher den Schnupfen kriegen.

*

Ich esse Äpfel mit der Schale. Wahrscheinlich deshalb, weil größere Phantasie dazu gehört und es schöner ist, sich vorzustellen, daß ein Apfel von fremder Hand unberührt blieb als daß er berührt wurde. (Ein Gleichnis werde hierin nicht gesucht. Der Apfel steht hier nicht für Eva, auf deren Berührtheit die Phantasie kultivierter Genießer den denkbar größten Wert legt).

*

F. hat die Beziehungen von Witz und Traum nachgewiesen. Er kann nichts dafür, wenn unter den Schätzen, die er aus dem Unbewußten zutage gefördert hat, sich hin und wieder ein Saphir befindet.

*

Die Menschheit ist im Mittelalter hysterisch geworden, weil sie die bestimmenden sexuellen Eindrücke ihrer griechischen Jugendzeit schlecht verdrängt hat.

*

Die ältesten Juristen wissen es nicht, daß jenes weise Gesetz gegen den Homosexualismus die Umwandlung der Gefängnisstrafe in eine Geldstrafe vorgesehen hat, die im abgekürzten Verfahren gleich vom Erpresser verhängt wird.

*

Die Irrsinnigen werden in Österreich allemal daran erkannt, daß sie nach der Internierung ein »aufgeregtes Benehmen zur Schau tragen«.

*

Ein Mediziner, der fromm ist? Er kann bestreiten, daß die Kirche einen guten Magen hat. Aber daß im Weihwasser Bakterien vorkommen, muß er unbedingt zugeben.

•

Eine Schirmfabrik gibt den öffentlichen Geschmack dem Anblick eines Plakats preis, auf dem Romulus und Remus mit aufgespannten Regenschirmen dargestellt sind. Ich habe oft über diese Symbolik nachgedacht. Immer wieder aber fand ich nur die eine trostlose Erklärung: Infolge ungünstiger Witterung ist die Gründung Roms abgesagt.

•

Faust und Gretchen — welch ein Aufhebens! Die Welt steht stille, Himmel und Hölle öffnen sich, und in den Sphären klingt die Musik unendlichen Bedauerns: Nicht jedes Mädchen fällt so 'rein!

•

Der Geschlechtsgenuß zieht herunter, die Liebe veredelt. Gottlieb Schulze ist ein so gemeiner Kerl, daß er die Liebe braucht, um veredelt zu werden.

•

Schönheit vergeht, weil Tugend besteht.

•

Erst Schutz vor Kindern, dann Kinderschutz!

•

Das erotische Vergnügen ist ein Hindernisrennen.

•

Die geniale Fähigkeit des Weibes, sich nicht erinnern zu können, darf mit dem Talent der Frau, zu leugnen, nicht verwechselt werden.

•

Es gibt Frauen, die nicht schön sind, sondern nur so aussehen.

•

Große Züge: großer Zug.

Ich kenne eine Sorte sentimentaler Schriftsteller, die platt ist und stinkt. Wanzen aus Heines Matratzengruft.

*

Wo weder zum Weinen noch zum Lachen Kraft ist, lächelt der Humor unter Tränen.

*

Wer kein Geschäft mit dem Leben machen will, zeige an, daß er seinen Bestand an Bekanntschaften zu reduzieren beabsichtigt und seine Erfahrungen unter dem Einkaufspreis abgibt.

*

Es sind acht Jahre her, daß ich nicht mehr zu mir selbst gekommen bin. Als ich das letzte Mal zu mir kam, gründete ich die ‚Fackel'.

*

In Berlin geht man auf Papiermaché, in Wien beißt man auf Granit.

*

Ich setze meine Feder an den österreichischen Leichnam, weil ich immer noch glaube, daß er Leben athmet.

*

Was ist die Neunte Symphonie neben einem Gassenhauer, den ein Leierkasten und eine Erinnerung spielen!

*

Wie schön, wenn ein Mädchen seine gute Erziehung vergißt!

*

Die Erziehung im Sacré-Coeur ist eine Empfehlung an Lebemänner.

*

Schon wieder eine heldenmütige Frau! Wenn man nur endlich einsähe, daß die Tugenden des Mannes Krankheiten der Frau sind!

*

»Du wesenlose Luft, die ich umfasse!«: Das Bekenntnis jeder erotischen Verfeinerung.

*

Nicht die Geliebte, die entfernt ist, sondern Entfernung ist die Geliebte.

*

Die Unverläßlichkeit einer Frau, die sich auf einer Treue ertappen läßt, ist bloß ein Paradoxon im Sinne der Gesellschaftsordnung, nicht der Natur.

*

Wenn ein Weib einen Mann aufsitzen läßt und er nimmt mit einer andern vorlieb, ist er ein Tier. Wenn ein Mann ein Weib aufsitzen läßt und sie nimmt mit keinem andern vorlieb, ist sie eine Hysterikerin: Phallus ex machina ist immer ein Erlöser.

*

Die Natur hat es so eingeteilt: es kommt dem Weib nicht drauf an, aber es muß dem Mann dafür stehen.

*

Das Gehirn der Frau — mein Stil liebt Antithesen — müßte zur Erhaltung ihrer Gesundheit in den Dienst ihrer Triebe gestellt werden. Das ist eine schöne Utopie. Hat einmal eine eines, so stellt sie die Triebe in den Dienst ihres Gehirns. Dann benützt sie ihre Sexualität als Lasso, mit dem sie das Gehirn des Mannes einfängt.

*

Das Vollweib betrügt, um zu genießen. Das andere genießt, um zu betrügen.

*

Macht des Gesanges: »Er füllt mit seiner Stimme mein Ohr ganz aus!« sagte sie.

*

Die sinnliche Frau stellt die sittlichste Aufgabe, die sittliche Frau dient sinnlichem Verlangen. Die Unbewußtheit zum Bewußtsein zu bringen, ist Heroismus; die Bewußtheit ins Unbewußtsein zu tauchen, Finesse.

•

Nichts ist unergründlicher als die Oberflächlichkeit des Weibes.

•

Man muß endlich wieder dahin kommen, daß man nicht mehr an der Krankheit, sondern an der Gesundheit einer Frau zugrunde geht!

•

Die sittliche Weltordnung ist den geheimnißvollen Fähigkeiten des Weibes, prostituiert zu werden und selbst zu prostituieren, in zwei monogamen Lebensformen gerecht geworden: sie schuf die Maitresse und den Zuhälter.

•

Hamlet versteht seine Mutter nicht: »Seh'n ohne Fühlen, Fühlen ohne Seh'n, Ohr ohne Hand und Aug', Geruch ohn' alles, ja nur ein Teilchen eines echten Sinns tappt nimmermehr so zu. Scham, wo ist dein Erröten?«. Das kann natürlich der Mann nicht begreifen; die Vorstellung, daß ein Weib sich mit dem König Claudius paare, fühlt er als Zumutung, die an ihn selbst gestellt wird. Er selbst fühlt sich in den »Schweiß und Brodem eines eklen Betts« gelegt. Aber aus diesem Mann spricht Shakespeare. Und darum nimmt Hamlet bloß an dem Alter der Matrone Anstoß, in dem sonst »der Tumult im Blute zahm« zu sein pflegt, dieses »auf das Urteil wartet« und ein differenzierender Geschmack die Oberhand behält. Daß der Jugend des Weibes nicht die Wahl bleibt zwischen einem Apoll und einem geflickten Lumpenkönig, daß Sexualität und Ästhetik meist verschiedene Wege wandeln, erkennt er, »ruft keine Schande aus, wenn heißes Blut zum Angriff stürmt«.

Wäre er nicht ihr Sohn, er würde selbst der alternden Frau zubilligen, daß »der Teufel, der bei der Blindekuh sie so betört hat«, eben der Geschlechtssinn ist, der beim Weibe — mehr noch als beim robustesten Mann — alle anderen Sinne betäubt und in jedem Begriffe anästhesirend wirkt.

•

Die Frauenemanzipation geht nicht darauf aus, das Schandmal der anatomischen Ehre des Weibes zu beseitigen und männlicher Blindheit zu zeigen, daß es eine prostitutio in integrum gibt.

•

Der verfluchte Kerl, rief sie, hat mich in gesegnete Umstände gebracht!

•

Es gibt persönliche und sachliche Schauspieler.

•

Eine gesunde Mischung von Phantastik und Pedanterie findet sich damit ab, daß die Welt just die Grenzen hat, die die Vorstellung ihr gibt. Ein regulierbarer Horizont kann nicht eng sein.

•

Ich las einst ein Abendblatt nicht, das die folgenden Artikelüberschriften enthielt: Die 1869 er geheimen Verhandlungen zwischen Österreich, Frankreich und Italien. — Die Reformbewegung in Persien. — Die Ernennung der kroatischen Sektionschefs. — Die Pforte gegen den Metropoliten von Monastir... Nachdem ich dieses Abendblatt nicht gelesen hatte, fühlte ich meinen engen Horizont erweitert.

•

Mein Blick fiel auf die letzte Seite von Max Halbe's »Jugend«. Wie jung war damals die Literatur! Hänschen wirft sich über Annchens Leichnam mit dem Rufe: »A—us!«. Stünde »Aus!«, hätte es der Darsteller nicht getroffen. In der Tat, der Naturalismus war der Schwimmeister des Unzulänglichkeit. Wenn er ihr nicht den Gürtel des Dialekts gab, hielt er ihr mindestens mit solchen Anweisungen die Stange.

•

Die Sittenpolizei macht sich der Einmischung durch eine Amtshandlung schuldig.

•

Auf die Frage, ob er denn wisse, was »unschicklich« sei, hat einmal ein kleiner Junge geantwortet: »Unschicklich ist, wenn jemand dabei ist.« Und der erwachsene Gesetzgeber möchte immer dabei sein!

•

Er war eifersüchtig und sammelte Moose. Er wünschte, daß seine Frau kryptogam lebe.

•

So erhaben kann sich nie ein wertvoller Mann über ein wertloses Weib dünken, wie ein wertloser Mann über ein wertvolles Weib.

•

Müssen wir die Lücken ausfüllen, die der Schöpfer an den Weibern gelassen hat? Weil sie in jedem Monat an ihre Unvollkommenheit gemahnt werden, müssen wir verbluten?!

•

Das Tragische leitet seinen Ursprung von einem Bocksspiel her.

•

Wir sagen: »Geliebte« und sehen die Höhe des Pathos nicht mehr, aus der dies Wort in die Niederungen der Ironie gelangt ist, — tief unter die geachtete Mittellage der Ungeliebten. Der Sprachgeist will's, daß die Geliebte eine Gefallene sei. Aber wenn Frauen, die geliebt wurden, »Gestiegene« hießen, unsere Kultur würde bald auch diesen Namen mit der Klammer des Hohns umfangen.

•

Es ist nicht Sitte, eine Frau zu heiraten, die vorher ein Verhältnis gehabt hat. Aber es ist Sitte, mit einer Frau ein Verhältnis zu haben, die vorher geheiratet hat.

•

Die Religionen rechnen damit, daß glauben nichts wissen heißt.

•

Das Vorurteil ist ein unentbehrlicher Hausknecht, der lästige Eindrücke von der Schwelle weist. Nur darf man sich von seinem Hausknecht nicht selbst hinauswerfen lassen.

•

Wie doch die Landschaft die körperliche Entwicklung bestimmt! Es gibt Alpengegenden, in denen die Einheimischen einen Kropf und die Zugereisten Plattfüße haben.

•

Nachdem er sich in der anarchistischen Partei unmöglich gemacht hatte, blieb ihm nichts mehr übrig als ein nützliches Mitglied der bürgerlichen Gesellschaft zu werden und in die Sozialdemokratie einzutreten.

•

Eine Berührung mit X. wirkt, wie wenn man fremden Schleim anrührte. Seitdem ich das weiß, rühre ich nie mehr fremden Schleim an.

•

Die Form ist der Gedanke. Sie macht einen mittelmäßigen Ernst zum tieferen Witz. So, wenn ich sage, daß in ein Kinderzimmer, wo wilde Rangen spielen, ein unzerreißbares Mutterherz gehört.

•

Geistige und sittliche Qualitäten des Weibes vermögen immerhin die wertlose Geilheit des Mannes anzuregen. Es kann kompromittierend sein, sich mit einer anständigen Frau auf der Straße zu zeigen; aber es grenzt geradezu an Exhibitionismus, mit einem jungen Mädchen ein Gespräch über Literatur zu führen.

•

Die sterile Lust des Mannes nährt sich an dem sterilen Geist des Weibes. Aber an weiblicher Lust nährt sich der männliche Geist. Sie schafft seine Werke. Durch all das, was dem Weib nicht gegeben ist, bewirkt es, daß der Mann seine Gaben nütze. Bücher und Bilder werden von der Frau geschaffen, — nicht von jener, die sie selbst schreibt und malt. Ein Werk wird zur Welt gebracht: hier zeugte das Weib, was der Mann gebar.

•

Das gedankenloseste Weib liebt im Dienste einer Idee, wenn der Mann im Dienste eines Bedürfnisses liebt. Selbst das Weib, das nur fremdem Bedürfnis opfert, steht sittlich höher als der Mann, der nur dem eigenen dient.

•

Die Verbreitung der Lustseuche hat der Glaube bewirkt, daß die Lust eine Seuche sei.

•

Die Frau braucht in Freud und Leid, außen und innen, in jeder Lage den Spiegel.

•

Musik bespült die Gedankenküste. Nur wer kein Festland bewohnt, wohnt in der Musik. Die banalste Melodie weckt Gedanken wie die banalste Frau. Wer sie nicht hat, sucht sie in der Musik und im Weibe. Die Musik des Herrn Richard Strauß ist ein Frauenzimmer, das seine natürlichen Mängel durch eine vollständige Beherrschung des Sanskrit ausgleicht.

•

Woran sollte sich der Geist besser laben als an weiblicher Torheit, die hinter geistvollen Zügen steckt? Wenn die Frau ist, was sie bloß scheinen soll, ermattet der männliche Verstand. Das Wunder tiefsinniger Banalität wird der Welt seit den Tagen der Phryne offenbar; sie genießt es, aber sie will daran nicht glauben. Weil die geistig hochstehenden Männer Griechenlands den Verkehr mit den Hetären suchten, müssen die Hetären geistig hochstehende Frauen gewesen sein. Sonst hätten wir keinen Respekt vor den alten Griechen. Darum hat die Kulturgeschichte das Bildungsniveau athenischer Freudenmädchen so gut es ging erhöht. Die christliche Erziehung sähe es gern, daß die Hysterie, die sie in die Welt gebracht hat, rückwirkende Kraft besäße. Sie wird sich aber doch dazu verstehen müssen, die Mänaden aus dem Spiel zu lassen und bloß die Hexen zu verbrennen, zu denen sie die Frauen ihrer Zeit gemacht hat.

•

Weib und Musik sind heute geistig so hochstehend, daß sich ein gebildeter Mann nicht mehr schämen muß, sich von ihnen anregen zu lassen. Jetzt fehlt nur noch, daß die Wiesen, auf denen sich's auch gut liegen läßt, hysterisch werden.

•

Mann: funktionelle, Frau: habituelle Geschlechtlichkeit. Der Arzt des Mannes heißt »Spezialist«, nicht Männerarzt.

•

Die Zweiteilung des Menschengeschlechts ist von der Wissenschaft noch nicht anerkannt worden.

•

»Ein Frauenverehrer stimmt den Argumenten Ihrer Frauenverachtung mit Begeisterung zu«, schrieb ich an Otto Weininger, als ich sein Werk gelesen hatte. Daß doch ein Denker, der zur Erkenntnis der Anderswertigkeit des Weibes aufgestiegen ist, der Versuchung nicht besser widersteht, verschiedene Werte mit dem gleichen intellektuellen und ethischen Maß zu messen! Welch systematische Entrüstung! Aber wo Hirn- und Hemmungslosigkeit so hohe Anmut entfalten, Mangel an Verstand und Mangel an Gemüt sich zu ästhetischem Vereine paaren und die Resultante der schlechtesten Eigenschaften die Sinne berückt, darf man vielleicht doch an einen besondern Plan der Natur glauben, wenn man überhaupt an Pläne der Natur glauben darf.

*

»Frauenrechte« sind Männerpflichten.

*

Die Frauen verlangen das aktive und das passive Wahlrecht. Daß sie das Recht haben sollen, jeden Mann zu wählen, und daß man ihnen keinen Vorwurf mehr daraus mache, wenn sie sich von wem immer wählen lassen? Behüte der Himmel! Sie meinen es politisch! Aber auf so verzweifelte Ideen sind sie von den Männern gebracht worden. Jetzt wird diesen nichts anderes übrig bleiben, als von der Regierung zu verlangen, daß auch ihnen endlich die Menstruation gestattet werde.

*

Das durchschnittliche Weib ist für den Kampf ums Dasein hinlänglich ausgerüstet. Mit der Fähigkeit, nicht empfinden zu müssen, hat es die Natur für die Unfähigkeit, zu denken, reich entschädigt.

*

Hättet ihr die Rechte des Frauenkörpers anerkannt, hättet ihr die Unterleibeigenschaft endlich aufgehoben wie ihr den Robot aufgehoben habt, nie wären die Weiber auf den scurrilen Einfall gekommen, sich als Männer zu verkleiden, um als Frauen im Werte zu steigen!

*

Die Menschheit stempelt seit Jahrhunderten die Ausübung der Weiberrechte zur Schande. Jetzt muß sie sich die Ausübung der Frauenrechte gefallen lassen.

*

Ich würde den Tag nicht überleben, an dem ich krank werde, weil ich wählen gehen soll und meine Freundin rüstig »zur Urne schreitet«.

*

Will man die Schauspielerin beurteilen, so muß man sie mit dem Maß des Weibes messen. Ihr Gesicht ist eine bessere Talentprobe als ihre Deklamation, die Schminke macht aus der Frau nichts anderes als was die Phantasie aus ihr macht, und das Podium dient der Prostituierung im tiefsten Sinne. Die Heroine etwa kann heute nur aus dem tragischen Konflikt schöpfen, mit dem die soziale Welt das Weiblichste bedroht. Sie bleibt in der geraden Hauptlinie weiblichen Empfindens. Einen Seitenweg zur Bühne schlägt die Hysterikerin ein. Ein Rezensent hält es für ein Lob, wenn er über Madame Després schreibt, von ihrem Antlitz gehe »kein Lockruf der Sinne« aus. »Während man die hundeschnauzige Stupsnäsigkeit der Réjane ein Menschenalter hindurch reizend fand«. Das komme, »weil die animalische Sexualität dieses verschmitzten Kokottengesichtes den Leuten in die Nerven fuhr.« Wie wahr! Aber darum ist eben die Réjane eine größere Schauspielerin als jedes dieser Unglücksgeschöpfe, deren sogenannte Seele im ausgenützten Defekt ihrer Fischweiblichkeit besteht. »Taktlos« scheint dem kundigen Thebaner die Frage nach der Schönheit einer Schauspielerin. Als ob diese eine Angelegenheit ihres Privatlebens wäre! »Bei einer kleinen Figurantin,« meint er, »bei irgendeinem Weibchen, das uns abseits von jeder Nachdenklichkeit erheitern soll, mag man darauf achten, ob ihr Mund auch klein, ihr Auge auch blau, ihr Busen auch rund genug ist ... Wo aber das Antlitz einer Frau andere, höhere Botschaft zu verkünden hat, da wird sie eben durch andere, höhere Kräfte schön.« Wie wahr! Öde Realpolitiker des Liebesgenusses mögen das Weib anatomieren. Aber die hundeschnauzige Stupsnäsigkeit der Réjane hat eben die höchste Botschaft zu verkünden: die der elementaren Sinnenlust. Jede andere Botschaft, die ein Weibsgesicht zu verkünden hat, muß des Glaubens entraten. Und tatsächlich weiß auch unser Psychologe (dem in allen Fällen ein gefundenes Wort über eine gefundene Ansicht geht) der Després am Ende kein besseres Lob nachzusagen, als daß in einer ihrer Gestalten »ein Durchschimmern von sinnlicher Weiblichkeit und von erfrischender Animalität« bemerkbar war. Und findet ein andermal, daß die Réjane »ein sprühendes Temperament, eine schäumende Laune und eine vollblütige Urwüchsigkeit« hat. Aber diese Art der Erheiterung erfolgt nicht so ganz »abseits von jeder Nachdenklichkeit«, wie er glaubt ... Die Seitenlinie jenes sterilen Weibtums, das die Nachdenklichkeit nicht anzuregen vermag, weil es sie selbst offeriert, stellt heute — unnaturgemäß — die meisten Vertreterinnen auf die Bühne. Viel interessanter ist ein anderer Typus, der sich von der Natur zwar nicht so weit verirrt hat, aber von dem großen tragischen Zug des Frauenleids nichts mehr spüren läßt: wir haben es mit der Wehmut des Frauenleidens zu tun. Was Hohlköpfe für den Ausfluß jener »Seele« halten, die sie überall dort spüren, wo nicht laut gesprochen wird, ist einfach die schauspielerische Sublimierung der Metritis. Alle Melancholie moderner Sensitiven, die Modefarbe geworden ist, weist auf diesen Ursprung.

•

Die Stiere aller Parteien haben sich darüber geeinigt, daß die ‚Fackel' ein Blatt ist, das die Unzucht propagiert. Es ist freilich wahr, daß ich als das einzige Mittel zur Beseitigung der männlichen Dummheit die Anerkennung der weiblichen Schönheit empfehle und daß ich auf die durch Jahrhunderte geübte grausame Verschüttung und boshafte Verunreinigung der Quelle alles Lebens alle Übel dieser Welt zurückführe. Aber für die Sexualität der Stiere habe ich mich nie begeistert!

•

Ich war selten verliebt, immer verhaßt.

Die Hebung des Fremdenverkehrs.

Die Erlebnisse des Wiener Männergesangvereines in Amerika haben gleichzeitig ein Pendant in den Erlebnissen eines Amerikaners in Wien gefunden, die die Bereicherung der lückenhaften Kenntnisse, die man drüben von den Sitten unseres Hausmeisterstaates hat, sicherlich noch viel wirksamer besorgen werden. Aus New-York wird mir die Nummer des ‚New York Herald' vom 5. Juni geschickt, die unter dem Titel »American thrown into Vienna jail« den folgenden Kabelbericht aus London enthält:

»Dr. B. Dorsey Winchester, ein Mitglied der Fakultät der Medizinischen Schule von Kentucky, aus Louisville, sprach heute bei der Amerikanischen Gesandtschaft vor, um Sühne zu erlangen für die Beschimpfung, der er neulich durch die Wiener Polizei ausgesetzt war, weil er arretiert, ins Gefängnis geworfen und durchsucht wurde und ihm Geld und Papiere abgenommen wurden. Nach zweitägiger Haft wurde er zwei Tage unter Bewachung gehalten. Nach Erzählung des Doktors hängt die Sache mit der Ausgabe eines Reise-Schecks zusammen, den er in einem Hotel als Zahlung präsentierte. Dr. Winchester hatte in einem Berliner Spital eine Arbeit beendet, und wollte wieder nach Hause fahren. Er zog es aber vor, mit einem Freund nach Wien zu reisen, um die dortigen Spitäler zu besichtigen. ‚Ich wollte Wien am 17. Mai abends verlassen und nach Berlin zurückkehren', sagte Dr. Winchester. ‚Mein Geld bestand zumeist in Schecks. Wir entschlossen uns aber diesen Abend, bis zum nächsten Tage zu warten. Da wir nun Geld benötigten, durchsuchten wir die Liste der Agenturen, wo die Einlösung meiner Schecks erfolgen konnte. Wir fanden, daß das Hotel Kronprinz eine davon war. Ich kam in das Bureau des Hotels, präsentierte den Scheck und dachte natürlich, daß er sogleich honoriert werden würde, da solche Schecks sehr gebräuchlich sind. Der Kassier sagte mir, er habe kein Geld im Hause, würde aber um eines schicken. Ich ging inzwischen ins Café, um dort zu warten. Nach einer halben Stunde kam ein Mann, der sich als Detektive vorstellte und mich für verhaftet erklärte. Ich fragte, auf welche Beschuldigung hin, bekam aber keine Auskunft. Er brachte mich zu einer Polizeistation und trotz meinem Protest wurde mir das Recht verweigert das amerikanische Konsulat oder sonst jemand zu verständigen. Sie durchsuchten mich, nahmen mir den Paß und die meisten Wertgegenstände ab, und dann begann eine nachdrückliche Inquirierung betreffs meines Vorlebens, die mehrere Stunden dauerte. Hierauf wurde ich ins Gefängnis geführt, wo eine neuerliche Durchsuchung stattfand. Sie zwangen mich, mich zu entblößen, nahmen mir alles, was von Wert war, weg, auch einen Teil meines Schmucks, den ich mitführte, nahmen mir sogar einen Verband von einer Wunde, die ich an der Hand hatte, weg und weigerten sich, die Bandage zurückzugeben. Dann steckte man mich in eine Zelle, wo ich in einem Bett hätte liegen sollen, das sehr unrein war. Den nächsten Tag in aller Frühe zwang man mich, mich einer ärztlichen Untersuchung zu unterwerfen, die von einer sehr beschämenden Art war, und um 10 Uhr wurde ich vor eine obrigkeitliche Person namens Pollak gebracht. Der Mann konnte mir keine Auskunft über die Natur der gegen mich erhobenen Beschuldigung geben, sagte mir aber, daß man beabsichtige, mein Gepäck im Hotel zu durchsuchen. Am selben Nachmittag wurde ich dann freigelassen, man sagte mir jedoch, ich dürfe Wien nicht verlassen, bis man eine Auskunft über mich aus Berlin hätte. Sie behielten meinen Paß und einen großen Teil meiner Wertsachen. Diese wurden mir erst nach zwei Tagen rückerstattet, wobei die Behörde mir unter vielen Entschuldigungen erklärte, ich wäre frei und könnte Wien verlassen. Die einzige Erklärung, die ich aus der behördlichen Person herausbekommen konnte, war, daß irgendwer falsche Schecks verausgabt hätte. Was mir widerfahren sei, könne in jedem Lande passieren.' Dr. Winchester wendete sich an den amerikanischen Gesandten in Wien mit der Bitte, die Angelegenheit zu untersuchen.«

Wo ist denn mei' Reibsackl?

Der Dampfhammer.*)

Nach der Melodie: »Ist denn Lieben ein Verbrechen . . «

Von **Frank Wedekind.**

In der Esse fliegt der Hammer
Im Zylinder auf und ab;
Gottfried in der Mägdekammer
Fliegt nicht minder auf und ab.

Gottfried heißt des Schmieds Geselle,
Der gewaltige Knochen hat.
Eben schweißt er eine Stelle,
Die er selbst gebrochen hat.

*) Dieses Gedicht ist im Jahre 1886 entstanden.

Und ein Mägdlein, schlank und plastisch,
Stellt für ihn den Ambos vor,
Einen Ambos, so elastisch
Wie das dünnste Bambusrohr.

Keines hört es, wie der lange
Hagre Meister schleicht herein;
Eine schwere Eisenstange
Trägt der Meister leicht herein.

Und er hält sie hoch in Lüften,
Schwingt sie, daß sie niederprallt,
Daß der Ton von Gottfrieds Hüften
Tausendfältig wiederhallt . . .

Aus den Armen läßt der Riese
Seine Tugendreiche nicht;
»Mädchen, lacht er, treib doch diese
»Faden Jugendstreiche nicht!

»Möglich wär's, daß dem Entzücken
»Dein Gekitzel nützlich wär,
»Wenn dein Liebster auf dem Rücken
»Wie am Leib so kitzlich wär.«

Und der ich dies Lied gesungen,
Schäme mich und weine und
Bin von tiefstem Schmerz durchdrungen,
Denn ich bin ein Schweinehund.

ANTWORTEN DES HERAUSGEBERS.

Dem Polizeipräsidenten. Ich nehme die telephonische Mitteilung zur Kenntnis, daß eine Weisung an sämtliche Polizei-Kommissariate ergangen ist, über die korrekte Durchführung der Konfiskationsbestätigung in künftigen Fällen strenge zu wachen. Aber bei dieser Gelegenheit möchte ich — da wir schon einmal in einem Verhältnis der Empfänglichkeit für gute Lehren stehen — den dringenden Rat erteilen, die beschämende Verbindung mit den Hausmeisterischen endlich aufzugeben!

Der Tratschverkehr der Behörde ist durch die Reform des Meldzettels wesentlich eingeschränkt. Aber die materielle Entschädigung, die jetzt den Hausmeisterleuten für die Einbuße an Autorität zugedacht ist: die offizielle Erhöhung des Sperrgelds und das Verbot des Haustorschlüssels, verrät eine schmähliche Abhängigkeit von jenem christlichsozialen Geiste, der die Gefahr der Freimaurerloge für Österreich durch die Hausmeisterloge paralysieren möchte.

Feminist. In Nr. 2 des ‚Morgen' hat Frank Wedekind seinem neuesten Drama »Musik«, das in dieser Wochenschrift aktweise erscheinen wird, eine kurze Einführung vorausgeschickt. Das ‚Neue Wiener Journal' hat es sich nicht versagen können, dieses Vorwort abzudrucken. Natürlich bis auf eine Stelle; denn die ‚Fackel' wird vom ‚Neuen Wiener Journal' totgeschnitten. Wedekind schreibt: »— — — Wie mein Sittengemälde als Komödie angekündigt werden konnte, ist mir um so rätselhafter, da es eine der ernstesten Fragen behandelt, die unsere Kulturentwicklung gezeitigt hat. Im § 218 des Deutschen Strafgesetzbuches wird das Verbrechen gegen das keimende Leben mit Zuchthausstrafe bis zu fünf Jahren bedroht. Dieser Paragraph ist meiner Überzeugung nach das Ergebnis einer abgefeimten Heuchelei; einer Heuchelei, die tief in unserem Volksbewußtsein eingewurzelt und mit den stärksten Stricken eines brutalen Egoismus darin verankert ist, eine Heuchelei, deren fanatische Bekämpfung eine der heiligsten Aufgaben unserer leider so weibisch jämmerlichen Frauenbewegung sein sollte. Für die verheiratete Frau sind die fünf Jahre Zuchthaus, die im § 218 angedroht werden, Luft. Ich kenne nicht einen einzigen Fall, in dem eine verheiratete Frau durch den § 218 auch nur in ihrem Mittagsschlafe gestört worden ist. Unverheiratete Frauen werden durch diesen Paragraphen in den Tod gejagt. In Nr. 219—220 der von Karl Kraus in Wien herausgegebenen ‚Fackel' behandelt Herr Dr. Fritz Wittels die Bestrafung des Verbrechens gegen das keimende Leben so erschöpfend, daß ich die Vorkämpferinnen für weibliche Unabhängigkeit nur bitten kann, diese Auseinandersetzungen zum Kriegsgesang zu erheben. Leider gehen diese Vorkämpferinnen seit Jahren nur darauf aus, die Frauen in Männer zu verwandeln. Die Interessen der Frau sind ihnen gestorben. In meinem Sittengemälde ‚Musik' habe ich darzulegen versucht, daß der Mann, der allein für die bestehenden Gesetze verantwortlich ist, mit dem § 218 nicht etwa das entstehende Leben zu schützen sucht, sondern daß es ihm mit der Androhung von fünf Jahren Zuchthaus lediglich darauf ankommt, die Eingeweide des weiblichen Körpers als eine Domäne männlichen Unternehmungsgeistes strafrechtlich einzuhegen. Mit fünf Jahren Zuchthaus.« — Fräulein Fickert hat die kaum gewählten Männer mit der Bitte um das Wahlrecht der Frauen bestürmt. Amüsanter als ihre Petition liest sich die folgende Schilderung einer Sitzung des finnischen Parlaments, die Herr Louis Naudeau kürzlich im Pariser ‚Journal' veröffentlicht hat: »Ich habe, unter uns gesagt, die weiblichen Deputierten zuerst nicht herausfinden können, denn eine finnische Frau ist eigentlich nichts weiter als ein Mann in Unterröcken. Schönheitspreise könnte man hier unter keinen Umständen verteilen. Unter den neunzehn offiziellen Politikerinnen findet man nicht eine, deren Antlitz auch nur ‚einnehmend' zu nennen wäre. Ich bin durchaus nicht ungalant, wenn ich das niederschreibe, denn die Deputiertinnen wissen es selbst und sie sind sogar stolz auf ihre Häßlichkeit; sie proklamieren die Unregelmäßigkeit ihrer Gesichtszüge sozusagen als ein politisches Programm: sie sind absolut, kategorisch, peremptorisch und im superlativsten Superlativ häßlich. Ich malte mir in Gedanken aus, welche Verwirrung in dieser hohen Körperschaft eine mit allen Künsten der Koketterie operierende liebliche Jungfrau anrichten würde. Und die Deputiertinnen sind doch in den Landtag geschickt worden, um Beschlüsse zu fassen, nicht um zu verführen! Das sieht man allerdings auf den ersten Blick. Zwei von ihnen, zwei der berühmtesten, sehen, aus einiger Entfernung betrachtet, aus wie Ringkämpfer, die wegen zunehmender Fettleibigkeit auf ihre Kunst verzichten mußten; sie haben Lastträgerarme, allerlei höckrige Erhöhungen und kurzgeschorenes Haar. Fette, plumpe, männerhafte Gestalten, die in keinem Zuge mehr an weibliche Grazie erinnern. Und wer beschreibt die plattgedrückten Nasen, auf welchen Lorgnons sitzen, die spitzen Kinne, die zahnlosen Münder, die gelblichen, eckigen Gesichter und die kleinen Zwinkeräuglein, deren Blicke erkältend wirken wie ein Luftzug? Eine erschreckliche Kollektion trefflicher Matronen und hochachtbarer Mannweiber. Der Aufputz der Deputiertinnen verrät gleichfalls eine vornehme Geringschätzung alles Schönen. Es liegt System darin! Schwarze Mieder ohne jede Halskrause, ohne jeden Besatz; keine Locken, keine kunstvolle Frisur, keine Chignons, keine Haarschleifen, keine Haareinlagen; sich anständig frisieren, hieße ja auch sich putzen, und die Deputiertinnen wollen sich nun einmal nicht putzen. Wenn man es recht erwägt, gleichen die Gesichter dieser Damen genau den Gesichtern glattrasierter Männer; und was ihren Gang betrifft, so ist er nur mit dem der sonst sehr ehrenwerten Pariser Portiers zu vergleichen. Ich hatte die Ehre, mich persönlich mit einigen der Deputiertinnen zu unterhalten. Es sind ohne Zweifel lauter aufrichtige, achtbare Frauen, voll guter Absichten, Zelotinnen, die von der Vortrefflichkeit ihrer Lehre überzeugt sind; daß diese Lehre sich in nichts von dem feministischen Programm der Frauen anderer Länder unterscheidet, braucht wohl nicht erst gesagt zu werden. Wir geben gern zu, daß die weiblichen Abgeordneten Finnlands sämtliche Tugenden besitzen, die ein Weib nur besitzen kann. Aber so entsetzlich häßlich hätten sie darum doch nicht zu sein brauchen«.

Musiker. Herr Heinrich Reinhardt, der Musikkritiker des ‚Neuen Wiener Journals', schreiben Sie, hat den Direktor Mahler entlassen, mit seiner Berufung Mottl's hingegen nicht reussiert. Das ‚Neue Wiener Journal' ist nun in Verlegenheit um einen Nachfolger Mahler's. Aber wie sonst im Leben, meinen Sie, ist auch hier das Gute so nah, und übermitteln mir den folgenden Vorschlag: Der beste Nachfolger Mahler's wäre im Sinne der vom ‚Neuen Wiener Journal' gestellten Ansprüche Heinrich Reinhardt. Der Direktor der Hofoper muß nicht unbedingt ein Dirigent und soll kein Komponist sein . . . Hoffentlich stößt er sich nicht daran, daß der Posten eines Hoftheaterdirektors ein — wie sagt man doch nur? — »Geschenk des Danaë« sein soll.

Höfling. Ein zionistisches Blatt, die ‚Neue Nationalzeitung', bringt die folgende Hofnachricht: »London, den 10. Juni (Orig.-Korr.). Wie ich erfahre, ist vor kurzer Zeit an dem 13 jährigen Sohne des verstorbenen Dr. Herzl, Hans Herzl, der in einem hiesigen Institut erzogen wird, anläßlich seiner Bar-Mizvah die durch die jüdische Religion vorgeschriebene Beschneidung vorgenommen worden«.

Jurist. Durch die deutsche Presse ging neulich ein Ulk, der einen Syrier, einen Herrn Salah Ben aus Bathanieh, in heller Entrüstung über Oskar Wilde's »Salome« zeigte. »Als Landsmann und treuer Untertan« protestierte er gegen die Beschimpfungen, »die das Buch eines boshaften Engländers der Prinzessin zugefügt«. »Gemeint ist«, schreibt dazu die Wiener ‚Reichspost', »die Tochter der berüchtigten Herodias, welche mit Herodes Antipas, dem Bruder ihres rechtmäßigen Ehemannes, im ehebrecherischen Verhältnisse lebte. Johannes der Täufer hatte diesen mit Freimut wegen dieses öffentlichen Ärgernisses zur Rede gestellt; daß Kerker und Enthauptung diesem Freimute folgte, ist ja bekannt; denn auf Anstiften der Herodias verlangte ihre Tochter von Herodes das Haupt des Johannes auf einer Schüssel.« Herr Salah Ben versichert, Salome habe den Kopf des Johannes nur aus Kindesliebe haben wollen, weil Johannes ihre Mutter Herodias wegen deren Vermählung mit ihrem Schwager Herodes als Blutschänderin beschimpft habe. Herodes und Herodias seien aber gesetzmäßig verheiratet gewesen, da das Gesetz dem Juden befahl, die Witwe seines ohne männliche Erben verstorbenen Bruders zu heiraten. Nein, entgegnet die ‚Reichspost', das erwähnte Gesetz kann auf Herodes und Herodias nicht angewendet werden, »weil der rechtmäßige Ehemann der Herodias, Philipp, noch lebte, Herodias also nicht Witwe war. Vielmehr hatte Johannes pflichtgemäß gehandelt, da er dem sauberen Paare Ehebruch vorwarf.« Wenn die ‚Reichspost' richtig informiert ist, wäre die Ehe Herodes ungiltig. Man darf jedenfalls gespannt sein, wie der Oberste Gerichtshof, dessen Judikatur in eherechtlichen Fragen bekanntlich schwankt, in diesem Falle entscheiden wird.

Diplomat. In einem Artikel, den die ‚Neue Freie Presse' über die Herrn Maximilian Harden so schwer kompromittierende Affaire Eulenburg bringt, heißt es wörtlich: »Es ist erfreulich, daß man feststellen kann, eine wie ausgezeichnete Rolle Kaiser Wilhelm in dieser Angelegenheit spielt. Kaum hatte er erfahren, daß Personen, denen er sein Vertrauen geschenkt hatte, dieses Vertrauen mißbraucht hatten, so war auch sein Entschluß schon gefaßt, sie weit von sich zu weisen. Die anderen skandalösen Vorkommnisse, auf welche der oben mitgeteilte Hardensche Dialog anspielt, sollen den Kaiser in ganz besonderen Zorn versetzt und sein moralisches Reinlichkeitsbedürfnis soll sich namentlich dagegen empört haben, daß man, ohne daß er es ahnte, kompromittierende Leute bis in seine nächste Umgebung hatte gelangen lassen. Im Wirbel der Ereignisse darf man aber auch nicht vergessen, daß die Anschuldigungen von einer gewissen kompromittierenden Art, welche gegen einzelne Persönlichkeiten, die in dieser Affaire eine Rolle spielen, gerichtet worden sind, durchaus nicht als erwiesen gelten können. Schon hört man auch die Vermutung äußern, daß der kaiserliche Zorn — man weiß, wie rasch Kaiser Wilhelm in seinen Entschlüssen und Handlungen ist — vielleicht auch dieses oder jenes unschuldige Opfer getroffen habe.« Am schwersten kompromittiert sind in dieser Affaire Herr Harden und Wilhelm II. Der Ehrgeiz des ersten der beiden Herren, die sich gleich verstanden, wenn sie sich im moralischen Reinlichkeitsbedürfnis fanden, zielt bekanntlich darauf ab, daß sein Charakterbild endlich auch in der Geschichte schwanke. Das hat er dank der schleichenden Verwertung von Geschichten, die die Kammerdiener fürstlicher Herren einander ins Ohr sagen, und unter der ausdrücklichen Verwahrung gegen den Verdacht, als ob er zum Amt des Unsittenschnüfflers tauge, beinahe erreicht. Daß es ihm dabei ausschließlich um das Wohl des Vaterlandes zu tun war, wird ihm die tote Jenny Groß glauben. Ich nicht. Und da ich sehr lebendig bin, wünschte ich, daß ich einmal so viel Muße wie Lust hätte, zu zeigen, mit welcher Gesinnung, in welchem Stile und aus welchem Zettelkasten der Mann, dessen Intimität mit Bismarck mit der zeitlichen Entfernung von dessen Todestage zunimmt, das deutsche Geistesleben bedient.

Herausgeber und verantwortlicher Redakteur: Karl Kraus.
Druck von Jahoda & Siegel, Wien, III. Hintere Zollamtsstraße 3.

DIE FACKEL

NR. 230–231 WIEN, 15. JULI 1907 IX. JAHR

Hochgeborene Samariter.

Den 12. April konnten die Wiener Einbrecher in ihrem Kalender rot anstreichen, weil an diesem Tage k. k. Sicherheitswachleute damit beschäftigt waren, die ‚Fackel' zu eskortieren und die schwere Last einer Doppelnummer durch die Straßen Wiens zu tragen. Sie war wegen einer Antwort des Herausgebers, durch die nach Ansicht des Staatsanwalts ein Verbrechen begangen war, konfisziert worden. Die Notiz begann mit den Worten:

> *Passant.* Bahnkatastrophen, Brände, Unglücksfälle auf der Straße werden neuestens durch das Dazwischentreten irgend einer hohen Persönlichkeit, die immer in der Nähe ist, unnötig kompliziert. Ob sich der »Prinz-Gemal« bei dem holländischen Schiffsunglück endlich die Popularität verdient hat, die ihm die inspirierte Presse neidlos zuerkennt, mag zweifelhaft sein. Jedenfalls gewann man den Eindruck, daß es sich um ein Debut gehandelt hat, für das die Katastrophe die längst erwünschte Gelegenheit bot. Stand der Prinz-Gemal der Rettungsaktion nicht im Wege, kann man mit seinem Erfolg auf alle Fälle zufrieden sein.

Dann bot die zweite Auflage den Anblick einer leeren Stelle. Wenn das Parlament zusammentritt, dachte ich, wird sie wieder ausgefüllt werden. Die Leser sollen nicht glauben, daß die ‚Fackel' wegen einer näheren Auslassung über die sonstigen Funktionen des Prinzgemals konfisziert worden sei. Das Doppelheft, das noch dazu eine faksimilierte Beilage enthielt, war in erster Auflage vernichtet, in zweiter verstümmelt. Das Landesgericht sanktionierte die Beschlagnahme; aber ich verzichtete auf das Recht des Einspruchs. Da im Wirrsal österreichischer Rechte bekanntlich eine Autorität die andere ad absurdum führt, schien mir der alte Trost aussichtsvoller, daß wir Österreicher warten können. Das Odium des Verbrechers ist erträglich und die Freigabe des gefesselten Wortes auf leichtere Art zu erzielen als durch einen Prozeß. Langes Warten findet seinen Lohn. Siehe da, tatsächlich enthält das stenographische Protokoll der 13. Sitzung des Abgeordnetenhauses (12. Juli 1907) diese

Interpellation

der Abgeordneten Dr. Masaryk und Genossen an den Herrn Justizminister über die Konfiskation der ‚Fackel‘:

Die Doppelnummer 223—224 der ‚Fackel‘ vom 12. April 1907 ist von der Wiener Staatsanwaltschaft wegen der folgenden in den »Antworten des Herausgebers« enthaltenen Stelle konfisziert worden:

Bei uns in Österreich aber grassiert neuestens der hochgeborne Samariter. Im Fibelton künden die Zeitungen das Lied vom braven Mann, der dabei war, als die Rettungsgesellschaft einen Verunglückten abholte. Typisch ist jetzt etwa der folgende Lokalbericht: »Als gestern abends gegen 7 Uhr ein Waggon der städtischen Straßenbahn den Albrechtsplatz passierte, stürzte plötzlich der Hilfsarbeiter X von der Plattform auf's Pflaster und blieb verletzt und betäubt liegen. Passanten nahmen sich seiner an und trugen ihn in die Toreinfahrt eines Hauses. Unter den Passanten befand sich zufällig auch der Fürst Y. Er ging auf den Verletzten zu und folgte ihm in die Hauseinfahrt. Inzwischen war um die freiwillige Rettungsgesellschaft telephoniert worden. Während die Ärzte den Verunglückten verbanden, sprach ihm der Fürst Trost zu. Die Ärzte stellten fest, daß X eine Gehirnerschütterung und eine fünf Zentimeter lange Rißquetschwunde am Hinterhaupte erlitten hatte. Fürst Y blieb teilnehmend so lange, bis der Mann verbunden und in den Ambulanzwagen gehoben war. Selbstverständlich hatte die menschenfreundliche Intervention des Fürsten Y riesiges Aufsehen erregt, und als der Fürst den Platz verließ, begrüßte ihn das Publikum sehr sympathisch.« Wie denn auch nicht? Wir leben in einer Stadt, in der es als eine größere Ehre empfunden wird, von einem Hofwagen überfahren, als von einem gewöhnlichen Gummiradler angespritzt zu werden, und in der ein Unglücksfall unter Assistenz einer hohen Persönlichkeit für einen Glücksfall gilt, — und diese Stadt ist begeisterungsfähig. Mehr als ihre Assistenz gewährt in solchem Fall die hohe Persönlichkeit nicht. Und so mag sie das Erstaunen über ihre menschlichen Regungen schon als Dank empfinden. Aber menschliche Regungen sind bei einer Hilfeleistung manchmal störend. Wenn sie von einer hohen Persönlichkeit betätigt werden, bewirken sie ein »riesiges Aufsehen«, verlocken sie die Neugierde des Pöbels, den die hohe Persönlichkeit viel mehr interessiert, als der Verunglückte, erschweren die Arbeit der Retter und machen die Ärzte befangen. Wenn hohe Persönlichkeiten sich nicht dadurch nützlich machen wollen, daß sie sofort in die Tasche greifen, sollten sie lieber die Schauplätze von Unglücksfällen meiden. Auch die Verwendung eines Fürsten »als Feuerwehrmann und Samariter« — eine beliebte Kombination — ist nicht allzu aussichtsvoll. Öfter erscheint die folgende Empfehlung in den Zeitungen: ». . . Bei Rekawinkel sah er plötzlich Feuerschein aufflammen. Das Wirtschaftsgebäude des Josef Huber war in Brand geraten. Der Fürst stieg aus dem Automobil und stellte sich mit den Herren seiner Begleitung selbst an die Wasserpumpe. Mehr als eine Stunde pumpte der Fürst das Wasser für die Feuerspritzen, dabei traf er mit großer Umsicht die Dispositionen, wo der Angriff auf die Flammen zu geschehen habe. Ein Bauer wurde schwer verletzt. Der Fürst stellte sein Automobil zur Verfügung, damit ein Arzt geholt werde . . .« Als Trost für solche Hilfeleistung wird dann schließlich doch manchmal eine Geldspende von fünfhundert Kronen gewährt. Sie ist die mindeste Entschädigung für die Folgen des Zeitverlustes, den die Bewunderung der spritzenden Hoheit bei einem Brandunglück bewirkt . . . Nein, im allgemeinen ist es nichts mit den hochgebornen Samaritern!

Der Staatsanwalt war der Meinung, daß durch diese Sätze das Verbrechen der Beleidigung von Mitgliedern des kaiserlichen Hauses begangen sei. Aber mit keinem Wort ist in der konfiszierten Notiz auch nur angedeutet, daß der Verfasser eine Kritik der Handlungsweise eines Mitglieds des kaiserlichen Hauses beabsichtigte. Der Staatsanwalt begründete seine Meinung durch den Hinweis, daß es sich hier um die Besprechung von Vorkommnissen handle, die, durch die Tagesblätter veröffentlicht, dem Zeitungspublikum im Allgemeinen und daher auch dem Leserkreise der ‚Fackel' bekannt seien. Aber selbst wenn dies der Fall wäre, könnte von einer Ehrfurchtverletzung nicht die Rede sein. Wenn es auch Tatsache ist, daß in dem ersten der besprochenen Fälle der Herr Erzherzog Salvator, in dem zweiten der Herr Erzherzog Eugen als Samariter interveniert hat, so geht doch schon aus der Bezeichnung »Fürst« und aus der absichtlichen Verlegung der Schauplätze und Veränderung aller Einzelheiten, die dem Leser aus den Berichten der Tagespresse in Erinnerung sein konnten, hervor, daß der Verfasser keine andere Absicht hatte, als zu sagen, daß die bestgemeinten Samariterdienste hochstehender Personen mehr Schaden als Nutzen stiften. Nach der Meinung des Verfassers könnte bei der Schaulust des Wiener Publikums, auf die seine Satire zielt, auch die Intervention einer Durchlaucht oder eines schlichten Markgrafen störend wirken. Wären selbst die Namen der Herren Erzherzoge, auf die erst der Staatsanwalt die Notiz bezogen hat, genannt worden, so könnte noch immer nicht von einer Ehrfurchtverletzung gesprochen werden, da die Motive ihrer Samaritertätigkeit durchaus nicht verkleinert werden. Vielmehr wird der Neugierde des Publikums, die in solchem Falle den Retter für die wichtigere, der Teilnahme würdigere Person hält als den Verunglückten, die Schuld beigemessen, daß die beste Absicht in ihr Gegenteil verkehrt wird. Wenn sich der Verfasser überdies gegen die publizistische Ausschrotung solcher Vorkommnisse wendet, die wie die staunende Neugierde der Gaffer die Intentionen hochgeborner Samariter verkennt, so schützt er die Mitglieder des kaiserlichen Hauses gegen das Verbrechen der Ehrfurchtverletzung. Denn eine Beleidigung liegt nach seiner klar ausgesprochenen Ansicht in der reklamehaften Besprechung jenes humanen Wirkens und in dem taktlosen Staunen über die menschlichen Regungen hochgeborener Persönlichkeiten. Es kann gewiß nicht im Sinne eines Erzherzogs gelegen sein, als die Hauptperson bei einem Unglück, das zu lindern er herbeigeeilt ist, bestaunt oder belobt zu werden. Ihm selbst handelt es sich bei solcher Hilfeleistung um den Verunglückten, und diese hochherzige Absicht wird von dem Verfasser des konfiszierten Artikels in so unzweideutiger Weise in Schutz genommen, daß die Konfiskation geradezu jene Ehrfurchtverletzung bedeutet, die sie aus der Welt schaffen will. Sie bedeutet nämlich die Bekundung der Ansicht, daß Unglücksfälle ausschließlich zu dem Zwecke geschehen, daß hohe Persönlichkeiten Gelegenheit haben, sich als Samariter einzuüben. Da diese Ansicht durchaus nicht zulässig und da es unbestreitbar ist, daß der Verfasser der konfiszierten Satire nicht die Humanität der Erzherzoge, sondern den Servilismus der Zuschauer und den Mißbrauch der Lokalreportage beklagt, so stellen die Gefertigten die Anfrage:

Ist Seine Exzellenz geneigt, an den Preßstaatsanwalt in Wien, Herrn Dr. Viktor Pollak, eine Weisung ergehen zu lassen, die ihn von unbedachten Konfiskationen endgiltig abzuhalten vermag?

Masaryk

Němec	*Johanis*	*Biňovec*
Hybeš	*Svěcený*	*Aust*
Filipínský	*Klička*	*Habermann*
Pospíšil	*Remeš*	*Dr. Winter*
Dr. Baxa	*Pik*	*Černý.*
	Tomášek	

Das Gehirn des Journalisten.

»Die Presse, die Maschine, die Eisenbahn, der Telegraph sind Prämissen, deren tausendjährige Konklusion noch niemand zu ziehen gewagt hat.« Nietzsche.

Tausend Jahre Zeitungen — es ist ein Gedanke, den man nur mit Grauen denken mag! Wird es, **kann** es nach dreißig Generationen von Zeitungslesern noch eine Vernunft, einen Geist auf Erden geben? Einen Geist, der mehr ist als die tote, verschliffene Hülse geistloser Gemeinheit? Die schlimmsten Befürchtungen sind hier immer noch nicht schlimm genug. Mit der Geburt des Tagschreibers aus der Geistverlassenheit des Dünkels schloß sich der Ring der modernen demokratischen Unkultur. Und diese Spottgeburt, die sich durch Lumpen und Schwärze fortpflanzt, mußte notwendigerweise erfolgen, sobald die unseligsten aller Erfindungen die Voraussetzungen hiezu geschaffen hatten. Der Zwang, in irgend einer Hinsicht ein Fürsichstehender, ein Eigner seiner selbst zu sein, ist dem Massenmenschen jederzeit eine unerträgliche Last gewesen; immer hat dieser es als Wohltat empfunden, sich sein Denken, Handeln und Fühlen vorschreiben zu lassen. Aber niemals — auch nicht zur Zeit der kirchlichen Allmacht — ist die intellektuelle und ethische Kastration der Menschheit mit so durchschlagendem Erfolg versucht worden wie von den unverfrorenen Faiseuren, die jetzt mit Hilfe einer wahrhaft schwarzen Kunst der Masse das lästige eigene Denken und Betrachten abnehmen und das Surrogat hiefür täglich zweimal ins Haus schicken. Gab es jemals ein glänzenderes Geschäft? Der hungernde Philister versagt sich ein Stück Brot, um ein Zeitungsblatt zu kaufen. Heute bereits ist die Lesemanie so allgemein verbreitet, daß die meisten Menschen einen Großteil ihrer Muße mit dem Verschlingen von Nachrichten und Betrachtungen ausfüllen, zu denen sie nicht die geringste innere Beziehung haben. Sie verschlingen die fragwürdigste geistige Kost ohne jede Not und ohne jede Möglichkeit der Verdauung, die schon wegen der übermäßigen Quantitäten ausgeschlossen ist, auch wenn die Nahrung selbst verdaulich wäre. Gibt es ein besseres Rezept zur schnellsten Erlangung der gründlichsten Stupidität? Und nun denke man an die Folgen dieser immer mehr sich verbreitenden und immer intensiver sich gestaltenden Praxis nach tausend Jahren!...

Die Kirche, die Vorgängerin der Presse in der Herrschaft über den Intellekt der Masse, hatte wenigstens ein Ideal, wenngleich ein lebensfeindliches. Sei besaß auch einen Geist, obgleich nur einen kranken, sie erschuf auch eine unvergängliche Kunst. Innerhalb der kirchlichen Allmacht war noch eine Kultur möglich. Der Kastratismus der Kirche war wenigstens ein System, der Kastratismus der Presse aber ist Unsinn und Gemeinheit als »Selbstzweck«, wie der Ausdruck für alle moderne Sinn- und Systemlosigkeit lautet. Die Kirche stand allezeit über den Gläubigen, die Presse kann ihre Macht nur erhalten, wenn sie den geistigen Tiefstand der Masse faktisch verkörpert. Die Popularität der Kirche war Klugheit, die Popularität der Presse ist wirkliche Gemeinheit, die Presse ist des Pöbels. Was der Zeitungsleser in den Blättern sucht und findet, ist der Abklatsch seiner eigenen Niedrigkeit, welche Welt und Leben von gesicherter Futterkrippe aus als ein weitläufiges Panoptikum für nimmersatte Gaffer betrachtet. Der Genius der Kultur wandte sich ab, als die Menschheit die Religion mit der Zeitung vertauschte. Aber dieser Tausch war ein unabweisliches Schicksal. Die Presse ist da, sie wächst, sie überwuchert alle Gebiete des Lebens, und der

Tagschreiber löst den Pfaffen ab. Die Welt muß sich dafür interessieren, wie es in dem Gehirn aussieht, aus dem sie neu erschaffen ward: in dem Gehirn des Journalisten.

Es ist eine wenig erfreuliche Spezies Mensch, aus der die Tagschreiber sich rekrutieren. Es sind bestenfalls Menschen mit Ehrgeiz und Unternehmungslust ohne Rückgrat und Willen, Leute mit einem Zuviel an Phantastik und Überhebung, um es in einer bürgerlichen Nützlichkeitsexistenz auszuhalten, und mit einem Zuwenig an Verstandeskraft, Geschmack und Bildung, um im Geistigen und Kulturellen auch nur Kleines zu bedeuten. Es sind im bürgerlichen Sinne Deklassierte, im geistigen Sinne sterile Parasiten der wirklichen Bildung, Nebelgehirne, undisziplinierte Wildlinge mit Vandaleninstinkten. Wer irgendeine tiefere Bildung, wer auch nur das bescheidenste intellektuelle und ethische Reinlichkeitsgefühl besitzt, kann kein tauglicher Journalist werden. Bildung ist nämlich ein Hindernis für die journalistische Fixigkeit, sie untergräbt die dreiste Selbstgefälligkeit, die über alles so leicht und sicher urteilt. Bildung ist ein retardierendes Prinzip: die Erziehung zur Vorsicht im Urteil. Sie hält davon ab, einen Einzelfall bedenkenlos zu verallgemeinern oder eine Regel auf jeden Einzelfall zu beziehen. Die Bildung hat mit einem Wort Vorurteile, der Journalismus aber ist ‚vorurteilsfrei'. Bildung verantwortet Urteile schwer und zögernd, der Journalismus verantwortet ohne weiteres alles und jedes.

Mit wirklicher Bildung kein Journalist, mit wirklicher Bildung daher auch kein Schriftsteller, kein Dichter, kein Künstler, kein Gelehrter nach dem Herzen der Zeitungskritiker. Es ist leicht zu erraten, was für eine Art von Literatur, Kunst und Wissenschaft die Presse propagiert, was für Leute sie am begeistertsten lobt: Alles, was mit ihr verwandt ist. Es gibt viele und darunter nicht wenig berühmte Schriftsteller, Künstler und Gelehrte, die ihren Ruhm nur ihrem Mangel an tieferer Bildung und Einsicht verdanken. Aus diesem Mangel stammt jenes leichte Urteil, jene Bedenkenlosigkeit der Dummheit, jene kecke Geschwätzigkeit und aufdringliche Schamlosigkeit, die von der Ignoranz immer wieder mit Temperament, Mut des Geistes und künstlerischer Naivität verwechselt wird. Solche Berühmtheiten wirken im Grunde mit den Mitteln des Journalismus, sie sind dem Tagschreiber verwandt, — es sind vielfach nur entsprungene Tagschreiber...

Die Bildung ersetzt der Tagschreiber durch ein spezifisches Gedächtnis, durch ein Notizbuch oder einen Zettelkasten. Aus aufgeschnappten Namen und Aussprüchen, schlechtgehörten Urteilen und schlechtgelesenen Berichten, zusammenhangslosen Begriffen und Historien, aus schiefgesehenen Tatsachen, aus fünfzig gangbaren Phrasen und mit dem Zubehör des eigenen Fetzenwissens webt er die Ellen seiner Arbeit. Man darf billigerweise nicht übersehen, daß auch unser moderner Schulmechanismus kein anderes als ein solches Phrasenwissen hervorbringt, daß die Schule alles tut, die unheilvolle Verwechslung von Bildung (d. h. Zucht der Sinne und des Intellekts, um richtig sehen und denken zu lernen) mit wertlosem Gedächtnisballast und papageienhafter Nachplapperei vorzubereiten. Die Schule, die von jeder Ecke der Welt einen Theoriefetzen und von jedem Ding wenigstens den Namen in uns hineinstopfen will, verführt die Masse dazu, die Zeitungslektüre für die natürlichste Fortsetzung der »Bildung« zu halten. Der Tagschreiber hält heute den Posten für »Ausbau der Bildung« besetzt. Die Zeitung ist das Schulbuch der Erwachsenen. Und der Tagschreiber ist der Lehrer der großen Masse.

Allem, was heute als Bildungsfaktor gilt, der

Zeitung, der Schule, der Reisewut, den Ausstellungen, dem unmäßigen und sterilen Kunstbetrieb, all dem haftet der Fluch des Vielzuviel an. Wir liegen vor der Quantität auf dem Bauch, wir haben völlig vergessen, daß die eigentliche Geistigkeit, die innere Kultur gerade in der Abwehr des Zuvielen, des Angehäuften, in der Beschränkung auf das Wenige, das Verdauliche besteht. Wir haben die Bildung zu einem Kinematographentheater umgestaltet, in dem auf einem endlosen Film eine Kette von wahl- und zusammenhangslosen Momentbildern sich abhaspelt. Und wir ergötzen uns an dem Hastigen, Flimmernden, Unruhigen, Flüchtigen und Halbgesehenen...

Der Journalist ist nicht ein Schriftsteller aus innerm Zwang, sondern ein Schreiber, der einem Druck von außen gehorcht. Er schreibt nicht, weil er etwas zu sagen hat, sondern er sagt immerfort etwas, weil er schreiben muß. Und er hat beim Schreiben das Gefühl, nicht das sagen zu müssen, was er für richtig hält, sondern das, was »man« heute für richtig hält und was übermorgen bestimmt nicht mehr wahr ist. Der Tagschreiber hält beim Schreiben nicht Gericht mit sich selbst und jenem »Man«, sondern schielt ängstlich nach dem Leser, den er schon über seine Schulter gucken sieht. Beim Schriftsteller besteht zwischen Person, Stoff und Form ein organischer Zusammenhang. Das Verhältnis des Tagschreibers zu seinem Stoff aber ist ein durchaus widernatürliches und gezwungenes. Die Auswahl des Stoffes ist bereits ohne ihn vollzogen: er ist abhängig von der Augenblicksgegenwart, von der Aktualität, vom Vordergrund; er hat nur innerhalb des Heute, des »Modernsten« eine Auswahl. Das Heute, der Gischt der Unmittelbarkeit, ist aber gerade das Noch-nicht-zu-Beurteilende, ist dasjenige, was von einem Betrachter, der die Wahrheit und das Wesen einer Sache zu ergründen sucht, mit der feinfühligsten Behutsamkeit und dem kühlsten Mißtrauen aufgenommen werden muß. Dem Tagschreiber ist es nicht im geringsten um die Wahrheit zu tun — er führt dieses Wort, wie alle schönen Worte, im Munde —, sondern nur um Urteile überhaupt, um Urteile, die lediglich durch die Aktualität der beurteilten Substanz interessieren. Was weiß er von der vorsichtigen Gelassenheit, mit der ein geschulter Denker seinem Problem gegenübertritt, von der unbeirrbaren Geduld und zarten Unerbittlichkeit, mit der er es allmählig entwirrt und faßlich macht? Wie hätte der Schreiber des Tages auch nur die Muße zu wirklicher Denkarbeit! Er hat zu schreiben, nicht zu denken. Er kriecht auf den schwierigsten Problemen so geschäftig herum wie die Made auf dem Käse, um sich davon zu nähren und sie überdies noch zu beschmutzen. Der Ernst einer Sache schreckt ihn niemals ab; er hat nur einen Ernst: mit den Brocken, die er der Masse hinwirft, ihren Geschmack zu treffen, vor der Masse recht zu behalten, maßgebend zu sein, eine Macht zu sein, mit der man sich verhalten muß! Er sagt mit Pilatus: Was ist Wahrheit! Er fühlt sich als Anwalt einer Majorität, er stützt sich nicht auf Gründe, sondern auf die Mode, auf das unisone Geschrei des Tages.

Die Presse hat mit Vernunft und Wahrheit nichts zu tun, sie schlägt ihnen täglich ins Gesicht; sie sorgt für den Obskurantismus besser noch als die Kirche. Daß die Presse, die sich fortschrittlich nennt, irgendwie Aufklärung verbreite oder den Fortschritt fördere, das glauben nur solche, die durch Zeitungslektüre bereits hoffnungslos verdummt sind. Das Hauptargument für die »Berechtigung« oder »Notwendigkeit« der Presse ist jetzt dieses, daß sie die liberalen Institutionen in Schutz nehme. Nun, man mag über die liberalen Institutionen denken wie man will; was würde aber — gesetzt, es wäre wahr —

der Schutz einzelner verbriefter (und trotz Presse meist eben nur verbriefter) persönlicher Freiheiten bedeuten gegen die scheußliche Tyrannei der Masse, welche gerade durch die Presse gefestigt und geheiligt wird! Schließlich steckt hinter jedem liberalen Ding immer ein Tyrann. Die öffentliche Meinung, die durch die Presse gemacht wird, ist die schlimmste Beeinträchtigung der persönlichen Freiheit und die illiberalste aller Institutionen. Die Presse wird immer den Erfolg anbeten und — um selbst daran teilzunehmen — dem huldigen, der die Macht hat, oder dem, welchem die Macht winkt. Nein, die Presse hat nichts mit der Freiheit zu tun, die »freiheitliche« am wenigsten! Und mögen Präsidenten, Minister, Zelebritäten und Streber sie noch so oft als segensreiche Macht verhimmeln! Sie wissen, warum sie's tun ....

Aber der Mensch ist ein zähes Tier. Vielleicht wird die Presse sich selbst ad absurdum führen und wie jener Frosch, der sich zum Ochsen aufblähen wollte, krepieren, noch ehe der menschliche Intellekt und die menschliche Würde ganz zuschanden werden. Eines aber wird schon in kurzer Zeit unwiederbringlich verloren sein: das lebendige Sprachgefühl. Der Tagschreiber, dem fast ausschließlich nur der Zufall Artikel diktiert, der sich für alles interessieren muß und daher für nichts interessiert, ist von vornherein zu einer affektierten Schreibweise verurteilt. Er schreibt nicht als Fachmann eines Gebietes, sondern über alles nach unzureichender Information. Er verwendet die Termini und Formeln aller Berufe und Wissenszweige, ohne deren Sinn zu kennen, er ist ein Ignorant, ein typischer Oberflächenmensch und drückt sich daher am liebsten verschwommen und zweideutig aus. Da er immer eine Parteimeinung zu verteidigen hat, ist seine Rede immer übertrieben, ist er — nolens, volens — ein Liebhaber des Extrem-Expressiven. Er beherrscht, da er keinen eigenen Stil haben kann, alle Stilarten und hetzt jedes klingende Wort erbarmungslos zu Tode. Der Tagschreiber aber ist der einzige, der von einer ungeheuren Majorität gelesen wird. Die totale Korruption des Wortes ist unabwendbar, wenn es nur noch drei Generationen Tagschreiber und Zeitungsleser geben wird. Denn die Zeitungsleser sind Wiederkäuer! Anschaulicher, als lange Reden es vermöchten, malt Nietzsches Gedichtchen »Das Wort« — selbst ein sprachliches Kleinod — das trübselige Geschick, mit dem Sprache und Wort von ihren Schmarotzern und Würgern bedroht werden. Dem frommen Wunsch, in den es ausklingt, stimmen alle besorgten Schützer der Kultur zu, denen der Tag nicht in Morgen- und Abendblatt zerfällt:

»Pfui allen häßlichen Gewerben,
An denen Wort und Wörtchen sterben!«

Karl Hauer.

* * *

Es ist unzulässig, daß Leute der Wissenschaft Tiere zu Tode quälen; mögen die Ärzte mit Journalisten und Politikern experimentieren.

Ibsen.

*

Die Zeitungsschreiber haben sich ein hölzernes Kapellchen erbaut, das sie auch den Tempel des Ruhms nennen, worin sie den ganzen Tag Porträts anschlagen und abnehmen, und ein Gehämmer machen, daß man sein eigenes Wort nicht hört.

Lichtenberg.

Das Kindweib.

Über das Mannweib in seiner Erscheinungsform als Ärztin ist hier ausführlich gesprochen worden. Es wurde versucht, ohne Zuhilfenahme des längst überdehnten Begriffes der Degeneration oder psychopathischer Veranlagung die Minderwertigkeit dieses Typus nachzuweisen, der durch allzu starke Verdrängung der Sexualität völlig steril und kulturfeindlich geworden ist. Wenn es gelänge, am andern Ende der Weiblichkeit das Kindweib zu entdecken und gleichsam naturwissenschaftlich zu beschreiben, als einen Typus, der aus irgendwelchen Gründen nichts von seiner ursprünglichen Sexualität verdrängt hat und so im entgegengesetzten Sinne kulturfeindlich wirkt, dann wären von beiden Seiten die Grenzen abgesteckt, zwischen denen das normale, das Kulturweib sein Dasein vollendet, und jedermann könnte erkennen, ob die Erziehung des Kulturweibes die richtige Mitte hält.

Es wäre mit dem Nachweis zu beginnen, daß es Kindweiber in diesem Sinne wirklich gibt und daß sie nicht bloß im Gehirn eines Phantasten existieren, sondern in der Natur. Aber wie man dem Forscher nicht nach Polynesien nachreisen kann, woselbst er etwa eine seltene Spezies entdeckt hat, so liegt auch hier die einzige Gewähr für die Wirklichkeit in der lebendigen Beschreibung, der man jedenfalls einen gewissen Schwung zugunsten des Kindweibes wird zugute halten müssen. Denn das Mannweib steht stolz und protzig in der Sonne, wohin es nicht gehört; das Kindweib ist wegen seiner Hilflosigkeit und wegen seiner Schönheit zum Aschenbrödel geworden, und man mag es gern einmal hervorziehen. Am andern Tag sitzt es doch wieder in der Asche.

I.

als eine vorzeitig entwickelte Schönheit. Das Kindweib sei schön und begehrenswert zur Zeit, wenn andere Kinder noch den Reifen schlagen: dann bleibt es ewig ein Kind. Denn begehrt zu werden ist so absolut die Idee des Weibes, daß es sich nicht länger entwickelt, als bis es begehrt wird oder weil die Wachstumsenergie des kindlichen Geschöpfes immerhin vorwärts drängt, nur das entwickelt, um dessen willen es so früh begehrt wurde. Es wird immer schöner, weil es frühzeitig schön war; sein Großhirn ist schwächer, sein Beckenboden ist stärker als bei anderen Frauen. Schon hier drängt sich ein Vergleich mit dem männlichen Genie auf, dessen Wesen auch in einer vorzeitigen Entwicklung besteht, nämlich in der Entwicklung des Geistes, und wenn sich ergibt, daß, wo ein Weib die Weltgeschichte auf den Kopf gestellt hat, in Hellas und in Rom, in Rom zum andernmal im Zeitalter der Borgia und in Paris, daß es jedesmal ein Kindweib gewesen ist, dann wird man weibliche Genialität, wenn es eine gibt, nicht sowohl im Gehirn als im Beckenboden zu suchen haben.

Das Kindweib ist eine Entwicklungshemmung oder eine Entwicklungseinseitigkeit durch Schönheit. Es ist deshalb von zarter Gesundheit und blickt aus großen, staunenden Kinderaugen in die Welt. Es ist unklug wie ein Kind, aber wo es um Liebe geht, übertrifft es in jungen Jahren an Weisheit die Erfahrensten. Es ist furchtsam wie ein Wilder, der durch den Wald geht und die Welt voll Gespenster sieht, es ist furchtlos wie ein Nachtwandler, der auf dem Dach spaziert. Seine natürliche Unverschämtheit ist groß, weil es ungezogen ist in des Wortes wörtlicher Bedeutung. Urweib kann man es nennen, weil es durch das Wunder der Schönheit in allen Anlagen so bleibt, wie es ursprünglich war.

Das Urweib wird um seiner Schönheit willen so früh und so viel begehrt (siehe Helena in Faust II, 3. Akt, vor dem Palaste), daß ihm nicht Zeit bleibt zu begehren, nicht Zeit in Jahren sehnsuchtsvoller Jungfräulichkeit, Männer nach ihrem Werte zu vergleichen. Entsagende Lüsternheit, die Schule für künftige Oligogamie (wie man statt Monogamie besser sagen sollte), ist ihm versperrt. »Holdes Erröten« lernt seine ewig faltenlose Seele nie. Im Strudel des Begehrtwerdens bleibt dem Kinde nichts als das Genießen ohne Wahl, ein Mann ist ihm wie der andere, der Vorgänger wird so schnell vergessen wie der Vater vom Kind, das drei Monate auf dem Lande war und bei der Rückkehr in die Stadt den Vater nicht mehr kennt. Dadurch wird es jedem Manne gegenüber geistig zur Jungfrau, und seine Liebesfähigkeit, durch keinerlei Erinnerung gedrückt, wächst dimensional bis zu den Sternen. Es kann, was anderen Weibern über die Kraft geht: vergessen. Es kann nicht, was andere Frauen manchmal können: für den Geliebten sterben. Treue und Untreue ist dem Urweibe gleichermaßen ein Unding. Niemals wird es in Gedanken den Mann betrügen, den es in Armen hält, so wenig wie ein Säugling an den braunen Gummizuzel denkt, wenn er den schwarzen im Munde hält und jauchzt dabei und ist ihm einer wie der andere. Denn der Sinn der kindlichen Sexualität ist, daß das Kind sich an sich selbst befriedigt und irgend ein Ding der Außenwelt, den Daumen, die große Zehe, einen Schnuller dazu benützt. (Freud, Sexualtheorie.)

Es liegt wenig daran, wenn hier erkannt wird, daß das Kindweib im bürgerlich-sittlichen Sinn eine Hure ist. Zur geschäftsmäßigen Prostitution steht es im Verhältnis des Gegensatzes. Für die dauerhafte Dirne des Marktes ist eine tief herabgesetzte, minderwertige Sexualität unerläßliche Vorbedingung. Sie bietet ein ganz anderes, auch dem hier vertretenen Standpunkt unsympathisches Problem. Durch die Ungunst der Verhältnisse muß man freilich das Kindweib so oft in der Gesellschaft der Dirne sehen, aber wie schnell geht es zugrunde! »Die kann von der Liebe nicht leben, weil ihr Leben die Liebe ist.« (Wedekind's Lulu.) Sogar der Zuhälter läßt sie im Stich, er versteht sie nicht, wie sie ihn und seine Notwendigkeit als Impresario und moralische Stütze nicht versteht. Sie versteht überhaupt nichts von den Notwendigkeiten dieser realen Welt. Die herrschende Psychiaterschule spricht gerne von der geborenen Prostituierten als einem weiblichen Seitenstück zum geborenen Verbrecher. Dieser Satz wäre falsch, wenn er engherzig so ausgelegt würde, als ginge ein Weib, das zur Prostitution nicht geboren ist, lieber ins Wasser, als daß es Geld mit seinem Körper gewänne. Gibt es doch überall und sogar in der Kunst, zu der man zweifellos geboren ist, Unberufene. Aber wie die Straßendirne mit der natura frigida für ihren Beruf geboren oder jedenfalls konstitutionell besonders befähigt ist, so ist das Kindweib von Gottes Gnaden erschaffen und von anderen Frauen konstitutionell verschieden. Man kann es ganz gut das Seitenstück zum männlichen Genie nennen, wenn man in der Straßendirne das Seitenstück zum geborenen Verbrecher erblickt. Gesellschaftsfeindlich sind sie alle drei, Verbrecher, Genie und Hure werden darum von der Gesellschaft gehetzt ihr Leben lang.

Hic jacet in tumulo Lucretia nomine, sed re
Thaïs, Alexandri filia, sponsa, nurus.

Dies ist der Grabspruch der Lucrezia Borgia, die ihres Vaters Alexander Tochter, Geliebte und als Buhle ihrer beiden Brüder auch Schwiegertochter gewesen ist: doppelte und dreifache Blutschande. Dem Urweibe, scilicet der Hetäre, sind alle Perversionen eingeboren. Es legt nicht einmal besonderes Gewicht darauf, daß der, oder wie man besser sagen würde, daß das, was es zu seiner Lust in Armen hält, überhaupt ein Mann sei. Es umfängt ebensogern eine Frau, ja wegen des Seltenheitswertes manchmal noch lieber. Hier ist nichts von einer verruchten Abirrung. Findet man doch ein Kind reizend, das seine Puppe umarmt und küßt;

warum verurteilt man die lesbische Liebe? Wo in aller Welt liegt der leiseste Grund., sie gar eine Krankheit zu nennen? Weil sie der Fortpflanzung zuwider läuft, welche der Zweck der Liebe sein soll. Die Lehre vom Zweck in der Natur ist die reine Metaphysik. Darüber sollte man hundert Jahre nach Kant nicht mehr reden müssen. Und fünfzig Jahre nach Darwin sollte man einsehen, daß die erhabene Unergründlichkeit der Natur gerade darin liegt, daß sie der Zwecksucht, dem teleologischen Drang des menschlichen Gehirns entrückt ist. Der Arzt spekuliert nicht und nennt krankhaft nur das, was irgendwie den Bestand des Einzelwesens gefährdet. Der Psychiater nimmt auch die Grenzfälle dazu, die weniger das Individuum als die lebende Gesellschaft bedrohen. Aber die Fortpflanzung geht den Arzt nichts an, außer wenn er als Geburtshelfer an ein Krankenbett gerufen wird. Er überschreitet seine Befugnis als Sachverständiger, wenn er die Homosexualität aus den erwähnten Gründen für pathologisch erklärt: er verwandelt die medizinische Frage in eine ethische, für die er nicht kompetent ist. Könnte er nachweisen, daß Homosexualität das Nervensystem zerrüttet, oder daß Homosexuelle besondere Neigung zu Nierenentzündung oder Zungenkrebs zeigen, dann würden wir ihn hören und ihm glauben. Wenn er vom Zweck in der Natur spricht, entziehen wir ihm das Wort, denn darüber und über die Unsterblichkeit der Seele spricht der Pfarrer besser. Die Liebe ist dem Menschen zum eigensten Vermögen gegeben, das jedermann verwalten mag, wie ihm beliebt, und wenn ein Weib imstande ist, Männer und Frauen und Dinge gleicherweise zu lieben, so wird man eher dafür halten, daß das eine Fähigkeit sei, die dem Normalweib fehlt, als es für Krankheit und Verkehrung anzusehen. Oder sollte man nicht die ungeheure Abstraktionskraft bewundern, die darin liegt, daß ein Kindweib, indem es Tee schlürfend die Lippen an der Schale

Rand preßt, in Orgasmus geraten kann? Und das ist nicht Nymphomanie, sondern deren Gegenteil. Denn Nymphomanie ist Mannstollheit, und man sieht, daß keinem Weibe der Mann im Grunde gleichgültiger ist als der Hetäre, die ihn nicht braucht, weil sie sich anders behelfen kann.

Der Wunsch, Weiber zu besitzen, ist im Kindweibe nicht ohne äußeren Einfluß entstanden. Überall auf seinen Wegen erregt es das zärtliche Wohlgefallen von Frauen. Die Frauen wünschen sich ein Kind. Solches Wohlgefallen führt beim Durchschnittsweib sehr schnell zum »Abknutschen« und bleibt da stehn. Denn hier ist die Grenze zwischen Sitte und Nichtsitte. In der großzügigen Anlage des Urweibes liegt es, daß dieses Wohlgefallen bis zur vollen Homosexualität vertieft wird. Das Urweib erwidert die Liebe in der einzigen Form, die es kennt, und immer mit der ganzen Wucht der Persönlichkeit, so daß schließlich das Normalweib ein Kind und das Kindweib einen Mann umschlingt. Das wäre eine Formel. Angenommen, daß das Kindweib gerne Komödie spielt wie alle Kinder (was hier noch des Weiteren besprochen wird), denkt es sich auch wohl in die Rolle des Mannes und mimt den männlichen Teil des Verhältnisses. Das ist eine zweite Formel. Die Natur läßt sich in Formeln nicht fassen, ist alles zugleich, und das Problem der Homosexualität, besonders der lesbische Teil, hat Fassetten, von denen sich selbst das »Wissenschaftlich-humanitäre Komitee« in Berlin nichts träumen läßt.

Angesehen die Macht ungewöhnlicher Schönheit, der nichts anderes in der Welt vergleichbar ist, wird sehr wohl verständlich, daß viele sich in das Kindweib verlieben. Angesehen die Eitelkeit des Mannes, dessen Persönlichkeit von dieser Art Weib gar nicht geschätzt wird, ist es merkwürdig, daß die Hetäre so oft zum Schicksal von Männern wird, sie, deren Schicksal e i n Mann doch niemals werden kann. Das könnten Männer sein, die Schönheit zu ihrer Religion erhoben haben, deren Liebe dann einer Andacht gliche, da sie die Hetäre nicht so sehr lieben als recht eigentlich anbeten. Denn beim Kindweib, dessen Wesen durchaus aus Schönheit entsteht, hat Schönheit die tiefste Bedeutung. In seinen höchsten Augenblicken entweicht das Bild aus dieser Welt und wird, von schönheitsfrommen Augen besehen, antik. Es führt nach Griechenland, das Christentum, das Jahrtausend, ist für einen Augenblick überwunden.

Wie wenigen bedeutet Schönheit so viel! Die vielen, die das Urweib dauernd fesselt, suchen nicht Schönheit, sondern Schmerz. Das Urweib ist »ein Haderlump«. Es ist sich selbst nicht wichtig, wie sollte ihm irgend ein anderer wichtig sein. Wer es liebt, schöpft in ein Danaïdenfaß. Er kann nicht Dankbarkeit erwarten, und mag er noch so viel für das Geschöpf getan haben, er steht doch nicht mehr in dessen Gunst als der erste beste. Und indem sich zur Wirkung der Schönheit diese völlige Geringschätzung des Liebhabers gesellt, wird das Urweib zur wollüstigsten Qual für den Mann, der es nun nicht sowohl um seiner Schönheit willen, als wegen seiner wahren Göttlichkeit anbetet, denn nur die Gottheit kann Menschenwert so gering achten, so gleichgültig und ungerührt Opfer empfangen und heiter bleiben, wenn die Kreatur verblutet. Wer diese Art der Schmerzsucht, die viel tiefer führt als Venus im Pelz, aus seinem Innern nicht versteht, der findet die große Verbreitung solcher Anbetung in der Geschichte; denn nicht nur Ritterdienst und Marienkult wurzeln in diesem Verlangen, sondern so oft ein Weib zu Macht gekommen ist, gelang ihrs durch Verachtung von Mannes Wert und Würde. Sollte nun auch diese Form der Liebe eine Perversion, eine Verkehrung genannt werden? An dem steigenden Widerwillen gegen dieses Wort, je länger man von Liebe spricht, kann man erkennen, daß es in die Rumpelkammer gehört zur Degeneration, zur psychopathischen Minderwertigkeit, zur erblichen Belastung:

lauter Dreivierteilbegriffe, hölzerne Krücken, mit welchen das gesunde Schreiten verlernt wird, dagegen der Nebenmensch erschlagen werden kann.

Nicht also eine Verkehrung, wohl aber einen Rückschritt werden wir solche Liebe nennen, wenn anders der ein Rückschrittler ist, der das Land der Griechen mit der Seele sucht. Zum erstenmal hieß mans Renaissance, die letzten Wellen dieses glorreichen Rückschrittes sind unſern von unserem Zeitalter verbrandet. Das Christentum hat mit der Verheißung ewiger Glückseligkeit, die man wie jede Erlösung durch Leiden und Entbehrung sich verdienen muß, alles irdische Genießen zur Sünde verdammt. Wie schnell verschwand da Kraft und Schönheit und Reichtum aus der Welt! Nur die Liebe, der Urtrieb alles Lebendigen, widerstand und wurde im Ringen mit dem ungeheueren Grundgedanken der neuen Weltanschauung durch die Askese vertieft. Für die Herrschaft der Schönheit, die das Christentum brach, hat es uns die jungfräuliche Keuschheit, die Heiligkeit der Monogamie geschenkt, zweifellos herrliche Geschenke, solange der Glaube stark und der Himmel offen war. Aber die Liebe war stärker als der Glaube, das Fleisch war stark, und der Geist war schwach. Könnte das Weib Jungfräulichkeit mühelos bewahren wie eine Madonna, gäbe es ein Feuerwerk, das leuchtet ohne zu verpuffen, könnte man die Sexualität aufs Eis legen, — dann wäre unbefleckte Keuschheit ein haltbares Ideal. Aber unsere Jungfrauen opfern nur der Anatomie und erreichen eine Keuschheit, bei der nichts herauskommt als ein ruiniertes Nervensystem. Und dabei ist Nixchen und Halbjungfrau immer noch mehr wert, als die vereinzelten Wesen, die in der Tat bis zur verhältnismäßig späten Ehe asexuell bleiben; das sind vertrocknete Zwetschken, vor denen einen Gott bewahren möge. Und was zwischen der asexuellen

Ehe und Familie wurzeln viel tiefer in unserem Jahrtausend. In der Aufstellung des Hetärenideals, die ein unsere Zeit immer stärker kennzeichnender Zug ist, tritt so recht der Pessimismus zutage, der auch diesen beiden Institutionen entgegengebracht wird. Offenbar halten sie nicht, was sie versprochen haben, und viele, wertvolle Männer ziehen die Gesellschaft der Hetäre vor, die nichts verspricht als das eine, niemandem das Geringste zu halten, so daß man bei ihr um den Preis von Treue, Dankbarkeit und Anhänglichkeit nicht mehr Gefahr läuft betrogen zu werden. Statt dieser christlichen Tugenden findet man bei ihr Schönheit und wird aus Verzweiflung zum Griechen, weil es zu schmerzhaft ist, ein Christ zu sein und weil es auch keinen Sinn hat, wenn man an den Himmel nicht glauben kann. Es ist aber die Tragödie des Hetärensuchers, daß er dem Christentum abtrünnig geworden und doch, wiewohl ein Apostat, die Unbefangenheit des Hellenismus niemals gewinnen kann.

Im Zusammenstoß mit der Kultur spielt das Urweib allerlei Rollen für kurze Zeit und spielt sie so gut, daß es selber daran glaubt. Manchmal redet es sich und anderen ein, daß es dauerhaft verliebt sei. Kinder haben lebhafte Phantasien. Sie bilden sich ein, Königstöchter und Prinzen zu sein, am liebsten spielen sie Papa und Mama. Auch das Urweib spielt manchmal Papa und Mama, es ist aus begreiflichen Gründen in der Lage, diesen Zeitvertreib viel täuschender darzustellen als unerwachsene Kinder. Die Verhältnisse haben sich verkehrt: die Kinder wissen von der Ehe nichts, als daß man ewig beisammen bleibt, das Kindweib hat dafür kein Verständnis, weiß dagegen, daß die Ehe eine Institution auf Grund von Geschlechtsverschiedenheit ist. Es könnte immerhin ein reizendes Spiel sein, es wird aber vom liebenden Manne ernst genommen, und so entsteht die Tragödie des Chevalier Desgrieux der Manon Lescaut, des Don José der Carmen. Spiele gehen zu Ende, weil sie langweilig werden, nur der Ernst langweilt sich nie. Und der Mann will immer ernst sein. Und das Kindweib will immer spielen . . .

Vielleicht liegt aber gerade in der genialen kindlichen Eigenschaft, mit völliger Verdrängung des Bewußtseins vom eigenen Ich alle Rollen des Alltagslebens und der Märchenwelt darzustellen, ein guter Teil der Anziehungskraft. Das Kindweib ahmt nach ganz kurzer Zeit das Wesen seines jeweiligen Liebhabers mit einer Vollendung nach, daß der unverständige und stets aufgeblasene Mann glaubt, er sei noch nie so gut verstanden, nie so restlos ausgeschöpft worden. Die und keine andere sei die für ihn bestimmte Gefährtin, meint er, und weiß nicht, daß sie die für viele bestimmte Gefährtin ist. Umso weniger kann er es dann begreifen, wenn er an ihr merkt, was er Untreue nennt. Er jammert: Wir haben uns doch so gut verstanden! In Wahrheit hat sie ihn sehr gut, er aber nicht sie verstanden. Es ist das Schicksal der Hetäre, daß sie immer dann eine Kanaille genannt wird, wenn der Mann sich selber einen Dummkopf nennen sollte.

Da sie die geborene Schauspielerin ist, wirft die Beleuchtung ihres Wesens auch auf die Schauspielkunst einen klaren Schein. Keine andere Kunst wurzelt so unmittelbar in erhaltener Kinderfähigkeit, keine andere Kunst ist so weiblich, und an einer gründlichen Besprechung des Unterschiedes zwischen Schauspieler und Schauspielerin könnte am schärfsten die Grundverschiedenheit der beiden Geschlechtsanlagen gezeigt werden. Alle großen weiblichen Mimen sind Urweiber, oder, weil Vollkommenheit doch gar zu selten ist, sind diesem Typus verwandt. Große weibliche Mimen sind sehr oft schön, ungebildet und haben großen Verbrauch an Männern.

II.

Anticipando ist hier das Urweib mehrfach Hetäre genannt worden, und es ist Zeit, darüber Rechenschaft zu geben. Das geschichtliche Klischee für die von den Hellenen verehrte Hetäre lautet: lasterhaft, aber geistvoll und hochgebildet. So ist denn auch die Laïs des Wielandschen Aristipp ein gelehrter Blaustrumpf; aber sie ist das Wahngebilde eines christlichen Romanschriftstellers. Die Hetärengespräche des Lukian, die Briefe des Alkiphron reden eine andere Sprache. Hier ist keine Spur von Bildung und Geist, wie Lämmlein im elysäischen Gefilde hüpfen die Kinder durch Frühling und blumige Wiesen. Aspasia, deren zweiter Gemahl ein philosophisches Werk edierte, das sie diktiert haben soll, war eine gelehrte Frau: sie war also kein Urweib. Aber sie war auch ganz bemerkenswert oligogam, war geistvoll und hochgebildet, jedoch nicht lasterhaft. Xenophon teilt in der Verteidigung des Sokrates ein Gespräch des Meisters mit einer Hetäre mit: man kennt die Gespräche des Sokrates; das Kluge sagt er selber, der Widerpart antwortet jawohl und nein und niemals und zweifellos, tritt völlig wesenlos in den Hintergrund. Es ist ein Advokatenkniff, daß der Weise sogar mit Hetären philosophische Unterhaltung gepflogen habe. Helena, um derentwillen Hektor und Achilles fiel, von der die greisen Trojaner sagten: »Scheltet mir nicht die Troer und hellumschienten Achäer, die um ein solches Weib so lang ausharren im Elend«, Laïs, die ältere und die jüngere, Phryne, deren Verteidiger, als ihr Prozeß einst schlimm stand, ihren Busen vor den Richtern entblößte, worauf sie freigesprochen wurde, die den Thebanern sagen ließ, sie wolle die Wiedererrichtung der Mauern Thebens bezahlen, wenn die Boioten ans Stadttor zu schreiben sich entschlößen: »Alexander hat sie zerstört, Phryne, die Hetäre, hat sie wieder aufgebaut«, Thaïs, auf deren Bitte der trunkene Macedone die Brandfackel in das Getäfel von Persepolis warf, Glycera, Philinna, Lalage, Charis, Phoebe, die vielen, die im Plutarch und anderwärts beschrieben, deren Züge uns mit nie wieder erreichter Hoheit in den Marmorbildern des Praxiteles erhalten sind: sie alle dürften Urweiber gewesen sein, unterschieden sich nur durch den großen Stolz vom hier beschriebenen, aus der Gegenwart geschöpften Typus. Der Stolz kam daher, daß der Olymp ihnen gnädig gesinnt war. Sie verschmähten Gelehrsamkeit, sie hatten nicht Zeit noch Beruf, Weisheit zu erwerben. Es ist sittliche Geschichtsfälschung, wenn von ihnen berichtet wird, sie wären Aphrodite und Pallas Athene in einer Person gewesen (siehe darüber Jakobs, vermischte Schriften, Band 4). Das war in Hellas noch nicht Not. Erst als man sie eine Hexe schalt und eine Teufelin, hat Aphrodite sich als Pallas verkleidet, so daß am Ende nicht viel fehlte, daß sie sich für die Göttin der Weisheit gehalten hätte, anstatt für die Göttin der Liebe. Zwei Sprüche (siehe Kraus in Nr. 229 der ‚Fackel‘) erhellen intuitiv die Situation: »Weil die geistig hochstehenden Männer Griechenlands den Verkehr mit den Hetären suchten, müssen die Hetären geistig hochstehende Frauen gewesen sein. Sonst hätten wir keinen Respekt vor den alten Griechen. Darum hat die Kulturgeschichte das Bildungsniveau athenischer Freudenmädchen so gut es ging erhöht. Die christliche Erziehung sähe es gern, daß die Hysterie, die sie in die Welt gebracht hat, rückwirkende Kraft besäße. Sie wird sich aber doch dazu verstehen müssen, die Mänaden aus dem Spiel zu lassen und bloß die Hexen zu verbrennen, zu denen sie die Frauen ihrer Zeit gemacht hat.« Und: »Bücher und Bilder werden von der Frau geschaffen, — nicht von jener, die sie selbst schreibt und malt. Ein Werk wird zur Welt gebracht: hier zeugte das Weib, was der Mann gebar.« Das scheint uns die Wahrheit, und niemand soll sich drüber verwundern. Auch der Quell im Wald ist nicht geistreich und wird es nicht, wenn große Männer an seines Ufers Grün sich lagern. Die Hetäre mag wie nichts anderes an der hellenischen Kultur mitgewirkt haben, aber sie wußte so wenig davon wie der griechische

Himmel oder die Sonne Homers; und leuchteten doch, wie sie uns nicht mehr leuchten.

Es dürfte nun klar geworden sein, warum das Urweib hier einmal die nachgeborene Griechin (siehe Nr. 225 der ‚Fackel', S. 24) genannt, und mit welchem Rechte es mit der »Hetäre« verglichen wurde. Eine Religion der Schönheit ist nötig, um dem Urweib seine Stellung in der Gesellschaft zu sichern. Die Religion der Sittlichkeit verachtet die Schönheit und jagt sie ins Bordell. Sie duldet nicht, daß Schönheit frei und stolz sich entwickle. Darum ist die Hetäre von heute immer ein Torso wie die marmornen Standbilder der Antike. Wir alle sind so sehr von des Jahrtausends Blässe angekränkelt, daß wir sie anders gar nicht ertragen könnten. Die einfältige Andacht vor der Schönheit ist unwiderbringlich verloren gegangen. Phryne, die vor allem Volk ins Meer steigt, Phryne Aphrodite wäre uns ein leerer, für viele ein unsittlicher Anblick. Dem Griechen war die Gottheit niemals näher als in diesem Augenblick . . .

Das Klischee: »lasterhaft aber hochgebildet« ist von der Geschichtsschreibung freilich nicht mit demselben Eifer für die polygamen Frauen des Altertums geprägt worden, die als blinde Heiden auf alle Fälle in der Hölle braten müssen, denen also ein Milderungsgrund nichts nützt, wie für die zahlreichen Frauen der Renaissance, die trotz oder wegen ihres lockeren Lebenswandels unwiderstehliche Anziehung auf die besten Männer der Zeit ausübten. Wenn man sich an die Definition des Urweibes erinnert als eines frühzeitig schönen Wesens, das früh begehrt einen großen Verbrauch an Männern hat und immer schöner wird, weil es frühzeitig schön war, können Lukrezia Borgia und Maria Stuart als stärkste Annäherung an den beschriebenen Typus genannt werden. Die dämonische Anziehungskraft auf Männer war ihnen nicht bewußt, beider kindliche Schönheit ist uns im Gemälde überliefert. Aber auch sie und die vielen anderen, darunter die vollendete Pracht einer Diana von Poitiers, sollen nach den Berichten zeitgenössischer und begeisterter Verehrer mit Wissenschaft durchtränkt gewesen sein, sie standen etwa auf der Höhe der Eleonoren des Goetheschen Tasso, — die ihrerseits freilich auch aller Lasterhaftigkeit bar sind, so daß man fragen könnte, wozu sie dann noch die Bildung brauchen, wenn sie nicht im mindesten verrucht sein wollen. Es bleibt nur die Wahl, auf die wertvollen historischen Belege für den in der Gegenwart so seltenen Typus zu verzichten oder die Überlieferung anzuzweifeln. Dies zweite sind wir gesonnen zu tun. Bedenkt man den schweren sittlichen Konflikt eines Mannes, der von der christlichen Weltanschauung durchdrungen dennoch ein »lasterhaftes und verworfenes« Geschöpf, ein wahres moralisches Ungeheuer, um ihrer unwiderstehlichen Schönheit willen liebt, so liegt nichts näher, als daß er der Geliebten Züge andichtet, die in der Welt mehr Geltung haben als Schönheit, die für nichts erachtet wird. Wie soll er erklären, daß er wie über Narzissen zu ihr wandelt, daß ihm die schönsten Gedanken bei ihr aufsteigen, daß er wie neugeboren und in der Seele singend von ihr geht? Und könnte er sich selber die geheimen Freuden, die klare Luft und den Ewigkeitswert des Urweibes erklären: er wäre ein Narr, wenn er der mißgünstigen Welt die Wahrheit sagte. Das Beste, was er wissen kann, darf er den Buben doch nicht sagen. So erklärt er das triebhafte Weib für hochgebildet, anstatt die durchdringende Bedeutung der Schönheit zu predigen, und erklärt es nicht nur dafür, sondern er läuft mit Pergamen und Folianten in ihre Kemnate und lehrt sie, so daß sie wirklich täglich klüger wird und mit jedem Tage von der reinen Flamme ihrer Idee sich weiter entfernt. Zur Erhöhung der Haltbarkeit wird das Gold ihres Wesens legiert und verliert dadurch an Klarheit und Wert. Das wahre Kindes wird von Bildung so wenig benetzt wie der Finger vom Quecksilber, da man ihn immer trocken zurückzieht, so oft man ihn in das flüssige Metall taucht. Aber die Übergangsformen und besonders die gar nichts mit dem Kindweib zu tun haben, wie etwa die raffinierten Eleonoren des Tasso, wollen den Mann durch Geist und Bildung erobern, weil sie die Formel »lasterhaft aber gebildet« weit zu übertreffen wähnen, wenn sie gebildet und tugendhaft sind. Es scheint uns also, als hätte das Urweib allerdings die große Schar der gebildeten Frauen in den letzten Jahrhunderten bedingt, jedoch durch ein Mißverständnis christlicher Anschauung, indem die Schale für den Kern, das Mäntelchen für das Wesen genommen wurde. Das Beste am Urweib ist das, wovon man nicht spricht. Deshalb sind die Urweiber in der Historie schwer zu finden. Sie sind verborgen wie die Veilchen, die doch die ganze Au durchduften. Es könnte sein, daß sie bis auf den heutigen Tag wie heimliche Jungbrunnen alles was groß ist genährt haben, und niemand weiß es, und wenn man sie erkennt, dann ruft man: Steiniget sie!

III.

Die Tragödie des Urweibes ist groß und greifbar. Kinder müssen geführt werden, sie aber will niemand führen. Wie sollte sie nicht straucheln? Und ließe man sie nur unbeachtet! Aber die herrschende Macht hetzt sie mit Hunden, und selbst die sie lieben, sind ihre schlimmsten Feinde. Daß sie, die stolzen Männer, nicht mehr gelten sollten als ein Objekt, ist eine zu kränkende Erkenntnis; deshalb wollen sie die Geliebte nicht verstehen und plagen ein Wesen mit Eifersucht, das mit solchem Maße nicht gemessen werden kann. Also findet man die Hetäre nur in der tiefsten sozialen Schicht, wohin sie gestoßen wird, wenn man sie nicht zufällig manchmal in der allerhöchsten findet.

In Wirklichkeit findet man sie sehr selten, denn

sie ist für diese Welt nicht geschaffen und stirbt jung. Häufig sucht sie im Trunke Betäubung. Der Alkohol spielt in der beschriebenen Sexualität des Kindweibes eine ganz besondere Rolle, weil er unter allen Gegenständen der ist, in den man sich am leichtesten verlieben kann. Das klingt scherzhafter, als es ist. Schon einmal wurde hier auf den Zusammenhang zwischen Sexualität und Trunksucht hingewiesen. Der verliebte Blick, mit dem der Trinker seine Flasche betrachtet, kann doch wohl nicht mißverstanden werden. Die Todeskrankheit des Kindweibes ist die Tuberkulose. Rätselhafter Zusammenhang besteht auch zwischen Tuberkulose und Sexualität, der seit jeher geahnt, niemals erkannt wird. Omnis phtisicus salax. Man sehe den Kranken ins Gesicht: wie viele unter ihnen mögen Hetärennaturen sein, mit dem Kinderblick, dem ätherischen, kindlichen Wesen, mit der großen Entrücktheit und der Zufriedenheit sogar im Tode.

Aber der Tod ist nicht das Schlimmste. Griechische Weise haben jung Sterben für das allerhöchste Glück der Erdenkinder erklärt. Die Tragödie des Urweibes findet ihren sichtbarsten Ausdruck in den Geschlechtskrankheiten, die mit ihren furchtbar rationalen Gründen die Mystik des Christentums unterstützen und folgerichtig alles vernichten, was sich der Askese widersetzt. Für den Mann ist der Tripper eine Krankheit wie viele andere und lange nicht die schwerste. Seines Liebens größere Gefahr ist die Syphilis. Für das Weib, und nicht nur für das Urweib allein, bedeutet die Gonorrhöe Vernichtung der Persönlichkeit. Im Kulturweib ist die Persönlichkeit ohnehin geknechtet: es hat keine sexuellen Rechte, und die Krankheit wirkt hier hauptsächlich als ein Symbol der Unfreiheit. Aber man verstehe, welche ungeheure Bedeutung der Gonokokk im Leben der Hetäre spielt, da sie der Ansteckung bei ihrer Unachtsamkeit und großem Verbrauch an Männern nicht entgehen kann und um so schwerer zerstört wird, als die fortwährende Hyperämie bei einem Wesen, das von Begierde zu Genuß taumelt, die Entzündung nährt und Heilung verhindert. Zwar zeigt sich der große Reichtum der Natur in diesem Unglück am prächtigsten. Alle Perversionen werden aufgeboten, um den Angelpunkt der Lust zu ersetzen, und somatisch brauchte das Urweib keineswegs zu verzweifeln, wenn nicht die Krankheit einen schlimmeren gedanklichen Feind gebäre, der bisher dem Urweib fremd gewesen: die Scham. Das geht ganz natürlich zu. Jeder ist stolz auf seines Wesens Fundament und macht es zu seiner Ehre (Ihering): der Soldat seinen Mut, der Kaufmann seinen Kredit, die ideale Ehefrau ihre Treue, das Urweib seine unerschöpfliche Liebesfähigkeit. Zum erstenmal also in seinem Leben schämt sich das Urweib, und diese Scham ist so schmerzhaft, daß langsam der Verdrängungsapparat in Bewegung gesetzt wird, der aus anderen Kindern Kulturmenschen und Hysteriker gemacht hat, hier aber nicht verwendet worden. Und so kann man zusehen, wie aus der Heidin eine Christin, aus der Griechin eine Hysterica wird; denn sie hat keine Übung im Verdrängen, sie verdrängt schlecht und die Hysterica ist fertig: das ist ein atemloses Schauspiel, das ist in Kürze die Entwicklung von Jahrtausenden, ein Seitenstück des biogenetischen Grundgesetzes, daß die Geschichte des Einzelwesens die Stammesgeschichte wiederholt. Staunend sieht man die Kreise der Natur, da sie mit Neurose schlägt, was äußerster Gegensatz der Neurose zu sein schien ...

IV.

Das ist in großen Zügen die Idee der Frau, die hier Kindweib und Urweib genannt wurde, das ist ihre Stellung in der Gesellschaft, ihr Schicksal und ihr Ende. Sie ist schön, und darum kann man sie nicht hassen in diesem Meer von Häßlichkeit, in dem wir zu leben verurteilt sind. Sie ist eine Spenderin von Lust, die auf das wütendste verfolgt wird; sie ist schwach und haltlos: darum hätte sie der von Nazareth geliebt. Am betrachtenswertesten aber wird das Urweib als Ideal einer Zeit, in der die Frauen in eine ganz andere Richtung gedrängt werden, die eingangs als die entgegengesetzte bezeichnet wurde. Hier ist die Hetäre nicht gepriesen, sondern nur beschrieben worden. Aber auch wer sie priese, brauchte nicht eine Anklage zu fürchten, daß er die Jugend verderbe. Die Hetäre ist in ihrer Art ein Genie, und Genies mag man immerzu in den Himmel heben, drum werden ihrer doch nicht mehr. Das ist eine Spezies, die man nicht züchten kann. Falsche Hetären freilich schießen aus dem Boden: das Unzulängliche verschlingt sie wieder. Solange die Welt sichs in der entsetzlichen Häßlichkeit gefallen läßt, braucht sie nicht zu fürchten, daß sie mit Schönheit überschwemmt werden könnte. Denn Schönheit muß durch ein frommes Gemüt erst verdient werden; sie kommt nicht ungerufen. Dazu müßte endlich die Meinung von der geringen und oberflächlichen Bedeutung der Schönheit schwinden, das Urweib mit seiner durchgearbeiteten und vielseitigen Schönheit zum Erzieher werden. Es gibt eine einfache Antwort auf die Frage: Was sollen die häßlichen Frauen machen? Häßliche Frauen braucht es nicht zu geben! So unglücklich ist von Natur aus keine angelegt, daß sich nicht irgendwo Ansätze zur Schönheit fänden. Diese Ansätze, ein großes Auge, ein feiner Mund, ein eleganter Knöchel, was es sei, müssen gesucht und von aller Jugend an gepflegt, betont, in den Vordergrund geschoben werden. Wir wissen, daß sie dann immer schöner werden. Wenn aber die Häßlichkeit voran getragen wird, dann werden die Frauen mit fürchterlicher Unentwegtheit immer häßlicher. Die Frauen mögen es nicht als Mißachtung auffassen, daß sie so ganz nach ihrem Begehrwert beurteilt werden. Wir wissen, daß sie auf irgend einen geheimen Vorzug, den keiner außer ihnen kennt, allemal stolzer sind, als auf alles, was sie an Bildung eingepropft bekommen. Der Hidalla-Gedanke von Züchtung der Schönheit ist durchführbar, wenn er als Prinzip der Erziehung gedacht wird. Urweiber in großer Zahl würden die Kultur gefährden. Sie sind zu schön, um gute Mütter zu sein. Wenn wir sie aber zu Göttinnen der Schönheit erheben, anstatt sie zu beschimpfen, dann werden sie zum Dank alles segnen, was an unseren Frauen schön ist, daß es schöner wird mit jeglichem Tag! — — —

Vielleicht ist es dieser Abhandlung nicht so ganz gelungen, in ihrer Schilderung den Anschluß an das Bekannte zu finden. Wenn für diesen Fall ein klares, lebendiges Bild des Urweibes nicht vorliegt, so dürften sich doch an vielen Stellen Brücken finden, die in bekanntes Gebiet führen, da das Weib seine Herkunft vom Kinde niemals und nicht einmal in den Wüsteneien des Mannweibtums verleugnet. Insbesonders die Homosexualität des Urweibes wird einem vorurteilsfreien Beobachter des Frauengeschlechtes verständlich sein. Die spielerische Auffassung der Liebe, die nur durch eine Schwangerschaft brutal in Ernst gewandelt wird, ist weit verbreitet und in zahlreichen Romanen dargestellt worden. Die Schauspielkunst hat sich als eine ganz besondere Funktion des Kindweibes ergeben. Die Anziehungskraft des Lasterhaften ist erklärt. So möchte das Verständnis des Urweibes auch dann, wenn es nur in seinen einzelnen Teilen erfaßt wird, einen Schlüssel bilden für die Auffassung von Frauen in der Geschichte und im Leben.

Die Stellung der Frau in unserer Gesellschaft schwankt, und die aufgerüttelte öffentliche Meinung ist zu Zugeständnis und Änderung geneigt. Möchten die Frauen und ihre Führer doch einsehen, daß sie den kostbaren Augenblick nicht zur Erringung von Wahlrecht und anderer Vermännlichung, sondern zur Befreiung des Weibes verwenden müssen! Beim

Urweib liegen die Urtriebe des Weibes offen zu Tage. Die Nibelungenarbeit eines Wiener Forschers, Freud's, hat nachgewiesen, daß auch in der scheinbar asexuellen Frau dieselben Triebe wirken, nur aus dem Tartarus des Unbewußten, wohin sie durch die Erziehung gedrängt werden. Man muß diese Triebe befreien, damit sie die Frauen nicht länger ins Unglück stürzen, anstatt sie selig zu machen. Das Mannweib ist kulturfeindlich und steril wie die Wüste Gobi. Das Kindweib ist an sich nicht weniger kulturfeindlich, aber es hat am Größten seinen Teil, was Menschengeist gebar. Danach ist die Frage des Vorworts zu beantworten, ob die Erziehung unseres Normalweibes die richtige Mitte hält: Die Richtung gehörte mehr halblinks. Man soll sich daran gewöhnen, der Hetäre ins Kindergesicht zu sehn. Das ist gut gegen Heuchelei und falsche Scham, die so sehr unsere Zeit verpesten, daß ein Fortschritt in der sexuellen Frage, insbesonders eine soziale Tat gegen die Geschlechtskrankheiten, vorläufig ausgeschlossen erscheint.

Avicenna.

* * *

Das Christentum demoralisiert und hemmt auf verschiedene Weise Männer und Frauen. Ibsen.

*

Ein Mädchen, das sich ihrem Freund nach Leib und Seele entdeckt, entdeckt die Heimlichkeiten des ganzen weiblichen Geschlechts; ein jedes Mädchen ist die Verwalterin der weiblichen Mysterien. Es gibt Stellen, wo Bauernmädchen aussehen wie die Königinnen, das gilt von Leib und Seele.

Lichtenberg.

Der Bulldog.

‚Simplicissimus' heißt der artige Schoßhund, der noch immer die Träume des deutschen Philisters in der roten Maske des gefährlichen Bullenbeißers schreckt. Im Leben ist er für jeden Bissen dankbar, den ihm die Firma Albert Langen zuwirft; er ist nicht weniger harmlos, aber weniger ehrlich als der Dackel, dem die Verleger der ‚Fliegenden Blätter' zurufen: Waldl, gehst her oder net! — denn er geht immer her. Es ist hier schon öfter das Thema der Scheinheiligkeit dieser Teufelei berührt worden, mit der der ‚Simplicissimus' das Geistesleben des deutschen Bürgertums zu gefährden vorgibt. All dies Gethue einer literarischen Modernität, das die zeichnerischen Gaben einiger außerordentlicher Könner begleitet, ist die purste Mischung aus Impotenz und Heuchelei. Es kommt im Lauf eines Jahres nicht selten vor, daß sich junge deutsche Autoren an mich mit Beiträgen wenden, die ihnen die freiesten Diener des deutschen Philisteriums, der Herausgeber der ‚Zukunft' und der Redakteur des ‚Simplicissimus', unter ausdrücklicher Anerkennung des künstlerischen Niveaus, aber mit dem Bedauern, daß es Rücksichten auf die Sittlichkeit gebe, abgelehnt haben. Ein in jeder Beziehung vortrefflicher Kenner der Langen'schen Verlegerseele hat mir einmal gesagt, der ‚Simplicissimus' habe es bloß deshalb auf die Klerikalen so scharf, weil er die Institution der Pfarrersköchinnen für unmoralisch halte; und ich erinnere mich noch des schönen Tages, da Liliencron mir sein Gedicht »Die alte Hure im Heimatdorf« rezitierte und dessen Erscheinen im ‚Simplicissimus' in Aussicht stellte, und des andern schönen Tags, da es richtig unter dem Titel »Im Heimatdorf« im ‚Simplicissimus' erschien. Daß ein herzhafter Griff in Webers Demokritos oder in einen alten Band der ‚Fliegenden Blätter' ein Witzblatt frischer erhält, als der Abdruck der gesammelten Anekdoten des Herrn Roda Roda, hat die Redaktion des ‚Simplicissimus' endlich eingesehen und zu ihren sonstigen Tugenden auch die der literarischen Bescheidenheit gesellt. Noch scheint sie vor dem endgiltigen Verzicht auf das Raffinement einiger Mitarbeiter, die es durchaus mit der Psychologie und mit der Stimmungskunst halten wollen, zu zaudern; noch ist sie zum Rückzug in die Heimat der Schwipse und Pumpversuche, die ein deutscher Humorist nie ungestraft verläßt, nicht endgiltig entschlossen. Aber die Zeit ist nicht mehr fern, wo man die »Bilder aus dem deutschen Familienleben« nur mehr unter den Titeln suchen wird, die dem Weinreisenden so angenehm im Ohre klingen: »Abgeblitzt«, »Ein Schwerenöter«, »Gut gegeben«, »Übertrumpft«, »Schlechte Ausrede«, »Immer derselbe«, »Schlagfertig«, »So, so!«, »Ein Praktikus«, »Durch die Blume« u. s. w.

Die Revolution war lange genug ein gutes Geschäft des Herrn Langen. Aber in der Geschichte des Zeitschriftenwesens ist noch jede Revolution einer zielbewußten Administration gewichen. Die Auswahl der menschlichen Schwächen, die die Satiriker geißeln, besorgen die Verleger, und kein gesellschaftlicher Übelstand könnte heute Ungnade vor den Augen des ‚Simplicissimus' finden, den Herr Albert Langen pardonniert hätte. Wenn der ‚Simplicissimus' eine »Automobil-Nummer« vorbereitet, so wird zuerst gebremst und dann gefahren. Wenn Herr Albert Langen seine Mitarbeiter zu einer Herkomerkonkurrenz des Witzes vereinigt, so heißt das: er hat mit einer bestimmten Automobilfirma ein Abkommen getroffen, wonach er den ganzen zeichnerischen und textlichen Witz einer Nummer des ‚Simplicissimus' in den Dienst dieser Firma stellt. Nun verschlägt es gewiß nichts, daß selbst Künstler wie Heine und Gulbransson einem Industriellen Plakate oder auch illustrierte Annoncen in dem Blatte liefern, in dem sie sonst als freie Satiriker wirksam sind. Aber böse ist es, wenn diese Annoncen zugleich den Zweck illustrieren, dem der redaktionelle Inhalt des Blattes dient. Wer beim Anblick der Zeichnungen und bei der Lektüre der Novellen den Kopf schüttelt und dennoch zweifelt, ist plötzlich eingeweiht, wenn er die an sich durchaus erlaubten Annoncen mit den redaktionellen Beiträgen vergleicht. Von hier und dort springt ihm der Name »Züst« in die Augen. Der Name einer neuen Automobilfirma, der Herr Albert Langen die Marke seines Hundes, der das Bellen wie das Beißen verlernen soll, für ein Weilchen geliehen hat. Ein Inserat Th. Th. Heines, das die Erzeugnisse des Herrn Züst verherrlicht, wäre an und für sich nur nach seinem künstlerischen Wert zu beurteilen. Daß die Front eines Züst'schen Kraftwagens der bekannte rote Bullenkopf bildet und daß ein Heine'scher Teufel den Chauffeur macht, ist schon eine traurige Symbolik. Vielleicht eine absichtliche: Wir sind ausgeliehen! scheint die Satire des Th. Th. Heine, die sich gegen den Herrn kehrt, der sie abrichten will, zu sagen. Aber siehe da, aus einer süßen Zeichnung des Herrn Reznicek, die das Hauptblatt schmückt, winkt dir der Name der einen und einzigen Automobilfirma entgegen: Hochzeitsreisende fahren nur mit Züst! Und selbst Herr Meyrink hat nicht umhin können, in eine seiner novellistischen Skizzen, in denen entweder die Wissenschaft mit der Phantasie oder der Buddhismus mit der Infanterie im Streite liegt, die neue Automobilmarke einzuführen. In der folgenden Nummer wird nur mehr im Inseratenteil gefahren. Herr Gulbransson ist ein tüchtiger Chauffeur. Aber der Charakter jener Eingebungen künstlerischer Schöpferlaune, die den redaktionellen Inhalt der Automobil-Nummer gebildet haben, wird nachträglich durch ihre wortlose Übernahme in den Annonceteil unterstrichen. Das Hochzeitsreisendenpaar des Herrn Reznicek sieht nur mehr auf die Strecke. Ehedem hat der Gatte ihr den Vorwurf machen müssen, daß sie immer mit ihren Füßen zu ihm herüberkomme, so daß er Gefahr laufe, die Bremse zu verlieren. Im Annonceteil geht's wie geschmiert ... Nun, wer die Entwicklung des Herrn Albert Langen kennt, wird es begreiflich finden, daß gerade er mit einem Sport sympathisiert, der ein rasches Verschwinden mit Zurücklassung von Gestank ermöglicht. Aber die Bulldogs springen in der Regel nicht auf, sondern bellen, wenn ein Automobil vorüberfährt.

ANTWORTEN DES HERAUSGEBERS.

Österreicher. Wenn man den Gipfelpunkt der politischen Parteiverblödung erreicht wähnt, war's noch lange nicht der Gipfel. Kein Tag, der nicht neue überraschende Proben der österreichischen Ausdauer brächte. Daß die Stärke einer politischen Partei hierzulande nicht nach der Zahl ihrer Abgeordneten, sondern nach der Zahl der Verbrecher bemessen wird, die ihr die Gegenpartei zuschiebt, ist nicht mehr unbekannt. Der Idiotismus aller Gruppen starrt nach der Gerichtssaalrubrik und behauptet von jedem Angeklagten, daß er der andern angehöre, und das Bestreben, verdienstvolle Männer für den eigenen Besitzstand zu reklamieren, muß weit hinter dem Eifer zurückbleiben, die Zahl der politischen Gegner um einige Taschendiebe zu vermehren. Leuchtet in ihren Reihen ein Verdienst, so scheut man nicht vor der Infamie, es durch eine Schuld zu verdunkeln, die in einer zufälligen lokalen Nähe erwachsen ist. Der Buchhalter der Mödlinger Sparkassa, der christlichsoziale Herr Mundt, ist wegen Betrugs und Veruntreuung angeklagt und wird von den Geschwornen, die die Liberalen für größere Betrüger halten, freigesprochen. Das Gerichtsverfahren ergibt immerhin, daß sich ein ursächlicher Zusammenhang zwischen der politischen Gesinnung des Herrn Mundt und seiner Tat schwer nachweisen läßt. So müssen Sozialdemokraten und Liberale leer ausgehen. Aber die christlichsoziale Presse ist glücklicher in dem Bemühen, einen Zusammenhang zwischen dem Delikt und der politischen Gesinnung der Gegner des Herrn Mundt nachzuweisen oder wenn ihr dies doch nicht gelingt, den Mann aufzugeben und in die Reihen der Feinde zu stoßen. Und diesmal ward vielleicht doch der Gipfel erreicht. Die ‚Deutsche Zeitung' schreckt nicht davor zurück, über die Gerichtsverhandlung unter dem Titel »Das Faktotum Schöffels wegen Betruges angeklagt« zu berichten, damit der lesende Kretin schon beim Anblick dieser Spitzmarke ein »Aha!« nicht unterdrücken könne. In dem Bericht findet sich der Satz: »Mundt, der überhaupt das Faktotum Schöffels war, führte aber die Beträge nicht ab und verwendete das Geld für sich.« Und in Sperrdruck wird auch mitgeteilt, der Präsident habe nach Eröffnung der Verhandlung bekanntgegeben, »daß Josef Schöffel ein ärztliches Zeugnis eingesandt habe, in dem bestätigt wird, daß er nicht erscheinen könne«. Wenn sich der Kretin nicht jetzt endlich Gedanken macht, dann hat er sich überhaupt keine zu machen. Und für solches Gesindel, das heute nicht genug Begeisterung für die christlichsoziale Herrlichkeit des Wald- und Wiesengürtels, der so viel Dummheit und so viel Niedertracht einschließt, zusammenkleistern kann, hat Josef Schöffel einst den Wiener Wald gerettet! Wäre der greise Held von Korruptionsschlachten, wie sie die Christlichsozialen nie geschlagen haben, nicht wirklich schwer leidend, die Unlust, als Zeuge vor dem Richterstuhl des Herrn Hanusch zu erscheinen, wäre ein genügender Entschuldigungsgrund. Dieser Herr Hanusch soll den Herrn Steger, der sich als Verteidiger des Herrn Mundt zu kecken Bemerkungen gegen Josef Schöffel erdreistete, nicht einmal zurechtgewiesen haben. Welche Schuld diesen an den Betrügereien des Mödlinger Buchhalters treffen kann, ging aus dem Gerede nicht hervor, und die Argumente aus der oratorischen Schmalzfabrik eines Verteidigers, dessen bewährte Herzenswärme bei Defraudanten keinen Unterschied der Konfession macht, ließen auf Schöffels Ehre keinen Fettfleck zurück. Es bleibt unverrückbar, daß Österreich auf den Josef Schöffel stolzer sein kann als auf Herrn Regierungsrat Sieger. Vor und nach dem Prozeß Mundt. Vor und nach dem Prozeß Beer. Vor und nach dem sizilianischen Reisefeuilleton in der ‚Neuen Freien Presse'. Kürnberger sagt von Schöffels Feder, sie habe »alle schriftstellerisch-sieghaften und unwiderstehlichen Reize an einer Urquelle entdeckt: in der Stärke und Reinheit des ethischen Charakters.« Ich sage, daß Herrn Dr. Siegers Feder ihre unwiderstehlichen Reize in einem Fußübel entdeckt hat, das er sich bei einer Besteigung des Ätna zuzog, jenes Berges, der regelmäßig dieselben Erscheinungen zeigt, die die Leser des Feuilletonteiles der ‚Neuen Freien Presse' manchmal nicht zurückhalten können. Daß ein Advokat, der keinen deutschen Satz schreiben kann, hunderttausend Europäer mit der Schilderung, wie er sich kalte Umschläge um den Fuß machen mußte, belästigt, mag als ein schwerer Verstoß gegen die Standesdisziplin aufgefaßt werden. Aber gegen alles Gefühl der Menschheit verstößt es, die Krankenruhe eines alten Mannes zu stören!

Raubmörder. In der Redaktion des ‚Extrablatts' ist eine Panik ausgebrochen, der Besitzer des ‚Interessanten Blattes' ist trübsinnig geworden, die Mitarbeiter der ‚Wiener Bilder' flüchten ins Ausland. Der § 192 des Entwurfs eines neuen Strafgesetzes lautet: »Wer die Abbildung einer Person, die wegen eines Verbrechens verfolgt wird oder innerhalb des letzten Jahres wegen eines Verbrechens verurteilt worden ist, durch eine Druckschrift veröffentlicht oder verbreitet, wird wegen Übertretung mit Haft bis zu 6 Wochen oder an Geld bis zu 500 K bestraft. Mit Haftstrafe kann Geldstrafe von 50 bis 2000 K verbunden werden.«

Dieb. Das ‚Neue Wiener Journal' hat einen Preis für ein Originalfeuilleton ausgeschrieben. Das heißt: es kommt ohne zu stehlen, aber auch ohne zu zahlen zu einer Reihe von Beiträgen, unter denen die Leser einen honorarwürdigen zu wählen haben werden. (Vielleicht einigen sie sich.) Die nicht ganz fachgemäße Bezeichnung für diese Methode lautet: »Geistiges Tournier«. Das erste Manuskript, das einlief, war der Redaktion des ‚Neuen Wiener Journals' ein so ungewohnter Anblick, daß sie es durchzulesen vergaß und mit der folgenden Stelle dem Druck übergab: (Aus einem Gespräch zwischen dem Verfasser und einer friesischen Dichterin) »Wir kommen ins Plaudern. Sie erzählte von Wien und ihrem Aufenthalt bei ihrer mütterlichen Freundin Christine Hebbel; vom herrlichen G m u n d e n.

‚Und hat Sie die Hochgebirgslandschaft inspiriert?‘ warf ich fragend ein. ‚Ja, ich blickte über die Gletscherspitzen nach meinem Meer‘, erwiderte sie treuherzig.« Der erste Versuch mit einem Originalfeuilleton wäre also mißglückt. Herr Lippowitz wird aber künftighin keinen Absturz von einem Gmundner Gletscher riskieren, wenn er viel müheloser die höchsten Gipfel der Literatur erklimmt. Was kann ihm denn weiter geschehen, wenn er Anton Tschechows berühmte Skizze »Die Köchin heiratet«, die schon vor der Gründung des ‚Neuen Wiener Journals‘ in der Reklam-Bibliothek erschienen ist, abdruckt und kurz und bündig darüber schreibt: »Nachdruck verboten«? Er ist sich der Verbotenheit des Nachdrucks eben durchaus bewußt und zugleich so anständig, andere Redaktionen vor einer Entlehnung aus dem ‚Neuen Wiener Journal‘ zu warnen, die sie in Konflikt mit den Rechten des Verlags Reklam bringen könnte. In derselben Nummer stellt er auch gleich die erschreckenden Folgen eines autorrechtlichen Vergehens an dem Fall eines Budapester Journalisten dar, der im Feuilletonteil eines Tageblattes »eine französische Novelle als sein eigenes Werk ausgegeben und somit ein Plagiat begangen hatte«. »Der junge Mann«, dessen Tat entdeckt und von einem feindlichen Budapester Blatt abfällig beurteilt wurde, »nahm sich dies so zu Herzen, daß er sich heute früh eine Kugel in die Brust schoß. In schwerverletztem Zustande wurde er in das Rochusspital überführt«. Der Fall des Herrn Lippowitz liegt anders. Schwer verletzt werden bloß die Übersetzerrechte und die Autorrechte der Verleger und Redaktionen, wenn Herr Lippowitz sich ein Feuilleton nahe gehen läßt. Für seinen Gesundheitszustand braucht man nicht zu fürchten.

Schwachsinniger. Im ‚Deutschen Volksblatt‘ stand die folgende Notiz: »(Wieder einer.) Man meldet uns aus Lana an der Etsch: Der jüdische Agent J. K. der Versicherungsgesellschaft ‚Atlas‘ wurde hiergerichts wegen Ehrenbeleidigung zu 50 Kronen Geldstrafe, im Nichteinbringungsfalle zu fünf Tagen Arrestes, und zur Zahlung sämtlicher Gerichtsspesen verurteilt. Der Genannte gab sich hier als Direktor der Staatskasse aus Wien aus.« Nicht ganz klar spricht sich das ‚Deutsche Volksblatt‘ darüber aus, ob es die Anmaßung des Ranges eines Staatskassendirektors für eine Ehrenbeleidigung und ob es diese für eines jener typisch jüdischen Delikte hält, die die Einreihung in die Kategorie »Wieder einer« rechtfertigen.

Leser. Es wäre zur letzten Nummer nachzutragen, daß die Meldung des zionistischen Blattes von der in London vorgenommenen Beschneidung des Kronprinzen Herzl unter der stolzen Aufschrift »England« erschienen ist. — Und festzustellen wäre, daß bloß ein Druckfehler auf S. 23 den Posten eines Hoftheaterdirektors zum »Geschenk des Danaë« für Herrn Reinhardt werden ließ. Herr Reinhardt, der bekanntlich für einen »gebildeten Musiker« gelten will, wird sich darin nicht irre machen lassen, daß es bloß ein »Geschenk der Danaë« gibt.

Moralist. Ein Kulturbildchen: Der Mitarbeiter eines Berliner Klatschblattes — er dürfte mit dem Korrespondenten des ‚Neuen Wiener Journals', das die Geschichte mit Behagen weitergibt, identisch sein — hat sich an einer Razzia durch den Tiergarten beteiligt. Außer den Polizeihunden »Edith« und »Russ« durfte also ein Vertreter der Presse an der Streifung teilnehmen. Aber »die Liebespärchen sind ausgewandert«, klagt er, denn »mit den Polizeihunden gibts kein Versteckenspiel«. »Wenn sie« — nämlich die Polizeihunde — »losgelassen werden, dann spüren sie ihren Mann auch im dichtesten Gestrüpp auf und apportieren ihn«. Die Hunde wurden also losgelassen und stürmten ins Gebüsch, »alles durchsuchend«. »Nichts zu finden«, konstatiert der Vertreter der Presse, der sich »mit dem geladenen Revolver in der Paletottasche« eingefunden hatte. »So ging es fast eine Stunde lang, kreuz und quer durch die stillen Alleen. Endlich stöberten sie doch ein Pärchen auf.« Und nun apportiert der Journalist die folgende Niederträchtigkeit: »Der Polizeileutnant trat auf die beiden zu. Voll Ironie fragte er: ‚Wie, um halb 2 Uhr morgens noch hier? Und gerade an dieser dunkelsten Stelle, wo weit und breit keine Laterne ist? (Dann zur Dame:) Wie heißen Sie?' Aber vor Schreck starr stand die Arme da und vermochte nicht zu antworten. Man merkte es ihr an: Sie war, wie man sagt, ein besseres Mädchen und hätte am liebsten in die Erde sinken mögen vor Scham. Dann legte sich doch der Galan ins Mittel. ‚Mein Ehrenwort', stammelte er . . ‚ganz unschuldige Zusammenkunft . . kenne schon lange' . . u. s. w. Man ließ sie laufen und das Mädchen konnte sich vor Dank kaum fassen. Man geht mit solchen Pärchen nicht allzu scharf ins Zeug. Der Tiergarten wird sie ohnehin nicht so bald wiedersehen. Das war eigentlich die größte Ausbeute des Abends. Was dann noch bis zum grauenden Morgen gefunden wurde, war kaum der Rede wert«. Höchstens also »Spitzbub und Lagerhure«, denen Herr Harden, der Freund des Berliner Korrespondenten des ‚Neuen Wiener Journals', erforderlichen Falles auch die Todesurteile des Herrn Peters gönnt.

Statistiker. Die Saison hatte mit den Berichten über die Reise des Männergesangvereins, deren wirksamste Episoden — z. B. die Entrevue des Herrn Schneiderhan mit dem Indianerhäuptling — jede satirische Nachgestaltung unmöglich machten, den Höhepunkt der Ekelhaftigkeit erreicht. Unter den starken Eindrücken, die die Spätsaison brachte, verdienen hervorgehoben zu werden: Der Eisler-Leitartikel, der Bericht des Herrn Viktor Leon über die Londoner Vorbereitungen zur »Lustigen Witwe« — »P. S. Lehar läßt die Wiener schön grüßen« — und das frei von der Gansleber weg geschriebene Feuilleton des Herrn Wertheimer über die Gräfin Montignoso.

Herausgeber und verantwortlicher Redakteur: Karl Kraus.
Druck von Jahoda & Siegel, Wien, III. Hintere Zollamtsstraße 3.

DIE FACKEL

NR. 232—233 WIEN, 16. OKTOBER 1907 IX. JAHR

In dieser Stadt, an deren Genußfülle die Sinne darben, an deren vermaledeiter Schönheit die Phantasie verreckt und deren Grundprinzip, dem Individualismus des Kretinismus — ich schwöre es — wenn mir nicht Nerv für Nerv bis dahin abgestorben, noch eine Fackel angezündet werden soll, gegen die Herrn Bahrs Beleuchtungsversuch eine patriotische Demonstration war und die allen verpötzelten Gemütern die Lebensfreude ausbrennen soll, in dieser Stadt bin ich zum Diener der Aktualität bestellt, zum abhängigsten Journalistendasein verurteilt. Ich, dem der Wunsch des Lesers stets eher Verbot als Befehl war, könnte doch das wahre Ideal der publizistischen Freiheit, das mir vorschwebt, nur erreichen, wenn ich die Feder niederlege. Wenn ich diese Zeitschrift eingehen lasse, deren zwangloseste Folge des Erscheinens mich zur Beschäftigung mit einer verhaßten Tatsachenwelt zwingt. Mein Fall wäre es, die Gemeinheit des Lebens und die Dummheit des Menschen in großen Bildern abzuziehen, und eben jener Geist, den ich bekämpfe, gönnt mir nur die kleinen Rahmen. Er hat die Waffen geschmiedet, mit denen ich ihn erschlagen will. Wenn er vor meinen Augen krepiert, höhnt er mich ob der Winzigkeit meiner Trophäen. Beim Schießbudenspiel kommt's auf das Treffen an, bei der Jagd auf die Beute. Wenn sich das Opfer selbst verkleinert, beschämt es den Ringer, nicht den Schützen. Die Dummköpfe, die ich aufgespießt, sind bescheiden und beteuern, daß sie kleine Geister waren. Wie schadenfroh! Aber waren sie darum nicht große Dummköpfe? Und sind sie's nicht für die insipide Verkleinerung meines Kampfes? Der fruchtbare Boden dieses Landes liefert mir Beutelschneider und Tröpfe in unerhörter Fülle. Kein Tag vergeht, der nicht Gelegenheit böte, zu sagen, daß es ein fruchtbares Land ist. Aber weil draußen im Nachbarreich der Kaiser persönlich alle Dummheiten macht, so gilt ein temperamentloser Schreiber, der sie greinend aufzählt und mit der lächerlichen Fähigkeit, die Majestätsbeleidigung in byzantinischen Stil zu kleiden, seit Jahren seine Geschäfte macht, für einen großzügigen Publizisten, und ich, der den Geist dieses Landes durch jene Erscheinungen tottrifft, in denen er sich ausschließlich bekundet: durch die Erscheinungen der Erbärmlichkeit, Klebrigkeit und Kleinheit, bin, was ich scheine, ein Kleinheitskrämer. Ich gehe an den großen Problemen der Politik vorüber. Ich bin Herausgeber einer Zeitschrift und kümmere mich den Teufel um Wahlreform und Ausgleich. Neulich hat mich ein Zulukaffer gefragt, wer bei uns jetzt Ministerpräsident sei, und ich wußte es nicht. Aber ich habe ein stärkeres Gefühl für die Wichtigkeit dieser Dinge, da ich sie aus meinem Interessenkreise stoße, da ich die Zeitungsblätter, auf denen sie behandelt sind, kaum überfliege. Ich bin Satiriker und mein Blick bleibt an Kontrasten hängen. Nicht wie ich über den Ausgleich denke, aber wie ich über die Menschensorte denke, die über den Ausgleich denken sollte, ist erheblich. Und es genügt mir vollständig, daß in dem führenden Organ deutscher Intelligenz Stimmungsberichte über die Bedürfnisse der maßgebenden Politiker, denen vor der Weisheit die Wäsche ausging, zu lesen waren. Was gehen denn mich die Ereignisse an? Mag der Stein, der niederfällt, wie immer geformt sein: wie die österreichische Gehirnjauche aufspritzt, ist noch das einzige Schauspiel, dem zuliebe ich diesem Staat eine Erwerbsteuer bezahle.

*

Der Ausgleich: »Die Sekretäre der Minister telephonieren nach Wien in die verschiedenen Ämter und an die Gemahlinnen der Minister, daß die Ankunft der letzteren um 9 Uhr erfolgen werde ... Der Portier und sogar der kleine Chasseur werden mit Fragen bestürmt, wie es um den Ausgleich steht ... Selbst die Kutscher der Minister diskutieren lebhaft die Aussichten einer Verständigung ... Wieder rufen die Sekretäre alle Ämter in Wien und wieder die Gemahlinnen ihrer Chefs an, um den Aufschub der Reise mitzuteilen ... Plötzlich hörte man ein pistolenschußartiges Geräusch. Alles lief zusammen; es stellte sich heraus, daß bloß die Pneumatik eines einem ungarischen Minister gehörigen Automobils geplatzt war .... Die Spannung steigerte sich mehr und mehr, und plötzlich entsteht auf dem Korridor Bewegung. Man fragt erregt: Was ist geschehen? Fahren die Minister fort? Allein es ist bloß Kaffee für die Konferierenden bestellt worden, ein Zeichen, daß sie sich für einen längeren Aufenthalt im Ministerpräsidium einrichten ... Dann sagt Finanzminister Dr. v. Korytowski genau dieselben Worte, welche Finanzminister Dr. v. Böhm in jener berühmten Sylvesternacht nach vollzogener Einigung gebraucht hatte: ‚Aber nun gehen wir essen!' Handelsminister Dr. Forscht erklärt aber, daß er vorher einen Wäscheeinkauf vornehmen müsse, auf eine so lange Dauer der Verhandlungen sei er nicht gefaßt gewesen ... Einer der Minister äußerte sich: ‚Wir haben ja kaum mehr Zeit gehabt, uns die Hände zu waschen, und mehr Hunger habe ich nie ausgestanden, denn wir haben die Konferenzen nie nach unseren Mägen einrichten können' ... Die Sekretäre der Minister eilen zu den Telephons, um die Ämter in Wien und die Gemahlinnen der Minister zu verständigen, daß die Abreise definitiv bis zum Abschlusse des Ausgleichs verschoben sei.«

Die Verlegenheit, die den abgehärtetaten Österreicher erfaßt, wenn er sich im Ausland als Österreicher ertappt fühlt, ist eine häufig beobachtete Erscheinung. Wenn er aber auf einer der Reisen des vergangenen Sommers an irgendeinem Tage irgendein Wiener Zeitungsblatt zur Hand genommen hat, muß jenes Gefühl des Beteiligtseins an einer Schmach selbst den Unerkannten beschlichen und in einen Zustand tiefster Niedergeschlagenheit versetzt haben. Ist denn, so mußte er sich fragen, *jeder* meiner Landsleute ein Schmarotzer? Besteht denn dieses Österreich wirklich ausschließlich aus Tellerleckern und Preßdienern, die sich ins Gesicht treten lassen, wenn's nur dazu verhilft, am andern Tag den Namen in der Zeitung zu finden? Verbringt denn das gesamte Wiener Publikum seinen Sommerurlaub im Unterleib des Königs von England? Kam Herr Tittoni wirklich nur nach Österreich, damit ein Semmeringer Gastwirt dreißigmal in der ‚Neuen Freien Presse‘ genannt werde? Daß der Vertreter des Blattes zum italienischen Staatsmann gesagt hat: »Eure Exzellenz sieht unberufen prächtig aus«, würde man noch verstehen, da auch der Korrespondent, Herr de Fiori, bekanntlich prononziert italienischen Ursprungs ist. Auch daß Herr Tittoni einen lichtbraunen, zur Farbe seines Überziehers passenden steifen Filzhut angehabt hat, mag uns interessieren. Selbst daß er nicht umhin konnte, den Länderbank-Hahn, bekanntlich einen der schönsten Punkte der Semmeringlandschaft, kennen zu lernen. Aber schließlich verdichtet sich das Gesellschaftsbild, das die ‚Neue Freie Presse‘ jedem politischen Ereignisse als Hintergrund leiht, zu einem solchen Totaleindruck abdominalen Bemühens, daß man in der Fülle der Gesichte zwischen Hoheiten, Ministern, Hotelportiers und Komiteemitgliedern nicht mehr unterscheiden kann. Was namentlich in Marienbad an fettgedruckter Ekelhaftigkeit geleistet wurde, geht weit über die kurgemäße Norm hinaus. Nicht genug, daß uns am Ende einer Wiener Saison das Andenken an die Kaiserin Elisabeth ein für allemal mit den Interessen einiger Kaffeesieder und Juweliere verknüpft wurde, wird uns im Sommer breitspurig erzählt, wie diese Leute nach Marienbad geeilt sind, um dem König von England die »Erinnerungszeichen an die Enthüllung des Kaiserin-Elisabeth-Denkmals« zu überreichen, und wie die Erinnerung auch prompt gewirkt hat. Der König von England würde aber auch mit einem höheren Orden nicht zurückhalten, wenn der Besitzer eines loyalen Nachtkaffees ihm einige Buffetdamen als Erinnerungszeichen an jene verflossenen Zeiten überreichte, da Eduard sich noch geschämt hätte, über einen schweinischen Kabaretvortrag sittlich entrüstet zu sein.

•

Wir können auf einen schönen Sommer zurückblicken, wenn wir zu all dem, was uns Marienbad, Semmering und Ischl geboten haben, die Summe von Taktlosigkeit zählen, die nach Kaisers Geburtstag aus allen Kurorten in die Wiener Zeitungsspalten geströmt ist. Diesmal wurde überhaupt alles, was an einer Table d'hote das Messer in den Mund oder den Löffel in die Tasche steckt, in der Zeitung genannt. Peinlich aber hat sich wieder die Spezialität des Reichsdeutschen, der den Kaisertoast hält, bemerkbar gemacht. Ist es an und für sich schon eine mißliche Sache, vor einer Schar von Börseanern, die die gewohnte Lodenjoppe mit dem Smoking vertauscht haben, die Bundesfreundschaft zwischen Österreich und Deutschland hochleben zu lassen, so zeichnen sich diese Kaisertoaste zumeist durch eine Geistlosigkeit aus, hinter der man vergebens einen hochverräterischen Sinn sucht. Zum Beispiel: Ein reichsdeutscher Herr lobt die Treue des österreichischen Monarchen »für unseren Kaiser und für das deutsche Reich«. Er nennt dies »Kaisertreue«. Spricht aber gleich darauf von der erprobten Treue der Tiroler Bevölkerung, die er gleichfalls die »Kaisertreue« nennt. Ob diese nun die Treue des Kaisers oder die Treue für den Kaiser bedeutet und welchem Kaiser die Tiroler eigentlich treu sein sollen, ob ihrem eigenen oder dem andern, dem ihr Kaiser treu ist, solche Fragen werden mit einem für alle politischen Lebensverhältnisse passenden Hoch! beantwortet.

•

Meine Abneigung gegen Herrn Jarno darf mich nicht hindern, ihn für einen Märtyrer zu halten. Ich las in der ‚Neuen Freien Presse' die folgende Notiz: »Herr Direktor Jarno richtet an uns eine Zuschrift, in der er nicht ganz unberechtigt Klage darüber führt, welche ‚Dorian Gray'- Begeisterung der Wiener Bühnenleiter sich bemächtigt habe, seitdem es in der Öffentlichkeit bekannt geworden war, daß er nach dem großen Erfolg von ‚Ein idealer Gatte' auch eine Bearbeitung des ‚Dorian Gray' aufzuführen gedenke. Nachdem Raimund-Theater und Intimes Theater ein jedes seinen ‚Dorian Gray' in Aussicht gestellt hatten, hat nun in aller Stille auch das Kleine Schauspielhaus eine Dorian Gray-Bearbeitung anfertigen lassen und will der Josefstadt zuvorkommen, indem es die Première für den 18. d. ansetzt. Herr Direktor Jarno sieht sich dadurch veranlaßt, auch seinerseits die Erstaufführung von ‚Dorian Gray' für Mittwoch den 18. d. anzusetzen. Die Wiener Theaterfreunde werden Herrn Jarno nicht Unrecht geben, wenn er gegen die Einbürgerung solcher Turfsitten und -Unsitten in das Wiener Bühnenleben protestiert.« — Wie heißt es bei Nestroy? »Ich bin der Mann, der ums Geld alles tut; wenn's aber dann nicht ehrlich zugeht, dann — ich sag' sonst nichts, als dann!« Bei einer Leichenschändung über Schmutzkonkurrenz zu klagen, ist ein Unterfangen, das zu billigen der verworfensten Journalistik vorbehalten blieb. Oskar Wilde, vom Auswurf der Menschheit zum Liebling der Wiener Gesellschaftskreise herabgesunken, nach seiner Ermordung seiner künstlerischen Habe beraubt, ein Kunstwerk vom Theaterwucher ausgebeutet, zur schäbigsten Sensation mißbraucht, der schöne Jüngling Dorian von vier Theaterkassierern abgeknutscht — man möchte Karl Moorisch durch die ganze Natur das Horn des Aufruhrs blasen, Luft, Erde und Meer wider das Hyänengezücht ins Treffen führen! Aber die Erbitterung gibt nach, und was zurückbleibt, ist eine Unterleibsbeschwerde: die Beschwerde des Herrn Jarno über unlauteren Wettbewerb. Nichts macht und nichts ist in Wien unmöglich. Man kann das reine Kunstwerk der »Sünde«, um deren Willen sein Schöpfer in der Tretmühle siechen mußte, auf der Hausbühne des päderastisch unbescholtenen Herrn Buchbinder zu Ehren kommen lassen. Den Adonis spielt Herr Jarno persönlich, nachdem die Rolle von allem Anfang an geschrien hat. Und der Mann, der sich in Ermangelung eines Nachkommen des Dichters, der die Schmach verhindern oder auf die Tantièmen Beschlag legen könnte, um das Andenken Oskar Wildes so ausgiebig verdient macht, bleibt der »literarische Theaterdirektor« Wiens.

*

Für die geistige Tieflage der Deutschen in Österreich schien's mir immer am charakteristischesten, daß sie sich allem Antisemitismus zum Trotz von der ‚Neuen Freien Presse' die literarische Bildung ins Haus liefern lassen. Längst gelüstet's mich nicht mehr, von Fall zu Fall nachzuweisen, wie ungenügend sie den an sie gestellten Ansprüchen gerecht wird. Zwar sollte der die Bildung besitzen, der sie verschleißen will. Aber mir ist das Gebaren einer analphabetischen Pythia längst nur mehr der willkommene Vorwand, meine Witze anzubringen. Einmal im letzten Sommer wollte ich nun nachsehen, ob noch alles beim Alten sei, und gelobte mir, meine Meinung über die ‚Neue Freie Presse' in Hochachtung zu verwandeln, wenn die erste Nummer, die ich zur Hand nehme, keinen infernalischen Blödsinn enthalte. Mein Blick fiel auf eine Notiz, betitelt »Marschall Basta«. Sie gab die Biographie eines österreichischen

Generals, der gerade vor dreihundert Jahren in Wien gestorben ist. Den Zusammenhang dieser geschichtlichen Figur mit unserem Zeitalter stellte die ‚Neue Freie Presse‘ durch die folgende Wendung her: »Wenn ein besonders nervös veranlagtes Kind unserer Tage seinen unerschütterlichen Entschluß durch ein ‚damit basta‘ bekundet, so denkt es gewiß nicht daran, daß es damit den Manen eines tapferen österreichischen Heerführers huldigt, der einst in der Kriegsgeschichte unseres Vaterlandes eine große Rolle gespielt hat.« Daß ein Wiener nicht daran denkt, ist gewiß ein Beweis krasser Undankbarkeit. Daß aber auch die italienische Nation, der schon vor mehr als dreihundert Jahren hin und wieder das Wort »basta« entfuhr, dabei nie an den verdienten österreichischen General denken wollte, ist himmelschreiend. Ich bleibe also bei meiner Meinung über die ‚Neue Freie Presse‘ und damit basta!

*

Ein Theaterplauderer erzählt, daß nach der Première von »Angot« der Direktor Jauner eine aufgeregte Nacht verbracht hat. Der Erfolg schien ihm unsicher und »er sah auch mit Bangen den Urteilen der maßgebenden Kritiker entgegen. Während des Nachtessens in einem Hotel steigerte sich Jauners Nervosität derart, daß die Mitglieder der Tafelrunde beschlossen, an seiner Seite zu bleiben.« Jauner wartete in einem Kaffeehause die Ankunft der Morgenblätter ab. »Er spielte sechs Stunden Billard, wie ein Besessener — die anderen Partner mußten wegen Erschöpfung wechseln.« Als sein Bruder in einem Fiaker mit den noch druckfeuchten Zeitungen dahergerast kam und Jauner sah, daß die Kritiken den Erfolg der »Angot« zugaben, begann er »vor Aufregung zu schluchzen«... Auch darin hat sich seit den dreißig Jahren von Lecocq bis Lehár eine Wandlung zum Bessern vollzogen. Freuen wir uns, daß unserm Karczag solche Aufregungen erspart bleiben.

*

Im Prozeß Blecha, in dem der Hofrat Feigl den Vorsitz führte, hat sich eine Szene abgespielt, die leider nur flüchtiges Aufsehen erregte. Sie wurde in den Gerichtssaalberichten wie folgt festgehalten: »Während der Einvernahme des Zeugen Krafft bemerkt der Verteidiger zu ihm: Warum sehen Sie so blaß aus? Sind Sie krank? — Zeuge (zögernd): Ich war lange Zeit im Spital. — Verteidiger: Wann werden Sie denn frei? — Zeuge: Im Jahre 1916. — Verteidiger: Lassen Sie sich draußen meine Adresse geben und schicken Sie mir einen Brief aus Stein. Vielleicht kann ich etwas für Sie tun. Ich werde um Ihre Begnadigung einkommen. — Präsident (erregt): Herr Schriftführer, ich bitte, diesen Vorfall zu protokollieren.« Ich möchte nicht in der Haut des Hofrats Feigl stecken, und am allerwenigsten in dem Augenblick, da der Zeuge Krafft den Gerichtssaal betrat. Welch ein Wiedersehen! Der Bericht fügt trocken hinzu, Krafft büße eine zwölfjährige Kerkerstrafe wegen Raubes ab. Aber man erinnert sich noch, welcher Art dieser Raub war und welcher Art das Urteil des Herrn Feigl, das die höhere Instanz nach ein paar Tagen abänderte. Lebenslänglich in zwölf Jahre umgewandelt. Wegen eines Bubenstreichs auf der Ringstraße zwölf Jahre schweren Kerkers mit Aussicht auf Begnadigung durch die Tuberkulose! Man lese meine Besprechung des Falles Krafft-Feigl nach. Als Epilog kröne ihn die Meldung von jenem merkwürdigen Wiedersehen. Wer mag wohl blässer gewesen sein? Der Blasse oder der Erblaßte? Bei großer innerer Erregung empfiehlt die Psychologie des Gerichtssaals sofortige Protokollierung.

*

Wenn einer die Cliquenwirtschaft an den österreichischen Universitäten angreift, so kann man hundert Professorensöhne gegen einen unprotegierten Gelehrten wetten, daß die liberale Presse beteuern wird, die Freiheit der wissenschaftlichen Forschung ei in Gefahr. Der klerikale Abgeordnete Baron Morey hat in einer Rede jenen Skandal flüchtig gestreift, der in der ‚Fackel' oft, ausführlich und an der Hand dokumentarischer Belege erörtert worden ist. Und ein paar Wochen nach dem Ärgernis, das der Fall Exner geboten hat, hat die ‚Neue Freie Presse' nicht nur den Humor, die bedrohte Wissenschaft zu schützen, sondern auch die Keckheit, die akademische Cliquenwirtschaft in Abrede zu stellen. »Die niedrigen Vorwürfe betreffend den Vorgang bei der Besetzung der akademischen Stühle«, versicherte ihr in schönem Deutsch ein Professor und Herrenhausmitglied, ‚richten sich von selbst'. Es ist läppisch, Herrn v. Morsey eines Angriffs auf die voraussetzungslose Forschung zu beschuldigen, wenn er jene Forschung angegriffen hat, die von der Voraussetzung einer Schwiegermutter ausgeht. Aber es ist hirnrissig, zu bestreiten, daß die akademische Karrière öfter vom Grad der Verwandtschaft als von dem der Fähigkeit bestimmt wird, und eine »christlichsoziale Verallgemeinerung von Klatsch und Tratsch« zu nennen, was statistisch nachgewiesen und auch von Männern, die einer Antipathie gegen die Wissenschaft unverdächtig sind, wie H. St. Chamberlain, oft genug vorgebracht wurde. Die Proteste, die sich die ‚Neue Freie Presse' aus Universitätskreisen verschrieb, bedeuten weniger als nichts. Sie könnten höchstens beweisen, daß der akademische Ruf von der Preßgunst so abhängig ist, wie die akademische Karriere von der Gevatterschaft. Wenn aber nicht Heuchelei und Verschüchterung, sondern guter Glaube das Wort ergreift, so beweist er höchstens die Lebensfremdheit jener Gelehrten, die ihr Amt ihrer Leistung verdanken und die Praktiken des Strebertums selbst so wenig kennen, daß sie sie in ihrer Umgebung weder erkennen noch vermuten. Wäre sonst die backfischhafte Naivetät des Herrn Hofrats Mach, der auf Verlangen der ‚Neuen Freien Presse' öffentlich an sie die Frage nach dem Leutnant stellt, anders zu erklären? »Woher hat Freiherr

v. Morsey die Erfahrungen, auf die er sein Urteil gründet?«, fragt er, »Warum kenne ich die Deroute nicht, die er schildert? Ich habe doch durch fast vier Dezennien an den Universitäten Graz, Prag und Wien gedient! Eine Unzahl von Kollegen traf ich da an, welche weder einen Schwiegervater noch einen Schwiegersohn, weder einen Vater noch einen Sohn an der Universität hatten, die aber dafür mit dem Verzicht auf eine bequeme, angesehene Lebensstellung, mit dem Opfer eines reichlicheren Einkommens ihre Tage selbstlos der Lehre und der selten geschätzten und noch seltener verstandenen Forschung widmeten.« Dies bietet Herr Hofrat Mach einer öffentlichen Meinung, die sich kaum vom Gelächter über die Affaire Exner-Frisch erholt hat. Soll man annehmen, daß der Professor sich einen Scherz erlaubt und daß er, dessen Kollegen weder einen Schwiegersohn noch einen Sohn an der Universität hatten, etwa die Neffenwirtschaft nicht leugnen würde? Ein Mann, den die ‚Neue Freie Presse‘ einer Verallgemeinerung von Klatsch und Tratsch nie beschuldigt, gewiß aber als eine Zierde der freien Forschung für ihre Sache reklamiert hätte, Hofrat Richard Heinzel schickte mir seinerzeit mit der Richtigstellung eines tatsächlichen Irrtums, der in einer Stammbaum-Tabelle der ‚Fackel‘ (Anfang Juni 1899) unterlaufen war, die Anerkennung ins Haus, daß ich »in der Tat auf eine wunde Stelle des Universitätswesens den Finger gelegt habe«.

•

Wenn aber die ‚Neue Freie Presse‘ sich für die Freiheit der Kunst echauffiert, der die Polizei durch eine »Bilderzensur« angeblich nahegetreten ist, so handelt's sich gewiß um eine Reklame für ein paar Buch- und Papierhändler. Was bedeutet dann ein polizeilicher »Übergriff« gegen den journalistischen Griff! Im letzten Sommer fiel es der Polizei aus Langweile ein, Ansichtskarten mit Reproduktionen klassischer Werke aus den Schaufenstern entfernen zu lassen. Wenn man überhaupt auf dem Standpunkt steht — und der Liberalismus hat ihn noch heute nicht verlassen —, daß die Moral ein öffentliches Schutzgut sei, so darf man die Polizei darob nicht tadeln. Ansichtskarten mit der Darstellung nackter Frauenleiber stiften Unruhe in den Sinnen jener Schulkinder, die liberale Redakteure zu Vätern haben. Diese aber greifen die Behörde an, weil sie zwischen den Reproduktionen der Tizian, Velasquez und Cranach und pornographischen Werken nicht zu unterscheiden wisse. Kein Argument könnte alberner sein. Die Polizei, die sich auf jene Unterscheidung vermutlich so schlecht versteht wie die liberale Presse, läßt sich auf die Unterscheidung nicht ein. Aber sie weiß wenigstens im Gegensatz zur liberalen Presse, daß der Kindersinn zur Unterscheidung gewiß nicht fähig ist. »Es ist eine der größten Errungenschaften unserer Zeit, daß auch der Arme diese unsterblichen Meisterwerke für wenige Kreuzer nach Hause tragen kann.« Die ganze ideologische Dummheitsfülle liberalen Denkens liegt in der kurzen Bemerkung. Die ‚Neue Freie Presse' glaubt wirklich, daß eine Ansichtskarte, die die Danäe darstellt, auch den Kunstwert der Danäe darstellen könne. Ein Glaube, der den erwachsenen Philister nie gehindert hat, den Wert eines Kunstwerkes im Stofflichen zu suchen. Aber daß ein Kind zwischen einem nackten Frauenleib von Lippay und einem von Tizian unterscheiden könne, wird blind vorausgesetzt. Die Polizei mag im Auftrag irgend einer adeligen Matrone, deren verlöschte Sinnlichkeit nur mehr an Räucherkerzen sich entzündet, die größten Dummheiten machen: es muß doch gesagt sein, daß die Heuchelei, die einen Angriff auf Tizian abwehrt, wenn seiner Prostituierung zum Schaufensterobjekt nahegetreten wurde, noch dümmer ist. Einige Tage hindurch hat die ‚Neue Freie Presse' mit Buchhandlungskommis und Papierhändlerinnen darüber beraten, ob ein Künstler »auf das sexuelle Gebiet angespielt« hat oder nicht, und sie kam zur Entscheidung, daß in keinem der kritischen Fälle die Darstellung des nackten Körpers »selbst bei der allergrößten Prüderie mit dem Sexuellen in Beziehung gebracht« werden könne. Solche Schweine! Als ob die »Anspielung auf das sexuelle Gebiet« den Künstler herabsetzte! Als ob die großen Meister vor ihr zurückgeschreckt wären! Der freie Stumpfsinn fürchtet die Sexualität mehr als der klerikale. Und die Polizei hat nicht die Frechheit gehabt, eine Vorschrift für die Vermeidung des »sexuellen Gebietes« herauszugeben. Sie hat nicht nur die sittenpolizeiliche Bilderzensur des Liberalismus nicht nachgeahmt, sondern die Kunst gegen den Versuch, sie einem grob stofflichen Interesse dienstbar zu machen, geschützt ... Zu einer so idealen Auffassung einer harmlosen behördlichen Dummheit gelangt man, wenn sie das Mißfallen des Liberalismus geweckt hat!

*

Es ist von gar nicht zu unterschätzendem Werte, drollige Wendungen der Presse zu sammeln, und es wäre rein zum Verzweifeln, wenn in der geistigen Wildnis, in die die Journalistik unsere Kultur verwandelt hat, nicht einmal Stilblüten gediehen. Bei der Durchführung schlechter Absichten ist die Unfähigkeit immer ein versöhnendes Moment. Ein Beispiel. Die ‚Neue Freie Presse' ist im Begriffe, einen Artikel zum Preise von — das weiß ich nicht, aber jedenfalls zum Preise von Gastein zu schreiben. Er beginnt mit den Worten: »Im Gasteiner Tale herrscht eine Epidemie, die wie alle Epidemien ansteckend wirkt. Es sind dies nicht die Blattern oder die Masern, auch nicht der Scharlach oder der Mumps; denn Gastein ist ein Quisisana nach wie vor. Die Epidemie, die momentan hier herrscht, ist die Bauepidemie ...« Das ist schelmisch gesagt, aber manches Gerücht ist schon grundloser entstanden. Die Journalistik denkt zu unperspektivisch, um damit zu rechnen, daß das Gesichtsbild des gedruckten Satzes, in dem der Scharlach deutlicher als die Negation hervortritt, maßgebender ist als der »Sinn«. Aber sie sollte sich wenigstens nicht so fest darauf verlassen, daß der Leser über den ersten Satz eines Artikels hinauskommt.

*

Ich suche hinter der unscheinbarsten journalistischen Äußerung eine Physiognomie. Zumeist stiert mir zwischen den Zeilen ein phantasieloser Wasserkopf entgegen. Treibt er Scherze, entsetze ich mich, will er Entsetzen malen, muß ich lachen. Die ‚Neue Freie Presse‘ schilderte einmal im Sommer, wie eine ganze Familie vom Blitz getroffen wurde. Sie verteilte Brandwunden und Bewußtlosigkeit der Kinder als Erbteil nach dem Tode des Vaters in einer Art, die über den Hintergrund der schreckensvollen Tatsache das Blitzlicht amerikanischen Humors warf. Zum Schluß hieß es: »Die Familie T. erfreute sich wegen ihres zuvorkommenden, überaus höflichen und ruhigen Benehmens allgemeiner Beliebtheit«.

*

Die Wiener Justiz ist noch immer nicht entjungfert. Sie läßt sich und läßt sich nun einmal nicht ihre Ahnungslosigkeit rauben. Sie wird alt und älter, und die Frage wird immer dringender: Wie sage ich's ihr? Wie bringe ich ihr das Geheimnis jener Zeugung bei, die im allerchristlichsten Zeitalter ausnahmslos zur Schande oder zum Schaden gereicht und deren sich zu entschlagen ein eigener Paragraph verbietet! Frühlings Erwachen spielt sich auf dem Heuboden, aber nicht in der Ratskammer ab. Dennoch wird mir nichts übrig bleiben, als den Talaren unserer Richter »gelegentlich eine Handbreit Volant unten anzusetzen«.

*

Der Unterschied zwischen einem Strafrichter und einer Hure ist der, daß selbst nach der rigorosesten Auffassung unserer Gesellschaft der Strafrichter ein anständiger Mensch werden kann, wenn er das

Buch zurückgelegt hat. Während die Private Katharina L. — — Hören wir, wie unerbittlich die Gesellschaftsordnung verfährt, wenn eine Prostituierte Miene macht, im Pfuhl eines soliden Lebenswandels unterzutauchen. Die Polizei übt strenge Kontrolle und hat dort, wo der Strich in den Pfad der Tugend übergeht, Warnungstafeln aufgestellt. Die Private Katharina L. hat einen Bräutigam und erschien in seiner Begleitung in einem Gasthaus. »Als das Paar an einem Tisch Platz genommen hatte, teilte der Kellner in diskreter Weise dem Mädchen mit, daß er vom Wirt beauftragt sei, ihr nichts zu verabreichen, da der Wirt Freimädchen in seinem Lokale nicht dulde.« Der Wirt erklärt, daß er den Auftrag aufrecht halte. Der Bräutigam klagt wegen Ehrenbeleidigung. Der Richter heißt Schachner. Er fragt deshalb den Bräutigam, »wodurch e r sich denn beleidigt erachte«. Und wendet sich nun zur Klägerin. Sie sei, bekennt sie, »früher allerdings unter sittenpolizeilicher Kontrolle gestanden, jetzt sei sie aber solid und werde bald mit dem Kläger Hochzeit feiern«. Der Richter spricht den Gastwirt frei. Dieser habe den Kläger überhaupt nicht und die Klägerin deshalb nicht beleidigt, weil er sie »nur von ihrem früheren ‚Beruf' her kannte und bei dem in diskreter Form an seinen Kellner erteilten Auftrag nicht von der Absicht, die Klägerin zu beleidigen, geleitet war«. Das Wort »Beruf« steht in sämtlichen Gerichtssaalberichten in Anführungszeichen; ich kann mir den Ton vorstellen, in dem Herr Schachner es ausgesprochen hat. Ich kenne Herrn Schachner von seinem gegenwärtigen Beruf.

*

»Vor dem Richter des 7. Bezirkes erscheint als Häftling eine hübsche, 17jährige Brünette, Albine N., Kaffeehauskassierin, unter der Anklage des nicht tolerierten Lasters nach § 5 unseres Vagabundengesetzes. Sie promenierte, da sie postenlos war, in der Mariahilferstraße, da stieg ihr ein gutgekleideter

Herr nach, der sie ansprach und zu einem Tete-a-tete einlud. Der Herr stellte ihr ein bestimmtes Präsent von 8 K in Aussicht, wenn sie ihm folge; er wohne im Hotel. Das leichtsinnige Mädchen ging auf seinen Vorschlag ein, folgte ihm in ein Haus — es war aber kein Hotel, sondern das Polizei-Kommissariat. Jetzt erst entpuppte sich der Kavalier als Detektive... Der Richter verurteilte die Angeklagte zu einer Woche strengen Arrests.« Den Richter hat man. Er heißt Höfner. Von dem Detektiv fehlt jede Spur. Im Reklamerausch des Tarnowska-Rummels hat es die Presse unterlassen, diese wahre Großtat der Wiener Kriminalistik herauszustreichen. Und dennoch ist die kleine Notiz, die sie verkündet, ein Dokument, das brennpunktartig die ganze Schäbigkeit dieser miserablen Epoche zusammenfaßt. So ziemlich das Schurkischeste, was ich als Revisor der sittlichen Justizschande seit Jahren beobachtet habe.

•

Eine gut informierte Zeitung berichtet, ein Wiener Theaterdirektor habe in Salzburg das Klosett aufsuchen müssen. Dort habe er eine mit Banknoten gespickte Brieftasche gefunden. Er habe sie beim Cafétier deponiert. Als Eigentümer habe sich bald darauf der Bürgermeister von Salzburg gemeldet... Wenn ich Redakteur eines Tagesblattes wäre, würde ich immer damit rechnen, daß eines Tages die Welt untergehen kann. Und ich würde vor einem so feierlichen Moment mit dieser Salzburger Sache nicht herausrücken. Ich nicht!

•

Herr Eduard Pötzl, der als Spezialkatholik des ‚Neuen Wiener Tagblatts' gegenüber dem dummen Kerl von Wien die Aufklärung und gegenüber der Aufklärung den dummen Kerl von Wien zu vertreten hat, hat ein Gedicht über die Blattern veröffentlicht, das den Impfzwang immerhin noch wirksamer als den Verszwang empfiehlt. Herr Pötzl, den verzweifelte

Anwandlungen von gesundem Menschenverstand um den Ruf eines begabten Kleinlebensschilderers zu bringen drohen, hat sich neulich mit Unrecht darüber beklagt, daß man ihn auch in der Literatur bloß als Rindfleischgourmand gelten lasse. Man wird von einem schönen Kruspelspitz immer sagen können, daß er ein Gedicht sei, aber von dem besten Gedicht nicht, daß es ein Kruspelspitz ist. Und im Leben ist es vollends so häßlich eingerichtet, daß mancher Vers hinken muß, während mancher wieder mehr Füße hat, als er gebrauchen kann. In der Gesamtsumme stimmt's, aber die Verteilung will Herrn Pötzl noch nicht recht gelingen. Vorderes und Hinteres sind ungleich abgewogen. Das lehrhafte Gedicht, in dem dargestellt wird, wie sich auch die verbissensten Impfgegner heimlich impfen lassen, schließt mit der riegelsamen Aufforderung:

Und werft sie hinaus die Bimfe,
Entdeckt ihr die Spuren der Lymphe!

Das Ende aller Poesie bleibt eben doch immer ein gesundes Hieferschwanzl.

*

Das ‚Deutsche Volksblatt‘ hat den Blattern gegenüber eine objektive Haltung bewahrt und sich durch die in Wien verbreiteten Gerüchte, daß es sich um eine von den Juden erfundene Krankheit handle und, wie in den Tagen der Pestfälle, um die künstliche Züchtung eines bis dahin mit Recht unbeachteten Bazillus, zu keinem unüberlegten Schritt hinreißen lassen. Insgeheim scheint sich aber die Redaktion ihren Glauben an eine Abmachung zwischen der Epidemie und den jüdischen Ärzten bewahrt zu haben. Ohne im geringsten einem der beiden Teile nahezutreten, konnte sie sich doch nicht enthalten, den folgenden Satz niederzuschreiben: »Die Ärzte sahen es bereits damals voraus, daß die ersten Erkrankungen nach vierzehn Tagen weitere Erkrankungen nach sich ziehen werden .. Mit dem gestrigen Tage lief nun die Zeitdauer ab, innerhalb welcher die Krankheit bei allen jenen Personen zum Ausbruch gelangen sollte, welche mit den ersten Blatternkranken in Berührung gekommen sind. Wie genau sich diese Inkubationsfrist an die Behauptungen der Ärzte hält, beweist folgender Fall.«

*

Die Impfgegner — auch das ist ein Beruf — haben gespottet, in Wien seien nicht die Blattern, sondern eine Impfepidemie ausgebrochen. Nun, auch sie wissen den Wert der Prophylaxis zu schätzen; ihrer Vorsicht ist jedoch übertrieben: sie ziehen sich die Blattern zu, um gegen das Impfen geschützt zu sein.

*

Daß die Blattern eine in der Ärztekammer abgekartete Epidemie seien, ist leider ein Aberglaube des Bürgermeisters von Wien, dessen überlaute Kundmachung die Anziehungskraft dieser Stadt schlimmer beeinträchtigen könnte, als die übertriebenste Darstellung der Blatterngefahr. Es wäre Sache einer lokalpatriotischen Presse, solche Äußerungen zu vertuschen. Die »Schädigung der heimischen Geschäftswelt«, die durch die wahrheitsgetreue Angabe der Zahl der Blattern-Fälle bewirkt wird, ist ein legitimes Opfer. Nur gegen eine andere Form, in der die Schädigung der heimischen Geschäftswelt in der Blattern-Rubrik betrieben wurde, wäre Verwahrung einzulegen gewesen. Nicht gegen die Intervention des Arztes, aber gegen die Zuziehung des Inseratenagenten. Die Bevölkerung konnte in nicht genug geräuschvoller Weise vor den Blattern, aber sie mußte noch entschiedener vor den Blättern geschützt werden, deren Verbreitung das öffentliche Wohl in jeder Richtung und ärger gefährdet. Wir haben einen journalistischen Skandal hinter uns, der seinesgleichen bloß in der Verbindung von Kaiserworten mit administrativen Interessen findet. Die Impfpusteln sind in diesem Sommer im lokalen Teil der ‚Neuen Freien Presse‘ aufgegangen. Herr Benedikt fand in den Tagen, da er den Ausgleich machen mußte und sein Gesicht tief in die Stelle zwischen den beiden Reichshälften gegraben hatte, noch Zeit, eine praktische Einrichtung zu treffen. Durch einen Monat konnten wir lesen, welche Feintuchhandlung ihr gesamtes Personal hatte impfen lassen, und konnten genau auseinanderhalten, ob die Angestellten der Firma Gansl durch Dr. Abeles oder die Angestellten der Firma Abeles durch Dr. Gansl geimpft worden waren. Im Ton des Aufgebots bei einer durch die ‚Neue Freie Presse‘ vermittelten Heirat ging's in dem Weltblatt von einem Tag zum andern. Die Inseratenquittung galt als Impfzeugnis, für fünf Gulden war der Schutz vor den Blattern nebst ehrender Erwähnung in der ‚Neuen Freien Presse‘ zu erkaufen. Man hatte angesichts dieser verwirrenden Fülle von Namen die Empfindung, daß eine radikale Administration für weitere fünf Gulden gleich auch die Taufe hätte einbeziehen und mit einem Schlage dem ganzen Antisemitismus ein Ende machen können. Aber so radikal sind die Administrationen der großen Blätter nicht. Dagegen erfinderisch in der Wahl der wirksamsten Impfreklamen. Die einfache Nennung wechselte mit ausführlichen Schilderungen des Eifers, mit dem sich einige besser zahlende Firmen der Sorge um die Gesundheit ihrer Kunden und Angestellten widmeten. »Die Fabriksleitung hatte schon vor einigen Tagen die Impfung ihres Personals angeordnet, doch konnte für den riesigen Arbeiterstand nicht genügend Impfstoff erlangt werden... Diese Schutzmaßregel ist gewiß bemerkenswert, da sich in einem so großen Betriebe trotz der üblichen regelmäßigen und zahlreichen ärztlichen Untersuchungen leicht Blattern einschleichen könnten, die nicht nur die Hunderte von Angestellten, sondern auch den großen Kundenkreis gefährden würden...«

Ein anderes Muster: »Wie schwer der Impfstoff zu beschaffen ist, hat die Kaffee-Importfirma M. dieser Tage erfahren ... 300 Menschen ... sogar an das Ausland um Impfstoff gewendet ...« Es wäre interessant nachzurechnen, wie viel Herr Benedikt durch sein energisches Eingreifen bei der Blatternepidemie verdient hat. Selbst das ‚Neue Wiener Tagblatt' schämte sich und ließ das Verzeichnis der Geimpften in einer Inseratenrubrik — in weitem Abstand von den Blatternmeldungen — verschwinden. Herr Benedikt ist stolz darauf, daß die ‚Neue Freie Presse' kein Inseratenorgan ist, und stellte die Impfzeugnisse im redaktionellen Teil aus, dort, wo sonst die Namen der an Blattern Erkrankten kostenfrei den ganzen Raum okkupiert hätten.

*

Der Amerikaner, der den Vorschlag machte, das Bismarck-Denkmal mit Stiefelwichs-Affichen zu bekleben, hat Stil, weil er ausschließlich zur Stiefelwichse und nicht zum Bismarck oder zur Bildhauerei eine innere Beziehung hat. Aber die europäische Presse möchte beide Richtungen vereinigen. Herr Benedikt ist stillos, da er auf seinen Besuch bei Bismarck stolz ist und kaum daß ihn die Erinnerung übermannt hat, schon an die Stiefelwichse denkt. Wird die Kultur der verfallenen Schlösser und Basalte propagiert oder wird ein Geschäft gemacht? Man kennt sich nicht aus. Man glaubt mit einem Historiker, Hygieniker oder Kriminalisten zu sprechen, da zieht er plötzlich eine Tabelle heraus und beginnt die Ereignisse nach der Millimeterzeile zu messen. Wir blicken in ein besorgtes Antlitz, von dem wir abzulesen glauben, daß die Blattern eine ernste Gefahr für die Stadt bedeuten, plötzlich hören wir etwas von drei Gulden und 25% Nachlaß. Und als in diesem Sommer ein Raubmordanschlag im Automobil mißglückte, sagte Schmock, daß nunmehr »das Automobil in den Dienst des Verbrechens gestellt« sei. Im Nu aber lasen wir die Signatur des Ereignisses anders: Das Verbrechen war in den Dienst des Zeitungsgeschäftes gestellt. Denn die ‚Neue Freie Presse‘ rückt mit einer Serie von Automobilfirmen heraus, an deren Inhaber ein Mann, auf den die Personsbeschreibung des Attentäters paßte, früher Kaufanträge gestellt haben sollte. »Er ersuchte auf unserem Einzylinder-Motorrad mit Beiwagen eine Probefahrt machen zu dürfen, da er aufmerksam gemacht wurde, daß unsere Motorzweiräder ruhig und betriebssicher laufen . . .« Und fast im Ton der Kaiserworte: »In unserer Fabrik sprach er sich über die Funktion des Motors sehr lobend aus und machte den Kauf eines solchen Fahrzeuges perfekt, mit der Bedingung u. s. w.« Nimmt man dazu, daß auch jene Firmen, die der Polizei in solchen Fällen Automobile zur Verfügung stellen, genannt werden, so kann man lehrreiche Berechnungen über den Profit, den die ‚Neue Freie Presse‘ aus einem mißlungenen Automobilraub zieht, im Verhältnis zum effektiven Wert des Objektes anstellen. Das Automobilverbrechen entpuppt sich als Firmenreklame, und man beginnt der Hoffnung zu leben, daß es einer tatkräftigen Publizistik einmal gelingen werde, Epidemien zu erzeugen und Verbrechen zu stiften, kurzum die Ereignisse hervorzurufen, die früher dem Leitartikler nicht immer zu willen waren, aber dem Inseratenmann ohneweiters parieren würden.

•

Gerade den Blattern gegenüber hat sich die Methode, die administrativen Geschäfte im Redaktionsteil zu erledigen, bewährt. Zu welchen heillosen Konfusionen die Trennung der beiden Ressorts führen kann, zeigte ein Blick in das ‚Fremdenblatt‘. Unter dem Titel »Zur Beruhigung« brachte es einen Artikel, der ganz im Geiste jener österreichischen Taktik, die »alles gerettet« glaubt, wenn sie die Feuersbrunst mit der Dementierspritze löscht, in die Worte ausklang: »Es geschieht alles, was zu geschehen hat und ein Grund zur Beunruhigung des

Publikums, als ob eine große Epidemie im Anzuge wäre, ist absolut nicht vorhanden. Es ist notwendig, daß dies ausdrücklich konstatiert werde, da das Reisepublikum durch beunruhigende Gerüchte, wie sie jetzt von manchen Seiten vielleicht auch geflissentlich erzeugt werden, von dem Besuche der Reichshauptstadt oder von der Durchreise abgehalten und dadurch zahlreichen Geschäftsleuten ein empfindlicher Schaden zugefügt werden könnte.« Nun war »eine große Epidemie« damals zwar nicht im Anzug, wohl aber im Inseratenteil der nächsten Seite derselben Nummer des ‚Fremdenblatts'. Dort war nämlich die Empfehlung eines Desinfektionsmittels mit den Worten eingeleitet: »Gelegentlich der grassierenden Blattern-Epidemie kann nicht genug warm...« In der Nummer vom 25. August auf den Seiten 12 und 13 kann man's nachlesen. Den strengen Generaldirektor jener Aktiengesellschaft, die jetzt das halbe Schrifttum Wiens zu Paaren treibt, trifft keine Schuld an dem für die Wiener Zeitungsethik charakteristischen Widerspruch. Wenn er diesen vor der Drucklegung bemerkt hätte, er hätte zweifellos die Weglasssung des Artikels angeordnet.

*

»Er hat es sich zum Grundsatz gemacht, Repräsentationsstücke des feinsten Genres zusammenzutragen, sofern sie in das Milieu seiner anziehenden Sammlung passen. Die stille Kunst, die man in seinen Räumen auf Schritt und Tritt wahrnimmt, hat die intensive Wirkung jener Liebe, die keinen Lärm macht«. Was empfiehlt der empfindsame Betrachter? Eine Ausstellung von Munch? Beinahe. Nur schreibt sich der Künstler »Munk«, und er hat ein Papiergeschäft eröffnet.

*

Das ‚Deutsche Volksblatt' über »Frühlingserwachen«: »In Hernals, wo gerade das Urwienertum vertreten ist und sich beim Heurigen Rendezvous gibt, dürfte sich das Deutsche Theater mit dem ‚Frühlingserwachen‘ nicht produzieren; dort wurden erst vor einigen Monaten, als gelegentlich einer Festlichkeit künstlerische Vorträge stattfanden, einige Künstler, die da ‚kabaretteln‘ wollten, nicht sehr höflich ersucht, bei sonstigem Hinauswurfe schleunigst die Bühne zu verlassen.«

*

Zu einer ernsthafteren Belästigung wächst sich die Keckheit des Herrn Raoul Auernheimer heraus, der jetzt in der ‚Neuen Freien Presse‘ die leeren Formen Herzl'scher Schreibweise mit der Gesinnung des Herrn Goldmann füllt. Er bezeichnet »Frühlingserwachen« (dessen Poesie Herr Reinhardt für Wien totzuschlagen den Ehrgeiz hatte) als eine Reihe »sentimentaler oder närrischer Karrikaturen, die Wedekind auf die Bühne hetzt«. Worin die »Verjüngung des Dramas« bestehe, fragt er höhnisch, von der die Anhänger Wedekinds sprechen. »In dem Stück ereignet es sich, daß die aufgeklärte Frau Gabor an Moritz Stiefel, der Selbstmordabsichten äußert und sie um 200 Mark anpumpt, einen Brief zu schreiben hat. Durch welche dramatische Indiskretion gelangen wir nun zur Kenntnis dieses Briefes? Der Dramatiker Wedekind macht das folgendermaßen: Er läßt den Vorhang hochgehen, da sitzt Frau Gabor an einem Tisch und schreibt. Hierauf legt sie die Feder weg und liest dem Publikum den Brief vor; liest zuerst den Schluß, dann den Anfang, dann noch einmal den Schluß. Hierauf senkt sich der Vorhang wieder. ‚Primitiv!‘ rufen die Anhänger Wedekinds, vor Wonne stöhnend, und verdrehen die Augen. Nun, wer für diese Art von Primitivität schwärmt, der mußte nicht auf Frank Wedekind warten. Beim Praterwurstel wurde auch schon vor ihm Theater gespielt . . .« Robert Hirschfeld begegnete der Erdreistung solchen Geistes, der auf Jours sein Glück machen kann, in einem besonders guten Essay. Daß er in einer Tageszeitung gedruckt werden konnte, beweist, daß in Wien die Kunst doch noch nicht völlig rettungslos dem Kommisgeschmack preisgegeben ist. Die folgenden Sätze seien aufbewahrt: »Tragischer, als gar nicht verstanden zu werden, ist das Geschick Wedekinds, den sie nur dort nicht verstehen wollen, wo er blutig ernst ist und als scharfer Welthorcher das Tiefste und Geheimste wiedergibt. Wedekind muß grinsen, Fratzen schneiden, Rad schlagen — er kann es — dann mag er gelten. ... Als ‚Frühlingserwachen' im Jahre 1891 erschien, war Wedekind sechsundzwanzig Jahre alt, ein Jüngling. Welche Lebensweisheit, welcher Reichtum an Beobachtungen und innerer Erfahrung, welch originelle Kraft der Gestaltung! Ein Wort Wedekinds, und wir sind in das zerrende, zuckende, taumelnde, tolle Leben hineingewirbelt. Frau Gabor liest einen Brief, den sie an Moritz Stiefel geschrieben hat. Ist das dramatisch? fragen die Widersacher. Habt Ihr den leisesten Begriff von dramatischer Kunst? müßte die Gegenfrage lauten. Die Briefszene öffnet eine weite dramatische Perspektive, sie faßt die Fäden der Knabentragödie zusammen, erfüllt uns mit Ahnungen für die Entwicklung des Stückes.«

•

Dem Wandel der Operndinge stehe ich so fern wie dem Gebiet, auf dem er sich begibt. Aber ich habe ein beiläufiges Gefühl davon, daß Herr Mahler mit unversehrterer Würde seinen Platz verläßt, als sein Nachfolger ihn bezieht. Wenn ein Operndirektor seinen Befähigungsnachweis mit dem Schreiben einer Satire zu erbringen hätte, vielleicht könnte Herr Mahler, der über die Schleppe der alten Metternich gestolpert sein soll, ihn erbringen. Trotzdem schreibt er keine Satire, sondern hält Takt und dirigiert. Herr v. Weingartner aber führt sich mit einer »musikalischen Walpurgisnacht« ein, als ob er jenen Mangel an Humor zu beweisen hätte, den ein Wiener Operndirektor besitzen muß, um die oberststallmeisterliche Dressur zu ertragen.

Dieser Herr v. Weingartner hielt sich kürzlich in Wien auf und »hatte die Liebenswürdigkeit, einen Mitarbeiter unseres Blattes zu empfangen«. Allem Anschein nach wird er diese Liebenswürdigkeit öfter haben, aber sich nach Antritt seines Direktoramtes seltener in Wien aufhalten. Über seine Absichten und Pläne als Wiener Operndirektor befragt, gab Herr v. Weingartner zu, daß er eine große Konzerttournee durch England und Schottland vorhabe und vor Neujahr ein Musikfest in Kiel leiten werde, während dessen ausschließlich seine eigenen Kompositionen zur Aufführung gelangen sollen. Im Februar werde er ein großes Konzert in Warschau dirigieren, was ihn nicht hindern werde, zu Ostern seine neueste Komposition, die er für Goethes »Faust« geschrieben habe, am Hoftheater zu Weimar zu dirigieren. Man darf aber nicht glauben, daß er sich schon jetzt ausschließlich mit der Vorbereitung für diese Tournee beschäftigt. Vor seinem Abschiede von Berlin hat Herr v. Weingartner noch Hals über Kopf zu tun; denn er hat dort fünf Konzerte der königlichen Kapelle zu dirigieren. Um sich nicht zu zersplittern, hat er eine Einladung der Wiener Philharmoniker, sämtliche philharmonischen Konzerte der nächsten Saison zu dirigieren, abgelehnt... Von allen Engrosbetrieben scheint mir der musikalische doch der weitaus widerwärtigste, weil er den stärksten Kontrast von Technik und Material darstellt. Es gibt Konzertzeichner. In diesem Sinne dürfte Herr v. Weingartner ein Konzertdirigent sein.

•

Herrn Regierungsrat Steger, den ein Fußübel, das er sich bei der Besteigung des Ätna zuzog, weder am Klavierspiel noch an der Abfassung eines Reise-Feuilletons gehindert hat, ist neuerdings ein Unglücksfall zugestoßen. Er hat die Expensen aus dem Prozeß Taußig, die er sich von einer Depotsumme abziehen zu können glaubte, vom Gericht nicht zuerkannt er-

Noten auskenne, schrieb er ein Feuilleton über die Strauß'sche »Salome«, bei dessen Lektüre sich die Fachleute wieder lebhaft an die Erscheinungen des Ätna gemahnt fühlten.

*

Von der ganzen Hau-Sensation hat mich ausschließlich — und mehr noch als das auf dem Gerichtstisch im Spiritusglase stehende Herz der Ermordeten — die eine Tatsache interessiert, die in der folgenden Depesche gemeldet war: »In Amerika hat Hau nach Feststellung des Präsidenten Orgien gefeiert. Er hat viel mit der Künstlerin Otero verkehrt. Als ihm dies vorgehalten wird, schweigt Hau«. Solcher Feststellung und solchem Verhalten gegenüber verschwindet tatsächlich das Interesse an der Schuldfrage des Mordes. Die Presse mag monatelang an einer Kolportagesensation würgen. Der eine Augenblick, in dem Deutschland seine Psyche offenbart, ist aufschlußreicher als alle Psychologie eines Mordprozesses.

*

Im Sommer habe ich einmal, weil ich nämlich ein Absteigquartier suchte, einen Blick ins ‚Neue Wiener Tagblatt' geworfen. Zu meiner größten Beruhigung gereichte es, wahrzunehmen, daß sich die mudelsaubere Lebensanschauung des Herrn Pötzl seit dem Austritt des Herrn Bahr aus dem Redaktionsverbande auch im Inseratenteil zur Geltung bringt. Wenn man sich an den Raffinements, die die ‚Neue Freie Presse' auf der letzten Seite vermittelt, übersättigt hat, wirkt eine Anzeige, wie die des ‚Neuen Wiener Tagblatts' vom 22. August wie ein Gesundbrunnen: »Ehrbaren Anschluß an schöne junge Dame von starker stattlicher imposanter Erscheinung erwünscht von einem distinguierten gutsituierten Ausländer. Detaillierte Anträge (nur mit Bild, sonst zwecklos) und nicht anonym unter ‚Rubensweib 60744' an die Expedition. Sezessionistisches ausgeschlossen.« Mit einem Wort, sie muß »was

Herr Polgar gibt zu, daß Raimunds »Verschwender« ein »gemütvolles, treuherziges, spassiges Stück ist, dessen Erde« — jetzt kommt natürlich ein Bild — »vom Quell des Volksliedes durchsickert zu sein scheint«. Das ist immerhin ein Zugeständnis. Aber unbegreiflich ist es ihm, daß »man uns gelehrt hat, ‚Poesie' darin zu finden, unsterbliche Poesie«. Vom Quell des Volksliedes durchsickert sein, ist nämlich etwas anderes. »Und wenn der Chor beim Anblick einer Landschaft singt: ‚O welch ein Reiz! — Das übertrifft, das übertrifft, das übertrifft die Schweiz' — muß man wohl an die Poesie glauben.« Dieser Hohn ist nicht ganz unbegründet. Wenn Bilderreichtum die Poesie ausmacht, so können sich die Dichtungen Raimunds mit den Kritiken Polgars nicht vergleichen. Daß ich trotzdem Raimund für den größten österreichischen Dichter halte (wie Nestroy für den geistvollsten deutschen Schriftsteller neben Lichtenberg) ist meine private Marotte, die nicht zur Sache gehört. Aber die Geringschätzung, die Herr Polgar Raimund entgegenbringt, sollte ihn doch nicht hindern, Raimund zu lesen, ehe er ihn zitiert. Ich finde, daß die Strophe: »O seht doch dieses schöne Tal — Wo prangt die Erd' durch höhern Reiz — Dem Kenner bleibt hier keine Wahl — Der Anblick übertrifft die Schweiz« im Chor der Gäste des Herrn v. Flottwell poetisch genug klingt und daß selbst eine größere Naivetät der Gesangseinlagen der dichterischen Bedeutung des »Verschwender« keinen Eintrag tun könnte. Die Erde, die durch hohen Reiz prangt — das ist freilich zu primitiv, selbst für eine, die vom Quell des Volksliedes durchsickert ist. Denn was ist alle Poesie der Erde gegen die »Erde der Poesie«? Unvergleichliche Schönheit gegen einen schönen Vergleich?

*

Bewahrt Ihr die Erinnerung, wie lieblich die Flotow'sche Melodie einsetzte, wenn ihr in einer Aufführung des »Wintermärchens« Zerline Gabillon erwacht, »Ihr Götter, blickt herab« sprach? Mir ist kein Shakespeare'sches Werk gegenwärtig, in dem nicht musikalische Begleitung an irgend einer Stelle vorgeschrieben wäre, und keines kann sie weniger entbehren als das »Wintermärchen«. Der Advokat, der im ‚Neuen Wiener Journal' über das Burgtheater schreibt, läßt sich aber vernehmen: »An den Dramaturgen des Burgtheaters haben wir ein besonderes Ersuchen. Das ‚Wintermärchen' wird mit Flotows Musik aufgeführt. Es wäre Zeit, sich von dieser alten Überlieferung zu befreien. Flotows Musik ist schlecht. Aber selbst wenn sie besser wäre, müßte sie als störend beseitigt werden. Shakespeares Muse bedarf keiner melodramatischen Krücke.« Nein, was nicht alles Theaterkritiken schreibt! Es wäre höchste Zeit, den numerus clausus einzuführen.

*

Unbestimmte Gerüchte gehen um, der berühmte Wiener Advokat, Regierungsrat und herzoglich sächsische Geheime Justizrat Bachrach habe in einem ganz großen Erbschaftsprozeß ganz große Unanständigkeiten begangen. Ich weiß es nicht und glaube es nicht, solange der Disziplinarrat der Advokatenkammer nicht klar und deutlich ausgesprochen hat, daß Herr Dr. Bachrach sich gegen die Standesehre in keiner Weise vergangen habe und daß sein Verhalten ein durchaus korrektes gewesen sei.

*

Was nicht alles geschehen kann, wenn die ‚Fackel' pausiert! Herr Stukart »hat sich Verdienste erworben«. Ich glaube nicht, daß ein ruhiger Genuß der in der Affaire Tarnowska errungenen Triumphe in einer Zeit möglich gewesen wäre, in der die ‚Fackel' erscheint, also dafür gesorgt ist, daß die Lorbeerbäume vor der Wiener Polizeidirektion nicht in den Himmel wachsen. Zu den Caruso-Ehren, die der Chef des Sicherheitsbureaus einheimste, fehlte nur eines: es war niemand da, ihm die Pferde vor seinem Ruhmeswagen, die Journalisten, auszuspannen.

Eine österreichische Hoffnung: »Wenn sich für die Tarnowska und Prilukow für eine Mitschuld am Morde keine weiteren Beweise werden erbringen lassen und Italien ihre Auslieferung nicht verlangen wird, dann dürfte Prilukow hier wegen Falschmeldung abgeurteilt und wegen der von ihm verübten Veruntreuung an Klientengeldern nach Rußland ausgeliefert werden.« In Italien kann ein Mord ungesühnt bleiben, Rußland verzichtet vielleicht auf die Verfolgung einer Veruntreuung, — den Österreichern wird Herr Prilukow nicht entkommen: er hat eine Falschmeldung begangen.

*

»Anstiftung zum Morde«: In Rußland werden die Männer wie die Fliegen getötet und in der ganzen Welt wünschen die Frauen von lästigen Liebhabern befreit zu sein.

*

Die Kenner im Landesgericht! Kommt einmal nach langer Zeit ein halbwegs interessantes Frauenzimmer nach Wien — schwups, haben sie sie drin.

*

Das unglaublichste Faktum in der Affaire Tarnowska: »Wie schon berichtet worden, hat Prilukow auch an einen Privatdetektivbureau-Inhaber die Zumutung gestellt, sich gegen 4000 Kronen Belohnung auf gewaltsame Weise in den Besitz der Korrespondenz zu setzen«.

*

Eine erfreuliche Aufklärung: »Betreffs des Gerüchtes, die Gräfin Tarnowska habe noch einen vierten Geliebten gehabt, meldet die ‚Gazzetta di Venezia': Es ist wahr, daß die Tarnowska einem Offizier der italienischen Marine in Venedig Telegramme geschickt hat. Dieser Offizier war aber nie ihr Geliebter; er machte ihre Bekanntschaft in den wenigen Tagen ihres Aufenthaltes in Venedig und zwar wurde er ihr von seinem Freunde Grafen

die er der Verlobten seines Freundes zu gewähren sich verpflichtet hielt.«

•

Psychologie: »Manchmal begibt es sich, daß eine Frau nichts anderes ist, als Geschlecht, ganz animalisch, ohne Gut und Böse. Und diese Naturkraft zieht alle Untüchtigen, Erschöpften, Verderbten an, tilgt sie nach dem wundervollen Plan der Weltordnung aus.... In der tödlichen Frau wirkt die Natur als Zerstörerin. Aber uns bleibt der Trost, daß sie nur jene vernichtet, die sie schon im Blute haben. Im kranken Blute. Es sind nur die Verlorenen, die an ihr sterben.« Herr Ludwig Bauer stirbt nicht an ihr. Nach dem wundervollen Plan der Weltordnung bleibt er uns als Feuilletonist der ‚Zeit' erhalten. Auch wenn er die Bekanntschaft der leibhaftigen Lulu Wedekinds, von deren Wesen er vorläufig keinen Begriff hat, die er aber bereits zitiert, machte. Denn es ist eine durch alle Ewigkeit giltige Tatsache, daß die animalische Urkraft des Weibes nicht die Schwachen anzieht und vertilgt, sondern die Starken belebt und verjüngt. Daß die besten Gehirne aus solcher Geistesschwäche, die größten Charaktere aus solcher Luderhaftigkeit genährt wurden. Daß die mächtigsten Gebieter die erotischen Dienstjahre heil bestanden haben. Und daß Sinnengenuß und Schönheit nach dem wundervollen Plan der Weltordnung Zaubermittel sind, und nach dem teuflischen Plan der Gesellschaftsordnung in den Giftschrank der Menschheit gesperrt wurden.

•

Das ‚Extrablatt' ist bekanntlich das Organ für Raubmörder und verwandte Berufe, warnt aber entschieden vor der Kuppelei. Seit seinem Erfolg im Prozeß Riehl versäumt es keine Gelegenheit, die Wiener Einbrecher, die die Polizei nicht finden kann, weil die Abonnentenliste des ‚Extrablatts' geheimgehalten wird, mit der Enthüllung zu überraschen, daß in einem Bordell außerehelicher Beischlaf getrieben wurde.

Das ‚Extrablatt' schützt die Interessen der Familie gegen den Mädchenhandel. Da es sich aber allzu hastig auf jede Affaire stürzt, in der es sich um die Verschleppung eines Bürgermädchens in ein Freudenhaus handelt, so passiert ihm manchmal etwas Menschliches. Vom stofflichen Interesse getrieben, hatte sich das ‚Extrablatt' neulich wieder eines Falles bemächtigt, der die sentimentale Kontrastierung des Lotterlebens in einem »verrufenen Hause« mit der Gesellschaftsordnung, der zwei Mädchenblüten entpflückt wurden, zu gewährleisten schien. Aber siehe da, zum Schlusse stellte sich heraus, daß die »Madame Rosa« alle Mühe hatte, die Mädchen, die bei ihr vorgesprochen hatten, der Familie wiederzugeben, und daß die Tante es war, die auf deren Eintritt in das »berüchtigte Haus« den denkbar größten Wert legte. Die Hoffnungen der Tante hatten sich leider nicht erfüllt. »Eine ältere Dame empfing uns«, erzählte eines der von der Madame Rosa geretteten Mädchen, »und führte uns durch zahlreiche Zimmer und schließlich in einen Salon, in welchem ein großer Tisch gedeckt war. Wir speisten in Gesellschaft von etwa fünfundzwanzig Mädchen, die sich in dem Hause befanden. Bei Tisch ging es ziemlich laut her und es wurde ein sehr triviales Gespräch geführt. Ich hatte bald das Gefühl, daß wir an einen schlechten Ort geraten waren. Als das Diner zu Ende war, befragte ich die ältliche Dame, welche das Regime zu führen schien, über die Beschaffenheit dieses Hauses. Es wurde mir eine aufrichtige Antwort zuteil; die Dame sagte sogar, daß sie uns, wenn wir keine Dokumente haben, auch nicht im Hause behalten könne. Ich erfaßte diese Gelegenheit und sagte, daß wir über keinerlei Schriften verfügen, man möge uns daher sofort entlassen. Meine Bitte um Entlassung wurde sofort erfüllt und alsbald befand ich mich mit meiner Freundin wieder auf der Straße. Wir waren froh, so leicht wieder entkommen zu sein.« Der Verein zur Bekämpfung des Mädchenhandels wird sich aller Voraussicht nach diese Konkurrenz

man glaubt gar nicht, welche Schwierigkeit es oft dem Mädchenhandel kostet, ein Opfer der Familie auf den rechten Weg zu bringen. Die Familie stellt sich die Ergreifung der Karriere einer Prostituierten in den meisten Fällen viel zu leicht vor. Wie kann man nur ein junges Mädchen ohne jedes Dokument nach Wien zur Madame Rosa schicken! Gäb's keine polizeilichen Lizenzen, so könnte ja eine jede hergelaufene Familientochter hineinkommen und die Madame Rosa wüßte nicht, wie sie die Würdigen berücksichtigen sollte ... Das ‚Extrablatt' aber pries in entrüstetem Ton das Walten einer Bordellinhaberin, die da verhindert, daß sich die jungen Mädchen der Prostitution ergeben.

•

Ein Kabeltelegramm der ‚Neuen Freien Presse': »New-York, 2. Oktober. Das Deutsche Theater wurde gestern unter der neuen Direktion M. Baumfelds mit einer Aufführung von Grillparzers ‚Der Richter von Zalamea' eröffnet.« — Es liegt hier offenbar eine Verwechslung mit Calderons »Jüdin von Toledo« vor, aber das Wesentliche der Nachricht, der Name des Herrn Baumfeld, ist richtig gekabelt.

•

Günstige Preßstimmen: »Richard der Dritte ist keines der Werke, die hinreißen, aber es birgt theatralische Wirkungen, die sich nicht in Wandelbildern erschöpfen lassen.« — »Die Wolter überraschte durch ihr ergreifendes Spiel als Kriemhilde.«

•

Leopold Wölfling und Luise Montignoso haben wieder einmal anders gewollt und die Rücksichten, die sie der Wiener Journalistik schulden, ihren Herzenswünschen geopfert. Der Wiener Journalistik bleibt nun nichts weiter übrig, als den ohne ihr Vorwissen geschlossenen Bündnissen den Segen zu verweigern. Was Herrn Wölfling betrifft, so beklagt die ‚Neue Freie Presse' einen »Entschluß, der kaum

Erzherzogs zu seinem katholisch strenggläubigen Vaterhaus zu verbessern«. Zwar wird gemeldet, daß der Großherzog von Toskana und sein Sohn einander in den Armen lagen und weinten vor Schmerz und vor Freude, aber die katholische Tradition des Hauses Toskana hätte eben den Stoß nicht vertragen, wenn die Wiener Chefredakteure sie nicht gestützt hätten. Mag der Großherzog verzeihen, Herr Lippowitz bleibt unversöhnt. Und unerbittlich enthüllt er das ihm längst bekannte Vorleben der Braut Wölflings. Sie sei als Dienstmädchen nach Berlin gekommen, »wo sie diesen Beruf mit einem gangbareren vertauschte, der sie alsbald in nähere Beziehungen zur Sittenpolizei brachte«. In München sei sie noch im vorigen Jahre unter sittenpolizeilicher Kontrolle gestanden. Dort machte sie die Bekanntschaft Wölflings, dessen Heiratsantrag sie zunächst ablehnte, »weil sie einen Bräutigam in Berlin habe, mit dem sie sich erst auseinandersetzen müsse«. Wölfling »verstand den zarten Wink«. Es kam eine Abmachung zustande, »wonach der Berliner Bräutigam dem neuen Reflektanten die Liebste gegen Zahlung von 10.000 Mark überließ«. Der Bräutigam habe für diesen Betrag seine Rechte auf die Braut dem ehemaligen Erzherzog abgetreten und für den empfangenen Kaufpreis ein Käsegeschäft aufgemacht. So erzählt Herr Lippowitz nach der Information seines Berliner Korrespondenten, eines Freundes des Herrn Harden, der für die sexuellen Angelegenheiten hochgestellter Personen bekanntlich auch eine feine Witterung hat. Weniger einfach liegt der Fall der Gräfin Montignoso. Die Journalistik tappt im Finstern.

seine Gestalt ist von einer weiblichen Weichheit, man möchte fast sagen, unmännlich.« Da man ihn nun taktvoller Weise nicht gut fragen kann, wie er seine Stellung zur Gräfin regeln werde, so fragt man ihn einfach, ob die Gräfin schwanger sei. Der diskrete Interviewer läßt die Person des Herrn Toselli hierbei ganz aus dem Spiele und es entwickelt sich ein Gespräch, in dessen Verlauf Herr Toselli die Erklärung abgibt, »die Nachricht, daß die Gräfin in andere Umstände geriet, sei unrichtig und ebensowenig entspreche es den Tatsachen, daß sie ins Ausland gereist sei, um zu entbinden.« Man habe sie bei ihrer Ankunft in Florenz gesehen und »werde sich überzeugt haben, daß diese Nachricht nicht wahr ist«. Der Vertreter der ,Neuen Freien Presse' hat sich überzeugt, ist aber doch mißtrauisch. »Ist es wahr«, fragt er, »daß die Gräfin bis im Juni jeden Morgen Fechtübungen gemacht hat?« (Die Depesche ist offenbar verstümmelt und es muß »jeden Früh« heißen.) Toselli soll geantwortet haben: »Vollkommen wahr. Denken Sie sich also, ob sie Fechtübungen gemacht hätte, wenn sie schwanger wäre« ... Aller Voraussicht nach dürfte der Papst Benedikt nicht zu bewegen sein, in diesem Falle den Dispens zu erteilen. Weniger rigoros soll sich Pius verhalten. Er habe, heißt es sogar, der Gräfin Montignoso eine Audienz gewährt. Freilich wird die Nachricht, die »trotz ihrer Absurdität die vatikanische Welt in die größte Aufregung versetzte«, dementiert. Die vatikanische Welt fürchtet nämlich die Gräfin Montignoso wie den leibhaftigen Satan. Aber der kommt nicht nach Rom, seitdem er gehört hat, daß ihm, wenn er sich's einfallen ließe, Herr Lippay etwas malen würde.

*

Der Inseratenteil der ,Fackel' begegnet herber Kritik. »Teile Ihnen mit«, schreibt ein anonymer Ethiker, »daß Sie sich in punkto ,Schülerbriefe' genau wie die ,Neue Freie Presse' verhalten, die darüber

die gut bezahlt war. Auch Ihre Reklame für den ‚Lokalreporter‘ Brandes ist zum mindesten auffallend«. Sehr richtig. Nur daß die ‚Fackel‘ zwar der Vorwurf trifft, die Schülerbriefe bloß annonciert zu haben, aber nicht der andere, dafür gut bezahlt worden zu sein. Auch diese Schmach hätte die ‚Fackel‘ auf sich geladen, wenn der Autor des Buches nicht zu ihren Mitarbeitern zählte und ich seine Arbeit nicht wenigstens durch eine Anzeige für den Totschweigebann der Wiener Presse hätte entschädigen wollen, da die Buchkritik bekanntlich nicht in den Pflichtenkreis der ‚Fackel‘ gehört. Freunde eines Autors mögen die Besprechung seines Buches in jeder Zeitschrift, die sie nicht bringt, vermissen, und wenn sie schwachsinnig sind, aus einer Anzeige, der sie es nicht einmal ablesen können, ob sie bezahlt sei, auf die Gewinnsucht des Verlages schließen. Berechtigter ist die Kritik der »Reklame« für eine Revue, auf deren Titelblatt Herr Brandes als Herausgeber zeichnet. Wiewohl die Annonce des ‚Morgen‘, die noch in dieser Nummer der ‚Fackel‘ enthalten ist, und wenn der Berliner Verlag nicht verzichtet, in einigen Nummern noch enthalten sein wird, keine Anpreisung, sondern eine Anzeige ist, bedaure ich ihre Aufnahme und freue mich, daß ein anonymer Esel mir Gelegenheit gibt, sie zu besprechen. Auch diese Anzeige wurde — was an ihrer Untauglichkeit natürlich nichts ändert — nicht gegen Bezahlung, sondern sie wurde als Tauschannonce in die ‚Fackel‘ aufgenommen. Der Verlag des ‚Morgen‘, von dem damals noch keine Nummer erschienen war, schlug dem Verlag der ‚Fackel‘ einen Austausch ihrer Anzeigen vor. Eine Revue, in der das neueste Drama Frank Wedekinds erscheinen sollte, schien mir einer Anzeige in der ‚Fackel‘ nicht unwürdig und der Schaden, den ich der Literatur durch die Empfehlung eines Blattes, auf dem der Name Brandes steht, zufüge, reichlich wettgemacht durch den Nutzen, der für die Literatur durch die Empfehlung der ‚Fackel‘ in einer reichsdeutschen

gedruckt werden sollte, zu erwarten war. Der einwandfreieste Verlag bedarf solcher Erwägung nicht, um die Anzeige eines Werkes zu rechtfertigen, dessen Autor von der Redaktion nicht geliebt wird. Der Verlag der ‚Fackel‘ muß in diesen Fragen engherziger sein als notwendig ist, glaubte aber dem Ersuchen um eine Tauschanzeige sich nicht sperren zu müssen. Nun sind mehr als ein Dutzend Hefte des ‚Morgen‘ erschienen, er ist ein Schundblatt, das dem Namen Brandes alle Ehre macht, und ich bedaure, zu seiner Anzeige verpflichtet zu sein. Wiewohl die stumme Ankündigung nicht den geringsten Widerspruch zu meiner Abneigung gegen das Blatt bildet und die Unabhängigkeit meiner publizistischen Meinung nicht im mindesten berührt, beklage ich sie, weil mir der Gedanke schrecklich ist, daß auch nur ein einziger Leser die Bekanntschaft des ‚Morgen‘ der ‚Fackel‘ verdanken könnte. Das trostlose Geschwätze der Herren Sombart und Salten zum Lobe Wiens, das Herrn Pötzl begeistert hat (als ob die Tadler Wiens es nicht gerade um seiner Vorzüge willen tadelten) hat mich bloß gelangweilt. Die Speichelleckerei vor dem deutschen Kronprinzen, der im Tone sittlichster Empörung gegen den Verdacht homosexueller Regung in Schutz genommen wurde, hat mich stutzig gemacht. Denn ich hatte immer geglaubt, daß nur in Reichsanzeigern, Adels- und Salonblättern u. dgl., aber nicht in einer die moderne Kultur reklamierenden Zeitschrift ein Satz wie der folgende Platz finden könnte: »In unserer an Idealen armen Zeit ... müssen wir ganz besonders auf der Hut sein, daß man uns nicht durch derart lügenhaften Wahnsinn auch noch die Freude an unserem Kronprinzenpaare raube, das schon heute die Herzen der Nation besitzt ... Wenn diese Sittenverbesserer ihre Kunst an unserem Kronprinzen zu erproben suchen, so schmettern wir ihnen — und wissen uns dabei von jeder Liebedienerei frei — ein einmütiges Paroli entgegen.« Auf diese Erklärung hin, nach der ich die Redaktion des ‚Morgen' doch nicht ganz frei von Liebedienerei wußte, wollte ich das Blatt ersuchen, mich der Pflicht, es weiter anzuzeigen, zu entbinden. Ich vergaß, las aber in einem Artikel des Herrn v. Wolzogen über »Sexuellen Idealismus«, in welchem der auf das Überbrettl gelangte Freiherr die Prostitution bekämpft, den Satz: ». . . daß der Vernichtungsschlag gegen das Schandwesen der Prostitution nur dadurch zu führen ist, daß jeder gesunde manierliche Mann zur Stillung seines Liebesdurstes ein Mädchen seiner Art gratis zur Verfügung haben kann«. Mit dieser Scheußlichkeit schien mir der Standpunkt des bekannten Blitzmajors erklommen, der auf Kongressen gegen den Mädchenhandel den Vorschlag gemacht hat, die Prostitution durch schlechtere Bezahlung der Prostituierten zu bekämpfen ... Dazwischen die politischen Lächerlichkeiten eines Herrn Karl Schnitzler, der die Stelzen des Herrn Harden entliehen hat und z. B. den Großherzog von Baden einen guten Regenten nennt, »der nie in gellenden Lauten vor Europens schadenfrohen Hörern parlierte«, »im Wollen rein und beharrlich« war und nie »in der Habsburg sein Profitchen suchte«. Dann das preziöse Versprechen der Redaktion, daß gewisse Mitarbeiter »für Unterhaltung sorgen werden«, und die Ankündigung, daß unter anderen Herr Marcel Prévost für die Abonnenten des ‚Morgen' Vorträge halten werde. Schließlich eine Notiz über den Prozeß Harden-Moltke, in der erpresserischer Tratsch mit der folgenden, nach österreichischem Strafgesetz sicher faßbaren Bemerkung hinausgegeben wird: »Wir geben dieser Notiz in der Hoffnung Raum, mit ihr die Hauptverhandlung zu inhibieren. Von dem Gelingen dieser Absicht machen wir die Veröffentlichung weiterer Mitteilungen abhängig«. Auf der Reklameschleife war der Blödsinn mit den Worten annonciert: »Moltke überführt, Harden triumphans!« Ein Kulturblatt, dessen lyrischen Teil Herr

v. Hofmannsthal redigiert. Die modernste Blüte deutschen Geistes . . . Genug. Man sieht schon, daß ich den ‚Morgen‘ zwar anzeige, aber nicht empfehle.

•

»Oft schimmert ihre Herkunft deutlicher vor: Proletarische Schichten des Judenvolkes in trübseligen russischen oder rumänischen Pogromstädten, wo die Kinder frühzeitig in den dunklen Augen der Eltern den Widerschein blutigen Schimpfes gewahren, früher als Elternmund ihnen den ringsumher lauernden Haß erzählen kann. In den großen Städten des Westens, bei uns, in Paris und in London begegnet man solche Kinder, begegnet sie im Zwischendeck der Amerikadampfer. Kinder, die alte, erblindete oder von grausamen Mißhandlungen verkrüppelte Männer an der Hand führen. Und es ist in ihren jungen Mienen so viel zusammengefaßtes Dulden, so viel letzte Angst und Schüchternheit und ein solcher Ausdruck von Vertriebensein, als laste schon das Geschick vieler Generationen auf diesen kaum noch erwachten Seelen. . . . Dieses Antlitz erscheint wie in Tränen gebadet, erscheint von tiefen Leiden überhaucht; aber als tauche es aus den Tränen vieler Vorfahren, längst gestorbener Urmütter auf, als sei vieles, längst schon ausgelittenes Leid in ihr wiedergeboren und hauche seinen Atem über ihre Wangen. . . . Jetzt ist es, als tritte sie aus einer Rasse hervor, die tragisches Erleben bis zur Neige kennt, als sei sie Erbin und Bote dieser Tragik und die Gestalterin großer Geschicke, von deren Ablauf ein Schmerz in ihrem Wesen ruht.« Was ist das? Ein Grundriß zur Psychologie des Zionismus? Nein, eine Burgtheaterkritik. Eine günstige Rezension des neuesten Mitglieds, des Fräuleins Lia Rosen. Wie hat Fräulein Rosen gespielt? Nun, man kann sagen, die Kritik hat einstimmig ihrem Bedauern über die russischen Pogroms Ausdruck gegeben und die Debütantin wurde auf fünf Jahre engagiert. (Ich brauche nicht zu sagen, daß das zitierte Referat Herrn Felix Salten zum Verfasser hat, der zwar noch auf keinem Zwischendeck eines Amerikadampfers war, aber auch auf dem Festland »begegnen« mit dem Akkusativ konstruieren kann.) Schauspielerinnen sind Weiber. Als ich in Berlin hörte, Fräulein Rosen habe eine Seele und sei »ein großer Mensch«, fällte ich kein günstiges Vorurteil über die Dame. Es hat manche geniale Tragödin gegeben, die im Leben kein großer Mensch war, sondern ein großes — Weib. Schauspielerinnen schaffen aus dem Weiblichen. Darum hat auch die Hysterie ihre Vertreterinnen auf der Bühne und selbst die Metritis. Aber der tausendjährige Schmerz des Judentums? Wenn er ein Frauenleiden wäre, wenn er wie jeder andere Schmerz des Weibes, wie Mutterschaft und das Pathos sinnlichen Erlebens, einen schauspielerischen Typus schüfe, dann wäre es Zeit, Bühnenpogroms zu veranstalten. Der Fall Rosen war selbst Herrn Reinhardt, der doch auf »Zwischenstufen« den Weg zum snobistischen Ruhm erklommen hat und jeden Defekt in einen Effekt umzumünzen versteht, zu peinlich. Das Burgtheater, das einst die Riesenmaße tragischer Weiblichkeit sah, hat den Mut der Verzweiflung. Kleinheit des Weibes kann ein Kompendium wahrer Größe sein. Fräulein Rosen ist ein Zwerg, dessen aparte Wirkung nicht nur von dem Bedauern über die Vorgänge in Kischenew, sondern von der Tragik seiner Verirrtheit in Menschenland bestritten wird. Aus solcher Tragik wächst keine Tragödin empor; sie vermag nicht den zuschauenden Geschmack zu täuschen, wohl aber die Nerven, die das Ungewöhnliche durch eine Wirkung neben der Bühne kaptiviert. Und auf solch unkontrollierbarem Schlammgrund läßt sich mit Vorliebe eine Kritik nieder, die psychologische Nuancen sucht, um sich über ihre Theaterfremdheit zu trösten. Die Direktion des Burgtheaters, die diesmal ihr Herz gewonnen hat, ist, heißt es, »bemüht, für Fräulein Rosen einen Rollenkreis zu schaffen.« Das wird eine Prokrustesarbeit geben! Gott schütze die Kunst! Wir möchten nur die Julien, Ophelien und Desdemonen geborgen wissen. Ein Werk des Herrn Sudermann ist so stark, daß ihm nichts schaden kann. Wiewohl Fräulein Rosen hier eigentlich auch nur eine einzige Dialogstelle »gebracht« hat, jene nämlich, in der Daisy auf die Frage »Wie sind Sie denn zu den Briefen gekommen?« antwortet: »Wie soll ich dazu gekommen sein? Er hat sie mir gegeben!«

* *

Dank sei Herrn Caruso, daß er Wien, die Stadt, in der die Gemüse und die Gehirne mit Mehl zubereitet werden, so gründlich entlarvt hat! Wir brauchen solche Gelegenheiten, um zu zeigen, daß wir die Bewohner eines großen Affenhauses sind. Wer's schildern will, wie wir uns darin benehmen, wenn ein berühmter Tenorist die Gnade hat, uns auch nur das Loch in seinem Überzieher zu zeigen, vermag es nicht. Soll er den Schlachtenbericht der ‚Neuen Freien Presse' abschreiben, mit dem ein naiver Tölpel das berühmte Wiener Kunstinteresse als gesellschaftliche Streberei schmierigsten Kalibers denunziert? Es ist merkwürdig, wie in solchem Falle — ganz so wieder wie bei der Amerikareise des Männergesangvereins — die talentlose Ekelhaftigkeit der Reportage das Wesen der Sache trifft. Hier kommt der letzte Parasit zum Handkuß. Hier wird die Anwesenheit zur Tat. Virchow, der einem deutschen Tenoristen zuhört, ist ein Stümper gegen den Dozenten Hochsinger, der am Caruso-Abend »bemerkt« wird, Herr Karczag fällt im Parkett auf, und Vorstadttheatergrößen, die kein Referat je erwähnte, werden als Zuschauer gewürdigt. Auch sonst gehen Bankiers, Fabrikanten und Schauspieler ins Theater, aber diesmal hat »die Finanz-, Industrie- und Theaterwelt ihre Vertreter entsendet«. Ist ihr natürlich gar nicht eingefallen, aber Schmocks Auge sieht ein besonderes Weltbild, in dem auch die kaiserlichen Räte rudelweise aufmarschieren. Daß ein bestimmter Delikatessenhändler jeder Caruso-Vorstellung beigewohnt hat, interessiert uns, aber beschäftigt uns nicht tiefer. Lieber verlieren wir uns in den sozialen Perspektiven, die uns bei solcher Gelegenheit eröffnet werden. »Elegante Abendmäntel und tadellose Fräcke müssen sich drängen und stoßen wie ganz vulgäre Sakkos und Blusen von der Galerie«. Aber das Hoftheater steht im schönsten sozialpolitischen Lichte da. Es war »löblich von der Direktion, Caruso auch an einem Sonntag auftreten zu lassen und derart auch das Sonntags-Publikum des Genusses seines bel canto teilhaftig werden zu lassen.« Und die ‚Neue Freie Presse‹ verrät uns auch sofort, welcher Art dieses Sonntagspublikum ist: »Die Prachtroben der Damen boten eine Revue der Novitäten der Herbstmode. Und Schmuck, wie man ihn nicht alle Tage zu sehen bekommt, leuchtete aus den Logen. Brillanten und Juwelen glitzerten um die Wette, fürstliche Diademe und kostbare Kolliers erhöhten die Eleganz und den Effekt der Toiletten.« Der Schmuck, den man nicht alle Tage zu sehen bekommt, ist eben der Schmuck, den das Sonntagspublikum trägt. Aber der Schmock, den man nicht alle Tage zu lesen bekommt, ist der Schmock, den auch das Sonntagspublikum nicht verträgt. Wie er nur die Einteilung der Plätze vornimmt! »Hohe Hoffunktionäre, eisgraue Generale sitzen neben blutjungen, rosigen Herren, denen man die Theresianisten in Zivil ansieht.« Das trifft sich gut, weil es ja doch nur der Eingeweihte den rosigen jungen Herren ansieht, daß sie Theresianisten in Zivil sind, und die bekannte Annehmlichkeit solcher Nachbarschaft wird durch eine Stimmung gefördert, die der Vertreter der ‚Neuen Freien Presse‘ wie folgt beschreibt: »Noch liegt über dem Zuschauerraum jenes Halbdunkel, das sonst die unwissende Pünktlichkeit ländlicher und naiver Theaterbesucher gnädig bedeckt. Heute ist das ganz anders. Heute ist die Pünktlichkeit elegant und vornehm.« Daß aber »die Stehplätze schon längst besetzt« sind, hat seinen Grund wohl vorwiegend darin, daß die Sitzplätze so teuer erstanden sind. Denn es gilt einen Tenoristen nicht zu hören, sondern zu sehen. Einen Tenoristen, zu dessen Ruhm ein die Kultur förderndes Blatt wie die ‚Zeit' zu melden weiß, daß er schon um halb zwölf Uhr zu Bette geht. Und daß sich »diese gesunde Natürlichkeit auch sonst bei ihm äußert: Die Enthusiasten, die ihn nach seinem jedesmaligen Auftreten beim Bühnenausgang erwarteten, mögen nicht wenig erstaunt gewesen sein, als sie ihn im einfachen Gehrock, behaglich eine Zigarette rauchend, aus dem Theatergebäude treten sahen. Der berühmte Tenorist Zigaretten rauchend! Diese wirklich bewundernswerte Schlichtheit tritt auch in der Konversation deutlich zutage...« Wenn er sie nach dem Aufenthalt in Wien, der Stadt, in der man beobachtet wird, nur nicht verliert! Vor dem andern Affenhaus konnte er sich doch mehr gehen lassen.

*

Meine Leser sollten mir die scheinbar der Erholung gewidmeten Pausen, die ich mir wohl auch im Laufe des Winters hin und wieder bewilligen muß, gönnen, und mich nicht mit der Frage quälen, wann die nächste Nummer der ‚Fackel' erscheint, wenn ich's selbst nicht weiß. Liege ich denn auf der faulen Haut, wenn mich der Stoff, den ich bewältigen soll, überwältigt hat? Der Ekel wird zur Angelegenheit meines Privatlebens, wenn er die Grenze seiner Produktionsfähigkeit erreicht hat. Auch darin unterscheide ich mich von den Journalisten: wenn ich zum Schreiben komme, ist die schwerste Arbeit schon vorüber. Es ist ganz gleichgiltig, ob man ein Drama schreibt oder eine Glosse. Es kommt nur darauf an, ob

Herz oder Hand die Feder geführt hat. Wenn ich über ein Drama des Herrn Lothar schreibe, bin ich der Dichter.

•

Die Idioten machen einen Unterschied zwischen »Niederreißen« und »Aufbauen«. Aber ich bin auch mit meinen Verteidigern nicht einverstanden, die mein Niederreißen als eine nützliche Arbeit, die dem Aufbauen vorangehen müsse, entschuldigen. Und wenn ihr kein Aufbauen folgt? (Wenn doch keines folgte!) Es kommt ausschließlich auf das Pathos an. Ich könnte wahrscheinlich heißere Liebesgedichte machen als alle Geister, die bei der Liebe aufgewachsen sind.

•

Mit welchem Gesindel muß man sich hierzulande herumschlagen! Nicht einmal den Mut zum Spießbürgertum haben sie. Durch nichts wird dies besser bewiesen, als durch die unveränderte Beliebtheit der ‚Fackel'. Kein anderes Publikum, dem ein Schriftsteller in zwangloser Folge die derbsten Sottisen sagte, würde sie mit einer Verlängerung des Abonnements erwidern. In der Stadt der Verbindungen und Beziehungen wird man nicht unmöglich. Kein Lump, nicht einmal ein ehrlicher Mensch und, wie sich's zeigt, selbst der nicht, der einen Lumpen Lumpen nennt. Da besann ich mich eines andern, beschloß, nicht mehr Übelstände »aufzudecken«, sondern etwas anderes: die Hülle, die die Menschheit um ihr Menschliches breitet. Nicht einmal das Vermessen, das an ihr heiligstes Gut griff, an die Heuchelei, hat mich gesellschaftsunfähig gemacht. Ich vertrat die absurdesten Ansichten über Dinge der Geschlechtsmoral, man glaubte an den ethischen Ernst nicht, hielt's für Schweinerei und schickte mir Einladungen. Wenn ich wollte, könnte ich heute noch wie ein rechtschaffener Revolverjournalist in aristokratischen Salons reçu sein. In Wien wird nichts übel genommen. Und beinahe glaube ich schon, daß selbst dann eine ernstliche Verstimmung meiner Anhänger nicht zu befürchten wäre, wenn es mir wirklich gelänge, sie davon zu überzeugen, daß es mir mit jedem Wort, das ich schreibe, Ernst ist. Natürlich gelingt mir das nicht. Ich lebe von dem Glauben an meine Skandalsucht. Aber ich gebe mich wenigstens nicht der geringsten Täuschung über das Zahlenverhältnis jener meiner Leser hin, die meine Art und Richtung verstehen, und jener, die bloß ein stoffliches Interesse zur Lektüre der ‚Fackel' treibt. Wird freilich dieses stoffliche Interesse nicht unvergleichlich besser von den vielen Erpresserblättern bedient, die jetzt die Stille des Kolportageverbots überschreien und der gepriesenen Stadt der alten Kultur das Zeugnis ausstellen, daß sie sich gerade den ekelhaftesten Formen des Großstadtbetriebs am glücklichsten angepaßt hat? Neulich wurde bei mir angefragt, wann die nächste Nummer des ‚Skandal' erscheine. Ein kleiner Irrtum des Wiener Stilgefühls, der schließlich passieren kann. Aber ich glaube, daß sich schon ein Blatt wie die ‚Kriminalzeitung' gegen solche Verwechslung mit der ‚Fackel' entschieden verwahren müßte. Die Arbeit, die in den neun Jahren hier begraben ist, bringe ich bald vor den Augen der deutschen Literaturkritik zur Auferstehung. Die Exhumierung war nicht leichter, war schmerzvoller als die Geburt. Aber man wird in Wien sehen, daß wirklich nur das bißchen Stil übrigbleibt, wenn das stoffliche Interesse des Tages verflogen ist.

8. bis 13. Oktober.

Karl Kraus.

Herausgeber und verantwortlicher Redakteur: Karl Kraus.
Druck von Jahoda & Siegel, Wien, III. Hintere Zollamtsstraße 3.

DIE FACKEL

Nr. 234—235 WIEN, 31. OKTOBER 1907 IX. JAHR

MAXIMILIAN HARDEN.

Eine Erledigung.

»Da erstirbt einem das Wort — —«
Graf Kuno Moltke, 24. Oktober 1907.

Ich trage einen Haß unter dem Herzen und warte fiebernd auf die Gelegenheit, ihn auszutragen. Es gibt Gelegenheiten, die zu klein, und solche, die zu groß sind. Die da ist zu groß. Sie ist größer als der Haß und ich empfange, wo ich niederkommen sollte. Der Fall Harden-Moltke verstellt mir die Aussicht auf den Fall Harden. Nicht Wanzen zu töten, aber den Glauben an die Nützlichkeit der Wanzen zu vertilgen ist meine Sache. Und nun hebt in deutschen Landen ein Prozeß an, der weit über diesen Glauben hinaus in die idealsten Höhen deutschen Kulturgestankes führt. Ich kann nicht Kammerjäger sein, wenn aus jedem Schlupfwinkel die atemraubende Erkenntnis dringt: in diesem Hause herrscht die Pest. Nichts, nichts, nichts, was wir an irgend einer publizistischen Schändlichkeit der letzten Jahre erlebt haben, an irgend einer Affaire, die den Sexualjammer der Menschheit in dumpfen Gerichtsstuben aufbrechen ließ, vermag diesem Eindruck standzuhalten. Kein Exempel einer Schamhaftigkeit, die mit Badehosen in die Wanne steigt und vor versammeltem Volke exhibitioniert, der das Kleid nicht als Hülle dient, sondern die Hülle als Kleid, und die sich entblößt, um zu zeigen, daß sie ein Kleid trägt, kein Spektakel, dessen Erinnerung uns noch im Traum ängstigt, so daß wir per Automobil ins Mittelalter zu fahren glauben, reicht an dieses Bild heran, auf dem sich deutscher Pöbelsinn und jüdischer Geschäftsgeist in der Eintracht einer päderastischen Orgie verewigt haben. Die Hölle der Neuzeit ist mit Druckerschwärze ausgepicht. Sei es! Sei's unser Verhängnis, daß alles, was das Leben lebenswert macht, aller Geist und alle Schönheit hingemäht wird von diesen fürchterlichen Schnittern der Sensation, daß die Weideplätze der Kultur den neuen Hyksos ausgeliefert bleiben, und daß wir an der Rache verbluten, die wir am Christentum genommen haben: an der Übertragung des Geisterbanns von der Kirche auf die Presse. Geben wir das Holz der Wälder hin, damit mehr Zeitungspapier in die Welt komme! Die Schmetterlinge sind tot, und die Menschheit möchte sich den Flügelstaub von den Fingern wischen. Bald wird man für einen Kohlweißling eine Hekatombe Journalisten opfern. Aber heute muß der Triumphzug der Gemeinheit, Naturwidrigkeit und Geschmacksverkommenheit, mit einem Wort: der Fortschritt, noch die letzten Trümmer alter Werte niedertrampeln. Sei es! Aber wir flehen den Geist der Zeit an, daß er dem Geist Zeit lasse, in Klagen auszubrechen, daß er uns noch anhöre, wenn wir die Aussichtslosigkeit, mit Worten zu wirken, gestehen, oder daß er uns wenigstens die Sinne verhärte, uns, die wir so sehr an der Häßlichkeit leiden, zu deren Gestaltung es treibt, uns, die der Abscheu verzehrt, wenn er uns nähren sollte. Was ich als die Wollust des Überzeugungsaktes bekenne — warum panzert sie uns nicht gleich der Gabe weiblichen Erlebens gegen alle Schmach des Genusses, ohne den Genuß der Schmach zu mindern? Wer eine Feder in der Hand hält, soll auch den Wunsch, lieber das Tintenfaß in die Hand zu nehmen, noch literarisch bewältigen können. Ich konnte es, solange ich bloß Herrn Maximilian Harden eine Jugendliebe abzubitten hatte. Solange mich blos die Lust anwandelte, gelegentlich eine publizistische Winzigkeit zwischen die Finger meiner linken Hand zu nehmen, das große Geheimnis der nachbismärckischen Epoche zu lüften, das in Hieroglyphenschrift über dem Mißverhältnis zwischen einem Schmockgehirn und einer Königsgebärde schwebt, und dem deutschen Geistespöbel den King-Fu vorzustellen, der seit fünfzehn Jahren in einem mit allem Komfort der Neuzeit ausgestatteten Zettelkasten versteckt war. Den Feuergeist als Pedanten zu entlarven. Den Faust als Wagner. Den Wagner als sittenschnüffelnden Nachbar. Den Heuchler als Spekulanten. Und wenn dann, nachdem alle Hüllen gefallen sind, nichts übrig bliebe, als Herr Maximilian Harden, Herausgeber der ‚Zukunft‘, so besänne sich das deutsche Volk, dem er so oft seinen Schutz gegen die Journalisten angetragen hat, vielleicht doch einmal, mit einem stolzen »Legt's zu dem Übrigen!« zu verzichten.

Vermag eine Feder durch den Nimbus geschichtlicher Bedeutung zu dringen, den die Tatsachenkanaille um einen Geschichtenträger gezogen hat? Vermag sie den Star zu stechen, der für das erbärmlichste Manöver journalistischen Geistes blind macht, das sich je als Kampf für das Vaterland drapiert hat? Ich kann ein Elementarereignis nicht von seiner Ungerechtigkeit überzeugen, einen Orkan nicht mit der Versicherung beschwichtigen, daß er sich den unpassendsten Anlaß gewählt habe. Und einmal mußten die normwidrigen Empfindungen einer Kultur vor Gericht, die sich von den erpresserischen Strichjungen des Geistes bange machen läßt. Dank sei dem Anzeiger Harden! Denn der lächerliche Geschmack einer Liebe, die sich mit einer gezierten Häßlichkeit abgibt, welche beim unerlaubten Handwerk sich weit mehr auf die Erregung von Furcht, als auf die Erregung von Lust versteht, verdiente wahrlich seine Entlarvung. Und je mehr ich die Fragwürdigkeit dieses Lustknaben bedenke, je unbegreiflicher seine Beliebtheit wird, desto klarer tritt die Geschmacksverirrung dieses Volkes ins Licht. Und wenn wir entschlossen sind, nach einem Prozeß, der mit einer Verurteilung der deutschen Nation und mit der Verzehnfachung der Auflage einer Wochenschrift endet, in alle Zukunft an die idealen Absichten des Herrn Maximilian Harden zu glauben, umso besser. Dann war diese Sensation notwendig und ich kann mir's zurechtlegen, daß ich ohne sie überhaupt nicht dazu gelangt wäre, mir einen alten Herzenswunsch zu erfüllen: Mit Herrn Maximilian Harden abzurechnen. Von seiner Größe den Snobismus der deutschen Leser zu subtrahieren und ihnen zu beweisen, daß der Rest genau so viel ausmacht, wie sich ergibt, wenn ich die Größe des Herrn Harden mit meiner Meinung über ihn multipliziere. Wenn ich dann noch den

Zähler von Ehebrüchen durch den Nenner von Päderasten dividiere, so resultiert, daß der Faktor des deutschen Kulturlebens eine Null ist, selbst wenn er sich die Einheit des Deutschen Reiches zurechnet. Ich will ihm mit jener Waffe entgegentreten, die das deutsche Publikum, das seit Bismarcks Tod an Halluzinationen leidet, in seiner Hand sieht, mit der Waffe des polemischen Geistes. Ich will also den Beweis, daß er ein unzulänglicher Schriftsteller ist, nicht mit Enthüllungen aus seinem Geschlechtsleben führen. Um meine Überzeugung, daß er zum Ratgeber der deutschen Nation nicht taugt, darzutun, werde ich ihn nicht durch die Behauptung kompromittieren, daß er den Geschlechtsakt normal ausübt. Wenn ich sagen will, daß seiner Darstellung jeder Schwung, seiner Polemik jeder Tropfen Humors fehlt, werde ich nicht zu ergründen suchen, ob er im Ehebett seinen Mann stellt. Und wenn ich schließlich behaupten werde, daß noch nie ein geschwolleneres Mundwerk, nie eine affektiertere Zunge sich in normwidrige Beziehungen zur deutschen Sprache gesetzt hat, so bleibe ich fein in den Grenzen literarischer Kritik. Ich bin kein politischer Schriftsteller und habe darum nicht zu untersuchen, ob Männer der Politik ihren Geschlechtstrieb auf Röcke oder Hosen eingestellt haben. Aber nicht einmal wenn ich einen Moralisten zu richten hätte, würde es mir einfallen, sein Privatleben zur Herstellung eines lustigen Gegensatzes heranzuziehen. Wenn ich einst gerade dazukam, wie er sich über einen sozialdemokratischen Abgeordneten entrüstete, der in einem Kuppeleiprozeß als Zeuge auftreten mußte, so lag's ja gewiß nahe, ihn zu fragen, ob er denn zwischen dem Klienten einer Kupplerin und dem Besucher eines Bordells eine feine ethische Unterscheidung mache; aber wer noch erröten kann, wenn er bei einer moralischen Anschauung ertappt wird, ist besserungsfähig, und soll nicht nach langen Jahren von mir daran erinnert werden, daß er schon damals ein Heuchler war. Ich bedarf keiner Information, um ein Bild der geistigen und moralischen Verfassung des Herrn Maximilian Harden zu entwerfen. »Daß einer ein Mörder ist, beweist nichts gegen seinen Stil«: auf diesen Standpunkt einer absoluten Ästhetik darf sich ein Moralist wie Herr Harden nicht stellen. Ich gehe in der Schätzung stilistischer Vorzüge weiter und nehme sie zum Maßstab ethischer Werte. Daß einer ein Mörder ist, muß nichts gegen seinen Stil beweisen. Aber der Stil kann beweisen, daß er ein Mörder ist. Die Unfähigkeit zur Bekleidung eines öffentlichen Amtes mit der Abneigung gegen den normalen Geschlechtsverkehr zu beweisen, konnte nur einem Philister, oder einem Freibeuter journalistischer Sensation gelingen. Aber das Charakterbild des Herrn Harden aus dem Briefwechsel zwischen Moritz und Rina sich entwickeln zu lassen, muß jeden Stilkenner locken. Ich bedarf der Informationen nicht. Ich habe auch der Aufschlüsse nicht bedurft, die der Prozeß Moltke geboten hat. Die Schande der Sexualjustiz wäre ebenso sichtbar geworden, wenn Graf Moltke einen jener Revolverjournalisten geklagt hätte, die bei Geschäftsabschluß ihrer Drohungen den Schandlohn nicht vom Publikum, sondern vom Beteiligten empfangen, und über Herrn Harden waren die Akten geschlossen, ehe sie im Prozeß eröffnet wurden. Die europäische Öffentlichkeit, soweit sie nicht aus der europäischen Presse sich Direktiven für Haß und Liebe holt, mag sich bei dem staatsretterischen Bubenstreich, der in die Schamteile mehrerer Familien griff, vor Ekel schütteln; — ich bin ein alter Leser der ‚Zukunft'. Ein alter und treuloser Leser. Mein Vorurteil gegen Herrn Maximilian Harden ist gewiß unter allen Antipathien, die er sich seit der Gründung seiner Zeitschrift erworben hat, die beachtenswerteste, weil er mir persönlich so gar keinen Grund zu ihr gegeben hat. Das belastet in Wien, der Stadt der Verbindungen und Beziehungen, die sich die Niederlassung des Herrn Harden redlich verdient hätte, mein Schuldkonto. In der Reihe verlorener Freundschaften, die dem Lebensweg des Herrn Maximilian Harden unberechtigter Weise das ehrenvolle Dunkel der Einsamkeit geliehen haben, bedeutet mein schroffer Abfall die bitterste Enttäuschung. Auch das ist keine Information, sondern mehr als das, eine Ahnung. Bei allen anderen Verlusten konnte er die literarische Verfeindung auf die persönliche reduzieren. Meine Untreue nahm den anderen Weg. Ich habe Herrn Maximilian Harden aus blauem Himmel angegriffen. Welch' tief umbegründete Abkehr! Wie bereute ich es, daß sie notwendig war, wie schämte sich mein Verrat des früheren Glaubens! Ich erkannte damals, daß der Altersunterschied zwischen uns sich umsomehr verengte, als ich mir erlaubte, die Kriegsjahre des Herrn Harden nur einfach zu zählen. Der Fünfundzwanzigjährige hatte neben dem Fünfunddreißigjährigen den Nachteil, aber zehn Jahre später den Vorteil der Jugend. Zuerst konnte er nicht sehen, und dann sah er einen Blinden. Die Jugend sollte sich nur von abschreckenden Beispielen erziehen lassen und sich die Vorbilder für die Zeit der Reife aufheben. Was ihr im weiten Umkreis deutscher Kultur sich bietet, ist ein so sicherer und tief fundierter Schwindel, daß selbst die Originale Surrogate sind. Nur die Phantasie wird mit ihnen fertig, zieht sie dem Leben vor. Wie sah der große Einzelkämpfer aus, dessen Meinung gegen jenen Strom schwimmt, zu dem sich alle journalistischen Schlammgewässer vereinigen? Er sah aus, wie ich mir ihn schuf, und Herr Maximilian Harden lieferte für meine Erfindung die Gebärde. Ich sah seine Blitze zucken, und hörte seine Donner krachen; denn in mir war Elektrizität. Ich war ein Theatermeister, den das Gewitter, das er erzeugt, erzittern macht. Welchen Respekt hatte ich vor Herrn Maximilian Harden, weil seine Leere meinem Ergänzungstrieb entgegenkam. Solches Entgegenkommen wird zum Erlebnis, bleibt aber nur so lange das Verdienst des Andern, als man für die Werte, die man zu vergeben hat, nicht in sich selbst einen besseren Platz findet. Dann wohnt in den öden Fensterhöhlen das Grauen. Herrn Hardens Temperament gewinnt die Berliner Lokalfarbe. Das Prinzip der maschinellen Abwicklung des äußeren Lebens, das der Nüchternheit einen Rausch von Poesie gibt und die Poesie in Nüchternheit verwandelt, das die Automobiltaxameter und die Drehbühnen hervorgebracht hat, hält im Wertheim-Bazar einer neuen Kultur auch die isolierte Überzeugung des Herrn Harden auf Lager. Die echten Wälder eines Berliner Theaterdirektors sind so wenig Leinwand, wie sie

Wälder sind. Und die Persönlichkeit eines Berliner Einzelkämpfers ist von der Schablone nicht weiter entfernt als von der Natur.

Der Schreibtischmensch, der eben seinen eigenen Schreibtisch hat. Sein Haus, sein Zettelkasten. In der literarischen Persönlichkeit lebt der Gedanke von der Form, und die Form vom Gedanken. In Herrn Harden vegetieren sie armselig nebeneinander, der Gedanke fristet sein Dasein von der kläglichen Gewißheit, daß ihn die Anderen nicht hatten, und die unbestreitbare Eigenart des Ausdrucks besteht von Gnaden der Indolenz, mit der die deutsche Sprache im Zeitungsdienst jegliche Notzucht zu ertragen gelernt hat. Wäre Herr Harden nicht durchaus originell, er wäre überhaupt nicht. Die tiefere Selbständigkeit, die sich's zutraut, manchmal ja zu sagen, fehlt ihm ganz und gar, und darum kann er nur nein sagen. Weil aber die mechanische Promptheit der Negierung die Banalität des verkappten Jasagers verraten könnte, stellt sich die Sprache auf Stelzen, um sich doch über den Durchschnitt zu erheben. Aber sie unterscheidet sich nur von jenen, die auf zwei eigenen Beinen stehen. Schwulst ist Krücke. Humorlosigkeit ist immer affektiert. Witz ist kein sprachlicher Neutöner, er setzt die Sprache voraus und verträgt keine terminologische Hemmung. Temperament hat so viel zu sagen, daß es nicht Zeit hat, kalligraphische Schnörkel anzubringen. Hier haben wir den letzten »precieux ridicul«, der sich unglückseligerweise in den Leitartikel gerettet hat, bei den nüchternsten Anlässen die schwere Brokatweis' hervorholt und noch für die Majestätsbeleidigung — pardon,

Majestätbeleidigung — einen byzantinischen Stil findet. Einen Bahnbrecher in der Auffassung des S-Lautes in zusammengesetzten Wörtern. Kein Wunder, daß dieses lohende Temperament Ledernheit sprüht, wenn es zum Schreiben kommt; es hat sich bis dahin im Redigieren abgekühlt. Er muß nicht nur fremden Meinungen sein apartes Kleid aufzwängen, also beweisen, daß seine Form nicht mit seinen Gedanken organisch verwoben, daß sie das Handwerkszeug eines Journalisten ist. Nein, der »Monomachos« streicht auch in allen Beiträgen, selbst in den jüdischen Anekdoten des Herrn Roda-Roda, die »s« aus den zusammengesetzten Wörtern. Da er der Meinung ist, daß in dem Wort »Reichsgericht« ein Genitiv steht, darf hier das »s« bleiben. Da er aber weiß, daß der Genitiv von Zeitung nicht Zeitungs heißt, so unterscheidet sich der Zukunftherausgeber von den anderen Zeitungherausgebern durch eine beispiellose Gewissenhaftigkeit. Aber die deutsche Zunge besteht auf ihrer euphonischen Gefälligkeit und weist den logischen Undank eines trockenen Schleichers, der die Melodie des Hörens wie die Fülle der Gesichte stört, zurück. Nichts ist charakteristischer als diese Anbiederung des Herrn Harden an einen Genitiv, der nicht existiert, zumal wenn man sie neben seine hartnäckigen Versuche stellt, die deutsche Sprache auch um einen Dativ zu bereichern. Das ist im eigentlichen Sinne der Dativus possesivus des Herrn Harden, der heiß bemüht ist, »dem Problem die Lösung zu finden«, wie man sich schließlich doch von einem Schmock unterscheiden könne. Die Findigkeit in der Titelgebung allein ist kein besonderes Merkmal. Wenn

Herr Harden über gleichgültige Dinge zu schreiben hat, schreibt er »Molybdänomantie« oder »Suovetaurilia« darüber, Worte, die den Ausrufern in der Friedrichstraße die größten Schwierigkeiten machen und die er darum vermeidet, wenn Sensationen wie der Fall Hau akut sind. Hier muß der schlichte Name helfen. Hau, nicht einmal Haw. Nie hat die Feder des Herrn Harden sich der stofflichen Gelegenheit würdig gezeigt, die heute jeder Meinung, sogar der besten, das Interesse der Menge zuführt. Als er in Dresden von den Sozialdemokraten hart angefaßt wurde, antwortete ein wehleidiger Knabe, der glücklicherweise Briefe aufgehoben hatte. Seine Polemik gegen den dankbaren Herrn Sudermann, dem das Interjektionstemperament des Herrn Alfred Kerr unvergleichlich wirksamer zugesetzt hat, wurde gierig verschlungen, und der deutsche Geschmack merkte nicht einmal, daß Salz und Pfeffer fehlten. Ein in die Politik verschlagener Epiker, der uns seit fünfzehn Jahren als polemisches Naturell ausgeschrieen wird. Schon das Bildungsgepäck, das er mitschleppt, wenn seine Gedanken von Berlin nach Potsdam reisen, verwehrt ihm die freie Bewegung. Oder ist ein Beweis, daß er ihrer nicht fähig wäre. Aber mythologische Koffer, theologische Hutschachteln und Zitatenkisten — mehr, als auf preußischen Staatsbahnen erlaubt ist — liegen durcheinander, belästigen die Mitreisenden und zwingen sie zum Mitleid mit dem schwitzenden Passagier. Herr Harden hat es einmal bestritten, daß außer seinem Kopf ein anderer großer Zettelkasten bestehe, aus dem er all die Herrlichkeiten holt. Gibt's einen, so hat er gewiß Herrn Harden, nicht Herr Harden ihn. Gibt's keinen, umso schlimmer. Das journalistische Handlangen nach einer unorganischen Bildung, das dem Leser weismacht, dem Schreiber der ‚Zukunft' sei alles Vergangene gegenwärtig, wäre verächtlich, aber man kann dabei vegetieren. Das wahre Wissen um all diese Dinge, von Urim und Thummim bis zur Orthographie der russischen Eigennamen — ist ein Selbstmordmotiv. Es möchte kein Hund so länger leben. Gott erhalte mir meine Unbildung!

Und dieser Mann ist der Kulturhort Deutschlands, zu dem die literarische Jugend wallt wie einst vor Goethe's Thron. Keiner wagt das erlösende Wort zu sprechen, die Eigenart, die Herrn Harden weit über den Troß der in deutscher Sprache Schreibenden emporhebt, sei die Langeweile, die besondere, stolze, hieratisch unnahbare Langeweile! Keiner sagt es, weil jeder fürchtet, als Snob nicht vollwertig zu erscheinen. Wie? Dieser Philister ist in Deutschland ein Oppositionsgenie? Dieser unfreieste Stilist, durch dessen verquollenen Brei informierter Fadheit man sich nicht durchwinden kann, wird als Angreifer gefürchtet? Ein Kerl, der ehe er einen Minister angreift, über die Thronfolgeordnung bei den Langobarden Bescheid sagen muß? Der, ehe er mit Jahwe, der Apokalypse und allen Kalenderheiligen fertig ist, dem Feind hundertmal Zeit läßt zu entkommen, und ihm höchstens dadurch gefährlich wird, daß er ihn in das Labyrinth seines Periodenbaus lockt und dort mit Stabreimen zu Tode quält. Vom gleißenden Wurm im Auge eines Bankdirektors spricht und uns den Sachsenwald zur wabernden Lohe von Bildungsbrocken macht.

Was könnte ihn gründlicher richten als die Erwartung, mit der der Kenner bei besonderem Anlaß nach seinem Artikel langt? Das Publikum begnügt sich mit der stofflichen Sensation und will über ihr den Namen Harden lesen. Was er über den Fall Hau sagt, fragt keiner. Aber ich bin darauf gespannt, wie viel verschiedene Bezeichnungen er für die Stadt Karlsruhe finden wird. Und siehe da, ich komme auf meine Spesen; denn Karlsruhe ist vor allem die »Fächerstraßenstadt«, dann ist es die »Hardtwaldstadt«, hierauf »Friedrichs stille Residenzstadt«, alles, alles, nur nicht Karlsruhe. Er würde sich eher die Hand abhacken lassen, ehe er Karlsruhe schriebe. Hau übersiedelte nach Amerika? Nein, er ist »zu den Sternbannerleuten gegangen«. Er kommt aus Amerika? Nein, aus »Atlantis«. Er hat einen falschen Bart angelegt? Nein, sich einer »Mumme« bedient. Cui bono, fragt sich in solchen Mordaffairen die Justiz? Nein, »die Frage des Lucius Cassius Longinus Ravilla klingt auf jeder Mordstätte dem Kriminalisten ins Ohr«. Haus Verurteilung erfolgte an einem Montag um die Mittagsstunde, nachdem er Samstag noch auf einen Freispruch gehofft hatte? Nein, »Sonnabend durfte Hau, als die Nacht sank, leise auf Freispruch hoffen. Als die Montagssonne den höchsten Punkt erreicht hatte, war er verloren.« Aber warum hat er auch »Flunkerfinten« angewendet, »die Nacht vor der Blutarbeit im Arm eines gemieteten Mädchens verbuhlt« und nach dem »Vespertee« sich in ein »Erotenmysterium« retten wollen? »Der verliebte Narr, den, da er die Traute beschleichen wollte, das Schicksal mit grausamer Tatze in blutrote Wirbel stieß«!

So leben wir alle Tage. Aber auch der Theaterkritiker Harden läßt sich nichts abgehen. Was ist Ibsen? Der Stützendichter. Frühlingserwachen? Ein Lenzmimus. Sein Inhalt? »Das Männern der Knaben, das Böckeln der Mädchen«. Der dramatisierte Sherlock Holmes? Der Rampendoyle. Im männermordenden Kampf, gegenüber der Verkleinerung seines Ruhms in der Liebenberger Affaire, also bei einer Gelegenheit, die Temperamentsentladungen erwarten läßt, vergißt er nicht, daß der Monat Mai auch noch andere Bezeichnungen hat, und will unbeirrt erzählen, was sich im deutschen Reich »unterm Weidemond begab«. Affektiert und geschwollen von Hornung bis Nebelung, wird er einst noch im Tode dafür sorgen, daß die »Erdigungfeier« mit allem Prunk der Rede, aber ohne jeden störenden S-Laut vor sich gehe.

Das Vaterland, dem Herr Harden dient, hat noch keinen seiner Artikel ohne Verdauungsbeschwerden zu Ende gelesen. Das ist gar nicht anders möglich. Wäre der ungetrübte Eindruck von einer Physiognomie, die hinter diesen Artikeln steht, gewinnbar, so sähe man ein Individuum, dessen geistig-moralischer Habitus sich aus einem Detektiv und einem Bibliothekar zusammensetzt. Der Mensch stellt Ehebrüche fest und erzählt uns die Biographie des heiligen Formosus. Mit einem solchen pflege ich keinen geistigen Verkehr. Nicht einmal Tatsachen kann er mir vermitteln. Denn bis es einem gelingt, sie von den dekorativen Präzedenzfällen aus Odoakers Zeiten zu befreien, sind sie längst überholt. Seine Zitate kürzen die Darstellung nicht ab, sondern verlängern sie, und bespiegeln den Erzähler, nicht das Erzählte. Seine Fremdworte sind Hemmschuh, wenn sie nicht

Stiefel sind. Bernard Shaw, der geschichtliche Größen verkleinert, ist kein »Mikromane«, ein Kaiser kein »Imperat«, und wie es lästig ist, wenn einem ein Hausierer beim Essen Zahnbürsten und beim Denken ein Spielzeug anbietet, so ist es ärgerlich, während der Lösung der Lebensfragen des deutschen Reiches fortwährend zum Zeugen einer stupiden Belesenheit und eines sterilen Eruditionseifers angerufen zu werden, der sich tatsächlich einmal in der Wendung »Zitat gefällig?« selbst persifliert hat. Die Frage an den Verteidiger im Hau-Prozeß: »Kennen Sie D'Aguesseau? Reformator des französischen Rechtes; hat die Bulle Unigenitus und Laws Aktienschwindel bekämpft. Der hat gesagt .... Kennen Sie Beaumarchais? Der ließ, zwanzig Jahre nach dem Tode des Kanzlers D'Aguesseau, seinen Figaro einem Rabulisten vor Gericht zurufen: Continuez ...«, dieses Angebot von Bildung war nach den ersten Worten mit einem Verzicht abzuschneiden. Wir haben keinen Bedarf. Mit einem verstopften Stil, der sich ohne Bildungsklystier nicht mehr ausdrücken kann, geht man nach Karlsbad — ich sage nicht »an die Heilung verheißende Quelle« —; denn man ist der aufopfernden Sorge für das Vaterland nicht mehr gewachsen. Wie sollte Herr Harden die Interessen eines Reiches, in dem deutsch gesprochen wird, wirksam vertreten können? Das Reich versteht seine Sprache nicht, hält ihn für den Vertreter einer fremden Macht, und sagt, er spreche russisch. Ich glaube, es ist bloß hyperboreisch. Ich bin verzweifelt. Ich bemühe mich, endgültige Aufschlüsse über die Marokko-Konferenz zu erhalten, und Herr Harden versichert mir, daß Marokko auch Marakesch heiße.

Im Prozeß Leuß wurde er wegen formaler Beleidigung verurteilt. Wie lauten die Schimpfwörter? Nun, er hatte dem Kläger »Klippschülergeschwätz« und »Rüpelreden« zum Vorwurf gemacht. Dabei hat er Humor. Wenn er eine Gruppe von Politikern treffen will, nennt er sie ein »Grüppchen«, spricht von einem »flink gehaschten Weltrühmchen«, und wer ihm das Humorchen zugibt, aber den Witz bestreiten wollte, dem könnte er beweisen, daß er sogar zwei Witze habe: »Portefeuilletonist« und »Sozialüstlinge«. Ich aber habe mir den Witz erlaubt, das Bild einer Schriftstellerei zu entwerfen, die aus den Wolken der politischen Mythologie zu uns spricht und von der das deutsche Vaterland sagt, sie liefere ihm die Richtschnur für sein politisches Denken:

Molybdänomantie.

Advent. Die in die Kulifrohn gespannten Söhne des unheiligen Geistes hatten der Frage nachgegrübelt, wann wieder in der betagten Europa welkem Schoß dem kraftlosen Wollen der Hohen ein neuer Gedanke, die dem stärksten Beispiel gereiften Sinnens vergleichbare Tat sich entbände. Im Holzpapierreich der Meinungfabriken hatte mählich die angestammte Schachermachei der Redaktionweisen dem eifrig Zeitfragen nachspürenden Tatsachensinn der Jüngeren Platz gemacht, hatte die leis nur und zagend sich kündende Entwicklung Sems Sprossen, die keines neuen Heils Botschaft wirren kann, gesänftigt. Das bloß mehr auf Brettergerüsten mit feinster Kunst und mit einer neidenswerten Treue gespielte Treiben der sich Helden dünkelnden Domestiken darf endlich auch dem blödesten Auge, muß dem Wahn der an Parteidogmen Glaubenden eine Stümperleistung scheinen.

Mögen annoch im Fritzenstaat vor der Zeitungfeudalherren Wink die Staatskommis erzittern, mag, wie der Eunuchen klanglose Rede geht, Herr Möller auf verunreinigtem Holzpapier Tag vor Tag deutschem Handel die Willensrichtung suchen, die Schrecken der Annoncenpacht schüchtern heut keinen Denkenden mehr, und bald wird ihr der zu starken Taten wieder, zu neuem Pflichtengefühl erwachte Preußensinn, verlorner Tage peinvolles Erinnern in die Grube rufen. Dem sich im Machtwahn räkelnden Freisinn wollen wir, nach Bismarcks Rat, den Schwichtigunggrund, den lang und schmerzvoll stets gemißten, nicht neiden. Wo Klagesänge der eben noch hochmütig gekräuselten Lippe entstiegen, rücksichtlos aussprechen, was ist. (Wollens zumindest im Geltunggebiet des vom Liebenberger Spuk und der Kinädenschmach gesäuberten Kurses). Haben nicht Sozialüstlinge selbst vor Bernhard dem Großen sich erniedert? Nicht im Trugrausch gewähnt, aus modischer Warenhauspolitik werde der tiefsten Wählerschicht das Heil erstehn? Wirtschaftpolitischer Nutzen im selben Fanfarenton gezeugt werden, der Albertus Honorius, den gefälligen Mittler von Spiel und Lust an die Seite eines Deutschenkaisers rief? (Rief er wirklich? Fast möchte mans — vor dem erweislich wahren Tatbestand der Gelegenheitmacherei — nicht glauben, möchte für Täuschung halten, woran das Auge doch in gedruckten Hofberichten ärgerlich haften blieb). Aber fährlicheres Erwarten wird den im Machtbereich Wohnenden, deren zerebrales Wünschen selbst das Bachfischgemüt errät, die Klärung bereiten, ernsteren Empfanges Sorge Bernhards Stirn, die der frische Wind des Nordgewässers kaum gekühlt hat, furchen. Harmvolle

Kunde scheucht ihn über das Wattenmeer: In der Wilhelmstraße wolle der am Dreibund gewärmte Wahn dem Reußenherrscher den Willkomm wirken. So stöhnen eines großen Planens schwächliche Vollbringer, deren Klippschülergeschwätz den ersten Kanzler oft aus der Arbeitstube trieb und die heut noch in der Mächlerkunst nach Philis süßer Weise tänzeln. Herr Omnes freilich siehts anders. Vehmt als selbstisches Mühen die Hast, den Weg, den Eduards runde Majestät in das Marienbad nimmt, mit ungedornten Rosen zu bestreuen. August Wilhelm Robert Heinrich Ignaz Scherl aber, G. m. b. H., hat alle Truppen mobilisiert und wir stehen am Vortag gewaltigen Geschehens. Abbé Galiani, der Kluge, erkannte: (Zitat momentan verlegt.) Der britische Kömmling, der die geputzte Fassade modischer Reichsverderbnis betrachtet und heimischen Maßen des Volkheithaders die vom Monomachengeist Schritt vor Schritt verdrängte Bänkermoral vergleicht, wird in bei gutem Wind erraffter Glückslaune der vorragenden Geltung deutscher Gafferpolitik nachdenken. Wird an dem Gesundquell noch der nach Frieden langenden turba die Ziele weisen. Den tiefsten Fragen, die zwischen Soeul und Samothrake das Auge Ottos des Größten besah, die Lösung finden. (Wenn im Sachsenwald die Sonne auf den Schreibtisch schien, durften wir den gelben Schreck verlachen und bei Vanilleneis, das Frau Johanna als mein Lieblingsleckergericht erriet, fiel manches Winkwort, ward mir der Rat, dem Makronenmagen unserer Tiergärtnerinnen die festere Nahrung politischer Erkentnis nicht zu weigern. Lebt solchem Vermächtnis in deutschem Land ein zweiter Zeuge? . . .)

Wo der in bismärckischer Zucht geübten Tugend der Willenskanal nicht völlig verstopft ist, mag die von Sensationenhändlern mit flinkem Finger entblößte Scham germanischen Geistes sich selbst die Hülle, die im Brunstschrei verlorne, wiederfinden. Aber dem vergreisten Sinn mit dem Volkswohl spielender Portefeuilletonisten, deren Schmeichlergeist kaum noch die Keuschheit gunstgeiler Holzböcke ins Bett der Reichsbotenmehrheit kirrt, ersteht am Jultag, da sich der Sonnenwende deutschen Glücks die Feuer zünden, kein willensstarker Retter mehr.« — — — — — —

Der Schriftsteller, dem mein Ohr eine Satzbildung abgelauscht hat, deren Geistesverlassenschaft eine qualvoll absolute ist, wagt es, sich den Deutschen als Erbe des politischen Geistes vorzustellen, in dem der klarste Sprachmeister gelebt hat. Und ihm antwortet nicht schallendes Gelächter. Kein Patriot erhebt sich, dem Unfug einer Intimität, die mit der Entfernung von einem Sterbetag dicker wird, ein Ende zu machen. Keiner schlägt dem zudringlichen Gesellen die Flasche Steinberger an den Kopf und die Tasse Vanilleeis aus der Hand. Die Selbstverständlichkeit, mit der hier der öffentliche Kredit angesprochen wird, macht die immer dreistere Berufung auf Bismarckworte zu einer öffentlichen Schuld. Wenn ich heute behaupte, daß Bismarck den Journalisten, der sich ihm anbot, benützen, aber nicht ausstehen konnte, daß er sich oft in diesem Sinne geäußert hat, so habe ich mindestens denselben Anspruch auf Glaubwürdigkeit wie Herr Harden, der das Gegenteil behauptet. Bloß deshalb, weil man ihm das Gegenteil schwer beweisen kann, war er noch kein Liebling in Friedrichsruh, und wenn es erlaubt wäre, das Zeugnis Verstorbener anzurufen, so würde ich schleunigst empfehlen, den Geheimrat Scheibler, der darüber Bescheid wußte, nach der Meinung Bismarcks in dieser Sache zu fragen. Meine Berufung kann man auch für eine Flunkerfinte halten. Jedenfalls war Scheibler der Erfinder jenes rauchlosen Pulvers, das für Revolver noch nicht eingeführt ist.

Immerhin, Herr Harden ist Monarchist. Er hat große Themen. Ich gehe an den kleinen kaput. Die Monarchie des Herrn Harden ist das riesigste Sortiment der Monarchie. Er hat das große Thema des Kaisers. Ich habe das kleine Thema des Herrn Maximilian Harden. Aber auf die Hand, die trifft, kommt's an. Der Glaube, daß der Hintere eines Fürsten die schönere Zielscheibe ist als das Gesicht eines Journalisten, ist ein bescheidener Irrtum, der bloß der Verbreitung, nicht dem Ansehen einer Wochenschrift nützt. Wir wollen uns mit dem Sexualtrieb der maßgebenden Politiker nicht befassen und könnten uns die Meinung, daß auch dies ein großes Thema sei, nur aus einem Mißverstehen jener Ropsischen Karikatur erklären, unter der geschrieben steht, daß »bei den Großen alles groß ist«. Mein Ehrgeiz ist es, wichtige Verhältnisse durch nichtige Personen zu treffen, und ich halte die Stellung des Herrn Maximilian Harden im deutschen Geistesleben, diesen lukrativen Betrieb, in dem eine einwandfreie Gesinnung bedenkliche Stoffe verarbeitet, für eine ungleich bedeutungsvollere Angelegenheit als die Untersuchung, ob und warum sich Graf Kuno Moltke in Unterhosen und Strümpfen ins Bett gelegt hat. Ich war mir über Herrn Harden im Klaren, als ich in einem Heft der ‚Zukunft', in dem ich bloß die Eröffnung suchte, daß die Japaner keinen irgendwie entscheidenden Sieg errungen hätten, auch ein sachverständiges Gutachten über die Sexualität der sächsischen Kronprinzessin fand und die freudige Versicherung, es sei »gerichtlich festgestellt«, daß sie mit einem Dutzend Männer die Ehe gebrochen habe. Aber ich erfuhr auch, wieviel er mit dem Artikel über die tote Jenny Groß verdient hatte, und konnte dem Erzfeind der Prostitution vorrechnen, um wie viel einträglicher als ein Erwerb, bei dem der Leib verkauft wird, ein Zeitungsgeschäft ist, das den Leichnam einer Frau zu Geld macht. Ich schrieb damals nieder, was ich auf dem Herzen hatte, und da ich jeden Angriff, den ich drucken lasse, persönlich nehme, gab ich den Verkehr mit Herrn Maximilian Harden auf. Um einen Horizont zu kriegen, mußte ich nicht bis Marokko laufen, und ich war's zufrieden, daß sich mir auf dem Stefansplatz das Weltbild enthüllte. Ich lernte den Vergleich meiner Tätigkeit mit der des Herrn Harden, den banalen Schluß aus der äußeren Ähnlichkeit der publizistischen Sonderstellung, immer mehr als eine unverdiente Kränkung empfinden. Feierlich protestiere ich gegen die Zumutung, heute noch zu einer Ehre verurteilt zu sein, die ich vor zehn Jahren auf mich genommen, die ich überstanden habe und die mir vorzuwerfen niemand ein Recht hat. Meine Stellung außerhalb des Preßlagers ist eine ganz andere als die des Herrn Harden, dessen Isoliertheit nicht innerlich geboten, nicht eine Sache des Temperaments, sondern eine Sache der Konjunktur ist. Der Glücksfall Bismarck hat den liberalen Journalisten, der damals auch anders gekonnt hat, aus seiner Bahn getragen, und auch heute noch wäre ohne die Beschwörung des Riesenschattens, in dem sichs bequem nassauern läßt, eine Rückkehr zum Glauben Mosses unvermeidlich. Dieses Apostatentum läßt mit sich reden. Diese Isoliertheit macht vor der Landesgrenze Halt und wird umgänglich, wenn sich ihr die korruptesten Vertreter der österreichischen Presse nähern. Die österreichische Presse ist es denn auch, die den schmählichen Triumph des Angeklagten im Moltke-Prozeß zu ihrer eigenen Angelegenheit gemacht, den Triumph des schicksalmordenden Nachrichtengeistes am lautesten verkündet hat. Sie fühlt die Blutsverwandtschaft, die Herr Harden der Fiktion bismärckischer Sendung zuliebe vor der deutschen Schwester verleugnet. Aber auch zur beherzten Feindschaft gegen den Feind im Hause fehlen dem Herausgeber der ‚Zukunft' alle jene Qualitäten, die eine Literaturlegende ihm zuschreibt: Lebensanschauung, Witz und Leidenschaft. Seine literarischen Mängel sind gerade noch der Ausdruck jener Gemütsverfassung, die man »Reichsverdrossenheit« nennt. Sein Stil. der nicht revolutionieren kann, ist höchstens der Stil des Mißvergnügten, wenn er nicht das Mißvergnügen erst weckt. Daß ein Literat, der ein bißchen an der Reichsfassade herumkratzt, aber mit der Weltordnung vollauf zufrieden ist, so viel Schrecken und Ansehen um sich verbreiten konnte, ist eine Tatsache, die das deutsche Geistesleben mit einem kräftigeren Griffe enthüllt, als Herr Harden es je vermocht hat. Und daß sich damit Hunderttausende verdienen lassen. Und daß ein Ethiker von dem Reichtum, den ihm die Sensationen des redaktionellen und die Überraschungen des — verpachteten — Inseratenteils eintragen, nichts seinen Mitarbeitern gönnt; daß er ihnen nicht nur die elendesten Honorare zahlt, sondern auch die Gelegenheit kürzt, indem er Verlegern durch Benützung von Aushängebogen, Autoren durch den Abdruck von »Selbstanzeigen« raumfüllende Dienste erweist und sich die Lyrik von seinen Advokaten besorgen läßt. Von Männern, würde Herr Harden sagen, die ihm »mit ihrer Forensenkunst gedient«. Herr Max Bernstein ist, Gott sei's geklagt, Dramatiker, aber die Versuche des Lyrikers Suse, uns Narzissen, Weihrauchpokale und Sarkophage als die typische Einrichtung einer Advokaturskanzlei einzureden, finden in der ‚Zukunft' die liebevollste Förderung, und die Lyrik des andern Kollegen wurde mit der Empfehlung eingekleidet, das deutsche Publikum habe Gelegenheit, »einen neuen Sello kennen zu lernen«. Dafür sind manche Gedichte Frank Wedekinds, z. B. »Ilse«, »einem Dilettanten zuzutrauen«. Manche, nicht alle. Wenn sich dieser Wedekind auch ganz gewiß nicht mit Herrn Salus vergleichen läßt, dem einzigen Lyriker, den Herr Harden wirklich hochschätzt, wiewohl er als Arzt seine Verteidigung bisher nicht übernehmen konnte, Herr Harden weiß die Begabung Wedekinds zu würdigen, hat ihm sogar einmal einige Dramenzitate stilistisch ausgerenkt. Und man wird nicht sagen können, daß dies nicht notwendig war, wenn man bedenkt, daß Wedekind selbst in der Lyrik lange nicht so poetisch ist wie Harden im Leitartikel. Mit der farblosesten Comptoirprosa langt jener in Seelengründe und holt Poesie daraus, während Herrn Harden die Kritik eines Regierungserlasses zur Ballade wird. Aber der Ziergärtner einer tropischen Kultur von Stilblüten und Lesefrüchten hat an Wedekind manchmal auch den »Stoff«, den ein Dichter bekanntlich »wählt«, auszusetzen. Mit der »Büchse der Pandora« hat er sich erst, wie sagt man nur, »mählich« befreunden können. Zunächst gab er einmal ihren Inhalt an, verglich sie mit einem Müllhaufen und nannte sie Hintertreppenpoesie. Nach ein paar Jahren zitierte er, wie er's öfter tut, sich selbst, zitierte die Inhaltsangabe und mit ihr ein Urteil, das die Schuld an dem Unverständnis dem Publikum gab. Es lautete etwa: Ihr glaubt, dies sei die Poesie von Müllhaufen und Hintertreppe? Nein, es ist die Vision eines großen Dichters ... Freilich hatte ich inzwischen durch die Inszenierung des Werkes nachgeholfen. Meinem engen Horizont gemäß, der eben noch die Erkenntnis künstlerischer Werte einschließt, muß ich mich damit begnügen, Herrn Harden die Schwankungen und Blamagen seiner literarischen Politik nachzuweisen. Daß er die Siege der Russen gegen die Japaner erfocht, hat man ohnedies lachend zur Kenntnis genommen. Und die Selbständigkeit einer politischen Meinung, die bloß die Unselbständigkeit ist, die sich von der Meinung der Anderen abhebt, ist eine Erscheinung, die die maßgebenden Kreise bisher nicht gehindert hat, Herrn Maximilian Harden ernst zunehmen.

Ich nehme ihn bloß dort ernst, wo er, fern allem Streben, ein Einzelkämpfer zu sein, aber nah den Zielen eines soliden Zeitungsgeschäftes, mit den gangbarsten Meinungen des Philisterpacks paktiert. Seitdem ich seine Pfauenfeder sich in sittlicher Empörung sträuben sah, bestreite ich ihm das Recht, in der Reihe der Geister zu stehen, die die Menschheit um einen Schritt vorwärts bringen wollen. Ein Journalist, der den Prozeß Hau als Rehabilitierung des Indizienbeweises feiert, den Mordverdacht durch »Prahlsucht, Hang zur Lüge und zu üppigem Leben« gefestigt sieht und den Beweis für erbracht hält, weil Hau die Syphilis hat und »dem Luetiker, der den Hotelportier nach Lustmädchen fragt«, alles zuzutrauen ist — ein solcher Wortführer der Kultur meide die Gesellschaft reinlicher Menschen. Denn es könnten Luetiker unter ihnen sein. Wer aber das Bestehen eines menschenmörderischen Strafparagraphen zu einer Chantage benützt, deren politische Einkleidung zur baren Verwerflichkeit die Heuchelei fügt, wer da glaubt, »jedes Mittel anwenden zu können, um solche Leute unmöglich zu machen«, da es doch höchstens erlaubt wäre, jedes Mittel anzuwenden, um solche Leute möglich zu machen — mit dem hatten wir nie etwas zu schaffen. Er hat Zinsen genommen von der wahrhaft tragischen Schande einer Sittlichkeit, die es erlaubt, das Rückenmark zum corpus delicti zu machen. Er ist der Schuldige jener neuzeitlichen Inquisition, die wir schaudernd den Beschluß verkünden hören, »den Beweis darüber, daß der Privatkläger dem weiblichen Geschlecht besonders abgeneigt sei, zuzulassen«. Jener teuflischen Justiz, die in Schlafzimmern exorcisiert, Abweichungen von der »Norm« ahndet und das liebe Leben zum Tod durch den Samenstrang verurteilt. Jenes häßlichsten Indizienbeweises, der sich an die Strafprozeßordnung des Klatsches hält, ein Urteil im Namen Seiner Majestät des Kant herbeiführt und im Sinne eines tiefen Witzes nur den als »normal« gelten läßt, der mit einer Frau unter den Linden spaziert, aber für einen Päderasten, der mit einem Mann, und wer allein geht, für einen Onanisten. Ich weise es von

dessen Denken über den Polizeirayon des »erweislich Wahren« nicht hinauslangt, über Probleme auseinanderzusetzen, die leider Gottes noch immer schicksalbewegender sind, als der Erbfolgestreit Lippe-Biesterfeld und selbst die Resultate der Konferenz von Algeciras. Und es hat wahrlich Homosexuelle gegeben, die man durch die Andeutung, daß sie Politik trieben, schwerer kompromittiert hätte, als Politiker durch die Denunziation ihrer Geschlechtssitten. Aber ob man die »Normwidrigkeit« der Nervenwünsche für ein Verbrechen oder für eine Krankheit, für ein Laster oder für einen Vorzug hält, hundertmal aufregender als die Enthüllung der Liebenberger Zustände, hundertmal schmerzlicher an das Bewußtsein unserer kulturellen Mündigkeit greifend ist die Erfahrung, daß für jeden der Tag kommen kann, da er vor Gericht die Unlust zur Ausübung des normalen Beischlafes verantworten muß. Daß ein Antikorruptionist »mit flinkem Finger« ein Ehebett aufdecken kann, im Gerichtszimmer einen General mit Enthüllungen bedroht, die diesen »zwingen könnten, den Rock auszuziehen«, und sich gnädig damit begnügt, ihm vor der Front der öffentlichen Meinung die Hosen auszuziehen. Daß einem von einem Amtsrichter und zwei Schöffen, in Anwesenheit der Vertreter der Presse und unter Zuziehung des Dr. Magnus Hirschfeld das Geschlecht bestimmt wird. Und der Alpdruck, den man fürs ganze Leben aus der Ehe mit einer Hysterikerin mitnimmt, wird zum Belastungsmoment. Und eine geschiedene Frau, deren Zeugnis schon ihr Entschluß, es abzulegen, bedenklich macht, steht einem als vollwertige Zeugin gegenüber. Und jedes Wort, das einmal vor dem Schlafen-

einer Bemerkung über die Ehe, durch die Graf Moltke bloß eine tiefere Lebenskenntnis bewiesen hat als sein Quäler, soll ihm gelungen sein, was ihm der Verteidiger sonst so entschieden bestreitet: »die deutsche Frau zu schänden«. Aber wenn es auch vor deutschen Schöffen nicht zugegeben werden darf, daß die Ehe eine »legitime Notzuchtsanstalt« ist, Talleyrand's Worte, sie sei »une union de deux mauvaises humeurs pendant le jour et de deux mauvaises odeurs pendant la nuit«, finde ich in einem Hefte der ‚Zukunft'. Allerdings bezeichnenderweise in einem Artikel, der die Unterschrift »Eulenburg« trägt. Dessen Abdruck in der ‚Zukunft' rettet den Fürsten dieses Namens wenigstens vor der Verwechslung mit dem Autor, der ein so normwidriges Bekenntnis zitiert, wenn ihn schon nichts vor der Agnoszierung durch den Kürassier Bollhart schützen kann. Nichts rettet vor den Kürassieren, nichts vor Redakteuren, Richtern und Sachverständigen. Musikalische Anlage ist ein Verdacht, getrennte Schlafzimmer sind ein Beweis, das Taschentuch eines Freundes (das der Gemahl zur ironischen Bestärkung eines Argwohns vor den Augen des weiblichen Othello an die Lippen führt) wird zum homosexuellen Fetisch, und ein Scherzname, wie er sich zwischen Kindern einer Familie bis ins Alter erhält, wird zum Losungswort des Straßenpöbels. Und dem Herrn Harden, der seinem Gott nicht einmal dafür dankt, daß sein ehelicher Rufname »Maxi« ihn bis heute nicht in homosexuellen Verdacht gebracht hat, sieht man »Männer die Hand schütteln«. Man hat seine Frage gehört, wie sich denn der Kläger durch den Namen »Süßer« beleidigt fühlen könne, wenn er sich durch den andern

Kosenamen nicht beleidigt fühle — die Frage eines Schlaukopfs, der nicht versteht, daß der Gegner sich gegen Anspielungen des Herrn Harden wehrt, nicht gegen Scherznamen, die ihm seine Geschwister gaben, und daß er durch die Erklärung der Harmlosigkeit eines Namens sich nicht des Rechts begibt, sondern sein Recht erst beweist, sich durch die üble Deutung verletzt zu fühlen. Und in diesem Bubenstreit springt der Angeklagte auf ihn, dessen unmännliches Wesen nach Schlachten, Wunden und fünfzig Soldatenjahren endlich enthüllt werden soll, mit der Frage los, ob es denn nicht wahr, nicht erweislich wahr sei, daß er gern Süßigkeiten esse und Pralinées ins Theater mitnehme. Und eine Justiz legt nicht Roth auf, die die Feststellung zuläßt, daß der Kläger kosmetische Mittel anwendet. Sie läßt eine Beweisaufnahme über die Normwidrigkeit eines Geschlechtslebens zu und besinnt sich keinen Augenblick auf eine Gerechtigkeit, die solche Schmach durch die Beweisaufnahme über einen weiblichen Zauber paralysieren müßte, dem sich der Gatte durch Flucht oder Nichtablegen der Kleider entzieht. Sie läßt eine Zeugenschaft zu, mit deren Anrufung der Angeklagte auch außerhalb des Gerichtssaals groben Unfug begeht, die Zitierung von Bismarck-Worten, die er jetzt selbst zur Stütze homosexueller Verdächtigung parat hat. Daß Fürst Eulenburg, der unerlaubter Weise bestreitet, daß er »normwidrig« ist, in Wirklichkeit doch ein Päderast ist, gehört nach Herrn Bernstein zu jenen Bismarck-Worten, »an denen nicht zu drehen und zu deuteln ist« und die für einen schöngeistigen Juristen, der die Norm einer Ehe von »Herthas Hochzeit« ableitet.

Lokalaugenschein nachweisen lassen; und die Nochnichtdagewesenheit dieses ganzen Prozesses gipfelt in der »Heiterkeit« des Auditoriums, die der Amtsrichter durch den Beschluß hervorruft, den schwerkranken Fürsten vorzuladen, für den »eine seelische Aufregung ja doch nicht zu befürchten sei, da er sich selbst für unschuldig hält«. Herr Harden aber, dessen Enthüllungen in ihrer verletzenden Wirkung nur durch den glücklichen Umstand abgeschwächt werden, daß er sie in unverständliche Worte — Kinäden für Päderasten — kleidet, hält selbst die Arterienverkalkung noch für normwidrig und verlangt, daß der kranke Fürst »hergetragen werde«. Er wird es beweisen. Er hat nicht behauptet, aber er wird beweisen. Welch praktikable Verantwortung, die Ausflucht und Drohung verbindet! Er weiß etwas, was er nicht sagt, aber hat daran nicht im Traum gedacht, als ers schrieb. Schon die Spitzfindigkeit, die sich auf den juristischen Unterschied zwischen der Behauptung perverser Anlage und dem Vorwurf perversen Handelns zurückzog, war erbärmlich; aber die Berufung auf beide Möglichkeiten ist — um es mit dem stärksten Wort zu bezeichnen — eine Flunkerfinte. Einer Gerechtigkeit, die sich von Herrn Harden zweifach dupieren ließ, hätte man wenigstens klarmachen sollen, daß in den engen Grenzen sexueller Aussprache und im weiten Felde sexueller Phantasie die leiseste Andeutung den ganzen Vorwurf bedeutet und daß die landläufige Unkenntnis in homosexuellen Dingen von der leisesten Verspottung »unmännlichen Wesens« immer den Eindruck empfängt, daß die Tathandlung, und zwar in jener schwersten Form, die auch das Deutsche Gesetz bestraft, vorgeworfen werden sollte.

einiger Menschen das Damoklesschwert seiner Informiertheit gehalten; er kann einfältigen Lesern einreden, daß die Anspielung dem öffentlichen Interesse besser gedient hat als der Verrat, nie aber bestreiten, daß sie eine schmerzlichere Waffe ist, da sie zur Beleidigung die Drohung fügt. Daß jenes Lebensglück gerade die politische Gefährlichkeit eines »Grüppchens« bedeutet, mag sein. Aber die Aufstöberung war mit Waffen zu besorgen, die das publizistische Kriegsrecht erlaubt! Es ist nicht wahr, es ist eine herzlose, von aller geschichtlichen Erfahrung verlassene Lüge, daß »Normwidrigkeit« zur Ausübung eines öffentlichen Amtes untauglich macht. Günstlingswirtschaft ist ein Übel im Staat, das der mutige Schriftsteller aufdecken mag. Mißbrauch des Subordinationsverhältnisses in der Armee mag seine Kritik herausfordern. Solche Erscheinung, nicht die Ursache, ist die Normwidrigkeit, die uns angeht. Wohl hat, wer in sein eigenes Privatleben greift, indem er ihm öffentliche Rücksichten opfert, keinen Anspruch auf Diskretion. Aber nicht die Richtung des Geschlechtstriebes, seine Berührung des Pflichtenkreises ist das Übel. Nur wo der Nachweis dieser Berührung lückenlos zu erbringen ist, darf die Tangente angeklagt werden. Der Nachweis war trotz der Kriegsdrohung des Herrn Harden auch im Fall Lecomte nicht zu erbringen. Der Zusammenhang von Päderastie und Diplomatie ist nicht stärker als der Einfluß des normalen Geschlechtsverkehrs auf die Entschließungen der Männer, die unsere Geschicke lenken. Wer ihn stärker betont, enthüllt bloß eine Gesinnung, der das Geschäft mit der Moral wichtiger ist als der Kampf gegen die Korruption. Ein schlimmeres Ärgernis war nicht zu enthüllen. Es

Glauben, daß durch die freie Einschaltung jenes erotischen Nebenstromes, der vom Mann zum Mann geht, eine Komplizierung der sozialen Lebensverhältnisse geschaffen würde. Die Natur schert sich auch unter dem Joch eines Strafparagraphen nicht um die sozialen Lebensverhältnisse, und wie jedes Sexualverbot erogen wirkt, so ist auch dieses ein besserer Kuppler als Wächter und bringt in heimlicher Anziehung zur Genüge herein, was es durch öffentliche Abschreckung verhindert. Es könnte indes auch — schlimmere Gefahr — ein besserer Erpresser als Kuppler sein. Daß in einem Regiment strenge Unzucht gehalten wird, ist eine betrübliche Offenbarung. Aber eine Gesellschaft, die sich die Sexualität abbindet, darf sich darüber nicht beklagen, daß diese an der verkehrten Stelle einen Ausweg sucht, oder gar zu Geschwüren sich vereitert. Sie befreie sich von der fluchwürdigen Kontrolle ihrer Sinne, und sie wird es nicht mehr erleben, daß ihre Flügeladjutanten jenen Mißbrauch im Dienste begehen, der eine größere Sicherheit gewährleistet als der Mißbrauch eines Zivilisten. Wenn sie im Mondschein zum Gefreiten schleichen, so soll das strafwürdiger sein als ihre Herablassung zur Marketenderin, aber nicht weil es normwidriger, sondern weils disziplinwidriger ist. Ein Vergehen wider die beschworene Dienstpflicht wird sich leichter abwenden lassen, wenn es einmal von dem Odium befreit ist, ein Verbrechen wider die Natur zu sein, und wenn man nicht mehr als Sittlichkeitsdelikt behandelt, was soeben ein Kriegsgericht in Königsberg mit Recht die »vorschriftswidrige Verwendung Untergebener zu Privatzwecken« genannt hat. Wer Homosexualität anklagt, wo es sich um Inkom-

oder ein Schurke. Oder beides. Es ist unbestreitbar, daß wir nicht im alten Griechenland leben; aber wenn sich jeder Nichtgrieche diese Erkenntnis als ein persönliches Verdienst zuschreiben dürfte, dann würde die Beobachtung, daß andere Zeiten andere Sitten haben, alle Hoffnung ausschließen, daß wieder andere Zeiten kommen. Welches ist das Dokument einer höheren Kultur: das Protokoll einer Berliner Gerichtsverhandlung oder die ausgegrabene Tafel, auf der — ich nenne keine Namen — die Inschrift zu lesen ist: »X päderastierte den Y zu Ehren des Apollo«. Die Frömmigkeit unserer Religionen ist mit geringeren Opfern verbunden, aber die Entsagung vollzieht sich unter größerem Lärm. Ein früherer Komödiant könnt' einen Pfarrer lehren. Allein so gründlich müßte auch der berufenste Monarchist den Weltbürger nicht verleugnen, daß er nicht die ungeschmälerte Ausübung des Rechts, nach der eigenen Fasson selig zu werden, für ein preußisches Staatsinteresse halten dürfte.

Als Herr Maximilian Harden Einblick in die Ehescheidungsakten der Gattin des Grafen Moltke bekam, da geschah etwas Wunderbares. »Nun erst«, rief er im Gerichtssaal, »hatte sich mein Gesichtskreis in gewisser Richtung erweitert«. Der Beneidenswerte! Und er ging hin und einigte sich mit einem Juristen, einem Schlächtermeister und einem Milchhändler über die Normwidrigkeit des Grafen Moltke. Welch ein Schauspiel! Man hat die liberale Presse nie lauter jubeln gehört. »Für all das Peinliche, das der Prozeß gebracht hat«, entschädigt sie nicht nur der größere Absatz, den das Peinliche erzielt, sondern auch ein »Blick auf dieses Gericht«, auf den

Schlächtermeister und den Milchmeier. »Das Schöffengericht im Harden-Moltke-Prozeß verdient einen Ehrenplatz in der Geschichte der preußischen Justiz.« Auch wenn es diesmal etwas nachdrücklicher als sonst ein Urteil im Namen Seiner Majestät des Königs fällt. Die Verhältnisse haben sich eben in jeder Hinsicht geändert; und Herrn Hardens Beziehungen zu Thron und Presse sind nicht mehr normwidrig. Herr Harden, der die biblischen Vergleiche liebt, hat sich unter anderm einmal mit Jesaias verglichen, der ein politischer Prophet, und einmal mit Daniel, der ein Antikorruptionist war und dafür in die Grube geworfen wurde, in der er sechs Tage lang mit sieben Löwen lag; und als am siebenten Tag der König Cyrus zur Grube kam, sah er, daß Daniel mitten unter den Löwen saß und ihm kein Haar auf seinem Haupt gekrümmt war. Löwen gehen eben nicht auf Leder. Aber wenn Daniel ein Antikorruptionist war, so war Jochanaan ein Sittenrichter. Ihn hielt Herodes in einer Cisterne. Oder in einem Sammelkanal. Und er stieß mit hoher Bewilligung moralische Flüche gegen die Kamarilla aus. Wenn er nur den Herodes nicht meinte! Die Schriftgelehrten waren zwar gegen ihn eingenommen, aber später stellte sich's heraus, daß sie doch für ihn waren. Denn dieser Jochanaan war auch ein Schriftgelehrter, und darum kam er mit dem Leben und einer großen Auflage davon ... Als Schützer der konservativen Gewalten, als einen Feind des »Holzpapiers« hatten die Kollegen ihn nie ernst genommen. Diesmal hat er ihren Mann gestellt. Herr Benedikt, der Vertreter der »österreichischen Fröhlichkeit der Sinne«, der Leiter eines gesunden volkswirtschaftlichen Teils, der sich noch freuen kann, wenn ein Mädchen »in Jugendpracht mit strahlenden Augen vorübergeht«, und der jeden Antrag eines Bankdirektors empört zurückwiese, hatte es Herrn Harden immer gesagt, daß der preußische Hochadel normwidrig sei. Der schlug die Warnung in den Wind und es blieb uns nicht erspart zu hören, wie sich der kleine Moritz die Rina und den Ton der ostelbischen Junker vorstellt. Der große Moriz freut sich jetzt. Denn es erhöht vor allem das journalistische Standesbewußtsein, daß man heutzutage einen Grafen beleidigen kann, ohne befürchten zu müssen, »der geheimen Kabinettsjustiz zu verfallen«. Ein Graf würde sich das gegen die Journalistik nicht erlauben können. Denn es gibt eine Kabinettsjustiz gegen den Adel, die in der Öffentlichkeit unter Ausschluß des Prozesses besteht und bei der ein Amtsrichter und zwei Schöffen die Zuschauer machen. Man darf sogar den Fürsten Eulenburg, alle, die in Wien seinen Speichel leckten, dürfen ihn anspucken, dürfen ihren gesunden Abonnenten den Glauben beibringen, daß die geistigen Interessen des Mannes verdächtig und seine Freunde Gobineau und Chamberlain preußische Kürassiere waren.

Nie ist mit solchem Hochmut auf den Adel herabgesehen worden wie in diesen Ehrentagen des Nachrichtengeistes. Nie hat das demokratische Bewußtsein der im Ehebett erfüllten Pflicht begeisterter um sich geschlagen. Ein wirklicher Graf und früherer Stadtkommandant gefesselt am Schandpfahl journalistischer Information und dem schonungslosen Bedauern der anwesenden Vertreter der Presse ausgeliefert. Die trotz allem Standesgefühl und trotzdem keiner von ihnen sein Blut mit dem Blut eines Moltke vermischen möchte, rein menschliche Empfindungen nicht unterdrücken können. »Einer unserer Mitarbeiter hatte Gelegenheit« zu beobachten, daß der Graf täglich blässer und eingefallener aussieht. Er setzt sich nur hin und wieder energisch zur Wehr, »so weit eben Energie sich in dieser Natur vorfindet«. Der Kopf schmerzt ihn. Der drüben redet ununterbrochen auf ihn ein. Alles scheint auf ihn einzureden, was in Preußen reden kann. Von oben und unten. Der Vorstand des wissenschaftlich-humanitären Komitees erscheint, reklamiert ihn für die gute Sache und tröstet ihn damit, daß auch Michelangelo homosexuell war. Läßt überhaupt durchblicken, daß jeder homosexuell sei, der es nicht weiß, oder von dem es wenigstens die Andern besser wissen. Der Gegner versichert neuerlich, daß er nur ein politisches Interesse an dem Geschlechtstrieb des Grafen Moltke habe. Die anwesenden Vertreter der Presse erklären, die Sache der Freiheit stehe auf dem Spiel, wenn hier nicht die »Wahrnehmung berechtigten Interesses« anerkannt würde. Der Beobachter einer Berliner Zeitung gibt zu, daß auf dem starren Gesicht des Klägers dann und wann ein nervöser, gequälter Ausdruck liege; »mit einer hastigen, abwehrenden Handbewegung scheint er die Worte des Beklagten wie lästige Fliegen zu verscheuchen«. Sprechen kann er nur schlecht; »er ist seinem glänzenden Gegner in keiner Weise gewachsen«. Welchem? Dem journalistischen. Der »würzt seine Reden mit ironischen Bemerkungen, wie wenn er einen Artikel schriebe«. Mit der Beredsamkeit der Moltkes aber war's nie weit her. Der eine tat. Der andere litt. Und doch hat der Schriftgelehrte drüben in fünfzehn Jahrgängen die Innerlichkeit nicht gestaltet, die in dem einen Satz liegt, zu dem sich der Krieger plötzlich aufrafft: »Es ist außerordentlich peinlich für einen alten Soldaten, der wohl vor der Front ein frisches Wort hatte, nach zweiundvierzigjährigem Dienste sich nun als Verdächtigter vor der Öffentlichkeit zu verteidigen. Da erstirbt einem das Wort, das man sagen möchte —« Die anderen finden es und werden es ewig finden ... Es gibt Dinge, die einen so tief berühren, wenn sie einen nicht angehen. Es gibt Augenblicke, in denen man schluchzend einer Menschheit entfliehen möchte, die so wenig Mitleid mit sich selbst hat ... Nein, entsetzlicher hat die Überlegenheit des Wortes nie gewirkt, ergreifender nie die Niederlage des Schweigens! Der drüben weiß, daß einer seine Frau nicht befriedigt hat. Und spricht ers aus, so triumphiert nicht die Gemeinheit über die Vornehmheit, sondern der Geist über die Reaktion. Die Befugnis, in den Schlafzimmern der Kamarilla Gerichtstag zu halten, ist nicht das Siegel moralischer Unfreiheit, sondern die Parole politischer Freiheit. Die Reporter siegen auf der ganzen Linie, die Generale flüchten aus der Öffentlichkeit. Pardon wird nicht gegeben.

Der Prozeß Harden-Moltke ist ein Sieg der Information über die Kultur. Um in solchen Schlachten zu bestehen, muß die Menschheit lernen, sich über den Journalismus zu informieren.

Wien, 25. bis 27. Oktober.

Karl Kraus.

Herausgeber und verantwortlicher Redakteur: Karl Kraus.
Druck von Jahoda & Siegel, Wien, III. Hintere Zollamtsstraße 3

DIE FACKEL

NR. 236 WIEN, 18. NOVEMBER 1907 IX. JAHR

Eine Kulturtat.

Hätte ich in den Tagen, da der Menschheit ganzer Jammer über die Grenzen dieses Landes dringt, Zeit, mir's von Wiener Eindrücken übel werden zu lassen, ich würde gern dazu beitragen, eine Fledermaus zu verscheuchen, die uns eine liebe musikalische Erinnerung verekelt, so lange sie in der Haarkrone der Frau Bertha Zuckerkandl snobistischen Unfug treiben darf. Jeden Abend, wenn die Tante Klara in der ‚Wiener Allgemeinen Zeitung' uns in die schlecht gelüfteten Geheimnisse einer neuen Kultur einführt, juckt's mich in den Fingern. Aber daß der Inbegriff aller Lebensfreude das Bewußtsein sei, die Herren Kolo Moser und Hoffmann zu Zeitgenossen zu haben, wird uns neuestens mit einer Zudringlichkeit demonstriert, gegen die nur Grobheit hilft. Was hat denn die Zuckerkandl? Zugegeben, daß die Welt schlecht eingerichtet ist, soweit sie noch nicht von der Wiener Werkstätte eingerichtet ist. Aber wenn die Herren Moser und Hoffmann einem Schuhwarenhändler ein neues Comptoir schüfen, selbst die Kunstkritikerin der ‚Wiener Allgemeinen Zeitung' würde sich's dreimal überlegen, ehe sie von dieser Reformtat einen Aufschwung der Schusterei datierte. Warum datiert sie den Aufschwung der Kabarettkunst von der Lieferung unbequemer Sessel? An eine Erhöhung des künstlerischen Niveaus zu glauben, weil außer den Preisen das Podium erhöht wurde, war eine der kühnsten Metaphern, die in der Kultursprache des Sechsuhr-Abendlandes je gehört worden sind.

Die Kultur teilt man bekanntlich in eine alte und in eine neue Kultur ein. Die alte Kultur war mit dem Begriff »Brady« untrennbar verbunden, die neue knüpft an den Namen »Wärndorfer« an. Beiden gemeinsam ist die Lebensanschauung, daß nur a Geld, nur a Geld das höchste auf der Welt sei, beide ermöglichen dem Wiener, sich dereinst vor dem Richtstuhl der Geschichte damit auszuweisen, daß er seine Erdentage gut angewendet habe. Andere Nationen haben Siege erfochten, andere haben Maschinen erfunden, die dritten haben Kunstwerke geschaffen. Und mir ham an Schampus trunken, a Bier dazu, an Wein. Aber wir haben leider auch die schöne Ehrlichkeit eingebüßt, die in verflossenen Zeiten diesen Daseinszweck auch ohne künstlerische Ausrede zugegeben hätte. Tiefer konnte die »Gemütlichkeit« nicht mehr verkommen, als da sie sich in »Stimmung« verwandelte. Überall haben die Genußhändler die alten Werte zu appretieren verstanden, aber in der Verbindung des feinsten Schmockgeistes mit dem ordinärsten Behagen haben sie ihren Trumpf ausgespielt, und wir halten uns die Nasen zu vor den mit Parfum besprengten Phäakalien. Bisher hatte »der Wiener«, dem doch auch hin und wieder die Geisterstunde schlägt, ein schlichtes Bedürfnis nach jener passiven Betätigung zur Schau getragen, die er das »Gewurztwerden« nennt. Da überrumpelte ihn jener Geist, der einen witzigen Zusammenhang zwischen Schokolade und Knofel hergestellt hat, und lehrte ihn, sich mit Kultur wurzen zu lassen. Das Varieté ist zum Weihrauchtheater geworden, indische Tänzerinnen falten die Füße zum Gebet, und die Devise des Nachtlebens lautet: Brahma um und Brahma auf, es liegt nix d'ran! Den gebildeten Wiener aber, der bisher nur wußte, was Goethe nicht geschrieben und Schiller nicht gedichtet hat, zieht es ins Kabarett. Statt der Volkssänger erscheint dort in dem Augenblick, in dem das Rostbeaf serviert wird, ein Herr, der die Erklärung abgibt, daß er soeben seine Geliebte ermordet habe, Heulen und Tellerklappern herrscht, wenn bei magischer Beleuchtung eine Dame sich des Kindesmords beschuldigt, und da der Wiener neugierig ist, zu sehen, was auf der Karte steht, wird ihm die Antwort, daß der Kopf auf dem Rad steht. Kabarettkunst heißt jene Kunst, die an gedeckten Tischen die Schauer des jüngsten Gerichtes serviert. Wenn das Gong ertönt, hört jeder Spaß auf.

So leben wir alle Nächte. Aber die Kultur greift immer rapider um sich, und als zur Eröffnung eines neuen Champagnerlokals, das sich von den älteren tatsächlich nicht nur durch unbequemere Sessel, sondern auch durch unhandlichere Bestecke und ungenügendere Ventilation unterscheidet, auf Stendhal, Baudelaire, Barbey-d'Aurévilly, Flaubert, Verlaine und Mallarmé hingewiesen wurde, da war die Konkurrenz, die bloß Perrier-Jouet, Moët & Chandon, Pommery, Mercier und Henriot führt, geschlagen. Diesen Sieg verdanken wir denen um Bertha Zuckerkandl. Sie versäumte nicht, auch auf den Maler Puvis de Chavanne hinzuweisen; denn das neue Champagnerlokal bedeutet in der kulturellen Entwicklung auch eine neue Singspielhalle. Der Barraum, der sich an der Stelle befindet, wo man aus der Johannesgasse in das zwanzigste Jahrhundert einbiegt, macht eine Epoche für sich allein. Vergessen die Kacheln vergangener Zeiten! Die da sind »eine geniale Einleitung, ein toller Dekorprolog, ein Stimmungspeitscher raffiniertester Art«. So versichert Frau Bertha Zuckerkandl. Und eine Programmschrift, die versendet wurde, beruhigt uns darüber, daß auch für alles andere vorgesorgt ist: für eine »kultivierte Küche«, für ein Eßbesteck, das so kultiviert ist, daß es sich zu einem alltäglichen Zweck nicht verwenden lassen will, für »das ganze Um und Auf bequemen Sitzens«, auf Stühlen, um die man sich gerne setzt, weil man auf ihnen nicht sitzen kann; für eine feinfühlige Ventilation, die es verschmäht, sich in so schlechter Luft zu betätigen, und deren Wirkung der Kenner erst spüren wird, wenn ihn keine Menge mehr daran verhindert. Und nicht zuletzt auch — das Programm verheißt es — »für die hygienischen Bedürfnisse des Zuschauers«. Man hat lange darüber gestritten, ob diesen durch Verwendung des Papiers, auf dem die Kunstkritiken der Zuckerkandl gedruckt sind, besser gedient sei oder durch ein Kostüm für die Klosettfrau, das Professor Hoffmann entwerfen sollte. Schließlich aber einigte man sich dahin, den »Sanitor« mit weißer Farbe zu bestreichen und ihm das beliebte Schachbrett-Muster aufzuprägen. Für alles war vorgesorgt. Jetzt blieb nur die Frage: Wie füllt man die Zeit von neun bis eins aus?

Lassen wir diese unliebsamen Erörterungen. Nicht harmloser Dilettantismus verdient Tadel, sondern das hohe Entrée, das er verlangt, und die Prätention, mit der er auftritt. Wir haben nicht erwartet, daß der Geist der Pariser Bohème aus dem Wiener Boden neue Kräfte ziehen werde. Aber so wahr der Salzgries kein Montmartre ist, so heftig protestieren wir gegen die Behauptung, daß das Kabarett »als Heim der koloristischen Ekstase und der aphoristischen Lebensbeleuchtung erst jetzt im Entstehen begriffen« sei, weil eine Truppe ihr Lokal und ihren Geldgeber gewechselt hat. Das Wiener Kabarett war nie eine »Sammelstelle raffinierter und seltener Sinnesepisoden« und wird, auch wenn der Weg durch hundert Kachelräume und feuilletonistische Fieberträume führt, nie etwas anderes sein, als eine Sammelstelle raffinierter Unbegabung und seltener Überhebung. Vor zwei Jahren ist seiner Eröffnung eine Hoffnung vorausgegangen und eine Enttäuschung pünktlich gefolgt. Das deutsche Kabarett hat sich hier und draußen sofort als die vor ein Champagnergeschäft gehängte Liedertafel entpuppt, bei der wir es uns wohl sein lassen möchten, wenn ein künstlerischer Hokuspokus uns nicht gegen die Gutwilligkeit der Dilettanten und die Tüchtigkeit einiger Chansonettensänger ungerecht machte. Das Wesen des französischen Kabaretts, das vom Biertisch aufs Podium sprang, ist eine Ursprünglichkeit, die zwischen den Künsten improvisiert. Das Wesen des deutschen Kabaretts ist jene vom Agenten besorgte Mischung aus einer Unfähigkeit zum Variété und einer Unfähigkeit zur Oper, bei der den Nichtbeschäftigten das Betreten der Bühne verboten und nur das Champagnertrinken gestattet ist. Sein Bohème-Charakter — ein Arrangement, das sich augenblicklich verflüchtigt, wenn die Direktion Gelegenheit hat, in einer Reklamenotiz einen gastierenden Sänger als Mitglied der Ehrenlegion zu annonzieren. Aber wenn erst der Bohémien dem Publikum als echter Bohémien vorgestellt wird, sieht man die ganze Impresario-Geschicklichkeit am Werke. Sie liefert dem zahlenden Philister die Geheimnisse der Bohème aus, sie würde selbst ein Theater der Individualitäten zur »Spezialitätenbühne« machen, auf der zwar nicht dressierte Pudel als Künstler, aber Künstler als dressierte Pudel dem Publikum vorgeführt werden. Die Wünsche des Publikums sind maßgebend, und der Mißton, der vom Brettl dringt, darf die Nerven, nicht die Lebensanschauung des Hörers verletzen. Der Pflicht zur Improvisation ist Rechnung getragen, wenn man einen Operettentenor, der im Saale sitzt, unter dem Jubel des Auditoriums für den Vortrag einer Arie aus der »Lustigen Witwe« gewonnen hat. Die macht selbst dem »Lustigen Ehemann« den Vorrang streitig, und alle Dirnen- und Galgenlieder sind vergeben und vergessen. Das Wesen des deutschen Kabaretts ist ein Negativum: daß sein Publikum den ordinärsten Gassenhauer immer als Erlösung von der kulturvoll frisierten und künstlerisch kostümierten Unfähigkeit empfindet, daß die letzte Brettldame vom Magdeburger Apollotheater, die im aufgedonnerten Flitterkleid »Ach so ein Leutenant« oder »Ich laß mich nicht verführen« singt, als eine Offenbarung des Lebens wirkt, neben den bretternen Damen, die mit Literatur und Linie über den Defekt des Temperaments täuschen. Je aparter die Verpackung, desto verdächtiger der Inhalt. Hier wie überall gab die alte Form das Talent frei und stellte den Mangel bloß. Die neue bindet die Fülle und deckt die Leere. Schade um die schönen Ohren eines Mädchens, die eine moderne Frisur versteckt. Aber solange ichs nicht aus sicherer Quelle weiß, daß sie schön sind, glaube ich, daß sie häßlich sind. Schönheit und Talent, Kunst und Leben können mit Surrogaten wirtschaften; aber Surrogate beweisen die Individualität des Betrachters, der genug Phantasie hat, sie zu vollen Werten umzuschaffen. Ich kann mir ein Fischweib erotisch, ein Kabarett literarisch, und eine Architektonik der Zwischenstufen künstlerisch genießbar machen. Aber dann ists mein Werk, über das doch immer wieder die Erkenntnis triumphiert, daß jede dieser Künste für sich und alle zusammen ungenießbar sind.

Ehe der alten Unzulänglichkeit der Ausstattungsschwindel gepaart wurde, hat sich das Kabarett bloß literarisch überhoben und durch die Ausnützung der wirtschaftlichen Not deutscher Lyriker den Schein zu erwecken gewußt, die Seele moderner Poesie atme erst im Qualm der Champagnerkundschaft. In Wirklichkeit erstickt sie in dem widerlichen Philisterium des Vergnügens, und was zurückbleibt, ist der Schwindel, der das Stoffgebiet modernen Fühlens ausbeutet. Was zurückbleibt, ist die Erotik des Herrn Dörmann, die ihre Ekstasen auch dem Minderbemittelten offeriert, schwellende Divans und Ampeln billig abgibt und nach hundert Nächten noch so frisch ist, ihre müden Sinne auf allgemeines Verlangen mit rasenden Wollustküssen, »vielleicht sogar mit Blut«, aufzupeitschen. Was übrig bleibt, ist ein Pathos des Ausverkaufs, oder sind die Ladenhüter einer fadenscheinigen Groteske, die zwischen Bordell und Galgen den Herren im Smoking das Bewußtsein ihrer sozialen Position stärkt. Passieren wir die Literatur des Kabaretts, wie sie vom Gloribusch und der ekelhaften Mädelsingerei der Herren Wolzogen und Bierbaum zu den Kaschemmenliedern und zur Scharfrichtergemütlichkeit führt, so werden wir erkennen, daß diese neueste deutsche Innung singender Malermeister ein Geschäft zwischen erzrevolutionären Stoffen und stockphiliströsen Gedanken entriert hat. Der Respekt vor der Gesellschaftsordnung hat durch das deutsche Kabarett nicht gelitten: man ist so frei, das Dirnenlos zu besingen, und so unfrei, es zu verhöhnen. Wenn die Zuckerkandlin neben den revolutionären Geistern Frankreichs auch Maeterlinck beschwört, um die Übersiedlung einer Wiener Singspielhalle einzuweihen, so kann sie die Genugtuung erleben, daß Maeterlinck schon am ersten Abend in Form einer unsäglich albernen Parodie dem Publikum mundgerecht gemacht wird. Und wenn sie sich auf Wedekind beruft, so muß ihr in Erinnerung gebracht werden, daß dieser Dichter, der tatsächlich einst in München »seine höhnisch-schmerzhafte Weise den Leuten ins Ohr geschrillt« hat, dies bloß deshalb tat, weil ers mußte, weil die Einsichtslosigkeit deutscher Bühnenleiter ihn damals noch zu solchem Jammer verurteilte, und daß er sein höhnisch-schmerzhaftes Bedauern darüber ein paar Jahre später den Lesern der ‚Fackel' ins Ohr geschrillt hat. Auf die Auslösung solchen Schmerzes braucht sich das Kabarett wahrlich nichts einzubilden. Er gehört dazu, wie einer der schönen Sessel, um die man so bequem herumsitzt. Aber der deutsche Philister glaubt ja auch noch immer, daß das Lied von der Tante Klara und das Lied von der Tante in Hamburg von Wedekind stammen. Spießbürgerliche Verhöhnung des um sein Liebesleben betrogenen alten Mädchens, Bewitzlung der aus der menschlichen Gemeinschaft hinausgehetzten Dirne: Zwei Repertoirenummern des Kabaretts, durch die es seine Kühnheit beweist. Aber sind es nicht auch zwei der »barbarischen Lebensformen«, von denen Wedekinds Dichten handelt? Und diesen Dichter scheut sich der heilige Kabarettgedanke nicht immer wieder zu reklamieren?

Und weil nun Spießbürgerlichkeit und Langweile vor farbigen Hintergründen agiert und bei unsichtbarem Orchester singt, weil zu jedem Lied ein Sessel aufgestellt und jeder Aphorismus von Professor Hoffmann kostümiert wird, stehen wir wieder einmal am Beginn einer Kulturentwicklung. In Paris hat kein französischer Küchenchef mitgewirkt, als das Kabarett ins Leben trat, und kein Kritiker verkündete, daß nunmehr die »Kristallisation der Kunstkultur« vorbereitet werde. Aber in Wien wird einem ahnungslosen Gastgeber wie Herrn Wärndorfer solche Absicht zugemutet. Er ist in die Kultur hineingeraten wie Pontius ins Credo quia absurdum. Aber wahrlich ich sage auch, eher werden auf den Schuhen, die in den Garderoben der Künstlerinnen stehen, Schimmelpilze wachsen, ehe es durch Vermittlung der Herren Kolo Moser und Hoffmann in Wien zu einer Kristallisation der Kunstkultur kommt. Wenn Frau Zuckerkandl, die in den chemischen Ideenverbindungen ihres Namens zu schwelgen scheint, von einem »aus Zweck kristallisierten Wohllaut der Gestaltung« spricht, so hat sie das Eßbesteck der neuen Kultur übersehen, das im Geistesleben einer modernen Frau noch immer eine größere Rolle spielen sollte als das neue Kabarett: die Messer, die beim besten Willen kein Wiener Snob in den Mund, und die Löffel, die keiner in die Tasche stecken kann. Nein, und tausendmal nein! Wäre der liebe Herrgott bei der Erschaffung der Welt dem »großen Stilimpuls« gefolgt, der von der Wiener Werkstätte ausgeht, er hätte unmöglich sehen können, daß es gut war. Er hat die Welt rund und nicht viereckig gemacht und keine Rücksicht darauf genommen, daß die »Essenz der Wiener Stilsehnsucht« die künstlerische Verklärung des Prinzips der Unbequemlichkeit sein werde. Frau Bertha Zuckerkandl hat gewiß recht. wenn sie sagt, unsere Stadt vereinige Elemente, die unter andern »durch eine starke Einheitlichkeit des Empfindens« und »durch ein gemeinsames ästhetisches und ethisches Glaubensbekenntnis eng aneinander gekettet sind«. Aber das ist ja gerade das Unglück. Die Kulturarbeit, die dieses einheitliche Empfinden zuwegebrachte, gipfelt darin, daß der gelbe Fleck eine viereckige Form angenommen hat. Und der Snobismus, der sich darauf so viel zugute tut, erfordert umso schärfere Zurechtweisung, als er die schlimmsten Instinkte des Philistertums reizt. Der Geist des »Künstlerhauses«, der in Schlapphüten und Schlappschwänzen gelebt hat, könnte wieder aufleben, wallende Architektenbärte könnten sich vordrängen, und Herr Pötzl könnte in unheilbare Gesundheit verfallen, wenn der Geschmack, der mit dem Geld des Herrn Wärndorfer gegründet wurde, das quadratische Feld behaupten und eine Fledermaus an helllichtem Jour sich lästig machen sollte. Daß uns seit Wochen von der Horde der Feinfühligkeit, die jetzt in ästhetischen Dingen das große Wort führt, erzählt wird, die Neuzeit habe zwar formell mit der Entdeckung Amerikas begonnen, aber die wahre Entwicklung datiere erst von der Eröffnung des Kachelraums, das ist zu viel. Ich habe jetzt keine Lust, mir's von Wiener Eindrücken übel werden zu lassen. Aber wenn der lokale Snobismus zu vorlaut werden sollte, kann er gelegentlich eins hinter die Ohren bekommen, daß ihm die koloristischen Ekstasen vergehen werden. Man hat ihn verwöhnt. Bei Zuckerkandl großgezogen, reift er erst für die Peitsche!

Karl Kraus.

Mann und Weib.

Betrachtungen von August Strindberg.*)

Luftspiegelungen.

Wenn ich eine Zeit lang in der Einsamkeit gelebt habe, beginnen meine Bekannten vor mir sichtbar zu werden. Einige gewinnen aus der Ent-

*) Die neueste Arbeit Strindberg's, aus der schwedischen Handschrift von Emil Schering soeben übersetzt. Die fünfte dieser Betrachtungen, die »Doppelgänger« betitelte, ist wohl der unheimlichste Ausdruck aller Erkenntnis, die aus der Beziehung des Erkennenden zum Weib geholt werden kann. Dreißig Zeilen, die

fernung, werden nur freundlich empfunden, sind von Licht und Friede umgeben. Andere, die ich eigentlich in der Nähe liebe, verlieren und werden als Feinde empfunden. Ich kann also einen Freund in seiner Abwesenheit hassen, ihn für häßlich und feindlich ansehen; kommt er aber nur, tritt sofort freundlicher Kontakt ein.

Es gibt ein Weib, dessen Nähe ich nicht vertrage, das mir aber aus der Entfernung lieb ist. Wir schreiben uns Briefe, immer achtungsvoll und freundlich. Wenn wir uns eine Zeit lang nach einander gesehnt haben und uns treffen müssen, geraten wir sofort in Streit, werden alltäglich und unsympathisch; trennen uns im Zorn. Wir lieben uns auf einer höheren Ebene, können aber nicht im selben Zimmer sein. Wir träumen von einem Wiedersehen, dematerialisiert, auf einer grünenden Insel, auf der nur zwei weilen dürfen, höchstens noch unser Kind.

Ich erinnere mich einer halben Stunde, als wir drei wirklich Hand in Hand auf einer grünenden Insel am Meeresufer uns ergingen. Da hatte ich den Eindruck, das sei der Himmel. Dann läutete die Mittagsglocke, und wir waren wieder auf der Erde, und gleich darauf in der Hölle.

Teslasche Ströme.

Zwei Liebende erzeugen Ströme von »hoher Frequenz«, Teslasche Ströme, für die es keine Entfernung gibt. Liebende brauchen schließlich weder zu sprechen mit einander, noch zuschreiben an einander. Wohnen sie weit von einander, so ist der abgehende Brief schon von dem andern Teil »empfangen« worden und hat seine Wirkung getan; ist auch in Gedanken beantwortet worden. Darum kommen alle solche Briefe zu spät und antworten nicht auf die An-

---

die Romanpsychologie dreier Jahrzehnte reichlich aufwiegen. Ich gestatte den Nachdruck mit Angabe der Quelle und empfehle die Aufnahme in ein Lesebuch für das reifere Alter.

Anm. d. Herausgebers.

sprache. Die allgemeine Erfahrung lehrt, daß ein Liebesverhältnis nicht durch die Post unterhalten werden kann, weil die Briefe sich kreuzen.

Unbegründetes oder krankhaftes Mißtrauen zwischen Liebenden beruht sehr oft auf fehlerhafter Übertragung; aber die gesunde Eifersucht ist in der Luft zu spüren, da durch fremden Einfluß Störungen auftreten. Wenn diese Eifersucht sich auch in Tatsachen irren kann, so hat sie doch recht, was die Gedanken, die nicht ausgeführten Absichten des andern angeht. Sie hat die Flatterhaftigkeit vorweggenommen und die Gefahr abgewehrt.

Liebende können mit einander brechen, aber einander nicht betrügen. Zwischen ihnen gibt es keine Geheimnisse. Wie der Telegraphist zuhause auf seiner Station sitzen und auf dem Galvanometer ablesen kann, wo der Draht gebrochen ist, so fühlt der Liebende, wo und wann eine Unterbrechung der Leitung droht. Dann hat er entweder den Strom abzusperren, auf daß seine Geliebte abstirbt oder neuen Kontakt sucht; oder er muß die Kraft seines Stroms verstärken, um dem fremden Strom zu begegnen.

Wahrnehmungen aus der Ferne.

Während des intimsten Zusammenlebens mit einem Weib kam ich, wie Gustav Jäger, dazu, „die Seele zu entdecken". Ich stand immer in Verbindung mit ihr. Oft nur durch undeutliche Wahrnehmung, sehr oft aber durch Geruchsempfindungen; die waren aber subjektiv, weil andere sie nicht wahrnehmen konnten. Wenn sie auf der Reise war, fühlte ich, ob sie auf dem Dampfer oder im Zug war: ich konnte die Umdrehungen der Schraube vom Stoßen der Puffer unterscheiden.

Zu einer bestimmten Stunde des Tages näherte sie sich mir. Es war fünf Uhr morgens. Als sie einmal in Paris war, änderte sich dieser Besuch auf vier Uhr. Als ich in der Tabelle der Zeitunterschiede nachschlug, fand ich, daß die Uhr ungefähr vier in Paris war, wenn sie bei mir fünf war. Ein andermal war sie in Petersburg; da traf die Begegnung eine Stunde später ein; und das stimmt.

Als sie mich haßte, nahm ich einen Geruch und Geschmack wie von Mortalin wahr; und eines Nachts so heftig, daß ich aufstehen und das Fenster öffnen mußte. Wenn sie wohlwollend meiner gedachte, nahm ich den Duft von Weihrauch, manchmal von Jasmin wahr. Diese Düfte konnten sich auch in Geschmackswahrnehmungen verwandeln. Wenn sie ohne mich in Gesellschaften war, hatte ich das Gefühl, als sei sie fort. Wenn sich aber das Gespräch um mich drehte, fühlte ich es, ob man gut oder schlecht von mir sprach.

Noch mehr Telepathie.

Ich brachte einen Abend allein zuhause zu; ich wußte nicht, wo sie sich befand, hatte aber das Gefühl, als sei sie mir verloren. Als es zehn Uhr vierzig wird, strömt mir ein flüchtiger Duft entgegen. Da sagte ich mir: sie ist im Theater gewesen! Aber in welchem? Ich nahm die Zeitung des Tages, las die Theateranzeigen und fand, daß ein Theater um zehn Uhr vierzig schloß. Bei der Nachfrage erwies sich das als richtig.

In einer Gesellschaft, in der ich mich befand, unterbrach ich mich in einem lebhaften Gespräch mit einem Lächeln. — Worüber lächelst du? fragte einer. — Jetzt fuhr der Südzug in den Hauptbahnhof ein. — Ein andermal, unter gleichen Verhältnissen, sagte ich: Jetzt fällt der Vorhang über den letzten Akt in Helsingfors! — Und ich hörte das Beifallklatschen nach meiner Premiere. Das Gespräch der Leute nach Schluß der Aufführung im Restaurant äußerte sich als Läuten in den Ohren. Das kann ich auch von Deutschland hören, wenn ich dort eine Premiere habe, trotzdem ich nicht voraus weiß, daß ich gespielt werde.

Eines Abends hatte ich mich um halb zehn schlafen gelegt; erwachte um halb zwölf bei einem Duft von Punsch und Tabak und dem Eindruck, daß zwei Bekannte in einem Café über mich sprachen. Ich hatte alle Veranlassung zu glauben, ich sei in irgend einer Weise zugegen gewesen, war aber an diese Erscheinung so gewöhnt, daß ich sie dieses Mal nicht kontrollierte. Flammarion hat ja in dem Buch »Das Unbekannte« hundert ähnliche Fälle gesammelt.

Doppelgänger.

Wenn ein Mann ein Weib zu lieben anfängt, so wirft er sich in eine Trance, wird Dichter und Künstler. Aus ihrem bildbaren, nicht individualisierten Astralmaterial arbeitet er eine Gedankenform heraus, in die er das Schönste gießt, das er in sich hat. So schafft er sich einen Homunkulus, den er als einen Doppelgänger adoptiert. Und mit dem läßt sie den Mann schalten. Aber dieses Astralbild ist auch die Gliederpuppe, die sie, die Jägerin, aussetzt, um damit zu locken; während sie selber mit geladener Flinte hinter dem Busch liegt und auf die Beute lauert.

Die Liebe des Mannes zu seinem Homunkulus überlebt oft alle Illusionen. Er kann einen tötlichen Haß gegen die Geliebte selber gefaßt haben, während seine Liebe zum Doppelgänger fortlebt. Aber dieses Maskenspiel gibt Anlaß zu den tiefsten Disharmonien und Leiden. Er wird schieläugig, da er zwei Bilder betrachtet, die nicht zusammenfallen. Er will seine Wolke umarmen, aber faßt einen Körper. Er will sein Gedicht hören, aber es ist das eines andern. Er will sein Kunstwerk sehen, aber es ist nur sein Modell.

Er ist glücklich in seiner Trance, wenn auch die Welt sein Glück nicht begreifen kann. Erwacht er aus seinem Schlafwandeln, dann wächst sein Haß gegen das Weib, je weniger sie seinem Urbild entspricht. Und wenn er seinen Doppelgänger mordet, dann ist die Liebe aus, und der grenzenlose Haß bleibt allein übrig.

Zwei machen nicht ein Paar.

Der Mann sagt: Weib und Heim ist das einzig Richtige. Aber wenn das Weib auch sagt: Mann und Heim ist das Einzige — dann ist es wohl gegenseitig.

Es ist also nicht das Weib allein, welches das Leben erträglich macht: der Mann tut es auch. Aber der Mann ist dankbar von Natur; darum singt er ihr Lob, während sie ... ja, du weißt ja, was sie tut! Gegen besseres Wissen, da sie im Innern zugibt, Mann und Heim seien das Beste. Jedenfalls: Weib und Heim ist das Beste! Wie soll denn das andere sein? Im gleichen Stil!

Plato sagt, Mann und Weib sind zwei Hälften, die einander suchen, um ein Ganzes zu bilden. Aber sie müssen keine Hälften sein, da niemals ein Ganzes entsteht. Es scheint, als suche 2/3 sein 1/3. Das ist schwerer! Oder als seien sie Teile von ungleichartigen Größen. Zwei Drittel eines Apfels zusammen mit einem Drittel einer Birne bilden kein Ganzes. Zwei linke Handschuhe machen kein Paar; zwei rechte Handschuhe auch nicht. Da ist die Gleichheit zu groß! Sie müssen also verschieden sein, aber in gewisser Weise. In welcher Weise, das ist noch nicht entdeckt; und während man darüber grübelt, geht man hin und verheiratet sich.

Tröpfe.

Was ist ein Frauenhasser? — Das weiß ich nicht. Doch, der Ausdruck wird als Scheltwort von Tröpfen für die benutzt, die sagen, was alle denken. Tröpfe sind die Männer, die sich einem Weib nicht nähern können, ohne den Verstand zu verlieren und treulos zu werden. Sie kaufen die Gunst des Weibes damit, daß sie die Köpfe ihrer Freunde auf silbernen Schüsseln ausliefern; und sie nehmen soviel Weiblichkeit in sich auf, daß sie mit den Augen des Weibes sehen und mit den Gefühlen des Weibes fühlen.

Es gibt ja Dinge, die man nicht alle Tage sagt; und man sagt nicht seiner Frau, woraus ihr Geschlecht geschaffen ist. Aber man hat das Recht, es zuweilen zu schreiben. Schopenhauer hat es am besten geschrieben, Nietzsche nicht schlecht, Joséphin Péladan ist der Meister. Thackeray schrieb Mens Wifes, aber das Buch wird totgeschwiegen. Balzac hat in der Physiologie der Ehe und in den kleinen

Leiden des ehelichen Lebens Karoline entlarvt. Otto Weininger entdeckte den Trug im Alter von zwanzig Jahren, wartete aber nicht die Rache ab, sondern ging seiner Wege.

Daß das Kind ein kleiner Verbrecher ist, der sich nicht selber leiten kann, habe ich gesagt; aber ich liebe Kinder doch. Daß das Weib ist, was es ist, habe ich auch gesagt; aber ich habe immer ein Weib geliebt und Kinder mit ihr gehabt. Wer mich Frauenhasser nennt, ist also ein Dummkopf, ein Lügner oder ein Tropf! Oder alles auf einmal.

Die Gerichtspsychiatrie ist von allen Gesellschaftsspielen doch das unterhaltendste. Die ältesten Tarockspieler der Justiz versichern, daß es wie kein anderes der Kurzweil diene. Die Schriftsachverständigen — je nun, die sind wie alle Vertreter einer ernsten Wissenschaft nüchterne Gesellen. Charakter-Erraten ist längst kein Spaß mehr und Stunden ungetrübten Frohsinns verbringt man heute nur noch im Kreise der Psychiater. Die Justiz spielte früher Blindekuh, aber das Spiel der blinden Esel ist aparter. Sie werden hereingeführt, sollen den Angeklagten durchschauen und sagen j—a, wie der Ankläger es will. Manchmal kann es freilich der Autorität passen, daß ein Freispruch erzielt werde. So oder so, die Psychiater nennen die Aufgabe, die sie in fröhlicher Runde zu leisten haben, das »Wegputzen« schwieriger Fälle, wobei sie allerdings den Vergleich mit einer intelligenteren Haustiergattung arrogieren. Es gibt nun in der Tat treue Psychiater, die mitunter sogar einen Hof beschützt haben. Liegen sie dann an der Kette, so beklagen sie die Undankbarkeit des »Herrl«, dem sie die schwierigsten Knochen »weg'putzt« haben. Geht einer schnellen Schrittes, so meinen sie, er sei ein Dieb. Die Verläßlichkeit des Hundes besteht nicht darin, daß sein Gutachten verläßlich ist, sondern daß er es abgibt. Der Autorität frommt es auf alle Fälle, wenn gebellt wird . . .

Man sieht, die hohe Meinung, die ich von der Gerichtspsychiatrie habe, hätte mich beinahe verführt, ihre Tätigkeit aus der Sphäre einer leichten Unterhaltung in die des praktischen Nutzens zu heben, und zu vergessen, daß ich sie eben noch den Gesellschaftsspielen zugezählt habe. Ein Gerichtssaalbericht, den ich in der Mappe meiner sommerlichen Eindrücke gefunden habe, läßt mich zur ersten Auffassung zurückkehren.

Da war ein Dienstmädchen von einem Wachmann wegen Vagabondage arretiert worden. Vagabondage nennt das Gesetz jenen nachweisbaren Erwerb, den eine Frau ergreift, wenn sie über ihren Körper ohne polizeiliche Bewilligung verfügen will. Unser Dienstmädchen wurde verhaftet, weil es die polizeiliche Bewilligung nicht nachweisen konnte. Sie behauptete, statt dessen die polizeiliche Unterstützung nachweisen zu können. Der Wachmann habe sie ihr während der Eskortierung gewährt. Der Wachmann wurde beauftragt, die Ehrenbeleidigungsklage zu überreichen oder, da ihre Durchführung nicht allzuleicht schien, »anzustrengen«. Das Mädchen bleibt bei seiner Behauptung. Aber der Angeklagte hat das Recht zu lügen und der Wachmann darf sich als Zeuge sogar auf den Amtseid berufen. Wie soll man da der Wahrheit auf den Grund kommen? Vieles schien gegen die Wahrheitsliebe des Mädchens zu sprechen, und es fiel gewiß ins Gewicht, daß mehrere Dienstgeberinnen die Angeklagte als eine »naschhafte Person« bezeichneten. Solche Zeugenaussagen legten dem Richter den Gedanken nahe, den Geisteszustand der Angeklagten durch Gerichtsärzte untersuchen zu lassen. Und siehe da, diese gaben ein Gutachten ab, das die Ehre des Wachmannes gründlicher herstellte, als eine Verurteilung der Angeklagten auf Grund des Amtseides es vermocht hätte. Sie mußte nämlich freigesprochen werden, weil ihre Unzurechnungsfähigkeit klar zutage lag. Die Psychiater hatten nach längerer Beobachtung festgestellt, daß »die Inkulpatin einfache Rechenaufgaben nicht lösen konnte, daß sie unter anderem nicht wußte, wie der deutsche Kaiser heiße, was ein Schaltjahr sei, und daß sie behauptete, die Erde stehe still«. Die Gerichtsärzte kamen zu dem Schlusse, daß sie zwar nicht als ein der Vernunft beraubtes Individuum zu bezeichnen, aber »geistig überaus minderwertig und verstandesschwach« sei. Sie hatte behauptet, daß der Wachmann ein Sittlichkeitsdelikt verübt habe, und wurde freigesprochen. Hätte sie das Sittlichkeitsdelikt selbst verübt, so wäre sie ohne Zuziehung eines Gerichtspsychiaters verurteilt worden. Sie war jedenfalls zurechnungsfähig genug, das Delikt der Vagabondage zu verantworten. Aber wäre sie gar wegen Fruchtabtreibung oder Kindesmords angeklagt, mit der umfassendsten Unbildung würde sie den Psychiatern nicht imponieren. Und wenn sie selbst auf die Frage, wer Kaiser von Österreich sei, verlegen schwiege! Die Gerichtsärzte würden sagen, daß sie die Unwissenheit in diesen Dingen nur simuliere. Diesmal fragten sie, wer der deutsche Kaiser sei, und als das Mädchen sagte, sie wisse es nicht, zweifelten sie keinen Augenblick an der Wahrheitsliebe der Angeklagten, deren Verlogenheit es zu beweisen galt. Die Behauptung aber, daß die Erde stille steht, mußte auch dem mißtrauischesten Psychiater zu der Überzeugung von der geistigen Minderwertigkeit der Angeklagten verhelfen. Es ist tief bedauerlich, daß Galilei vor der Inquisition und nicht vor einem Wiener Bezirksgericht über diese Dinge Rede stehen mußte. Die Erde steht nicht still. Die Gerichtspsychiatrie selbst beweist es, indem sie es behauptet. Und nur die Dienstmädchen verharren auf einem ablehnenden Standpunkt gegenüber dem kopernikanischen System, beweisen aber dadurch höchstens, daß ihnen kein Wachmann unter die Röcke gegriffen hat.

* * *

Und wieder ergriff Herr Professor Benedikt die Gelegenheit, im Blatte des Herrn Lippowitz für die Kastrierung der Homosexuellen — Vater, leih' mir die Scher' — einzutreten. Die folgenden Sätze sind besonders bemerkenswert:

».... Es wäre und ist unrecht, ihnen ihren Zustand dann vorzuwerfen, wenn sie sonst unschädlich sind; ebenso roh und ungerecht, wie wenn man jemandem eine angeborene Epilepsie oder einen angeborenen Kretinismus vorwerfen würde. .... Und deshalb ist die strafrechtliche Verfolgung der aktiven Homosexualität eine soziale Notwendigkeit, wenn auch die Verfolgung in manchen Fällen eine ungewöhnlich peinliche ist, da sich unter den Homosexuellen Menschen befinden, welche große Verdienste um die Menschheit und den Staat haben können .... Traurig ist es, daß die öffentlichen Ankläger selten den Mut finden, die Anklage zu erheben, und daß die Richter sehr geneigt sind, einen Freispruch unter dem Schlagwort des ‚unwiderstehlichen Zwanges' auszusprechen. Es ist selbstverständlich, daß alle Überwiesenen einen solchen beteuern, und sich auf Sokrates und Plato berufen; sie wissen, daß letzterer in seinem ersten Werke über den Staat gelehrt hat, daß an die Spitze des Staates Philosophen gehören, welche Knabenliebe treiben. Allein diese Beispiele beweisen nur, daß auch bedeutende Menschen von Haus aus oder infolge von Verführung pervers sein können und daß trotzdem diese Menschen geistige oder soziale Bedeutung haben können.... Wir hoffen, der deutsche Kaiser, der in seinem Innersten sich verletzt fühlen muß, werde mit Donnerkeil in diese korrupte Gesellschaft hineinschlagen. Er hat als junger Kaiser seine Selbständigkeit und Energie bewiesen, als er zuerst die Notwendigkeit einer deutschen Flotte empfand und eine solche schuf, und dann als er aus seiner Individualität heraus im Gegensatz zu seiner Erziehung die Gleichberechtigung der technischen Wissenschaften und der technischen Hochschulen mit den Universitäten erkannte. Er hat ebenso den richtigen Gedanken erfaßt, daß die zeitgemäße Erziehung auf moderner Wissenschaft und modernen

Sprachen und nicht auf einer mumienhaften klassischen Philologie beruhen solle. Wir wollen hoffen, er werde diesen Gedanken doch noch einmal wieder aufnehmen und gegen eine befangene Gelehrtenwelt durchführen . . . Ich muß bei dem schon einmal ausgesprochenen Grundsatz gegenüber den Homosexuellen verharren: Enthaltsamkeit, Chirurgie oder Zuchthaus.«

•

Die Administration eines Wiener Blattes übernimmt für den Inhalt des redaktionellen Teils keine Verantwortung, und so konnte es kürzlich geschehen, daß im ‚Extrablatt' ein heftiger Angriff auf die Ausbeuter jenes Aberglaubens erschien, der am Tage zuvor den Lesern als der allein selig machende empfohlen worden war. Ein Herr »Professor Tokal« in London hatte sich unter den »Stimmen aus dem Publikum« den Lesern des ‚Extrablatts' als »Hofrat für Sterndeutekunst« vorgestellt und sich erbötig gemacht, ihnen ein Horoskop zu stellen. Der Verdacht liegt nahe, daß er sich die Sache leicht macht und einem Gimpel, der sich bei ihm als Abonnent des ‚Extrablatts' einführt, einfach schreibt: »Sie werden langsam verblöden« oder »Sie werden in späteren Jahren einen Raubmord begehen«. Nach der Auffassung des ‚Extrablatts' aber liegt hier nicht etwa ein Mißbrauch der Dummheit seiner Leser vor, die dem Herrn Professor Tokal ihr Vertrauen beweisen. Im Gegenteil! »Der Gelehrte«, heißt es in der Anpreisung wörtlich, »beweist der Welt sein Vertrauen, indem er sich erbietet, einen langen Brief voll erstaunlicher Kenntnis der Vergangenheit, Gegenwart und Zukunft eines Jeden zu senden.« Er hat sich übrigens einen ganz besonderen Ruhm dadurch erworben, daß er »schon vor Jahren die Unschuld des Hauptmanns Dreyfus verkündet«, also sozusagen den Aberglauben in den Dienst des Fortschritts gestellt hat. Was nun ein und dasselbe Wiener Blatt gegen Bezahlung und was es gratis druckt, wie es am 13. Oktober dem Aberglauben abtrünnig wird, den es noch am 12. verbreitet hat, zeigt die folgende Gegenüberstellung:

Sterndeutekunst.

Hierzulande sind die geheimnisvollen Wissenschaften noch wenig erforscht, in anderen Ländern jedoch gibt es viele Gelehrte, welche das tiefe Dunkel dieser geheimnisvollen Wissenschaften ebenso gründlich erforschen, wie man hierzulande Ingenieur-Wissenschaft studiert . . . Professor Tokal berichtet, daß er für Jeden ein Horoskop aufstellen kann, das wahrheitsgetreue und wertvolle Mitteilungen über den Charakter des Betreffenden macht . . . Der Gelehrte sagt ferner, daß er Aufklärungen über treue und falsche Freunde, heuchlerische Bekannte und gefährliche Feinde geben kann . . . Weiterhin über die Seelenverwandtschaft eines jeden Einzelnen, was besonders für Verliebte interessant ist . . . Einem armen Mädchen sagte dieser berühmte Gelehrte ihre Herzens-Angelegenheiten so voraus, daß sie ganz unwahrscheinlich schienen, doch schon nach 2 Jahren heiratete es einen Millionär.

Die Zauberin von Neapel.

Der Aberglaube nistet, wie es scheint, unausrottbar in dem Gemüte der Menschen und wirft sonderbare Blasen. Von diesem Irrwahn, von diesen niedrigen Phantasievorstellungen ziehen Schwindler Vorteile. Italien und Spanien waren immer günstige Nährböden für den Aberglauben. Hier trieben Gaukler, Wahrsagerinnen, Quacksalber, Hellseher ihr Unwesen und verstrickten und verwirrten die leichtgläubigen, von Vorurteilen erfüllten Menschen. Unser Bild veranschaulicht einen ebenso interessanten, als bezeichnenden Vorgang: Ein junges, verliebtes Mädchen will mit Hilfe einer Wahrsagerin die wahren Gesinnungen ihres Verehrers erforschen und sich seiner Treue versichern. Die Hexe treibt mit einem Menschenschädel allerlei Hokuspokus und das verbrannte Gänschen glaubt dem Schwindel. Armes, dummes Mädchen!

Die Hexe von Neapel ist ein trauriges Überbleibsel vergangener Zeiten, aber der Hofrat für Sterndeutekunst ist ein moderner Kulturfaktor. Wie weit sind Italien und Spanien noch in der Kultur zurück, aber wie müssen wir uns anderseits schämen, daß bei uns die geheimnisvollen Wissenschaften noch nicht erforscht sind. Ein Ausgleich wird nur dann zu erzielen sein, wenn Professor Tokal bei uns durchdringt und die Hexe von Neapel im ‚Extrablatt‘ inseriert. Denn das ist der Fortschritt unserer aufgeklärten Tage, daß der Hexenglaube einst nur auf mündliche Überlieferung angewiesen war, während er jetzt durch die Firma Dukes & Comp. verbreitet werden kann.

Der Verteidiger in Strafsachen, der die Vertretung des ‚Neuen Wiener Journals' im Burgtheater übernommen hat, sagte von den Versen des Faust, daß sie »wie eine Verkündigung von oben nach den Himmelshöhen moderner Kulturwelt weisen«. Das ist schwer vorstellbar. Als eine Verkündigung von oben nach den Himmelshöhen wäre höchstens ein Erlaß des Justizministeriums an den Disziplinarrat der Advokatenkammer aufzufassen. Und auch der ergeht bekanntlich nie. Somit bleibt nichts übrig, als darüber nachzudenken, ob der Burgtheaterkritiker Ludwig Speidel, dem erwiesenermaßen nie eine Verteidigerphrase eingefallen ist, imstande gewesen wäre, aushilfsweise einmal einen Raubmörder zu vertreten.

*

In einer Polemik gegen einen Essay über »Genie und Körpergröße« sagt der Professor der Akademie der bildenden Künste, Herr v. Angeli, in der ‚Zeit': »Goethe, Michelangelo, Leonardo da Vinci, Begas, Hannibal, Karl der Große, Theoderich waren groß.«

*

Schopenhauer hat über die »vierfache Wurzel des Satzes vom zureichenden Grunde« geschrieben. Somit hat Herr Moriz Benedikt ganz recht, wenn er über den Wechsel im Handelsministerium schreibt, »selbst Schopenhauer würde hier die dreifache Wurzel des zureichenden Grundes nicht finden können«. Freilich, so glücklich wie damals, als Herr Benedikt sich auf das bekannte Wort Gottfrieds von Bouillon berief, daß der Zinsfuß mit uns sei, zitiert er heute nicht mehr.

*

Das geistige Wien: Das ‚Extrablatt' brachte wie alljährlich am Allerheiligentag die Bilder der berühmten Toten des Jahres. Kein Wunder also, daß wir Pobjedonoszew und den Volkssänger Kwapil nebeneinander fanden. Dagegen bespricht in der ‚Neuen Freien Presse' ein Literaturprofessor das Buch über »Lichtenbergs Mädchen«. Am Schluß der Kritik heißt es: »Auch der Humorist Lichtenberg kommt in einigen ergötzlichen Schilderungen und Anekdoten zu Wort.« Pobjedonoszew war bekanntlich kein Humorist. Aber Kwapil, Lichtenberg, Kornau, Busch, Modl, Dickens, Seidl und Wiesberg sind Humoristen, die in der Wiener Presse jederzeit freundlicher Erwähnung sicher sein können.

*

Paris und Wien.

»(Der entrüstete Polizist.) Um 6 Uhr abends wird auf dem Boulevard Haußmann in Paris eine Dame von einem Herrn verfolgt. Sie dreht sich um und ruft: ‚Sie sind ein ganz unverschämter Mensch!' Das erregt die Aufmerksamkeit der Vorübergehenden, man bleibt stehen und gleich nähert sich ein Polizist. Die Dame erklärt dem Manne des Gesetzes den Grund ihrer Erregung, während der Zudringliche sich verteidigt: ‚Ich habe die gnädige Frau nie im Leben beleidigt, sondern ihr nur hundert Francs angeboten . . .' Der Polizist ruft erstaunt: ‚Hundert Francs!' und wendet sich dann entrüstet zu der Dame: ‚Hundert Francs hat der Herr Ihnen angeboten, und dann beschweren Sie sich noch? Ich glaube, Sie wollen sich über die Polizei lustig machen . . .' Sagte es und ging in ehrlichem Zorn von dannen.«

»(Der entrüstete Polizist.) Die Hilfsarbeiterin Karoline W. sprach kürzlich Abends auf der Straße einen Sicherheitswachmann an und machte ihm einen galanten Antrag. Sie nannte ihm, gleichsam um sein Gewissen zu beruhigen, zwei andere Wachleute, zu denen sie ebenfalls in zarten Beziehungen gestanden sei. Der Hüter des Gesetzes fühlte sich aber durch die Zumutung beleidigt und arretierte das Mädchen. Gestern war die W. vor dem Bezirksgerichte Landstraße wegen Wachebeleidigung angeklagt. Sie beteuerte, jeder Gedanke an eine Beleidigung sei ihr ferne gewesen; sie habe die ehrlichsten Absichten gehabt. Der Richter sprach die Angeklagte frei, da in dem inkriminierten Antrage eine Wachebeleidigung nicht erblickt werden könne.«

*

Man lese den Artikel »Ein Unhold« nach, den ich in Nr. 157 veröffentlicht habe. In Nr. 232/33 schilderte ich das Wiedersehen des Hofrats Feigl mit jenem Anton Krafft, der wegen Keckheit im Gerichtssaal zu lebenslänglichem Kerker und von der Berufungsinstanz wegen eines Raubversuches auf der Ringstraße, den er vorher begangen hatte, zu zwölf Jahren verurteilt worden ist. Ich erhielt darauf die folgende Zuschrift:

»17. Oktober 1907.

Ihre Notiz in der letzten ‚Fackel' über die Geschichte Krafft-Feigl macht mir diese Episode wieder schmerzlich lebendig. Ich war damals unter den Geschworenen, und ich kann Ihnen bestimmt sagen, daß eine Voreingenommenheit gegen den Angeklagten sich bei uns nicht eingenistet hat — trotz Feigl. Im Gegenteil, es blieb nicht ohne Eindruck auf uns, daß der Krafft einen jämmerlichen alten ex offo-Schwätzer zum Verteidiger hatte, der sich vor dem »Hohen Gerichtshof« in tausend devoten Verbeugungen ergieng und seinen Schutzbefohlenen, der just nicht das Gleiche tat, indigniert preisgab. Wir standen also dem Krafft ziemlich unbefangen gegenüber. Leider aber auch dem Feigl. Denn wenn wir geahnt hätten — na, Sie erinnern sich gewiß, wie wir einige Tage später angesichts des abermaligen Feigl uns durch einen Freispruch Luft gemacht haben. Allein vorher kannten wir unseren Feigl noch nicht ganz; und da die Ergebnisse der Verhandlung sich mit den Schuldfragen glatt deckten, konnten wir nichts anderes tun, als diese bejahen. Wie dann aber das Wort »lebenslänglich« gefallen ist, sind wir dagestanden, wie vom Donner gerührt und haben einer den andern angestarrt — völlig entgeistert. Ich bin aus dem Saale getaumelt, buchstäblich betäubt und: »Barmherziger Himmel, das haben wir nicht gewollt, nein, das haben wir nicht gewollt« mußte ich fort und fort murmeln. Als nachträglich die Änderung des Urteils bekannt wurde, die über Berufung nicht des Verteidigers, sondern des Staatsanwaltes (!) erfolgte, haben wir die Strafmilderung wie eine Befreiung von eigener Schuld empfunden. Und nunmehr muß ich lesen, daß der arme Teufel unheilbarem Siechtum verfallen ist!

Ich weiß, ich kann nichts dafür, und übermäßig sentimental bin ich kaum. Wie denn auch? Mich hat das Leben genau so derb herumgestoßen, wie jeden von uns, bei dem die Druckstellen hart geworden sind. Aber ich erbitte mir von einem gütigen Schicksal, daß es mich vor neuerlicher Auslosung zum Geschwornen bewahre. Für dieses Amt tauge ich seither nicht, wenigstens so lange, als noch der Feigl im Landesgericht haust.

Ich brauche Sie wohl nicht erst zu bitten, diese meine Mitteilung als private Konfession zu betrachten und in Ihren Kasten zu sperren. Ich wüßte auch wahrlich nicht, was durch ihre Wiedergabe dem Lümmel Öffentlichkeit gedient wäre. Den handwerksmäßigen Betrieb der Wiener Gerechtigkeit würden Sie damit kaum ändern, und den Feigl schon gar nicht! Mein lieber Freund — wenn es nicht ein bloßer Gelegenheitswitz war — blaß wird der nicht, da irren Sie sehr! Wenigstens nicht aus solchen Anlässen. Blaß wurde er nur damals — beim Freispruch.«

Der Absender hat auf mein eindringliches Ersuchen mir nachträglich gestattet, den Brief zu veröffentlichen.

Justizminister ist zur Zeit Herr Dr. Franz Klein.

K. K.

Druckfehler.

In Nr. 230/31, S. 37, 15. Zeile von oben, ist statt »schreckt nicht davor zurück« zu lesen: *schrickt* nicht davor zurück. In Nummer 234/35, S. 3, 1. und 2. Zeile von oben, statt »Wollust des Überzeugungs-aktes«: Wollust des *Überzeugungsaktes* (das Wort ohne Teilung); S. 9, 4. Zeile von unten, statt »precieux ridicul«: *précieux ridicule;* ebenda, 6. Zeile von unten, statt »kaligraphisch«: *kalligraphisch;* S. 10, 5. Zeile von unten, statt »possesivus«: *possessivus;* S. 25, 6. Zeile von unten, statt der richtigen Schreibart »Kant« die verständlichere: *Cant;* S. 27, 8. Zeile von oben, statt »Talleyrand's Worte«: Talleyrand's *Wort*.

Herausgeber und verantwortlicher Redakteur: Karl Kraus.
Druck von Jahoda & Siegel, Wien III. Hintere Zollamtsstraße 3.

DIE FACKEL

NR. 237 WIEN, 2. DEZEMBER 1907 IX. JAHR

Illusionen.

Es gibt einen Gassenstrich sensitiver Literaten. »Die Fischerstiege gehört mir!« ruft der eine, und »mir die Domgasse!« der andere. Eine Sorte von Snobs, die die alten Häuser betrachten und die neuen bewohnen möchten. Sie wollen wenigstens schützen, was sie nicht nützen können. Sie möchten ohne Dampfheizung, Warmwasserleitung und Lift nicht leben und halten ihre Hand segnend über den Basalten. Alter Käse schmeckt besser; aber Häuser, die schon durch sind?

•

Die Musik, die ich mir zum Geratter einer Bahnfahrt oder zum Gepolter einer Droschke mache, kann mich höher erheben als die neunte Symphonie, die ich im Konzertsaal höre.

•

Geräusch wird störend nie empfunden, weil stets es mit Musik verbunden.

•

Man ist so kulturvoll, Wirtshäuser zu meiden, die »Abfütterungsanstalten« sind. Aber der Gedanke, sich gleichzeitig mit fünfhundert anderen in Himmelssphären entrücken zu lassen, stört keinen kulturvollen Konzertbesucher. Ich habe nichts dagegen, die Notdurft des Lebens gemeinsam mit meinen Mitbürgern zu verrichten, möchte mich aber um keinen Preis der Welt mit einem einzigen von ihnen auf der Insel der Seligen treffen.

•

Friseurgespräche sind der unwiderlegliche Beweis dafür, daß die Köpfe der Haare wegen da sind.

•

Wenn ich mir die Haare schneiden lasse, so bin ich besorgt, daß der Friseur mir eine Gedankenkette durchschneide. Solches tut er etwa durch die Frage, ob ich gleichfalls der Ansicht sei, daß das Wetter schlecht ist. Ich bin darum immer dankbar, wenn die andern Herren auch den Friseur, der mich bedient, in eine Konversation ziehen und durch ein politisches Thema ablenken.

•

Die Grundlage alles sozialen Lebens bildet hierzulande die Voraussetzung, daß der Mensch nicht nachdenkt. Man muß froh sein, daß wenigstens das Recht auf Körperlichkeit, das ein ungeregelter Straßenverkehr in jeder Stunde gefährdet, theoretisch anerkannt wird. Eine glatte Abwicklung der äußeren Lebensnotwendigkeiten würde es einem ermöglichen, zu sich selbst zu kommen. In einer Stadt, in der die Menschen noch nicht einmal das Gehen erlernt haben und die Kutscher vor jedem Passanten »Hoh!« und »Höh!« brüllen müssen, in der jeder Fußgänger über jedes Fuhrwerk staunt und jedes Fuhrwerk über jeden Fußgänger, muß man froh sein, mit heilen Gliedmaßen nachhause zu kommen. Im Gewühl der Berliner Friedrichstraße kann ich besser denken als in den bekannten stillen Gassen der Wiener Vorstadt, die jene Literaten lieben, die aus keiner Patrizierfamilie stammen. Wenn die Mühle Lärm macht, kann der Müller schlafen.

•

Die Nichtanerkennung eines Gedankenlebens ist in jedem Falle soziale Voraussetzung. Der Mensch ist zufrieden, daß man seine Haut respektiert und unter ihr die sogenannte Ehre und die sogenannte

Sittlichkeit. Auge und Ohr dürfen nicht verletzt werden, aber in jedem Stundenschlag und in jedem Augenblick die Ansprüche, die sie stellen. Die Nase muß Gerüche aufnehmen, die sie nicht aufnehmen will, und wenn der Geschmacksinn sich auf eine Speise eingerichtet hat, so kommt nach zehn Minuten der Kellner und bedauert, nicht mehr dienen zu können. Ein jeder Hundskerl darf dich anglotzen, die Gesellschaft jedes Fadians mußt du dulden, wenn er gefragt hat, ob er »nicht stört«, und wenn du gerade zum Schreibtisch eilst, um es niederzuschreiben, daß du in der Gemeinschaft von Menschen lebst, die sich für Ethiker halten, weil sie dir nicht auf offener Straße die Börse aus der Tasche ziehen, so kreuzt dir gewiß einer mit der Frage den Weg, ob er dich um Feuer bitten darf. Daß sich der zivilisatorische Schliff auf das Entgegenkommen in diesem Punkte reduzieren läßt, daß kein Rauchender die unerwünschte Ansprache mit einem schroffen Nein zu beantworten wagt, — nichts vermöchte die Geistlosigkeit der Konvention, die wir untereinander getroffen haben, besser zu entblößen. Prometheus holte sich das Feuer vom Himmel. Aber selbst ihn ließ Jupiter dafür an einen Felsen des Kaukasus anschmieden, wo ihm ein Geier die Leber aushackte.

•

Ich weiß ganz genau, welche ungebetenen Gedanken ich nicht über die Schwelle meines Bewußtseins lasse.

•

Die Tantaluswonnen gehören in die Mythologie des Christentums.

•

Ich hörte eine Frau rühmend von einer andern sagen: »Sie hat so etwas Weibliches an sich.«

•

Seitdem festgestellt ist, daß Ulrich v. Hutten Syphilitiker war, wird sein Ausspruch: »Ich hab's gewagt!« vielfach mißverstanden.

•

Es ist höchste Zeit, daß die Kinder ihre Eltern über die Geheimnisse des Geschlechtslebens aufklären.

•

Hysterie ist die geronnene Milch der Mutterschaft.

•

Es gibt noch immer Ärzte, die die Geschlechtsleiden ihrer Patienten für eine Angelegenheit des Privat- und Familienlebens halten, die sie respektieren. Der Hausarzt gab einem Spezialisten die Weisung: »Nach der Ursache der Erkrankung besser nicht zu fragen.« Aber schließlich mußte man sich zu einem operativen Eingriff ins Privatleben entschließen.

•

Die wahre Grausamkeit ist von keinem Machtmittel beschränkt.

•

Die individuell begrenzte Wahllosigkeit der Anarchisten ist beklagenswert. Welche Torheit, die Könige anzugehen, wenn man das Gewimmel der Kärrner schrecken könnte!

•

Würde ich davon träumen, daß die Traumdeutung F.'s Umschweife macht, wie wäre das erst zu deuten!

•

Auch das Gesicht des Arztes muß eine unleserliche Schrift sein, nicht nur sein Rezept.

•

Seiner ersten Geliebten trägt man keine Enttäuschung nach. Man bewahrt ihr eine dankbare Erinnerung. Besonders, wenn sie eine Kletterstange war.

•

Wenn ich die Illustrationen des Zeichners S. sehe, so denke ich mir: Gott schuf einen Tambourmajor und sonst nichts auf der Welt.

•

Ein vortrefflicher Pianist. Aber sein Spiel muß das Aufstoßen der guten Gesellschaft nach einem Diner übertönen.

•

Die Wiener Küche ist der Einbrennpunkt der Wiener Interessen.

•

Ich schlafe nie nachmittags. Außer, wenn ich vormittags in einem österreichischen Amt zu tun hatte.

•

Gut und Blut für's Vaterland! Aber die Nerven?

•

Wien und Berlin. Ich brauche Automobildroschken, um schneller zu mir selbst zu kommen. Die Ambrasersammlung habe ich in mir. Eventuell auch eine Kapuzinergruft.

•

In Berlin gibt's alles. Bei Wertheim bekommst du nicht nur Blusen, Bücher, Nagelfeilen, Lampen und Obst, sondern auch Panther. Bei Reinhardt ist unter anderm Adele Sandrock engagiert, und da du auf nichts anderes gefaßt bist, als deinen künstlerischen Hausbedarf zu decken, tritt dir plötzlich Adalbert Matkowski entgegen.

•

Ein Neurologe blamierte sich mit der Bemerkung, eine Frau, die nicht hysterisch sei, sei eine Kuh. Er glaubt, daß es auf der Bühne nur entweder die Duse gebe oder die hohle Deklamatorin. Wie aber findet er sich mit der Wolter ab?

•

Es ist die Schule des großen Komikers Knaack, es ist eine »marantische Komik«: mit Spott Entsetzen treiben.

*

Der Judaskuß, den die christliche Kultur dem menschlichen Geiste gab, war der letzte Geschlechtsakt, den sie gewährte.

*

Er wollte seine Geliebte zur Freiheit verurteilen. Das lassen sie sich am allerwenigsten gefallen.

*

Wie viel gäbe er ihr, wenn sie ihn um seiner selbst willen liebte!

*

Ist der Masochismus die Unfähigkeit, anders als im Schmerz zu genießen, oder die Fähigkeit, aus Schmerzen Genuß zu ziehen?

*

Als Leibesmassage kann man sich die tiefe Kniebeuge vor einer Frau gefallen lassen.

*

Das Wort »Familienbande« hat manchmal einen Beigeschmack von Wahrheit.

*

Als stärkster Erschwerungsgrund galt mir immer, daß einer nichts dafür gekonnt hat.

*

Ich nehme viel lieber an, daß sich eine Zauberkunst nur auf metaphysische Art erklären läßt. Sonst wäre sie doch noch viel unerklärlicher. Daß in meinem Zylinder ein Karnickel, drei Tauben und ein hundert Meter langes Band vorkommen, kann meinetwegen durch die Geschicklichkeit des Taschenspielers ermöglicht werden. Aber daß sie in seiner Tasche Platz haben, das eben ist es, was ich mir auf natürliche Weise absolut nicht erklären kann.

*

Gedanken sind zollfrei. Aber man hat doch Scherereien.

*

An dem Gang eines Betrunkenen sah ich deutlich, wie ihm der Sonntag auf dem Genick saß.

*

Ich hatte eine schreckliche Vision: Ich sah ein Konversationslexikon auf einen Polyhistor zugehen und ihn aufschlagen.

*

Sch. läßt sich seinen Ärger beim Essen durch keinen Appetit verderben.

*

In einem norddeutschen Badeort hält ein Ladenbesitzer einen Affen. Ich sah an einem Sonntag, wie der Erbprinz von Bückeburg stürmisch verlangte, daß der Affe sich produziere. Der Ladenbesitzer berief sich auf die Sonntagsruhe. Der Erbprinz ließ seinem Übermut die Zügel schießen und meinte, daß ihm der Affe über den Sonntag gehe. Das Volk erschrak, und wollte auseinanderstieben, als der Ladenbesitzer nachgab und den Affen auf die Wiese ließ. Soweit es die Verhältnisse eines Kleinstaates zulassen, lag Größe in dem Vorgang. Aber im ancien régime muß es noch ganz anders zugegangen sein.

*

Der Friseur hatte seinen Gehilfen entlassen, weil zwischen diesem und einem Kunden eine politische Meinungsverschiedenheit bestand. Mit Recht sagte der Friseur, es sei »traurig, wenn sich ein Gehilfe mit einem akademisch gebildeten Menschen in ein Gespräch einläßt.«

*

Wenn ich den Portier eines Berliner Speisehauses fragte, was die Reliefs und Friese im Stiegenraum bedeuten, so dürfte er mir antworten: »Das dient dazu, um dem Schönheitssinn Rechnung zu tragen«. Wenn ich dort einen Lumpensammler fragte, wen ein Monument vorstellt, so dürfte er mir antworten: »Der Mann hat sich um das Schulwesen verdient gemacht«. Das sind Gräuel der Zivilisation. Aber ihre Vorteile, die man in Wien genießt, wenn man auf solche Fragen immer nur die Antwort bekommt: »Sö dampfgscherter Pimpf, wer gibt denn Ihner an Fries ab!«, kriegt man mit der Zeit auch über.

*

Ich sah bei strömendem Regen einen Spritzwagen durch die Straßen ziehen. Wozu die Spritze, da es doch ohnedies regnet? fragte ich. Weil vorn die Staubwalze geht, bekam ich zur Antwort.

*

Mitte September müßte die Grenze sein. Später, wenn die schönen Tage beginnen, sollte in Ischl nicht mehr gemauschelt werden dürfen. Bis Mitte September ist Zeit genug.

*

Der Zug der Sommerfrischler ging von Vöslau über Ischl und St. Moritz nach Biarritz-Biala.

*

Der Anekdotenerzähler R. beschäftigt ein eigenes Bureau, das alle Nachdrucke kontrolliert. Es arbeitet so gewissenhaft, daß es tatsächlich in der kürzesten Zeit etliche Volkskalender und Witzsammlungen entdeckt hat, in denen die Anekdoten des Auftraggebers enthalten waren.

*

Es gibt einen reichbegabten Dichter, der in Wien Variété-Kritiken schreiben muß, in denen er folgerichtig mit dem Pathos des Sehers etwa sagt: Einst wird kommen der Tag, da die Hansi Führer nach Berlin geht! Oder: Wehe euch, Rückständige, die ihr noch nicht das November-Programm gesehen habt!?! Oder: Höre Israel die neueste Diseuse des Apollotheaters! Von Maupassant, der sich eine Dramatisierung fürs Variété gefallen lassen muß, aber sprach er, er behaupte sich ebenbürtig neben den heiligen Jongleuren und Reckturnern. Und über diese selbst: »Von der Überzeugung ausgehend, daß am Reck bereits alles geleistet wurde ..., legen sie das Hauptgewicht u. s. w.« Hier schwebe ich, ich kann nicht anders, Gott helfe mir, Amen!

•

Der Stil des Herrn Harden: Nur eine Sprache, die den Krebs hat, neigt zu Neubildungen.

•

Es dürfte kaum einen Schriftsteller geben, der in so kurzer Zeit so unberühmt geworden ist, wie Herr Kanner.

•

Der Dramatiker halte zwischen Bühne und Publikum die Wage. Immer wenn sich seine Personen nach einem längeren Gespräch niedersetzen, erhebt sich das Publikum. Die Szene fordert Bewegung. Das Niedersetzen auf der Bühne ist ein gefährlicher Aufbruch zur Ruhe.

•

Religion und Sittlichkeit. Der Katholizismus (kata und holos) geht wenigstens aufs Ganze, — aber das Judentum ist Mosaik.

•

Traumdeutung: Das Unbewußte macht schlechte Witze. Aber erklärt werden sie durch das bewußte Denken F.'s. Das ist verdächtig. Ich werde erst dran glauben, wenn das Unbewußte F.'s die Kalauer erklärt, die das Unbewußte seiner Patienten macht.

•

Kürzlich ließ man die neurologischen Erkenntnisse in einer Festversammlung von Medizinern hochleben, und er, dem man nicht auf die verschlungenen Pfade der Traumdeutung folgen muß, um ihn für einen Forscher unter Tischrednern zu halten, war nicht dabei. Das ist nur in der Ordnung. Was sollte Stanley in einer Gesellschaft, die keinen dunkeln Weltteil entdeckt, sondern bloß Europa in einen dunkeln Weltteil verwandelt hat!

*

Lichtenberg gräbt tiefer als irgendeiner, aber er kommt nicht wieder hinauf. Er redet unter der Erde. Nur wer selbst tief gräbt, hört ihn.

*

Eine schöne, aber keine echte Flamme der Sinnlichkeit, wenn sich der Spiritus entzündet!

*

Die Frau ist da, damit der Mann durch sie klug werde. Er wird es nicht, wenn er aus ihr nicht klug werden kann. Oder wenn sie zu klug ist.

*

Wohltätige Frauen stellen eine besonders gefährliche Form übertragener Sexualität dar: die Samaritiasis.

*

Die Maitresse büßt die Freiheit in Einzelhaft ab.

*

Wie begrenzt ist die Vollkommenheit, wie kahl der Wald, wie nüchtern die Poesie. Anschauungsunterricht für die Begrenzten, Kahlen, Nüchternen!

*

Was sind alle Orgien des Bacchus gegen die Räusche dessen, der sich zügellos der Enthaltsamkeit ergibt.

*

Die eine koitiert genialisch, die andere kogitiert genitalisch. Siehe den Parallelismus von Witz und Erotik. Aus der Hemmung sind beide geboren. Dort ist sie eine Wehr im Fluß der Sprache, hier im Strom des Geschlechts. Strömt es ungedämmt, heilige Naturkraft macht uns ehrfürchtig schauern. Nur einen Buchstaben hinein, eine Hemmung des Gehirns, und wir wissen uns im Schutz einer Kultur, — deren Schrecken uns nicht einmal mit Bewunderung erfüllen können.

•

Prinzessin von Gnaden meiner Phantasie — Aschenbrödel meiner Erkenntnis. Der Künstler läßt beide Rollen gleichzeitig spielen. Der Philister ist enttäuscht und zieht die erste zurück.

•

Ein Justizmord der Gesellschaftsordnung macht den andern notwendig. Da sie Huren in die Familie gesperrt hat, muß sie Mütter ins Bordell sperren. Das ist einfach eine Platzfrage.

•

Wie stellen sich denn die Idioten, nach deren Plan wir leben müssen, eine »Verworfene« vor? Neunzig unter Hundert könnten sie ihren Kindern zu Erzieherinnen geben. Es gibt eine Freudenhausbackenheit, die selbst durch das Leben in einem Nonnenkloster nicht zu verderben wäre.

•

Sonnenuntergang, Einsamkeit und drei Kaftans am Strand von Norderney. Wenn die Sonne ins Meer taucht und die Farben ihres Abschieds über den Horizont breitet, mischen sich die drei schwarzen Punkte hinein, als ob sie zum Spektrum gehörten. Die Unveränderlichkeit der Dinge, zweifach veranschaulicht. Welche ist ewiger?

•

Maschinelles Leben fördert, künstlerische Umgebung lähmt die innere Poesie.

•

Der Zauber allen phantastischen Lebens, alle Märchenschimmer weben um eine Stadt, in der es Taxameter und Untergrundbahnen gibt. Ein öder Kasernengeist zwingt uns, täglich einmal anzuerkennen, daß der Prater schön ist.

*

Wenn man an den Denkmälern einer Stadt in einer Automobildroschke vorüberkommt, dann können sie einem nichts anhaben.

*

Mir wern kan Richter brauchen, um zu entscheiden, daß Wien schöner ist, als Berlin. Aber das ist ja gerade das Unglück.

*

Das größte Verhängnis des Wiener Lebens ist es, Stammgast zu sein. Man muß sich für Individualitäten interessieren, für die man sich nicht interessieren möchte, und wird einer Aufmerksamkeit teilhaftig, die man nicht wünscht. Der einzige Vorteil besteht darin, daß einem bei der Begrüßung sein Name zugerufen wird, den man ja immerhin vergessen haben könnte und den sich nun wenigstens die anderen Stammgäste zuverlässig merken.

*

Dafür, daß in einem Wiener Restaurant sechs »Speisenträger« mich fragen, ob ich schon befohlen habe, und kein einziger gehorcht, dafür, daß sich der Ruf »Zahlen!« echoartig fortpflanzt, ohne erhört zu werden, dafür, daß die Einteilung des Trinkgelds nach Alters-, Verdienst- und Berufskategorien alle anderen Probleme, die mir etwa durch den Kopf gehen könnten, verdrängt, dafür kann die Schönheit des äußeren Burgplatzes nur eine geringe Entschädigung bieten.

*

Ich halte die glatte Abwicklung der äußern Lebensnotwendigkeiten für ein tieferes Kulturproblem als den Schutz der Karlskirche. Ich glaube zuversichtlich, daß Karlskirchen nur entstehen können, wenn wir allen innern Besitz, alles Gedankenrecht und alle produktiven Kräfte des Nervenlebens unversehrt erhalten und nicht im Widerstand der Instrumente verbrauchen lassen.

*

Der Mangel an Individualitäten, die uns vorwärts bringen, erklärt sich am Ende daraus, daß hier so viele Kutscher Individualitäten sind.

*

Im Gefühlsleben der Kutscher und Dienstmänner schätze ich am höchsten die Dankbarkeit. Ihre Seele hat einen Standplatz und wenn ich an dem vorbeikomme, so wünscht mir noch heute einen guten Tag, wessen ich mich vor zehn Jahren einmal bedient habe. Habe ich das Glück, neben dem Standplatz zu wohnen, so muß ich solche Wünsche öfter im Tage hören und zurückgeben. Sind die Kutscher bei ihren Wagen, so zeigen sie, so oft ich vorübergehe, auf ihre Wagen und erklären mir, daß es Wagen sind. Jedenfalls dulden sie es nicht, daß ich eine vorüberfahrende Droschke benütze. Schicke ich mich dazu an, so stürzen sie alle aus dem Wirtshaus zu der verlassenen Wagenburg und geben dem Gefühl der Kränkung in unvergeßlichen Worten Ausdruck. Treffe ich einmal einen bei seinem Gefährt, so eilt ein Mann mit nackten Füssen hinzu und beginnt es abzuwaschen. Sitze ich noch nicht drin, so öffnet er freiwillig die Wagentür. Der Kutscher weiß, daß ich Eile habe, und nützt darum die Zeit der Reinigung aus, um rasch Kaffee zu trinken und von den Kollegen Abschied zu nehmen. Wer weiß, wohin die Fahrt geht und was einem zustößt. Dann besteigt er den Bock und nachdem er das Pferd abgedeckt und den Taxameter, wenn ein solcher vorhanden ist, zugedeckt hat, wird's Ernst.

*

Der Omnibusverkehr soll in Wien eingestellt werden? Man wird also nicht mehr so lange warten müssen und schneller vorwärts kommen.

•

Auf skandinavischen Bahnen heißt es: »Ikke lene sik ud« und in Deutschland: »Nicht sich hinauslehnen!« In Österreich: »Es ist verboten, sich aus dem Fenster hinauszulehnen.« Draußen sagt man: Es ist dein eigener Schade, wenn du's tust, oder: die Folgen hast du dir selbst zuzuschreiben. Idioten sagt man: Es ist verboten, sich umzubringen. Aus Furcht vor Strafe wird mancher es unterlassen, sich zu töten. Ein wohlverstehender sozialer Geist verbietet, was das Recht des andern kränkt. Ein mißverstehender Individualismus sagt: Was du nicht willst, daß dir geschieht, daß darfst du dir auch selbst nicht zufügen. Ich lasse mir's nicht ausreden, daß das Rauchverbot in einem österreichischen Bahncoupé die Warnung vor einer Nikotinvergiftung bedeuten soll.

•

Es ist die größte Ungerechtigkeit, Wien immer nur um seiner Fehler willen zu tadeln, da doch auch seine Vorzüge Tadel verdienen. Bahrs Schrift aber tadelt es gar um jener Fehler willen, die bloß die ihm fehlenden Vorzüge sind. Daß der Autor das kulturelle Niveau der Wiener nach deren Verhalten gegenüber säkularen Erscheinungen wie den Herren Kainz und Burckhard beurteilt, ist eine Ungerechtigkeit, die man hinnehmen könnte, so peinlich sie an und für sich ist. (Ich glaube, daß die Bewunderung der Wiener für Herrn Kainz, wenn sie überhaupt mit freiem Auge wahrnehmbar ist, ganz und gar nichts von einem »lüsternen Schauder wie vor gefährlichen Bestien« hat, und ich glaube, daß Herrn Burckhard in Wien noch niemand jenes Martyrium zwischen Beethoven und Bruckner zugewiesen hat, das der Autor für ihn beansprucht.) Auch war es zum Beweise, daß das Schlechte so nahe liegt, nicht unbedingt notwendig, auf die Kelten zurückzugreifen und ein Feuilleton mit einem Studium von hundert gelehrten Quellen zu stützen. Aber das sind kleine Mißgriffe, die in dem anziehenden Geplauder eines gemütlichen Ärgers verschwinden; wie dieser neben dem Zorn der Worte Kürnberger's, durch deren Zitierung sich der Autor immerhin ein Verdienst erworben hat. Beklagenswerter ist die falsche Optik eines Ärgers, der aus einer Überschätzung stammt und einem Volk die Vorzüge erst andichten muß, die er verurteilen will. Der Autor hat im Österreichischen die Lebensanschauung der Illusionen entdeckt und gibt einer Dynastie, die gewiß die treueste Hüterin der Realitäten vorstellt, Schuld daran, daß der Wiener in einer unwirklichen Welt lebt. Die Geschichte habe es »einmal versuchen wollen, ob der Geist allein herrschen kann«, und setzte die Habsburger ein. Sie haben die Welt aus ihrem Geist erschaffen. Solchen Panegyrikus auf den sublimsten Künstlersinn hat der Staatsanwalt dem Autor verübelt! Ich möchte die durchwegs verkehrte Betrachtung einer Volkswesenheit, die sich ausschließlich in den kleinen Echtheiten erschöpft, nicht dulden. Denn die Wiener Welt ist nicht aus dem Geist, sondern aus dem Rindfleisch erschaffen. An dieser Solidität, die nach dem Kilo mißt, wird alle Phantasie zu Schanden, die irgendeine Welt erschaffen könnte. Der schöpferische Geist der Unwirklichkeit, den der Autor entdeckte, hat in der österreichischen Geschichte sichtbar bloß einmal seine Hand im Spiel gehabt: als es bei der Anlage der Südbahn zwischen Wien und Baden sich herausstellte, daß kein Berg vorhanden war, und dennoch ein Tunnel gebaut werden mußte.

•

Hoffnungsvolle Saat der Berliner Geschmacklosigkeit! Sie ist für den Tag gebaut und gibt Gewähr, daß morgen jeder seine Träume erneuern kann. Phantasie eilt auf Holztreppen in die Höhe und taucht unter, wo sie will. Im Menschengewühl kommt man zu sich selbst. Wer unter die Räder gerät, steht mit heilen Gliedern auf. Man wird nicht gesehen, sondern verschwindet »u. a.« Alle sind Nummern, darum hat jeder die Freiheit, eine Individualität zu sein. Alles geht nach der Uhr, darum kann jeder nach seiner eigenen gehen. Dieser Ordnungssinn macht das Leben abenteuerlich. Ein beruhigendes Gefühl der Unsicherheit überkommt dich. Kein Gaffer trägt's dir nach, wenn du Austern verspeisest. Kellner sprechen wie Staatsmänner und kein Gast beachtet sie. Das Leben geht in einem Hui, man kann es kaum bis zur nächsten Straßenecke verfolgen, und der Augenblick ist schön, weil man zu ihm nicht sagen kann: verweile doch. E. T. A. Hoffmann zieht aus Lutters Weinstube ins Automatenbuffet. Schminke macht das Leben echt. Diese Weiber leben am Tage überhaupt nicht, stellen die notwendigsten Gliedmaßen zusammen, um am Abend eine echte Toilette ausfüllen zu können; fehlt einmal ein halber Busen, macht's auch nichts. Die Friedrichstraße ist so trostlos, daß sich jeden Moment eine Fata Morgana bilden kann... Hierzulande stoßen wir uns an den ein für allemal erschaffenen Wundern der Echtheit die Köpfe blutig.

Karl Kraus.

Perversität.

Nervenärzte und andere Laien schwätzen jetzt über Homosexualismus. Es hat sich im Lauf der Begebenheiten so viel Verständnis für die Sache entwickelt, daß die Einteilung in solche, die nicht anders und in solche, die auch anders können, zum Gemeinplatz geworden ist, von dem aus die Vertreter von Gesetz und Sitte, also die, die überhaupt nicht können, Mitleid und Verachtung ausgeben. Die Menschheit wird sich mit der Zeit — so etwa in 129 bis 175 Jahren — wahrscheinlich zur schwindelnden Höhe jener Erkenntnis emporschwingen, die die angeborene Homosexualität für eine Krankheit erklärt, die sie definitiv verzeiht, und die »erworbene« für ein Laster, das sie nach wie vor der strafrechtlichen Verfolgung, der sozialen Acht und dem Erpressertum überantwortet. Sie wird die Unterscheidung den psychiatrischen Schergen überlassen, die durch die bekannte Bordellprobe — vergleichbar der Wasserprobe des Hexenglaubens — untrüglich festzustellen vermögen, ob einer ein Kranker oder ein sogenannter »Wüstling« sei. Der Paragraph wird den »unwiderstehlichen Zwang« anerkennen, also wenigstens der Krankheit gegenüber Gnade für Recht ergehen lassen, aber die Schmach einer Menschheit vermehren, die sich von der Jurisprudenz an die Genitalien greifen läßt. Nie wird sich das Gesetz dazu entschließen, das Einverständnis zweier mündigen Menschen unbehelligt zu lassen, und wenn es schon anerkennen muß, daß Krankheit kein Verbrechen ist, so wird es dafür das »Laster« für ein umso größeres halten. Die unbefleckte Ahnungslosigkeit, die Gesetze macht, wird höchstens jenem Naturdrang ein Opfer bringen, vor dem es kein Entrinnen gibt. Aber sie würde sich dreimal bekreuzigen vor einer Meinung, die ihr ins Gesicht zu sagen wagte, daß eher die Krankheit ein Verbrechen ist als das Laster. Solche Meinung darf man heutzutage nicht einmal bei sich behalten, geschweige denn aussprechen. Darum tu ich's. Über den Wert des Mitleids kann man verschiedener Meinung sein. Ich sage, daß man die geborenen Homosexuellen, nicht weil sie Kranke sind, freisprechen soll, sondern weil uns ihre Krankhaftigheit keinen Schaden zufügt. Man möge aber die mildernden Umstände, auf die sie selbst plädieren, aus welcher Einsicht immer gelten lassen, das Interesse einer Kulturfrage kann die Behandlung pathologischer Formen nicht in Anspruch nehmen. Die Natur und Herr Dr. Magnus Hirschfeld mögen was immer für Pläne mit diesen Geschöpfen vorhaben, eine tiefere Anteilnahme kann der Einzelfall, nie das Problem beanspruchen. Der Mischmasch, den die Natur erschaffen und Herr Dr. Hirschfeld kategorisiert hat, kann auch Talente haben: seine kriminelle Behandlung, so verabscheuenswert sie ist, berührt die Freiheit nicht in einem tieferen Begriffe. Anders die Verfolgung der »Perversität« als solcher, anders der stupide Haß, der der Persönlichkeit in die Rechte ihres Nervenlebens folgt. Auf die Gefahr hin, sich selbst dem Verdacht der »erworbenen Homosexualität« preiszugeben, müßte jeder denkende Mensch laut aufschreien über die Schändlichkeit, die eine staatliche Norm für die Betätigung des Geschlechtstriebs vorschreibt, und laut und vernehmlich das Recht auf »erworbene Homosexualität« proklamieren. Der fromme Blödsinn hat jede Nuancierung der Lust, jede Erweiterung der Genußfähigkeit und die Eroberung neuer erotischer Zonen, die in allen Kulturen, nicht bloß in der griechischen, das ureigenste Recht des Künstlers und den Vorzug jedes höher organisierten Menschen gebildet haben, als Wüstlingslaster verfehmt, und die Staatsidioten sind der Ansicht, daß der Mann, der die Homosexualität »erworben« hat, sich in keinem Wesenszug von jenem unterscheidet, der nichts dafür kann. Die männlichsten, geistig und ethisch vollkommensten Männer, die seit Sokrates dem »Laster« gefröhnt haben, sehen demnach zum Verwechseln den weiblichsten Weiberseelen ähnlich, die ein vertrackter Zufall in einen männlichen Leib gesperrt hat. Daß sie dort ihre peinlichsten Exzesse treiben, und daß die Nichtanderskönner eine soziale Unbequemlichkeit sind, wer könnte es leugnen? Die Einschaltung eines sexuellen Stroms zwischen Mann und Mann, also eine zweite »Norm«, schafft unnötige Komplizierung der Lebensverhältnisse. Es ist beschwerlich, mit einem Mann ein männliches Gespräch zu führen, wenn er nur deshalb an unserem Munde hängt, weil ihm unser Mund gefällt, und statt mit den Ohren, mit den Augen zuhört. Aber glaubt einer ernstlich, daß in solchem Gespräch auch der andere Typus, dessen verfeinerte Geistigkeit zur homosexuellen Handlung führen kann, die Besinnungsfähigkeit verliert? Man muß der Menschheit so lange mit »Paradoxen« auf den Schädel hämmern, bis sie merkt, daß es die einzigen Wahrheiten sind, und daß witzige Antithesen bloß dann entstehen, wenn eine frühreife Wahrheit mit dem Blödsinn der Zeit zusammenprallt. Man muß ihr sagen: Perversität kann eine Krankheit, sie kann aber auch eine Gesundheit sein. Das Widerspiel der Norm, aber auch die letzte, untrügliche Probe der Norm. Unappetitlich an der Sache ist höchstens die Terminologie. Wer das Weibliche sogar im Mann sucht, ist nicht »homosexuell«, sondern in der homosexuellen Handlung »heterosexuell«. Pervers ist vielmehr, wer das Männliche sogar im Weib sucht. Der »Wüstling« kann der entschiedenste Bejaher einer Norm sein. Der geborene Homosexuelle, dem die simple Männlichkeit nicht mehr genügt, wird als letztes Raffinement, wenn er eines solchen überhaupt fähig ist, das Weib in Männerkleidern wählen. Der Normale den Knaben in Weiberkleidern. Wenn ich die Wahl zwischen einem Antinous und einer Frauenrechtlerin habe, — ich bin nicht pervers genug, um zu schwanken, und ich bin nicht Heuchler genug, um nicht zu bekennen, daß bloß der Gesetzeswahnsinn, dem ich die Freiheit außerhalb des Kerkers opforn muß, mir die Praxis meiner Wahl verwehrt. Alle Erotik beruht auf der Überwindung von Hemmungen. Eine stärkere Hemmung für den Mann als das Merkmal des eigenen Geschlechtes gibt es nicht; gelingt es, sie zu überwinden, so ist die Zuneigung zum andern Geschlecht, die erlaubte, offenbart. Der Abnormale sucht die Zeichen der Männlichkeit; der Normale flieht sie oder besiegt sie auf der sicheren Spur femininer Anziehung. Der Sieg wird erleichtert durch die Hemmung des Verbots, die gleichfalls erogen wirkt. Der Künstler, der das Gebiet der Weiblichkeit schneller abgehaust hat als der Philister, hat vermöge der Gnadengabe einer regenerierenden Phantasie die Kraft, seinen Bedarf am Weib auch beim Mann zu decken. Der volle Mann, dem die Möglichkeiten der doppelgeschlechtlichen Naturanlage nie versperrt sind und der die Lust am Weibe nicht nur beweist, sondern vermehrt, wenn er die Lust am Manne versucht, steht dem pathologischen Homosexuellen ungleich ferner als dieser dem Weib. Wie der Magnet die Eisenfeilspäne im Holzstaub, so zieht er das Weibliche im Mann an sich. Der Magnet ist also pervers, weil er sich mit dem Holzstaub einläßt. Die Dummheit einer ganzen Welt stellt sich das Geschlechtsleben als eine Sache der Einteilung oder als die geradlinige Resultante ethischer Entschließungen vor. Man weiß wirklich nicht, wovon man fett wird. Daß die süße Speise in einem Hexenkessel bereitet wird — wer uns das sagte, verdiente gesteinigt zu werden. Wer einem Dummkopf sagte, daß die Würze der Kost jede beliebige Widerwärtigkeit sein kann. Daß ihn ein Hindernis zu seiner Geliebten führt. Und daß der Geschmack, je kultivierter er ist, desto mehr Würzen braucht. Der Wissende vermag alle Hemmungen, die er als solche empfindet, als erotische Hilfen zu nützen. Ihm dient die Phantasie, wie dem echten Weib die Sinnlichkeit dient. Alles, was sich neben der Liebe begibt, fließt, ihn zu verstärken, in den Hauptstrom der Sexualität. Von allen Höhen und aus allen Rinnsalen des Geistes kommt Sukkurs; aber der Strom weiblichen Genießens hat vom Ursprung bis zur Mündung keine Nebenflüsse. Der Überschuß an Sexualität beim Manne kann sich in einheitlichem Lauf und er kann sich in geistiger Differenziertheit ausleben. Zwischen einem Holzknecht und einem Denker besteht immerhin dieser Unterschied. Dem Weib gibt die gerade Linie die Bedeutung, gibt ihm die einzige Persönlichkeit, deren das Weib teilhaftig werden kann, und Differenzierung schafft die pathologischen Formen der Hysterie. »Perversität« gibts nicht. Konversionsfähigkeit ist ein Vorzug des Mannes, ein interessanter Mangel der Frau, deren Unvollkommenheit der Mann wieder zu konvertieren vermag. Das Weib braucht die Persönlichkeit des Mannes, aber der Mann kann die Persönlichkeit des Weibes eher anbeten als brauchen, nur von ihr gebraucht werden. Er kann ein Weib verschmähen, ohne daß sie es ahnt. Sie glaubt, daß er bei ihr ist, und er betrügt sie mit einer Situation, mit einem Hindernis, mit einer Erinnerung. Beginnt aber sie aus Begleitumständen erotischen Genuß zu ziehen, so wird sie bedenklich. Die ewig wachen Sinne des Mannes vermag seine Sinnlichkeit nicht zu betäuben. Phantasie eilt ihr zu Hilfe und wird mit den Sinnen fertig. Sie verarbeitet den Rest, der zurückblieb, und läßt den Mann aus der vertracktesten Widerwärtigkeit, die er einmal bei der Liebe gefunden hat, erotischen Genuß ziehen. Die Erinnerung an ein Klaviergeklimper, das er nicht ausstehen konnte, treibt ihn zurück, er sehnt sich nach dem ungelüfteten Schlafzimmer, aus dem er geflohen ist, und alles, was ihn abstößt, zieht ihn an. Der Frauenleib ist ein Imaginiertes; real und enttäuschungslos sind nur die Vorstellungen. Phantasie anästhesiert, macht häßliche Hände schön und läßt ein Weib begehren, das mit der Andern nichts als eine häßliche Hand gemein hat. Ästhetisch wertet nur der Mann ohne Einbildungskraft oder die Frau ohne Sinnlichkeit. Sie ist noch immer objektiver, wenn sie an dem Busen einer Rivalin etwas auszusetzen hat, als er, wenn er ihn preist. Er führt meisterlich Regie über ein Ensemble der Defekte und kommandiert allen Hindernissen, daß es ein Vergnügen ist. Beliebte Hemmungen sind — oh Romantik! — das Nichtzuhausesein einer Frau, das Verreistsein, das Verheiratetsein, die christliche Sündenlehre und das Strafgesetz. Wer hemmungslos lebt, ist ein Schwein. Wer sie im Kampf überwindet, ist ein Künstler. Das Weib trägt aus solchem Kampf die Trophäen der Hysterie davon und bleibt die Gefangene ihres Sieges. Sie ist in ihrer Gebundenheit so normwidrig wie der Mann als Sexualtier. Aber die freie Sinnlichkeit des Weibes ist der volle Wert, durch den es die Natur entschädigt hat, als sie dem Mann die Phantasie gab.

Karl Kraus.

Da aller Ekel in den Tagen des Moltke-Harden-Prozesses auf die Sache selbst aufging, ist Herr Moriz Benedikt um einen Fußtritt gekommen. Das schöne Schöffenurteil hat dem Grafen Moltke die Nichtbetätigung eines Triebes bestätigt, aber die Nichtunterdrückung vorgeworfen, und hat ihm einen hervorstechenden Zug von Wahrheitsliebe nachgerühmt, weil er zum Zeugnis seiner früheren Frau schwieg, durch das bewiesen wurde, daß er die Unwahrheit gesagt hatte. Er war so wahrheitsliebend, einen Trieb nicht zu unterdrücken, den ein Mann in seiner Stellung unterdrücken muß, dessen Unterdrückung aber den Homosexuellen zu jener Unwahrhaftigkeit zwingt, die ihn zur Bekleidung einer verantwortlichen Stellung ebenso untauglich macht, wie die Wahrheitsliebe, die zur Betätigung des Triebes führt . . . Man hielt sich den Kopf, bat die Nachbarin um ein Fläschchen, und sie reichte einem statt dessen die ‚Neue Freie Presse', in der ausgeführt war, daß durch die Bestätigung der Wahrheitsliebe des Grafen Moltke auch bewiesen sei, daß er sein Ehrenwort gebrochen habe. Denn das Urteil sagte zwar, es liege nichts Ehrenrühriges gegen ihn vor, aber er hatte doch dem Kaiser sagen lassen, daß er niemals abnormale Dinge getrieben habe. Und wenn das Urteil ihm einen hervorstechenden Zug von Wahrheitsliebe nachrühmt, so wird er gewiß der letzte sein, der leugnet, dem Kaiser die Unwahrheit gesagt zu haben. Das sind scheinbare Widersprüche, die aber dadurch erklärt werden, daß Graf Moltke im Gegensatz zu Herrn Moriz Benedikt eben nicht die Fähigkeit hat, etwas zu unterdrücken, und daß er so ungeschickt ist, immer gerade dort zu schweigen, wo es am Platze ist. Nur das verdorbene Blut der preußischen Adelsgeschlechter ist an allem Schuld. Das deutsche Volk bleibt davon unberührt. Auch die Börse.

•

Die ‚Neue Freie Presse' läßt sich Berliner Ereignisse, die in Berlin eine Spalte füllen, von einem Spezialidioten in zehn beschreiben. Telephoniert wird, daß die Vertäfelung des Saales, in dem der Prozeß Bülow-Brand stattfindet, aus gelb gebeiztem Holz, das Barett des Staatsanwalts mit silbernen Streifen gesäumt und der Stehkragen des Angeklagten »vorn am Halse offen« ist. »Herr Brand ist sehr blaß, man sieht es ihm an, daß er krank oder wenigstens, wie Justizrat Bernstein im Moltke-Harden-Prozeß sagte, daß ihm nicht wohl ist.« Dieses Mot des Herrn Bernstein wird zitiert, nein, telephoniert. Wichtiger ist die Schilderung des Auftretens des Fürsten Eulenburg. »Es ist ein ergreifendes Bild körperlichen Verfalls, das noch ergreifender wird, wenn man bedenkt, daß dieser Mann, der sich jetzt in den Gerichtssaal schleppen lassen muß, vor wenigen Jahren noch stolz und stattlich einhergeschritten ist, als einer der Mächtigsten im Reiche«. Gewiß, damals sind ihm die Laufburschen der Wiener Presse in jene Gegend gekrochen, über die sie heute höhnisch genaueste Auskunft zu geben wissen. »Nicht nur die ganze Erscheinung des Fürsten Eulenburg, sondern auch der Inhalt seiner Aussage rief einen bedeutenden Eindruck hervor, und da der Fürst unter seinem

Eide in Abrede zu stellen vermag, daß er normwidrige Handlungen begangen hat, so fragt man sich, warum er es unterlassen hat, diesen Eid im Prozeß Moltke-Harden zu schwören«. Man fragt sich, nachdem man das Siechtum des Fürsten, der ohne Fühung keinen Schritt gehen kann, geschildert hat. Aber auch nach dieser Zeugenaussage bleibt sein Seelenleben auf dem Repertoire sämtlicher Herrenabende, Variétés, Kabaretts, bleibt es eine Angelegenheit, um die sich der Humor sämtlicher Schmierfinken in Wort und Bild, an Wochen- und Sonntagen dreht.

•

Im Prozeß Moltke-Harden ist festgestellt worden, daß der Kläger sich einmal in Unterhosen schlafen gelegt hatte. Diese Feststellung konnte die Behauptung erhärten, daß er dem weiblichen Geschlecht besonders abgeneigt ist. Damit war aber noch lange nicht bewiesen, daß er dem männlichen besonders zugeneigt ist. Unbegreiflicherweise hat es sich die sonst so schlagfertige Verteidigung entgehen lassen, die Feststellung auch für diesen Nachweis auszunützen, was doch ohneweiters möglich gewesen wäre. Hoffentlich wird dieses wichtige Moment in der zweiten Verhandlung zur Sprache kommen. Gelingt es nämlich den Herren Harden und Bernstein (der der neuesten Version zufolge ein »Bajuvare« ist) nachzuweisen, daß die Unterhosen des Klägers nicht, wie man vielleicht noch immer vermutet, lang, sondern kurz sind, so kann ein Zweifel an seiner femininen Veranlagung nicht mehr aufkommen. Schminke, Vorliebe für Süßigkeiten und musikalische Begabung sind bei weitem keine so augenfälligen Symptome der Normwidrigkeit als lange Strümpfe. Denn der deutsche Mann trägt Socken und Gatjehosen. Aber nicht mit Knöpfen, sondern mit Bandeln. Wenn man vor den Schöffen den Grafen Moltke auf Ehre und Gewissen gefragt hätte, wie er's damit halte, und er hätte geschwiegen — — —!

•

»Meine Herren Richter, vor den Juniusbriefen steht ein Motto aus dem Evangelium: Stat nominis umbra«. Die Woche fängt gut an, dachten der Milchmeier und der Fleischermeister. Aber sie brauchten nicht zu erschrecken. Das Zitat ist nicht losgegangen. Es steht — ich weiß das natürlich nicht zufolge meiner Bildung, sondern mein Mißtrauen hat mich zum Büchmann geführt — es steht nicht im Evangelium, nicht im Lukas, sondern ist ein Wort des lateinischen Schriftstellers Lucanus, der es von Pompejus sagt.

•

Ein Herr v. Reventlow übernahm in der ‚Zukunft' die Verteidigung. Er wies auch den Vorwurf der »Manieriertheit des Stils« zurück: Sie »trifft nicht zu, denn er schreibt, wie er spricht und wie er ist«.

•

Eine Schweninger-Kur.

Der Landrat a. D. Graf Finckenstein, Mitglied des Reichstags und des preußischen Herrenhauses, sandte der ‚Deutschen Tageszeitung' die folgende Zuschrift:

»Im Prozesse Moltke-Harden hat Harden sich seiner Beziehungen zum Fürsten Bismarck laut und aufdringlich gerühmt; er hat aber wohlweislich dabei verschwiegen, daß Fürst Bismarck ihm, nachdem er in der ‚Zukunft' eine Äußerung Bismarcks über die Konservativen, die damals allgemeines Aufsehen erregte, veröffentlicht hatte, sein Haus verboten hat. Fürst Bismarck hat mir dies im Jahre 1897 — ich war damals Landrat des Kreises Herzogtum Lauenburg und häufig in Friedrichsruh —, selbst und zwar, obgleich die Veröffentlichung schon vor einiger Zeit erfolgt war, noch voll Ärger gegen Harden erzählt. Er sagte damals, er habe Harden als geschickten Publizisten öfter bei sich zu Frühstück gesehen und, wie es seine Art war, bei den Gesprächen kein Blatt vor den Mund genommen. Bei einer derartigen Frühstücksunterhaltung sei auch seine Äußerung über die Konservativen gefallen, jedoch in ganz anderem Zusammenhange und in ganz anderem Sinne, als sie von Harden veröffentlicht worden sei. Diese Veröffentlichung sei in der Form, wie sie geschehen sei, ein Vertrauensbruch und eine grobe Taktlosigkeit. Er habe daher sofort angeordnet, daß Harden in Friedrichsruh nicht mehr empfangen werde. Es ist dies tatsächlich auch nicht mehr geschehen.«

Der Unabhängigste, der über »erweislich Wahres« aussagen könnte, zieht sich in den meisten Fällen zurück, die ihn nicht unmittelbar berühren. Meldet sich einer spontan und ist er ein Mitglied des preußischen Herrenhauses, so ist nicht anzunehmen, daß er die Unwahrheit sagt. Herr Harden antwortete: »Weder Kritik noch Satire: Tatsachen« wolle er bringen. Aber es wird eine Satire, wie sie noch nicht geschrieben worden ist. Denn die Tatsachen kann Herr Harden nicht leugnen. Oder doch: von einem Hausverbot könne nicht die Rede sein. »Hausverbot? Das wäre recht überflüßig gewesen; denn ich kam nur, wenn ich eingeladen war«. Und da Herr Harden nicht mehr kam, so kann daraus zwar hervorgehen, daß er nicht mehr eingeladen war, aber doch nicht, daß ein Verbot erfolgt war. Und von einem Verbot der Einladung ist auch nichts vom Sachsenwald in den Grunewald gedrungen. Erweislich wahr ist aber, daß Herr Harden — der sich nie ganz »in den Dienst des bismärckischen Wollens stellte«, aber auch nie sich »zu dem Lugversuch erniedert« hat, sein Verhältnis zu Bismarck intimer darzustellen als es war — Briefe von der Familie Bismarck empfangen hat, die mit »hochachtungsvoll« unterschrieben waren. Dies, soweit die Tatsachen in Frage kommen. Die Satire ist noch besser. So oft Herr Harden mit dem Geist Bismarcks Zwiesprache gehalten hat — die spiritistischen Orgien von Liebenberg sind ein Kinderspiel dagegen —, und die profane Welt behauptet, ein Bauchredner habe gesprochen, tritt Bismarcks Masseur Schweninger als Zeuge auf den Plan. Wer aber zeugt für die Bismarck-Wissenschaft des alten Baders, wo es sich zufällig nicht um eine »güldene Ader« (wie Herr Harden so etwas nennt), sondern um Politik handelt? Nun, diesmal ist er kompetent. Denn die Schröpfköpfe, die man dem deutschen Publikum setzt, werden manchmal auch in der Medizin angewendet, und die Pillen, die Herr Schweninger verordnet, werden von Herrn Harden gedreht. Ist aber Bismarck lethargisch, so wird eine publizistische Kur versucht, die von allen Schweninger-Kuren die aussichtsvollste ist. Man lese und beurteile, ob Herr Harden nicht doch vielleicht Humor hat. Denn es müßte schon eine gottverlassene Ledernheit sein, die bei dem folgenden Geständnis das schallende Gelächter Deutschlands nicht antizipiert:

»Im Hochsommer 1897 fand ich ihn, den der Beinschmerz schon arg plagte, etwas grämlich; in schlaffer Stille ohne rechten Zeitvertreib. Ihm fehlt der Kampf, sagte Schweninger; im Streit der Meinungen, in einer tüchtigen Rauferei würde er schnell wieder frisch. Im Einverständnis mit dem ärztlichen Freund beschloß ich, ein paar Sätze, die der Fürst bei und nach den Mahlzeiten und in seinem Arbeitszimmer gesprochen hatte, zu veröffentlichen. Vielleicht war's ihm einen Augenblick unbequem; brachte aber wieder Bewegung ins Greisenleben«.

Wie? Und Herrn Harden sollte sich nicht beim Niederschreiben dieser Sätze der elementare Witzgehalt der Situation offenbart haben? Als nichts mehr helfen wollte, berief Schweninger den Herausgeber der ‚Zukunft' zu einem Konsilium, und man nahm eine subkutane Indiskretion vor.

*

Was ist der deutsche Kaiser? Indigniert. Worüber? Über alles. Darüber, daß man ihn nicht aufmerksam gemacht hat. Darüber, daß man ihn aufmerksam gemacht hat. Darüber, worauf man ihn aufmerksam gemacht hat. Darüber, worauf man ihn nicht aufmerksam gemacht hat. Wer in Gunst gestanden, fällt in Ungnade. Wer in Gnade gefallen, steigt in Ungunst. Wer in Ungnade gestiegen, fällt in Gunst. Wer in Ungunst gestiegen, fällt in Gnade. Und wer was dawider hat, wird zerschmettert und schüttle den Staub von den schönen Kürassierstiefeln! Wenn aber in Sodom nur zwei Männer sind, die »erweislich« nicht normwidrig sind: Herr Harden und Wilhelm II., so möge Sodom erhalten bleiben. Man kann ja weiter vor Gericht feststellen, aus wieviel Prozent »M« und wieviel Prozent »W« ein der Normwidrigkeit Beschuldigter zusammengesetzt ist. M. W. — machen wir. Aber S. M. oder W₂ — wenn nur der deutsche Mann diesen Wesensinhalt hat, dann kann er getrost und in alle Zukunft das patriotische Gefühl an einer blanken Uniform weiden.

K. K.

Die Fülle der Absagen, die das Repertoire der Wiener Hofoper nicht wechselvoll, sondern unbeständig erscheinen lassen, wird seit jeher nicht nur vom Publikum, sondern auch von der Kritik beklagt. Wenn man nicht mehr sicher ist, daß eine Vorstellung, über die man ein Referat erscheinen läßt, auch wirklich stattgefunden hat, dann hört sich einfach alles auf. Es ist die höchste Zeit, daß Herr Mahler geht. Neulich hat er sich im letzten Moment eine Heiserkeit des Herrn Demuth zuschulden kommen lassen und die Musikkritik in tödliche Verlegenheit gebracht. Es ist gar nicht ausgeschlossen, daß er's zu Fleiß getan hat, um speziell an der antisemitischen Kritik sein Mütchen zu kühlen. Fahrlässigkeit oder böse Absicht — kann man sich etwas ausdenken, das für die Zustände, die jetzt am Hofoperntheater herrschen, charakteristischer wäre, als die Tatsache, daß im ‚Wiener Deutschen Tagblatt' die folgende Kritik erscheinen konnte?

»(Hofoperntheater.) Um den schönen Stimmen, die unsere Hofoper an den Herren Demuth, Slezak und Mayr besitzt, Gelegenheit zu geben, sich wieder einmal ordentlich auszuloben, wurde gestern nach vierzehnjähriger Pause wieder der Versuch unternommen, ‚Hernani' dem Spielplan unserer Hofoper zu gewinnen, diese frevelhafte Versündigung an dem dramatischen Gedichte Viktor Hugos, die überdies einen toten Punkt im Schaffen Verdis bedeutet. Um Opern dieses Schlages heute einen Schein von Lebensmöglichkeit zu retten, dazu bedarf es mehr als schöner Stimmen. Da müssen südliche Temperamente zuhilfe kommen, die alle ästhetischen Bedenken über den Haufen rennen. Gewiß, die drei genannten Herren sangen gestern mit dem ganzen Aufgebot ihrer schönen Mittel, und auch Fräulein Bland schloß sich ihnen erfolgreich an. Und dennoch wollte es nicht gelingen, neu zu beleben, was an dem jungen Verdi tot ist. Wozu also stets von neuem das gleiche Experiment, das sich immer wieder als unfruchtbar erweist?«

»Arischer Leser, hörst du es?« Das spricht Bände! Ein so treffendes, grundgescheites Referat konnte am 21. November erscheinen, und die Vorstellung vom 20. hatte nicht einmal stattgefunden. Herr Mahler findet es nicht einmal der Mühe wert, den Redaktionen mitzuteilen, daß ein Sänger unpäßlich geworden ist. Er hätte manchem Kritiker die Mühe ersparen können, nicht hineinzugehen. Was ist denn schon bewirkt, wenn eine Vorstellung wegen Unpäßlichkeit eines Sängers nicht stattfindet? Damit ist noch lange nicht das Referat über die Vorstellung abgesagt. Herr v. Weingartner wird sich hoffentlich den Forderungen der Kritik zugänglicher zeigen. Eine telephonische Verständigung genügt: Sie wünschen der heutigen Vorstellung von »Hernani« fernzubleiben? Tun Sie's nicht! Sie ist abgesagt.

*

Auch in den Konzertsälen ist jetzt der Teufel los. Die Künstler halten die Kritik zum Narren, desavouieren die Referate dadurch, daß sie nicht auftreten oder im letzten Augenblick das Programm ändern. Sogar in Anwesenheit der Kritik! Der sensible Korngold verspürte kürzlich, wie Chopins G-dur Nocturne »förmlich einen süßen Duft zurückließ«. Auf den bloßen Anblick des Programms hin. Das Fis-dur-Impromptu, das er hörte, störte ihn dabei nicht. Zu oft sollte man aber die Feinfühligkeit der Kritik nicht auf die Probe stellen.

K. K.

Herausgeber und verantwortlicher Redakteur: Karl Kraus.
Druck von Jahoda & Siegel, Wien III. Hintere Zollamtstraße 3.

DIE FACKEL

NR. 238 WIEN, 16. DEZEMBER 1907 IX. JAHR

Die Lustseuche.

Das Gespenst der Syphilis schien immer furchtbar genug. Es lauert hinter jedem Kusse und schlägt mit Aussatz und Schwären auf der ganzen Fläche des Körpers. Die Nase, die Glieder, die Eingeweide zerfallen. Mercurium verdrängt das Gespenst, aber es ist ein revenant, und der Geheilte fürchte jahrelang, wenn er des Abends zu Bette geht, erneuerten Ausbruch am Morgen. Forschungen unserer Tage haben den Feind ergründet und einen Eumenidenschreck aus ihm gemacht. Die Krankheit vererbt sich aufs zweite Geschlecht, die Kinder sind verkrüppelt, taubstumm, blödsinnig oder wenigstens von geringem Widerstand gegen Fährlichkeit. Schlimmer als die Syphilis ist die Metasyphilis. Denn wenn die Qual der Krankheit längst vergessen ist wie ein Fiebertraum, dann pfeift es in der Luft, »geflügelt sind sie da« und greifen mit der Krallenhand ins Gehirn, daß es zergeht. Die Voraussicht solcher Möglichkeit vergiftet alle Lebenslust. Man kann sich mit der Weisheit des Seneca abfinden und unverdrossen wandern den ganzen Tag, um erst abends ans Ziel zu gelangen. Wenn aber dieses Ziel der Wahnsinn ist oder die Blindheit oder der Rollwagen oder die Matratzengruft: welche Philosophie kann dann über die Mühsal des Lebens hinweghelfen? Und noch mehr: es ist kein Organ, weder Herz noch Niere, das nicht infolge der Syphilis erkranken könnte, wenn sie ihre ganze Bösartigkeit entfaltet, so daß man mit dem syphilitischen Virus im Leibe wie von einem Teufel besessen ist, der wohnen kann, wo er will und durch kein weltliches oder geistliches Mittel exorzierbar ist.

Die Gonorrhöe, die man von alters her zur Lustseuche rechnete, nur wegen ihrer scheinbar unbedenklichen Natur nicht sehr hervorhob, hat sich als Grundlage der schmerzhaftesten Frauenleiden erwiesen, macht die Frauen unfruchtbar und hysterisch und ist im Sinne der Meinung, die öfters hier vertreten wurde, das rechte weibliche Gegenstück zur Syphilis, die beim Weibe leichter verläuft. Denn eine Frau, die nicht lieben kann, taugt so viel wie ein irrsinniger Mann, und wenn man den Vergleich ein wenig willkürlich weiter spinnen will: ein hysterisches Weib gleicht in ihrer Seele einem blinden Mann: sie bringt wunderliche Werte aus dem Labyrinth der Brust, weil der gerade Weg verschlossen ist.

Die Furcht vor dem Teufel hat zu den großartigsten Ausbrüchen von Angst geführt, die irgendje beschrieben sind. Und doch ist der Satan nur eine Ausgeburt der Phantasie, niemand hat gesehen, daß er in rotem Gewande einen Bruder, einen Freund, irgend einen Mitmenschen gepackt hätte und mit ihm zur Hölle gefahren wäre. Die Syphilis, die einem argen Höllenspuke gleicht, ist wirklich, sie arbeitet mitten unter uns und es ist gut begreiflich, daß die Angst vor den Geschlechtskrankheiten eine Krankheit eigener Art geworden ist, die nicht vergessen werden darf, wenn von der Lustseuche die Rede ist. Diese Angst bewirkt, daß wir alle von der Lustseuche, nämlich einer Seuche der Lust befallen werden: den einen packt sie, dem andern droht sie und frei ist keiner. Die Angst vor Infektion ist die Hauptursache der Onanie bei Erwachsenen und mancher anderen Perversion, sie ist, wie bald gezeigt werden wird, die Mutter einer eigentümlichen asketischen Weltanschauung, und während die Geschlechtskrankheiten an Verbreitung nur verhältnismäßig zugenommen, an Bösartigkeit zweifellos abgenommen haben, wächst die Angst vor ihnen infolge der klarer erkannten Gefahr und der sexuellen Aufklärung geradezu ins Gigantische.

Zweifellos ist die Bekämpfung der Geschlechtskrankheiten eine öffentliche Angelegenheit ersten Ranges. Zur Findung eines Heilmittels für den Krebs bestehen Institute mit fürstlichen, ja unbegrenzten Mitteln ausgestattet, und ein König hat's gerufen: wer das Krebsremedium entdeckt, verdient ein Denkmal in allen Städten der Erde. Also hätte man erwarten können, daß auch Syphilisforschung im größten Stile, in amerikanischen Dimensionen betrieben würde. Der Krebs packt die Alten, die Syphilis die Jungen, der Krebs ist nur eine Form des unvermeidlichen Sterbens, die Syphilis stört das Lebendigste; am Krebs sterben die Könige, an der Syphilis die Prinzen. In Wirklichkeit wird Syphilisforschung gleichsam heimlich betrieben, geradeso wie die Krankheit heimlich getragen werden muß. Wie durch einen Zufall hat ein Protozoenforscher, der nicht einmal ein Arzt war, ein Zoologe, den Erreger der Syphilis entdeckt, worauf — immer ohne besonderes Interesse der Öffentlichkeit, die dem Geschwätz auf Tuberkulosekongressen und ähnlichem zuhört — die höchst wichtige Übertragung und Abschwächung des Giftes durch Versuche bei Affen gelang. Aber auch jetzt, wo ein Triumph der Forschung über die Höllenplage immerhin einige Aussicht hat, wo die Theorie die Auffindung eines Impfstoffes möglich macht, auch jetzt rührt sich kein Milliardär, und wenn der Nobelpreis nicht wäre, der in seiner allgemeinen Fassung vielleicht dem erhofften Syphilisbezwinger zugute kommen wird — vielleicht, denn die Heuchelei der öffentlichen Meinung reicht bis zum Himmel —, dieser größte Wohltäter der Menschheit könnte Hungers sterben. Gelder für Syphilisforschung, die in den kostspieligsten Tierversuchen, in Errichtung von reichen Instituten an überseeischen Orten besteht, fließen äußerst spärlich. Als in der Zweimillionenstadt Wien fünfzig Menschen an Blattern erkrankten, zu denen dann noch fünfzig kamen, wurde das Epidemieverfahren eröffnet, Tausende wurden gratis geimpft, eine fieberhafte Tätigkeit entbrannte, die ungezählte Gelder kostete. Mit vollem Recht und mit dem schönsten Erfolg. Aber in derselben Stadt erkranken jährlich Tausende an der Syphilis: wie stünde es mit dem bescheidenen Vorschlag, an Arme Condoms zu verteilen, die immerhin noch der beste Schutz vor Infektion sind? Es wäre dankenswert, wenn ein Volksvertreter in irgend einer Körperschaft diesen Antrag stellte. Die Antwort des Vorsitzenden würde zum wertvollen Dokument werden für künftige Kulturhistoriker, der Antrag würde in der sittlichen Entrüstung der einen, im heimlichen Schmunzeln der andern Pfahlbürger untergehen, und ein fortschrittliches Blatt würde das Gutachten einer Größe veröffentlichen, wonach die geforderte Verteilung einer Aufforderung zum Geschlechtsverkehr gleich zu achten sei und die schwersten sittlichen Bedenken errege. Die öffentliche Meinung ist auf einem solchen Tiefstand der Unwissenheit, Weltferne und Heuchelei angelangt, daß es besser ist, weiter im Geheimen das Wenige zu leisten, was geheim geleistet werden kann, als Lärm zu schlagen und so die ungeheuerlichsten Ausbrüche der Dummheit und der Schlechtigkeit zu provozieren.

Aber nun haben sie's gewagt und eine öffentliche Gesellschaft zur Bekämpfung der Geschlechtskrankheiten gegründet. Der Verein hat seine Tätigkeit damit begonnen, daß er in Form von Fragebogen, bei denen es ohne Suggestivfragen nicht leicht abgeht, dreißigtausend Menschen, darunter auch viele Damen, um ihre Meinung in der Sache angeht, und wird sich mit der einzigen Erkenntnis, daß Vernunft stets bei wenigen nur gewesen, was nicht einmal eine neue Erkenntnis ist, nach Beendigung der Enquête wahrscheinlich wieder auflösen. Unser Bürgermeister, der den Mut seiner Überzeugung hat, dürfte seine Antwort von vor ein paar Jahren wiederholen, daß er mit solchen Schweinen kein Mitleid und auch kein Geld für sie habe. Und das ist noch die erfreulichste, weil bündige Äußerung. Man erkennt deutlich, daß man im Packeis steckt, den Pol nicht erreichen kann und also umkehren muß; gelegenerer

Zeit kann man wiederkommen. Aber dreißigtausend weniger deutliche, dafür noch dümmere Ansichten durcharbeiten zu müssen, wie dem Präsidium des Vereines, darunter einer Dame, bevorsteht, ist gewiß nicht unbedenklich. Warum sollen zu den Opfern der Syphilis und der Syphilisfurcht auch noch die Opfer der Syphilisenquête dazukommen? Sind es doch Damen und Herren, die Besseres zu tun haben. Übrigens ist die Vernunft der wenigen, nämlich des Präsidiums, worunter eine Dame, schon bekannt und diskutierbar. Die medizinischen Forderungen: Errichtung von Ambulatorien und Spitälern, Erweiterung der Krankenkassen und ähnliches, sind sicher vortrefflich, vielleicht in aufgezwungener Bescheidenheit nicht weit genug. Die geforderte Aufklärung der Jugend ist diskutierbar; ob sie nämlich gründlich genug ist und ob sie überhaupt unter den gegebenen Verhältnissen so gründlich sein kann, wie sie sein muß, wenn sie nützen soll. Die sozialen Ansichten sind etwa diese: die Jugend soll bis zur Ehe abstinent vom anderen Geschlechte leben, dafür möglichst frühzeitig heiraten und die etwa doch vor der Ehe sich meldenden Regungen in körperlichem Sport unterdrücken. Die Natürlichkeit früher sexueller Regungen wird beim Jüngling bezweifelt, bei der Jungfrau geleugnet und die Keuschheit bis zur Ehe wird von neuem als ein Gebot der Sittlichkeit ausgerufen. Da nun die Syphilis in der Tat seit Jahrhunderten unsere Anschauungen von Sittlichkeit, Keuschheit und Scham mitgebildet hat, ist zur Kritik der genannten Forderungen ein Ausflug ins philosophisch-historische Gebiet unerläßlich.

II.

Wie schon Denker des Altertums und neuerdings Schopenhauer mit ergreifender Eindringlichkeit verkündet haben, ist Lust immer nur die Erlösung von Unlust. Metaphysik beiseite. Es scheint aber doch, als gäbe es kein anderes Mittel die Lust zu vergrößern, als indem man die der Lust vorangehende Unlust verstärkt oder verlängert. Das wissen sogar die Tiere, wenn sie zur Erhöhung der Geschlechtslust sich balgen und kratzen, das weiß jeder Kuß, der scheinbar die Lippen der Geliebten flieht. Unlust wird zur Vorlust, wenn Lust am Ende zu erwarten steht. So wird der Epikuräer zum Asket, denn höchste Lebenskunst heißt höchste Askese. Die viel geliebt hat, hat noch mehr gelitten, da es im Wesen der Lust als einer Erlösung liegt, daß sie kurz dauert, wogegen der Unlust zeitliche Grenzen nicht gesetzt sind.

Aber nicht von allen Übeln werden wir erlöst. Der Bettler bleibt arm sein Lebelang, der Blinde bleibt blind, hier wird Askese vom Schicksal aufgedrängt, und Erlösung ist nicht zu hoffen. Da haben die Elenden im Winkel, wo Asien und Afrika zusammenstößt, einen ungeheueren Gedanken ersonnen: die Lehre von der ewigen Glückseligkeit, vom Leben nach dem Tode als Erlösung vom Jammer dieses Daseins. Damit bekam das Elend einen Zweck, Armut und Siechtum wurde Vorlust, von der man nicht genug haben konnte. Der Mechanismus der Lustgewinnung bedingt, daß eher ein Seil durch ein Nadelöhr, als daß ein Reicher und Glücklicher in den Himmel käme, und gar die Erreichung des Unmöglichen, einer ewig währenden Lust schrie nach übermenschlichem Martyrium. Wer im feurigen Wolkenwagen gen Himmel zu fahren gedenkt, dem ist es Vorlust, wenn er als lebende Fackel verbrannt oder von wilden Tieren zerrissen wird. Zwar breiten sich auch im Hause des Hades Gefilde der Seligen, aber die Antike hat den inneren Zusammenhang zwischen den Leiden hier und dem ewigen Genießen dort nicht erkannt; sie war auf Sinnenfreudigkeit gestellt, deshalb wurde sie vom neuen Gedanken zertrümmert. Die Hammerschläge, mit denen das geschah, sind ein paar unscheinbare Aphorismen, in aller Bescheidenheit auf der Höhe eines Berges gesprochen:

Selig, die arm sind im Geiste, denn ihrer ist das Himmelreich.
Selig, die da betrübt sind, denn sie sollen getröstet werden.

Selig, die hungern und dürsten, denn sie werden gesättigt werden.
Selig, die um der Gerechtigkeit willen verfolgt werden, denn ihrer
ist das Himmelreich.

Das ist das Christentum, wie es in Rom einzog, getragen vom Enthusiasmus der Elenden, ein unerhörter Triumph der Phantasie über die Wirklichkeit, denn in der Losung: die Liebe ist Sünde wurde mehr Glückseligkeit gefunden als in den Rosenfesten Heliogabals. Und diese Losung mußte sich aus der Verdammung alles irdischen Genießens von selbst ergeben. Niemand konnte der neuen Lehre widerstehen. Sie sättigte die Hungernden, und die übersatt waren und müde ihrer Lust, fanden in der Askese des Christentums die ungeahnten Wonnen der endlosen Verlust. Inbrunst statt Brunst. Man liebte nicht mehr, man betete an. Das Altertum war impotent, es pervertierte sich ins Mittelalter. In den vorher reinen Spiegel des Genießens kam ein Riß. Seit damals ist Liebe Sünde und doch Naturgebot, wodurch der Genuß so sehr vertieft wurde, daß er für uns erst da beginnt. Es ist süß, um ewiger Freuden willen auf irdische Liebeslust zu verzichten. Es ist aber noch süßer, mit dem ungeheuren Einsatz des Verlustes dieser Freuden dennoch zu küssen. Selig macht der Glaube so und so. Er ist das Stärkste im Menschen. Schade um ihn.

Auch die Scham hängt aller Geschlechtslust an; zwar nicht aus innerer Notwendigkeit wie die Askese, aber doch unlösbar, und gleichfalls, wie Darwinische Anschauung meint, schon bei den Tieren. Das balzende Tier ist wehrlos und sucht aus Angst vor seinen Feinden verschwiegene Stätten auf, wenn es liebt. Es handelt also aus Angst so, als ob es schamhaft wäre. Solches Gehaben zeigen von unseren Haustieren besonders die Katzen, die man nicht leicht beim Liebesakt, ja nicht einmal bei der Beendigung ihrer Verdauung belauschen wird. Man könnte sagen, sie seien schamhaft. Der Hund hat keine Feinde. Er ist, wie man weiß, in hohem Grade schamlos. Die Scham des Kulturmenschen steigt frei auf, als ein

Gefühl, das mit der Angst scheinbar nichts gemein hat. Dennoch werden wir als echte Scham nur das bezeichnen, was sich in seinen Wurzeln auf berechtigte Angst zurückführen läßt. Solche Angst bezieht sich beim Menschen freilich weniger auf den blanken Selbsterhaltungstrieb, wie bei den Tieren, sondern auf soziale Gefahren. Das Weib wird nicht geheiratet, wenn es sich jedem hingibt, deshalb schämt es sich und das ist echte Scham. Wie denn überhaupt die schwächere soziale Stellung des Weibes seine größere Schamhaftigkeit bedingt. Einmal gepaart, wirft das gesunde Weib die Schamhaftigkeit wie einen Mantel von sich, so daß der Mann manchmal nicht weiß, ob er bewundern oder sich entsetzen soll. Das Christentum hat falsche Scham in die Welt gebracht. Denn die Angst des Christen vor der Sünde ist illusorisch. Da er für einen Himmel fürchtet, den es nicht gibt, schämt er sich ohne Not. Aus der Askese läßt sich in Form von Vorlust Gewinn ziehen. Die christliche Scham läßt sich in keiner Weise zum Lustgewinn verwerten, sie ist reizvoll für einen beobachtenden, selber schamlosen Widerpart, für den Schamhaften aber ein absoluter Gewissenswurm.

Die christliche Sittlichkeit hat also weder Askese noch Scham erfunden. Aber sie hat diese beiden physiologischen Notwendigkeiten durch die mystische Lehre vom andern Leben krank gemacht. Es war eine Erkrankung durch Unterernährung, die unter den Elenden entstand und als eine Pandemie die ganze Welt ansteckte. Die wunderbar geschlossene Kultur der Antike konnte der Seuche nicht widerstehen, die germanischen Horden und die anderen Barbaren konnten es noch weniger. Die Geschichte des Mittelalters ist erfüllt von den Ausbrüchen der Massenhysterie: Kreuzzüge, Flagellantismus, Ritterdienst und Frauenverhimmelung, und es war kein anderes Heil für die Menschheit zu erhoffen, als wenn sie wiederum reich würde, um irdische Genüsse bezahlen zu können. Und das geschah. Die italienischen Städte wurden reich. Vom Handel ging das Heil aus, denn der

Reichtum, den der Handel brachte, gebar die Renaissance. Die Gedanken des Morgenlandes hatten das Abendland vergiftet, die Schätze Asiens, die auf italienischen Galeonen nach Europa schwammen, sollten die Sinnenfreudigkeit des Altertums erneuern, die Menschheit von der Knechtung Jehovahs selig heilen. Da entsann sich der Judengott seiner Drohung, wie er im alten Bunde gesprochen hatte: »Der Ewige wird dich mit bösen Geschwüren schlagen an deinen Knien und Lenden, daß du nicht geheilt werden kannst. Er wird dich damit schlagen von der Fußsohle bis zum Scheitel« (Deut. 28,35), und schickte auf den heimkehrenden Schiffen des Columbus eine fürchterliche Fracht nach Spanien, die Syphilis, die alsobald über die Länder kroch und ihre Mission erfüllte. Man konnte damals nicht mehr recht glauben, daß Liebe Sünde sei. Die Ahnung dämmerte, daß es sittlicher sei zu küssen, als sich zu kasteien, ein Jauchzen klang in den Seelen, die neu entdeckten, was von Anfang an der Sterblichen Urgut gewesen. Da erstickte alle junge Lust in einer neuen, bisher unbekannten Seuche, die mit Schwären und Beulen aufs Gründlichste bewies, was man der Mystik nicht glauben wollte. Nirgends in der Weltgeschichte ist so viel Tragik wie in dieser Erdrosselung der Renaissance, für die zu Unrecht Martin Luther allein verantwortlich gemacht wird. Es ging der glorreichen Bewegung im Großen wie Ulrich von Hutten im einzelnen. Er rief: es ist eine Lust zu leben! Da schlug ihn die Syphilis und fraß ihn auf. Die beiden Ströme von Askese, der aus Asien und der aus Amerika, flossen zusammen, Entbehrung wurde zur Lebensbedingung. Die mystische Angst wurde rational und die offizielle Ethik des Christentums mit ihrer falschen Scham machte aus dem Unglück eine Schande. Im Athen des Perikles wäre ein Einbruch der Syphilis als nationales Unglück, vielleicht als Strafe der Gottheit erachtet worden. Die Erkrankten wären des tragischen Mitleids sicher gewesen, da sie in ihrem Heiligsten getroffen waren. Man wäre der Seuche mit rücksichtsloser Offenheit an den Leib gerückt. Im Gefolge des Christentums konnte die Syphilis viele hundert Jahre im Verborgenen würgen, ohne daß man auch nur gewagt hätte, Mitleid mit ihren Opfern zu haben. Zum Dank für solche Begünstigung hat die Syphilis die erschütterte Stellung des Christentums gestärkt. »Wie hinter dem Don Quixote sein Sancho Pansa, so schreitet hinter dem Christentum die Syphilis einher«. (Karl Kraus). Der Ritter von der Mancha hat erdichtete Feinde, einen illusionierten Himmel, sein Knappe ist ein Rationalist. Und trotzdem, wenn man nun hören will, was die Bekämpfer der Syphilis predigen, dann wird man sagen müssen: »Ungefähr sagt das der Pfarrer auch, nur mit ein bißchen anderen Worten«.

III.

Abstinenz vom Weibe bis zur Eheschließung kann zwiefach geübt werden: mit oder ohne Masturbation. Diese doppelte Möglichkeit wird geflissentlich verschwiegen: sie trübt zu sehr den Glanz und das Pathos der Bewegung. Da jedoch die Abstinenz mit Masturbation überwiegend häufiger ist — wobei kein Unterschied besteht zwischen den Syphilidophoben von heute und den Einsiedlern in Arabiens Wüsten von einst —, wird das Wesen der Abstinenz nicht richtig eingeschätzt, wenn man das Wesen der Masturbation verschweigt. Anders als der normale Geschlechtsverkehr, dem beim Mann durch somatische Vorbedingung Ziel und Grenze gezogen ist, wird Onanie sehr leicht durch Übermaß und durch Gewöhnung ans Übermaß gefährlich. Vielleicht ist es allein diese Übertreibung und nicht die Handlung an sich, der man die eigentümliche Form der Neurasthenie zuschreiben muß, welche die Onanie erzeugt. Arbeitsunlust, Kopfschmerzen, Magenbeschwerden und bei späten Versuchen der Enthaltung Angstneurose und Lebensüberdruß (Freud). Das sind rein medizinische Fragen. Die soziologische Bedeutung der Selbstbefriedigung liegt anderswo. Theoretisch genommen unterscheidet sich die Onanie von allen anderen Perversionen dadurch, daß sie einsame Lustgewinnung darstellt. Alle anderen Formen der Lustgewinnung spenden; der Masturbant ist ein sexueller Egoist, verkehrt die Worte der Schrift, indem er sagt: es ist gut, daß der Mensch allein sei. Daraus wird man dem Onanisten zunächst keinen Vorwurf machen können. Die Natur hat einen großen Braukessel, es liegt nichts an den Tropfen, die überspringen. Und wenn ihr was nicht recht ist, dann rächt sie sich selbst, man braucht sie nicht mit ethischen Grundsätzen zu unterstützen. Es scheint aber, als sei der sexuelle Egoismus von der Gesellschaftsfeindlichkeit überhaupt nicht zu trennen. Die Scheuen, die sich an den Wänden hindrücken, die Hohläugigen, die wenig sprechen: daran erkennt man sie. Wer sogar zur Liebe ein zweites Wesen nicht braucht, der verschließt sich vor der Welt wie eine Auster. Ist doch selbst Jupiter von seinem Thron gestiegen, wenn er liebte. Er war ein wohlwollender Gott. Die Onanie vernichtet das Wohlwollen so gewiß, als die Liebe das Wohlwollen fördert. Der vollendete Tyrann ist der Masturbant, denn der läßt sich nicht einmal vom Weibe milder stimmen. Er ist der Übergeizhals. Nicht also die Onanie als solche ist zu bekämpfen, da sie eine Angelegenheit des Privatlebens ist, die niemand etwas angeht, wohl aber die Weltanschauung des Onanisten, das ist vor allem die prinzipielle Enthaltung vom Weibe. Denn zur Zeit der ersten Triebe onanieren alle. Das Weib ist meist unerreichbar und die Blödigkeit ist groß. Aber hernach erobern sich die einen Weib und Welt, die Schwachen bleiben in der Wüste. Sie müßten vor Neid und Haß vergehen, darum helfen sie sich mit der Sittlichkeit. Früher hofften sie für Abstinenz in den Himmel zu kommen, jetzt entgehen sie den Geschlechtskrankheiten. Wer die Freuden des Lebens drein gibt, kann leicht dessen Gefahren entgehen, worunter die Syphilis wahrlich die geringste ist. Sie ist nur die vordringlichste. Denn es haben mehr Menschen am Weibe gelitten als je an der Syphilis; jeder, der vom Weibe genießt, leidet am Weibe, und wenn eine Liebe köstlich gewesen, dann ist sie Mühe und Arbeit gewesen. Es ist ein großer Unterschied, ob ein Mensch angesichts der Gefahr der Lustseuchen verzweiflungsvoll auf die Liebe verzichtet oder ob ein Masturbant, der zu Lust und Qual der Liebe zu schwach ist, abstiniert. Denn welche Leidenschaft wird man vom Masturbanten im Kampfe gegen Krankheiten erwarten, die ihn nicht stören, die er vielleicht schadenfroh als gerechte Strafe für den Genußfähigen empfindet?

Ob es wirklich mit Ausnahme von Kindern und Greisen Abstinenten gibt, die nicht onanieren, bleibe dahingestellt. Man kann aber drüber sprechen, denn auch der Masturbant ist psychisch ein Abstinent; die Inbrunst, deren ein Mensch fähig ist, kann doch wohl nicht restlos in Manustupration aufgehen. Sie kann nur verwandelt werden, wenn ihr die gerade Bahn versagt wird, und heißt dann in ihrer höchsten Steigerung Fanatismus. So entstehen ebensowohl harmlose Markensammler wie Torquemadas, der Unterschied liegt nur in Temperament und Macht. Alle Künstler, die guten und die schlechten, entstehen so, aber die schlechten sind in der Mehrzahl. Denn freilich ist selten etwas Großes entstanden ohne Inbrunst, die der Brunst entstammte, Religionsfanatismus und Geldfanatismus, Kalifen und Conquistadoren, aber doch gewöhnlich nur dann, wenn die Glut ein bedeutendes Gehirn erhitzte. Auf viele Tausende kleinliche Pedanten, die sich und andere quälen, kommt nur e i n Kant, und die Möglichkeit eines Savonarola muß mit unzähligen Hetzpfaffen und schlechten Demagogen bezahlt werden; wobei zu bemerken, daß die wenigen Feuergeister ästhetisch wertvoll, sozial aber zumeist Vernichter sind. Darauf kommt es allerdings nicht an. Alles was entsteht und besonders unsere nichtsnutzige Kultur ist wert, daß sie zugrunde geht, und wenn einer imstande ist, sich und die um ihn sind, aus der Niederung des Alltäglichen emporzureißen, so mag er aufbauen oder zerstören, gleichviel, wenn nur das Leben einen Inhalt hat. So geniale Fähigkeit ist Wenigen gegeben. Nur in einer einzigen Form ist es einem jeden gegeben, sich über sich selbst zu erheben, nämlich in Form der Liebe. Es ist kein Unterschied, ob ein Goethe liebt oder ein kleiner Händler in der Vorstadt, aber es ist ein großer Unterschied, ob ein Goethe seelisch abstiniert und in verwandelter Begeisterung der Welt »Iphigenien auf Tauris« schenkt oder ob der kleine Händler ein Betbruder wird oder ein Säufer, ein Spieler oder ein miserabler Dichter, was ihm alles nicht in den Sinn kommt, wenn er den Mut zur Liebe hat. Auch körperlich darf das Genie abstinieren, ohne den Lebensinhalt zu verlieren, aber uns anderen vertauscht man das Köstlichste gegen Plunder, wenn man uns verbietet zu küssen.

Die Abstinenten empfehlen als Ablenkung von der vorehelichen Liebe den körperlichen Sport. Die Kämpen gegen die Geschlechtskrankheiten berücksichtigen mit diesem Rat offenbar nur bürgerliche Kreise. Denn er gilt nicht für die Tausende, die mit ihren Geschlechtskrankheiten die Spitäler bevölkern. Die treiben in Fabriken und Gewerken über und unter der Erde körperliche Bewegung in Übermaß. Der Rat gilt nur für die wenigen, die den Teppich der ärztlichen Wartezimmer betreten, für die sitzenden Berufe, besonders aber für die Nichtstuer. Ein Athlet, der sich halbtot gerungen, oder ein Reiteroffizier, der zehn Pferde krumm geritten hat, fällt abends ins Bett und vergißt das Weib. Er vergißt aber auch alles andere, verblödet bis zum Tier, und niemand wird die Champions des Fußballs als Zierde der Menschheit preisen. Für Leute, die im Leben noch was anderes zu tun haben, kommt nur mäßige Leibesübung in Betracht, Sonntags ein Ausflug in die Berge, Abends eine Stunde Tennis, Eislauf, Rodel, was es sei. Solcher Betrieb schafft fröhliche Männer und Frauen, die die Augen offen haben und aneinander Gefallen finden. Die paarweise zu übenden Sporte sind sicherlich die liebenswürdigsten Kuppler. Aber auch heimkehrende Turner, Soldaten am Ostersonntag vor dem Tor leisten in der Abstinenz nichts Bedeutendes. Niemals ist es den Anachoreten, die einsiedlerisch in den Wüsten wohnen, eingefallen, in Leibesübung Schutz vor sündiger Liebeslust zu suchen. Sie hatten in Fasten, Nachtwachen, Geißelung bessere Mittel gefunden, um sich und damit ihre Sexualität herunterzubringen. Der Syphiliskämpe von heute kann solche Mittel nicht empfehlen. Er will nicht die Lebenskraft verringern, sondern nur den gefährlichen Geschlechtstrieb hemmen. Unlösbares Problem! Das eine hängt mit dem anderen zusammen. Tüchtige Menschen müssen lieben. Die Jugend kann sich das Lieben so wenig abgewöhnen wie Essen und Schlaf. Es ist ihr goldenes Vorrecht. Aphrodite freut sich des Sports. Die Erziehung zum Sport trägt einen frischen Lufthauch in die schwüle Reifezeit, denn Leibesübung macht stark und starke Menschen kommen über alle Fährlichkeiten leichter weg. Zur Förderung der Abstinenzbewegung ist der Sport nicht brauchbar. Dazu ist er viel zu gesund. Und wenn er in dieser Absicht empfohlen wird, so bedeutet er das angenehmste Schnippchen, das die Natur den Herren am grünen Tische schlagen kann. Nur im Sporttrottel ist das Ideal der Abstinenz erreicht, und das kann doch unmöglich die Meinung gewesen sein.

Die Abstinenzbewegung unter den Männern ist überdies ein Attentat gegen die Frauen, die ihrerseits keine Aussicht haben aus sexueller Knechtschaft befreit zu werden, wenn nun auch die Männer daran gehen zu abstinieren. Die Frauen verlangen zwar selbst zuzeiten, daß die Männer bis zur Ehe abstinent leben wie sie, das sei eine Forderung der Gerechtigkeit, aber diese Forderung hat immer recht dünn geklungen, sie war brustkrank von Geburt, fand nirgends Resonanz. Die Frauen haben das höchste Interesse daran, daß die Männer sich sexuell ausleben. Nicht nur, daß der Abstinent die Frauen unrichtig einschätzt, indem er sie entweder verhimmelt oder verachtet, weil er sie nicht kennt, und infolgedessen keinen Sinn für die gesunden Bestrebungen der Frau haben kann, das Problem der aufgedrängten Jungfräulichkeit wird nur dann gelöst werden, wenn die Heuchelei immer unerträglicher wird. Endlich werden die Männer doch einsehen, daß die Frauen, die sie umarmen wollen, nicht jungfräulich bleiben können.

Was die Abstinenz der Frauen anbelangt, die nicht von gestern stammt, so weiß man ja, wie sich die Frauen dafür rächen. Sie drängen sich zu den männlichen Berufen, sie schießen als politische Attentäter auf uns und plagen uns mit hysterischen Anfällen. Von einer Hysterica erschossen zu werden, ist noch das angenehmste, was einem passieren kann. Für gewöhnlich wird man langsam zu Tode gequält. Es fehlte noch, daß durch die Angst vor Syphilis auch männliche Hysterie, die bis jetzt seltener vorgekommen ist, über die Länder verbreitet würde: das wäre dann doppelt Lust zu leben. Die Abstinenzler werden die Syphilis nicht verscheuchen. Aber sie beschwören die andere Gefahr herauf. Die Nervenärzte und die Irrenärzte werden zu tun bekommen und der Syphilidologe wird dennoch nicht zu kurz kommen.

Die zweite Rache, mit der uns Frauen schlagen, wenn wir sie nicht begehren, ist die Häßlichkeit. Aber daran freilich ist den wenigsten gelegen. Wir haben wichtigere Sorgen. Häßlichkeit befördert die Schamhaftigkeit und wird darum eher begünstigt. Das ist eine Scham, die sich vor anderen schämt und vor sich selber schamlos ist. Es ist dieselbe heuchlerische Scham, mit der die Syphilis verdeckt wird, als wäre sie nicht da. Christen wird man vergeblich den Wert der Schönheit preisen. (Siehe »Das Kindweib«, 230—231 der ‚Fackel'.)

Zum Glück schert sich die Natur den Teufel um ethische und hygienische Forderungen, ein Frühlingstag macht mehr Ethik zunichte, als in einem Jahr von den Gelehrten ausgeheckt werden kann. Die Abstinenten sind in verschwindender Minderzahl und werden es ewig bleiben. Und gerade darin liegt die äußerste Gefahr der Abstinenzbewegung. Es könnte leicht sein, daß der durch christliche Weltanschauung und ihren Sancho Pansa gedüngte Boden theoretisch der »ethischen« Forderung günstig ist. Man wird also offiziell abstinieren und im Geheimen lieben. Dann werden die »geheimen Krankheiten« noch geheimer werden und mit den Unglücklichen wird man offiziell kein Mitleid haben. Nichts wird die Abstinenzbewegung mit größerer Sicherheit erreichen als diese Vermehrung unserer Heuchelei. Damit befördert die Abstinenzbewegung die Ausbreitung der Geschlechtskrankheiten anstatt sie zu bekämpfen. Würden alle freudig bekennen, daß sie küssen und lieben, vor der Ehe so gut wie in der Ehe, gälte es als eine rechte Schande, keine Geliebte, nicht einmal eine Geliebte zu haben, dann müßte eine so aufgeklärte Gesellschaft die Kranken lieben und ehren wie aus der Schlacht heimkehrende verwundete Krieger. Wenn die Liebe vor der Ehe zur Sünde gestempelt wird, dann ist die Krankheit eine Schande und die Erkrankten verdienen Verachtung. Welch ein offenbarer Widerspruch, daß dieselben Syphilistöter, die nach der Anzeigepflicht für Syphilis rufen, zugleich die Abstinenz predigen! Die Kranken werden den Arzt, der sie anzeigen muß, mehr fürchten als die Krankheit, sie werden sich lieber heimlich von der Krankheit auffressen lassen als die öffentliche Verachtung riskieren, die sie in jeder bürgerlichen Existenz vernichtet. Man kann der Syphilis als einer Infektionskrankheit ohne Anzeigepflicht und Zwangsbehandlung natürlich niemals Herr werden. Ihre ganz besondere Einschätzung in unserer Gesellschaft verlangt aber, daß vor Einführung so notwendiger Gesetze die Krankheit ehrlich erklärt werde. Nicht also Abstinenz sollte gepredigt werden, sondern die Grundgewalt der Liebe, der erziehliche Wert des Küssens und die Schädlichkeit der Askese. Einer so erzogenen Generation könnte man eine wirksame Syphilisbill mit Anzeigepflicht und allem, was dazu gehört, vorlegen. Unter den gegebenen Verhältnissen wäre ein solches Epidemieverfahren gefährlich: eine jede Gesellschaft hat die Krankheiten, die sie verdient, man kann ihr nicht mit Paragraphen allein davon helfen.

Indem Abstinenz gepredigt wird, erscheint der Geschlechtstrieb als eine Angelegenheit des Unterleibes. Wenn der Arzt, den man fragt, wie man sich vor den Geschlechtskrankheiten schützen kann, zur Abstinenz rät, gerade so wie er in Cholerazeiten empfiehlt, nur abgekochtes Wasser zu trinken, stellt er den Liebesdrang als einen Genuß vom Werte des Alkohols hin oder des Tabaks, dem man ohne Schaden, ja mit Nutzen für Leib und Seele entsagen kann. Die Formen des außerehelichen Geschlechtsverkehres haben in Verbindung mit diesem Geiste zu einigen Gräueln unserer Kultur geführt. Das ist die Stellung der ledigen Mutter, des außerehelichen Kindes, vor allem aber der Prostitution.

Die Geringschätzung der ledigen Mutter ist eine unmittelbare Wirkung des Abstinenzlergeistes. Auch in dieser Hinsicht ist die Abstinenzbewegung ein Attentat wider die Frau. Wer für Mutterschutz eintritt, muß gegen die Abstinenz sein. Der Abstinenzler verdammt die ledige Mutter. Geht doch der finstere Geist dieser Weltanschauung sogar auf die Beurteilung des unschuldigen Kindes über, das er einen Bankert schilt, das Kind der Sünde nennt und dem er die Jugend vergiftet. Der außereheliche Geschlechtsverkehr gilt heutzutage als ein Delikt. Deshalb wird Infektion und Konzeption als Delikthaftung angesehen. Wer diesen beiden Gefahren entgeht, ist wie der Dieb, den man nicht erwischt hat. Da das Strafgesetz das Delikt des außerehelichen Geschlechtsverkehrs nicht enthält, wird Konzeption und Infektion von allen Gutgesinnten als willkommene Ergänzung des Strafgesetzes geschätzt — und gehütet.

Das empfindsame Zeitalter hat die Prügelstrafe abgeschafft, weil man Menschen nicht so tief demütigen darf; aber es ist ihm billig, daß Bataillone von Frauen wie Sammelkanäle von ärztlichen Ingenieuren untersucht und der Allgemeinheit, das ist der Gemeinheit von allen zur Verfügung gestellt werden. Die Prostitution, nämlich Lohn für Liebe zu nehmen, liegt in der weiblichen Natur. Liebe ist die Münze des Weibes, darum bezahlt sie alles, was ihr wohltut, mit Liebe. Und die eine gibt Liebe fürs blanke Geld, die andere für lebenslängliche Versorgung in Form der Ehe. Also ist ein Narr, wer die Prostitution schilt. Und solange man für Liebe lebenslänglich versorgt werden kann, also solange es eine Ehe gibt, wird die Prostituierte verachtet werden, weil sie zu billig ist. Die Frauen hassen die Prostituierte, weil sie ihre Ware unterbietet, und die Männer werten geringer, wo das Angebot so groß und der Preis so niedrig ist. So weit ist der Dirne in unserer Kultur, die auf der Ehe aufgebaut ist, nicht zu helfen. Sie ist das weibliche Seitenstück zum Proletarier. Denn was man sonst Proletin nennt, Arbeiterin und Dienstmagd, hat ein Kapital, quod natura ipsa dedit mulieribus, nämlich ihren Begehrwert, der in der Heiratsfähigkeit gipfelt. Die Dirne ist auf dem Heiratsmarkt so ziemlich ohne Vermögen, recht eigentlich eine Proletin. Man kann das Wohlwollen unserer Gesellschaft daran ermessen, daß sie diese bedauernswerte Stellung übersieht, dafür die Prostituierte das weibliche Seitenstück zum geborenen Verbrecher nennt. Warum denn? Weil sie zu billig ist? Vielleicht, weil sie keinem die Treue hält? Sie hat sie ja keinem gelobt! Wahrscheinlich, weil sie vom ununterbrochenen praktischen Zusammenbruch der Abstinenztheorie lebt. Sie ist für den Abstinenten die Erzteufelin. Wenn man den Prostituierten zu menschenwürdigem Dasein verhelfen will, so ist nichts weiter not, als daß der Thron der Liebesgöttin wieder errichtet werde, was mit allem Pathos der höchsten Sittlichkeit verkündet werden soll. Dann wird es nicht ehrlos sein können, ihr zu dienen, in welcher Form man will. Das Weib wird immer Persönlichkeit sein und nicht wie jetzt geringer als ein Tier. Denn man möchte lieber ein Hund sein als ein Mensch, in dessen Armen einen andern ekelt....

Die Abstinenz vom Weibe erzeugt ein verdrossenes, verschlossenes, einsames Geschlecht der Fanatiker, Pedanten und Sonderlinge aller Art. Sie vermehrt die Neurasthenie und raubt der Jugend die einzige Möglichkeit, über die Öde des Lebens hinauszukommen. Sie hemmt den Kampf der Frau um Sexualfreiheit, verdammt die ledige Mutter samt ihrem Kinde und drückt die Prostituierte unter das Niveau der Menschenwürde. Sie begünstigt alle ungesunden Bestrebungen der Frau, besonders die Ergreifung männlicher Berufe. Schönheit und Persönlichkeit der Frau, die auf dem Begehrtwerden ruhen, fahren schlecht dabei. Die Abstinenz vom Weibe kann zwar gefordert, aber angesehen die Urgewalt des Triebes, nur im kleinsten Maßstab durchgeführt werden. Deshalb vermehrt dieser Geist die Heuchelei, verhindert den offenen Kampf gegen die Geschlechtskrankheiten und befördert so die Ausbreitung der Syphilis.

Aus allen diesen Gründen scheint uns die Abstinenz eine höchst schädliche, ja verwerfliche Sache zu sein, die den Zweck der Bekämpfung der Lustseuche nicht erfüllt. Die Kirche, die manche Unnatur predigt, erhält durch die Lehre von der Abstinenz unerwartete weltliche Zufuhr, und das in einer Zeit, wo sie ihr Kreuz wieder höher streckt. Das ist vielleicht kein Zufall, und die Bekämpfung der Abstinenz wird durch dieses Zusammentreffen zu einem beachtenswerten Politikum. Kirche und Wissenschaft sind seit langem zerkriegt. Die Vermittlung der grinsenden Syphilis soll sie nicht versöhnen.

IV.

Hörbar beinahe werden hier die Entrüstungsrufe der Abstinenzler. Wie kann ihnen Geringschätzung der Liebe vorgeworfen werden, da sie doch die so oft verherrlichte Liebe bis in den Tod verlangen, die Treue, die erste und einzige Braut, die man liebt und freit. Es wird also an dieser Stelle notwendig, auf Sentimentalität einzugehen, die um nichts weniger heuchlerisch ist als die Abstinenzbewegung, deren Ausläufer sie darstellt. Die Abstinenten raten jung zu heiraten. Es hat sich ergeben, daß die Ehe durchaus kein sicherer Schutz vor Geschlechtskrankheiten ist. Von hundert im öffentlichen Spitale behandelten Kranken dieser Art haben mehr als zwanzig die Krankheit während der Ehe erworben, und bedenkt man, daß in den unteren Volksschichten ein der Ehe fast gleich zu achtendes Konkubinat verbreitet ist, so wundert man sich nicht, daß der Prozentsatz der verheirateten Geschlechtskranken in der besseren Praxis, wie manche Spezialisten versichern, noch größer ist. Das ist schlimm für die, welche den Ehestand als Hort vor Krankheiten preisen, denn wenn sie auch sagen, daß dieser Ehestand mit Seitensprüngen nicht der sei, den sie meinen, so ist er dafür umsomehr der, mit dem man rechnen muß. Der verheiratete Mann pflegt bei Seitensprüngen nicht sehr wählerisch zu sein. Wenn er einem Beruf angehört, der ihn auf Reisen führt und das angetraute Weib vermissen läßt, dann handelt er in Not, und wenn er seßhaft ist, betrügt er sein Weib aus Überdruß: in beiden Fällen ist ihm jede recht, und so ist er der Infektion ganz besonders ausgesetzt.

Immerhin ist die Ehe solange ein Schutz vor Geschlechtskrankheiten, als der erwähnte Prozentsatz fünfzig von hundert nicht erreicht; nur freilich kein absoluter. Und für einen relativen Schutz brauchte man sich nicht so sehr zu ereifern. Man soll den jungen Leuten lieber das Elend zeigen, das in armen

Familien herrscht, die jedes Jahr ein Kindlein haben. Man soll sie vor leichtsinniger Eheschließung warnen. Ein Familienvater heißt mit einem anderen Namen der Ernährer der Familie, seine Hauptbeschäftigung ist jetzt das Geldverdienen. Alles andere, die Bildung des Charakters, die Verfolgung einer begonnenen Carrière steht hinten. Er tut so manches, was er sonst unterlassen hätte, und unterläßt, was er tun müßte. Das sind praktische Erwägungen, die sich mit der Volksweisheit: »jung gefreit, nie bereut« schlecht vertragen.

Was endlich die Liebe anlangt, so verlohnt es sich, einen Blick auf die Völker zu werfen, wo die Familie am höchsten in Ehren stand, etwa die alten Römer, die Germanen und die Juden. Man heiratete jung, und es wird berichtet, daß Ehebruch selten vorkam. Es wird aber auch berichtet, daß die Ehegatten einander vor der Hochzeit gar nicht kannten. Man erinnere sich an die Schrift, wie Abraham seinen Diener Elieser um eine Braut für seinen Sohn Isaak schickt; ans Gudrunlied, wie König Hettel den Sänger Horant um Hilde sendet, die er nur vom Hörensagen kennt, oder an die abscheuliche Verschacherung Brunhildens im Nibelungenlied. Die geschäftsmäßige Trockenheit der römischen Ehe »in manus« weiß nichts von Liebesromantik. Man muß sich damit abfinden, daß gerade dort, wo jung und fest geheiratet wird, der Vermittler die größte Rolle spielt. Die Liebe kommt später. Freilich ohne Augenblinzeln und Zweideutigkeit: sie kommt wirklich. Das ist nicht wunderbar. Ein gesunder junger Mensch, der noch nie geliebt hat, kann sich in jede verlieben, die ihm in den Weg kommt. Man meint vielleicht die Einschränkung machen zu sollen: ausgenommen, wenn sie besonders unliebenswürdig ist; aber diese Einschränkung besteht nicht; jede ist liebenswürdig. Die Liebe geht bei den jungen von unten hinauf. Möge sich jeder fragen, wer zuerst in ihm süße Triebe erregt hat, und wenn es fast jedesmal ein minderwertiges Exemplar der

Gattung gewesen ist, dann wird man den Vermittler bei jungen Eheschließungen nicht schmähen, da er das Ärgste wenigstens verhindert. Man wird auch den wahren Wert der ersten Liebe erkennen. Es wird angenommen, daß ein junges Wesen, das von der Welt nichts weiß und in rührender Unselbständigkeit von jedem Windhauch fremder Meinungen beeinflußt wird, gerade in der wichtigsten aller Fragen so große Sicherheit erlangt habe, daß es den einzig Richtigen unter vielen so gewiß herausfindet wie der Magnet den Eisenspan unter einem Haufen nicht metallischen Staubes. Zum einzig Richtigen wird der Erwählte erst nachher. Ein Paar, das sich jung gefunden hat, liebt sich und in diesem Sinne hat das Sprichwort, jung gefreit nie bereut, seine Richtigkeit. Nur freilich ist dabei kein Verdienst, es ist nicht die Liebe in ihrer höchsten Vollendung. Die erste Liebe ist zumeist ein Irrtum, ist eine Kinderkrankheit, die überwunden werden muß. Will man wissen, wie hoch eine Liebe zu werten sei, so darf man nicht fragen, wie lange sie währt, sondern die wievielte sie ist, und man kann darauf schwören, daß Goethe die Frau von Stein zwar nicht heißer, aber bewußter, wertvoller, köstlicher geliebt hat als das Gretchen, von dem er in Wahrheit und Dichtung berichtet. Nur über die letzte, über die Ulrike von Levetzow, kann man nicht urteilen. Denn dem Greise geht's wie dem Jüngling; ihn rührt, wenn überhaupt eine, jede, die jung ist.

Die Abstinenten können also ihre Stellung auch auf dem Boden der Sentimentalität nicht behaupten. Zum dritten Male ertappen wir sie bei einem Attentat wider die Frau. Die Persönlichkeit beider Geschlechter wird durch Liebe und Leben gebildet. Die des Mannes vorwiegend durchs Leben, die des Weibes fast ausschließlich durch die Liebe. Ein Nestküken, das im Leben nur e i n e n Sprung gewagt hat, nämlich den vom Elternhaus ins Haus des Gatten, wobei noch nachgeholfen wurde: was kann an dem viel dran sein? Was hat sie gelitten in ihrem Leben? Sie ist unbedeutend. Die Troubadours haben nicht jung geheiratet oder wenn sie's taten, haben sie nicht die eigene Frau besungen. Häuslicher Herd und Liebe haben sich immer schlecht vertragen. Die Leidenschaft flieht und was übrig bleibt ist flügellahm, kann sich nicht über die Öde des Alltags erheben. Fette Behaglichkeit, hassenswerte Zufriedenheit, Spießbürgersinn. Darauf freilich ist die Gesellschaft aufgebaut. Aber dann sollen sie nicht von Liebe schwatzen.

V.

Die Syphilis und unsere Weltanschauung ist ein Circulus vitiosus. Das ist der Sinn dieser Abhandlung. Selbst die rechtzeitige Aufklärung der Jugend wird kaum mehr erreichen als die Züchtung eines neurasthenischen Geschlechtes mit trostloser Angst. Denn man wird sich leicht entschließen, vor den furchtbaren Krankheiten zu warnen, aber schwerlich dazu, den Kindern zu sagen, daß sie sich ihres Triebes nicht schämen dürfen; daß er das Beste sei in ihnen und daß sie ihn nicht unterdrücken sollen. Oder wird den Mädchen erklärt werden, wie sie sich überzeugen können, ob ein Mann von Eiter fließt? Schon die Anregung, die hiermit gegeben wird, ist empörend. Unsere Mädchen brauchen das nicht zu wissen. Es sind Mägdlein in Züchten. In Züchten müssen sie gebären, bis sie zu Milchkühen werden, in Züchten müssen sie ihre Gebärmutterentzündung tragen, in Züchten müssen sie zugrunde gehen. Es wird eine Zeit kommen, wo man es für wichtiger halten wird, der Jugend so eindringliche Aufklärung zu geben, als sie Literaturgeschichte zu lehren. Heute sind wir ferne davon. Und wenn am Ende einer so langen Kritik gefragt wird, was wir denn tun sollen gegen den Feind, so ist zunächst zu sagen, daß die Menschen bis jetzt vor diesem Feinde gar nicht gerettet sein wollten. Vor der anderen Angst, der vor Konzeption, könnte man ihnen mit einem Federstriche helfen. Sie getrauen sich nicht, diesen Federstrich zu verlangen. Wie sollte man sie groß genug finden, um den Fanatismus aufzubringen, der zur Ausrottung der Geschlechtskrankheiten nötig wäre! Ein Epidemieverfahren, das sich im größten Stile über die ganze Erde erstrecken müßte und jahrelang fortzusetzen wäre, mit Mobilisierung aller Ärzte und aller Hilfskräfte der Staaten könnte diese Infektionen für immer vernichten. Aber es ist klar, was einer so gewaltigen Kraftanstrengung vorausgehen müßte: wir müssen erst Heiden werden. Der Haß gegen die Geschlechtskrankheiten wird nur dann groß genug sein, wenn die Unentbehrlichkeit des Küssens selbstverständlich und die Heiligkeit der Liebe in jeder Gestalt zur Religion geworden ist. Es ist nicht unsittlich, eine Straßendirne zu lieben, wenn man kann. Freilich bringts die Ungunst der Verhältnisse, daß man dazu entweder ein Gott oder ein Zuhälter sein muß. Die Zeit ist verpfafft und wenig Aussicht für solche Änderung der Religion. Dann ist die Antwort auf die Frage, wie wir diese Plage bekämpfen sollen, kurz und hart: Es ist nichts zu machen. Die Syphilis ist so mit allem verfilzt, was wir Sittlichkeit nennen, daß wir sie nicht los werden, wenn wir die Moral festhalten. Wir sind in dieser Moral erzogen, es ist leichter gegen sie zu wettern, als ihr zu entsagen. Vielleicht ist vielen ihr Keuschheitsideal wertvoller als die Bekämpfung der Lustseuche. Dann ruht alle Hoffnung auf den Ärzten. Sie können ein Vaccin finden. Mit einem Vaccin können sie die herrschende Weltanschauung retten. Trotzdem werden sie nicht viel Geld für ihre Forschung bekommen. Sollte man denn zugeben, daß man geimpft werden muß, um von der herrschenden Sittlichkeit nicht krank gemacht zu werden?

Avicenna.

Herausgeber und verantwortlicher Redakteur: Karl Kraus.
Druck von Jahoda & Siegel, Wien III. Hintere Zollamtsstraße 3.

DIE FACKEL

NR. 239–40 WIEN, 31. DEZEMBER 1907 IX. JAHR

Das Geschlecht.

Weininger's Manen gewidmet.

Von **Stanislaw Przybyszewski.**

»Am Anfang war das Geschlecht ...«

Mit diesen Worten habe ich mein erstes Buch »Totenmesse« eingeleitet (es sind schon siebzehn Jahre her) und diese Worte wiederhole ich jetzt, wo die Sexualfrage mehr als je zuvor in den Vordergrund gestellt wird, mit noch größerem Nachdruck.

Und in der Tat ist das Geschlecht jene platonische ἄμορφος ὕλη, jene formlose Materie, die aus dem Logos, der Emanation des höchsten Seins, entstanden ist und die Welt erschaffen hat.

Was wäre der Mensch, wenn nicht seine Gedanken und Gefühle die heiße Macht des Geschlechtes sättigte, wenn nicht ἔρως und νεῖκος, das unzertrennliche »pile et face« einer und derselben Einheit, unbekannte, unfaßbare Kräfte einigten, sie trennten und sie aus geheimen, dunklen Urgründen in das bewußte Tageslicht herausholten?!

Aus dem Kehlkopf des Menschen riß das Geschlecht die ersten langgezogenen Klänge, zergliederte sie nach dem Takt des schlagenden Herzens, formte sie in Rhythmus und Melodie, bildete sie zu dem Wiehern, Heulen und Kläffen des Schmerzes, dem Knurren und Fletschen des Hasses, dem Murmeln und Flüstern der Liebe, dem erstickten, himmelhochaufjauchzenden Schreien der Freude, des Orgasmus und der Ekstase:

Das Geschlecht hat das W o r t geboren!

Und das Geschlecht hat sich mit übermächtiger Kraft in die Muskeln des Menschenkörpers ergossen; es hat dem Menschen die Keule in die Hand gegeben, als es darauf ankam, seinen Nebenbuhler zu vernichten im Kampfe um das Weibchen, es hat seine Kräfte ins Unendliche gesteigert, als es galt, dem Weibchen und seiner Brut das Leben zu sichern, es ließ ihn die Urwälder urbar machen, den Schoß der Erde auseinander reißen und den Lauf der Ströme in neue Betten lenken und die Meere unterjochen und die Berge bezwingen; das Geschlecht hat das Gehirn wacherweckt, es in unfaßbarer Qual und Mühe zu einer unerhörten Arbeit gezwungen, zur Verschlagenheit, listigem Betrug, mit dem er den Göttern das Feuer gestohlen, zur verwegenen Kühnheit, mit der er den Pelion auf den Ossa stülpte und die Pforten des Himmelreiches erbrach:

Das Geschlecht gebar die Tat.

Und das Geschlecht drang in das Herz des Menschen ein, hat es ganz ausgefüllt, in ihm das Verlangen erweckt, daß ein jeder so glücklich sein solle, wie er in dem heiligen Glücksaufschwung, es hat in ihm den übermächtigen Wunsch entflammt, der ganzen Welt zum Freudentanze aufzuspielen, damit ein jeder in glückseligem Spiel sich seiner bewußt werde und in die große, heilige Lebenshymne einstimme; an den Tisch der reichsten Gelage hat es Alle eingeladen — und so hat das Geschlecht das Mitleid und Zusammensein geschaffen, den Vater-Mutter und Bruder-Schwester, es hat das Menschengeschlecht geeinigt durch Blutbande und Freundschaft, aber gleichzeitig wurde es zur Quelle der Rachsucht und der Gier, des Mordes und des Verbrechens, es trennte und zerschlug in alle Winde den Samen des Abel und des Seth und des Kain ...

Und so schuf das Geschlecht die Familie, die Sippe, das Volk.

Und dann hat es seine Augen weit aufgerissen, es sah hinter sich mit unsagbarer Sehnsucht und schaute zurück auf seinen göttlichen Uranfang.

Millionen und aber Millionen von Jahren starrte

es in das heilige Feuer, an dessen Glanz alle Welten und alles Getier zehrte — von dem es lebte.

Das Geschlecht verlangte nach der Göttlichkeit!

Und es weitete mit inbrünstiger Sehnsucht die Brust des Menschen, sein Herz durchtränkte es mit dem süßen Gift der Schwäche und des Zutrauens, es stahl einen Strahl nach dem anderen aus dem Urfeuer, bis es in der Seele des Menschen eine Herdflamme entfachte, in der es sich aufzulösen, völlig aufzugehen und sein eigenes, selbständiges Sein zu vergessen begann:

In der Liebe!

Und es geschah ein übergroßes Wunder:

Amorphos Hyle vereinigte sich mit dem Logos!

Der heilige Geist stieg auf das Geschlecht hernieder, und so erschuf das Geschlecht — die Liebe.

Und jetzt zerbrachen die Riegel, auf taten sich die Tore der menschlichen Seele, den Sternen entgegen, dem Himmel und der Sonne zu; aus unsichtbaren Quellen schossen jäh hervor die Strahlen der Gnade und unfaßbarster Wunder; tausend unbekannte Gefühle, Begriffe und Erkenntnisse weiteten die menschliche Seele bis zu der Größe des göttlichen Seins; niegeahnten Welten entgegen reckten sich die Arme empor; vor grauenhaft geheimnisvollen Mächten beugten sich die Kniee, und im Staube wühlte der Mensch sein Angesicht vor Schreck, Beben und Ehrfurcht. Verborgene Ahnungen wurden zur Gewißheit, und die Gewißheit verbarg sich in dem tiefen Dämmerungsdunkel des Unbekannten und doch so unendlich Nahen.

Eingedenk seines göttlichen Ursprungs nistete sich das Geschlecht im Menschenherzen ein mit der frohen Nachricht:

als Erstes begann es dem Menschen von Gott zu sprechen!

Mit Liebe und dem Bewußtsein seiner Göttlichkeit wuchs sich aus die gewaltige Übermacht des Geschlechtes.

In die dunkelsten Verstecke, in die geheimsten Fältchen der Seele ergoß sich sein heißer Strom, erhellte mit sonnigem Lichtglanz die dunkelsten Abgründe, erhitzte die Felsen, daß sie in loderndem Feuer erglühten, gestaltete die Welten um und ließ sie in neuen Formen erstehen; in sein breites Bett leitete es alle Instinkte, Ahnungen, alle Lust und jeden Schmerz, den Haß und die selige Himmelfahrt des Menschen, den ganzen Lebensstrudel einer maß- und schrankenlosen Seele und trug die schäumenden Wellen auf das gegenseitige Ufer und warf sie zu den Füßen Gottes, auf daß er sich an seinem Abglanz erfreue.

Und so wurde das Geschlecht zum Vertrauten des Gottes und trug ihm frohe Kunde zu, wie sich der Mensch ihm nähere durch die Kunst.

Das Geschlecht hat die Kunst geboren.

Und so ist das Geschlecht das androgyne »Vater-Mutter« dessen, was ist, was war und sein wird:

Die urgewaltige Quelle der Macht, der ewigen Kraft, der Begeisterung und des Rausches, des heiligsten Himmelssturmes und des schwersten Sündenfalls, der höchsten Tugend und des höllischesten Verbrechens.

Es gibt keine Macht, die sich mit der seinigen messen könnte, und als solche ist es die höchste Schönheit, der einzige Weg, der uns mit dem Absoluten vereinigt, weil es von ihm ausgegangen ist und zu ihm zurückkehrt.

Es ist der heiße Golf, der das Eismeer schmilzt, die Erde fruchtbar und sie zum Eden und zur Hölle für das Menschengeschlecht gemacht.

Es ist jener mythische Ozean, der das ganze All umfließt und mit seinen liebenden Armen umfangen hält.

Es ist das einzige Unterpfand und die einzige Gewißheit des Göttlichen im Menschen.

* * *

Mythologie, Mythologie!

Und vielleicht nicht . . .

Wenn man jegliches, gleichviel welches Gefühl auf seine Bestandteile hin analysieren, es in seine Atome und Moleküle zerlegen könnte, würde man sicherlich auf tausend Bestandteile neun Zehntel finden, die das Geschlecht in Bewegung gesetzt hat.

Verborgen, unfaßbar für das Auge der Tagesseele, verborgen in dem Meere kaum aufleuchtender Ahnungen als tiefste und urewige Welle des Unbewußten, kocht es und sprudelt und wirft ab und zu heißen Gischt hinauf in seiner herrlichen Macht, ab und zu — denn es offenbart sich in seinen tiefsten Gründen Einem von Tausenden, wie jene ἐπίγνωσις τοῦ ἀῤῥήτου μεγέθους, die der große Basilides, der Vater der Gnosis, verkündigte.

Die Macht des Geschlechtes, klar, deutlich und leicht faßbar in manchen Gefühlen — verschwommen und kaum erkenntlich für das arme, beschränkte Menschenbewußtsein in so vielen anderen, unendlich komplizierten, dann wieder ganz und gar versteckt und nicht mehr erkennbar in jenen Gefühlsblitzen und Gefühlskomplexen, die infolge fortwährender Wiederholungen zu einfachen Reflexen herabgesunken sind — *diese Macht* ist nichtsdestoweniger gleich offenkundig in der Liebe wie im Haß, in dem Heroentum, wie in der Feigheit, in der Mutterschaft, wie in dem von der Wärme des Geschlechtes erhitzten, sublimen Egoismus der Sozialinstinkte: gleich groß und schön ist diese Macht in jedem Geschlechtsakt des »Wissenden« (d. h. Eines, der um die Schönheit des Geschlechtes weiß), wie in der höchsten Offenbarung der menschlichen Seele: in der Rhythmik, Harmonie, Melodik — in der *Musik*!

Dem Einen läßt es die Muskeln schwellen zu unfaßbaren Kraftanstrengungen, dem Anderen weitet es die Seele bis an die Grenzen des Transzendentalen; den menschlichen Gedanken potenziert es bis zur göttlichen Macht des ersten »Werde«, aus dem Clown macht es einen Schöpfer, der Feige wird unter seinem

Einfluß zum Helden, und ein beschränkter, engherziger Seifensieder wird zum Wohltäter der Menschheit, eine dumme Gans zur Märtyrerin.

Es existiert in Milliarden von wechselnden Formen, es leuchtet und verwandelt sich in alle Regenbogenfarben, es kleidet sich in tausend Namen, tausende ahnender Gefühle, die sich nicht in Worte fassen lassen; aber überall ist es da, eine unteilbare Kraft gleich jenem hypothetischen Äther, der das All durchdringt: und das sichtbare Symbol für sein allmächtiges Wirken und Schaffen, sichtbar selbst für die, die zu blind sind, um es in jedem Gedanken, jedem Gefühl, jeder Äußerung, jedem Reflex der menschlichen Seele zu erblicken — das ist der Geschlechtstrieb, und seine Auslösung, Vollendung: der Geschlechtsakt selbst.

Die absolute Macht und die absolute Schönheit, welche Welten schafft, sie zerstört, um sie in noch höherer Vollkommenheit erstehen zu lassen, offenbarte sich in gleich großer Schönheit beim Menschen in der Quelle der höchsten Lust und zugleich seiner höchsten Kraft — jener Kraft, welche die Allgewalt der Natur unterjochte, die Höllenmacht der Gebirgsströme eindämmte und sie in unzerreißbare Fesseln schlug, die Berge durchbohrte, das Meer und die Lüfte zu gehorsamer, unterwürfiger Demut zwang, die durch die organische Projektion in Kolben und Zylinder die Maschine erschuf und des Menschen Arbeit fast überflüssig gemacht hat.

Solcher Art ist die Macht und Schönheit jenes Wunders, das man mit Ehrfurcht in dem Geschlechtstrieb zu erblicken hat.

Und wo auch immer, und auf welche Art auch immer sich dieser Geschlechtstrieb äußert, ob in der Kopulation chemischer Atome untereinander, in der ewigen Verbindung und ewigen Trennung aller Elemente oder in der körperlichen Vereinigung zweier Lebewesen zu einem unzertrennlichen Eins in der ewigen, gottsuchenden Sehnsucht, oder in dem Bestreben, die zerstörten Bande, die uns mit der Gottheit verbinden, wieder herzustellen, sei es durch die Kunst oder die Religion — überall und immer ist der Geschlechtstrieb eine Emanation der höchsten Schönheit und schön ist der Akt, durch welchen der Mensch sich seines göttlichen und metaphysischen Ursprungs bewußt wird.

* * *

Immer und wieder dieselbe urewige Wahrheit! Warum sie denn fortwährend wiederholen, warum so viele Variationen über dasselbe Thema? Aber fürwahr: millionenmal öfter wiederholt sich die ewige Lüge.

Die menschliche Seele ist allzudicht mit giftigem Unkraut bewachsen und es wäre höchste Zeit, das Körnchen Wahrheit zu pflegen und zu behüten, bevor die Seele noch nicht ganz verdorrt und verfault ist.

Denn ich habe in der Tat nichts Neues gesagt!

Schön und heilig war die Macht des Geschlechtes, und fast eine religiöse Zeremonie, voll tiefer Mysterien war der Geschlechtsakt für die Menschheit, die noch nicht durch die Syphilis der judaistischen Moral infiziert war.

Im Himmel und auf Erden thronte unumschränkt die Schaumgeborene, die furchtbare, aber göttliche Astaroth und Mylitta; in der Form des Phallus baute man Tempel und Heiligtümer und selbst die tugendhaften, römischen Matronen trugen den Phallus als Amulet auf ihrer Brust. Der Geschlechtsakt war ein Sakrament, das zu Ehren der Gottheit in den Tempelhöfen und heiligen Hainen gefeiert wurde, und die Offenbarung dieser hehren, dieser feierlichen und schönen Geschlechtskultur, das ist die unerhörte Pracht der Antike, ihre Wiedergeburt in dem göttlichen Wunder der Renaissance und die überfeinerte, aristokratische Anmut und der Zauber der Kultur des XVIII. Jahrhunderts.

Der Judaismus hat das Geschlecht erniedrigt

und in den Kot getreten, er hat die Liebe kastriert und erlaubte ihr nur als einer lächerlichen, verbalen Kategorie zu leben in den Höhlen der Anachoreten, in den kranken Hirngespinsten hysterischer Nonnen, in dem Gestammel zahnloser Mönche, als Liebe zu Jesus und Maria.

Aber trotzdem: wie viel von dem intensesten, geschlechtlichen Elan verbirgt sich nicht in der Religion des Mittelalters!

Der Geschlechtstrieb als solcher wurde zum Verbrechen und zur ekelhaften Sünde, das Nackte zur schändlichen Scham und der Geschlechtsakt zu einer stinkenden Pfütze, in der das widerlichste Ungeziefer gedeiht.

Der Judaismus hat der schönen menschlichen Seele das Gift eingeimpft, das bis auf den heutigen Tag die Menschheit zersetzt; er ist es, der die Schönheit widerlich und ekelhaft gemacht hat, der ihr ein Gottesgeschenk mit Unrat und Kot beschmutzt und die höchste, göttliche Offenbarung mit Aussatz beworfen hat.

Aber schon braust von Ferne die rückkehrende Woge, schon schlägt sie hier und da ans Ufer, und der Tag naht, da die Seele sich von dem Unrat des Judaismus zu reinigen beginnt und in neuer Sinnenherrlichkeit und Schönheit ihre Auferstehung feiern wird.

* * *

Aber was bedeutet, wenn man meine kurze, rhapsodische Ausführung gelten läßt, unsere alte, verfaulte Ethik, die unser Geschlechtsleben regiert?

Was ist überhaupt Ethik? Doch nichts weiter, als: das ist mein, das ist dein, das darfst du nicht anrühren. Stehle nicht, töte nicht, begehre nicht das Weib deines Nächsten.

Viel Schwereres verlangt man schon in dem Satze: Du sollst dem anderen das nicht antun, was du nicht möchtest, daß dir angetan wird. Aber auch das Befolgen dieses Gesetzes ist ein sicherer und bequemer Weg zu einem wohlgeordneten und hochgeachteten Leben.

Das ist so ziemlich das Wesentlichste, worauf sich die alte Ethik beschränkt. Der Dekalog konnte zwar einige tausend Paragraphen in dem deutschen Reichsgesetzbuche gebären, aber all das juridische Geplärre läßt sich auf ein sehr armseliges Schema zurückführen.

Wie anders wird sich das Leben darstellen, wenn die Menschheit sich nur nach einem einzigen ethischen Prinzip richten wird:

Lebe so, wie es deine Schönheit verlangt!

Schönheit! Ja — Schönheit!

Aber was ist Schönheit?

Ich weiß es nicht, ich weiß nur, was die meinige ist, aber die deine, die eurige — die kenne ich nicht.

Darf ich sagen, was meine Schönheit ist?

Sie ist das Gefühl einer heißen Begeisterung, die mich alles ringsherum vergessen läßt, die meine Augen blind macht, aber umso weiter die Fenster meiner Seele öffnet; sie ist der fiebernde Aufschwung meines ganzen Seins in einem Orgasmus aller meiner Seelenkräfte, der kalte Schauer, der mich durchläuft: das einzige Kriterium, daß ich etwas Großes anschaue; sie ist die tiefe Angst und das Grauen vor unbekannten Mächten, die ich in weitester Ferne wie ein schwaches, Milliarden Meilen entferntes Sternenlicht aufleuchten und wieder verschwinden sehe, und sie ist das feierliche Pathos am Tage heiliger Feste, oder das Entsetzen des Gerichtes am jüngsten Tage, oder der Schrecken, der den Menschen in eine Salzsäule verwandelt.

Alles, alles, was nur die Augen von sich nicht losreißen läßt, alles, was mich am Boden festschmiedet, was mich mit Verehrung oder mit Grauen durchschauert, das mein ganzes Sein in die heftigste Vibration versetzt,

das ist »meine« Schönheit!

Das einzige Maß für meine Schönheit ist die Intensität und Dauer des Gefühls oder vielmehr der Erschütterung, in die ich durch sie versetzt werde.

Schönheit ist nur individuell, sie kann nur immer »meine« Schönheit sein.

Ein objektives Schöne ist Unding, man kann höchstens seine eigene Schönheit einem Anderen suggerieren . . .

Nur das Eine:

Alles ringsherum kann zur Schönheit werden, und um wie viel mehr die größte, geheimnisvollste Macht, die das Leben von einer Ewigkeit zur anderen beherrscht —!

Die höchste Ethik besitzt derjenige, der Alles zur Schönheit umzuwerten versteht, weil nur und einzig allein das Schöne ethisch sein kann.

Und so aufgefaßt, ist das Geschlecht mit allen seinen Abgründen, mit seiner furchtbaren Tragik, mit seiner jauchzenden Lust und seinem unsäglichen Jammer, mit all den unentwirrbaren Rätseln, Geheimnissen, Ab- und Schleichwegen im höchsten Sinne ethisch, und die Betätigung des Geschlechtstriebes im höchsten Sinne ethisch, weil schön.

»Et tout est effrayant lorsqu'on y songe« sagt Maeterlinck und in diesem Ausspruch steckt die Quelle aller Schönheit. Denn dies furchtbare »effrayant« ist der Urgrund der Schönheit.

Nur was mich auf die Kniee wirft, was mich mit Grauen und Angst vor unbekannten Mächten erfüllt, was mich zur demütigen Ehrfurcht und dem Gefühl meiner elenden Kleinheit zwingt, ist schön.

Man muß nur verstehen, sich in die geheimsten, verborgensten Winkel jeder Sache zu vertiefen, den entlegensten Urgrund aller Gründe zu erfassen suchen, jedem Ding bis an seine unterirdische Quelle zu folgen, und von den Untergrundswellen sich durchbeben lassen, wenn auch das Meer spiegelglatt vor unseren Augen liegt.

Man muß sich mit einem Wort in dies entsetzliche »effrayant« versenken, dies unfaßbare, dies geheime Grauen, das auf dem Boden eines jeglichen Dinges liegt, um in seiner Seele die heftigste Vibration hervorrufen zu lassen, den heiligen Schauer, der, ich wiederhole es: das einzige Kriterium der Schönheit ist.

Und was ist die Schönheit der Konvulsionen eines Ozeans während des Taifuns, was ist die Schönheit des Feuergischt, den ein Vulkan herausschleudert, was ein Diluvium, das eine ganze Welt unter seinen Fluten begräbt, gegen die Schönheit der geheimnisvollen Macht des Geschlechtes!?

Und darauf kommt es an:

Das einzige moralische Gesetz für den neuen Menschen, vielmehr für den Menschen, der seine Auferstehung feiert, ist die Schönheit.

Sobald der Mensch lernen wird, das Geschlecht als schön und heilig zu betrachten, wird seine Betätigung des Geschlechtstriebes schön und heilig sein; und nur der wird seine Seele beschmutzen und besudeln, der in dem Geschlecht Sünde und Unrat findet, und doch der »ekelhaften«, »sündigen« Kraft des Fleisches folgt. Und ein solcher Mensch, nur er allein ist — Schwein!*)

Und jeder seiner Geschlechtsakte wird widerlich und ekelhaft sein, weil er gegen das einzige Prinzip der Ethik, gegen die Schönheit sündigt.

Freilich, freilich werden Jahrhunderte vergehen, bis die Menschheit sich von dem Schmutz wird reinigen können, bis sie die Himmelfahrt der reinen, der geheiligten Sinnenlüste wird feiern können und eine Wiedergeburt in Schönheit durch — das Geschlecht!

---

*) Anm. des Verfassers: Der einzige, der die logische Konsequenz seiner Anschauung gezogen hat, war Weininger. Mit der Verneinung des Geschlechts war für ihn jegliche Distanz zum Leben verloren. Heil Dir, o Strindberg!

Walter Pater.*)

Von Oskar Wilde.

Als ich zum ersten Male die Ehre hatte mit Herrn Walter Pater zu sprechen — und ich betrachte es als eine sehr hohe Ehre — sagte er lächelnd zu mir: »Warum schreiben Sie immer nur Gedichte? Prosa ist doch viel schwerer.«

Es war während meiner Studienzeit zu Oxford; einer Zeit lyrischen Hochfluges und eifrigsten Sonnettenschreibens; einer Zeit, da ich begeistert war für die kunstvollen Verschlingungen und klingenden Wiederholungen der Ballade, für die Villanelle mit ihren langgezogenen Echos und ihrer seltsamen Geschlossenheit; einer Zeit, da ich mit heiligem Ernst untersuchte, in welcher Gemütsverfassung ein Triolett geschrieben werden sollte; einer köstlichen Zeit, in der ich ebensoviele Reime als Ungereimtheiten machte.

Ich will offen gestehen, daß ich um jene Zeit den wahren Sinn von Herrn Paters Worten nicht erfaßte; erst als ich seine prächtigen und gedankenvollen Studien über die Renaissance gelesen hatte, fing ich an zu erkennen, welch wunderbar selbstherrliche Kunst die Kunst englischer Prosa in Wirklichkeit ist oder in der Hand des Berufenen sein kann. Carlyles stürmende Rhetorik, Ruskins beschwingte und leidenschaftliche Beredsamkeit waren mir bis dahin ein Produkt mehr der Begeisterung als der Kunst erschienen. Ich wußte damals noch nicht, daß auch Propheten Bürstenabzüge korrigieren. Die Prosa aus der Zeit Jakobs I. schien mir zu überschwänglich und die aus der Zeit der Königin Anna trostlos kahl und ärgerlich nüchtern. Aber Walter Paters Studien wurden für mich »das goldene Buch des Geistes, die Heilige Schrift der Schönheit«. Und sie sind es mir bis heute geblieben. Es ist natürlich möglich, daß ich übertreibe; ich hoffe ernstlich, daß es so ist. Denn wo keine Übertreibung, da ist kein

*) Erste Übersetzung eines Essays, der 1890 entstanden ist.

Verständnis. Nur über Dinge, die einem nicht nahegehen, hat man ein wirklich unparteiisches Urteil; dies ist vermutlich der Grund, warum ein unparteiisches Urteil immer vollkommen wertlos ist.

Aber ich will von Walter Pater und seinem jüngsten Buch sprechen und nicht ihn als Vorwand für eine Autobiographie benützen. Ich erinnere mich in Amerika gehört zu haben, daß, wenn Margarete Fuller einen Essay über Emerson schrieb, die Druckerei immer aussenden mußte, um noch einige große I*) zu borgen, und ich lasse mir diese transatlantische Erfahrung zur Lehre dienen.

»Appreciations« (Wertungen) ist der Titel eines Bandes, den Walter Pater jüngst herausgegeben hat. Er enthält eine köstliche Sammlung köstlicher Essays, durchaus feinstgearbeitete Kunstwerke, einige davon fast griechisch in ihren reinen Linien und ihrem makellosen Bau, andere mittelalterlich in ihrer seltsamen Färbung und leidenschaftlichen Gewalt, und alle durchaus modern in dem wahren Sinne dieses Wortes. Denn derjenige, dem einzig die Gegenwart gegenwärtig ist, weiß nichts von der Zeit, in der er lebt. Um das neunzehnte Jahrhundert ganz zu erkennen, muß man jedes ihm vorangegangene Jahrhundert kennen, das zu seiner Formung beigetragen hat. Um etwas von sich selbst zu wissen, muß man alles von anderen wissen. Es darf keine Geistesart geben, die man nicht mitverstehen kann, keine tote Form des Lebens, die man nicht lebendig zu machen vermag. Die Kenntnis der Gesetze der Vererbung mag unsere Ansichten über die moralische Verantwortung des Individuums verwandeln, aber sie wird uns nur mit erhöhter Schätzung des Wertes der Kritik erfüllen, denn der wahre Kritiker ist der, der die Träume und Gedanken und Empfindungen von Myriaden von Generationen in sich trägt, dem keine Form des Geistes fremd ist und kein Antrieb der Gefühle unverständlich.

---

*) Das englische Wort für »Ich« besteht nur aus diesem einen Buchstaben. Anm. d. Übers.

Vielleicht die interessanteste und sicherlich die am wenigsten ansprechende Studie des Bandes ist die über den »Stil«. Sie ist die interessanteste, denn sie ist das Werk eines Mannes, der mit einer Autorität spricht, die aus der vornehmen Gestaltung vornehmer Gedanken fließt. Sie ist die am wenigsten ansprechende, denn sie ist zu abstrakt. Ein wirklicher Künstler wie Walter Pater schafft am glücklichsten, wenn er mit konkreten Dingen zu tun hat; gerade ihre Begrenzung gibt ihm eine anmutige Freiheit, indem sie zugleich eine tiefere visionäre Einsicht bedingt. Und dennoch, welch hohes Ideal wird in diesen Seiten aufgestellt! Wie wohltätig ist es für uns, in den Zeiten der Bildungsverbreiterung und eines fingerfertigen Journalismus, an die wahre Bildung gemahnt zu werden, die unentbehrlich ist für den vollkommenen Schriftsteller, der »die Worte liebend um ihrer selbst willen, ein aufmerksamer und unablässiger Beobachter ihrer Gestalt«, alles vermeiden wird, was lediglich rhetorisch, oder selbstgefälliges Ornament, oder nachlässiger Wortmißbrauch, oder wässeriger Pleonasmus ist; der erkennbar ist durch das was er »weise verschweigt«, durch Keuschheit der Mittel, durch Auswahl und Selbstbeschränkung und vor allem durch jene bewußt künstlerische Struktur, die der Ausdruck des Geistes durch den Stil ist. Ich glaube, ich hatte Unrecht, wenn ich sagte, daß der Gegenstand zu abstrakt ist. In der Hand Walter Paters wird er sehr körperhaft, und er zeigt uns, wie hinter der Vollendung des Stiles die Leidenschaft der Seele sich bergen muß.

Der Band umfaßt weiters Essays über Wordsworth und Coleridge, über Charles Lamb und Sir Thomas Browne, über einige Stücke Shakespeares und über die englischen Könige, die er dichterisch gestaltete, über Dante Rossetti und über William Morris. So wie der Essay über Wordsworth Walter Paters letztes Werk zu sein scheint, so ist der über den Sänger der »Defence of Guenevere«*) sicherlich

*) William Morris.

sein erstes oder eines seiner ersten, und es ist nun reizvoll, die Wandlung seines Stiles zu verfolgen. Diese Wandlung erscheint auf den ersten Blick vielleicht nicht sehr wesentlich. Wir finden, daß Walter Pater im Jahre 1868 mit derselben feinfühligen Wortwahl, mit demselben absichtsvollen Wohlklang, mit demselben Temperament und mit ungefähr derselben Anordnung des Gegenstandes schrieb wie heute. Aber je weiter er fortschreitet, desto reicher und komplizierter wird die Architektur seines Stiles, desto klarer geformt und treffsicherer sein Ausdruck. Manchmal wäre man geneigt zu finden, daß hie und da ein Satz erscheint, der ein wenig zu lang geraten und der, wenn man so sagen darf, ein wenig zu wuchtig und schwerfällig ist. Aber wenn dem wirklich so ist, dann kommt dies von den Seitengängen, die sich dem Gedanken unerwartet auf seinem Wege öffnen und die zu verfolgen dem Gedanken mehr Vollendung gibt; oder von jenen glücklichen Augenblickseinfällen, die dem Hauptthema eine größere Fülle verleihen und dennoch zugleich den Reiz des Zufälligen bewahren; oder von dem Wunsche, auch die schwächeren Schattierungen der Idee nebenher darzustellen und so das Gewalttätige und Verletzende einer zu absoluten und exklusiven Meinung zu vermeiden. Denn der Gedanke wird, zumindest in Sachen der Kunst, unvermeidlich durch die Empfindung gefärbt, er ist daher viel mehr fließend als fest und verträgt, in Anbetracht seiner Abhängigkeit von Stimmungen und von der Begeisterung gesteigerter Augenblicke, nicht die Starrheit einer wissenschaftlichen Formel oder eines theologischen Dogmas. Auch das kritische Vergnügen, das es gewährt, das Fortschreiten eines Gedankens gleichsam durch die verschlungenen Windungen eines Satzes zu verfolgen, darf man nicht übersehen. Sobald wir die Absicht herausgefunden haben, gruppiert sich mit einem Schlage alles zur Klarheit und Einfachheit. Nach einiger Zeit des Lesens findet man in den langen Sätzen Walter Paters den Reiz eines wohlkomponierten Musikstückes und zugleich die Einheitlichkeit eines solchen.

Ich habe die Vermutung ausgesprochen, daß die Studie über Wordsworth die der Zeit nach letzte Arbeit ist, die dieser Band enthält. Wenn unter so vielem Guten eine Wahl möglich ist, so möchte ich sagen, daß sie auch die beste ist. Der Essay über Lamb ist eigenartig fesselnd, denn er stellt uns eine etwas düsterere, tragischere Gestalt hin als die, unter der wir uns den Verfasser der Essays des Elia*) zu denken gewohnt sind. Es ist ein interessantes Porträt, das uns hier von Lamb entworfen wird, aber er selbst würde vielleicht einige Schwierigkeit haben, sich darin zu erkennen. Er hatte zweifellos mannigfachen Kummer oder mannigfache Ursache für Kummer, aber er konnte sich in einem Augenblick über die Tragödien des wirklichen Lebens trösten, indem er eine Tragödie des großen Elisabethiners**) las, vorausgesetzt, daß sie in einer Folioausgabe enthalten war. Der Essay über Sire Thomas Browne ist ausgezeichnet und besitzt all den seltsamen, phantastischen persönlichen Zauber des Verfassers der »Religio Medici«. Walter Pater macht sich oft so den Ton, die Farbe, den Ausdruck des Künstlers oder des Kunstwerkes zu eigen, die er behandelt. Die Studie über Coleridge, mit ihrer nachdrücklichen Betonung der Notwendigkeit, den relativen, im Gegensatz zu dem absoluten Geist in der Philosophie und Ethik zu pflegen, und mit ihrer hohen Würdigung der Stellung, die Coleridge in unserer Literatur einnimmt, ist in Stil und Inhalt ein Werk von seltener Vollendung. Anmut des Ausdrucks, kunstvolle Feinheit des Gedankens und der Form kennzeichnen die

---

*) Pseudonym, unter dem Lamb seine ersten Arbeiten veröffentlichte.

**) Shakespeare. Anm. d. Übers.

Essays über Shakespeare. Aber der Essay über Wordsworth ist von eigenartiger, durchgeistigter Schönheit. Er wendet sich nicht an den gewöhnlichen Wordsworth-Enthusiasten mit seinem unkritischen Temperament, sondern vornehmlich an jene, die Gold von Messing unterscheiden und durch die Menge ermüdender und poesieloser Poesie, die Wordsworths Namen trägt und die so oft nur dazu dient, ihn uns zu verbergen, zu der wahren Kunst des Dichters vordringen wollen. Das Vorhandensein eines fremden Elements in den Dichtungen Wordsworths entgeht natürlich Walter Pater nicht. Aber er betrachtet es lediglich vom psychologischen Standpunkt und deutet darauf hin, daß dieses Steigen und Sinken des künstlerischen Vermögens den Eindruck erweckt, seine Dichtungen seien »das Produkt einer nicht ganz ihm gehörigen oder seinem Willen nicht ganz gehorchenden Kraft«; einer Kraft, die komme und gehe, wie es ihr gefalle, »so daß die uralte Vorstellung, die in der Kunst des Dichters eine Ekstase, eine Art göttlicher Besessenheit erblickte, durch ihn fast bewahrheitet wird«.

Walter Paters frühere Essays hatten ihre purpurei panni, die sich vorzüglich zum Zitieren eigneten, wie z. B. die berühmte Stelle über die Mona Lisa, oder jene, wo die eigenartige Auffassung Botticellis von der heiligen Jungfrau so eigenartig erläutert wird. In dem vorliegenden Bande ist es schwer, einen Satz herauszugreifen, der mehr als andere bezeichnend für des Autors Behandlung des Gegenstandes wäre. Das Folgende jedoch verdient ausführlich zitiert zu werden. Es enthält eine für unsere Zeit besonders nützliche Wahrheit:

»Daß das Ziel des Lebens nicht Handlung, sondern Betrachtung — als eine von der Tätigkeit verschiedene Verfassung des Geistes — ist, das ist in dieser oder jener Gestalt das Prinzip jeder höheren Moral. In der Poesie und in der Kunst findet man, wenn man nur in ihren wahren Geist eindringt, dieses Prinzip bis zu einem gewissen Grade; schon durch ihre Unfruchtbarkeit sind sie der Prototyp des Betrachtens um der bloßen Freude des Betrachtens willen. Das Leben im Geiste der Kunst behandeln, heißt, es zu einem Gegenstande machen, worin Zweck und Mittel identisch sind; eine solche Behandlung des Lebens zu fördern ist die wahre Bedeutung der Kunst und Poesie. Wordsworth und die Dichter der alten und neuen Zeit, die ihm glichen, sind die Meister, die Vorbilder in dieser Kunst gesteigerter Betrachtung. Ihre Absicht ist nicht, uns Lehren zu geben oder uns Regeln aufzuzwingen oder auch nur uns zur Edelmütigkeit anzuregen, sondern: die Gedanken für eine Weile von dem Mechanismus des Lebens abzuziehen und sie, in Begleitung angemessener Empfindungen, auf das Schauspiel jener großen Tatsachen im menschlichen Dasein zu lenken, die durch keinen Mechanismus verändert werden; auf ‚die großen und allgemeinen Leidenschaften der Menschen, auf ihre häufigsten und interessantesten Beschäftigungen und auf die Gesamtheit der Bildungen in der Natur‘ — auf ‚die Tätigkeit der Elemente und die Erscheinungen des sichtbaren Weltalls, auf Sturm und Sonnenschein, auf den Wechsel der Jahreszeiten, auf Hitze und Kälte, auf den Verlust von Freunden und Verwandten, auf Dankbarkeit und Hoffnung, auf Furcht und Trauer‘. Dieses Schauspiel unter angemessenen Empfindungen mitanzusehen, ist das Ziel aller Kultur; und für diese Empfindungen ist Poesie gleich der Wordsworths in hohem Grade Erweckerin und Mehrerin. Er sieht die Natur voll von Gefühl und Leidenschaft; er sieht die Menschen als Teile der Natur, leidenschafterfüllt, tiefbewegt, in seltsamer Gruppierung und Verbindung mit der Größe und Schönheit der Welt: Bilder, nach seinen eigenen Worten, ‚des Menschen, der inmitten furchtbarer Formen und Kräfte leidet‘.«

Das innerste Geheimnis der Kunst Wordsworths ist nie besser ausgedrückt worden. Nachdem man Walter Paters Essay gelesen und nochmals gelesen hat man mit einem neuen Gefühl der Freude und der Verwunderung, mit einer Art begieriger und erregter Erwartung zu des Dichters Werken zurück. Und diese Wirkung darf vielleicht als Prüfstein für die höchste Art der Kritik angesehen werden.

Endlich können wir nicht umhin, den feinen Instinkt zu bewundern, aus dem heraus der kurze Epilog geschrieben ist, womit dieser genußreiche Band schließt. Der Unterschied zwischen dem klassischen und dem romantischen Geist in der Kunst ist oft und mit viel überflüssiger Emphasis auseinandergesetzt werden. Aber mit welcher sicheren Leichtigkeit rührt Walter Pater daran, wie fein und treffend sind seine Unterscheidungen! Wenn dichterische Prosa wirklich die besondere Kunst dieses Jahrhunderts ist, dann gehört Walter Pater zu seinen charakteristischesten Künstlern. In gewissen Dingen steht er beinahe allein. Die Zeit hat wundervolle Prosastile hervorgebracht, voll stürmischer Individualität und heißatmiger Rhetorik. Aber bei Walter Pater finden wir, wie bei Kardinal Newman, die Vereinigung von Persönlichkeit und Vollkommenheit. Er hat keinen Rivalen auf seinem Gebiete, und er ist dem Schicksal entgangen, Schule zu machen. Und das nicht, weil er nicht nachgeahmt wurde, sondern weil in so vollendeter Kunst wie der seinigen etwas liegt, was unnachahmlich ist.

Die Hinrichtung der Sinne.*)

Wer im Walde ist, gewinnt nur schwer eine Vorstellung vom Walde; er sieht ihn vor lauter Bäumen nicht. Wenn es uns aber hie und da gelingt, einen möglichst fremden, einen sozusagen außerirdischen Blick auf das uns umschlingende und von uns

*) Eine Auffassung, die sich in vielen, nicht in allen Zügen mit der des Herausgebers deckt.

umschlungene Leben zu werfen (eine Fähigkeit, die in den großen russischen Romanschriftstellern Genie geworden ist), dann sehen wir jedesmal ein bizarres System von Absurdidäten, einen — sit venia verbo — Organismus des Unsinns. Wir sehen z. B., daß der Mensch, nachdem er eine ungeheure Epoche hindurch all seine Fähigkeit, all seine Energie dazu verwendet hat, die Macht der ungebändigten Natur über ihn zu brechen und dieser Macht gegenüber eine stolze Freiheit aufzurichten, daß der Mensch am Ende dieser Epoche in eine absolute, alle bisherigen Arten von Sklaverei weit überbietende Abhängigkeit von jenen Mitteln versunken ist, mit denen er die Natur besiegte. Wir sehen den Menschen als Hörigen von Techniken und Maschinen. Wir sehen, daß die Sinne, nachdem sie die längste Zeit bloß Schutzwaffe gegen die feindliche Natur gewesen, nur die kürzeste Zeit das sind, was sie nach dem Sieg über die Natur sein sollten — Organe des Genusses, Vermittler freigewählter, angenehmer, köstlicher Eindrücke —, daß sie vielmehr immer fast alsogleich nach ihrer Befreiung aus dem Frohndienst des Wachestehens im Lebenskampfe als Vermittler wüster Betäubungen mißbraucht werden. Wir sehen den Menschen als Hörigen von Narkotiken. Und wir sehen, daß der Mensch, nachdem er die Natur besiegt hat, von einem seltsamen Heimweh nach der Strenge ihrer einstigen Herrschaft ergriffen wird, daß er aus der Natur, dem einstigen Feinde, einen heiligen, fast göttlichen Begriff, einen ideellen, als Ziel an den Endpunkt aller Entwicklung projizierten Fetisch gemacht hat. Wir sehen den Menschen als Hörigen einer mystischen und perversen Naturvorstellung . . .

•

Das Kennzeichen abgestumpfter Sinne ist es, daß sie apathisch und reizhungrig zugleich sind: Sie sind fähig, das Lauteste und Grellste gewissermaßen ohne Notiznahme passieren zu lassen, und vermögen gleichzeitig, das Überlaute und Übergrelle als stärksten Reiz zu goutieren. Wir haben unsere Sinne nicht, um Wahrnehmenswertes aufzusaugen, um uns mit allem Kostbaren der Welt zu bereichern, sondern um sie der ins Maßlose steigenden Flut unerwünschter Eindrücke gegenüber auszuschalten oder durch sie hindurch unser erschöpftes Nervensystem aufzupeitschen. Unsere Sinne sind in ästhetischer Hinsicht nicht mehr Sinne, sondern lediglich Instrumente der Narkotisierung. Leise und unauffällige

Dinge — und alles Wertvolle ist leise und unauffällig — gehen uns daher überhaupt verloren.

Man liest manchmal von einer eigentümlichen Folter, die in China an besonders ruchlosen Verbrechern vollstreckt wird und darin besteht, den Delinquenten durch permanentes, durchdringendes Geräusch solange am Einschlafen zu verhindern, bis er wahnsinnig wird oder vor Erschöpfung stirbt. Dies beweist jedenfalls, daß China ein Kulturland ist; denn bei uns gibt es nicht nur bereits eine erkleckliche Anzahl von Büffeln, die selbst den ärgsten Donnerlärm mühelos überhören und diese Folter als wirkungslos verachten könnten, bei uns sind auch jene, die so gerne und so beweglich über die Unerträglichkeit des steigenden Lärms in den größeren Städten klagen, abgefeimt genug, um unter etwas modifizierten Umständen permanentes, durchdringendes Geräusch — eine Symphonie von Richard Strauß z. B. — als wollüstigen Nervenkitzel zu empfinden. (In der neuesten, elementarisch und malerisch sich geberdenden Musik, die der vollgiltige Beweis dafür ist, daß unsere Ohren schon zur Hälfte totgehetzt sind, spielt übrigens der Schopenhauer'sche Aberglaube eine große Rolle, daß die Musik der »Natur« besonders nahestehe, ja geradezu die Sprache des »Dings an sich« sei. Der Komponist ist dann natürlich nichts Geringeres als das Sprachrohr Gottes. Wagner, der nicht nur ein großer Künstler, sondern auch der Vater des musikalischen Modernismus war, wurde bekanntlich von keinem der grandios-irrtümlichen Lehrsätze Schopenhauers mehr fasziniert als von diesem. Aber die polyphone Musik, und gar die moderne, tonmalerische, ist — wie ich nächstens ausführlich zu erweisen gedenke — als die jüngste aller Künste und als Endergebnis eines ungemein komplizierten Systems von Konventionen viel weiter von aller primitiven Realität und vom Wesen der Dinge entfernt als alle andern Künste, viel weiter sogar als das begriffliche Denken!)

•

Es hält sich mancher für einen Gourmet, der nur mehr asa foetida schmeckt. Und gerade diejenigen, die am meisten gegen den zunehmenden Reklameunfug und die epidemische Plakatierungswut wettern, finden Gefallen an einer Richtung der bildenden Künste, die nur unter dem Einfluße des Plakatstils sich entfalten konnte. Die Leute, denen solche Plakate auf die Nerven gehen, die wenigstens nur Plakate sein wollen, zeigen sich gewöhnlich sofort mit dem ganzen Reklamewesen versöhnt, wenn sie auf ein sogenanntes »künstlerisches Plakat« treffen. Ich bin aber sehr dazu geneigt, die künstlerischen Plakate für weit verderblicher und unheilvoller zu halten als die unkünstlerischen. Denn die bildenden Künste, die in besseren Zeiten höfisch oder kirchlich waren, d. h. dem Schönheitsbedürfnis vornehmer und geschmackvoller oder auch nur schwärmerischer und weltentrückter Menschen dienten, diese Künste werden jetzt allgemach Industriell, d. h. sie werden vom Reklamebedürfnis der Fabrikanten usurpiert. Die bildenden Künstler, deren es heute vielzuviele gibt und die alle leben wollen, verdienen rascher und besser durch den Entwurf von Reklamemitteln, als durch die Schöpfung ausgereifter Kunstwerke. Der Industriebaron zahlt heute besser und leichter als Hof, Kirche, Adel und Kunsthändler. Die Maler zeichnen daher Plakate, Annoncenbilder und Ansichtskarten, die Bildhauer modellieren Reklamestatuetten und die Architekten machen Schaufenster und Geschäftsfassaden. Darüber aber helfen alle demokratischen Phrasen der Welt nicht hinweg, daß eine Kunst, die Macht, Ruhm und aristokratische Tradition oder vorbildliche Lebensführung, Heiligkeit und religiöse Symbolik verherrlicht, wesensverschieden ist von einer »Kunst«, die Humbugin und Schwindelol verkaufen hilft. Die Usurpation der Kunst durch die Industrie kann kein anderes Resultat zeitigen, als die schließliche absolute Vorherrschaft des Schreienden und Auffälligen über das Schlichte und Anmutige, des Flüchtigen und Aktuellen über das Reife und Zeitlos-Schöne. Diese Usurpation bedeutet den Verfall jeder wahrhaft künstlerischen Tradition. Der Weg vom dekorativen Bilde über das »künstlerische« Plakat führt zur nackten Marktschreierei; darüber ist kein Zweifel. Und der Künstler, den die leidige Not des Lebens zwingt, dem Seifen- und Margarinfabrikanten seine Ware verkaufen zu helfen, der hilft auch zugleich — unbewußt und ungewollt, als Opfer des »industrielle Demokratie« genannten circulus vitiosus — den Untergang der Kunst beschleunigen. Wir leben nämlich alle in einem faktischen circulus vitiosus und jedermann führt heute seinen eigenen Beruf, seinen Willen und sein Talent ad absurdum. In »freier Konkurrenz« bringt der Künstler die Kunst, der Fabrikant die Industrie, der Händler den Handel, der Politiker die Staatskunst um. Gedeihlich ist dieses System nur den »Unfreien«: den Arbeitern, den Dienern, den Beamten. Deshalb tendiert der Künstler von heute zum Industriebeamten.

Ich will hier meine Überzeugung nicht verhehlen, daß auch in der ernsten, unabhängigen Kunst unserer Zeit Anzeichen eines allgemeinen Geschmacksniederganges sich bemerkbar machen, daß insbesondere der »Impressionismus« in der Malerei und Bildhauerei bereits ein Zeichen der Überreizung und Erschöpfung des künstlerischen Auges ist. Man bedenke, daß der bildende Künstler von heute mit dem Momentphotographen und Kinematographen konkurrieren muß! Und was bedeutet eigentlich der berühmte Grundsatz l'art pour l'art anderes, als: die Kunst möge nicht mehr eine willkommene, aber entbehrliche Verzierung und Erhöhung des Lebens, sondern ein vom Leben abgetrenntes, den Neurotikern unentbehrliches Opiat sein . . .

•

Sollte es übrigens ein Zufall sein — ich glaube nicht gern an solche Zufälle —, daß in einem System der allgemeinen Überspannung und Überreizung, daß im Zeitalter der Sinnen-, Nerven- und Gemütsdyspepsie auch die eigentliche Dyspepsie, die Erschöpfung des Magens, ein allgemeiner Übelstand ist? Jedenfalls wird unser physischer Geschmack nicht am wenigsten unter allen Sinnen mißhandelt. Je schwerer durch die allgemeine Überproduktion die Familiengründung, das Heimleben wird, desto ausgedehnter wird das Gasthausleben, desto wichtiger wird als Zeitproblem die Gasthausküche, deren Charakteristikum das Verbergen der schlechten Qualität der Speisen durch übermäßige Würzung ist. Und man muß sich auch fragen, ob es die Vermögenden, die eine Küche nach eigenem Geschmack führen, besser machen? Ob nicht auch in diesem Falle — ohne äußere Nötigung — die Überwürzung (der haut-gout) dominiert? Und ob dieses Übel hier nicht noch durch übermäßige Quantitäten und durch zuviel Abwechslung der Gerichte, durch das Aufsuchen der möglichst starken Kontraste verschärft wird? Tatsächlich sind die Tafelfreuden von heute, die jedes Fest, die sogar wissenschaftliche Kongresse und künstlerische Veranstaltungen einleiten, begleiten und beschließen, dieses Zuviel an allzu künstlichen Speisen und starken Getränken, nichts als eine Hinrichtung des Geschmacks. Und des Körpers und der Seele!

•

Was wird nun die notwendige Folge einer solchen Gesamtabstumpfung aller Sinne sein? Eine rasche Zunahme des allge-

nach dem in jeder Hinsicht Überwürzten. Dies wird für die Lebensführung, für die Kunst und sogar für die Wissenschaft gelten. Überall wird der blasierte Geschmack das Aufreizende, das Outrierte bevorzugen: gaumenstachelnde Speisen; raschbetäubende Getränke; nervenpeitschende Musik; aufregende Lektüre; das Exotische und Halbpathologische in der bildenden Kunst; gefahrvollen und erschöpfenden Sport (Hochtouristik, Automobilismus); extreme und paradoxe Lebensanschauungen; Zirkus und Varieté; raschwirkende Pseudokuren (Mißbrauch des kalten Wassers)*) und erotische Exzentrizitäten. In physiologischer Formel: Die Nervosität wird zur Neurasthenie, die Neurasthenie zur Neurose.

*

Ich habe bereits angedeutet, daß auch ein gut Teil der heutigen Naturschwärmerei — die in der Art, in der wir sie treiben, weder im Altertum noch im Orient anzutreffen ist und, mehr als wir vermuten, eine spezifisch moderne Errungenschaft ist — in der Neurasthenie des modernen Menschen begründet ist. Griechenland, Rom und das kultivierte Morgenland faßten die Natur nicht, wie wir, als Gegensatz des Menschentums auf, ihre Naturliebe war nicht eine Abkehr vom Alltagsleben, sondern gleichwie ihre Kunst eine Verbreiterung und Erhöhung des Alltagslebens. In der ruhigen, schönlinigen, farbensatten Landschaft sahen sie einen würdigen Rahmen für ihre Lebensführung, für ihre Feste und Schauspiele und für ihre Kunst, für das Leben mit einem Worte. Ihnen war die Natur nicht »das Leben selbst«, wie sie es uns sein muß, da wir unsere Lebensführung als sinnlos und unfruchtbar empfinden. Und für das Häßlich-Schöne der Landschaft, für das Pittoreske, Unruhige, Romantische, Labyrinthische, für die »Poesie der Alpen« beispielsweise hatten die Alten überhaupt keine apperzipierenden Organe. Die Schönheit einer Berg- und Klüftelandschaft haben erst wir entdeckt, erst in uns ist genug Unruhe, Abenteuersucht und Labyrinthisches, um es außer uns als schaurigschönes Abbild unseres Gemütes zu empfinden. Wir sind zerklüftete Menschen — wie sollte das Zerklüftete nicht zu uns sprechen?

Karl Hauer.

---

*) Als ob ein durch jahrelanges Mißleben zugrundegerichtetes Nervensystem in 14 Tagen oder drei Wochen wieder hergerichtet werden könnte! Dies ist ein charakteristischer Aberglaube unserer Zeit.

Anm. d. Verf.

Hans Zwiesel.

Hans Zwiesel, der letzte vom Zwieselgelichter,
Hat einen Kopf und tausend Gesichter.
Und tausend Sinne und tausend Tücken;
Kann Vieh bezaubern und Jungfern berücken;
Macht Spröde zu Werbern, weiß Buhlen zu meistern
Und kann euch die Sterne vom Himmel geistern
Mit Wünschelsprüchen und Lästersingen.
Und kann in verschwiegene Zukunft dringen;
Weiß heimlich Geschick aus der Hand zu lesen
Und ist schon einmal auf der Welt gewesen.
Vor grauer Zeit und in seltenen Landen,
Noch lange eh' sie den Galgen erfanden.

So einer Hans Zwiesel. — Nun hat sich's gefügt,
Daß einst Junker Zittrig im Grase liegt.
(Der von den Zittrig, die sich in Züchten
Vermehren und ihre Mahlzeit verrichten.
Desweitern ward nichts von ihnen vernommen.)
Dort, wo die Mägde vorüberkommen,
Die Morgens die heilsame Messe gehört,
Liegt Junker Zittrig vom Weine betört.
Und wie ihn die mählichen Träume umfangen,
Kommt Meister Zwiesel die Straße gegangen.

Hans Zwiesel, dem Schlauen, der zweimal geboren,
Dem sitzen die Ränke feist hinter den Ohren.
— »He, Junker, das heiß' ich die Frühe genießen.
Man hört wohl dort unten die Gräser sprießen
Und merkt was von Heupferd- und Grillengeflunker.
— Ich hab' eins zum Saufen! —«

Da regt sich der Junker.
»Um Gott, Meister Zwiesel, das langt für uns beide.
Wie ist mir mein ganzes Leben zu Leide. —«

Hans Zwiesel drauf: »Junker, ich sollte schier meinen,
Ihr habt was Apartes in Sitten und Beinen.
Doch was in der Flasche hier aufgespart,
Ist auch so ein Trank von erlesener Art. —«

»— Um Gott, Meister Zwiesel —«

»— Ein Schicksalszwinger,
Ein Elixier, ein Sauf-dich-jünger.
Kurz: Lass' ich euch recht in die Flasche blicken,
So fallen euch Sorgen und Jahre vom Rücken.«
Und reicht ihm das Tränklein.

Der aber verkostet,
Als wär' ihm seit Wochen die Kehle gerostet.
Hat Kummer und Zeit und sich selbst vergessen,
Weil tief in der Flasche ein Zauber gesessen.
Und blicket mit blödem Aug in die Runde
Und lallt wie ein Kindlein mit lechzendem Munde
Und saugt an der Flasche mit stetem Verlangen. —

Da kommen sie aus der Kirche gegangen
Und schreiten schwatzend in lenzlicher Kühle,
Die Mägde, die sittig im braunen Gestühle
Des Pfaffen singende Tröstung erlauscht,
Derweil sich der Junker am Zauber berauscht'.

Hans Zwiesel sieht in das bunte Gedränge
Und blicket auf eine, die abseits der Menge
Einsam und stolz ihres Weges schreitet.
Das Auge streng. Kein Lächeln entgleitet
Der Lippe, die stets nur Gebete gesprochen,
Seit Jungfrau Aurelia vor wenigen Wochen
Bei Sturmesnot in die Stadt gekommen.
Der Schönsten eine. Die frömmste der Frommen.
Ihr Antlitz gleichet der blassen Kamee.
Rotgolden das Haar. Wie schimmernder Schnee
Des Nackens Fülle. Die schlanke Hand
Ist stille Verheißung. — Ein schwarzes Band
Umschmieget des Halses zärtliche Ründung. —

Der Junker saugt an der Flasche Mündung.
Da neigt sich Hans Zwiesel und ruft ihm ins Ohr:
»Mein Kleiner, mein Liebster! He, sieh dich vor!
Ich will dir ersprießliche Märe sagen.
Du bist nun ein Büblein von vierzehn Tagen.

Hast Jahre und Not und was sonst dich getroffen
Mit meinem Zauber zu Schanden gesoffen.
Jetzt heißt es mit Lachen von vorne beginnen. —
Und weiter will ich die Märe spinnen,
Und weiß eine Wartfrau, die dir zu Gebote.
Mach hurtig, Junge, und hol' dir die Rote.
Sie mag dir zu Schlummer und Atzung taugen.«

Es blicket Aurelia mit seltsamen Augen
Auf Hans, auf den Junker und wieder auf jenen.
Voll Haß. Und erbebet in ängstlichem Wähnen.

Da düstert der Himmel und Nebel steigen
Und Wolken jagen in grausigem Reigen.
Jetzt hebt sich ein Schauer und streicht übers Land.
Jetzt tönt es wie Klage — — —

Es harren gebannt
Die Mägde im Kreise an selbiger Stelle,
Da Junker Zittrig mit stürmender Schnelle
Vom Boden springt, an die Jungfer empor,
Die er sich jauchzend zur Wartfrau erkor.
— Hans Zwiesel aber steht stumm und erblaßt.
Der Junker die Rote ums Mieder faßt
Und nestelt mit läppischer, tastender Hand
An Haken, Brusttuch und Seidenband.

Und die in der Runde mit staunendem Grauen
Aureliens nackenden Busen schauen.
D'ran sauget der Junker mit kindischer Gier
Das Labetränklein, das Elixier.
Und hält sie umfangen in dürstendem Kuß,
Bis daß ihm der schäumende Überfluß
In hellem Strom aus dem Maule dringt,
Und bis er keuchend zu Boden sinkt.

Da weichet der Bann und die Mägde besinnen
Sich jählings und eilen mit Kreischen von hinnen.
»Hilf, Jesus! Sieh unser Zagen und Bangen,
Aurelia hat heimlich vom Teufel empfangen
Und nähret zur Stunde in sträflicher Lust

Den Junker Zittrig an ihrer Brust.
Die Rote ist es. Die Schlanke, die Dreiste,
Die also besessen vom höllischen Geiste.
Herr Jesus, erhör' uns und richte die eine
Und hüte unseres Herzens Reine.«

Dort, wo der Junker zu Boden gesunken,
Steht Jungfrau Aurelia, die tränentrunken
Die labespendenden Blößen deckt.
Dann fragt sie leise und schämig verschreckt:
»Nun sage mir, Hans, wie mochtest du's wissen?«
Drauf jener: »Ich hab' um dich leiden müssen.
Doch als du dich lachend dem andern verbuhlet,
Ward ich in schelmischen Künsten geschulet;
Schnurrpfiff ins Blaue die Wünsche und Lieder.
Ließ ab von der Freite.

Nun kehr' ich dir wieder.
Und gabst du verstohlen von deinen Schätzen,
Belehr' ich die Menge nach meinem Ergetzen.
Ich hab' einen Giftmolch und dreizehn Karnickel.
Ich halte zur Nacht eine Kröte am Wickel,
Die schwammig und fahl. Doch sie kündet zu Zeiten
Mir wunderbare Begebenheiten.
Und also erlausch' ich in Staunen und Sorgen,
Was jegliche Magd unterm Mieder verborgen. — —
Hans Zwiesel kann rächen, doch niemals bitten. —«

Und er wandert weiter mit tönenden Schritten.

Wien. Alfred Grünewald.

Burgtheater.

Das Niveau der Burgtheaterbühne ist in der Forumszene von »Julius Cäsar« jetzt tiefer gelegt. Viel tiefer als früher. Früher spielte Herr Robert den Mark Anton, jetzt spielt ihn Herr Kainz. Kein Rezensent gedenkt des Toten, jeder sieht den Lebenden so hoch emporragen, weil das Niveau der Burgtheaterbühne jetzt um so viel tiefer gelegt ist. Die konventionelle Auffassung der Forumszene ist einer realistischen gewichen. Herr Robert trat auf, und das Volk von Rom lauschte. Die Worte »Mitbürger, Freunde, Römer, hört mich an!« gehörten schon zur Rede. Herr Kainz muß sich erst bei der unruhigen Menge Gehör schaffen: »Mit-bür-ger, Freun-de, Röö-määr, hört mich aaan!« Endlich tritt Ruhe ein. Den Stimmitteln des Herrn Kainz ist es gelungen, sie sich zu verschaffen. Man wird es schon spüren, daß er reden kann. Bei Herrn Robert spürten sie die Persönlichkeit und kuschten. Das war kein Heldenstück der Komparserie, aber für Reinhardtsche Effekte war damals der Boden noch nicht vorbereitet, das Niveau noch nicht tief genug. Das allgemeine Stimmrecht der Kunst war nicht eingeführt, und es gab noch Privilegien der Persönlichkeit. Die Persönlichkeit jenes Stils, der aus dem Mangel an Persönlichkeit geschaffen wurde, ist Herr Kainz. Vielen gilt er für einen zweiten Mitterwurzer. Aber aus Mitterwurzers Augen schlugen Blitze, wenn die Donner seiner Stimme schmetterten. Viele wollen bemerkt haben, wie Herr Kainz, der unbeseelte Tonfallkletterer, den Mark Anton »charakterisierte«. Er habe ihn als Lebemann aufgefaßt. Ob aber die Maske eines alternden Lustknaben solcher Absicht näher kommt, als der typische Römerkopf, den jeder Athlet eines mittleren deutschen Residenztheaters der Figur aufsetzt, muß im Zweifel bleiben, und die Weisung Cäsars an diesen verrunzelten Mark Antinous, nur wohlbeleibte Männer um ihn sein zu lassen, wirkt als persönliche Bosheit. Auch glaube ich nicht, daß Cleopatra den Herrn länger als unbedingt nötig in Ägypten aufgehalten hätte . . . Aber soll die ganze tragische Kunst des Burgtheaters wirklich in den rednerischen Fontänen zerstieben, die der Leidenschaft eines Kehlkopfs entsprungen sind? Wird man hier nie wieder Urtöne, wie sie heute noch ein Matkowsky aus seiner Brust holt, hören dürfen? Einem Burgtheater ohne Makbeth und Othello hat die Sperrstunde geschlagen. Einem, dem selbst ein Partner für die mustergiltige Korrektheit der Frau Bleibtreu fehlt. Herr Reimers wird neuestens aus seiner dekorativen Tüchtigkeit, die für Herolde und ähnliche unbewegte Begleiter einer Staatsaktion langt, in eine gefahrvolle Natürlichkeit gelockt. Aber es ist noch nicht viel gewonnen, wenn Herr Reimers zu deklamieren aufhört. Brutus, Tell und Götz kommt man mit Unterlassungen nicht bei. Hier also wächst kein Baumeister. Und der elegante Devrient reckt sich vergebens zu einem Cäsar, Alba und Gabillon empor; hier wird Schärfe schartig, aber nicht hart. Es ist ein untrügliches Zeichen der Persönlichkeit auf der Bühne, daß sie altern kann. Daß sie in sich selbst eine Fortsetzung findet, ohne daß der Natur eins angestückelt werden muß. Je stärker die Persönlichkeit, desto später altert sie, aber dann desto müheloser. Herr Hartmann ist einer jener, die Anschluß an sich selbst haben. Heute, da er sich schon zum Falstaff zu runden beginnt, wäre er noch ein Königssohn, der mit leichter Grazie dort Entzücken verbreitet, wo Herr Kainz mit seiner tüpfelnden Humorlosigkeit die ganze Figur in der steifleinenen Vermummung der einen Szene spielt. Herr Hartmann hat im »Julius Cäsar« die kleine Rolle des Casca. Wenn das Burgtheater heute in großen Dingen sichs am Wollen genügen läßt, so bleibt es doch darin seiner Tradition treu, daß es hie und da eine kleine Sache in die Hände eines ganzen Meisters legt. Schließlich, wenn Herr Hartmann uns malt, wie Cäsar dreimal die Krone zurückschob und wie das Volk vor Begeisterung

»eine solche Last stinkenden Atems von sich gab, daß er fast daran erstickt wäre«, so gibt uns das die Welt, in der das Drama spielt, anschaulicher als der ganze Aufwand von Stimme und Ausstattung, der im neuesten Burgtheater vertan wird. Es schicke die Pferde wieder in den Stall und hole die Reiter. Wozu der Lärm? Wo so viel Leben ist, muß ein Toter im Haus sein. Das Niveau ist tiefer gelegt und man sieht den Leichnam der Burgtheaterkunst über die Szene tragen, wenn solch ein Mark Anton seine spekulative Lungenkraft betätigt. Nicht dreiundzwanzig Dolche warfen so den Cäsar nieder, wie die Totenklage des Herrn Kainz: da brach sein großes Herz. Wozu der Lärm einer Forumszene, den die Stimmkraft der Wagenrufer nach Schluß der Vorstellung ja doch beschämt! Und wenn draußen der gewaltige Ruf »Aus is« ertönt, so klingt echte Empfindung mit. Denn er bedeutet längst nicht nur den Schluß der Vorstellung, sondern auch das Ende der Burgtheaterherrlichkeit.

Karl Kraus.

* * *

Ich muß eine Schauspielerin nicht auf der Bühne gesehen haben, um zu wissen, ob sie eine Schauspielerin ist. Um aber zu wissen, daß sie keine ist, muß ich sie überhaupt nicht gesehen haben. Es genügt mir, wenn ein Kulissenplauderer einen Witz kolportiert, den sie gemacht hat. Eine Burgtheaterdame wird in einem Brief mit Bomben bedroht, wenn sie an einem Vortragsabend mitwirke. Aber sie macht sich nichts daraus und sagt nicht ab. Das ist verdächtig. »Haben Sie nicht zufällig eine Bombe bei sich?« fragt sie die Komiteemitglieder. Das ist noch bedenklicher. Jetzt muß der Witz vom »Bombenerfolg« kommen, aber glücklicherweise macht ihn der Kulissenplauderer. Die Dame macht einen andern: »Es liegt sicher ein Mißverständnis vor. Die Gäste waren nämlich — geladen! Aber nicht auf mich«. Wenn nicht auch dieser Witz vom Kulissenplauderer herrührt, kann ich der Schauspielerin kein günstiges Prognostikon für die Darstellung der Medea stellen. Ich bin davon überzeugt, daß die Wolter einen Drohbrief mit einer Absage, aber nicht mit einem Witz beantwortet hätte. Die Quellen, aus denen tragisches Empfinden strömt, stelle ich mir reiner vor, und ich würde als Regisseur unverzüglich eine Schauspielerin von der Probe schicken, die sich derart benimmt. Ich würde freilich auch nicht dulden, daß sich als guten Geist des Burgtheaters heute der Geist jener Frau Kory Towska empfiehlt, die als Gattin des Direktionssekretärs es sich erlaubt, die Jubiläumswitze beizusteuern. Wenn der Frau alle Berufe offenstehen sollen, ein nicht auszudenkendes Gräuel ist es, daß sie Epigrammatikerin werden kann.

* * *

Wenn die Erinnerung an alles, was wir so zwischen der Amerikareise des Wiener Männergesangvereins, den Jubiläen der »Lustigen Witwe« und den Blattern erlebt haben, uns kolikartig packt, wenn sich in Fieberträumen das Gemisch von Ordinärheit und Klebrigkeit, das den Inbegriff des neuwiener Geisteslebens bildet, zu Visionen gestaltet, dann, lieber Leser, dann erreicht die Ekelhaftigkeit noch lange nicht jenen Eindruck von schlichter Größe, der in einer kleinen Reklamenotiz, die neulich durch die Blätter ging, mit ein paar Federstrichen bewirkt ist. Sie lautet wörtlich:

»(O. St . . . . und L. J . . . .), der beliebte Komponist und der bewährte Librettist der Operette ‚Walzertraum', haben das Eisenbach-Budapester-Varieté mit ihrem Besuch beehrt. Hat schon die ganze Vorstellung sie in die heiterste Stimmung versetzt, so war es zum Schluß noch die parodistische Posse ‚Walzer's Traum', bei der sie nicht aus dem Lachen kamen und ihren Beifall durch lebhaften Applaus dokumentierten. Nach der Vorstellung sprach Herr St. längere Zeit mit dem Wirtschaftsdirektor Herrn Karl Witzmann, dem er seine vollste Anerkennung für das überaus gelungene Werk aussprach. Natürlich bildete nebst dem brillanten Programm die Anwesenheit der beiden Herren das allgemeine Gesprächsthema, und ein Neugieriger, der ganz in der Nähe stand, hörte sogar, wie Herr St. zum Abschied Herrn Witzmann sagte: ‚Es war sehr schön, es hat mich sehr gefreut.'«

Im Staatsleben parieren wir Magistratsdienern, Tramwaykondukteuren und Hausmeistern. Suchen wir den Weg geistiger Befreiung, so zwingen uns die Reporter und Librettisten auf die Knie. Wer von Gottes Gnaden Redakteur des ‚Neuen Wiener Journals' ist, kann mit uns machen, was er will. Elastischen Schrittes betritt er ein Varieté, wo die Untertanen zittern, wiewohl sie eigentlich mehr Humor haben, als im Libretto des »Walzertraums« enthalten ist. Keiner wagt es, aufzumucken. Nur ich mache mich seit so vielen Jahren der Ehrfurchtverletzung schuldig.

* *

Wiener Distanzen: Pobjedonoszew und der Volkssänger Kwapil. Begas und Hannibal. Der Humorist Lichtenberg. — Aus einem Gespräch mit Dr. Lueger: »Lohnfuhrwerkstaxe ... Gehaltsforderungen der Beamten ... ‚Und Sie wollen nicht Minister werden?‘ ‚Nein, ich will nicht Minister werden, und das ist vielleicht gut, wenn ich in meinem Klub sagen kann: Wenn ich nicht Minister bin, könnt ihr auch warten! Die größten Werke sind geschaffen worden ohne materiellen Hintergrund. Die größten Künstler haben verhältnismäßig geringe Einkünfte gehabt.‘ Es wurde hiebei an Rafael erinnert.«

* * *

Es brennt. Im Gebäude des Landesverteidigungsministeriums. Im Bericht liest man achtundzwanzig Namen. Opfer an Menschenleben? Schwerverletzte? Gerettete? Nein, mehr als das. Sie wurden u. a. gesehen, wie sie den Brand gesehen haben. Sie taten mehr als die Mönche, die »bei der Hand waren«, als ein anderes öffentliches Haus in Brand geriet. Die Tätigkeit der Feuerwehr ist bei einem Feuer gewiß nicht zu unterschätzen, aber jene beobachteten persönlich in opfermutiger Weise die Bemühungen der Feuerwehr. »Auf dem Brandplatz hatten sich eingefunden«, »den Brand besichtigten«, »außer den Genannten waren u. a. anwesend«. Und dann der Doktor Charas. Niemand wird vermißt. Das Sprungtuch der Reklame war ausgebreitet. Alles gerettet.

* * *

Der Strindberg-Übersetzer, Herr Emil Schering, ersucht mich bekanntzugeben, daß das ‚Neue Wiener Journal‘ eine Infamie begangen habe, als es aus der Schrift »August Strindberg. Eine pathologische Studie von S. Rahmer« [‚Grenzfragen der Literatur und Medizin‘, München, bei Ernst Reinhardt] einen seiner beliebten Auszüge machte. »Sie ersehen aus der beiliegenden Arbeit, daß Rahmer auf S. 34 u. S. 35 ausdrücklich von Strindbergs Gesundung spricht. Ihr Wiener Skandalblatt unterschlägt dies, fälscht also«. Es handelt sich um eine jener überflüssigen Pathologisierungen, die bloß Wasser auf die Mühlen des gesunden Flachsinns und noch mehr Wasser in die Köpfe jenes Intelligenzpöbels treiben, dem jedes Lumen zum Irrlicht wird und der uns mit seinen ewigen Versicherungen, daß er bis dorthin »noch mitgeht«, bis wohin der Künstler seine Begleitung nie erbeten hat, zur Genüge langweilt.

Die Wissenschaft sollte in der Freiheit über dem Leben die Bescheidenheit vor der Kunst erlernen. Es ist ja recht gnädig, daß der Verfasser einer »pathologischen Studie« über Strindberg zugibt, »die Psychose sei überstanden und der Autor im Vollbesitz seiner seelischen und geistigen Kräfte« und »das hohe Wollen und die ethische Kraft des Dichters seien sicher von seiner Psychose unbeeinflußt geblieben«. Aber eine Publizistik, die den Bedürfnissen des Normalidioten dient, unterschlägt solche Zugeständnisse und schrotet bloß die wohlgefällige Psychose eines Dichters aus. Man muß den Herren Psychiatern mehr konzedieren als sie den Genies: man muß ihnen ein für allemal zugeben, daß alle Dichter verrückt sind, damit sie uns endlich mit den Nachweisen in jedem einzelnen Fall verschonen. Man muß ihnen zugeben, daß alle »Symptome«, die man an einem Dichter beobachten kann, einen Kommerzialrat für die Internierung reif machten. Vielleicht belieben dann die Herren Mediziner uns und die Kunst in Ruhe zu lassen. Die Künstler melden sich krank, und gesund sind immer nur die Psychiater gewesen, und außer ihnen höchstens noch — von gelegentlichen kleptomanischen Anfällen abgesehen — das ‚Neue Wiener Journal'.

K. K.

Eine Musik- und Theaterausstellung.

Nur so kann man sich einigermaßen das Vertrauen in eine göttliche Weltordnung erhalten, daß man sich die Dummheit nicht als einen regierenden Faktor und die Gemeinheit nicht als Selbstzweck vorstellt, sondern beide gleichberechtigt und einander paralysierend. Wenn sich die Verzweiflung über das Walten des Stumpfsinns bis zu physischem Schmerz verdichtet, bleibt doch die Hoffnung, daß er der Spitzbüberei zur Beute wird. Und böse Absicht wird in ihrem Lauf durch Einfalt wohltätig gehemmt. Solch harmonischer Ausgleich menschlicher Übel vermöchte auch hierzulande die ästhetische Betrachtung zu fesseln, wenn unsere Spitzbuben nicht so dumm und unsere Dummköpfe nicht solche Lumpen wären. Aber der frömmste Glaube und alle Philosophie können über die Erinnerung an die »Musik- und Theaterausstellung« nicht hinweghelfen. Wohin vor den Übeln entfliehen, wenn sie in fiebertraumhafter Verzerrung erscheinen? Erlebnisse, die man in anderen Zonen verarbeiten kann, werden hier zu Selbstmordmotiven. Daß das Knopfloch des Bürgers eines jener Löcher ist, durch die das soziale Streben seinen Weg nimmt, und daß er nach der Aussicht, seinen Namen gedruckt zu lesen, wie der Hund nach der Wurst springt: damit könnte man sich in einer Zeit, in der die Maschinen immer komplizierter und die Gehirne immer primitiver werden, zur Not abfinden. Aber in wie schäbiger Verkleinerung erscheinen die menschlichen Lächerlichkeiten aus der Wiener Perspektive! Einem Faiseur, der mit Schauspielerphotographien und Grammophonen eine Musik- und Theaterausstellung macht, ist unsere Eitelkeit so schnell verfallen wie die Weltkenntnis der Karpatenbewohner jenem Fremdling, der ihnen erzählt, der Kronprinz lebe und der Kaiser habe erlaubt, falsches Geld zu verbreiten.

Gibt es einen traurigeren Ehrgeiz als den, ein Komiteemitglied zu sein? Vereinsmeierei ist entweder ungefährlich oder sie verfolgt einen wohltätigen Zweck. Die ungefährliche Vereinsmeierei ist der Ausweg der an sich selbst verzweifelnden Dummheit, die erst in der Bestätigung des Ebenbildes ihren Halt findet und erst in der Übereinstimmung gleicher Eigenschaften ihres individuellen Wertes bewußt wird. Sie ist harmlos neben dem unausrottbaren Hang des Philisters, ein Komitee zu bilden. Das Komitee ist die Form, in der er seinen individuellen Wert von der Außenwelt abhebt. Was dem Vereinsmeier ein Rettungsseil der Bescheidenheit ist, wird dem Komiteemitglied zum Fallstrick des Größenwahns. Der Verein ist eine Fortsetzung der Familie, das Komitee rüttelt an den Grundlagen der

die Komiteemitglieder in ihre Lebenskreise tragen, ist gar nicht zu berechnen, und in keinem Fall könnte der Zweck ein wohltätiger genannt werden, dessen sie sich als eines Mittels bedienen, ihre Nichtigkeit bemerkbar zu machen. Da es aber nur auf diesen Zweck ankommt, so wird auf die Mittel, die dem andern dienen könnten, zumeist vorweg verzichtet, und wir erleben Affären, deren Jammer beinahe die Lächerlichkeit ihrer Akteure gefährdet. Ein reines ästhetisches Vergnügen läßt ihre Betrachtung nicht aufkommen, aber Nestroy würde sagen, daß wenn auch die Verhältnisse nur klein sind, dem Ehrgeiz, ein Komiteterl zu bilden, doch das Nemesiserl in Gestalt eines Kriserls und eines Defiziterls auf dem Fuße folgt. Und er hat die Wichtigmacherei des Wiener Spießertums durch und durch gekannt, dieser Menschensorte, die mit dem Vorsatz, daß was g'schehn muß, so viel Stillstand in ihre Welt gebracht hat. Die Geschichte von der Ausstellung, die mit der feierlichen Eröffnung von »Schwierigkeiten« ihren Anfang nahm, die Veranstaltung eines Defizits zum Zweck hatte und schneller geschlossen wurde, als ein ordentlicher Krach braucht, um gehört zu werden, ist ein Possenstoff, dessen Brachliegen für die Verarmung des Wiener Geistes besser zeugt als fünfhundert Aufführungen des »Walzertraums«. In der Spieldauer dieser Wiener Posse war nie von dem Arrangement einer Ausstellung, sondern immer nur von einem Arrangement mit den Ausstellern die Rede. Unter anderen störenden Geräuschen, die die Eröffnung begleiteten, hörte man plötzlich den Ausruf des Ehrenpräsidenten: »Was is also mit uns zwa? Glaubst, um 500 Gulden mach ich euch an Wurschtl? Tausend hab i gsagt!« Aber der Vizebürgermeister von Wien hielt eine Rede, in der er versicherte, daß die Geschichte Wiens mit dem Theaterwesen aufs innigste verknüpft sei, und der Hoffnung Ausdruck gab, daß die Ausstellung zur Hebung des Theaterwesens und somit auch zur sittlichen und geistigen Hebung des Volkes beitragen werde. Seine Worte gingen im

Hämmern und Klopfen unter, denn es waren noch nicht alle Gegenstände, die die Entwicklung des Musik- und Theaterlebens illustrieren sollten, aufgestellt und manche Vitrine wurde soeben erst mit Reisekoffern, Lebkuchen, Haarnadeln, Lampen und hygienischen Windeln gefüllt. Beinahe wäre auch diese Prozedur wieder durch den Lärm der streitenden Aussteller, der aus dem Komiteezimmer drang, gestört worden, wenn ihn nicht die Volkshymne, die ein Grammophon exekutierte, übertönt hätte, während das Grammophon selbst nur durch die Schließung der Ausstellung vor der Exekution bewahrt werden konnte. Vorher wurde noch die Anknüpfung an die Theatergeschichte Wiens dadurch vollzogen, daß das Präsidium, welches keine Opfer scheute, »an den Englisch-Französischen Konversationsklub die Einladung ergehen ließ, im Ausstellungstheater einen Amateur-Abend mit dem Ensemble des Klubs zu veranstalten«. Es waren dramatische Vorstellungen »mit seltenen Gästen« angekündigt worden, und das Präsidium hielt sein Versprechen. Die Polizei war Zuschauerin.

Auch bei den »Benke-Abenden«, die bekanntlich die Hauptattraktion der Ausstellung bildeten. Endlich ist es notwendig, der Frage näherzutreten, was denn eigentlich »Benke-Abende« sind. Man weiß nicht, ob sie so nach einem Helden des Jubiläumstheaters und Liebling der Währinger Grazien oder ob er nach ihnen heißt. Denn im Anfang war die »Benke-Feier«, und diese hat den Ruhm des Herrn Benke begründet. Dann wurde er Ehrenpräsident der Musik- und Theaterausstellung und begründete sein Verlangen nach tausend Gulden, die ihm zwar nicht für das Ehrenpräsidium, wohl aber für die Veranstaltung von »vier Benke-Abenden« gebührten. Sie gebührten ihm wirklich. Denn die Veranstaltung solcher Abende stelle ich mir ungemein schwierig vor. Herr Benke läßt sich in einer Zeitung darüber vernehmen: »Ich machte den Vorschlag, mir für vier Abende (Inszenierung, Regie, Repräsentationspflichten und

Benke-Abende) ein Honorar von 500 Kronen pro Abend zu bewilligen«. Der Wert einer solchen Veranstaltung hängt also nicht nur an der Bemühung des Darstellers und Regisseurs, sondern am Namen Benke. Sie hat eben ein gewisses Etwas, das den Sonnenthal- oder Baumeister-Abenden fehlt. Das muß Herr Benke selbst zugeben. »Der arrangierte Benke-Abend sollte ein Anziehungspunkt der Ausstellung sein«, schreibt er, aber leider »fand dieser Benke-Abend in der Ausstellung infolge des schlechten Eindrucks, den sie machte, nicht solchen Zuspruch, wie meine anderen Veranstaltungen«. Nun ist es ganz gleichgiltig, ob Herr Benke den Hüttenbesitzer mehr oder weniger schlecht spielt, und es ist auch belanglos, ob er das Honorar für sein Auftreten (sprich: Komödche) oder bloß für sein Ehrenpräsidium erhalten hat, ja es ist sogar uninteressant, ob dieser Betrag vom Macher der Ausstellung richtig oder falsch gebucht wurde. Das Peinliche, worüber man nicht hinwegkommt, besteht ausschließlich darin, daß man in einer Stadt lebt, in der es »Benke-Abende« gibt. Und in der man es für eine Rehabilitierung ansieht, wenn einer nachweisen kann, daß er nicht für eine Ehrenstelle, sondern für die Veranstaltung von »Benke-Abenden« Geld genommen hat. Diese Stadt hat einst einen Wolter-Schrei gehört, aber die Wolter hätte sich eher die Zunge abgebissen, ehe sie einen »Wolter-Schrei« angesagt hätte. Damit nun aber im Fortschritt der Zeit und bei dem allgemeinen Durchgreifen kultureller Errungenschaften auch die Benke-Abende zur Institution werden, wird in Wien eine Ausstellungsbühne errichtet und ein bestehendes älteres Schmierentheater adaptiert, und wenn der Vizebürgermeister an die Theatergeschichte angeknüpft hat, so beeilt sich der neue Polizeipräsident, Herrn Benke zu versichern, daß das Bürgertum den Wunsch hege, »seine Söhne und Töchter wieder beruhigt ins Theater führen zu können«, und daß der Name Benke nicht nur einen schauspielerischen Gewinn, sondern auch ein dramaturgisches Programm bedeute.

Nach den Mitteilungen, die über diese Konferenz

in die Öffentlichkeit gedrungen sind, wird man sich den Namen Brzesowsky, so schwer dies fallen mag, merken müssen. Denn wenn wir auch nicht wünschen, daß die Polizei die dramatische Kunst belästige, so wünschen wir doch auch nicht, daß »die Staatsbehörde das Theater des Herrn Benke jederzeit aufs wärmste zu unterstützen« bereit sei. Der neue Polizeipräsident beschränke sich darauf, Ausstellungsarrangeure zu erwischen, und lasse den Ehrgeiz fahren, Dramaturgen zu entdecken. Die sittliche Läuterung des Bürgertums einer Großstadt geht ihn so wenig an, wie die Eignung eines Provinzhelden, sie herbeizuführen. Wir müssen es uns gefallen lassen, daß unter den Augen dieser aufmerksamen Staatsbehörde ein paar Gschaftlhuber Wien zum Gespött jenes Auslands machen, von dess' Bezirk kein Wanderer, der einmal hier war, wiederkehrt. Unter den Augen einer Staatsbehörde, die die Taschen des Bürgertums nicht schützt, wenn sie sich allzu willig den Ausstellungsarrangeuren öffnen. Wir müssen, ob wir wollen oder nicht, an der Wiege des Ruhms stehen, der den Namen Korbuly durch die Welt trägt. Herr Korbuly ist der Herausgeber der »Matador«-Zeitung, Fachblatts für die Interessen der Baukasten-Industrie und der Erfinder des Baukastens »Matador«, und Herr Benke ist der Erfinder der Benke-Abende. Aber daß die Behörden diese Persönlichkeiten zur Hebung des geistigen und sittlichen Niveaus ermuntern, müssen wir uns nicht gefallen lassen. Es ist ein Selbstmordmotiv. Wie gründlich muß das Wiener Theaterwesen auf den Hund gekommen, wie notorisch muß diese Erkenntnis sein, wenn man »maßgebenden-orts« an die Veranstaltung einiger Lebzelter ethische Erwartungen knüpft! Aber die offizielle Verachtung hat sich das geistige Wien im Dreibund der Gehirnerweichung: »Lustige Witwe«, »Bett« und »Walzertraum« redlich verdient. Die volkstümliche Wiener Theaterkunst ist einem Konsortium von Jobbern in die Hände gefallen, und nichts vermöchte diesen Zustand besser zu charakterisieren, als daß über die Landflucht des Humors, die sich mit dem Abgang eines Girardi vollzog, kein Wort verloren wurde und die Verpachtung des Herrn Treumann die Spalten füllt. Einer der versiertesten Feuilletonhandlanger, der vermutlich ein Libretto in der Schreibtischlade hat, verteidigt den Sieg der Viktor Leon-Kultur als einen Beweis erhöhter Theaterlust und legt diese als ein Symptom »wirtschaftlicher Hochkonjunktur« aus. Welch hoffnungsfreudige Nationalökonomie, die den beneideten Wohlstand der Librettowucherer — mit Einaktern läßt sich nicht so viel verdienen — über eine Bevölkerung breitet, die noch im Verhungern »Dummer, dummer Reitersmann« singt!

Wie das weiter werden soll, wenn das Rindfleisch immer teurer und die Witwe immer lustiger wird? Man könnte mit einem gewissen ästhetischen Behagen der Entwicklung entgegensehen, wenn nicht, wie gesagt, die Spitzbuben hierzulande so dumm und die Dummköpfe so schäbig wären. So oder so, es geht zu Ende. Der Mischmasch aus Deutschtum, Slowakei und Intelligenz muß sich einmal rächen. Im Wiener beginnt der Hausmeister mit dem Juden, der Älpler mit dem Krowoten zu raufen. Noch eine Reise des Männergesangvereins und wir sind verloren. Noch eine Musik- und Theaterausstellung, und wir müssen zusperren. Die Augen Europas sind auf uns gerichtet, und überall hat man die »Lustige Witwe« und den »Walzertraum« ausprobiert, um zu sehen, wie sich die Dinge bei uns gestalten. Einmal, in Zeiten, da das Leben adelig war und die Kunst von guten Eltern, da selbst der Schwachsinn noch Grazie und die Lumperei Stil hatte, sangen sie in Wien »Scheint die Sonne noch so schön«. Aber jetzt erst geht sie beim Krächzen jener Dohlen unter, die aufs Gold fliegen und eine der andern kein Auge aushacken. Es will Abend werden. Benke-Abend.

Karl Kraus.

Herausgeber und verantwortlicher Redakteur: Karl Kraus.
Druck von Jahoda & Siegel, Wien III, Hintere Zollamtsstraße 3.

DIE FACKEL

NR. 241 WIEN, 15. JÄNNER 1908 IX. JAHR

Vorurteile.

Es gibt zweierlei Vorurteil. Das eine steht über allem Urteil. Es nimmt die innere Wahrheit vorweg, ehe das Urteil der äußern nahegekommen ist. Das andere steht unter allem Urteil; es kommt auch der äußern Wahrheit nicht nahe. Das erste Vorurteil ist über die Zweifel des Rechts erhaben, es ist zu stolz, um nicht berechtigt zu sein, es ist unüberwindlich und führt zur Absonderung. Das zweite Vorurteil läßt mit sich reden; es macht seinen Träger beliebt und ist auch als Verbindung eines Urteils mit einem Vorteil praktikabel.

•

Der Philister langweilt sich und sucht die Dinge, die ihn nicht langweilen. Den Künstler langweilen die Dinge, aber er langweilt sich nicht.

•

Ich unterschätze den Wert der wissenschaftlichen Erforschung des Geschlechtslebens gewiß nicht. Sie bleibt immerhin eine schöne Aufgabe. Und wenn ihre Resultate von den Schlüssen künstlerischer Phantasie bestätigt werden, so ist das schmeichelhaft für die Wissenschaft und sie hat nicht umsonst gelebt.

•

Man glaubt gar nicht, wie schwer es oft ist, eine Tat in einen Gedanken umzusetzen!

•

Diese finden jenes, jene dieses schön. Aber sie müssen es »finden«. Suchen will es keiner.

•

Ich habe den Satz von der ersten Geliebten, die eine Kletterstange war, wörtlich, nicht metaphorisch gemeint. Ich werde doch nicht einer Frau den Rang einer Kletterstange anweisen. Wohl aber umgekehrt.

•

Das Gefühl, das man bei der Freude des andern hat, ist in jedem Fall selbstsüchtig. Hat man ihm die Freude selbst bereitet, so nimmt man die größere Hälfte der Freude für sich in Anspruch. Die Freude aber, die ihm ein anderer vor unseren Augen bereitet, fühlen wir ganz mit: die Hälfte ist Neid, die Hälfte Eifersucht.

•

Frauen sind hohle Koffer oder Koffer mit Einlage. In die hohlen packe man keinen geistigen Inhalt, er könnte in Verwirrung geraten. In die andern läßt er sich gut hineinlegen.

•

Wenn man einmal durch Erleben zum Denken gelangt ist, gelangt man auch durch Denken zum Erleben. Man genießt die wollüstigen Früchte seiner Erkenntnis. Glücklich, wem Frauen, auf die man Gedachtes mühelos anwenden kann, zu solcher Erholung beschieden sind!

•

Es ist die wichtigste Aufgabe, das Selbstunbewußtsein einer Schönen zu heben. Und das Selbstbewußtsein derer, die um sie sind.

•

Wenn ich eine Frau so auslegen kann, wie ich will, ist es das Verdienst der Frau.

•

Mein Gehör ermöglicht es mir, einen Schauspieler, den ich vor zwanzig Jahren in einer Dienerrolle auf einem Provinztheater und seit damals nicht gesehen habe, als Don Carlos zu imitieren. Das ist ein wahrer Fluch. Ich höre jeden Menschen sprechen, den ich einmal gehört habe. Nur die Wiener Schriftsteller, deren

Feuilletons ich lese, höre ich nie sprechen. Darum muß ich jedem erst eine besondere Rolle zuweisen. Wenn ich einen Wiener Zeitungsartikel lese, höre ich einen Zahlkellner oder einen Hausierer, der mir vor Jahren einmal einen Taschenfeitel angehängt hat, reden. Oder es ist eine Vorlesung bei der Hausmeisterin. Mit einem Wort, ich muß mich auf irgend einen geistigen Dialekt einstellen, um hindurchzukommen. Mit meiner eigenen Stimme bringe ich's nicht fertig.

•

Es müßte ein geistiger Liftverkehr etabliert werden, um einem die unerhörten Strapazen zu ersparen, die mit der Herablassung zum Niveau des Wiener Schrifttums verbunden sind. Wenn ich wieder zu mir komme, bin ich immer ganz außer Atem.

•

Dem Erotiker wird das Merkmal des Geschlechts nie Anziehung, stets Hemmung. Auch das weibliche Merkmal. Darum kann er zum Knaben wie zum Weib tendieren. Den durchaus Homosexuellen zieht das Merkmal des Mannes an, gerade so wie den hypersexuellen »Normalen« das Merkmal des Weibes als solches anzieht. Jack the ripper ist also viel »normaler« als Sokrates.

•

Der sexuelle Mann sagt: Wenn's nur ein Weib ist! Der erotische sagt: Wenn's doch ein Weib wäre!

•

Das Weib kann Sinnlichkeit auch zum Weib führen. Den Mann die Phantasie auch zum Mann. Hetären und Künstler. »Normwidrig« ist der Mann, den Sinnlichkeit, das Weib, das Phantasie zum eigenen Geschlecht führt. Der Mann, der mit Phantasie auch zum Mann gelangt, steht höher als jener, den nur Sinnlichkeit zum Weib führt. Das Weib, das Sinnlichkeit auch zum Weib führt, höher, als jenes, das erst mit Phantasie zum Mann gelangt. Der Normwidrige kann Talente haben, nie eine Persönlichkeit sein.

Der andere beweist seine Persönlichkeit schon in der »Perversität«. Das Gesetz aber wütet gegen Persönlichkeit und Natur, gegen Werte und Defekte. Es straft Sinnlichkeit, die das Vollweib zum Weib und den Halbmann zum Mann, es straft Phantasie, die den Vollmann zum Mann und das Halbweib zum Weib führt. — Ich spreche diese Erkenntnis, die die Analphabeten aus meiner Abhandlung über »Perversität« nicht entnehmen konnten, hier noch einmal aus. Es muß mir vor allem darauf ankommen, die Analphabeten zu überzeugen, da sie ja die Strafgesetze machen.

•

Wenn man vom Sklavenmarkt der Liebe spricht, so fasse man ihn doch endlich so auf: die Sklaven sind die Käufer. Wenn sie einmal gekauft haben, ist's mit der Menschenwürde vorbei; sie werden glücklich. Und welche Mühsal auf der Suche des Glücks! Welche Qual der Freude! Im Schweiße deines Angesichts sollst du deinen Genuß finden. Wie plagt sich der Mann um die Liebe! Aber wenn eine nur Wanda heißt, wird sie mit der schönsten sozialen Position fertig.

•

Ein schauerlicher Materialismus predigt uns, daß die Liebe nichts mit dem Geld zu tun habe und das Geld nichts mit der Liebe. Die idealistische Auffassung gibt wenigstens eine Preisgrenze zu, bei der die wahre Liebe beginnt. Es ist zugleich die Grenze, bei der die Eifersucht dessen aufhört, der um seiner selbst willen geliebt wird. Sie hört auf, wiewohl sie jetzt beginnen könnte. Das Konkurrenzgebiet ist verlegt.

•

Die Rechtsstellung des Zuhälters in der bürgerlichen Gesellschaft ist noch nicht geklärt. Ethisch ist seine Rolle, wenn er bloß achtet, wo geächtet wird. Ethisch ist er als Antipolizist. Also ein Auswurf der Gesellschaft. Vollends, wenn er für seine Überzeugung Opfer bringt. Wenn er aber für seine Überzeugung Opfer verlangt, fügt er sich in den Rahmen der Gesellschaftsordnung, die zwar dem Weibe Prostitution nicht verzeiht, aber dem Manne Korruption.

•

Verachtung der Prostitution?
Die Huren schlechter als Diebe?
Wißt: Liebe nimmt nicht nur Lohn,
Lohn gibt auch Liebe!

•

Hierzulande gibt es unpünktliche Eisenbahnen, die sich nicht daran gewöhnen können ihre Verspätungen einzuhalten.

•

Ein skrupelloser Maler, der unter dem Vorwand, eine Frau besitzen zu wollen, sie in sein Atelier lockt und dort malt.

•

Das Gesetz enthält leider keine Bestimmung gegen die Männer, die ein unschuldiges junges Mädchen unter der Zusage der Verführung heiraten und wenn das Opfer eingewilligt hat, von nichts mehr wissen wollen.

•

Die einen verführen und lassen sitzen; die andern heiraten und lassen liegen. Diese sind die Gewissenloseren.

•

Versorgung der Sinne! Die bangere Frauenfrage.

•

Ich bin doch gewiß bereit, einen Gegner nachsichtig zu beurteilen. Aber ich muß so gerecht sein und zugeben, daß die Artikel, die H. über seinen Prozeß geschrieben hat, der letzte Schund sind.

•

Eine untrügliche Probe der Dummheit: Ich frage einen Diener, um welche Zeit gestern ein Besuch da war. Er sieht auf seine Uhr und sagt: »Ich weiß nicht, ich hab' nicht auf die Uhr gesehen!«

•

Einen gewissen Grad von Unfähigkeit, sich geistig zu regen, wird man jenen »ausübenden« Künstlern, die nicht das Wort gestalten, den Malern und Musikern, zugutehalten dürfen. Aber man muß sagen, daß die Künstler darin die Kunst zumeist überbieten und an den Schwachsinn einer Unterhaltung Ansprüche stellen, die über das erlaubte Maß hinausgehen. Dies gilt nicht von den vollen Persönlichkeiten, die auch außerhalb der Kunst von Anregungsfähigkeit bersten, nur von den Durchschnittsmenschen mit Talent, denen die Kunst fürs Leben nichts übriggelassen hat. Zuweilen ist es unmöglich, einen Menschen, dessen Denken in Tönen oder Farben zerrinnt, auf der Fährte eines primitiven Gedankens zu erhalten. Es war ein preziöser Dichter, der einmal, als man ihm eine Gleichung mit zwei Unbekannten erklärte, unterbrach und sein vollstes Verständnis durch die Versicherung kundgab, die Sache erscheine ihm nunmehr violett. Ein Maler wäre auch dazu nicht imstande und ließe einfach die Zunge heraushängen. Ein Musiker aber täte nicht einmal das. Ich habe Marterqualen in Gesprächen mit Geigenspielern ausgestanden. Als einmal eine große Bankdefraudation sich ereignete, gratulierte mir einer. Da ich bemerkte, daß ich nicht Geburtstag habe, meinte er, ich hätte mich als Propheten bewährt. Da ich replizierte, daß ich meines Erinnerns die Defraudation nicht vorhergesagt hätte, wußte er auch darauf eine Antwort und sagte: »Nun, überhaupt diese Zustände«; und ließ in holdem Blödsinn sein volles Künstlerauge auf mir ruhen. Es war ein gefeierter Geigenspieler. Aber solche Leute sollte man nicht ohne Geige herumlaufen lassen. So wenig wie es erlaubt sein sollte, in das Privatleben eines Sängers einzugreifen. Für Männer und Frauen kann die Erfahrung nur eine Enttäuschung bedeuten. Sobald ein Sänger den Mund auftut, um zu sprechen, oder sich sonst irgendwie offenbaren möchte, gehts übel aus. Der Maler, der sich vor seine Leinwand stellt, wirkt als Klecks, der Musiker nach getaner Arbeit als Mißton. Wer's notwendig hat, soll in Gottes Namen

Töne und Farben auf sich wirken lassen. Aber es kann nicht notwendig sein, den Dummheitsstoff, der in der Welt aufgehäuft ist, noch durch die Möglichkeiten der unbeschäftigten Künstlerseele zu vermehren.

•

Ein pornographischer Schriftsteller kann leicht Talent haben. Je weiter die Grenzen der Terminologie, desto geringer die Anstrengung der Psychologie. Wenn ich den Geschlechtsakt populär bezeichnen darf, ist das halbe Spiel gewonnen. Die Wirkung eines verbotenen Wortes wiegt alle Spannung auf und der Kontrast zwischen dem Überraschenden und dem Gewohnten ist beinahe ein Humorelement.

•

Es gibt seichte und tiefe Hohlköpfe. In der Vogelperspektive aber ist zwischen einem Paul Goldmann und einem Professor der Philosophie kein Unterschied.

•

Es wäre immerhin möglich, daß eine Sitzung des Vereins reisender Kaufleute sich als eine Versammlung der Väter unserer jungwiener Dichter entpuppte.

•

Die Boheme hat sonderbare Heilige. Ein Einsiedler, der von Wurzen lebt!

•

Ein amerikanischer Denker: Deutsche Philosophie, die auf dem Transport Wasser angezogen hat.

•

Die Persönlichkeit hat's in sich, das Talent an sich.

•

Es ist etwas Eigenes um die gebildeten Schönen. Sie krempeln die Mythologie um. Athene ist schaumgeboren und Aphrodite in eherner Rüstung dem Haupt Kronions entsprossen. Klarheit entsteht erst wieder, wenn die Scheide am Herkulesweg ist.

*

Sie gewährt, an die Pforte ihrer Lust zu pochen und läßt alle die Schätze sehen, von denen sie nicht gibt. Die Unlust des Wartenden bereichert indeß ihre Lust: sie nimmt dem Bettler ein Almosen ab und sagt ihm, hier werde nichts geteilt.

*

Wir kürzen uns die Zeit mit Kopfrechnen ab. Ich ziehe die Wurzel aus ihrer Sinnlichkeit und sie erhebt mich zur Potenz.

*

In der Nacht sind alle Kühe schwarz, auch die blonden.

*

Sittlichkeit und Kriminalität.

Wir können ruhig schlafen,
weil man ins freie Feld
der Lust, den Paragraphen
Als Vogelscheuche stellt!

Doch Warnung lockt den Flieger,
die Scheuche schreckt den Schlaf.
Die Lust bleibt immer Sieger,
ihr Schmuck der Paragraph.

*

Ich hörte einen angeheiterten deutschen Mann einem Mädchen, das in eine Seitengasse einbog, die humoristisch deklamierten Worte nachrufen: »Da geht sie hin, die Schanddirne!« Es ist nicht anzunehmen, daß ein Gesetz zustandekommt, das es erlaubt, solche deutschen Männer ohneweiters niederzuschießen, wiewohl sie mit einem einzigen Wort den vollständigen Nachweis ihrer Nutzlosigkeit auf Erden erbracht haben.

*

Man beobachte einmal, wie die besseren Herren eine Frau grüßen, von der »man spricht«. In dem

Gruß ist der abweisende Stolz der Gesellschaftsstütze mit der einverständlichen Kennerschaft des Markthelfers vereinigt. Für beides möchte man ihnen an die Gurgel fahren.

•

Was könnte reizvoller sein als die Spannung: wie der Ort beschaffen sein werde, den ich mir so oft vorgestellt habe? Die Spannung: wie ich meine ursprüngliche Vorstellung wiederherstelle, nachdem ich ihn gesehen habe.

•

Ich habe beobachtet, daß die Schmetterlinge aussterben. Oder werden sie nur von den Kindern gesehen? Als ich zehn Jahre alt war, verkehrte ich auf den Wiesen bei Weidlingau ausschließlich mit Admiralen. Ich kann sagen, daß es der stolzeste Umgang meines Lebens war. Auch Trauermäntel, Tagpfauenaugen und Zitronenfalter machten einem das junge Leben farbig. Vanessa Jo, Vanessa cardui — Vanitas Vanitatum! Als ich nach so vielen Jahren wiederkam, waren sie alle verschwunden. Die Mittagssonne dröhnte wie ehedem, aber kein Farbenschimmer war sichtbar, dafür lagen Fetzen von ‚Neuer Freier Presse', ‚Tagblatt' und ‚Extrablatt' auf der Wiese. Später erfuhr ich, daß man das Holz der Wälder zur Herstellung des Zeitungspapiers gebraucht hatte, und daß bei der Fülle der Informationen die Schmetterlinge im Übersatz bleiben mußten. Ein Freund unseres Blattes sendet uns den letzten Schmetterling, und einer unserer Mitarbeiter hatte Gelegenheit, ihn auf die Feder zu spießen und nach den Ursachen seiner Vereinsamung zu fragen. Die Welt flieht vor den Farben der Persönlichkeit, man schützt sich, indem man sich »organisiert«. Nur die Schmetterlinge selbst haben es unterlassen, sich zu organisieren. So kam es, daß an den Blumenkelchen jetzt Redakteure nippen. Schillernde Feuilletonisten, Sonntagsplauderer. Selbst die eintönigen Kohlweißlinge, mit denen der Journalismus wegen einer gewissen Verwandtschaft des Namens und der Gesinnung noch am ehesten hätte paktieren können, mußten weichen. Der Vernichtungskampf gegen die Flieger bezeichnet den Triumph der Zeitungskultur. Falter und leichtfüßige Frauen, Schönheit und Geist, Natur und Kunst bekommen es zu spüren, daß die ‚Neue Freie Presse' am Sonntag hundertfünfzig Seiten hat. Mit Fliegenprackern schlägt die Menschheit nach den Schmetterlingen. Wischt sich den farbigen Staub von den Fingern; denn sie müssen rein sein, um Druckerschwärze anzurühren.

•

Es sollte verlockend sein, das Vorstellungsleben eines Tages der Kindheit wiederherzustellen. Der Pfirsichbaum im Hofe, der damals noch ganz groß war, ist jetzt schon sehr klein geworden. Der Laudonhügel war ein Chimborasso. Nun müßte man sich diese Dimensionen der Kindheit wieder verschaffen können. In einem Augenblick vor dem Einschlafen gelingt das der Phantasie manchmal. Plötzlich ist alles wieder da. Ein Fuchsfell als Bettvorleger wirkt ganz schreckhaft, der Hund in der Nachbarvilla bellt, eine Erinnerungswelle aus dem Schulzimmer trägt einen Duft von Graphit und das Lied »Jung Siegfried wa-a-ar ein tapferer Held« heran, der Lehrer streicht die Fiedel, als ob er der leibhaftige Volker wäre, das alte Herzklopfen, weil man »drankommen« könnte, im Garten Rittersporn und Raupen, kuhwarme Milch, erste Gleichung mit einer Unbekannten, erste Begegnung mit einer Unbekannten, das Tempo-Rufen des Schwimmmeisters, Cholera in Ägypten und die Scheu, in der Zeitung die Namen der Städte Damiette und Rosette (mit täglich zweihundert Toten) zu lesen, weil sie ansteckend wirken könnten, der Geruch eines ausgestopften Eichhörnchens und in der Ferne ein Werkel, das die Novität »Nur für Natur« oder »Er will dein Herr sein« spielt. Alles das in einer halben Minute. Wer nicht imstande ist, es herbeizurufen, wenn er will, kann sich sein Schulgeld zurückgeben lassen. Ein gutes Gehirn muß kapabel sein, sich jedes Fieber der Kindheit so mit allen Erscheinungen vorzustellen, daß erhöhte Temperatur eintritt.

•

Feinnervige Menschen mögen sich daran erkennen, daß sie im Augenblick, da sie sich ins Bett legen, des Traums der vergangenen Nacht inne werden, aber nicht deutlicher, als eine Mondlandschaft den Nebelschleier spürt.

•

Unmittelbar nach einer Lektüre der »Begebenheiten des Enkolp« träumte ich der Reihe nach alle die Himmelserscheinungen, die Petronius als Vorboten des Bürgerkriegs beschreibt: »Im Laufe sterbend standen Ströme stille«, Kometen, blutiger Regen, alles war da, aber der Aetna, der »aus seinen Eingeweiden Feuerwogen speit«, war der Sonnwendstein. Schon trug ich eine Hoffnung — aber das Wiener Publikum, das im Hotel Panhans war, machte sich gar nichts draus, sondern saß auf der Terasse und applaudierte bei jedem Himmelszeichen. Ich war über die taktlose Störung des wunderbaren Schauspiels empört und dachte mir: das ist echt römisch. Offenbar war für diesen polemischen Teil des Traums Petrons Schilderung von der frechen Üppigkeit der Römer maßgebend: »Schon hatte Rom den Erdenkreis bezwungen . . .«, wilde Tiere werden auf Menschen losgelassen, »um satt an ihrem Blute sich zu trinken, indeß die Römer freudig dazu klatschen«.

•

Man liest manchmal, daß eine Stadt soundsoviel hunderttausend »Seelen« hat, aber es klingt übertrieben. Aus demselben Grunde müßte auch mit dem System der Volkszählung nach »Köpfen« endlich gebrochen werden. Man wäre aber gegen die Statistik der Millionenziffern nicht mehr mißtrauisch, wenn ein anderer Körperteil als Einheit bei der Volkszählung verwendet würde. Niemand könnte mehr sagen, daß eine solche

der Nahrung sind fraglos die wichtigsten Interessen, die das geistige Leben einer Nation bestimmen können. Traurig ist nur, wenn sie selbst das, was ihr das Wichtigste ist, so schlecht beherrscht. Die Kultur dieser Lebensbetätigungen schreitet durchaus nicht vorwärts, und wenn es auch ein Vorzug ist, ein starker Esser zu sein, so ist es doch keiner, ein lauter Esser zu sein und sich so zu gebärden, daß man die Geräusche der Behaglichkeit bis ins Ausland hört.

•

Ich habe etwas gesehen, das mich, ich möchte sagen mit der ganzen Überzeugungskraft des Grauens gepackt hat. Ein Weltenschauer faßte mich, und in diesem Entsetzlichen ging mir das Rätsel des Wiener Lebens auf. Es waren diese zwei — hier verkleinerten — Köpfe, die ein Wiener Blatt über einer Annoncentabelle feinerer Restaurants angebracht hat.

Wo ißt und trinkt man gut?

Daß es Menschen gibt, die diese beiden Köpfe mit Wohlgefallen betrachten, von ihnen tatsächlich zum Essen und Trinken animiert werden, daß man dem Wiener auch die einzige Fähigkeit, in der er bisher unübertroffen war, durch Anschauungsunterricht wieder beibringen muß (Ham-Ham und gutes Trinkerl), das ist wahrlich ein Selbstmordmotiv für jeden, der im Wahn gelebt hat, hier irgendwie auf Menschen wirken zu können. Der Kerl, der mit verglasten Augen auf das in Folge seines Mehlgehalts mit Recht so genannte »Papperl« starrt, und der andere, der die noch tierischere Fresse öffnet, um einen

Schluck zu tun, und das vorausgesetzte Behagen des Betrachters an allen beiden — nein, es gibt kein stärkeres Argument gegen den liberalen Aberglauben von Kultur und Volksbildung. Und es ist ganz ausgeschlossen, daß aus einer Stadt, in der einem Zeichner solche Typen mit solcher Wirkung glücken, Goethe nicht sofort als lästiger Ausländer ausgewiesen würde.

*

Zu den ärgsten unserer barbarischen Speisesitten gehört die Enttäuschung der Geschmacksnerven, die sich auf eine Speise eingerichtet haben, mit der der Kellner nach zehn Minuten »nicht mehr dienen« kann, und die Zwangswiederholung des Geschmacks einer Speise für das Ansagen bei der Rechnung. Ich bin bereits lebensüberdrüssig und muß dem Kellner noch gestehen, daß ich ein Roastbeaf gehabt habe.

*

Ja gibt es denn keinen Schutz gegen den Druckfehler, der, so oft die Gefahren einer stupiden Belesenheit geschildert werden sollen, eine »stupende« daraus macht?

*

Die Vorstellung, daß ein Journalist ebenso richtig über eine neue Oper wie über eine neue parlamentarische Geschäftsordnung schreibt, hat etwas Beklemmendes. Er könnte sicherlich auch einen Bakteriologen, einen Astronomen und vielleicht auch einen Pfarrer lehren. Und wenn ihm ein Fachmann in höherer Mathematik in den Weg käme, er bewiese ihm, daß er natürlich in noch höherer Mathematik zu Hause sei.

*

Wenn einer für »universell gebildet« gilt, hat er vielleicht wirklich eine große Chance im Leben: daß er es am Ende doch nicht ist.

*

Die Naturheilmethode wütet auch in der Kunst.

•

Der Stoff, den der Musiker gestaltet, ist der Ton, der Maler spricht in Farben. Darum maßt sich kein ehrenwerter Laie, der nur in Worten spricht, ein Urteil über Musik und Malerei an. Der Schriftsteller gestaltet ein Material, das jedem geläufig ist: das Wort. Darum maßt sich jeder Musiker und Maler ein Urteil über die literarische Kunst an. Die Analphabeten des Tons und der Farbe sind bescheiden. Aber Leute, die lesen und schreiben können, sind bekanntlich keine Analphabeten. Sie glauben, die Schriftstellerei habe einfach den Zweck, Meinungen auszudrücken, und die Schriftstellerei, die diesen Zweck am gefälligsten erreicht, sei die beste. Drückt ihnen einer nicht ihre Meinung aus oder so, daß sie sie nicht sogleich erkennen, tadeln sie das Werk. In dem unermeßlichen Spielraum künstlerischer Möglichkeiten, die das geschriebene Wort gibt, finden sie sich nicht zurecht. Wagte es aber einer, ihnen zu sagen, er verlange von einem Bild oder einem Musikstück, daß es in gefälliger Form eine Meinung ausdrücke, sie hielten ihn für einen Kretin. Ich habe die Beobachtung gemacht, daß hochgestimmte künstlerische Beurteiler von Musik und Malerei der Kunst des Wortes so hilflos gegenübergestanden sind, wie — ich ihren eigenen Sphären, aber unbescheidener.

•

Die Menschheit verblödet zusehends. Es stellt sich in erschreckender Weise heraus, daß die Gehirne der Hypertrophie maschineller Entwicklung nicht gewachsen sind. Diese kommt nur der Persönlichkeit zunutze, die über die Hindernisse des äußeren Lebens schneller zu sich selbst kommen muß. Von der fürchterlichen Verwüstung, die die Druckpresse anrichtet, kann man sich heute noch gar keine Vorstellung machen. Das Luftschiff wird erfunden und die Phantasie kriecht wie eine Postkutsche. Automobil, Telephon und die Riesenauflagen des Stumpfsinns — wer kann sagen, wie die Gehirne der zweitnächsten Generation beschaffen sein werden? Die Abziehung von der Naturquelle, die die Maschine bewirkt, die Verdrängung des Lebens durch das Lesen und die Absorbierung aller Kunstmöglichkeiten durch den publizistischen Tatsachengeist werden verblüffend rasch ihr Werk vollendet haben. Nur in diesem Sinne ist das Hereinbrechen einer Eiszeit zu verstehen. Man mag inzwischen alle soziale Politik gewähren lassen, an ihren kleinen Aufgaben sich betätigen, mit »Volksbildung« und sonstigen Surrogaten und Opiaten wirtschaften lassen. Das ist Zeitvertreib bis zur Auflösung. Die Dinge haben eine Entwicklung genommen, für die in historisch feststellbaren Epochen kein Beispiel ist. Wer das nicht in jedem Nerv spürt, mag sich mit dem allgemeinen Wahlrecht vergnügen, und die gemütliche Einteilung in Altertum, Mittelalter und Neuzeit fortsetzen. Leider wird's nicht so weiter gehen. Die neueste Zeit hat nicht mit der Wahlreform, sondern mit der Herstellung neuer Maschinen zum Betrieb einer alten Ethik begonnen. In den letzten dreißig Jahren ist mehr geschehen, als vorher in dreihundert. Und eines Tages wird sich die Menschheit für die großen Werke, die sie zu ihrer Erleichterung geschaffen hat, aufgeopfert haben.

*

Es ist festgesetzt worden, daß, wenn die Welt untergeht, noch einmal »dummer, dummer Reitersmann« gespielt wird. Es handelt sich nicht um ein lokales Symptom, in allen Zentren der europäischen Kultur geht die Verendung mit rauschenden Erfolgen der »Lustigen Witwe« und des »Walzertraums« Hand in Hand. Daß die Schöpfer dieser Werke schon heute mehr verdient haben, als sämtliche deutschen Klassiker zusammen, will nichts beweisen. Nestroy sagt, daß das »ganz andere Verhältnisse« sind. Aber sie verdienen mehr als alle Dichter, die heute leben. Und früher ließ bloß Deutschland seine Künstler verhungern, während sich jetzt alle

Nationen vereinigen, um den Wiener Librettisten das Leben angenehm zu machen. Kein Tag vergeht, ohne daß aus England, Frankreich, Rußland Triumphmeldungen kämen. Schon vor zwei Jahren bekannte sich Dänemark zur »glade enke«, und bald wird auch das letzte Bollwerk der finnischen Kultur gefallen sein. Wer bedeutender ist, Stein oder Jacobson? Freuen wir uns, daß die deutsche Nation zwei solche Kerle hat!

•

Wir Menschen sind immer mehr auf die Maschine angewiesen und in Wien funktioniert nicht einmal die Maschine. Alles steht, nichts geht. Wird ein neues Restaurant eröffnet, so ist's, als ob es sich um die erste Erschaffung eines Restaurants handelte. Alles steht erwartungsvoll. Aber das Restaurant geht nicht. Ich habe noch nie einen Berliner stehen sehen. Hier steht alles und wartet: Kellner, Fiaker, Regierungen. Alles wartet auf das Ende, — wünsch einen schönen Weltuntergang, Euer Gnaden!, und verlangt dafür noch Trinkgeld. Wenn ein Roß fällt, stehen wir: wir können warten. Wir stehen und sehen auf's Dach, wenn ein anderer hinaufsieht. Der Kaffeesieder stellt sich vor unsern Tisch, der Restaurateur, der Direktor, der Geschäftsführer steht uns mit Grüßen zu Diensten. Eine Hofequipage staut den Verkehr; wir können aufwarten. Der Berliner geht. Der Wiener steht in allen Lebenslagen. Er geht nicht einmal unter. Ein Kutscher muß die Schreie eines homerischen Helden ausstoßen, um einen Passanten zu warnen, und man merkt, daß die Leute, wenn sie doch einmal gehen müssen, es nicht gelernt haben. Aber wie gesagt, stehen können sie vorzüglich. Gehen — nur mit der Burgmusik und hinter einem Erzherzog. Wien hat lauter »Wahrzeichen« und jeder Wiener fühlt sich als solches; der jüngste Steffel sieht sich gern stehen. Das mag sehr schön sein, sehr stolz, sehr eigenberechtigt. Wenn nämlich ein Goethe stünde. Wenn aber ein Trottel den Weg verstellt, kommt ein Goethe nicht vorwärts.

•

Wo tue ich das Gesicht nur hin? Man sinnt und sinnt und kommt nicht darauf. Aber neuestens kann's auch einer sein, den man bestimmt zum erstenmal getroffen hat. Endlich hat man ihn. Was für eine Art Mensch ist es? Er erzeugt Schuhe, oder seine Uhren sind die besten, oder kauft nur bei ihm Hüte! Ja, schon sein Gesicht, das uns von Plakaten anlächelt, uns gleichsam die versöhnliche Seite der Gasthausrechnungen zeigt, und noch von einer Wiese grüßt, an der uns die Eisenbahn vorbeiführt, — schon sein Gesicht muß als Empfehlung seiner Ware wirken. Das muß ein treuer Uhrmacher sein, ein charmanter Huterer, ein bezaubernder Schusterl Und über allen der Gummi-König! Wer könnte ihm widerstehen? Wer sollte nicht schon im Anblick dieser verläßlichen Züge sich zu einer Probe auf die Unzerreißbarkeit menschlichen Vertrauens haben verführen lassen? Dieses Gesicht, in dem sich Herzlichkeit mit Klugheit paart, ist beinahe die Liebe selbst, jene Liebe, die ausschließlich die Vorsicht zur Mutter der Weisheit macht. Aber es wird zum Gesicht des Voyeurs, das uns bis an heimliche Stätten verfolgt. Seit Jahren. Und wir möchten uns manchmal doch fragen, ob wir uns das gefallen lassen müssen. Wenn wir nämlich dieses Gesicht als eine jener Hemmungen empfinden sollten, mit denen der erotische Sinn ausnahmsweise nicht fertig wird. Wir möchten uns fragen, ob das Glück, das diese Augen verheißen, nicht ohne diese Augen genossen werden könnte, und ob nicht eine Hochzeitsreise auch ohne die Begleitung des Gummi-König denkbar wäre. Aber eine Geschmackspolizei gibt es nicht, die es uns ersparen würde, mit der Ware immer gleich die Erinnerung an den Händler zu beziehen. Und so schlingt sich ein Reigen markanter Persönlichkeiten durch das Leben eines Wiener Tages. Nehmen wir dazu all die bald entsetzten, bald jubelnden Physiognomien, die uns in den Annoncenrubriken tagtäglich versichern, wie trostlos das Leben ohne den Kleider-Gerstl und wie glücklich es ist, nachdem man ihn gefunden hat, so können wir wohl sagen, daß dieses Wiener Dasein der Abwechslung starker Eindrücke nicht entbehrt.

•

Die Sonntagsruhe sollte zum Nachdenken verwendet werden dürfen. Etwa zum Nachdenken über die Sonntagsruhe. Daraus müßte die Erkenntnis hervorgehen, wie notwendig die vollständige Automatisierung des äußeren Lebens ist. Wer genießt heute die Sonntagsruhe? Außer den Verkäufern die Ware. Den Käufern schafft sie eine Unbequemlichkeit. Am Sonntag ruhen sich die Zigarren aus in den Zigarrenladen, das Obst in den Fruchtladen und der Schinken in den Delikatessengeschäften. Die haben's gut! Aber wir möchten es auch gut haben und gerade am Sonntag die Zigarren, das Obst und den Schinken nicht entbehren. Wenn die Heiligung des Sonntags in einer Enthaltung von Genußmitteln bestände, hätte die Sonntagsruhe der Genußmittel einen Sinn. Da sie aber eine Entlastung der Vermittler bezweckt, ist sie zwar nicht in ihrer Tendenz, aber in ihrer heutigen Form antisozial. Allerdings wäre es möglich, daß hierzulande auch die Automaten am Sonntag nicht funktionierten, weil eben Sonntagsruhe ist.

•

Die Nordaus und Goldmanns siegen auf der ganzen Linie. Diese Erkenntnis umschließt wie eine Mauer, hinter der es einem eben noch erlaubt ist, zu verzweifeln. Aber die Mauer bleibt nicht stehen, sie rückt immer näher. Die Poe'sche Vision von der Wassergrube und dem Pendel. »Nieder, und immer wieder nieder! Ich fand ein wahnsinniges Vergnügen daran, die Schnelligkeit der Schwingungen nach oben und nach unten miteinander zu vergleichen. Zur Rechten — zur Linken, auf und ab, ging es immerfort . . . Abwechselnd lachte und heulte ich dazu, je nachdem die eine oder die andere Vorstellung die Oberhand gewann. Nieder, und immer nieder fuhr es mit erbarmungsloser Sicherheit. Es sauste nur noch drei Zoll hoch über meinem Herzen dahin . . . Ich hätte ebenso gut den Versuch machen können, den Sturz einer Lawine aufzuhalten.« Der Vergleich stimmt nur zum Teil, tröstet ein Freund; denn der Brunnen, an dessen Rand der Gefangene steht — der bedeutet keine Folter, sondern die schöpferische Möglichkeit, all dieser Schrecken Herr zu werden.

•

Pest und Erdbeben sind große Themen. Wie kleinlich, Gliederreißen als Symptom der Pest zu erkennen und sich bei einer Trübung des Quellwassers aufzuhalten, die ein Erdbeben anzeigt! Wie kleinlich, den Weltekel zu fühlen, wenn ein Schmock vorübergeht!

•

Den Griechinnen, die sich in unsere Zeit verspätet haben, wird man durch einen Kommerzienrat vorgestellt. Manchmal glaubt man trotzdem, jetzt müsse eine vor versammeltem Volk ins Meer tauchen. Aber das Meer ist nicht da, es ist versandet und es ist jenes, durch das sie trockenen Fußes hindurchkommen. Und das Volk kniet nicht in Bewunderung, sondern mißt die Schönheit mit Blicken, die von pikantem Klatsch wissen.

•

Es ist eine schlimme Zeit, in der das Pathos der Sinnlichkeit zur Galanterie einschrumpft!

•

Der Losgeher hat nichts zu verlieren. Der andere nähert sich einer Frau nicht, weil er einen ganzen Lebensinhalt, den er zitternd trägt, aus der Hand fallen lassen könnte.

•

Der Schönheit sei es ein Trost, daß sich an den Mauern derselben Welt, die ihr den Quell absperrt, der Geist blutig stößt. Sie müßten sich beide verniedlichen, um erlaubt zu sein.

•

Man setzt sich heutzutage genug Unannehmlichkeiten aus, wenn man von einem Kunstwerk sagt, daß es ein Kunstwerk ist. Aber man würde gesteinigt werden, wenn man das so laut von einem Frauenkörper sagte, wie es immer wieder gesagt werden müßte, um ihn neu zu beleben. Denn durch Worte kann man Anmut zusprechen.

•

Koketterie ist bloß Talent. Aber es gibt Blicke, die nicht sagen, daß sie lieben, nur sich daran sättigen, daß sie geliebt werden. Sie haben so viel Liebe, weil sie so viel Liebe aufnehmen müssen. Der Spaziergänger, der gebannt stehen bleibt, könnte glauben, daß sie ihm gelten, aber sie gelten wahrscheinlich dem Hund, den die Besitzerin soeben in einer dem Hund und dem Passanten unvergeßlichen Attitüde über die Straße getragen hat.

•

Es gibt Leute, die mich wie eine wilde Bestie meiden. Das sollten sie nicht tun. Wir entfernen uns allzuweit voneinander. Denn sie sind es doch, die ich viel schnelleren Fußes als zahme Haustiere fliehe.

•

Ich habe ein Gottseidank ganz unverständliches Gedicht gemacht, das aber leider leicht zu merken ist und darum hoffentlich als Stammbuchvers zu Ehren kommen wird:

Dem Sexus kommt es darauf an:
»Weib ist Weib« und »Mann ist Mann«.

Eros aber deckt den Leib:
Weib ist Mann und Mann ist Weib.

Sucht das Tier den Unterschied,
Paart der Geist sich, wo er mied.

•

Eine Frau muß wenigstens so geschickt kokettieren können, daß der Gatte es merkt. Sonst hat er gar nichts davon.

•

Worin könnte die Größe des Weibes liegen? In der Lust. Will ich das Weib, so habe ich die Lust. Und dazu habe ich keine Lust. Will sie mich, so sehe ich die Lust nicht. Und das ist auch kein Vergnügen. Es bleibt also nichts übrig, als eine Distanz zu schaffen, sich aus dem Mitschuldigen in einen Zeugen zu verwandeln oder in den Richter, der ein Bekenntnis der Lust entreißt, oder — sich auszuschalten. Wenn man sich durchaus darauf kapriziert, einen Wert des Weibes zu erkennen.

*

Was ist ein Wüstling? Einer, der auch dort noch Geist hat, wo andere nur Körper haben.

*

Wenn's einem kein Vergnügen macht, eine Frau zu beschenken, unterlasse man es. Es gibt Frauen, gegen die ein Danaidenfaß die reinste Sparbüchse ist.

*

Das Unbewußte macht aber wirklich schlechte Witze, erwiderte der Traumdeuter. Das Unbewußte ist nun einmal so. Was kann denn die ernste Wissenschaft dafür? Gewiß, sie behält in jedem Falle Recht. Auch wenn sich — und bei manchen jungen Traumdeutern mag's gelingen — am Ende nachweisen ließe, daß die schlechten Witze nicht aus dem Unbewußten des Träumers, sondern aus dem Unbewußten des Deuters kommen, gleichsam als eine Schuld, die er überwälzt. Nun, das Unbewußte macht also doch schlechte Witze.

*

Irren ist menschlich. Aber unverzeihlich ist es, wenn einer, der irrt, irrtümlich das Richtige trifft! Nur beim Telephon wünsche ich mir diese Erfahrung zu machen. Ich sage eine Nummer an. Daß die Telephonistin mißversteht, versteht sich. Aber warum wiederholt sie eine Nummer, die ich bestimmt nicht gesagt habe, und trifft nicht zufällig die gesagte? Die Klangwirkung muß zudem immer noch dieser ähnlicher gewesen sein als der wiederholten.

*

Der Spiritismus beruht auf der Metaphysik der Tischgesellschaft und ist die Rationalisierung des Jenseits. Es ist plausibel, daß erst ein Tisch gerüttelt werden muß, wenn der Geist sich einstellen soll. Die Entlarvung eines Mediums ist keine Heldentat und viel leichter als die Entlarvung eines Kiebitz. Der Spiritismus ist der Wahn der Dickhäuter. Nur Menschen, denen die Vergeistigung der Materie so fernliegt, wie dem Elefanten das Seiltanzen, werden mit der Zeit dem Drang verfallen, die Geister zu materialisieren.

•

Wer sich nachts, allein in seinem Zimmer, vor allen Überraschungen gesichert fühlt, den beneide ich nicht um seine Sicherheit. Daß Bilder nicht aus ihren Rahmen treten können, mag einer wissen, und dennoch glauben, daß es geschehen könnte. Solchen Glauben sollte man sich erhalten. Es ist nicht der Glaube der Väter, aber weil er als der Glaube der Kinder verlacht wird, sollte man ihn ernst nehmen. Er ist die Häresie des Aberglaubens. Man muß sich nicht zum Dogma bekennen, daß man an einem Freitag nicht dreizehn Schlechtigkeiten begehen darf. Aber eine mit linker Hand erfaßte Türklinke wird aufstehen und gegen mich zeugen.

•

Leidenschaften können Musik machen. Aber nur wortlose Musik. Darum ist die Oper ein Unsinn. Sie setzt die reale Welt voraus und bevölkert sie mit Menschen, die bei einer Eifersuchtsszene, bei Bauchschmerzen, bei einer Kriegserklärung singen. Je menschenmöglicher die Handlung, desto größer der Unsinn. Trotzdem gibt es nur einen »Operettenunsinn«. Aber dieser ist Romantik. Er setzt eine absurde Welt voraus, deren Menschen umso sinnvoller handeln, je absurder sie sich gebärden. Die Voraussetzung einer solchen Welt wird einer Welt, die mit jedem Tage voraussetzungsloser wird, immer schwerer. Darum muß die Operette vernünftig gemacht werden. Sie muß die Romantik ihrer Herkunft verleugnen und der Vernunft eines Commis voyageur huldigen. So wird der Unsinn immer unerträglicher. Jetzt singen nicht mehr die Bobèche und Sparadrap, die Schäferprinzen und Prinzessinnen von Trapezunt, die fürchterlichen Alchymisten, in deren Gift Kandelzucker ist, keine Königsfamilie mehr wird beim bloßen Wort »Trommel« zu musikalischen Exzessen hingerissen, kein Hauch eines Tyrannen wirft einen falsch mitsingenden Höfling nieder. Aber Attachés und Lieutenants bringen sachlich in Tönen vor, was sie uns zu sagen haben. Pfui Teufel! .. Psychologie ist die ultima ratio der Unfähigkeit, und so muß auch die Operette psychologisiert werden. Aber als der Unsinn blühte, war er ein Erzieher. Ein Orchesterwitz in Offenbach's Blaubart hat mir mehr Empfindung beigebracht, als hundert Opern. Erst jetzt, da das Genre Vernunft angenommen und den Frack angezogen hat, wird es sich die Verachtung verdienen, die ihm die Ästhetik seit jeher bekundet.

•

Nichts wird von der Schauspielkritik so gern verwechselt wie die Persönlichkeit, die immer sich selbst ausdrückt, und der Mangel, der nichts anderes als sich selbst ausdrücken kann: beides ist »Natur«. Wir haben einst an jedem Abend das Glück gehabt, ein paar große Menschen vor uns hintreten zu sehen, die sich schauspielerisch nie so ganz verwandeln konnten, daß wir in ihnen die großen Menschen verkannt hätten. Aber nun sagt man uns, die Eigenart habe sich differenziert und Individualitäten seien auch jene, die man sofort daran erkennt, daß sie heiser sind oder stottern oder schielen. Zwei Falstaffs gegenüber ist solche Kritik ratlos: soll sie einer Fülle, die sich selbst spielt, den Vorzug geben, oder einem glaubhaften Bauch?

•

Girardi in Berlin? Wir haben einen Bazar nach Berliner Muster aus uns gemacht, in dem für Echtheit kein Platz ist. Darum hat die Echtheit nach

Berlin gehen müssen. Dort ist für alles Platz, denn dort bewährt sich ein System, dem wir nicht gewachsen sind. Wir sind ethnographisch interessant geworden und haben die Eigenart unseres Volkstums in die Weltausstellung geschickt.

•

Die Hand einer schönen Frau zu verewigen, sie gleichsam von ihrer Anmut abzuschneiden, ist ein Werk jener grausamen Nichtachtung der Frauenschönheit, deren nur ein Ästhet fähig ist. Eine Hand müßte gar nicht schön sein, und die Wirkung, die von der Frau ausgeht, könnte die Wirkung sein, die man von einem Elementarereignis empfängt. Der Eindruck eines Gewitters reicht über die objektive Anerkennung seiner Schönheit hinaus. Und es gibt Frauen, die wie der Blitz in die erotische Phantasie einschlagen, erzittern machen und die Luft des Denkens reinigen.

•

Wenn in einer Stadt die Dummheit ausgebrochen ist, werde sie für verseucht erklärt. Dann darf aber auch kein Fall verheimlicht werden. Wie leicht kann es geschehen sein, daß ein Trottel in einem Haus ein- und ausgegangen ist, in dem Kinder sind. In solchen Zeiten empfiehlt sich Sperrung der Schulen, nicht, wie man meinen könnte, Eröffnung von Schulen.

•

Gestehen wir es uns nur ein, die Menschheit ist seit der Einführung der Menschenrechte auf den Hund gekommen.

•

Alles Reden und Treiben der sogenannten ernsten Männer von heute wäre in den Kinderzimmern früherer Jahrhunderte nicht möglich gewesen. Aber in den Kinderzimmern von heute macht wenigstens das Argument der Ruthe Eindruck. Die Menschenrechte sind das unzerreißbare Spielzeug der Erwachsenen, auf dem sie herumtreten wollen und das sie sich deshalb nicht nehmen lassen. Dürfte man peitschen, man würde es viel seltener tun, als man jetzt Lust hat, es zu tun. Worin besteht denn der Fortschritt? Ist die Lust zum Peitschen abgeschafft? Nein, bloß die Peitsche. In den Zeiten der Leibeigenschaft war die Furcht das Gegengewicht der Lust. Heute hat sie kein Gegengewicht, dafür einen Sporn in dem demokratischen Stolz, mit dem die Dummheit ihr Menschenrecht proklamiert. Eine schöne Freiheit: bloß nicht gepeitscht zu werden!

•

Als es noch keine Menschenrechte gab, hatte sie der Vorzugsmensch. Das war inhuman. Dann wurde die Gleichheit hergestellt, indem dem Vorzugsmenschen die Menschenrechte aberkannt wurden.

•

Bei manchen Schriftstellern steht das Werk für die Persönlichkeit. Bei anderen steht die Person fürs Werk. Man muß sie sich hinzudenken. Jedes Achselzucken der Ironie, jede Handbewegung der Gleichgiltigkeit.

•

Einer Idee ist weit mehr gedient, wenn sie nicht so gefaßt wird, daß sie den geraden Weg in die Massen nehmen kann. Nimmt sie nur den Weg durch das Hindernis einer Persönlichkeit, so erreicht sie nicht bloß im künstlerischen Sinne, sondern auch als bloße Idee mehr, als sie je durch eine populäre Fassung erreichen könnte. Es beweist mehr für ihre Tragfähigkeit, daß sie ein Kunstwerk erzeugen kann, als daß sie in der glänzendsten Hülle eines Tendenzwerkes zu unmittelbarer Wirkung gelangt. Das gilt vom Drama so gut wie vom Essay. Eine Idee dient entweder einem Werk oder ein Werk dient ihr. Strömt sie in Kunst über, so geht sie gleichsam im Weltenraum auf und wird auf der Erde zunächst nicht wahrgenommen. Oder sie strömt aus dem Werk und mündet in den Gehirnen der Gegenwart. Eine Idee muß von sich sagen können, sie komme gar wenig unter Leute.

•

Ein Esel meint, mein Satz über den Stil H's: Schwulst ist Krücke, sei ein Selbstbekenntnis. Gewiß, ich bin manchmal so »schwer verständlich«, wie Herr H. Die Distanz zwischen uns und dem Kaffeehausleser ist eine gleich weite. Nur daß ihm dieser ungeduldig vorauseilt und die schönste Mythologie im Stich läßt, wenn Herr H. mit einem Gedankenminus noch lange nicht fertig ist, und daß es mir gelingt, dem Leser zu enteilen. Nichts weiter als der Unterschied zwischen Fett und Sehnen. Daß jenes dem Leser immer noch wohlgefälliger ist, mag sein, aber daß er zwei so verschiedene Körperlichkeiten verwechselt, ist traurig. Sonst räume ich gern ein, daß es vortreffliche Schriftsteller gibt, die vor mir den Nachteil voraus haben, daß sie leicht verständlich schreiben. Aber auch diesen Unterschied, den Unterschied einer Schreibweise, in der Gedanke Sprache und Sprache Gedanke geworden ist, und einer, in der die Sprache bloß die wertvolle Hülle einer wertvollen Meinung abgibt, sind die wenigsten imstande, zu erkennen. Die literarische Kultur ist vollkommen ausgestorben. Es könnte — nicht um Werte anzusprechen, sondern bloß um einen Unterschied zu bezeichnen — gesagt werden, daß es heute möglich ist, Paquin mit Rodin zu verwechseln, weil beide Formen schaffen.

•

Es ist unmöglich, einen Schriftsteller, dessen Kunst das Wort ist, zu kopieren oder zu plagiieren. Man müßte sich schon die Mühe nehmen, sein ganzes Werk abzuschreiben. Worte, die für sich bestehen, sich dem Gedächtnis des Durchschnitts einprägen und darum auch nicht den größten Wert haben, können abgenommen werden. Wie schal und leer wirken sie aber plötzlich in der andern Umgebung. Nicht wiederzuerkennen! Ein Witz, der als die naturnotwendige Äußerung eines Zorns entstanden ist, hat manchmal das Unglück, so locker zu sitzen, daß ihn jeder abreißen kann, der vorübergeht. Die Blüte läßt sich pflücken und welkt rasch. Ob sie nun ein Leser ins Knopfloch steckt oder ein Literat an seinen blütenleeren Baum. Zwar müßte man besonders eifersüchtig auf solche Blüten sein. Denn das Publikum weiß nur von diesen. Daß ich ein paar üble Dinge berührt und dazu ein paar gute Witze gemacht habe, weiß mancher. Die besseren kann man glücklicherweise nicht zitieren. Gelingt es einem, scheinbar entlegene Zeiterscheinungen, Gegenständliches und Hintergründliches, in einem Zug so zusammenzufassen, daß der Gedanke ein abgekürzter Aufsatz ist, dient der Sprachwitz selbst pathetischer Empfindung als Kompositionselement, so ist keine Aussicht auf eine Popularität beim Kaffeehausleser gegeben, der sich aber noch lange in Lachkrämpfen winden wird, wenn »der Schneiderhan balzt«.

•

Ich habe kürzlich bei der Korrektur meiner Schriften für die Buchausgabe gesehen, daß ich einmal den Konflikt zwischen Naturgeboten und aufpropfter Sexualethik in einem einzigen Satz ausgedrückt habe: »So wachsen die Kinder dieser Zeit heran, wissen nicht, was sie müssen, und wissen so viel, was sie nicht dürfen« (Fall Hervay). Der Setzer hatte daraus den folgenden Satz gemacht: »So wachsen die Kinder dieser Zeit heran, wissen nicht, was sie wissen müssen, und wissen so viel, was sie nicht dürfen«. Ein ganz verständlicher Gedanke, bei dem keinem Leser der Kopf wirbeln wird: er berührt das Problem sexueller Aufklärung. Und dies ist viel gefälliger als der frühere Gedanke. Trotzdem habe ich den früheren Gedanken wiederhergestellt. Aber es ist ein lehrreiches Beispiel für meine Methode, denn es zeigt in erschreckender Weise: Meine Weltanschauung kann Gottseidank durch einen Druckfehler zerstört werden!

•

Eitelkeit ist die unentbehrliche Hüterin einer Gottesgabe. Es ist närrisch, zu verlangen, daß das Weib seine Schönheit und der Mann seinen Geist schutzlos preisgebe, um die Armut nicht zu kränken. Zu sagen, ein Wert dürfe nicht auf sich selbst weisen, um nicht auf den Unwert des Andern zu weisen. Wer mir Eitelkeit vorwirft, macht sich des Neides verdächtig, der bei weitem keine so schöne Eigenschaft ist wie die Eitelkeit. Aber wer sie mir abzusprechen wagt, verdächtigt mich der Armut.

*

Es ist nicht wahr, daß man ohne eine Frau nicht leben kann. Man kann bloß ohne eine Frau nicht gelebt haben.

*

Vergleichende Erotik.

So wird das Wunderbild der Venus fertig:
Ich nehme hier ein Aug, dort einen Mund,
hier eine Nase, dort der Brauen Rund.
Es wird Vergangenes mir gegenwärtig.

Hier weht ein Duft, der längst verweht und weit,
hier klingt ein Ton, der längst im Grab verklungen.
Und leben wird durch meine Lebenszeit
das Venusbild, das meinem Kopf entsprungen.

*

Als die Prinzessin bei der Drehorgel mit Kutschern tanzte, war sie so schön, daß der Hof in Ohnmacht fiel.

*

Man muß meine Arbeiten zweimal lesen, um Geschmack daran zu finden. Aber ich habe auch nichts dagegen, daß man sie dreimal liest. Lieber aber ist mir, man liest sie überhaupt nicht, als bloß einmal. Die Kongestionen eines Dummkopfs, der keine Zeit hat, möchte ich nicht verantworten.

Karl Kraus.

Herausgeber und verantwortlicher Redakteur: Karl Kraus.
Druck von Jahoda & Siegel, Wien III. Hintere Zollamtsstraße 3.

DIE FACKEL

Nr. 242—43 WIEN, 31. JÄNNER 1908 IX. JAHR

Sehr geehrter Herr!

Nach Ihrer glänzenden Erledigung des Falles Harden, die sich völlig mit meinen Ansichten über diesen Publizisten deckt, bleibt mir nur wenig zu sagen.

Ich habe Herrn Harden eigentlich nie ernst genommen und war immer höchst verwundert, daß er ein so hohes Ansehen in Deutschland genoß. Es muß, weiß der Teufel, schlimm um eine Nation bestellt sein, in der ein Harden eine literarische Persönlichkeit ist und in der er die Rolle des politischen Führers und Vaterlandretters spielen konnte.

Als Politiker kam er mir vor wie einer von den bekannten, zudringlichen und unangenehmen Beratern beim Kartenspiel, die nicht die geringste Ahnung von dem Spiel haben. Hat man verloren, so haben sie es natürlich längst vorhergesehen, bereits am 27. Juni 1903. Gewinnt man, so ist es natürlich ihr Verdienst: das System, auf Grund dessen man gewinnen mußte, ist von ihnen bereits unter dem Datum des 13. Mai 1901 in allen Linien vorgezeichnet. Aber ab und zu versuchen sich die Herren auf ihre eigene Faust, und dann gibt es ein klägliches, jämmerliches Fiasko.

Welche in Politiker, der auf die Beschwerden eines unbefriedigten und infolge dessen der Hysterie verfallenen Weibes seine Anklage gegen einen durchaus unschuldigen Menschen richtet! Ein Retter des Vaterlands, der sein Mütchen an einem alten, vornehmen Herrn kühlt, von dem er wissen konnte, daß er es unter seiner Ehre halten würde, einem verärgerten Weibe Rede zu stehen, oder sich gar durch Gegenklagen, deren er vermutlich mehr als genug hätte, zu verteidigen.

Herr Harden sollte uneigennützig den Prozeß heraufbeschworen haben? Den Schlüssel zu seinem ganzen Vorgehen bildet sein Geständnis, Fürst Bismarck habe ihm einmal gesagt, er würde mit allen fertig werden, nur mit Fürst Eulenburg nicht. So ungefähr lautete Hardens Aussage. Nun: er, Herr Harden, wollte zeigen, daß er es doch zu Stande bringen könne, und an diesem Ambitiönchen — um im Stil des Herrn Harden zu sprechen — ist er gestrandet.

Wenn er aber aus Pietät gegen den großen Mann gehandelt hat, der unter den verschiedenen Eulenburgs gelitten haben soll, — um ihn zu rächen, dann ist eine solche Rache, betrieben mit so widerlichen, schändlichen Mitteln, etwas so Häßliches, daß Fürst Bismarck wahrscheinlich sich mit Ekel davon abgewandt hätte.

Hätte Herr Harden nur weiter drauf losgeschimpft, sich mit der Rolle des prophetischen Beraters begnügt, auf der Marokkofrage weiter herumgeritten, wäre ja Alles gut, und er könnte als großer Politiker fortbestehen. Nun aber gelüstete ihn, einmal selbstständig vorzugehen und die Krücken, die ihm der Riese in einer witzigen Laune geliehen hat, brachen erbärmlich zusammen; Herr Harden hat es nicht verstanden, sich ihrer zu bedienen.

Das Interessanteste an dem ganzen Prozeß war es, die Psychologie der Menge zu studieren.

Oh, wie hat der Plebs gejohlt, welch ein gefundenes Fressen! Was war dagegen Hau und Olga Molitor: Ein Graf, ein Fürst der Päderastie bezichtigt! Bei keinem Besuch eines gekrönten Hauptes erhob sich je ein so begeistertes Hurrah, wie bei der moralischen Hinrichtung eines schuldlosen Opfers.

Ein Blödsinn ist es, zu sagen, Deutschland sei durch diesen Prozeß kompromittiert worden.

Nur der Pöbel hat sich einmal wieder in seiner scheußlichen Größe nackt gezeigt.

Der Pöbel und Herr Harden sind gerichtet. Herr Harden, der gewußt hat, womit der Pöbel zu ködern sei.

Und bloß darum schon, weil er sich zum Anwalt der niedrigsten, ekelhaftesten Pöbelinstinkte aufgeworfen hat, muß er auf das Recht, als eine Persönlichkeit zu gelten, völlig verzichten.

Eine »Persönlichkeit« das, die da wutschnaubend und händefuchtelnd mit allen Grimassen und dem falschen Pathos eines verkrachten Schauspielers dem Gegner nichts anderes vorzuwerfen hat, als daß er bei den Hofschranzen und einer kranken Dame im Geruche eines Päderasten steht! Widerlich!

Herr Harden als Schriftsteller?

Den haben Sie, verehrter Herr, scharf genug beleuchtet.

Nun hat er sich an seinem klein-kleinen »Ambitiönchen« selbst zugrunde gerichtet.

Wenn es doch wenigstens etwas einigermaßen Großes wäre, woran er hätte stranden müssen, aber so:

Requiescat!

Man könnte mir vorwerfen, ich als Pole wäre nicht im Stande, über Harden, den Polenfresser, ein unbefangenes Urteil abzugeben.

Ich verehre den Fürsten Bismarck, den gewaltigen Roboam, der das Polentum in den Ostmarken mit Skorpionhieben zu einem stolzen und herrlichen Nationalbewußtsein aufgepeitscht hat — die Polen könnten diesem mächtigen Wallenrod aus Dankbarkeit ein Denkmal erbauen —; aber ich habe weder Haß noch Liebe zu seinen Kammerdienern.

Einem Lakai steht man immer unbefangen gegenüber.

Dies, verehrter Herr, ist meine Meinung über den traurigen Bajazzo in Deutschlands politischem Leben. Mit tiefster Hochachtung

Ihr ergebener

München, 7. Jänner 1908. Stanislaw Przybyszewski.

MAXIMILIAN HARDEN.

Ein Nachruf.

Da laß' ich Jeden lügen
Und reden, was er will;
Hätt' Wahrheit ich geschwiegen,
Mir wären Hulder viel!

Hutten oder Harden.

Da einer starb — an einem kranken Ruhm und nicht an einem gesunden Rippenfell —, ziemte es sich zu schweigen und mit übler Nachrede zu warten, bis er gestorben war. In einem Abstand der Wochen aber dann nicht »aussprechen, was ist«, wäre eine Feigheit, die der Selige selbst stets zu verpönen vorgegeben hat, und für die ich dem ganzen Dichtervolk, das jetzt für ihn aufsteht, erlaubte mir ins Gesicht zu spucken. Ich hab's gewagt, Herrn Maximilian Harden für keinen Hutten zu halten. Ich halte, was ich gewagt, auch in einem zweiten Verfahren aufrecht. Zu Gunsten des Retters Deutschlands hat sich seit dem ersten nichts gewendet, zu seinen Ungunsten alles, was damals noch die wertlose Ehre eines informierten Journalisten ausgemacht hat. Wem beim gottlosen Ulk des Schöffengerichts für die deutsche Rechtssicherheit bange wurde, wer aber dann die ehrenvolle Selbstkasteiung der Justiz einen Gewaltakt gegen Herrn Harden nennt, bei dem könnte ich von einem weichen Herzen auf ein weiches Gehirn schließen. Wem jedoch der Freispruch den Mann verekelt hat und wem dann die Verurteilung zu vier Monaten ein Argument für seine Bedeutung vorstellt, den halte ich gradaus für einen Schwachkopf. Solcher

Schwachköpfe sind in Mitteleuropa viele. Daß sie sich auch unter den Künstlern finden, ist eine Erfahrung, die dem vollsinnigen Spießbürger ein Hochgefühl der Überlegenheit beibringen könnte. Und nichts könnte verhängnisvoller sein. Das geistige Deutschland bietet seit dem Tage, da das Berliner Landgericht der überzeugenden Qual des Grafen Moltke ein Ende gemacht und ein geschminktes Martyrium des Herrn Harden eröffnet hat, einen beschämenden Anblick. Wenn dieser Prozeßfall überhaupt eine Perspektive hat, so verdankt er sie nicht der Entblößung der Verhältnisse, in denen die deutschen Soldaten leben, sondern der Enthüllung der Disziplinlosigkeit deutscher Köpfe. Keine Kürassierhose vermöchte so unmittelbar zu faszinieren, wie ein schönes Schlagwort. Der traurige Unterschied ist nur, daß dort ein Gemeiner einem General zu willen ist, und hier der letzte Kommisknopf des Feuilletonteils Deutschlands führende Geister zu einem Liebesdienst kommandiert. Wer nach zehn Jahren eine Zeitung zur Hand nehmen wird, um sich über den Eindruck der Harden-Affäre zu unterrichten, wird hellaut auflachen. Kein Preßköter hätte vom Grafen Moltke einen Bissen genommen, ehe durch eine Prozedur, die dem deutschen Volk die verlernte Gerechtigkeit förmlich vorbuchstabierte, der Ruhm des Herrn Harden Blatt für Blatt kaput ging. Mit einemmal hatte er es erzielt, daß ein dem Gegner gereichtes Riechfläschchen, das vor dem Schöffengericht ein Symptom seiner Normwidrigkeit gewesen wäre, als Beispiel für Barmherzigkeit den Fibeln künftiger Zeiten vorbehalten wurde. Kaum aber war die Wahrheit als Lüge und die Lüge als Wahrheit erkannt, der Wandel des journalistischen Urteils in den Ton einer Operettenvergeltung verklungen und der Beschluß gefaßt, daß der Eisenstein eingesperrt werde, drehten sich die Blätter. Hol der Teufel die Ehrlichkeit, hieß es jetzt, wenn der Unehrliche leiden muß! Die Gerechtigkeit war abgekartet, und in Deutschland wird über höheren Auftrag Recht geübt. In der ‚Zukunft' aber sagte Herr Harden: Wenn hier auch dem Gesetz Genüge geschehen sei, so müsse das Gesetz in solchen besonders berücksichtigenswerten Fällen durch Willkür ersetzt werden. Der Kronprinz, dem die Ehre der Anbiederung des Herrn Harden schon seit langem widerfährt, möge es verhüten, daß dies Urteil vollstreckt werde. Man hatte ein im Namen des Königs erflossenes Urteil »zerbrochen«. Was freilich das Schicksal vieler Urteile erster Instanz ist. Nun möge man das zweite Urteil im Namen des Kronprinzen zerbrechen. Zwar, »wo das Gesetz Alles, die Willkür nichts bestimmt, ist für eine Kamarilla kein Raum«. Aber das wird dem Kronprinzen zugleich mit der Aufforderung intimiert, sich eine Kamarilla aus dem Kreise des Herrn Harden zusammenzustellen. Denn »auch das Gesetz darf nicht zum Moloch werden«. Was geschehen sei, könne den Kronprinzen lehren, »daß Gesetze nur nachhinken und daß daher der Rat des greisen Bismarck, Ruhendes nicht in Bewegung zu bringen, nicht als allgemein giltige Regel aufgefaßt werden darf«. Daß vor dem Rat des greisen Bismarck neuestens gewarnt wird, ist nach der Haltung dieses Zeugen vor dem Landgericht nur zu begreiflich. Die Undankbarkeit Bismarcks, mit dem Harden bekanntlich eine Flasche Steinberger geleert hat, ist eine schmerzliche Enttäuschung. Und wie viele Bismarck-Worte wären ungesagt geblieben, wenn Herr Harden sie nicht veröffentlicht hätte! Wenn der Altreichskanzler Herrn Harden jetzt im Stiche gelassen hat, so hat er sich die üblen Folgen selbst zuzuschreiben. Wenn er sie aber nicht vorhergesehen hat, so beweist das wieder nur, daß er »seit jeher ein schlechter Menschenkenner war«. Der Liberalismus, den Herr Harden um Bismarcks willen verraten hat, nimmt jeden auf, der heimgefunden hat. Er sagt, Herr Harden hätte sich mit der Politik und mit der Hysterie nie einlassen sollen, aber er stellt sich zwischen ihn und die Schergen, die jetzt wollen, daß ein Vaterlandsretter sich fürs Vaterland opfere. Ein toter Zeuge hat sich als fast so unzuverlässig erwiesen, wie eine lebende Zeugin. Aber um eines guten Glaubens willen müsse ein schlechtes Wissen verziehen werden, und noch nie habe ein Publizist so gut zu glauben vermocht wie Herr Harden. Ein Wort über Robespierre »Il croit tout ce qu'il dit« war bisher der Wahlspruch, den er auf seine Photographien schrieb. Die Gerichtssachverständigen haben erklärt, es sei ein Robespierre de strass. Er glaubt alles, was man ihm sagt . . . Wer so fest im Glauben ist, hat das Himmelreich verdient und nicht das Gefängnis. Das ist die Meinung aller, die jetzt in Deutschland die Stimmung der Revisionsverhandlung vorzubereiten haben; das ist unser aller Meinung. Aber wir anderen wollten uns eher Daumschrauben ansetzen lassen, bevor wir die Bitte um Begnadigung des Herrn Harden mit einem andern Argument als dem seiner Wehrlosigkeit gegen hysterisches Geschwätz zu unterstützen suchten. Bevor wir in die Wehklage der deutschen Dichter über die einer leuchtenden Persönlichkeit drohende Gefahr einstimmten.

Anstatt, daß man in stürmischen Zeiten Dichter an die Kette legt, weil ihre kostbare Phantasie sich am logischen Einmaleins wundläuft, weil ihr Temperament sich auch an einem unterdrückten Unrecht, an einer geknebelten Nichtswürdigkeit erregt und beim kümmerlichsten Anlaß die größten Gebärden mitmacht, kommt eine Redaktion, wie die des Berliner ‚Morgen', mehr Tölpel als Snob, daher und hetzt die liebe Ahnungslosigkeit auf den Fall Harden. Der Kolportagelärm der Friedrichstraße, dem es gleichgiltig ist, ob »Olga Molitor schuldig« oder Graf Moltke schuldig ist, wenn nur überhaupt jemand schuldig ist, wird von der Stimme der Kultur übertönt. Aber der Mißklang entsteht erst durch die Mischung, und die Kultur erlebt ein Fiasko, wenn sie sich in eine Angelegenheit mischt, die eine Angelegenheit der Ausrufer ist. Nie hat Herr Harden etwas anderes in ihr gesehen, nie trotz allen hieratischen Vorwänden »seines Wollens Grenzen weiter gesteckt«. »Neieste Nummer der ‚Zukunft'. Sensationelle Enthüllungen über den Grafen Moltke!« Was suchen die Dichter in der Friedrichstraße? Wozu prostituieren sie sich dem Reklamebedürfnis zweier Schmockrevuen? Spielt da jene kleine Menschlichkeit mit, die auch den größten Novellenschreiber bewegen könnte, einer Zeitschrift, deren kritisches Wort leider auf dem Büchermarkt Geltung hat, ein günstiges Gutachten über den Herausgeber einer anderen Zeitschrift zu liefern, deren kritisches Wort den Büchermarkt leider beherrscht? Des Rätsels Lösung dürfte nicht in einer ethischen, sondern in einer geistigen Nachgiebigkeit gegenüber einer herrschsüchtigen Presse zu suchen sein. Auch sie glauben alles, was ihnen ein lügenhaftes Frauenzimmer sagt. Sie parieren aufs Schlagwort. Gewiß, man kann den Dichtern den guten Glauben zubilligen. Sie haben nicht eine Zeile von Herrn Harden gelesen, aber sie haben gehört, daß er eine leidenschaftliche Kampfnatur sei. Wenn das Gerücht zur Legende erstarken sollte, mußte es sorgsam vor der Lektüre bewahrt bleiben; und nie noch hat eine im nüchternsten Leben wirkende Persönlichkeit so sehr zur Gerüchtbildung geneigt, wie die des Herrn Maximilian Harden. Da glühte ein Temperament unter einer Lava von mühseliger Langeweile, durch die der Fuß des Genießers kaum zum Gipfel stapft. Wo so viel Lava ist, sind wahrscheinlich Gluten. Man spürte sie nicht, aber man glaubte an sie, und das ist mehr. Deutschland hat einen Vulkan, der nicht Feuer speit, dem man es aber zutrauen kann. Zwei Zeilen politische Mythologie, und man gab die Hoffnung auf, sich durchzuwinden. Und schämte sich, es einzugestehen, daß man am Fuße des Vesuv war und nicht hinaufgelangt ist. Menschen mit Empfindung redeten uns ein, daß sie einen Artikel des Herrn Harden mit Genuß zu Ende gelesen hätten. Sie sagten nicht: Pfui Teufel, das ist ja Sünde wider den heiligen Geist der Sprache, das ist ja Affenschande an allen Grazien der Kultur, das ist eine Majestätsbeleidigung gegen den Geschmack! Sondern sie sagten: Herr Harden ist bekanntlich eine leidenschaftliche Kampfnatur. Der Bädecker empfiehlt ihn als besonders lohnend, und alle glaubten daran. Und weil alle daran glaubten, weil der Stil des Herrn Harden wirklich ein eigener war, einer, der immerhin ein geblumtes Muster zur Ledernheit eines landläufigen Journalismus schuf, wurde der Glaube ein Nationalheiligtum. Die Dichter, die dann um ihre Meinung befragt wurden, sagten nicht: Sein Prozeß ist uns gleichgiltig, aber seine vier Monate hat der Mann verdient, weil er das Wort »Grüppchen« geschaffen hat, gleichviel, ob er dessen Mitglieder der Päderastie bezichtigen wollte, weil er den Mai uns als »Weidemond« verekelt, weil in der Politik ihn die Hämorrhoiden eines Fürsten interessieren und weil er sie die »güldene Ader« nennt, mit einem Wort, weil er im politischen Leitartikel poetischer ist als wir, wenn wir Oden schreiben. Sie sagten nicht: Freuen wir uns, daß ein bedauerlicher Zwischenfall den Anstoß gibt, dieser Fülle gedunsener Leere den Garaus zu machen, diese polnische Sauce mit allen ihren Bildungsrosinen endgiltig auszutunken, von diesem Fettfleck eines gewollten Ästhetizismus das deutsche Geistesleben zu reinigen! Sie sagten nicht: Herr Harden steht in einem unüberbrückbaren Gegensatz zur Dutzendjournalistik; denn in dieser wirken Schmöcke von Profession und er ist ein Schmock aus Neigung. Mit ihnen, die wider ihren Willen in einer Redaktion statt in einem Comptoir sitzen, wollen wir fertig werden, wenn wir ihnen nur erst das Air einer Meinung genommen und sie gezwungen haben, das Geschäft ihrer Brotherren zu bekennen. Aber dieser da ist gefährlich, weil er aus Wolken spricht, weil er keine Banalität sagen kann, ohne sie auf die Edda zurückzuführen, und weil er so profund ist, daß allen Flachköpfen das Welträtsel aufgeht ... Ein Deutschland, das den Wohllaut seiner Sprache dem Lärm der Rotationsmaschine geopfert hat, ist dem Respekt vor einer Sprache zugänglich, die immerhin auf eigenen Krücken steht. Auf den Trümmern der Verwüstung des Künstlerworts gebärdet einer sich, als ob er bauen könnte. Ein wahres Ei des Kolumbus, das seit fünfzehn Jahren aufrecht steht, weil ihm niemand das eingeschlagene Ende ansieht und den dumpfen Inhalt anriecht! Wie sollten es Dichter mit ihren feinen Sinnen? Sie dichten seitab von der publizistischen Realität, und wenn sie über Herrn Maximilian Harden befragt werden, vertrauen sie der Legende. Man müßte sie kritisch entmündigen, aber wenn man gewissenlos genug ist, lädt man sie zu einer Enquete.

Das Bedauern, daß im modernen Staat einer, der die Feder unrühmlich geführt hat, nicht bloß mit der Entziehung der Feder, sondern mit der Entziehung der leiblichen Freiheit gestraft wird, mag Dichter rühren. Aber daß sie einen Egmont dichten, wenn einer vom Herzog Alba behauptet hat, daß er normwidrig sei, und wenn er wegen Preßbeleidigung eingesperrt werden soll, das ist mehr als toll. Ein Eingriff in die Unterleibssphäre, der das geistige Niveau eines Publizisten mehr als seinen Charakter beschämt, soll nicht mehr als Beleidigung strafbar sein, und wenn er schon nicht mehr als vaterlandsretterische Tat drapiert werden kann, so soll bei seiner Bestrafung irgendein Genius das Haupt verhüllen. Die deutsche Kultur will vor einem Tatsachenheros, der sich von anderen Journalisten nur durch die schlechte Information und den guten Glauben unterscheidet, zum Klärchen werden, das in der Friedrichstraße den Ruf ausstößt, »mit seinem Atem fliehe der letzte Hauch der Freiheit«. Mit einer Pose, deren Widrigkeit bloß Dichtern nicht in die Nase steigt, wird da einer, wenn's denn doch sein muß, die Feder hinlegen, als ob sie ein Degen wäre, der »weit öfter des Königs Sache verteidigt hat«, als das eigene Geschäft beschützt, und »diese treibt ein hohles Wort des Herrschers« — weil der Schöffenprozeß nicht etwa ein Justizskandal war, gegen den Remedur geschaffen werden mußte. Und euer — wie sagt doch der Held — euer »Liebchen« zu erretten, fällt freudig, wie ich euch ein Beispiel gebe! Trommeln ... Dieser Ton des Nichtdaranglaubenkönnens, daß ein Held gefällt werden soll, dies klassische »Er, Er!« zieht sich jetzt durch die Kundgebungen aller Künstler, deren Anständigkeit man zutrauen muß, daß sie vor Ekel zusammengebrochen wären, wenn sie die Prozeßberichte gelesen hätten, und deren gutem Geschmack man zutrauen muß, daß sie sich ihr Urteil über die literarische Persönlichkeit des Herrn Harden in den fünfzehn Jahren gebildet haben, die sie nun schon die ‚Zukunft' nicht lesen. Ein Schriftsteller soll eingesperrt werden, man sagt, es sei ein Mann von Leidenschaft, manche haben auch gehört, es sei ein Mann von Einfluß; also gehen sie hin und klagen das deutsche Gewissen an, das solche Erniedrigung zu ertragen willens sei. Dichter haben sich mißbrauchen lassen, und sofort ist auch die ganze Empfindsamkeit des jüngsten Deutschland aufgeboten, um ein Mißgeschick, das an jedem Tag des staatlichen Betriebs der Grausamkeit zehn wertvollere Seelen trifft, unter dem an jedem Tag — im Volk der Richter und Henker — hundert Gerechtere leiden, mit all den exzeptionellen Redewendungen, wie sie jetzt die literarische Kritik verseuchen, zu einer säkularen Schmach zu erheben. Da wird aus einem Parvenu, dem Geschicklichkeit, Fleiß und Ehrgeiz mit Recht selbst der Staatsanwalt zuerkannt hat, ein »arrivé größten Stils«; da heißt ein Mann, dessen

Leben von keinem Leiden außer dem tiefgefühlten Mangel an Persönlichkeit zerwühlt ist, und den bloß die Energie einer festgehaltenen Manier vor der deutschen Kulturlosigkeit bestehen läßt, »ein Leidender und ein ekstatisch in die Weite Wirkender«, einer, »der seine Persönlichkeit zum Kunstwerk von europäischer Bannkraft gepflegt und gehärtet hat«. Es wird von der »empörten Trauer der Intellektuellen um die Marterung Maximilian Hardens« gesprochen. Wir machen, heißt es, »eine Zeit der Scham und Erbitterung durch; wir denken der entsetzlichen Rache, die die Londoner Presse einst an Oskar Wilde genommen«. Denn die Intellektuellen »empfinden Hardens Stellung und Macht als eines der wenigen in Deutschland aufgerichteten Triumphzeichen des Geistes«. Ich möchte um alles in der Welt kein Intellektueller sein, wenn ich damit zu solcher Empfindung verurteilt wäre. Ich empfinde vielmehr dies Triumphzeichen des Geistes als einen Beweis für die Stellung und Macht jener Intellektuellen, deren Frechheit im heutigen Deutschland über die Vornehmheit und deren Intelligenz über den Geist triumphiert. Diese Intelligenz hat sich aber selbst so wüste Schmutzkonkurrenz gemacht, daß von ihr nichts mehr übrig geblieben ist, und daß wir es erleben können, das Schicksal eines Oskar Wilde mit dem Malheur des Herrn Harden verglichen zu sehen, weil beide wegen der Päderastie eingesperrt werden. Es fehlt nur noch, daß Wilde, der sie selbst getrieben hat, das Martyrium aberkannt wird, während Herr Harden ein reiner Märtyrer ist, der um der Päderastie anderer willen leiden muß, weil er sie nämlich denunziert hat. Der Vergleich würde dann nicht stimmen, aber er ist aus jener »Stimmung« zusammengepatzt, über die die Kulturreporter augenblicklich verfügen, wenn man sie aus dem Schlaf rüttelt und ihnen ein Thema aufgibt. Die Zurückhaltung eines der wenigen urteilsfähigen Berliner Kritiker, Alfred Kerrs, der den Fall

Harden bloß eine Hanswurstkomödie nannte, hat einen »Intellektuellen« zu jenem verzweifelten Schritt getrieben, den Fall Wilde zum Vergleich heranzuziehen. Aber die Hanswurstkomödie des Prozesses war ein Oratorium neben dem Treiben, das sich jetzt auf den publizistischen Schaubühnen des deutschen Geistes abspielt. Die Intellektuellen finden es unbegreiflich, daß Herr Harden so behandelt werden soll wie etwa ein anderer Sexualplauderer, der bloß mit klaren Worten gesagt hat, daß er einen Stadtkommandanten für einen warmen Bruder halte. Denn Herr Harden hat ein Triumphzeichen des deutschen Geistes aufgerichtet, als er diese Meinung in schielender Form zum besten gab, als er eine Sprache »für Eingeweihte« führte, als er den Nervenfrieden von Männern, die in ihrem Unterleib mehr Kultur und Noblesse haben als Herr Harden in seinem Herzen, einige Quartale hindurch unter dem Damoklesschwert seines stupenden Mitwissens hielt. Und darum soll von ihm abgewendet werden, was rauher sonst und schmerzhafter jedem Journalisten widerfährt, der sich vor Gericht zu einer geschriebenen Büberei bekennt, der bloß nicht beweisen kann, was er behauptet hat, aber nicht als doppelt schielender Taktiker zu beweisen sucht, was er »nicht behauptet hat«. Als Herr Harden auf der Festung in Weichselmünde saß und in Danzig Champagner trank, klagte er, oder wie er sagen würde, »stöhnte« er in Briefkastennotizen, die deutsche Presse kümmere sich nur um Dreyfus auf der Teufelsinsel und nicht um ihn. Ein Lärm aber, wie ihn die deutsche Presse um Dreyfus schlug, steht uns von Berliner Intellektuellen bevor, wenn Herr Harden wirklich ins Gefängnis gehen sollte. Der deutsche Kaiser könnte nichts klügeres tun als begnadigen. Als Herr Harden freigesprochen wurde, war er fertig. Selbst die Intellektuellen hätten sich geschämt, für den Mann, der den Beweis antrat, daß Graf Moltke Rot auflege, ein Wort zu sprechen. Dem erschütternden Eindruck wortlos hingeschlachteter Vornehmheit, dem Grauen vor dem Triumph der Tatsachenbestie, die aus dem großen Maul des Lustspieldichters Bernstein auf den Gerichtstisch sprang, konnte sich niemand entziehen. Nun ist Herr Harden zu vier Monaten freigesprochen und die Schmach eines elenden Wahrheitsbeweises ist von ihm genommen. Er hat Glück. Daß er die Perversität des Grafen Moltke nicht nachweisen konnte, daß doch noch gottseidank die entscheidende Lücke des Sexualverdachts unausgefüllt blieb, rehabilitiert den Angeklagten mehr als den Kläger. Wie entsetzlich wäre es gewesen, wenn Herrn Harden der Beweis der »Normwidrigkeit« einiger hochgestellter Herren definitiv gelungen wäre. Daß er um diese Dinge doch nicht so ganz genau Bescheid gewußt hat, daß er es endlich spürt, das Schlafzimmer sei von dem Gebiet des »erweislich Wahren« streng separiert, ist wahrhaft erfreulich. Aber wahrhaft unerfreulich sind jene öffentlichen Beurteiler, die die Tat des Mannes mit dem guten Glauben decken und auf die Täuschung durch eine Hysterikerin versöhnlich hinweisen. Ist der Rückzug von der Tirade der Vaterlandsrettung auf die Retirade des guten Glaubens für einen Politiker jämmerlich genug, ist dieser Abstieg allein schon ein halsbrecherisches Experiment, so ist jene Zufriedenheit des Zuschauers, die eine Gemeinheit mit Dummheit entschuldigt, wohl eine der bedenklichsten Regungen des deutschen Intellektualismus. Als ob ein so schlechter Glaube je durch bona fides entschuldigt werden könnte! Als ob ich Dinge, die ich als zimmerreiner Mensch nicht erkunden darf, dann straflos verkünden dürfte, wenn ich sie für wahr halte. Ich sage: Je gelungener der Wahrheitsbeweis, desto größer die Infamie! Und der gute Glaube kann die Unwahrheit einer Behauptung wettmachen, aber ihre Nichtswürdigkeit vermehren. Die berufsmäßig Neugierigen haben sich darüber aufgehalten, daß bei der Verhandlung die Öffentlichkeit so oft ausgeschlossen wurde und daß sie für ihre Stimmungsberichte auf die Informationsquelle des Mienenspiels der den Gerichtssaal verlassenden Zeugen angewiesen waren. Der Lakai des Fürsten Eulenburg wurde beneidet, weil ihm wenigstens in der Nähe der Tür, die den Skandal verschloß, zu stehen vergönnt war. Die geheimen Verhandlungen vor österreichischen Gerichten stehen freilich unter der Kontrolle journalistischer Vertrauensmänner, die das Geheimnis bis zum Erscheinen der Morgenblätter wahren. Hätte der Prozeß Harden-Moltke in Wien gespielt, die Vertreter der Presse hätten im Saal bleiben dürfen. Aber der Skandal wäre doch ein geringerer gewesen als vor dem Berliner Schöffengericht, das die Verhandlung in voller Öffentlichkeit durchgeführt hat. Denn dank einem Beleidigungsgesetz, das von dem reichsdeutschen in einem wichtigen Punkt verschieden ist, hätten die Vertreter der Presse außer der Anklageschrift und dem Schuldspruch nichts mitzuteilen gehabt. Vor dem Berliner Landgericht war die Öffentlichkeit ausgeschlossen, vor jedem österreichischen Gericht wäre der Wahrheitsbeweis ausgeschlossen gewesen. Die Verhandlung hätte sich hier auf einen Beweis darüber, daß eine Beleidigung vorliege, daß der angeklagte Redakteur den Artikel geschrieben oder zum Druck befördert habe, und auf die Urteilsfällung reduziert. Und es muß einmal gesagt sein, daß dieser eine Paragraph, der in dem alten österreichischen Strafgesetz enthalten ist, uns ausnahmsweise einen kulturellen Vorsprung vor unseren Nachbarn sichert. Es ist uns nicht erlaubt, »unehrenhafte, wenn auch wahre Tatsachen des Privat- und Familienlebens« zu verbreiten, unser Leben hat also eine größere Freiheit. Uns ist ein wohltuendes Verbot auferlegt, das manche Fessel, die uns härter drückt als die reichsdeutschen Staatsbürger, erträglich macht. Die Beschaffenheit unserer Leintücher gehört nicht in den Bereich des erweislich Wahren und ein coitus interruptus kann nicht vor Gericht gestellt werden! Der Journalist, der sich vermäße zu behaupten, einer tauge nicht zum General, weil er einmal seine Frau nicht besiegen wollte, würde es nicht erleben, daß die Hysterie dieser Frau gerichtsordnungsmäßig festgestellt wird, um die Unwahrheit der Information oder den guten Glauben des Irregeführten zu beweisen. Gottseidank! Und danken wir dem Schutzengel unserer Schwerfälligkeit, daß er dies alte Strafgesetz noch nicht abgeschafft hat. Er hat uns einen Paragraphen erhalten, der vielleicht einem Reformeifer, den öfter das reichsdeutsche Vorbild blendet, zum Opfer fiele. Das ist ein Paragraph, der als Wächter vor unserem Alkoven steht, mag darin — außer den Handlungen, die das Strafgesetz trifft — geschehen, was wolle. Ein Paragraph, in dem die christliche Sexualethik gleichsam das Gebot der christlichen Nächstenliebe erfüllt hat. Jene Ethik, die da ahndet, was wir im Bette sündigen, gemildert durch jene Liebe, die da verbietet, daß man es uns nachsage. Erinnern wir uns immer wieder dieses Paragraphen, der die Stelle hütet, wo wir sterblich sind: er bedeutet in Wahrheit die Stelle, wo unser altes Strafgesetz unsterblich ist. Weil es da eine Feinfühligkeit offenbart, die förmlich aus dem Bilde engstirniger Grausamkeit herausfällt. Und wäre es auch nur die Feinfühligkeit der Heuchelei. Aber die Heuchelei schützt die Freiheit des Geheimnisses, und diese ist ein höheres Gut als die Öffentlichkeit der Unfreiheit. Wenn uns ein Geschlechtsleben nur erlaubt ist, gegenüber der Sklaverei, es verheimlichen zu müssen, ist es schon Freiheit, es verheimlichen zu dürfen. Diesem österreichischen Heuchelglauben, der da annimmt, daß unser sexuelles Tun uns zur Schande oder zum Schaden gereiche, verdanken wir es, daß unsere Sexualprozesse wenigstens nicht letal enden; denn der Zeuge wird nicht zum Dilemma zwischen einem

Meineid und der eidlichen Aussage über seine Beziehungen zu einer Frau gezwungen. Diesen heuchlerischen Schutz des Privatlebens, der dem Kläger in einer Beleidigungssache oder dem Zeugen in einem Ehebruchsprozeß gewährt wird, liegt ein weise paktierendes Verständnis für die Sphäre, in der das Sittengesetz mit den Geschlechtstrieben kollidiert, zugrunde, ein tiefes Gefühl dafür, daß jene Beleidigung des Privatlebens die schmerzlichere ist, die die Wahrheit sagt. Trifft ein ehrenrühriger Vorwurf eine korrupte Handlung, die wir öffentlich zu verantworten haben, so trifft er härter, wenn er unbegründet ist. Aber ein unbegründeter Vorwurf einer sexuellen Anomalie kann so ins Innerste nie eingreifen wie ein begründeter. Je wahrer die Tatsache des Privat- und Familienlebens ist, die der Beleidiger in die Öffentlichkeit trug, desto empfindlicher die Beleidigung, desto größer muß die Strafe sein. Diese Erkenntnis allein richtet schon die geistige Minderwertigkeit des Echauffements der Harden-Leute um die »Wahrheit«. In der Beurteilung dieses Prozesses war das Gefühl dafür verschwunden, daß die Tat des Angeklagten häßlicher ist, wenn Graf Moltke wirklich in erotischer Tendenz das Taschentuch seines Freundes Eulenburg an die Lippen geführt hätte. Und wie enggeistig die fortwährende Differenzierung zwischen dem Vorwurf homosexuellen Tuns und dem Vorwurf homosexueller Neigung — schon das Wort »Vorwurf« bringt einem den ganzen Ekel bei —, die eine rein juristische Unterscheidung ist. Auch nach unserem Gesetz wäre übrigens für den »Vorwurf« einer homosexuellen Handlung, für die Beschuldigung eines Delikts, der Wahrheitsbeweis zulässig. Für die Behauptung normwidriger Neigung, also einer bloß unehrenhaften Tatsache des Privatlebens, wäre ein Wahrheitsbeweis unzulässig. In Deutschland ist er möglich; und erst ein Vorsitzender holt in einer meisterlichen Urteilsbegründung den vom Gesetz versagten Schutz des Privatlebens nach, indem er Herrn Harden wenigstens die »Wahrnehmung berechtigter Interessen« aberkennt, die ein Eingriff ins Geschlechtsleben nie für sich in Anspruch nehmen könne. Bei uns wie drüben muß aber der Anwurf homosexueller Neigung so schwer wiegen wie die Beschuldigung der Tat. Erschwerend ist die Möglichkeit, von der populären Auffassung in diesen Dingen mißdeutet zu werden, die immer, wenn einer nur schielend von Männerfreundschaft spricht, den Vorwurf der schwersten Deliktsart für gegeben hält. Herr Harden aber fühlt gar nicht, daß der bloße Hinweis auf eine »Anlage« ungleich niedriger ist als die Beschuldigung päderastischen Handelns, für deren Wahrheit oder Unwahrheit es einen einfachen Beweis gibt, während dort ein Rest von Unklarheit fortwirkend das Gespött des Pöbels herausfordert. Hätte Herr Harden mit deutlichen Worten gesagt, daß Graf M. und Fürst E. ein Verhältnis nach allen Regeln haben, die Geschichte wäre so oder so erledigt gewesen; aber von Tütü und Phili wird noch die Nachwelt der Friedrichstraße munkeln. Wie erbärmlich die Entschuldigung solcher Hinweise — für die der humorloseste Schriftsteller Deutschlands auch noch das Recht der »Satire« in Anspruch nimmt — durch den »guten Glauben« ist, kann gar nicht oft genug gesagt werden. Aber die Lumperei wird eigentlich noch kräftiger von denen bejaht, die Herrn Harden die »leichtfertige Information« verübeln und sagen, er hätte »sorgfältiger« das Material prüfen müssen, ehe er es zu einer Publikation benützte. Hier erst spricht die Weltanschauung des Journalismus, der unsere Nachttöpfe als öffentliche Angelegenheit reklamiert und sich bloß die Pflicht einer gewissenhaften Untersuchung ihres Inhalts setzt.

Erschwerend, nicht mildernd ist, daß Herr Harden »weniger« gesagt hat, als man ihm infolge des berühmten »Lärms, der im Mai entstand« in die

Schuhe schiebt. Daß er angespielt und nicht behauptet hat, ist schlimmer. Und nicht daß er den Vorwurf, den er so oder so aufgestellt hat, nicht erweisen konnte, richtet ihn, sondern, daß er ihn aufgestellt hat. Seine Schuld wäre größer, wenn ihm der Wahrheitsbeweis gelungen wäre. Vor dem Schöffengericht hat der Geist der Information über die Kultur gesiegt. Jetzt hat er erst recht gesiegt. Denn jetzt ist bloß die Nicht-Informiertheit unterlegen und damit sind die Waffen verherrlicht, mit denen man der Kultur künftig wirksamer beikommen kann. Und siehe, die Frage, ob ein Journalist gut oder schlecht informiert war, als er uns an den Sexus griff, bewegt die Herzen der Dichter. Ihnen imponiert nach wie vor die literarische Persönlichkeit eines Menschen, der geschlechtliche Regungen unter Beweis und den erotischen Ton einer Freundschaft vor Gericht stellt. Pfui über solche Dichter! Ich habe den Schmöcken den Vortritt gegeben in einer Sache, die nur den Schmöcken nahegehen sollte. Aber ich darf es nicht unterlassen, auch die Dichter noch einmal zur Enquete zu laden, auf die Gefahr hin, durch allzu eindringliche Befragung wertvolle Freundschaften und Mitarbeiterschaften zu verlieren. Ich achte solch persönlichen Vorteil gering, wenn mir eine unterdrückte Empörung inneren Nachteil brächte. Und meine hohe Schätzung künstlerischer Potenzen bleibt unvermindert, wenn ich einmal sagen muß, daß Künstler sich in einer Sache, die ein urteilsmäßiges Denken erfordert, bis auf die Knochen blamiert haben, und wenn ich mit jedem Wort doch nur den Journalismus treffe, der künstlerisches Ansehen zu einer würdelosen Leistung mißbraucht hat. Daß sie zu einem Problem »Stellung nehmen«, dem sie blind gegenüberstehen, zum Teil gegenüberstehen müssen, ist traurig. Daß ein Stilist wie Herr Heinrich Mann, dessen Manieriertheit eine Fülle, nicht einen Mangel bedeutet, sich nicht mit Grausen von der Schreibweise eines Herrn Harden wendet, es ihm aufs Wort glaubt, daß er »die Größe des Reiches will«, ist beschämend. Aber unbegreiflich ist eine Auffassung, die einer Nation die Schuld gibt, wenn »ein auf dem Boden großer Aktionen drängendes Talent nicht den herrschaftlichen Aufgang nehmen kann, sondern durch Schlafzimmer und schlecht riechende Nebenräume schleichen muß, um bestenfalls in einen Gerichtssaal zu gelangen«. Durch Herrn Harden werde »der in Deutschland zur Untätigkeit verdammte Geist gerächt«. »Wenn der Geist Macht erlangt haben wird über die adeligen Faustmenschen, deren überlebte Herrschaft uns vor Europa täglich tiefer schändet, dann wird Maximilian Harden sein Denkmal empfangen«. Nachdem er sich so lange in den Schlafzimmern und Nebenräumen der adeligen Faustmenschen hat herumtreiben müssen! Dort macht der Geist ihnen die Herrschaft streitig, dort ist der Schauplatz seiner Siege, von dort aus wird er die Welt erobern. Einer dieser adeligen Faustmenschen wollte heiraten. Da sagte er zu seiner Schwester: »Ja, wir haben aus unserer langen Korrespondenz bemerkt, daß wir uns verstanden. Ich habe ihr aber doch noch ein Buch Tolstois geschickt, damit sie über das Problem einer Ehe zwischen verschiedengearteten Menschen lesen könne.« Die Antwort auf diese Buchsendung habe ihn befriedigt und so sei diese Verlobung zustande gekommen. Er heiratete. Die Wunden, die eine Hysterikerin zeigt, sind irreal, aber die Wunden, die sie beibringt, bluten wirklich. Ein richtiger adeliger Faustmensch aber hat, als ihn ein Amtsrichter fragte, ob er die eidlichen Hirngespinste seiner früheren Frau für unwahr erklären könne, geschwiegen, die Zähne zusammengebissen, obgleich er in diesem Augenblick fühlte, daß sein Schweigen ihn vor einer demokratischen Justiz des Geistes richte. Solche Haltung kann der intellektuellen Publizistik, die höchstens einen »Dutzendmenschen« vor sich sieht, nicht imponieren. Und als der adelige

Faustmensch in diesem Grafen Moltke abgedankt hatte, brach der beredsame Geist, geführt von den Herren Harden und Bernstein, über die Schranken. Aber Herr Heinrich Mann, der Dichter, unterscheidet genau, auf welcher Seite die wahre Vornehmheit ist und was uns vor Europa täglich tiefer schändet. Die Presse repräsentiert ihm den Geist, und im Freundeskreis der Eulenburg und Gobineau sind die Faustmenschen zuhause... Herr Heinrich Mann wird nach dieser Probe seiner Verstandeskraft gut tun, sich auf die künstlerische Produktion zu beschränken. Herr Max Halbe wird daran nicht gut tun. Denn es ist immer noch besser, er gibt seine Meinung über den Fall Harden ab, als daß er den »Strom« schreibt. Daß Herr Halbe echten Humor hat, hat er nie zuvor bewiesen. Aber jetzt beschreibt er Herrn Harden wie folgt: »Ein Willensmensch, wie nicht gar viele über diese Erde gegangen sind, von exzedierender Phantasie, von dunkler, schwerblütiger Phantastik, ein napoleonesker Willensmensch, statt des Degens mit der Feder, wie ihn die Natur sich ausdenkt, wenn Zeiten sich wenden und alt gewordene Welten sterben sollen. Ein Willensmensch mit dekadenten Nerven, wie es der Verwünschung des Zeitalters gemäß. Ein Zerstörer wohl mehr als ein Aufbauer, wie es ebenfalls in der Sternenstunde bedingt. Einer, der Leiden über die Menschen bringt, aber auch einer — hier die sühnende Ausgleichung —, der unter dem Leidenbringen am letzten Ende selber am meisten zu leiden bestimmt ist. Einer aus der Luziferwelt, der in den Erdenkampf heraufgestiegen ist, um Erlösung zu suchen und, wenn es Gerechtigkeit gibt, sie jenseits unserer Grenzen auch zu finden. Ein grelles, seltsames Phänomen, nachgebornen Betrachtern, Gestaltern Anregung, Entzückung, Rausch, Leckerbissen, aber den Mitlebenden gefahrbringend, sich selbst ein dunkler Fluch und eine furchtbare Verantwortung ...« Dies von Herrn Halbe. Auf der Kegelbahn in München trifft er alle neun Musen, so kräftig ist seine Hand. Aber so gut ist ihm doch nichts gelungen, wie dieses Porträt eines Großen. Nicht minder glücklich ist das von Herrn Karl Henckell entworfene, dessen Dankbarkeit für einen Zeitschriftenverleger, der ihm Lyrik abnimmt, keine Grenzen des Geschmacks kennt. Wie kommt ihm Harden vor? »Harden kommt mir vor wie ein kühner und gewandter Ulan auf dem Felde des zeitkritischen Polemos, und wenn er mal mit Stachel und mit Sporn lossaust, so treffen die Stöße seiner blitzenden Lanze mitunter verblüffend gut oder böse — je nachdem. Dann schießt er, wütend attackiert, auch noch sein Pistol ab und sprengt, ehe sich Rauch und Staub verzogen haben, mit einer boshaft mokanten Grazie, die die feinste, verhaßteste und verräterischste Gebärde seines quälend überlegenen, bis zur Misanthropie mürrisch-reizbaren Geistes ist, seiner, soviel ich weiß, leider nur im Grune-, nicht im Sachsenwald belegenen Villa zu.« Daß sich so ein Lyriker gleich eine Schlacht vorstellen muß, wenn er Staub sieht! Und eine Heldentat, wenn ein »Pistol« vorgewiesen wird! Herr Herbert Eulenberg, eine Harden'sche Entdeckung, achtet außer dem »Fleiß« vor allem die »Amoralität« des Herausgebers der ‚Zukunft', in der er zur Stunde in Deutschland nicht seinesgleichen habe. Über die äußere Form der schriftlichen Arbeiten wird nichts gesagt. Aber die Amoralität eines Mannes ist jedenfalls bemerkenswert, der die Verlassenschaft toter Schauspielerinnen auf ihre Herkunft untersucht und die Zahl der Ehebrüche einer entlaufenen Prinzessin nachrechnet. Nietzsche war nur ein schwacher Vorläufer dieser Weltanschauung. Wie irrig der Glaube, daß Herr Harden auf die Instinkte der Moralbestie spekuliert, daß er die deutsche Bereitschaft sittlicher Entrüstung verwertet habe, als er das »Grüppchen« einflußlos machen wollte; wie ungerecht die Annahme, daß Herr Harden auf die Sittenmusterung der Armee, die eine Folge seines Prozesses ist, stolz sei. Wir wissen, im Fall Harden handelt es sich um einen Feldzug der deutschen Sittlichkeit gegen Herrn Harden. Der ‚Simplicissimus', der die Zeitgeschichte ehrlich spiegelt, hat's oft behauptet, daß hier die offizielle Heuchelei ein Edelwild zutode hetzt. Ob Herr Harden den §175 abgeschafft oder konserviert sehen möchte, ob er diese oder jene Wirkung erzielt: sobald sich's um den § 175 handelt, gibt's nur Märtyrer. Ein Märtyrer ist auch der Erpresser, der das Bestehen des Paragraphen zu einem Raubzug, und der Herausgeber der ‚Zukunft', der es zu einer politischen Tat benützen muß; beiden ist ein stupendes Wissen gemeinsam. Und nicht antimoralisch, nein, amoralisch ist es, mit einer fröhlichen Wissenschaft um die Geschlechtsgewohnheiten von Grafen und Fürsten schwanger zu gehen und sie durch die Androhung einer deutlicheren Sprache zu einem Verzicht auf Amt und Einfluß zu zwingen... Der Freiherr v. Wolzogen erklärt alles aus der Künstlerschaft des Herrn Harden. Er, der selbst keinen hat, hat an Herrn Harden »raschen Witz« entdeckt. Einen Witz, »der sein höchstes Behagen daran findet, verblüffende Zusammenhänge zwischen den verschiedenartigsten Dingen herauszufinden und durch künstliche Beleuchtungseffekte bald die eine, bald die andere Gruppe von Erscheinungen blendend hervorzuheben.« Gruppe? Nicht doch, Grüppchen! Aber die verblüffenden Zusammenhänge zwischen der Potenz des Ehegemals und der Befähigung zum Flügeladjutanten herauszufinden, könnte vielleicht auch einem Witz gelingen, wenn dessen Raschheit nicht durch krebsartige Neubildungen der deutschen Sprache gehemmt wäre und wenn nicht gelehrte Vergleiche und Zitate aus Jesaias die Deutlichkeit des Vorwurfs der Päderastie hinderten. Aber wenn die Annahme, daß Herr Harden über raschen Witz verfüge, eine offenbare Übertreibung ist, echte Leidenschaft rühmen sie ihm alle ohne Ausnahme nach. Und das einzige, was ihm nach der Meinung des Herrn v. Wolzogen fehlt, ist ein Ministerportefeuille. Herr v. Wolzogen ist Aristokrat. Ich beurteile lieber das Niveau des deutschen Schrifttums nach den Aristokraten, die ihm angehören, als daß ich das Niveau der Aristokratie nach den Schriftstellern, die ihr angehören, beurteilen möchte. Denn sonst müßte ich zugeben, daß uns die Herrschaft dieser adeligen Faustmenschen vor Europa immer tiefer schändet und daß es wirklich höchste Zeit ist, daß einmal der Geist Macht erlange. Herrn v. Hofmannsthal möchte ich doch lieber ganz zur Literatur zählen. Er schätzt an Herrn Harden das berühmte »stupende Wissen«, das ich schon einmal als einen Druckfehler entlarvt habe. Aber ein Künstler — wenn er auch nur ein Künstler nach der Kunst und kein Künstler aus sich selbst ist — sollte sich schämen, derlei traurige Gewohnheiten schätzenswert zu finden. Immerhin ist die Anziehung, die Herr Harden auf diesen Dichter übt, verständlich. Beiden gemeinsam ist eben, daß sie sich, wenn sie Wein trinken, an dem Gefäß berauschen, nur mit dem Unterschied, daß Herr v. Hofmannsthal uns die eingelegten Edelsteine beschreibt, während Herr Harden nach jedem Schluck zum Zettelkasten geht, Rubrik P, und alles abschreibt, was er dort über Pokale findet. Beide schreiben Brokat, aber die Verse Hofmannsthals sind weniger feierlich ... Daß Seine Vehemenz, der alte Björnson, auch dabei sein muß, versteht sich von selbst. Er ist immer dort, wo irgendwer irgendwie unterdrückt wird. Er hilft den Ruthenen gegen die Polen, den Polen gegen die Preußen, den Rumänen gegen die Ungarn, den Ungarn gegen die Österreicher, er hilft immer und allen, und wo an dem Baum einer Kultur eine demokratische Wanze sitzt, preist er Gottes Wunder. Seine Politik ist die Bierbank ohne Alkohol, sein Losgängertum Regsamkeit ohne Geist, und wenn man vor dem

Nationaltheater in Christiania sein und Ibsens Standbild vergleicht, muß man zugeben, daß sein Gehrock besser sitzt. Es ist eine schöne Gewohnheit, den unterdrückten Brüdern in fernem Land die Hand zu reichen, besonders wenn man so ziemlich in den Angehörigen aller Nationen seine Brüder sieht, und es ist wahrhaft betrüblich, daß das Recht, Sendschreiben zur Erinnerung an die Aufhebung der Leibeigenschaft oder zur Aufmunterung der Deutschen in Österreich zu erlassen, schon an einen Mann in Hoboken vergeben ist. Ein Heiratsstifter der Völkerliebe, ein Doktor Klaus der Literatur, rauher Polterer mit einem Herzen, das er täglich auf einem andern Fleck hat, aber immer auf dem rechten, und vom Scheitel bis zur Sohle gesunder Menschenverstand... Dennoch tut es einem in der Seele weh, ihn neben den Herren Salten und Trebitsch — in der deutschen Presse sagt ein schmeichelhafter Druckfehler Trebitzsch — zu sehen, die man als Repräsentanten der österreichischen Kultur um ihre Meinung gefragt hat. Herr Salten ist zwar einigermaßen befangen, wenn es gilt, einem Parvenü seine Bewunderung auszusprechen, aber er weiß doch immer, welche Meinung man gerade trägt. Wo Herr Trebitsch — bleiben wir bei dieser Orthographie — zur Zeit arbeiten läßt, ist mir nicht bekannt. Aber mit großem Interesse habe ich aus einer Plauderei, die er schon vorher im ‚Morgen' veröffentlicht hat, erfahren, daß er auf einer Reise die Bekanntschaft Karl Haus gemacht hat. Dieser habe ihn in Wien besucht und darauf »bestanden, sein letztes Buch zu lesen«. Gott, was die Trebitschs Glück haben! Kaum hat der eine Grönland entdeckt, lesen wir, daß der andere Karl Hau kennen gelernt hat. Hau hatte lange in Amerika gelebt und dürfte darum an den Shaw-Übersetzungen manches auszusetzen haben. Da er aber auch sein Deutsch verlernt hat, soll ihm das Novellenbuch des Herrn Trebitsch ungetrübten

Genuß bereitet haben. Dagegen empfinden es alle Leser, die nicht vor einer Verurteilung zum Tode stehen und noch andere Wünsche an das Leben haben als den Drang nach der Lektüre einer Trebitsch'schen Arbeit, als eine unerhörte Belästigung, ihnen die Meinung eines beliebigen Dilettanten über den Fall Harden aufzutischen ... Wenn ich es beklage, daß sich Künstler dazu hergegeben haben, die Persönlichkeit eines Geschichtenträgers auf den Glanz herzurichten, so nehme ich natürlich auch das Votum des Herrn Otto Julius Bierbaum aus. In dieser seichtesten Pfütze des deutschen Dichterwaldes mag sich ein Harden als »Antiphilister von Grund aus«, als »aristokratische Empörernatur« und als »Fanatiker der Echtheit« spiegeln. Ich habe nichts dagegen. Herr Bierbaum ist glücklicherweise nicht in der Lage, Herrn Harden in die Unsterblichkeit mitzunehmen. Trotz einer genialen Satire auf die Alkoholgegner, die jetzt durch die ganze Presse geht und in der Herr Bierbaum den geradezu klassischen Scherz macht, sich von nun an »Milchbaum« nennen zu wollen. Fünfhundert Säuen ist nicht so kannibalisch wohl als wie diesem Vertreter der Lebensfreude; es graust ihnen ... Ganz ernsthaft gesprochen: Keine Enttäuschung vermag auch das begeisterte Eintreten eines Frank Wedekind für Herrn Harden zu wecken. Daß er in ihm eine »glühende Feuerseele« entdecken werde, war zu erwarten. Was aber die Meinung betrifft, die schriftstellerische Tätigkeit des Herrn Harden »gleiche den Schmerzensäußerungen eines Menschen, der auf der Folter liegt«, so scheint hier eine interessante dichterische Übertragung der Sensationen eines Lesers der ‚Zukunft' auf den Schreiber der ‚Zukunft' vorzuliegen. Wedekind muß oft Schilderungen solcher Qualzustände gehört haben. Denn er selbst hat einem Gerücht zufolge persönlich nie die Lektüre der ‚Zukunft' auf sich einwirken lassen. Im Gegenteil soll er — demselben Gerücht zufolge, das mir unmittelbar zu Ohren gekommen ist — ausdrücklich die Erhaltung der ihm wertvollen Freundschaft mit Herrn Harden von einem Vermeiden der Lektüre der ‚Zukunft‘ abhängig gemacht haben. Das wäre nur begreiflich. Wedekind ist eine zu große Persönlichkeit, um an die Menschen seiner nächsten Umgebung andere als gesellschaftliche Anforderungen zu stellen. Wedekind ist aber auch ein zu feiner Empfinder künstlerischer Dinge, um nicht selbst den angenehmsten Tischnachbarn zu opfern, wenn er ihm dahinter käme, daß er geschwollene Artikel schreibt. Nicht daß er diesem für das bodenlose Nichtverständnis seiner dramatischen Welt gram wäre, dem Redakteur, der den Lyriker Suse protegiert, für sein wegwerfendes Urteil über ein Gedicht wie »Ilse«. Aber ich denke, er würde statt einer glühenden Feuerseele eine ausgekühlte Wassersuppe vorfinden, und das führte unerbittlich zur Entzweiung. Der Mann, der »Frühlingserwachen« geschrieben hat, müßte gewiß nicht den Anspruch erheben, als Kritiker ernst genommen zu werden, aber ich bin davon überzeugt, es risse ihm die Geduld, wenn er läse, daß Herr Harden seine Dichtung einen »Lenzmimus« nennt, in dem »das Männern der Knaben und das Böckeln der Mädchen« geschildert werde. Heute schätzt Wedekind an Herrn Harden vor allem, daß er verheiratet ist. Ich meine das ganz ernst. Es ist ein Zug, der die Tragik dieser genialen Zerrissenheit vermehrt: Die von der höllischesten Phantasie ungezähmte Sehnsucht nach dem Himmelreich des konventionellen Lebens. Daß Herr Harden als Teilnehmer einer Tischgesellschaft verdaulicher ist als in seinen Reden an die deutsche Nation, liegt außer allem Zweifel, und wer Wedekind kennt, weiß, daß ihm nicht nur die Behaglichkeit über alles geht, sondern vor allem das Gefühl, daß er sich ihrer in jedem Augenblick versichern und jeden fressen kann, dem's nicht behaglich ist. Dieser Polyphem, der mit seinem Einauge Welten sieht, die den Zweiäugigen verschlossen sind, muß in seiner Höhle einen Niemand bewirten. Ich fresse meine Menschen selbst . . . Und daß ein August Strindberg — wieder ein Sonderbarer — seinen Übersetzer angewiesen hat, Herrn Harden seine »grenzenlose Hochachtung« zu bezeugen und ihm zu sagen, er sehe in ihm einen Weltbürger, und wenn er zum Giftbecher verurteilt würde, einen Sokrates, und er halte es »für eine Ehre, an einer Ecke seiner Werkstätte mit ihm haben arbeiten zu dürfen; das sei seine einfache Ansicht, die er nicht unterdrücken kann« — nun, so ist das auch nicht tragisch zu nehmen. Was können denn die Dichter dafür, wenn sie die Journalisten zu einem Urteil prostituieren? Auch wäre es möglich, daß wieder ein Übersetzerfehler vorliegt. Ich bezeuge August Strindberg meine grenzenlose Hochachtung, aber meine einfache Ansicht kann ich nicht unterdrücken, daß ein Geist von seiner Ausdehnung es sich zwar nicht zur Ehre anrechnen muß, an einer Ecke der Werkstätte des Herrn Harden mitarbeiten zu dürfen, daß es aber immerhin in seinem Interesse liegen kann, sich zur Plazierung seiner Novellen ein »warmes Eckchen« mehr zu erhalten. Es ist »erweislich wahr«, daß der Übersetzer Strindbergs und rührige Vertreter seiner Interessen im Grunewald wohnt. Aber es ist wohl auch mit einiger Sicherheit anzunehmen, daß Strindberg nicht nur nicht Deutsch, sondern auch nicht die Aufsätze des Herrn Harden liest.

Im Allgemeinen möchte ich mir die Ansicht erlauben, daß die Dichter hereingefallen sind. Gewiß, es könnten Männer von Herz und Kopf sein, die Herrn Hardens Tat noch die politische Ausrede glauben. Je wertloser der Pofel ist, der unter der Marke Politik ausgeboten wird, desto größer ist ja der Respekt, den Menschen davor empfinden, die ein inneres Leben hoch über die Ambitionen eines Vaterlandsretters erhebt. Das ist eine Erscheinung von schmerzhaftem Humor. Ja, aber »die Quelle seiner Handlungen«, heißt es schließlich, »ist eine billigenswerte Gesinnung; er hat in dem Bestreben gehandelt, seinem Vaterland zu nützen«. Ob das nicht an und für sich schon eine trübe Quelle ist, mögen Weltbürger beurteilen. Ich halte es dafür und ich sage, daß die patriotische Gebärde mir in jedem Fall die literarische Persönlichkeit verdächtig macht. Politik kann einen Künstler machen, aber ein Künstler kann nicht Politik machen. Ein Schriftsteller, der Politiker ist, wird sich bei näherer Betrachtung als Journalist herausstellen, dem die Politik eine zufällige Beschäftigung ist. Und die politische Beschäftigung eines Journalisten ist uninteressant wie jeder andere Beruf, den einer ergriffen hat und von dem er nicht ergriffen ist. Politik kann eine Weltanschauung sein, aber sie kann auch eine Livree sein, die man in der Maskenleihanstalt erhält; man lasse sich nicht verblüffen. Wenn ein Bismarck Politik lebt und schafft, politischen Inhalt zum Kunstwerk der Sprache gestaltet, ist's etwas anderes, als wenn einer über den Dreibund schreibt, der gestern über Herrn Reinhardt geschrieben hat und morgen über die Geldkrisis schreiben wird. Ehrlich kann alles gemeint sein, aber ist es die Ehrlichkeit des künstlerischen Schaffens? Sind es Werte, an die man einen andern als einen sozialen Maßstab legt, und für die sich Künstler begeistern müssen? Wenn einer von ihnen eine Wiese beschreibt, so bringt er die Menschheit weiter, und ist aktueller, als wenn ein Journalist sich über die Algeciras-Konferenz ausläßt, und möge er auch, unbeirrt von den Ereignissen, statt Marokko Marrakesch sagen. Aber Dichter, die Wiesen beschreiben, haben einen heillosen Respekt vor den poltischen Weltumfassern. Wie sollte es erst der Bürgerverstand gelten lassen, daß einer einen »Politiker«

erledigt hat, wenn er ihn als schlechten Stilisten entlarvte? Nun, hätte ich das Unglück, in Dingen der Politik beschlagen zu sein, ich wollte mich dennoch nicht so tief herablassen, Herrn Harden politische Unsinnigkeiten nachzuweisen. Man sagt, ich sei die Betrachtung des Politikers Harden schuldig geblieben. Aber ich habe mich ihrer bloß nicht schuldig gemacht. Dieses Plus wäre ein Mangel, der mich beschämen könnte. Die bloße Tatsache, daß Herr Harden sich mit Politik beschäftigt, kann zum Beweise seiner Nichtpersönlichkeit beitragen. Würde ich nachweisen, wie verkehrt er sich mit Politik beschäftigt, so wäre dies ein Beweis gegen meine Persönlichkeit. Daß Herrn Harden der Funke fehlt, kann ich aus einem Satz, den er schreibt, viel besser erschließen, als aus einer Meinung, die er ausspricht. Was gehen mich aber noch seine Meinungen an, wenn ihm der Funke fehlt? Ich habe gezeigt, daß ein Wagner kein Faust ist; ob die Bewunderung von Kindern oder Affen im einzelnen Fach verdient ist, ob Herr Harden in der Politik, wo er »alles wissen möchte«, wirklich »viel weiß«, scheint mir unerheblich. Wenn sich so einer in den Geist der Zeiten versenkt:

Da ists denn wahrlich oft ein Jammer!
Man läuft euch bei dem ersten Blick davon.
Ein Kehrichtfaß und eine Rumpelkammer,
Und höchstens eine Haupt- und Staatsaktion,
Mit trefflichen pragmatischen Maximen,
Wie sie den Puppen wohl im Munde ziemen!

Mir kam's darauf an, einem trockenen Schleicher, der mir die Fülle der Gesichte stört, zuzurufen:

Ja, eure Reden, die so blinkend sind,
In denen ihr der Menschheit Schnitzel kräuselt,
Sind unerquicklich wie der Nebelwind!

Nur, daß es just Dichter sind, die die Regenwürmer, welche die gierige Hand eines Schatzsuchers findet, für Schätze halten, ist traurig. Aber die Menschlichkeit hinter dieser Larve des Wissensdurstes, des politischen Strebens und des historischen

Sinns müßte ihnen doch ins Auge springen. War der Schreiber ihnen ein Problem, der Angeklagte konnte es nicht mehr sein. Was in dieser Verhandlung strittig war, konnte nur die Frage sein, ob die Rippenfellentzündung des Herrn Harden rechts- oder linksseitig ist. Der Charakter war eindeutig. Je mehrdeutig die Taktik der Verteidigung war. Im ersten Prozeß hatte Herr Harden sich darauf verlegt, alles zu beweisen, was er nicht behauptet hatte. Schon das waren zwei rostige Eisen im Feuer: entweder der Wahrheitsbeweis gelingt oder die Schuldfrage wird verneint. Herr Harden versicherte immer wieder, nicht das geringste behauptet zu haben, aber alles beweisen zu können. Und nachdem er noch im Plaidoyer in Abrede gestellt hatte, den Mitgliedern der Liebenberger Tafelrunde irgendetwas am Hosenlatz geflickt zu haben, schlug er sich zum Schluß an die Brust und rief: »Ich hab's gewagt!« Daß dieses Wort von Hutten ist, ist erweislich wahr. Die Ansichtskarte, mit der Herr Harden damals seinen Gratulanten dankte, bringt das Bild einer Villa und daneben die Verse: »Da laß' ich Jeden lügen und reden, was er will; hätt' Wahrheit ich geschwiegen, mir wären Hulder viel«. Die Villa ist von Harden, die Verse sollen von Hutten sein. Ich bin nicht gebildet genug, um das genau zu wissen, aber ich bin objektiv genug, um sie schön zu finden, wenn sie von Hutten, greulich, wenn sie von Harden sind. Immerhin, nach der ersten Verhandlung stand er auf dem Standpunkt, er habe nicht nur die Wahrheit gesagt, als er den Grafen Moltke für homosexuell erklärte, sondern damit auch »seine Wahrheit« verkündet. Noch in seinem Plaidoyer hatte er versichert, überhaupt nie nichts gesagt zu haben. Was immer nun Herr Harden tut, ihm sind der Hulder viel. Und es ist eine rechte Schande für Deutschland, daß sich Schriftsteller finden, die ob Herr Harden Wahrheit oder Unwahrheit gesagt, Wahrheit oder Unwahrheit geschwiegen hat, ihn für einen

Sieger oder für einen Märtyrer halten. Und daß sie ihm nicht einmal auf die Finger sahen, als er nach dem ersten Prozeß seinen Schlußvortrag in der ‚Zukunft' veröffentlichte. Der Angeklagte darf Wahrheit schweigen; daß aber auch ein Publizist lügen darf, steht in keiner Strafprozeßordnung. Herr Harden »hats gewagt«, dem Grafen Moltke nicht das Geringste nachzusagen. Die paar Sätze, die er über Eulenburg und dessen Freunde schrieb, seien in seiner Wochenschrift gar nicht bemerkt worden. »Als im Mai dann der Lärm entstand, fragten hundert Leser: Wann war das? Wo hat das gestanden? Wir haben es nicht gelesen. Ich mußte antworten: Ich auch nicht; ich habe es weder gelesen, noch geschrieben«. Er hat's bloß gewagt. Und in derselben Nummer der ‚Zukunft' läßt er den köstlichen Grafen Reventlow (der ihn auch gegen den Vorwurf der »Manieriertheit des Stils« verteidigen muß: dieser »treffe nicht zu, denn er schreibt, wie er spricht und wie er ist«) das folgende Geständnis machen: Harden habe ihm bei einem Besuche gesagt, »er habe mit überlegter Absicht eine Sprache geredet, die nur denen, die er treffen und politisch einflußlos machen wollte, verständlich sei«. Aber selbst das, was diesen verständlich ist, ist noch nicht als eine Beschuldigung homosexueller Neigung zu verstehen. Gott bewahre! Inkriminiert ist der Satz: »Ich würde mir's dreimal überlegen, ehe ich das (nämlich daß Herr v. Tschirschky enge Beziehungen zum Fürsten Eulenburg unterhalte) von einem Mann sagte«. Das soll beileibe keine Anzüglichkeit sein! Mit Händen und Füßen wehrt sich Herr Harden — nicht nur vor Gericht, auch in seinem Blatt — gegen solche Zumutung. Noch nie habe ein Mensch Herrn v. Tschirschky der Homosexualität verdächtigt. Sei er »so verrückt, andeuten zu wollen, dieser habe ein Verhältnis mit dem Fürsten Eulenburg«? Und: Er selbst kenne doch Herren, die dem Fürsten E. nahestehen.

Verachte er sie darum? Sitzen sie nicht an seinem Tisch? Der Satz war »nur politisch gemeint«. Man verschone ihn mit Interpretationen und Konstruktionen. Solche Manöver habe er nicht erwartet. Er glaubte, hier solle die Wahrheit gesucht werden ... Wir auch; auch wir haben solche Manöver nicht erwartet. Bei allem Mißtrauen gegen Herrn Harden. Und der Prozeßgegner war offenbar so sprachlos darüber, daß er es unterließ, Herrn Harden die schlichte Frage zu stellen, warum er denn nicht geschrieben habe: ich würde mir's dreimal überlegen, ehe ich das von einem Menschen, oder von irgendjemand sagte. Und auch dann wäre eine »dreimalige Überlegung« bedeutungsvoll. Jedenfalls war schon durch einen stilistischen Einwand allem Gerede ein Ende zu machen und zu sagen, daß hier nicht der Drang nach speckiger Ausdrucksweise, sondern eine andere Absicht das Wort »Mann« gewählt hat. Man mußte nicht ins begriffliche Detail gehen, aber es hätte gelohnt: den Herrn von T. wollte Herr Harden gewiß nicht verdächtigen. Wohl aber den Fürsten E., dessen Freundschaft eben Herrn v. T. nach der Andeutung des Herrn Harden verdächtigen könnte. Er war nicht »so verrückt«, ein Verhältnis anzudeuten, aber er wollte einen Verdacht andeuten, in den sich ein Mann durch eine Beziehung zum Fürsten Eulenburg bringe. Jetzt möchte Herr Harden womöglich die »dreimalige Überlegung« als einen Beweis für die Harmlosigkeit jener Wendung ausspielen: er würde sichs dreimal überlegen, ehe er vom Fürsten Eulenburg überhaupt etwas sagte ... Und er ist empört, daß man ihm auch die Stelle: »Kaum hatte Herr von Tschirschky dem Botschaftrat Lecomte (der ja nicht auf den Vordereingang angewiesen ist) artig erklärt ...« allzu metaphysisch deute. Alles ist Politik. »Soll etwa auf ein erotisches Verhältnis zum Staatssekretär hingedeutet sein? Das wäre doch heller Wahnsinn. Da sieht man, wohin solche gewaltsame Interpretiererei führt«. Gewiß wär's heller Wahnsinn. Und es sollte auch wieder nicht auf ein erotisches Verhältnis zum Staatssekretär, sondern auf eine erotische Gewohnheit des Botschafterats hingedeutet sein. Aber wohin führt solche gewaltsame Interpretiererei erst, wenn man selbst der Stelle »Blickt auf diese Tafelrunde: Philipp Eulenburg, Lecomte (den Tout-Paris nicht seit gestern kennt), Kuno Moltke, Hohenau, des Kanzlers Ziviladjutant Below: die träumen nicht von Weltbränden; haben's schon warm genug« eine schielende Tendenz gibt. »Meine Herren Richter, auch hier brauchen Sie mir nicht zu glauben; ich verlasse mich wiederum auf Ihr Gefühl für Logik und Vernunft. Sollte und konnte der Engländer, den ich reden ließ, sagen: Die Leute da drüben wollen keinen Weltbrand, denn sie sind homosexuell? Oder ist der Sinn des Satzes einfach: Die Leute da drüben brauchen nicht in einem Weltkrieg Vorteil zu suchen, denn sie sitzen schon in warmen, behaglichen Stellungen . . . Welche logische Möglichkeit gibt es, zu sagen: Diese Herren wollen keinen Weltbrand, keinen Krieg, denn sie sind geschlechtlich abnorm?« Daß dich das Zipperlein! Stand das wirklich in der ‚Zukunft', wurde es nicht bloß im Gerichtssaal geschwätzt? Wenn ich den Doppelsinn eines Witzes spalte — auch eines noch so dürftigen —, wenn ich den Witz verwörtliche, kommt freilich ein Unsinn heraus. Herr Harden wollte tatsächlich nicht sagen: Die Leute wollen keinen Weltbrand, denn sie sind homosexuell. Aber er wollte auch nicht bloß sagen: Die Leute wollen keinen Weltbrand, denn sie haben es behaglich genug. Er wollte beides sagen: Kein Weltbrand, weil behaglich genug, und wenn ich statt behaglich warm setze, gibts einen schönen Doppelsinn. Legt man ihn dann auf eine Bedeutung fest, wird er zum Unsinn. Aber wir sind vor einem Schöffengericht und da kann man uns dumm machen, als ob wir in einem Kinderzimmer wären. Alles ist politisch gemeint. Und während man bisher die politische Ausrede so verstanden hatte, daß die Enthüllung der »Normwidrigkeit« politischen Zwecken dienen sollte, wird uns jetzt die Aufklärung, daß von Enthüllung der »Normwidrigkeit« keine Rede sein könne, daß vielmehr auch die Sprachwendungen, mit denen man sie betrieben glaubte, harmlose politische Formeln seien, die nicht das geringste mit geschlechtlichen Anspielungen zu tun haben. Am Ende hat Herr Harden gar nicht einmal Päderasten bloßgestellt, um dem Vaterland zu dienen, sondern bloß das Vaterland bloßgestellt, um Päderasten zu dienen? Man kennt sich nicht mehr aus. Herr Bernstein, der erst im zweiten Prozeß alles in Abrede stellt, ruft noch im ersten: »In den Artikeln stand deutlich zu lesen: Herr Lecomte, der Freund von Phili Eulenburg und Kuno Moltke, ist Päderast. Was mußten denn die Herren tun, als die Angriffe erschienen, wenn sie sich unschuldig fühlen? — Klagen! Das deutsche Wort: klagen! Und wenn sie nicht klagen, dann sind sie schuldig. Denn für einen Ehrenmann, dem man so etwas nachsagt, gibt es nur eins.« Herr Harden aber beschwert sich schon im ersten Prozeß darüber, daß man ihm Dinge in den Mund lege, die er nicht gesagt habe. Man könnte ihm am Ende auch die Stelle über Herrn Lecomte und Tout-Paris verdächtigen. Er baut vor: Herr Lecomte will auch keinen Krieg. »Kennt Tout-Paris den Botschaftrat etwa als Homosexuellen? Nein; aber als ungemein friedfertigen Sohn eines Kaufmannshauses.« Was wetten wir, daß Tout-Paris in der Familiengeschichte der Lecomtes weniger beschlagen ist als Herr Harden! Und noch ein Argument für die Reinheit seiner Absichten: »Die Abnormität«, ruft er, »wäre doch kein Hindernis kriegerischer Leistung.« Ah da schau i ja, sagt neuestens peinlicherweise der Wiener in solchen Fällen. Wenn er es sich nämlich gemerkt hat, daß

Herr Harden in demselben Plaidoyer eine Viertelstunde früher erklärt hat, daß die Homosexuellen »nicht auf jeden Platz, nicht in jede Region passen. Sie können, wo mehrere sich zusammenfinden, unbewußt Schaden stiften. Besonders an Höfen, wo die ganzen Männer es schwer genug haben« ... Hat also Herr Harden »mit überlegter Absicht eine Sprache geredet«, die nur den Eingeweihten verständlich sein sollte, oder hat er auch das nicht getan? Ist er berechtigt, sich gegen die »Interpretiererei« und »Wortdüftelei der Klage« zu verwahren, oder hat der gute Graf Reventlow als Zeuge im zweiten Prozeß die Wahrheit gesagt, als er angab, Herr Harden sei »vollkommen unterrichtet gewesen, daß in den Ausdrücken seiner Artikel die homosexuellen Momente herauszulesen waren«? Hat er's gewagt oder hat er's nicht gewagt? Entscheiden wir uns in Gottes Namen für beides. Nur die Gleichzeitigkeit ist unerträglich. Nehmen wir einmal an, er hat nichts gesagt. Was sollen wir dann antworten, wenn er sich immer wieder darauf beruft, er habe schon am soundsovielten den Liebenberger Herren sagen lassen: »Harden hält Sie für sexuell anormal«? Gewiß eine würdige Botschaft, die ein moderner Kulturmensch fremden Leuten übermitteln läßt. Aber wenn er's tat und in seinen Artikeln nichts von dieser Überzeugung verlauten ließ, dann stehen wir vor einem Spiel des Zufalls, das in seiner Art wirklich reizvoll ist. Herr Harden hat eben zufällig denselben Herren, über die er in seinen Artikeln nicht geschrieben hat, daß sie normwidrig seien, sagen lassen, daß er sie dafür halte. Und der Zufall läßt es dabei nicht bewenden: Herr Harden kann sogar beweisen, daß sie es sind. Welche Zufälle doch in der Welt des erweislich Wahren ihr Spiel treiben können! Der Fürst Eulenburg hat es warm, das heißt bloß: er hat es behaglich. Aber ich lasse ihm sagen, daß ich ihn für einen warmen Bruder halte, und ich mache mich erbötig, zu beweisen, daß er es ist. Schreibt einer, A habe lange Finger. Wird gefaßt und sagt: Habe ich behauptet, daß A ein Dieb sei? Das ist »eine meiner stilistischen Schwächen«, daß ich gern das Wort lang mit dem Wort Finger verbinde, ich habe bloß aus ästhetischen Gründen darauf hingewiesen, daß die Finger des A zu lang sind. Wenn man mich aber dazu zwingt, werde ich beweisen, daß der A gestohlen hat. Im Gebiet des erweislich Wahren ists nur ein Zufall. Aber im Gebiet des begrifflichen Denkens läßt sich als Regel aufstellen: Wenn ein langer Finger auch sonst nur ein langer Finger wäre, hier läßt sich schon aus dem glücklichen Zusammentreffen dieser ästhetischen Feststellung mit der Bereitschaft, einen Diebstahl nachzuweisen, auf eine andere Absicht des Schriftstellers schließen, der von einem langen Finger gesprochen hat. Wenn ich nichts behauptet habe und zufällig gerade das beweisen kann, was ich nicht behauptet habe, so ist diese Möglichkeit der Beweis dafür, daß ich behauptet habe. Eine Abfuhr stilkritischer und begrifflicher Art hätte also dem Herrn Harden widerfahren müssen, ehe er endlich selbst zugab, daß er Wahrheit nicht geschwiegen habe. Ehe er am Schluße seines Plaidoyer es wagte, wirklich wagte, dem Grafen Moltke die folgende Ehrenerklärung zur Unterschrift vorzuschlagen: »Dieser Harden, der das Alles seit fünf Jahren weiß und in seinem Schreibtisch hat und für wahr halten muß, der hatte wirklich allen Grund zu glauben, daß ich sexuell nicht normal bin, und ich muß zugeben, daß er von diesen Kenntnissen den taktvollsten und maßvollsten Gebrauch gemacht in einer Zeit, wo man ihn in den Dreck gezogen hat. Und da ich ein Christ bin und ein Ehrenmann und ein Kavalier und nicht will, daß ein Unschuldiger leidet, so sage ich: Allermindestens hat der Mann den guten Glauben gehabt; und ziehe die Klage zurück«.

In dieser Welt lebt Herr Harden, leben seine literarischen Verteidiger. Und nicht einmal von dem publizistischen Nachspiel der Affenkomödie fühlen sie sich ernüchtert. Daß Herr Harden die Prozedur ein »Gerichtsskandalum« nennen werde — sein politischer Kollege vom ‚Morgen', der ihn hinreißend lustig kopiert, sagt »Skandalon« —, war vorauszusehen. Aber diese posierte Schmerzhaftigkeit: »Und Hau hat nur eine alte Frau ermordet; der im Grunewald aber — —« sollte auch Dichtern einen Brechreiz beibringen. Die Weltverlorenheit des Grunewalds ist mit einer der fünfzig Berliner Hoch- und Untergrundbahnen in zehn Minuten zu erreichen, alle Bankdirektoren wohnen in diesem Wald, aber trotzdem hat er gar nichts Unwirtliches, höchstens daß das Echo dort mit geschwollenen Wendungen antwortet. Natürlich wird es darin von dem lustigen Burschen im ‚Morgen' übertroffen. Er kann das Wort »Grunewald« gar nicht mehr in Verbindung mit dem Wort »Harden« aussprechen, sondern er sagt, man habe einen Parlamentär »in den Kiefernhain geschickt«. Eine drolligere Unterhaltung gewährt zur Zeit die deutsche Literatur nicht, als diese politischen Artikel des ‚Morgen', die wirklich die Folterqualen des Harden-Stils in Heiterkeit auflösen. Was war mein parodistischer Versuch dagegen! Der Mann schreibt Betrachtungen unter dem Titel: »Prolegomena« oder »Peccatores«, nennt Hohenlohe einen »stillen Mächler«, klagt, man habe in Deutschland »schwichtigender Vernunft jedes Ohr versagt«, spricht von »Sensatiönchen«, erkennt daran, daß Herr Harden verurteilt wurde, »kein Opfertier rede uns mehr von Frejas, Tivaz Ermnaz', des Allumfassers, Wünschen« (was ist das?), zitiert Seneka, will natürlich »aussprechen, was ist« und fragt, ob der Herausgeber der ‚Zukunft' »in den letzten Tagen nicht manchmal der Worte gedacht, die Beranger einst für Chateaubriand schrieb«. Aber selbstverständlich hat er daran gedacht! Ob er »sich nicht manchmal der Sprüchlein erinnerte, in denen mittelalterlicher Humor das bei Hegendorf zuerst aufgetauchte Wort u.s.w. u.s.w. zu variieren liebte.« Hegendorf? Den hat doch jeder bessere Mensch bei der Hand, wie sollte sich der Herausgeber der ‚Zukunft‘ nicht sofort erinnern! Beide wissen natürlich auch auswendig, was am 9. Mai 1749 Friedrichs Großkanzler Coceji seinem König sagte... Man könnte nun glauben, daß es außer Herrn Harden einen Menschen, der so schreibt, nicht gibt. Aber den gibts wirklich. Er könnte Herrn Harden vier Monate lang vertreten und man würde keinen Unterschied merken. So wenig haftet die Eigenart dieses Stils an der Persönlichkeit und so sehr an dem erlernbaren Trik. Vom Trik aus kann freilich auch der Charakter, oder wie diese Stilisten sagen, »das Ethos« erobert werden. Wer sich in die Schreibweise des Herrn Harden so vollendet und ohne parodistische Absicht einzufühlen vermag, dem kommen auch die Eigenschaften des Herrn Harden wie geflogen. Er kann etwa ganz genau so drohen wie dieser, das Machtmittel der Druckerschwärze genau so in einer hinweisenden Geste verwenden, ehe ausgesprochen wird, was ist, oder was auch nicht ist. Der ‚Morgen‘, das ist doch jenes Schandblatt der Kultur, das knapp vor dem ersten Prozeß »Material« über den Grafen Moltke veröffentlicht hat, um die Einstellung des Verfahrens zu erzwingen. Graf Moltke sollte überweisbar sein, einem dänischen Lustknaben dreitausend Mark geschickt zu haben. Der ‚Morgen‘, das ist jene Revue, auf deren Titelblatt die Herren Professor Sombart, Richard Strauß, Georg Brandes, Richard Muther und Hugo v. Hofmannsthal als Herausgeber stehen. Die Mitteilung über die Affäre des dänischen Lustknaben stammte aber nicht, wie man meinen könnte, von Georg Brandes, sondern war in einer Zuschrift aus Berliner Erpresserkreisen enthalten, die auch dem Rechtsanwalt des Grafen zugegangen war. Tatsächlich hatte der Graf Moltke dreitausend Mark gegeben; aber es war ein anderer Graf Moltke. Da es freilich einem Kulturblatt nicht um die Person, sondern um die schöne Sache zu tun ist, verlor das »Material« durch die Richtigstellung nichts von seinem Wert. Und jetzt droht der Politiker des ‚Morgen' mit der Publikation eines ärztlichen Zeugnisses über die Sexualität des richtigen Grafen Moltke, das in den Akten des Ehescheidungsprozesses enthalten sein soll. Denn er ist empört darüber, daß man Herrn Harden, der bekanntlich ein Amoralist ist, eine Strafe zugedacht habe, »die der Gesetzgeber für Diebe, Zuhälter, Huren, Mündelgelddefraudanten und ähnliche Ehrenbürger als Sühne bewiesener gemeiner Gesinnung ins Strafrecht aufgenommen habe«. Erpresser kriegen freilich nicht Gefängnis, sondern Zuchthaus... Welch eine Horde! Und dies Treiben vermag Dichter nicht abzustoßen! Im ersten Prozeß hatte Herr Harden gesagt, er habe nichts behauptet, aber er könne alles beweisen, im zweiten hat er nichts behauptet und auch die Zumutung, etwas zu beweisen, abgelehnt. Und jetzt hat er wieder Lust, zu beweisen. Durch einen aus Wien eingewanderten Sensationsreporter, der in Berlin für das ‚Neue Wiener Journal' korrespondiert und dort die schmutzige ‚Zeitung am Mittag' versorgt, lanciert er seine Drohungen. Durch einen Menschen, von dem erzählt wird, daß er in philosophischer Erfassung seines Berufes, in sichtbaren Lettern über seinem Redaktionstisch die Devise angebracht hat: »Ich broche zu haben Dreck!« Da lesen wir denn: »Wie Ihr Korrespondent von einer Harden nahestehenden Seite erfährt, wird Harden durch die überraschende Schärfe des Urteils gezwungen sein, die letzten Rücksichten, die er auch auf seine Gegner nehmen zu müssen glaubte, fallen zu lassen und nunmehr mit neuen Tatsachen und Beweisen hervorzutreten, die dem ganzen Verfahren vermutlich eine neue Wendung geben werden. ... Immerhin steht so viel fest, daß die Sache ein ganz anderes Gesicht bekommen wird und daß sie nunmehr einen Umfang annehmen dürfte, von dem man bisher noch gar keine Ahnung hatte. Man darf sich auf politische Enthüllungen von sensationellstem Charakter gefaßt machen.« Und: »Dem kranken Harden war es nicht möglich, das ungeheure, von den verschiedensten Seiten ihm angebotene Material auch nachzuprüfen und kritisch zu sichten, geschweige denn es zu verwerten. Das wird nun nachgeholt und es wird dann auch in die Vergangenheit und das Vorleben gewisser Leumundszeugen schonungslos hineingeleuchtet werden«. Dem kranken Harden waren »die Hände gebunden«. Nur Fürst Eulenburg, der auf Krücken sich in den Gerichtssaal schleppen lassen mußte, hatte volle Bewegungsfreiheit. Die Frage: Würden Sie es verantworten, daß Fürst Eulenburg hier tot hinsinkt? hatte Herr Harden vor dem Schöffengericht mit einem lauten und vernehmlichen »Ja« beantwortet. Später sagte er, es stehe nichts davon im Protokoll. Fürst Eulenburg, der im ersten Prozeß bekanntlich deshalb nicht erschienen war, weil »auf Meineid Zuchthausstrafe steht«, ließ sich in die zweite Verhandlung tragen, legte seine Aussage ab, ließ sich so oft in die Verhandlung tragen, als es der Gesundheitszustand des Herrn Harden, der an einem Grippchen erkrankt war, erlaubte. Noch sind diesem die Hände gebunden. Er ist leidend und kann vorläufig nur unter einem Pseudonym für die ‚Zukunft' schreiben. Wenn »Ernst Frank« nicht Herr Harden ist, kann's nur der Mann vom ‚Morgen' sein. Das ist aber dasselbe. Es genügt, daß »der Kriegslärm durch den letzten Advent tobte«, daß die Abgeordneten »die vom Volk Erkorenen« sind, und daß die politischen Ereignisse vor Weihnachten in die Zeit fallen, »ehe der Tag noch wurde, der der Feier unter der Lichttanne folgt«. Eine Kundgebung des Kanzlers ist »eine Epistel, die seines Wollens Ziel den von ihm Regierten erklären sollte«; es handle sich nämlich um ein Wort, »das des Werdewesens Kern umschrieb«. Eine Jahresrevue, die eigentlich von meiner Parodie abgeschrieben ist, sogar »Herr Albert Hondrius« fehlt nicht: »acht Tage lang wurde gefestet, wurde eine königliche Bühne durch käufliche Sterne (der Amoralist!) entweiht, der Herr von Monte wie der Mächtigsten der Erde Einer gefeiert«. Ganz sicher sei es, »daß kurz nach des Tiefseeforschers Abreise Marianne mit dem Marokkaner zu äugeln begann. Nicht lange vergebens. In Marrakesch . . .« Na also, er findet sich wieder. Hochsommer? »Die Zeit, da die Höhenfeuer zum Nachthimmel flammten und die Sonne sich wieder zum Äquator wendete«. Die gegenwärtige politische Situation? »Innerer Hader, der sich an die Stelle des Festens drängt«.

Er findet sich wieder. Noch sind ihm die Hände gebunden. Schon weiß er viel, bald wird er alles wissen. Im Historischen und im Päderastischen. Er hat selbst nie ein Aufhebens von seiner Wissenschaft gemacht. »Herr Oberstaatsanwalt, zwingen Sie mich nicht, auch noch den letzten Trumpf auszuspielen!« Wenn man ihn zwingt? Der letzte Trumpf war die Erbprinzessin von Sachsen-Meiningen. Ein Versager. Er hatte sie bei Herrn Schweninger zufällig kennen gelernt, das heißt, er war zufällig zur Stelle, als sie kam. Sie sprach, wie dies schon Erbprinzessinnen zu tun pflegen, über die Perversität des Grafen Moltke. »Aber nachher wußte sie nichts mehr davon«, ganz wie Wedekinds Lulu. So sind die Weiber im allgemeinen und die Erbprinzessinnen im besondern. Ja, wer auf Frauenzeugnis baut! Bismarck waren die Weiber ein Hindernis in der Politik, er hätte sich nie mit der Frau v. Elbe zu einer Staatsaktion verbündet. Und als die Frau des Bezirkshauptmanns Hervay in Leoben verurteilt wurde, schrieb Herr Harden einen Artikel, in dem er von der Angeklagten die kriminelle Verantwortung nahm und ihre Handlungen, die seiner Sittlichkeit ein Greuel waren, mit der »pseudologia phantastica« entschuldigte. Ein Verbrechen kann eine solche Patientin also nicht begehen, aber zur Zeugenschaft ist sie tauglich. Herr Harden lernte die Frau v. Elbe kennen. Nun, er wurde eben »getäuscht«. Wer nicht? »Sogar« Herr Schweninger — die Freunde des Herrn Harden werden nicht müde, es zu betonen — ist getäuscht worden; und das ist umso auffallender, als doch bekanntlich die Bader am meisten von der Hysterie verstehen. Viel weniger auffallend ist, daß ein Psychiater getäuscht wird. Daß Nervenärzte die Lügenhaftigkeit einer Frau für einen ethischen Defekt halten, war längst bekannt. Hysterie, das wissen bloß die Laien, spiegelt Krankheiten vor. Ein Zeuge berichtet über einen Fall, in dem die Frau v. Elbe einem Arzt eine Krankheit vorgespiegelt habe. »Nein«, sagt der Arzt, »ich bin fest überzeugt, daß die Hysterie der Gräfin niemals vorgespiegelt war«. Solche Kennerschaft verblüfft nicht. Dafür hat der Prozeß die Komik des Typus »Gerichtspsychiater« bereichert. Neu ist der Päderastensucher. Herr Magnus Hirschfeld hört zu, wie eine Hysterikerin einen Mann für normwidrig erklärt, und gibt nicht ein Gutachten über die Frau, sondern über den Mann ab. Ein Gerichtshof sagt ihm dann, daß die Aussage der Frau nicht glaubwürdig sei, sie leide nämlich an Hysterie: und er zieht sein Gutachten über den Mann zurück. Herr Hirschfeld war von der Überzeugung ausgegangen, daß es für die Sache des Homosexualismus sehr günstig sei, einen Namen wie den des Grafen Moltke zu gewinnen. Er opfert mit der Zurückziehung des Gutachtens mehr, als man glaubt. Aber wenn auch einem Psychiater, der die Welt einer Frau erst für real zu halten beginnt, wenn sie an einer Trionalvergiftung leidet, der gute Glaube zuzubilligen ist, mit einem Publizisten, der seine erweisliche Wahrheit auf die Bekundungen einer Kranken und eines Toten stützt, braucht man keine mildernden Umstände zu machen. Er hat sich über die objektive Wahrheit täuschen lassen, aber gewiß nicht über die Motive der Frau v. Elbe. Die Dame war ganz begeistert von der Idee, eine politische Aktion zu verfolgen und gemeinsam mit ihm dem Vaterland einen Dienst zu erweisen. Man braucht als Amoralist nicht zu wissen, wo die Hysterikerinnen das Vaterland haben. Aber daß es sich einer Frau um ein öffentliches Interesse handle, wenn sie daran geht, einem die Akten ihres Ehescheidungsprozesses zu eröffnen, das zu glauben, wäre ein Glaube, der noch treuherziger ist, als der Glaube an die Frau v. Elbe. Wie man einen Dienstmann von der Straße rufen läßt, so hat die Dame ihre Gesellschafterin gefragt, ob sie »ihr nicht einen Journalisten vermitteln könne; sie habe genügend Material, um ihren Mann vor der Öffentlichkeit bloßzustellen«. Und Herr Harden kam wie gerufen...

Der patriotische Drang, der diese ganze Affäre vom Anfang an bewegt hat, riecht nach jener Zweckhaftigkeit einer im Wiener Boden wurzelnden journalistischen Spielart, für die Herr Harden seit jeher beträchtliche Sympathien gehabt hat. Er hat sich die Geschichte der Frau v. Elbe erzählen lassen. Da mußte er eingreifen. »Was tat ich? Ich wandte mich zunächst an einen mir befreundeten Vertreter des Herrn Klägers. Der meinte, ich sei falsch unterrichtet, wir könnten die Sache besprechen und eine Preßfehde vermeiden« (von der war noch nicht gesprochen worden, aber der Jurist verstand den Intervenienten). »Die, antwortete ich, würde auch mir höchst unerwünscht sein; die Tatsachen aber seien mir nicht etwa aus subjektiv gefärbten Darstellungen der Gräfin bekannt, sondern aus Akten, Briefen, Berichten Unbeteiligter und ich könne an ihrer Richtigkeit nicht mehr zweifeln«. Und nach der Aussage des Justizrates Sello im zweiten Prozeß hatte ihm Herr Harden geschrieben: »Ich möchte gern einmal kriminalistisch mit Ihnen plaudern. Ich habe über einen Prozeß, den Ihr Kollege, der Rechtsanwalt S., für den Grafen Moltke führt, Mitteilungen erstaunlicher Art zu machen, ich habe Material zur Hand, das einen der größten politischen Skandale in Deutschland hervorrufen könnte.« Dieses Angebot eines stupenden Wissens entsetzte den Justizrat, der bis dahin mit Herrn Harden befreundet war. Herr Harden widerlegt die Darstellung, indem er sie durch die folgende bestätigt: »Ich habe nur darauf hingewiesen, daß diese Sache zu einem großen politischen Skandal auswachsen könnte; einen solchen zu verhindern war der Zweck meines Schreibens«. Aber daß die Verhinderung von derselben Person angeboten wird, die den Skandal verbreiten kann, macht die Sache so peinlich. Da gibt es dann keine Verschiedenheit der Auffassung mehr. Höchstens in einem Punkt. »Harden erklärt es für einen Irrtum des Justizrates Sello, daß durch diese Angelegenheit eine Entfremdung zwischen ihnen eingetreten sei.« Das muß er freilich besser wissen. Auch Bismarck war in einem Irrtum, als er glaubte, daß durch ein Hausverbot die Beziehungen zwischen ihm und Herrn Harden sich gelockert hätten. Nach seinem Tode wurde er eines bessern belehrt. Und eine Entfremdung trat erst ein, nachdem Bismarck sich vor Gericht unzuverlässig gezeigt hatte. Ein toter Zeuge hat's aber auch allzu schwer. Er darf sich selbst dann nicht einer Aussage entschlagen, wenn sie ihm zur Schande oder zum Schaden gereichen könnte. Er muß also zugeben, daß er Herrn Harden tatsächlich ein »Vanilleneis« verabreicht hat. Er darf nicht leugnen, daß er das Wort »Kamarilla der Kinäden« geprägt habe. Und es ist doch das einzige Bismarck-Wort, das eine Prägung nicht verdient hat! Es wäre ein künstlerischer Schmerz, es dem großen Sprachmeister zu glauben. »Kinäden« bedeutet Lustknaben, und daß er die gesetzten Herren der Liebenberger Runde auf keinen Fall für Lustknaben gehalten hat, darf man getrost annehmen. Als Kritik perversen Gehabens wäre also die Bezeichnung sozusagen verkehrt. Sie könnte nur ein Schimpfwort bedeuten. Aber selbst wenn Bismarck in leidenschaftlicher Erregung das Wort »Buserantenpack« gebraucht hätte, hätte er damit noch nicht die Absicht bekunden müssen, die sexuelle Beschaffenheit der Herren zu charakterisieren. Ebensowenig wie das Wort »Gauner« den Vorwurf des Diebstahls oder »Greisler« die Bezeichnung des Gewerbes bedeuten muß. Aber es schmerzt tief, zu glauben, der Zorn eines Bismarck habe sich in einer gebildeten Schmockwendung Luft gemacht, sich zu einer Mißbildung aus Lesefrucht und Stilblüte geformt, der man es auf den ersten Blick ansieht, daß sie nicht im Sachsenwald, sondern im Grunewald gewachsen ist. Das Gedächtnis des Zeugen Liman war kein zuverlässiges. Vielleicht hatte er das Wort überhaupt nicht aus dem Munde Bismarcks, sondern aus dem Munde Hardens gehört; und wußte nun natürlich nicht, wie es gemeint war.

Wer weiß denn überhaupt noch, wie irgend etwas gemeint ist, in diesem Reich der wahren Erweislichkeit, wo die Tatsache eines Hausverbots, auch wenn sie ein preußisches Herrenhausmitglied bezeugt, für eine Fiktion gehalten wird und wo vor Gericht festgestellt werden kann, wie viel Prozent Weiblichkeit ein preußischer General hat. Herr Harden wurde zu einer Gräfin — wahrscheinlich über den Kopf der Gesellschafterin — gerufen. Er kam, hörte und wurde getäuscht. War das Ohr von der Rede gefangen, konnte das Auge von den Akten nicht mehr überzeugt werden. Wieder klafft eine Lücke der wahren Erweislichkeit. Aus den Akten geht das Gegenteil jener Wahrheit hervor, die die Frau v. Elbe sagte; man bestreitet Herrn Harden den guten Glauben, weil ihm außer der mündlichen Darstellung der geschiedenen Frau auch die Scheidungsakten zur Verfügung standen, deren Inhalt der Information widerspricht: und er droht mit Enthüllungen aus eben diesen Akten. Il croit tout ce qu'il dit, aber Herr Bernstein versichert, einem Mann wie Harden könne man zutrauen, »daß er viel mehr weiß, als er sagt«. Glaubt er auch alles, was er weiß? Herr Bernstein ist ein Ironiker. Er hat schon vor dem Prozeß in einer Zuschrift an den Herausgeber der ‚Zukunft' ihn freigesprochen und ihm bestätigt, daß er politische Zwecke verfolgt habe. Harden habe nie sagen wollen, daß Moltke abnorm sei, er habe nur sagen wollen, daß er zum Freund des deutschen Kaisers nicht tauge. Nur »Publikus« — Mitarbeiter der ‚Zukunft' dürfen nicht Europa und Publikum, sondern müssen »die Europa« und »Publikus« sagen — nur Publikus also findet gerade das Geschlechtliche interessant und spricht von Auskneifen, wenn ein Schriftsteller ehrlich sagt, was er eigentlich gemeint hat. »So sind die Leute. Erzählen Sie Ihnen, daß Frau Curie die wichtigste naturwissenschaftliche Entdeckung gemacht hat: sie finden Sie langweilig und hören gar nicht hin. Aber erzählen Sie ihnen, daß Frau Z. einen Liebhaber hat: und sie lauschen atemlos, dem Erzähler dankbar. Diesen Leuten werden Sie, Herr Harden, es niemals recht machen«. Darum muß sich eben Herr Harden gegen seinen Willen entschließen, die Pille zu verzuckern, und sagt, um das Interesse für die wissenschaftliche Entdeckung der Frau Curie zu heben: Frau Z. hat einen Liebhaber, anstatt wie Frau Curie wissenschaftliche Entdeckungen zu machen ... Herr Bernstein ist ein Ironiker. Überhaupt hat Herr Harden mit seinen Rechtsanwälten Glück. Ein anderer schickt ihm statt Expensnoten lyrische Hyazinthensträuße ins Haus, übernimmt aber auch die satirische Vertretung und liefert ein Gedicht über die deutsche Justiz, bei dem sie sich die Binde von den Augen reißt, um nachzusehen, ob es wirklich einen Rechtsanwalt gibt, der so schlechte Verse macht. Bei Heine war mir die Kreuzung der lyrischen mit der satirischen Ader immer verdächtig, in Suse wahrlich sind lyrische

die aristokratische Empörernatur zu dem Bild einer von uns allen verehrten Person auf wie der Amtsrichter Wehrhahn im »Biberpelz«. Der bayrisch wirkende Bernstein nimmt sich kein Blatt vor den Mund; der im Grunewald aber —: »als Graf Moltke seine Rede mit herzlichen Worten über die kaiserliche Familie schließt, nickt Harden zustimmend mit dem Kopfe«. Als aber dem Grafen Moltke von den Schöffen die Normwidrigkeit seines Empfindens attestiert war, damals als Herr Harden noch stolz war, den Vordereingang des Gerichtsgebäudes benützen zu können, da »umarmte und küßte er« (wie sogar in englischen Blättern gemeldet wurde) vor versammeltem Moabiter Pöbel »seine im offenen Wagen wartende Gattin«. Alibi fürs Volk, wie es anschaulicher nicht gedacht werden kann; wie stand Graf Moltke da? . . . Aber sollte sich Künstlern nicht bei solchen Effekten der Magen umdrehen? Er tut es nicht! Wir erleben das Unerhörte, daß er es wirklich und wahrhaftig nicht tut. Sind die Nerven der Künstler in nichts von denen der Schöffen unterschieden? Oder lügen Dichter, parieren sie dem Schlagwort, schielen sie nach publizistischer Gunst? Ist die Schmach größer, die sie nicht fühlen oder daß sie sie nicht fühlen? Der Intellektualismus, der für Herrn Harden Kundgebungen veranstaltet, ist wahrlich nicht wert, daß der Konservatismus um Haaresbreite nachgibt, gegen den er Sturm läuft! So faul die staatlichen Einrichtungen sein mögen, sie sollen um des wertlosen Plunders willen bestehen bleiben, den der freie Geist an ihre Stelle setzen möchte. Die entfesselte Dummheit zetert über Kabinettsjustiz in einem Fall, in dem Gerechtigkeit mit Hilfe der Gesetzlichkeit ein schandbares Verfahren aus der Welt geschafft hat. Gegen den Tobsuchtsanfall einer demokratisierten Justiz, den die Schöffenverhandlung bedeutet hat, wäre eine Kabinettsjustiz von oben noch eine Kulturtat. Aber die Horde fühlt in ihrer Unersättlichkeit nicht, wie sie von der staatlichen Gewalt unaufhörlich gefüttert wird. Was bedeutet die Verurteilung des Herrn Harden, und wäre sie selbst nicht von der Gerechtigkeit, sondern von der Politik befohlen, neben dem Blutopfer, das der Demokratie durch die Verurteilung des Grafen Lynar gebracht worden ist! Hier ist Kabinettsjustiz, die einen Sündenbock für die von Herrn Harden aufgeregte Sittlichkeit brauchte, die einen Ersatz brauchte, als die Gerechtigkeit dem Pöbel den im Grunewald entraffte. Aus allen Himmeln der Gunst und des Glücks wird hier einer gerissen, der sicherlich auch einen größeren Menschenwert repräsentierte, als die fünf Soldaten, zu denen ihn vor Jahren ein Trieb geführt hat, über dessen Naturwidrigkeit sich die Gesellschaft entrüstet, dessen Disziplinwidrigkeit aber mit Fug beklagt wird. Wäre sein Vergehen ein hundertmal schwereres, es rechtfertigte nicht den jähen Sturz. Der demokratische Flachsinn schneidere die Gerechtigkeit mit dem gleichen Maß den Menschen zu: es kommen Narrengewänder zustande, die dem einen zu groß, dem andern zu klein sind. Mit den deutschen Literaten wollen wir wünschen und hoffen, daß Herrn Maximilian Harden das Gefängnis erspart bleibe. Die kitschigen Effekte, die wir in dieser Sache schon erlebt haben, wird selbst der deutsche Kaiser nicht um den allerkitschigsten vermehren wollen: um das Martyrium des Herrn Harden. Vier Monate schlechtere Luft und schlechtere Kost sind eine unweisere Strafe als die Aberkennung des Rechtes, sich einen Kulturmenschen zu nennen. Die ist mit der Schuldigsprechung wegen eines Eingriffs in die vita sexualis gegeben, auf den weitern Strafvollzug kann der Kläger verzichten. Ich bitte den Grafen Moltke im Namen aller, die dieser gräßlichen Begebenheit ein harmonisches Ende wünschen, er möge seinen wiedererlangten Einfluß beim Kaiser dafür verwenden, daß Herr Harden der Begnadigung teilhaft werde. Sein Schicksal würde »wie Zauber wirken, ihm der

Gemeinen Herzen zu gewinnen und die geworbnen Lanzen wider uns, die Herrn, zu kehren«. Es soll in Deutschland nicht so weit kommen, daß jeder, wie einen Orden, auch die Gloriole des Märtyrers haben kann. Gewonnen wäre nichts. Die Leitartikel der ‚Zukunft' erschienen in unveränderter Fasson und am Ende übernähme der Kürassier Bollhardt, der, ermuntert durch den Erfolg vor dem Schöffengericht, tatsächlich inzwischen »Redakteur« geworden ist, die Verantwortung an Stelle des verhinderten Herrn Harden. Verloren wäre alles. Der Pöbel würde sich an der schlagworthaften Gewalt dieser vier Monate betrinken, und der Ekel wäre unsterblich. Wir wünschen nicht, daß Herr Harden ins Gefängnis gehe. Aber wir bedauern ihn nicht. Wir tragen nicht Schuld an seinem Unglück. Aber er trägt Schuld an dem größeren Unglück des Grafen Lynar. Für ihn kann sich ein Kommerzienrat verwenden, diesem hilft kein Großherzog, dem er verschwägert ist. Kein Leitartikel weint diesem zertrümmerten Schicksal eine Träne nach, kein deutscher Dichter möchte von ihm diese fünfzehn Monate Kerker abwenden. Die Demokratie dankt nicht einmal für dieses Opfer. Sie sieht nur den Journalisten, der es mit einem plumpen Wort verschuldet hat, und krönt sein Haupt mit einer Dornenkrone. Aber die deutsche Kultur wartet auf den Tag, da die Erkenntnis dämmert, die da lautet: Die geistige Verbindung mit dem Kürassier Bollhardt ist kompromittierender als die körperliche!

Karl Kraus.

Wien, 24.—27. Jänner 1908.

Herausgeber und verantwortlicher Redakteur: Karl Kraus.
Druck von Jahoda & Siegel, Wien III. Hintere Zollamtsstraße 3.

DIE FACKEL

NR. 244 WIEN, 17. FEBRUAR 1908 IX. JAHR

Selbsthilfe.

Vor ein paar Jahren noch hätte ich einfach gesagt, jeder Nekrolog, den die ‚Neue Freie Presse' einem der Ihren hält, schaffe das Gefühl: wie gut, daß er das nicht erlebt hat! Die Toten der ‚Neuen Freien Presse', hätte ich gesagt, sind noch nicht unter der Erde und müssen sich schon umdrehen. Ich hätte die Lumpenparade betrauert, mit der sich Herr Benedikt an dem Andenken seines toten Mitherausgebers rächt, der eine gewalttätige, geschmacklose und aufdringliche Methode der Bereicherung nicht geliebt und der die deutschböhmische Hausehre des Blattes über die volkswirtlichen Interessen gestellt hat. Die unperspektivische Methode dieser Beileidsprotzerei hätte ich enthüllt, die einen Mistbauer auf einem Trauerwagen zeigt, der vor jedem Hause einer Stadt halten läßt und ins Tor hineinruft: Nichts zu kondolieren? Wöge die ‚Neue Freie Presse' das Beileid, das ihr gespendet wird, anstatt es zu zählen, so wäre der Eindruck ein imposanterer: der zehnte Teil sähe nach mehr aus, man glaubte, zehntausend hätten kondoliert. So, da jeder Stiefelputzer genannt wird, zählt man nach, kriegt gerade noch tausend heraus und sagt sich, daß das kein allzu stattliches Gepränge ist. Besonders, wenn man bedenkt, daß tatsächlich jeder Mensch, der in einem österreichischen Wohnungsanzeiger steht, bloß seine Karte schicken muß, um am andern Tag seinen Namen in der ‚Neuen Freien Presse' zu finden. Ich kann mir, so hätte ich damals gescherzt, das Entsetzen des überlebenden Herausgebers der ‚Neuen Freien Presse' ausmalen, wenn ihm einmal, bei einem traurigen oder freudigen Anlaß, eröffnet würde, daß sämtliche Kundgebungen, die er aus der Leopoldstadt erhielt, von mir verfaßt waren und daß ich nur für die Teilnahme der Provinzen keine Verantwortung übernehme. »Es kondolierten uns noch Herr Farkas Steiner in Nagy-Körös und Herr Jakob Pocker in Husiatyn«. Das war kürzlich als Nachtrag zu lesen. Und kaum hatten wir uns von diesem Schlage erholt, wurde uns mitgeteilt, daß auch die Präsidentin und die Schriftführerin des Brigittenauer Israelitischen Frauenwohltätigkeitsvereins kondoliert haben. Und kaum war dies geschehen, so ereignete sich etwas, worauf wir, selbst nach allem, was vorhergegangen war, nicht gefaßt sein konnten. In einer durch ihre Schlichtheit packenden Notiz wurde uns gemeldet, daß »auch cand. med. Herr Rudolf Taussig aus Prag, ein Neffe des Verblichenen, dem Begräbnis beigewohnt« habe. Er war vermutlich, als er seinen Namen in der Liste nicht gefunden hatte, in tiefe Trauer verfallen und hatte immer wieder ausgerufen: »Armer Onkel, jetzt bin ich eigens nach Wien zum Begräbnis gefahren, und muß das erleben! Das wäre unter deiner Redaktion nicht möglich gewesen!« Eine verhängnisvolle Unterlassung, die umso unbegreiflicher war, als jene andere Liste, in der die Kränze der Neffen und Nichten aufgezählt waren, an Vollständigkeit nichts zu wünschen übrig ließ. Da lasen wir unter anderm: »Unserem einzig guten Onkerl in Liebe und Dankbarkeit — Luigi, Lisel und Resel.« »Unserem lieben guten Onkerl in Liebe und Dankbarkeit — Nandy, Resel und Berta.« »Unserem teuren, herzensguten, unvergeßlichen Onkel — Milly und Edi.« »Unserem lieben, guten Onkerl in treuer Liebe — Fritz und Mizzi.« »Meinem unvergeßlichen, einzig guten Schwager . . .«

Genug! rufe ich jetzt, es ist genug des Unfugs! Wir wollen einem Weltblatt, das uns mit seiner Familienwärme und den Dünsten seiner Unkultur die Gehirne verpestet, ganz anders zu Leibe gehen, als zu einer Zeit, da es uns bloß die wirtschaftliche Sicherheit zu gefährden schien. Es muß ein Ventil der Empörung geschaffen werden! Der Oberste Gerichtshof ist nicht weit genug gegangen, als er erlaubte, ein Blatt straflos Hundsblatt zu nennen. Brachiale Vergeltung muß in einem Fall erlaubt sein, in dem uns mitgeteilt wurde, daß die Männer aus Nagy-Körös und Husiatyn kondoliert haben. Brachiale Vergeltung ist unwirksam und uninteressant, wenn sie jener übt, dessen Ehre von einer Zeitung verletzt wurde. Die Ehre mag ein Weilchen noch — als Kinderspiel für Gesetzgeber — »Rechtsgut« bleiben und sie mag nach Herzenslust überschätzt werden: ihr Schatz wiegt nichts neben den hundertmal heiligeren Kulturgütern, die von jedem Atemzug der Tagespresse beleidigt werden, nichts neben der Reinheit der Luft, die ein einziges Morgenblatt vergiftet. Ehre kann jeder Trottel haben; nur wenn sie von einem größeren Trottel verletzt wurde, sollte sie sich wehren dürfen. Es ist ganz gleichgiltig, ob einer in der Presse beleidigt wird, und es kann Feigheit sein, eine solche Beleidigung mit physischer Gewalt zu rächen. Aber es ist wertvoll, eine allgemeine Schmach so unerträglich zu finden, als ob man allein von ihr betroffen wäre, und es ist heroisch, für ein allgemeines Interesse seine Person gegen eine Person einzusetzen. Und wahrlich, im Fall der Männer aus Husiatyn und Nagy-Körös ist jeder von uns beteiligt! In welcher geistigen Atmosphäre leben wir, daß man uns dergleichen ungestraft bieten kann? Das geschriebene Wort reicht längst nicht mehr aus. Seine künstlerische Form schadet nur seiner ethischen Wirkung. Gegen das Wort des Journalisten, das bloß den gemeinen Inhalt und darum keine Form hat, kommt nur die Faust auf. Die Leibeigenschaft, in die uns der Liberalismus gebracht hat, ist weiß Gott die schlimmere. Es ist Geisteigenschaft, in der das Volk, in der die Höchsten selbst zu Füßen eines Machthabers liegen, dessen Kulturfeindlichkeit durch den Mangel an Tradition umso heftiger und durch den Schein einer Kulturliebe umso gefährlicher ist. Ein neuer Typus von Tyrannenmörder wird entstehen. Mindestens werden sich beherzte Männer finden, die während einer Artikelserie über den Männergesangsverein, nach einem Feuilleton des Herrn Paul Goldmann, während einer Enquete über das Recht des Nichtrauchers, nach einem Concordiaballbericht, nach der fünfhundertsten Aufführung der »Lustigen Witwe«, bei Blatterngefahr, während der Kondolenzen beim Ableben eines Herausgebers, in Hochzeitsjubel und bei Trauerklagen, in die Redaktion hinaufgehen, den nächstbesten Kerl, dessen sie habhaft werden können, schütteln und ihn fragen, wie er das mit Herrn Ackerl auf der Amerikareise gemeint habe, oder ob es ihm damit ernst sei, sämtliche Schmarotzer aufzuzählen, die bei einem Gschnasfest anwesend waren, oder ob er es aufrecht halte, daß die Herren Farkas Steiner und Jakob Pocker kondoliert haben. Und ehe noch eine entschuldigende Antwort erfolgt, müßten rechts und links Ohrfeigen sausen, daß die Rotationsmaschinen beschämt innehalten ... Es sollte doch mit dem Teufel zugehen, wenn wir nicht so gegen den Mist, den sie aufwirbeln, endlich unser Geistesleben zu schützen imstande wären!

Karl Kraus.

Die Sensationspremiere.

Ich höre, daß sich im Theater an der Wien gegenwärtig eine Affenschande von Julius Bauer mit Musik von Lehar, unter dem Titel »Der Mann mit den drei Frauen« vollzieht. Ich habe es nicht erlebt und wünsche, daß mir für den Rest meiner Erdentage erspart bleibe, dergleichen zu erleben. Ich höre, daß sich die Leute zu den Aufführungen drängen, weil jeder zuhause erzählen will, was heute auf der Wiener Operettenbühne möglich ist. Die ‚Neue Freie Presse' hat Texte von »volksliedartiger Schlichtheit und lyrischer Liebenswürdigkeit« aus dem Werk zitiert. Mir klingts noch in den Ohren:

Lulu — lulu — lullt ihn ein,
Träumen laßt ihn süß und fein.

Eine ähnliche Stimmung hat Goethe in seinem »Über allen Gipfeln ist Ruh« nicht herausgebracht, wenigstens ist es sicher, daß die Kommis, die in der liberalen Presse die »Renaissance der Wiener Operette« bejubeln, dies nie zugegeben hätten. Das eine aber kann ich sagen: Wenn ich noch einmal in einem Referat über ein Werk des Herrn Julius Bauer die Worte »Witzkrösus« oder »Pointen-Vanderbilt« lese, werde ich indiskret und plaudere die Witze aus, die darin vorkommen. Darin verstehe ich nämlich keinen Spaß. Wenn man uns immer wieder versichert, Herr Bauer habe sich »als Meister des Situationsscherzes erwiesen«, reißt einem schließlich die Geduld, und man wird dazu förmlich gezwungen, zu verraten, daß Herrn Bauers Bühnenhumor Situationen eigens erfindet, um die schäbigsten Kalauer möglich zu machen, die man in keiner anständigen Börseanergesellschaft erzählt. Wenn Herr Bauer es sich herausnähme, bei einer Hochzeit im Hause Taussig zu behaupten, »ein weibliches Wesen« dürfe sich nicht »mit einem Manlichergewehr« umbringen, entstände eine Verlegenheitspause. Im »Armen Jonathan« wird eine Situation daraus. Wenn Herr Bauer bei einer Tafel zu erklären wagte, ein Buch, das man einem nachwirft, sei ein »Nachschlagewerk«, nähme der Hausherr in Ermangelung eines Buches einen andern schweren Gegenstand in die Hand. Im »Hofnarrn« wird eine Situation daraus. Der arme Jonathan muß früher Tierbändiger gewesen sein, damit er dann dem Publikum erzählen kann, er habe »den Bestien seiner Zeit genug getan«, und was der Hofnarr — der in der Operette und der des Herrn von Taussig — alles anstellen muß, um einen Kalauer anzubringen, das grenzt schon ans Verbrecherische . . . Viel Schmach ist seit den großen Tagen der Operette von tantiemengierigen Stümpern der Wiener Vorstadtbühne angetan worden, — keine ärgere als von Herrn Julius Bauer, dessen Humorarmut bloß in der spottbilligen Form des Heine'schen Verses ein wenig schimmert, aber auf die Bühne so wenig paßt wie ein boxendes Känguruh auf einen Sportplatz. Was ich vor neun Jahren über den Versuch, »Adam und Eva« mit gehirnöden Buchstabenwitzen aus dem Paradies zu vertreiben, gesagt habe, ist der Notizenbande länger im Ohr geblieben als die Musik des Herrn Charles Weinberger, und ich bemerke zu meinem Vergnügen — soweit ein solches Gefühl nach einer Novität des Herrn Bauer überhaupt noch aufkommen kann —, daß sich die Frechheit um einen Grad herabgestimmt hat. Immerhin ist der Terrorismus jener Mächte, die dem Publikum Druckerschwärze in die Augen schmieren, noch arg genug. Trotz der Nähe des Naschmarkts, wo es faule Äpfel in Fülle gibt, riskieren die Beherrscher des Operettenmarkts das Menschenmögliche, und ich weiß nicht, ob die Direktoren des Theaters an der Wien, wenn sie ganz unter sich sind und bestimmt niemand zuhört, einander zu versichern wagen, daß ein Libretto des Herrn Bauer ein Schund ist. Herr Karczag, einer der beiden außerordentlichen Männer, ist nach Ungarn zuständig. Aber was nützt das, wenn das Gesetz nur das Hazardspiel und nicht die Aufführung von Operetten meint? Auch der Librettist des »Manns mit den drei Frauen« ist nach Ungarn zuständig. Auch die Kritiker sind nach Ungarn zuständig. Wenn man sie alle zusammen ein einzigesmal bei einer Partie Klabrias erwischen könnte, hätte der ganze Jammer unseres Theaterlebens ein Ende.

Karl Kraus.

* * *

(Eine Verwahrung.) »Herr Lehar teilt uns mit, daß er bei seiner Reise nach Berlin mit Girardi wegen eines Auftretens im Theater an der Wien nicht verhandelt habe, sondern direkt mit Christians in Unterhandlungen getreten sei, die zu dem schon bekannten Abschlusse führten, daß somit das Engagement Christians' nicht als Notbehelf, sondern als Zweck seiner Mission anzusehen sei.« Herr Lehar hat vollkommen Recht gehabt. Man wird an Girardi herantreten, wenn man einen Christians haben kann!

* * *

Die Kritik ist die letzte Instanz des Schauspielers. Mein Blick hat die Referate über die Wiederaufführung der »Medea« gestreift. In der ‚Neuen Freien Presse‘ steht: »Herr Reimers gab dem schwankenden Jason einen Zug in das Männlich-Entschiedene«. Und im ‚Neuen Wiener Journal‘ steht: »Der Jason des Herrn Reimers ist etwas konventionell geraten. Jason ist doch vor allem der kühne Held sagenhafter, unerhörter Abenteuer, eine erobernde Kraftnatur, voll von Augenblicksinstinkten und Begierden, kein schwankender

Konfliktsmensch, der sich lange von Skrupeln quälen läßt.« — Man kann auf die nächste Vorstellung der »Medea« gespannt sein. Vorläufig weiß Herr Reimers nicht, ob er als kraftvoller Jason gut oder als schwankender Jason schlecht war. Aber wir können Überraschungen erleben.

* * *

Ein Vertreter der ‚Zeit' hat Sonnenthal über den verstorbenen Krastel interviewt. Hiebei ereignete sich der folgende Zwischenfall:

»Sonnenthal blickt durch das Fenster hinaus über die Baumwipfel im Garten hinweg in die Ferne und zurück in die Vergangenheit, da er mit Krastel gewirkt.«

* * *

Ein Sieg der freien Forschung! »Der Ärztliche Verein im ersten Bezirk, als dessen Präsident Professor Königstein, als Vizepräsident Professor Finger fungieren, veranstaltete einen außerordentlich gelungenen, von zahlreichen Professoren und Ärzten besuchten Vergnügungsabend ... Die burleske Oper ‚Adihaxes und Odibraces' wurde mit großer Verve aufgeführt ... Den medischen König Hadrawachl sang ... Alle poetischen und musikalischen Darbietungen wurden mit herzlichem Beifall aufgenommen; letztere bewiesen neuerdings, daß Wien — trotz der Zeiten Not — die Stadt der Ärzte geblieben ist, welche in freien Stunden mit virtuosen Mitteln der Frau Musika huldigen.« Mit diesem Ausblick in eine freudige Zukunft schließt der Bericht der ‚Neuen Freien Presse'. Mag das Dunkelmännertum noch so heftig gegen die medizinische Wissenschaft ankämpfen, so lange sie unter dem Protektorate des Königs Hadrawachl steht, ist keine Gefahr. Aber auch der Klerikalismus hat einen Sieg errungen. In eben derselben Spalte kann die ‚Neue

Freie Presse' melden, daß »die Direktion des Intimen Theaters das Aufführungsrecht des fünfaktigen Trauerspiels ‚Johann Philipp Palm' von Dr. Alfred Ebenhoch, dem derzeitigen Ackerbauminister, erworben« hat. Die Ärzte führen — trotz der Zeiten Not — Adihaxes und Adibraces auf, und ein klerikaler Minister leitet die Proben im Intimen Theater... Wie schwer wird einem in Österreich die Wahl der Widerwärtigkeiten! Man gehe, wo man will, man gerät immer zwischen die Puffer der Dummheit.

* * *

Unter den Antworten, die ein Berliner Blatt auf seine Rundfrage über Richard Wagner erhalten hat, findet sich die eines echten Künstlers und die eines echten Reporters. André Gide schreibt:

»Ich verabscheue Wagners Person und sein Wort. Mein leidenschaftlicher Widerwille hat sich seit meiner Kindheit nur noch vertieft. Dieses erstaunliche Genie spendet weniger Entzückung, als es zermalmt. Vielen Snobs, Literaten und Dummköpfen hat er erlaubt, zu wähnen, sie liebten die Musik, und einige Künstler in den Irrtum versetzt, Genie sei zu erlernen. Deutschland hat vielleicht nie etwas erzeugt, das zu gleicher Zeit so groß war und so barbarisch.«

Herr Georg Brandes schreibt:

»Der Widerstand gegen Wagner war in Dänemark niemals stark und ist jetzt ausgestorben. Seine Opern werden als die Hauptopern der königlichen Bühne in Kopenhagen betrachtet, obwohl die Ausführung sich nur ausnahmsweise über ein respektables Mittelmaß erhebt.«

* * *

Ein Nachtrag. Der gute Graf Reventlow verteidigt ihn gegen den »Vorwurf der Manieriertheit des Stils«: Dieser treffe nicht zu, »denn er schreibt, wie er spricht und wie er ist«. In Deutschland ist man auch sonst vielfach dieser Ansicht. So schrieb zum Beispiel — unter den zahllosen Blättern, die sich mit meiner Erledigung des Herrn Harden befaßten — das ‚Leipziger Tageblatt' die folgende Einleitung zu einem Auszug aus meiner Schrift:

»Glücklicherweise gibt es unter gebildeten Deutschen, ja sogar unter einigen deutschen Schriftstellern Leute, die ein Heft der Harden'schen ‚Zukunft' nicht ohne einen nervösen Ärger in die Hand nehmen, weil sie sicher sein können, darin wieder einen langwierigen Artikel ihres Herausgebers in einem verlogenen vergewaltigten Deutsch zu finden. Wenn die Kunst, aus dem Stil eines Schriftstellers auf sein Temperament, seine Wahrhaftigkeit, seine seelische Energie einen Schluß zu ziehen, bei uns mehr geübt würde, so wäre man sich über den Charakter Hardens nicht erst durch sein Verhalten während des Moltke-Harden-Prozesses klar geworden. Das Traurige am Fall Harden ist, daß der Stil der ‚Zukunft' den Stil des halben gegenwärtigen deutschen Schriftstellertums infiziert hat. Man findet ihn bei hundert Journalisten wieder; es wird keine neue Zeitschrift gegründet, in der nicht irgend ein Rückblick auf Theater oder Handel oder Politik in seinem Zeichen stände; ja er wirkt sogar auf die ernsthafteren Literaten ein, enthüllt sich hier freilich als Anfängerversuch. Eine Tatsache nicht mit einfachen Worten sagen zu wollen, nach Inversionen und Satzverrenkungen zu greifen, ist das erste Hilfsmittel eines nach Stil suchenden Autors: das Ungewöhnliche scheint die Besonderheit zu gewährleisten. Der Schriftsteller Harden ist nur in Deutschland mit seiner Gleichgültigkeit gegen Form möglich.«

Die Versuchung des jungen Prenberger.

Ferne war die Zeit, da die Herren von Babenberg auf dem Rücken des Kahlengebirges einen genügsamen Grafensitz bewohnten. Selbst das stattliche Herzogsschloß am Hof war bei weitem zu klein für den großmächtigen Haushalt, zu unbedeutend inmitten der wachsenden Stadt, und seine Räume standen leer, bis die Münzenpräger, denen das Haus zum Lehen gegeben war, neue Verwendung dafür finden würden. Der Herzog Leopold, den man den Glorreichen nennt, schaltete nun mit seinen Dienstmännern und ganzem Gesinde in der neuen Burg, der Hofburg zwischen Kärntner und Widmertor, aller Glanz war dem alten Hause entzogen und sollte nunmehr die Säle der neuen, festen Burg durchprangen. Da wohnte auch die Herzogin Theodora, die Tochter des griechischen Kaisers Isaak Angelus in herrlichen Kemenaten mit mancherlei Erkern, mit Fenstern aus echtem Glas in Blei gefaßt, mit hohen Türen und venezianischen Spiegeln. Aber die geschliffenen Spiegel, die der Doge für das neue Haus geschickt hatte, taten ihrs zuleide, daß sie ein immer noch schönes, aber nicht mehr jugendfrisches Antlitz zeigten; sie lobte die Metallscheiben, aus denen ihr lachende Jugend zugejubelt hatte. In den eckigen und runden Erkern, deren Licht zur Hälfte verhängt war, mußte sie alleine auf den Pfühlen sitzen und ihres Gemahles gedenken, der in Tulln, in Mödling und wo es sei jagte, und nicht auf Hochwild allein, die Herzogin aber unziemlich vernachlässigte. Das war früher anders gewesen, als er sie, die in dunkler Glut seltsam erstrahlte, jahraus, jahrein wie ein feuriger Liebhaber, nicht wie ein Ehgemahl umfing. Um diese Zeit kam der Gebrauch des Safran auf, den ein österreichischer Ritter seiner Hulda als das edelste Geschenk des Ostens vom Kreuzzug mitgebracht hatte, und nun diente der König der Pflanzen der Herzogin, um ihren Lippen und Wangen erborgten Glanz und Duft zu verleihen, aber Theodora war unfroh und wünschte die Zeit herbei, wo man das Mittel noch nicht kannte und noch nicht brauchte.

Zu ihr ins Gemach trat Herr Walter von der Vogelweide, kein Jüngling mehr auch er, denn an der Schläfe war ihm die

Locke ergraut und mancherlei Enttäuschung in sein Gesicht gegraben. Reisefertig kam er, in wallendem Mantel, die Fiedel auf dem Rücken, und bat die Herzogin, ihm Urlaub zu gewähren.

»Auch ihr?« sagte die hohe Frau trübe und dachte daran, wie eine Saite von Walters Fiedel soviele Jahre lang Theodora geheißen und zu ihrem Ruhme erklungen sei, wie er vor ihr gekniet und mit Reinmar, der Nachtigall von Hagenau, den längst das kühle Grab deckte, um die Wette gesungen, die Gunst eines Lächelns zu erlangen:

Wohl mich der Stunde, da ich sie erkannte,
Die mir den Leib und die Seele bezwungen.
Seit ich die Sinne so gar an sie wandte,
Der sie mich hat mit ihr Güte verdrungen,
Daß ich gescheiden von ihr nicht enkann,
Das hat ihr Schöne und ihr Güte gemachet
Und ihr roter Mund, der so lieplichen lachet.

»Wird es denn wieder Mai werden, wenn Herr Walter fehlt, ihn zu besingen?«

»Herr Neidhart wird mich baß ersetzen«, sagte Walter, »es ist lange her, daß man ritterlichen Gesang hoch hielt am Hofe zu Wien; nun singt man rinderlich, der dörpische Bauer gilt mehr als Unsereiner.«

»Wohin wollt ihr euch wenden?« fragte die Herzogin.

»Ich denke, daß ich den Hof des Königs Arthus suchen werde«, erwiderte der Minnesänger und blickte träumerisch ins Leere.

»Mögt ihr ihn finden, Walter. Aber man sagt, daß meine ungefügen Söhne euch von Wien vertreiben.«

»Mag sein auch das«, sprach der Ritter; »ich weiß nicht, wie eurem Schoße so wildes Blut entsprießen konnte.«

»Was weißt du von komnenischem Blut?« sagte schnell die Herzogin, die sich seltsam verfärbte.

Der Ritter lächelte; »Eine Rose ohne Dornen, eine Taube ohne Galle seid ihr.«

»Wie wenig du mich kennst, Walter; keiner kennt mich hier. Mörder sind meine Ahnen, Mörder meine Kinder und ich könnte fromm sein wie ein Lamm? Eifersucht verzehrt mich und wüßt ich, wie den Herzog mir zu gewinnen, ich scheute nicht das

Blut von reisigen Männern, von Kindern, von Frauen zu vergießen.«

Walter schwieg betroffen eine ganze Weile. Dann sagte er: »Wenn ich mit einem Rate einen Teil der Güte entgelten kann, die ihr mir, vieledle Frau, stets erwiesen, so ist es der: machet den Herzog eifersüchtig. Lasset ihn Nebenbuhler fürchten in eurer Gunst.«

»Wer wird wagen, die Augen zu mir zu erheben?«

»Der, dem ihr Gunst gewährt.«

»Der wagt sein Leben.«

»Er wird es wagen.«

»Ihr vergeßt, Herr Walter, daß ich meine Enkel auf den Knien wiege.«

»Ihr seid schön, Frau Herzogin.«

»Nun so schickt mir einen, der für mich sein Leben wagt, wofern ihr an der Tafelrunde des Königs Arthus einen treffet. Ich will ihn an der Narrenkappe erkennen.«

»Ihr sollt ihn daran erkennen, daß er euch meinen Gruß bringt«, sagte Herr Walter ernsthaft, beugte sein Knie und ging. Als er durch den Kirchhof von Sankt Michael schritt, der damals neu und mit wenig Gräbern bestellt war, so daß er einer Wiese glich, die im Herbst vergilbte, erblickte er den jungen Prenberger, den Edelknaben der Herzogin, der stand da in seinem eng anliegenden rechts roten, links grünen Gewande, kehrte Herrn Walter den Rücken und schien sehr versunken. In Händen hielt er einen Halm, den maß er mit der Breite seiner Daumen aus und zählte dabei und wenn ers ausgemessen, begann er wieder aufs neue und wurde immer zufriedener. Endlich warf er das kleine Stroh weg und wendete dem Ritter, der ihm heimlich zusah, ein helles Antlitz entgegen: »Viel Glück zum Liebesorakel«, sagte Walter, »wer ist die Auserwählte?«

Der Jüngling errötete und sprach: »Das ist ein glückliches Spiel, Herr Walter, daß ich euch treffe; ich brauch ein Lied, ein Lied von Treue bis in den Tod, und wenn ihr mir eines geben wollt, soll mirs auf einen Byzantiner nicht ankommen.«

»Lieder von mir sind nicht mehr zeitgemäß in Wien. Es wird dir mehr Ehre gewinnen, wenn du dir den kleinen Finger abhackst, wie der Lichtensteiner tat und ihn deiner Edelfrau sendest; denn ich vermute, daß du dich nicht in ein Weibsbild von niederem Stande vergafft hast.«

»Vom allerhöchsten Stande«, platzte der junge Prenberger heraus. Walter blickte ihn von der Seite an und sagte: »Gut denn; aber damit die Weise recht sei: wie sieht die Fraue aus?«

Der Edelknabe schilderte mit feurigem Herzen eine Himmelsgestalt, und Walter merkte wohl, daß er die Herzogin selber aus dem Glorienscheine dieser Verklärung lösen müsse. Der Prenberger war seit zwei Jahren stets um sie, sie lehrte ihn und zwei andere Edelknaben Katechismus und Frauendienst, aber der Prenberger war der älteste, die anderen zwei waren Kinder und wie er so an langen Winterabenden und verregneten Sommertagen zu ihren Füßen saß und in ihm drängender Frühling war, da hätte seine mütterliche Freundin noch einmal so alt und gänzlich verblüht sein mögen, so wie sie in Wirklichkeit im matten Glanze der letzten Triebe stand: der Prenberger hätte sie dennoch geliebt. Das erkannte Herr Walter, sagte aber nichts dergleichen, sondern meinte nur, wenn es eine hohe Dame sei, sei die Gefahr dieser Liebe groß und ob der Prenberger dies bedacht habe.

»Wenn ich wüßte, daß der Strohhalm, den ich maß, die Wahrheit sprach«, sagte der Edelknabe, »wenn ich in Gunst bei ihr stehe, dann ist kein Tod für mich fürchterlich.«

Unter solchen Gesprächen schritten sie miteinander über den vielfach winkeligen Kohlmarkt, zwischen den schmalbrüstigen Häuschen, die so spitzgiebelig waren, daß das Dach wohl zweimal so hoch war als der ebenerdige oder einstöckige Grundbau, die hölzernen Sohlen der Schnabelschuhe knirschten im Schotter, aus dem allenthalben Gras emporwuchs, und aus den Fenstern von allen Seiten schmetterte fröhlicher Gesang von Amsel, Drossel und Fink, die da in ihren Käfigen saßen, daß man eher vermeinte im grünen Wald als in der Stadt zu sein. Als sie aber in den alten Teil der Stadt kamen, unter die Lauben, wo die geschäftigen Bürgersfrauen ihre Einkäufe besorgten und das Getöse von Ausrufern und anderem lärmenden Tagwerk groß war, da grüßten viele den edlen Sänger und war bald ein Haufen hinter ihm her und auf dem hohen Markte sammelten sie sich um ihn, weil gerade der Stadtrichter die Schranne verlassen hatte und das Volk noch da stand, das den Sprüchen zu lauschen pflegte. »Singt uns eins, Herr Walter«, riefen sie. Walter stieg die Stufen zur Marktschranne empor und blickte über die fröhliche Menge, die voll Erwartung zu ihm emporsah. Es wärmte ihm in die Seele, daß er in ihren Herzen so gute Geltung hatte und er fragte: »Was soll ich singen?«

»Den Pfaffentrutz!« schollen hundert Stimmen für eine. Der Sänger nahm die Fiedel von der Schulter und sang:

Ahi, wie christenliche der Papst unser lacht
Swenn er seinen Wällischen sagt, wie ers da hab gemacht:
Ich habe zwei Almannen unter einer Krone gebracht,
Daß sie im Reiche stören, brennen und wasten,
Alldieweile fülle ich meine Kasten.
Ich habs am Opferstock gemerkt, ihr Gut wird alles mein,
Ihr deutsches Silber fährt in meinen wälschen Schrein,
Ihr Pfaffen esset Hühner und trinket Wein
Und laßt die dummen deutschen Laien — fasten.

Die Leute lachten; sie spürten nicht viel vom Hader der Gegenkönige, der das Reich zerfleischte, sahens von Ferne und konnten lachen. Nur ein paar Schotten, die gerade vorüber gingen, blickten zornig auf den Sänger, denn mit solchen Trutzliedern hatte Walter schon viel Volk des Papstes Gebot überhören lassen. Der Ritter verlor sich in der Menge, nur der junge Prenberger heftete sich an seine Sohlen, denn er wollte das Liebeslied haben, um es auf irgend eine geschickte Art der Herzogin heimlich zuzustecken. Eine Weile schritten sie schweigend nebeneinander her und waren beim Stadttor angelangt, als Walter stehn blieb und sprach: »Wenn du die Herzogin wieder siehst, dann sag ihr, Herr Walter von der Vogelweide sende ihr durch dich seinen Scheidegruß, und dein Lied sollst du haben, wenn du es brauchst, aber Verwegenheit ist besser als der kräftigste Spruch. Damit leb wohl!« Sprachs und verschwand im dunkeln Torbogen. Er sehnte sich nach der Freiheit des Waldes und wiewohl er dörfische Weise am Hofe haßte, war ihm in Anger und Ried dörfische Weise genehm, wenn höfischer Zwang und Tücke ihn erdrückte.

Der junge Prenberger wanderte wieder stadtwärts und obwohl er in Gedanken ziellos fürbaß schritt, trugen ihn seine Füße zur Hofburg. Es war später Nachmittag, als er über die Zugbrücke ging und die wohlbekannten Gemächer der Herzogin aufsuchte. Denn er hatte in Walters Scheidegruß einen Vorwand gefunden und sonst brauchte er nichts. Er fand die Herzogin dabei, wie sie Granatapfelmuster in Samt webte, die aufgesprungenen Äpfel waren von goldenen Rosenblättern eingefaßt und das Ganze sollte ein Meßgewand werden für ihr liebes Kloster Heiligenkreuz. Sie blickte ihren Edelknaben freundlich an: »Was bringst du Neues?« Der junge Prenberger, der beim Klange ihrer Stimme Herzklopfen bekam, mochte sie noch so Gleichgültiges reden, sagte: »Wohledle Frau, der Ritter Walter von der Vogelweide sendet euch durch mich seinen Gruß.« Theodora erhob ihre schwarzen Augen und senkte sie in die des Edelknaben, um sein Innerstes zu erforschen; und wenn nicht die Dämmerung schon zu grau und wenn der Prenberger nicht gar so sehr von seinem verwirrten Selbst erfüllt gewesen wäre, dann hätte er sich über die Purpurwelle verwundert, die der hohen Frau bis zur Haargrenze stieg. Theodora sah, daß der Edelknabe von der Bedeutung des Grußes nichts wußte, aber sie hatte bis dahin nicht darauf geachtet, ob der Prenberger, dessen Mutter sie hätte sein können, sie liebe oder nicht. Diesmal als er, der den forschenden Blick nicht länger ertragen konnte, niederstürzte und mit seiner Stirne ihren Pantoffel berührte, fühlte sie mehr mütterliche Zuneigung zu diesem halben Kinde, als daß sie der Lage gerecht werden konnte, die Walter meinte; sie legte dem Prenberger die Hand aufs Haupt und fragte ihn wie scherzend, ob er sein Herz verloren habe, was er nur flüsternd bejahte und sonst nichts zu sagen wagte. Darauf fragte sie, ob er denn der Gegenliebe gewiß sei und er sah sie an und sagte: »Ich habe einen Halm ausgemessen, und wenn ich seinem Spruche Glauben schenke, dann« — er stockte — »bin ich nicht aller Hoffnung verlassen«, stieß er mit dem Aufgebot seines ganzen Mutes hervor und erschrak über seine Kühnheit. Wer mag ermessen, was in der Herzogin vorging? Sie war gerührt, sie nahm sein Haupt in ihre Hände und küßte ihn auf die schwellenden Lippen. Und da dieser Kuß, von dem niemand weiß, wie er gemeint war, nicht von einem Kinde empfangen wurde, wie er vielleicht nicht so ganz mütterlich gegeben wurde, stand die Herzogin schnell auf von ihrem Sitze und verließ das Gemach. Der junge Prenberger blieb allein wie geistesverwirrt mit aufgerissenem Mund und Augen, dann begann er im Zimmer umherzuspringen, daß die Schellen an seinem Knieband nur so klingelten, schlug Purzelbäume über die Diele und rannte aus dem Hause, um Händel zu suchen.

Es geschah kurz nach dieser Zeit, daß der Herzog einen Ruf an die Bürger ergehen ließ und gleicherweise an alle ritterlichen Vasallen im Lande, sie möchten sich an einem bestimmten Abend im neuen Schlosse zu einem großen Feste einfinden, das zu Ehren der ungarischen Gesandten gegeben wurde, damit diese ihrem Könige von der Pracht der österreichischen Hofhaltung erzählen könnten. Da zogen die Bürger nach Zünften geordnet und die Ratsmänner in schwarzseidenen Gewändern voran über die Zugbrücke, die Fackelträger erleuchteten, in ihres Herzogs Haus und führten ihre ehrsamen Ehefrauen an der Hand und brachten auch ihre mannbaren Töchter mit, deren weitfaltige Röcke die Füße völlig verbargen und mit der Hand beim Gehen zierlich emporgehalten wurden. Sie stiegen durch das Spalier der herzoglichen Lanzenträger zum großen getäfelten Festsaal hinan, wo die Adelsherren ihrer harrten und zumal die jungen Frauen freudig begrüßten, die sonst hinter den Spitztürlein der Stadthäuser vor Huldigung verborgen waren. Eine farbenprächtige Menge wogte im Saale und staute sich um die fremdländischen Gesandten mit der silberverschnürten Brust und den gelben Reiterstiefeln. Unter Trompetenton trat Leopold ein und blickte wohlgefällig über die entfaltete Anmut und den Reichtum. Da gab's kein steifes Hofhalten, denn allsogleich begann ein Essen und Trinken nach des Herzogs Küche und Keller: Wildpret aller Art, tüchtige Rinderbraten und anderes Fleisch, weißes krustiges Brot, aber auch Marzipan und Honiggebäck für die Frauen. Solches und Wein aus Wälschland oder von den Grinzinger Rebengeländen holte man sich zwanglos selber von den langen Tischen, wo ganze Berge davon aufgehäuft waren, und jeder konnte satt werden. Dann huben die Pfeifer, Fiedler und Trommler ihr lustiges Handwerk an, das junge Volk drehte sich im Schleiftanz und nahm sich in acht, übermäßiges Herumschwingen oder gar gegenseitiges Umwerfen, wie es sonst vielleicht geschah, hier unter des Herzogs Augen zu vermeiden.

Es war aber sonderbar, daß bei dieser allgemeinen Festlichkeit die Herzogin Theodora fehlte. Seit länger denn einer Woche hatte sie sich für krank ausgegeben und in ihre Gemächer zurückgezogen, womit sie nichts anderes bezweckte, als den Herzog ihren Gemahl zur lang entbehrten Pflege seines Weibes zurückzuführen. Aber sei es, daß Regierungsgeschäfte überhand nahmen, sei es aus einem anderen Grunde, nämlich dem, daß der besonnene und grundkluge Leopold mit seinem unbändigen Nachwuchs unzufrieden war und seiner Gattin die Schuld für diesen fremden Tropfen im babenbergischen Blute zumaß, kurz er bekümmerte sich um Theodora auch dann nicht, als sie für krank galt, wodurch er sie außerordentlich erboste. Nun fragten aber die ungarischen Gäste nach der Herzogin und als sie von deren Unwohlsein vernahmen, baten sie, wenigstens im Frauengemach für kurze Zeit empfangen zu werden, um sich des Auftrages ihrer Königin, der an die hohe Frau persönlich ging, zu entledigen. Diese Botschaft gedachte Leopold seiner Gemahlin zu entbieten und wie er die Augen suchend im Saale umherschickte, drängte der junge Prenberger sich vor, der als der Herzogin Edelknabe wirklich der Berufenste für dieses Geschäft war, und ihn sendete der Herzog in den Frauenturm. Theodora sah von ihrem erheuchelten Krankenlager den Kerzenschimmer des Festsaales durchs Fenster und fiel aus dem tiefsten Elend in den stärksten Verdruß über des Herzogs Betragen. Sie dachte des Rates, den ihr Walter im Scheiden gegeben, und sah nicht, wie sie es machen sollte, denn Leopold beachtete sie gar nicht. Eine große Sehnsucht war in ihr, die sich in diesem Schlosse so ganz verlassen sah, sie sehnte sich nach ihrer Jugend, nach ihrer sonnigen Heimat. Und als der junge Prenberger ehrerbietig grüßend in das Zimmer trat, da war er ihr weit mehr als ein junger Fant, denn er brachte seine jugendliche Liebe mit, er machte sie selber wieder jung wie damals zu Konstantinopel, als die Jünglinge sie besangen. So kam es, daß die Spannung und Sehnsucht der Herzogin gleichwie ein Schwert über dem Haupte des Edelknaben schwebte, der seine Botschaft schwer genug hervorbrachte, denn ob er gleich nicht wußte, was bevorstand, konnte er einer ungeheuren und noch nie erlebten Erregung nicht Herr werden. Alle Kammerfrauen der Herzogin bis auf eine waren drüben beim Fest und nun erlaubte Theodora auch dieser letzten Zofe hinüberzugehen, die froh und leichtfüßig enteilte.

Ein Paar in der Schwüle des ersten und des letzten Kusses blieb allein. Die Herzogin rief den Jüngling dicht heran. Sie setzte sich auf und fragte: »Hast du mir nichts zu sagen?« und der junge Prenberger sagte: »Ich liebe euch, Frau Herzogin« und als sie wie ermattet in die Kissen zurücksank, da wagte er, sie stürmisch zu umfassen. Es ist nun unmöglich, klärlich zu berichten, was weiter geschah. Nicht als ob sich ereignet hätte, was leicht anzudeuten ist, sondern gerade weil sich nichts dergleichen abspielte. Dies lag aber nicht an der Herzogin und auch nicht an dem Edelknaben oder wenn es dennoch an ihm lag, jedenfalls so, daß er nicht wußte, was in ihm vorging. Als nämlich die Gefahr am größten war, da verhütete eine höhere Hand einen Ehebruch, denn plötzlich, gänzlich unvermittelt erlosch das Feuer des Prenberger und blieb nur eine leichte Beschämung in dem Jüngling zurück, so daß er sich in geziemende Entfernung von der Herzogin Lager begab; Theodora, die weiter glühte, konnte nichts davon begreifen.

Dies alles dauerte geraume Zeit, während der Herzog und die Herren aus Ungarn einer Antwort harrten und Leopold überlegte, daß Theodora wohl Grund habe, über seine Kälte zu zürnen und daß er selber hinübergehn könnte, um nach seiner Gemahlin zu sehen. Und wirklich machte er sich allein auf den Weg, den alle Dienstleute ihm ehrfurchtvoll frei ließen und öffnete die Tür und sah — nichts, was seinen Argwohn hätte erregen können; denn die Flammen in Theodoras Wangen schienen ihm Röte des Zorns, ließen ihn gewiß werden, daß er Unrecht habe, sie durch Gleichgültigkeit zu kränken. Der Prenberger verschwand mit der Schnelligkeit einer Eidechse aus dem Zimmer.

»Theodora«, sagte der Herzog, »nun erhebe dich, und deine Frauen mögen dich schmücken, daß du an meiner Hand hinübergehest und die Königin des Festes seist, wie dir gebührt«.

Und so geschahs. In königlichem Schleppgewande, das

Diadem auf dem dunkeln Haupt, betrat sie spät mit dem glorreichen Leopold den Saal und brannte ein jugendliches Feuer in ihren Augen, daß der Herzog vermeinte, sie nie so schön gesehen zu haben.

Aber hernach ließ sie dem heiligen Anton eine Kapelle bauen.

Wien. Fritz Wittels.

Ein Selbstmordmotiv.

Ich könnte mir ganz gut denken, daß einer unter der Einwirkung eines Feuilletons von Max Nordau oder Paul Goldmann zum Alkoholiker wird. Ich denke dabei nicht an die Möglichkeit einer Reaktion auf jene grauenvollste Nüchternheit, die einem da über das Gehirn weht. Nein, ich meine, daß es den Menschen dazu treibt, sich das Bewußtsein einer Schmach zu betäuben, und daß man in den meisten Fällen über ein großes Unglück nicht anders hinwegkommt, als dadurch, daß man sich dem Trunk ergibt. Nur in der Narkose kann man heute überstehen, was uns von den energischen Flachköpfen, denen die Kultur ans Messer geliefert ist, tagtäglich angetan wird. Ich werde mich zu Haschisch entschließen. Denn es ist mir viel lieber, ich sehe den Popo einer Huri in Mohammeds Paradies als das Gesicht des Herrn Paul Goldmann. Aber ich fürchte, es wird nichts helfen. Denn wenn ich mich schon vor ihm gerettet habe, wie schütze ich mich gegen Herrn Hugo Wittmann, der ihn lobt? Daß an einem Sonntag in der ‚Neuen Freien Presse' eine Berliner Theaternachricht abgedruckt wird, in der es über ein Werk Gerhart Hauptmanns heißt: »Das neue Drama Hauptmanns ist nicht so schlecht wie seine Dramen aus den letzten Jahren«; es enthält sogar »einige hübsche Szenen«, deren Stoff »vielleicht zu einem Einakter ausreichen würde« — also gut, es ist traurig, aber darüber komme ich hinweg. Daß aber an demselben Sonntag in der ,Neuen Freien Presse' und dicht daneben ein Artikel erscheint, in dem uns nicht nur mitgeteilt wird, daß Herr Goldmann seine Feuilletons zu einem Buch gesammelt hat, nein, in dem gesagt wird, Herr Goldmann gehöre »zu den wenigen Kritikern deutscher Nation, auf deren Stimme man hören muß«, das kann uns wirklich noch um den Rest der Lebensfreude bringen, den uns die ,Neue Freie Presse' bisher in jenem Erbarmen, dessen auch die wildeste Bestie fähig ist, gelassen hat. Was sollen wir tun, wenn uns über Herrn Goldmann gesagt wird: »Noch in späten Jahren wird der Literarhistoriker diese drei Bände zur Hand nehmen müssen, wenn er sich über die Entwicklung der deutschen Bühne am Ende des neunzehnten und am Anfang des zwanzigsten Jahrhunderts wird unterrichten wollen, und wenn ihm daraus der lebendige Nachhall eines verschollenen Tages entgegentönt, so wird er auch das Urteil eines Kunstrichters darin finden, der sich vom Tage niemals unterjochen ließ, sondern gegen alle Launen und Moden des Zeitgeschmacks in stolzer Unabhängigkeit zu verharren wußte.« Was sollen wir tun, wenn uns von den Geräuschen der geistigen Verdauung eines der hartleibigsten Kunstphilister gesagt wird: »Bekannte Töne sind es, die unser Ohr berühren, und doch wirken sie, als erklängen sie zum erstenmal. Hat man diese Blätter einzeln gelesen, wie sie der Tag einst herbeigeweht, so gewährt es nun einen höchst feinen Genuß, sie im Zusammenhang nochmals durchzukosten und diesen Zusammenhang aufzudecken.« Wir wollen uns gerade schön bedanken, da werden wir noch aufgefordert, das »geistige Band«, das die Aufsätze des Herrn Goldmann verbinden soll, »in seiner Festigkeit zu fühlen und zu prüfen«. Ja, tun wir das, — und man zeige mir den Mann, der nicht sofort den geistigen Bandwurm agnoszierte, wie er feuilletonweise herauskommt. Es könnte aber auch ein echter Zwirnsfaden sein, und welchem lebensüberdrüssigen Leser wäre es nicht bekannt, daß man sich auch mit einem Zwirnsfaden erdrosseln kann? Wenn man zum Beispiel liest, daß eine der bedeutendsten Wahrheiten des Herrn Goldmann jene sei, die er über die modernen Dramatiker ausgesprochen hat: »Sie wissen nichts von den Ideen und Problemen der Zeit«, nichts »von Klerikalismus und Antiklerikalismus, vom alten, nie beendeten Kriege zwischen dem freien Gedanken und der Macht der Kirche«, nichts »vom Kampfe der Frau für ihre Rechte, ihre Freiheit«; sondern sie schreiben Glashüttenmärchen... Daß solch ein Flachkopf nicht spürt, daß im Glashüttenmärchen eines Gerhart Hauptmann mehr von den Problemen der Zeit enthalten ist als in solch einen Flachkopf hineingeht, braucht einen nicht aufzuregen. Auch nicht, daß er in einem Drama Wedekinds den »Kampf der Frau für ihre Rechte« vermißt, den er in einer Rede des Fräuleins Fickert unfehlbar spüren würde. Aber das Fürchterliche ist, daß sich im Nu ein anderer Flachkopf findet, der derlei Erkenntnisse vor einer Öffentlichkeit von Hunderttausenden lobpreist, so daß die Verflachung der Köpfe chimborassoartige Dimensionen annimmt. Als ob es nicht genug Esel gäbe, die schon vor Herrn Goldmann der Ansicht waren, daß der Dramatiker Ohorn, der wirklich etwas »von Klerikalismus und Antiklerikalismus« weiß, ein größerer Geist sei als Gerhart Hauptmann. Und Herr Kadelburg ein besserer Moralist als Wedekind. Denn, »wenn gesunde Sinnlichkeit in schwüle Erotik ausartet«, ruft der Verehrer des Herrn Goldmann, »verhüllt sogar ein so frei und unabhängig denkender Mann, wie er, sein «. Ja, was denn? Das

Wort ist im Druck der ‚Neuen Freien Presse‘ tatsächlich nicht herausgekommen. Die Setzer haben die Leere ausgedrückt ... Sie können sich helfen. Was aber sollen wir tun? Uns versagen die Narkotika. Das geistige Band her, das die Aufsätze des Herrn Paul Goldmann verbindet! Auch mit einem Zwirnsfaden kann man sich umbringen!

Karl Kraus.

In diesen Tagen erscheint der erste Band der Ausgewählten Schriften von Karl Kraus: „Sittlichkeit und Kriminalität“, im Verlag der Buchhandlung L. Rosner, Wien und Leipzig, und in rascher Folge wird sich der zweite Band (in zwei Teilen): „Kultur und Presse“ anschließen.

Dieses Sammelwerk, das in den folgenden Jahren seine Fortsetzung finden wird, bedeutet nicht etwa eine mechanische Aneinanderreihung in der ‚Fackel‘ erschienener Aufsätze des Autors, sondern stellt sich als eine Leistung dar, die in der vollständigen Umarbeitung fast jeder Zeile, in der Konservierung und Gruppierung all dessen, was aus der Umklammerung des Tagesinteresses als bleibender Wert gerettet werden konnte, einer völlig neuen Arbeit gleichkommt. Auf sie hat der Autor und Herausgeber — für jeden, der ihm etwas der Art zuerkennt — nicht weniger Kraft und Kunst verwendet, als wenn er die tausend Seiten, die sie vorläufig umfassen wird, aus neuen Anregungen neu zu schaffen gehabt hätte. Erst in dieser Form wird die Leistung, die in neun Jahrgängen der ‚Fackel‘ geborgen und unter dem Schweigen der Maßgebenden und dem schmerzlicheren Zuspruch eines grob gegenständlichen Interesses begraben war, zu neuem Leben und zu ihrer eigentlichen Würdigung gelangen. Diese Ausgabe ist für jeden bestimmt, der sich einen Freund der ‚Fackel‘ nennt und nach ihren Heften nicht in jener stofflichen Spannung gegriffen hat, auf die der Herausgeber nicht nur verzichtet, sondern um deren willen er auch auf einen Leser verzichtet.

Zur Besteilung dieser Gesamtausgabe wird aufgefordert, wer so viel innere Teilnahme für die Ziele der ‚Fackel‘ hat und so viel literarisches Verständnis für ihre Mittel, daß er das Werk in jener letzten Fassung nicht missen möchte, von der der Autor glaubt, daß sie sein Wollen und Können erst vorstelle. Sie bedeutet den Rahmen, in dem das satirische Zeitbild ethischer und vor allem geistiger Korruption den Kenner der ‚Fackel‘ erst ansprechen, und den andern auch ohne die geringste Voraussetzung stofflichen Miterlebens fesseln wird.

Herausgeber und verantwortlicher Redakteur: Karl Kraus.
Druck von Jahoda & Siegel, Wien III. Hintere Zollamtsstraße 3.

DIE FACKEL

NR. 245 WIEN, 28. FEBRUAR 1908 IX. JAHR

Der Hanswurst.

Unter dem Zauberstab der liberalen Intelligenz vollziehen sich merkwürdige Metamorphosen. Man kann blind darauf wetten, daß ihre Propheten Hanswurste und ihre Hanswurste Propheten sind. Es gibt ein Vorurteil, gegen dessen Sieghaftigkeit keine empirische Wahrheit aufkommt: daß alle Größe, die von Gnaden des demokratischen Geistes besteht, Humbug ist und daß eine Faser echten Wertes dort zu finden sein muß, wo es dem gebildeten Ungeist unserer Kultur dafür steht, zu höhnen oder zu hassen. Es könnte ja ausnahmsweise der Fall sein, daß ein Liebling der ‚Neuen Freien Presse' ein Genie und ein Verstoßener ein Schafskopf ist. Aber seien wir nur ungerecht, stören wir uns die Regelhaftigkeit unserer Abneigungen nicht durch die Betrachtung der Fälle, in denen durch einen heillosen Irrtum eine Wahrheit zur Welt gekommen ist. Unser Vorurteil ist noch immer gerechter als das intellektuelle Urteil. Wenn auf dem Leichenfeld der liberalen Meinung Auferstehung gefeiert würde, eine Legion gesunder Kerle würde uns die Verluste ermessen lehren, die die Siege des Fortschritts bedeuten. Ich könnte nicht sagen, daß die christlich-soziale Politik, die den Stolz auf die Defekte des österreichischen Wesens zum Parteiprogramm macht, meinem Herzen nahe steht. Aber als Reaktion auf einen Liberalismus, der den Stolz auf die Defekte des Menschentums vertritt, ist sie beinahe ein Kulturfaktor. Am stärksten dort, wo sie dem Schwindelgeist, der es auf die Taschen so gut wie auf die Gehirne abgesehen hat, einen der gefährlichsten Vorwände entwinden hilft: die »Bildung«. Die Tendenz zur Wiederherstellung des Chaos ist gegenüber einer korrupten Ordnung der geistigen und wirtschaftlichen Dinge ein Zeichen kultureller Besinnung. Der unverhüllte Barbarismus bricht in die elektrisch beleuchtete, mit allem Komfort der Neuzeit ausgestattete Barbarei ein. Er wird die Maschinen nicht zum Stillstand bringen, aber er wird den Betrieb einer Intelligenz wohltätig stören, die auf dem besten Wege ist, den Geist auszuhungern. Sie mag nun die ungünstige Meinung, die sie von mir und meinem Wirken hat, getrost zu einem Bannfluch steigern, wenn ich ihr zum Beispiel sage, daß ich Herrn Bielohlawek für einen ehrlicheren Diener des kulturellen Fortschritts halte, als Herrn Benedikt. Ich kenne den Mann nicht; und daß das sozialdemokratische Blatt den ganzen Hochmut eines nationalökonomisch geschulten Handlungsgehilfentums an jedem Tag der letzten zehn Jahre gegen ihn auffahren läßt, könnte mir ihn noch nicht sympathisch machen, weil die Qualität einer agitatorischen Kraft, die der Haß der feindlichen Partei bescheinigt, nicht mein Interesse hat. Wenn ihm der Schalk der ‚Arbeiter-Zeitung‘ rednerischen Unsinn, den er nie gesprochen hat, immer wieder in den Mund legt und einer tatsächlichen Berichtigung mit der Ausrede der satirischen Absicht begegnet, so beweist der Getroffene schon durch die Abwehr, daß er dem Fassungsvermögen der Volkskreise näher steht als eine Redaktion, die es mit ironischen Glossen regaliert. Volkstümlichkeit ist ein Wert, der den Rang in der Partei bestimmen mag; mir ist es gleichgiltig, ob Herr Bielohlawek ein Mundwerk hat, um das ihn Herr Schuhmeier beneidet oder umgekehrt. Mir erscheint der Mann erst betrachtenswert, wenn seine Position nicht vom sozialdemokratischen Haß, sondern vom liberalen Hohn — der natürlich auch in jenem durchschlägt — angebohrt wird. Er hat einmal den Ausspruch gewagt, daß er die Bücherweisheit »schon gefressen« habe, zu deutsch: nicht fressen wolle. Ein guter Ausspruch. Selbst wenn er sich nicht ausdrücklich gegen die Kompilatoren und Abschreiber nationalökonomischer Gelehrtheit gerichtet hätte. Ein Wort, das erlösend wirkt wie jede kulturelle Selbstverständlichkeit, die man heute unterdrücken muß. Wo einem zwischen Bern und Budapest die Visage des Herrn Professors Ludwig Stein aufsteigt, muß man für solche Erkenntnisse dankbar sein. Sie können von den Höhen der Kultur oder aus den Tiefen der Nichtkultur kommen: sie sind wertvoll, weil sie einem über die öde Mittellage der Unkultur hinweghelfen. Auf die geistige Bedeutung des Redners muß man aus ihnen nicht schließen, wohl aber auf seinen Mut. Die Pächter der Bildung schreien in jedem Fall auf, knüppeln den Zeitgenossen mit ihrem ganzen Vorrat an Schlagworten nieder, und sie würden es auch tun, wenn er sich am Ende den Scherz machte, ihnen zu verraten, daß im stenographischen Protokoll als die Quelle solcher Erkenntnis Schopenhauer oder Lichtenberg zitiert ist. Wenn die Bildung in Gefahr ist, stellt jeder Trottel seinen Mann. Und darum ist es Herrn Bielohlawek bestimmt, seit Jahren die Rubriken des liberalen Zeitungsspottes zu füllen. Würden sich unsere Schwachköpfe damit begnügen, die Reden des Mannes wortgetreu zu zitieren, so käme wohl manches vernünftige Wort in die liberale Presse. Da durfte man zum Beispiel in einem erst um sechs Uhr, also wenn's schon finster wird, erscheinenden Blatte die folgenden Sätze lesen: »Man kann es ruhig aussprechen, daß die wirkliche Freiheit zu keiner Zeit so mit Füßen getreten wurde, als dies seit der Zeit der Einführung der freiheitlichen Verfassung der Fall ist. Der Volksbetrug ist viel ärger als zu den sogenannten reaktionären Zeiten, aber er wird in schmackhafterer Form serviert«. »Unter Freiheit versteht man heute jegliche Rechtsbeugung und Niedertrampelung aller Autorität.« »Der Liberalismus war der Volksbetrug von oben, die Sozialdemokratie ist der Volksbetrug von unten.« Von diesen und anderen Sätzen behauptet das Blatt, das sie unter der Spitzmarke »Authentisches von Bielohlawek« zitiert, sie seien »durch ihren unfreiwilligen Humor überwältigend«, und es bezeichnet die vernünftigsten Stellen noch extra durch höhnischen Sperrdruck. Der Redner habe sich beklagt, daß man seine Worte entstellt wiedergebe. Nun zitiere man sie nach einem authentischen Bericht. Man hofft, daß er sich von dieser Blamage nicht mehr erholen werde. Aber der Leser sieht erstaunt eine triumphierende Miene, die über die eigene Blamage zu jubeln scheint. Noch nie sind um sechs Uhr Abend so gute Ansichten in Wien verbreitet worden. Auch nicht so gut geformte. Die ganze intellektuelle Opferfähigkeit des Intellektualismus prägt sich in solcher Ahnungslosigkeit einer Selbstpersiflage aus. Dieser Bielohlawek könnte viel gescheiter sein als er ist: er hat nicht die Gabe, den liberalen Gegnern ihre Dummheit zum Bewußtsein zu bringen. Er ist nun einmal der Hanswurst des Liberalismus. Er könnte also ganz gut auch ein Prophet sein. Ich weiß es nicht. Aber warum ihn gerade seine Vergangenheit als »Greißler« dazu verdorben haben soll, und daß er als gewesener Kommis eher Aussicht hätte, ernst genommen zu werden, sehe ich auch nicht ein.

Karl Kraus.

Der von Köpenick und der im Grunewald.

Wilhelm Voigt, der »Hauptmann von Köpenick«, ist im Gefängnis an einem unheilbaren Brustleiden erkrankt, sein Begnadigungsgesuch, das die Gefängnisverwaltung befürwortet hat, ist vom deutschen Kaiser abgewiesen worden. Das ist grauenhaft. Aber grauenhafter ist, daß Deutschlands literarische Geister bereits alle Gefühlswärme für »den im Grunewald« verbraucht haben und von keiner Berliner Revue zur Empörung eingeladen werden können. Ich halte das Schicksal des prächtigen Alten, der aus Notwehr zum satirischen Genie wurde, des Mannes, den die Gesellschaftsordnung so zermürbt hat, daß er sie nur mehr zum Narren halten konnte, für bejammernswerter als das eines Vaterlandsretters, der den Bürgermeister von Köpenick höchstens durch den Vorwurf der Normwidrigkeit eingeschüchtert hätte. Und ich halte ihn für einen ungleich begabteren, liebenswerteren, freieren Geist als den im Grunewald, wenn ich auch gerne zugebe, daß der Inhalt einer Gemeindekasse bei weitem nicht so wertvoll ist wie der Inhalt eines Zettelkastens. Unsere Zivilisation hat alle Garantien dafür geschaffen, daß einem Götz von Berlichingen heute nichts anderes übrig bleibt als den Ratsherren von Köpenick das Geld abzunehmen. Dagegen hat sie einem etwa wiedererstandenen Hutten alle Freiheit gelassen, etwas gewagt oder nicht gewagt zu haben, je nachdem sich die Chancen eines Gerichtsverfahrens stellen. Der Fall des ersten bleibt die Sensation eines Tages, und wenn Götz sterbend die Worte spricht: »Schließt eure Herzen sorgfältiger als eure Tore. Es kommen die Zeiten des Betrugs«, so spielt er am Ende auf den Fall des zweiten an, der die Gemüter Deutschlands nachhaltiger erregt. Der im Grunewald war eine bessere Stütze der Gesellschaftsordnung als der von Köpenick, und darum haben sich endlich auch die Anarchisten unter den deutschen Schriftstellern entschlossen, für ihn einzutreten. Ihm wird man es zu verdanken haben, daß der § 175, der beinahe abgeschafft worden wäre, verschärft werden wird, und darum begeistern sich auch die sexuellen Libertiner für ihn. In jenem ‚Morgen‘, vor dem es der deutschen Kultur graut, ist ihm einer von diesen und jenen gegen mich beigesprungen. »Auf die Gefahr hin, seine Mitarbeiterschaft an der ‚Fackel‘ zu verlieren«, müsse er, meint er beherzt, jetzt gegen mich Front machen. Ich glaube, daß hier ein Riß durch die Kausalität geht. Das Frontmachen scheint mir nicht so sehr Grund als Folge zu sein, wenn man nämlich »Mitarbeiterschaft« nicht als ein regelmäßiges Wiederempfangen von Manuskripten, die sich beim besten Willen nicht redigieren lassen, auffaßt. Daß sich in diesem Verhältnis eines Mitarbeiters zur ‚Fackel‘ nichts ändern wird, wenn er mir nur weiter Manuskripte sendet, darüber kann ich ihn beruhigen. Bedenkt man aber, daß diese unter voller Wahrung der stilistischen Individualität des Autors schon jetzt in der ‚Zukunft‘ ein warmes Eckchen finden, so wird das Frontmachen vollends erklärlich. Daß man dabei so lange an mich anerkennende Briefe schreiben kann, bis die letzte enttäuschte Hoffnung einen zur öffentlichen Berichtigung seines Urteils zwingt, versteht sich von selbst. An eine ernsthafte polemische Absicht gegen mich kann ich nicht glauben. Ich bin so größenwahnsinnig, zu meinen, daß das Größenwahn wäre. Denn man traut mir im Grunde doch die Fähigkeit zu, einem so übers Maul zu fahren, daß der Beißapparat unbrauchbar wird. Ich würde dies auch, wenn sichs die Berliner Boheme einfallen lassen sollte, zudringlicher zu werden und sich mit ihren heiligsten Grundsätzen für den im Grunewald aufzuopfern, in einer noch nie erlebten Weise besorgen. Es wäre schade um die Berliner Boheme. Ich würde zum Zeichen der Trauer um sie meine Haare wachsen lassen und schwarze Fingernägel tragen. Daß ich »als anständiger

Publizist« gerichtet bin, weil ich die schwere Erkrankung des Mannes bezweifelt habe, der die schwerere Erkrankung des Fürsten Eulenburg bezweifelt hat, das zu glauben ist nicht einmal die Redaktion des ‚Morgen' dumm genug. Aber ich habe den Mann auch »denunziert«, der das Privatleben ganzer Grüppchen der zivilen und militärischen Gerichtsbarkeit denunziert hat. Ich habe ihn in dem Augenblick angegriffen, »wo er von der Staatsgewalt in seiner publizistischen Tätigkeit gefährdet wird.« Ich hab's gewagt; aber mich entschuldigt wirklich der gute Glaube, daß die Staatsgewalt dazu da sei, einen in einer publizistischen Tätigkeit zu gefährden, die den Nachweis der sexuellen Unzulänglichkeit der Flügeladjutanten bezweckt. Hoffentlich ist der Vorwurf des Denunziantentums der schlimmste, der von den Verehrern des im Grunewald gegen mich erhoben wird. Ich soll durch meine Erledigungsschrift »das Material der Verteidigung beschmutzt und zu entwerten gesucht, das Material der Staatsanwaltschaft gesichtet und vermehrt« haben. Habe ich's getan, so bin ich stolz darauf, und würde vor Gericht nicht sagen, daß ich's eigentlich nicht getan habe. Denn selbst wenn die Beschmutzung des bayrisch wirkenden Bernstein nicht eine Reinigung des Grafen Moltke bedeutet hätte, so gehöre ich gottseidank nicht zu den liberalen Kretins, die eine gute Sache, die der Staatsanwalt führt, für verpestet halten müssen. Und in jedem Zug steht mir die Art, wie dieser Staatsanwalt seine Sache geführt hat, auf einem höheren geistigen und moralischen Niveau als die Art jener Verteidigung. Dabei brauche ich gar nicht erst auf die Schwachköpfigkeit eines Vorwurfs hinzuweisen, durch den mir eigentlich imputiert wird, ich sei der Berliner Staatsanwaltschaft in einem Zeitpunkt beigesprungen, als von ihrem Eintreten in die Sache Moltke noch gar nicht die Rede war. Meine Schrift war vor dem Urteilsspruch des Schöffengerichts geschrieben, und ist zwei Tage danach erschienen. Ich glaube nicht, daß je einer ehrlicheren Erregung spontanerer Ausdruck gegeben wurde. Sein künstlerischer Wert wurde in einem Privatbrief an mich gewürdigt. Daß sein ethischer Wert in einem Artikel herabgesetzt wird und daß meine »kulturelle Sonderstellung unter den Publizisten« mich nach einem Monat schon zu nichts anderem als zur »Entrüstung über die Korruption der Wiener Tagespresse« befähigt, weckt mir trübe Gedanken über den ethischen und kulturellen Wert einer deutschen Boheme, die ihr bißchen Hirnschmalz an die Verteidigung eines sexuellen Normenwächters wendet. Aber solche Verwandlungen des Charakters stehen im Zeichen der Konjunktur und können gewissermaßen zukunftverheißend sein ... Ich freilich erkenne auch öffentlich an, was ich mir — allzulang — privatim gefallen ließ: die Fähigkeit, Schüttelreime zu machen. Nur glaube ich, daß auch sie auf die Dauer das Urteil trübt und bedenklichen Schwankungen aussetzt. Denn der Schüttelreim ist bekanntlich der Rüttelschleim des Gehirnes.

Karl Kraus.

* * *

Der Kollegentag.*)

Zu den Greueln des gesellschaftlichen Lebens gehört die Institution der sogenannten Kollegentage. Erwachsene Männer, die einander mindestens fünfundzwanzig Jahre nicht gesehen haben und von denen viele aus Schuljungen schon ganz große Esel geworden sind, finden sich auf ein gegebenes Zeichen in einem Hotelsaal zusammen, um die Erinnerung an die Zeit zu feiern, da sie einander noch ein-

*) Aus dem ‚Simplizissimus'.

sagten, bei Kompositionen halfen oder mutuelle Hilfe bei Arbeiten gewährten, die mehr dem Schüler als dem Lehrer zur Befriedigung gereichten. Ich kann mir eine trostlosere Form von Kindheitserinnerungen nicht denken. Freilich ist es jene, die der Phantasiearmut unentbehrlich ist. Denn die Phantasiearmut ist erst dann beruhigt, wenn ihr der Primus der Klasse mit einem Vollbart vorgeführt wird. Nein, wie der sich verändert hat! Den hab' ich doch noch gekannt, wie er (Geste!) so klein war, und jetzt ist er schon Rechnungsrat... Es ist zugleich die peinlichste Form von Kindheitserinnerungen. Denn manch ein Rechnungsrat steht beschämt neben einem Sektionschef, und mißt den Zeitraum, den beide zurückgelegt haben, mit der Elle einer Karriere, die er nicht gemacht hat. Und das Bewußtsein, gemeinsam die Schulbank gedrückt zu haben, kann wieder jene nicht beseligen, die bloß die Erinnerung bewahren, daß die Schulbank sie gedrückt hat. Wozu sollen sie die soundsovielte Wiederkehr des Tages der Matura feiern, deren Andenken sie seit damals ohnedies in jeder Nacht verfolgt? Der Satz »Maturam expellas furca, tamen usque recurret«, hat sich leider infolge eines Druckfehlers in anderer Lesart erhalten. Wie immer dem sei, es ist eine Vorstellung, die selbst wieder ein Alpdrücken erzeugen könnte: daß Männer mit Glatzen beisammensitzen und sich gemeinsam an die Zeit erinnern, da sie noch nichts waren, aber noch etwas werden konnten. Jetzt sind sie etwas geworden, aber sie sind noch immer nichts. Immerhin hatten sie fünfundzwanzig Jahre Zeit, um sich Brillen, Bärte und Bäuche anzuschaffen. Die Veränderung für ein Maskenfest wirkt nicht spaßhafter, sie ist nur rascher durchgeführt. Auch hier ist der Geist jung geblieben, Rechnungsräte erscheinen als Wickelkinder, und was der Fasching entschuldigt, hebt der Zeitungsbericht rühmend hervor.

Der letzte Kollegentag, der gefeiert wurde, hat aber schon deshalb auch jene Kreise des Publikums, die nicht aus dem Akademischen Gymnasium hervorgegangen sind, interessiert, weil unter seinen Teilnehmern zwei ausgewachsene Minister waren. Da sich nämlich im neuesten österreichischen Kabinett auch ein Mann befindet, von dem es eine Zeitlang nicht ganz sicher war, ob er die Gesetze mit seinem Namen oder mit drei Kreuzeln unterschreiben werde, mußte die Beteiligung zweier Minister an einem Kollegentag als bedeutsame politische Demonstration erscheinen. Zwei haben also das Gymnasium absolviert. Daß seit damals Jahre vergangen sind, beweisen die Kollegentage, die sie arrangieren, viel besser, als die Gesetze, die sie machen. Es sind vielleicht sogar Vorzugsschüler, von denen wir regiert werden, und die Zeit, da sie es zum erstenmal waren, ist weder ihnen noch uns entschwunden. Die Lebenserfahrung, die man bis zum Austritt aus dem Gymnasium erwirbt, prägt sich deutlich in jenem Geiste aus, der unsere öffentlichen Angelegenheiten verwaltet, so wie sich der Geist, der unsere gymnasiale Erziehung leitet, in der Mahnung auszudrücken scheint: Wenn Sie ins Leben hinaustreten, werden Sie Kollegentage feiern! ... Wen sollte es wundern, daß der Justizminister dabei war? Was könnte er anderes tun in einem Staate, dessen Strafgesetzgebung die Zweiteilung des Menschengeschlechts noch nicht zur Kenntnis genommen hat, dessen Richter nicht Urteile, sondern Sittennoten ausstellen und etwa die Mutterschaft einer Dreizehnjährigen, die in den Lesebüchern nicht vorgesehen ist, als eine qualifizierte Verletzung des Schamgefühls auffassen? Es ist statistisch nachgewiesen, daß in Österreich auf hundert Polizeikommissäre höchstens drei Lebemänner kommen, und auch diese wissen von der Liebe nichts weiter, als daß es einmal einen Salon Riehl gegeben hat.

Überblickt man freilich die Karrieren, die in

so einen Kollegentag zusammenlaufen, so fühlt man, daß es außer der Liebe noch eine andere Naturkraft gibt, die das Getriebe erhält, nämlich das Avancement. Daß die schöne Frau eines Hofrats auf Bällen bei weitem nicht so heiß umworben ist wie die häßliche Frau eines Sektionschefs, ist einer der tiefsten philosophischen Erfahrungssätze, die den Zusammenhang von Geschlecht und Charakter überzeugender enthüllen als ein ganzes Buch der Erkenntnis. Die häßliche Frau des Vorgesetzten gehört zu jenen beliebten erotischen Hemmungen, die der Karriere eines Staatsbeamten förderlich sind. Das Vorwärtskommen vollzieht sich allerdings noch schneller, wenn es einem in unmittelbarem Verkehr mit dem Minister gelingt, rückwärts zu kommen. Wie immer nun die Sitzordnung im Gymnasium war, die Rangordnung im Ministerium kann durch jene Intimität, die an Kollegentagen zu sentimentalem Ausdruck gelangt, nicht unwesentlich beeinflußt werden. Nun wäre wohl nichts dagegen einzuwenden, daß das Verdienst eines Beamten, der schon seit der Schulzeit seinem Minister die schriftlichen Aufgaben macht, endlich in der Protektion seine sichtbare Anerkennung finde. Aber Kindheitserinnerungen sind ein trüglicher Maßstab für die Beurteilung einer Fähigkeit, und man kann es den Völkern, die ja das Schulgeld bezahlen, nicht verdenken, daß sie von Lehrern geführt sein wollen und nicht von Männern, die man sich ein- für allemal in kurzen Hosen vorstellt, weil sie Wert darauf legen, ihre Erinnerung an das Akademische Gymnasium coram publico zu feiern. Sie mögen noch so hoch aufgestiegen sein, man wird immer nur sagen, daß sie nicht durchgefallen sind. Bismarck hat es peinlich vermieden, einen Kollegentag zu veranstalten, und darum werden ihm noch die Gymnasiasten der kommenden Jahrhunderte die Gründung des Deutschen Reiches glauben. Dagegen hat der österreichische Ministerpräsident — wir hörten es aus dem

Munde eines Sektionschefs vom Akademischen Gymnasium — »während der harten Ausgleichsmühen die Anregung zur Einberufung des Kollegentages gegeben«. Wenn es einem Gymnasiasten gelänge, unter der Bank das Problem des österreichisch-ungarischen Ausgleichs zu lösen, er würde nachsichtslos mit dem consilium abeundi bedacht werden. An einen Ministerpräsidenten, der in den Tagen des Ausgleichs die Anregung zu einem Kollegentag gibt, ergeht nicht einmal die Weisung, sich sofort in die letzte Ministerbank zu setzen. Immerhin sieht man, wie dringend notwendig die Mittelschulreform ist. Denn der Ministerpräsident brachte einen Trinkspruch aus, der allgemeinen Beifall gefunden hat, wiewohl er vor fünfunddreißig Jahren vermutlich nur die Note »kaum genügend« gefunden hätte. Redner, der früher nicht bloß im Gymnasium, sondern auch im Ackerbauministerium war, glaubte sich deshalb mit Cincinnatus vergleichen zu müssen, der den Acker bebaute und das Vieh züchtete, ehe er zur Leitung der Staatsgeschäfte berufen wurde. Ein beliebtes Aufsatzthema. Nur stimmt der Vergleich nicht ganz. Denn Herr Baron Beck hat zwar nicht den Acker bebaut, bevor er die Regierung übernahm, aber Cincinnatus hat, als er zur Leitung der Staatsgeschäfte berufen wurde, aufgehört, das Vieh zu züchten. Da jedoch ein richtiger Schulaufsatz es bei nur einem Vergleich nicht bewenden läßt, fuhr der Ministerpräsident fort: »Wie ein Bienenschwarm sein Haus wechselt, so sind Sie alle nach der Matura ins Leben geeilt, der eine seinen Neigungen, der andere seinem Geschick, ja oft dem Zufall folgend. So wie der Bienenschwarm an einem einigenden Punkte hängt, an der Königin, dem Weisel, so haben Sie einen einigenden Gedanken gefunden in dem königlichen Gefühle der Zusammengehörigkeit, in der Erinnerung an die gemeinsame Jugend u. s. w.« Schon hatte man zu verstehen geglaubt, daß der Weisel niemand anderer als der Ministerpräsident sein könne, aber wir erfuhren, daß der nur ein Kollege unter den vielen ist, die das königliche Gefühl der Zusammengehörigkeit verbindet. Freilich hätte man auch gedacht, daß das Gefühl der Zusammengehörigkeit das Gefühl der Untertanen sei, nicht das der Könige, das Gefühl der Subalternen und nicht das der Minister.

Es war ein schönes Fest der Erinnerung. Gespräche von einer geistigen Höhe wurden geführt, auf der alle Regierungssorgen vergessen sind und nur mehr die Schwierigkeiten einer Übersetzung aus dem Tacitus wieder fühlbar werden, nebst dem erlösenden Bewußtsein, daß es in der Pause Würstel gibt. Wenn das der selige Ordinarius erlebt hätte! Alles war wie damals. Und als der Ministerpräsident sprach, war auch jener den Hörern nah. Man glaubte ordentlich die tiefe Stimme zu hören, die einen so unangenehm überraschen konnte, wenn sie mitten in die Gemütlichkeit hineinrief: Beck, nicht schwätzen!

Karl Kraus.

* * *

Theateraffären.

Die Wiener Theaterredakteure haben die Gewohnheit, sich über den Schauspielerkultus, den sie täglich zweimal bedienen, hinterdrein lustig zu machen. Sie sind Pfaffen, die dem Volke seine Frömmigkeit vorwerfen. Ein Tenorist hat seinen Direktor geprügelt. Daß darüber spaltenlange Berichte erscheinen, ist bei weitem nicht so schlimm wie die nachträgliche spaltenlange Entrüstung über das Interesse, das die Bevölkerung an solchen Affären nimmt. Eine Opernsängerin soll entlassen werden. Das bloße Gerücht, daß sie die Tochter eines Rabbiners sei, hat genügt, die liberale Presse zum Kampf gegen den neuen Direktor aufzuwiegeln, und sie nahm sich nicht einmal die Mühe, das Gerücht auf seine Stichhaltigkeit zu prüfen. Hätte man uns nicht für die Stadien der Affäre Bland interessiert, unsere Diskussion stände noch heute im Zeichen des Falles Meister. Aber auch jetzt werden wir wieder mit der kalten Ironie derselben Theaterpresse übergossen, die uns eben noch so schön eingeheizt hat. Die Wiener Öffentlichkeit weiß wirklich nicht mehr, wofür sie sich eigentlich erwärmen soll. Wie ein Tenorist seinen Direktor geprügelt hat, wird uns zwei Wochen lang in zwei Rubriken beschrieben. Wie eine Sängerin von ihrem Direktor gezwungen wurde, ihre Demission zu geben, wird uns mit Gebärden vorgetragen, die einen Musikreporter als Geschäftsträger einer auswärtigen Macht und einen Reklameadvokaten als Ankläger beim jüngsten Gericht beglaubigen könnten. Und kaum haben wir daran geglaubt, kommen die Ironiker über uns und lachen unserer Einfalt. Sie haben unsern Horizont mit Brettern vernagelt, und sagen, er sei eng. Das moderne Wien, höhnen sie, erleide »Rückfälle in den beschränktesten Vormärz«. Das ist nur zu wahr. Aber während damals bloß der Bäuerle den Ton angab, kommandiert jetzt der Bauer, und während damals bloß im kleinen Kaffeehaus der Theatertratsch serviert wurde, züchtet ihn jetzt die große Presse. Im Vormärz war der Theatertratsch eine Ableitung verbotener Interessen und ein erfreulicher Auswuchs der vom politischen Druck aufgetriebenen Kunstliebe. In den Zeiten des allgemeinen Wahlrechts ist er der kümmerliche Bodensatz der von der politischen Freiheit ausgelaugten Kultur. Als noch die Öllämpchen brannten, wars keine Schande, sich für die Affären einer Diva zu interessieren. Aber im Angesicht der Elektrizität ist die Erörterung des Falles Meister ein Denkmal unserer geistigen Entwicklung, und in den Tagen, da uns die Rotationsmaschinen über die Gehirne fahren, wird sie zum Maßstab dessen, was uns noch übrig geblieben ist. Daß einer Tagespresse, die uns der Rückständigkeit anklagt, die Legitimation fehlt, ist so schlimm nicht, wie die Ungerechtigkeit der Anklage, die sich als eine Verleumdung der Rückständigkeit qualifiziert. Unser Geistesleben mit dem des Vormärz zu vergleichen, ist eine so beispiellose Gemeinheit gegen den Vormärz, daß nur die ethische Verwahrlosung, die vierhundert Vorstellungen der »Lustigen Witwe« bewirkt haben, solchen Anwurf entschuldigen kann. Den modernen Kulissenaffären gegenüber glaube man sich, wagt einer jener Ironiker zu versichern, »in die Zeiten des Café Stierböck versetzt, wo Nestroy und seine Komiker, die lange Pfeife schmauchend, die größte Sensation machten, wenn sie direkt aus dem Carltheater mit der noch warmen Kunde vom neuesten Zerwürfnis der Demoiselle X. mit ihrem bisherigen Verehrer aufwarteten«. Ja, schämen wir uns! In den Zeiten, da uns ein Buchbinder die Vorstadtpossen schreibt, benehmen wir uns noch so, wie anno Nestroy! Ich weiß zwar nicht, ob dieser geistvollste Schriftsteller, den Deutschland im neunzehnten Jahrhundert gehabt hat, ob der Mann, dem Ludwig Speidel Swift'schen Humor nachsagt und den Theodor Meynert einen »Fetzen von Shakespeare« nennt, nicht auch an den Gesprächen über die Angelegenheiten der Demoiselle X. jenen Anteil genommen hat, der ihn eher in die Reihe unserer Ironiker des Theaterlebens als in die unserer Geschichtenträger stellt. Aber ich weiß, daß unser Fortschritt sich nicht besser empfehlen kann, als dadurch, daß er uns vor einem Rückfall in die Lebensanschauung eines Nestroy warnt. Und ich weiß, daß die Hausknechte seines Zeitalters mehr Kultur hatten als heute die Hofräte, und mehr Weisheit als heute die Philosophen. Unser Horizont hat sich wirklich nicht erweitert, unser Echauffement in Theateraffären ist das gleiche geblieben. Höchstens, daß dazumal ein Tenorist, der sich pöbelhaft benahm, ausgepfiffen wurde, und daß er heute um desselben Verdienstes willen bejubelt wird. Wien bleibt eine Theaterstadt.

Karl Kraus.

Das Erdbeben.

Es ist nicht mehr zu überbieten. Und doch war dieses Erdbeben nur das dumpfe Rollen einer Ahnung von dem, was kommen wird. In diesem Jahr wird sich die Erde auftun und gegen die vermessene Behauptung, daß der Wiener nicht untergeht, demonstrieren. Es ist gar nicht anders möglich. Die Dummheit ist ein Elementarereignis, mit dem es kein Erdbeben aufnehmen kann. Ihre inneren Wirkungen müssen sich einmal zu einer Katastrophe zusammenballen, die das Antlitz dieser Erde entstellt. Nie zuvor kann es eine Kulturperiode gegeben haben, in der die Menschen, durch Rasse und Religion getrennt, sich mit solcher Begeisterung zu dem einigenden Prinzip der Dummheit bekannt hätten. Vielleicht ist der Menschheit noch bis zur Betriebseröffnung des Luftschiffs eine Frist gegeben und erst die geistige Verkehrsstörung, die dann rapid fühlbar werden wird, zur Einleitung des Debakels bestimmt. Ich hege aber die tiefe Überzeugung, daß sich noch in diesem Jubeljahr, wenn etwa der Festzug über die Ringstraße gehen wird, große Dinge begeben werden.

Schon vom Faschingsabend des Männergesangvereins hatte ich mir alles Mögliche versprochen, und ich finde einigen Trost bei dem Gedanken, daß wenigstens ein schwaches Erdbeben die Antwort auf die Enthüllungen war, die dieses Fest unseren entsetzten Blicken geboten hat. Denn die

Saaldekoration zeigte die New-Yorker Freiheitsstatue, wie sie die ankommenden Wiener mit dem Ausruf »O du mein Österreich!« begrüßt, und den Chormeister Kremser, wie er sich »der Zudringlichkeiten eines Indianermädchens mit den Worten erwehrt: ‚Da bleib i nöt, da geh i ham'.« Einer trug, so meldet der Bericht, »eine geschmackvolle Standarte, darstellend ein gelungenes Geldstück mit der Inschrift: ‚Der Krach, der is zwida, Stiribus, Omnibus, Krida'.« »Unter den ohrenbetäubenden Klängen des Sternenbannermarsches zog die fidele Gruppe der ‚Stieren Sternenbanerstierer' vorüber.« Es waren, so sagt man, »amerikanische Lächerlichkeiten im Lichte des Wiener Humors«. Ich las es und dachte: Schreckliches wird geschehen. Wir liegen an den letzten Ausläufern der Alpen, und diese werden sich einer alten vulkanischen Verpflichtung erinnern, genau so wie die Polizei, wenn sie sich nicht anders helfen kann, ein altes Prügelpatent hervorholt. Ein Knistern war schon hörbar. Ich hatte beobachtet, wie auf einem Eislauffest ein Ehepaar als Gemüse verkleidet erschien, und zwar die Frau »als gelbe Ruab'n« und der Gatte »als schwarzer Radi«. Dann hörte ich, daß auf einem Künstlerfest »eine recht heitere kleine Gruppe« die Familie eines Industriellen bildete: der Vater »als Blinddarmschneider«, die Mutter »als Modebazillus« und die Tochter »als noch wachsende Kohlennot«. Ich sah ein Bild rührenden Familienlebens, doppelt ergreifend angesichts der nahen Katastrophe. Und über solche und andere Betrachtungen äußerten sich liberale und antisemische Blätter mit der gleichen Zufriedenheit, die Ausdehnung der Berichte schwankte an jedem Tag zwischen zehn und fünfzehn Spalten, und es war volle Einigkeit darüber, daß Wien Wien bleibt, nur daß nach der Darstellung der einen die Faschingsfröhlichkeit unter der Führung des Herrn Dr. Koritschoner ihren Einzug nimmt und der Altwiener Humor mit G'spiel und Musi von den Familien Reitzes, Verständig und Kulka besorgt wird, während die anderen beharrlich daran festhalten, daß dem Magistratsbeamten Weiser und dem Ehepaar Longo das Verdienst zukomme. Da, auf einmal, fand irgendwo eine »das Wiener Leben so schön charakterisierende Strophe begeisterten Widerhall in den Herzen der vielen Tausende von Zuhörern.« Sie begann:

Wiener Mode, Wiener Schick,
Wiener Pülcher, Burgmusik,
Wiener Würsteln, Wiener Madeln,
G'stellt vom Kopf bis zu die Wadeln
— — — — — — — — — — — — — —

»Ist dies das verheißene Ende? Sind's Bilder jenes Grauens?« Bezeichnet dies Durcheinander von Pülchern, Würsteln und Madeln, wie Wiens beste Schätze zu liegen kommen werden, wenn das Unabwendbare eintreten wird? . . . Ich sah nach der Magnetnadel. Und richtig, sie zeigte eine merkliche Abweichung der Gehirne. Kaum war der Bericht im ‚Deutschen Volksblatt' erschienen, gab's ein Erdbeben. Nun, dachte ich mir, aber jetzt wird für ein Weilchen Ruhe sein. Wir sind gemahnt worden. Die Gehirne wurden durcheinander gerüttelt, der Wiener wird sehen, daß doch kein Verlaß auf die Geduld des Erdbodens ist, er wird Bescheidenheit lernen und sich darauf einrichten, so unterzugehen, daß kein Aufsehen entsteht... Gar keine Spur! Jetzt gehts erst recht los. Die Dummheit stürzt auf die Straße, rafft an »Beobachtungen« zusammen, wessen sie habhaft werden kann, und läuft in die Redaktionen, um zu melden, daß sie einen Ruck verspürt hat. Daß sie auch dabei war! Pfosten stürzen, Fenster klirren, Kinder jammern, Mütter irren, und die Väter schreiben Briefe an die ‚Neue Freie Presse'. Weiber, die ruhig auf dem Sofa liegen geblieben sind, treiben ihre Männer an, den Zeitungen zu berichten, wie es sich zugetragen hat, als das Erdbeben kam. Da wird kein Stoß verspürt, keine Flüßigkeit wird verschüttet, ohne daß die Richtung, in der es geschah, am andern Morgen in der Zeitung bekanntgegeben würde. Daß ein Erdbeben stattfand, geht für die intelligente Presse aus dem Gutachten des Professors Sueß beinahe ebenso klar hervor wie aus der Versicherung eines Piccolo, er habe »nicht g'stößen«, die ein Kaffeehausgast, dessen Tisch schwankte, eiligst rapportiert. Ein Herr aus der Porzellangasse, die wegen ihrer Gebrechlichkeit den Redaktionen besonders beachtenswert erscheint, behauptet in allen Blättern täglich zweimal die ganze Woche hindurch, er wohne in einem Hause, das »auch in normalen Zeiten« — aha! — »nicht zu den solidest gebauten gehört«. Ein Herr gibt zu, er sei sogleich ans Telephon geeilt und habe die Nummer der geschätzten Redaktion verlangt, worauf das Telephonfräulein — aha! — meinte: »Sie wünschen die ‚Presse' zu sprechen? Es sind leider wegen des Erdbebens alle Nummern besetzt.« »Ich wußte genug«, schließt der Einsender die höchst charakteristische Zuschrift. Alle Nummern besetzt, alle Spalten gefüllt. Tagaus, tagein, heute, morgen, ewig. Bis das Weltgebäude wirklich zusammenkracht und auch eine schriftliche Verständigung mit der Redaktion der ‚Neuen Freien Presse' nicht mehr möglich ist. Wessen Brief infolge redaktionellen Weltenraummangels nicht untergebracht werden konnte, muß sich damit begnügen, seinen schlichten Namen in einer eigenen Liste der Erdbebenbeobachter gedruckt zu sehen. Immerhin, man war bisher bloß Nichtraucher. Und der Meldzettel ist auch schon abgeschafft, die Telephongebühren sind ermäßigt und die Blattern erloschen. Ein Zeitungsherausgeber stirbt auch nicht alle Tage. Die ‚Neue Freie Presse' sorgt für Ersatz. Sie läßt die Zurückgebliebenen nicht im Stich. Und es ist wieder ganz so wie vor einem Monat; als ob es sich um nichts geringeres als um die Elegie auf den Tod eines Redakteurs handelte, wird jeder Karfunkelstein, der uns seine Teilnahme am Erdbeben tief erschüttert bekundete, am andern Morgen genannt. Der Schwachsinn, der früher nie daran gedacht hätte, aus seinem Privatleben hervorzutreten, hat eine Gelegenheit für die Unsterblichkeit entdeckt, die Banalität wird aus ihrem Versteck gelockt, das Durchschnittsmenschentum im Triumph eingeholt. Eine verzehrende Gier hat sich des Herrn Niemand bemächtigt, genannt zu werden. Tausende umlagern die Redaktion, heben die Hände empor zum Mirakel des lokalen Teils und rufen: Ich auch! Ich auch!

Und es ist reinster Idealismus, der diesem Streben entgegenkommt. Man könnte argwöhnen, die Geologen der ‚Neuen Freien Presse' seien Inseratenagenten und jede Null habe sich erst einen Fünfer zulegen müssen, um verewigt zu werden. Ist doch nachträglich eine solche Deutung der Kondolenzen zum Tode des Mitherausgebers in Umlauf gekommen. Nicht daß es wahr ist, aber daß man es dem überlebenden Führer der ‚Neuen Freien Presse' zutraut, macht die Version bemerkenswert. Diesmal glaube ich, daß bloß die Firmatafeln, die durch das Erdbeben ins Schwanken kamen, inseriert werden mußten, daß aber ein reines Verständnis für die Bedürfnisse der Zeit die Nennung aller Privatpersonen bewirkt hat, auf die das Erdbeben einen Eindruck machte. Daß man in den Variétés und Kabaretts vor aller Gefahr geschützt war, während in der Privatwohnung der Toilettefrau der »Fledermaus« die Uhr stehen blieb, ist gewiß bemerkenswert. Sonst aber wurde in durchaus selbstloser Absicht jedes Nachtkastel, das gewackelt hat, registriert. Ob es von der Wiener Werkstätte erzeugt, also ohnedies etwas unsicher war, oder nicht: der Einsender legt Wert darauf, daß man in der Öffentlichkeit erfahre, er habe ein Nachtkastel. Es kann auch ein Automobil sein. Denn fürwahr, warum wäre uns sonst gemeldet worden, daß der Chauffeur des Herrn Viktor Leon — der allerdings der Verfasser der »Lustigen Witwe« ist — etwas gespürt hat?

Wie soll das werden! Was wird geschehen, wenn eines Tages die Stöße so rasch aufeinanderfolgen, daß die Presse nicht mehr nachkommen kann? Es war eine fürchterliche Probe. Indeß, die Journalisten lassen sich in ihrer irdischen Sicherheit nicht bange machen. Sie werden ein bischen von den Sesseln gehoben, aber sonst fürchten sie nicht den Tod, hoffen auf Kondolenzen und denken nicht an Prügel, zu denen sich doch einmal ein paar handfeste Kulturfreunde aufraffen könnten. Darum habe ich eine andere Methode versucht. Auch eine, deren Möglichkeit ich schon einmal angedeutet habe. Daß die Zuschriften, die die ‚Neue Freie Presse' bei irgendeinem Elementarereignis aus der Leopoldstadt empfängt, von mir verfaßt sein könnten, gab ich ihr zu bedenken. Ich habe sie ausdrücklich gewarnt. Aber der liebe Leichtsinn will nicht hören, sitzt gemütlich beim Erdbeben, verzeichnet einlaufende Briefe und glaubt, daß das so schön glatt weiter gehen wird. Da nahm auch ich Papier und Tinte, und schrieb den folgenden Brief an die ‚Neue Freie Presse':

»Ich las gerade Ihr hochgeschätztes Blatt, als ich ein Zittern in der Hand verspürte. Da mir diese Erscheinung von meinem langjährigen Aufenthalt in Bolivia, dem bekannten Erdbebenherd, nur zu vertraut war, eilte ich sogleich zu der Bussole, die ich seit jenen Tagen in meinem Hause habe. Meine Ahnung bestätigte sich, aber in einer Weise, die von meinen Beobachtungen seismischer Tatsachen in Bolivia durchaus abwich. Während ich nämlich sonst ein Abschwenken der Nadel nach Westsüdwest wahrnehmen konnte, war diesmal in unzweideutiger Weise eine Tendenz nach Südsüdost feststellbar. Allem Anscheine nach handelt es sich hier um ein sogenanntes tellurisches Erdbeben (im engeren Sinne), das von den kosmischen Erdbeben (im weiteren Sinne) wesentlich verschieden ist. Die Verschiedenheit äußert sich schon in der Variabilität der Eindrucksdichtigkeit. Bei dieser Art von Erdbeben kommt es vor, daß jemand, der im Nebenzimmer sich aufhält, nichts von all dem merkt, was sich uns unverkennbar offenbart. Meine Kinder, die um jene Zeit noch nicht eingeschlafen waren, hatten nicht das geringste gemerkt, während wieder meine Frau behauptet, drei Stöße gespürt zu haben. Hochachtungsvoll Zivilingenieur J. Berdach, Wien, II. Glockengasse 17.«

Ein Freund, der dabei saß und dem ich die Mitteilung, daß in Bolivia bestimmt nie ein Erdbeben stattgefunden hat, verdanke, meinte, das werde nicht erscheinen. Ich sagte: Das wird erscheinen! Die ‚Neue Freie Presse' wird darüber erfreut sein, unter so vielen Laien endlich einen Fachmann zu Wort kommen zu lassen, der die Bussole bei der Hand hat, von einer Variabilität der Eindrucksdichtigkeit spricht und vor allem über die Einteilung in tellurische und kosmische Erdbeben Bescheid weiß. Mein Freund sagte: Aber das »Zittern der Hand« wird den Einsender verraten! Nein, sagte ich; wenn das Zittern der Hand der Redaktion auch als Begleiterscheinung eines Erdbebens verdächtig vorkommen sollte, so wird es ihr den Respekt des Lesers, der die ‚Neue Freie Presse' zur Hand nimmt, bedeuten. In keinem Fall die Erbitterung des Lesers. Mein Freund sagte: Sie überschätzen die Dummheit der Leute. Ich sagte: Nein. Aber selbst wenn ich sie überschätze, die Zuschrift ist aus der Glockengasse, und darüber kommt kein Mann der ‚Neuen Freien Presse' hinweg ... Und die Zuschrift erschien. »Herr Zivilingenieur J. Berdach schreibt uns aus der Glockengasse.« Am 22. Februar 1908... Ich hatte die ‚Neue Freie Presse' ausdrücklich gewarnt. Meine Schuld ist es nicht, daß sie jetzt eine Zuschrift von mir abgedruckt hat. Aber wenn das Unglück auch geschehen ist, so kann man ihr doch nicht vorwerfen, daß sie den Brief gedankenlos zum Druck befördert hat. Sie hat ihn sogar redigiert. Sie hat aus den Stößen, die meine Frau gespürt hat, »Erschütterungen« gemacht, weil man eben in so ernster Sache jede Zweideutigkeit vermeiden muß. Sie hat die »kosmischen Erdbeben«, die ihr als eine widerspruchsvolle Bezeichnung erschienen, in »kosmische

Beben« verändert. Sie schweigt mich seit zehn Jahren tot; sie ignoriert mich als Satiriker und läßt mich nur als Geologen gelten ... Aber die Freude an einem fachmännischen Gutachten sollte nicht ungetrübt bleiben. Ich selbst plante, sie ihr zu trüben. Früher schon hatte einer ihrer Beobachter die Oberleitungsdrähte der Straßenbahn beim Erdbeben schwingen gesehen, und sogleich meldete sich ein feierlicher Namensvetter, der entrüstet erklärte, die Beobachtung stamme nicht von ihm. So, gerade so wollte ich's auch machen. Ich gedachte einen andern Berdach erklären zu lassen, er danke seinem Schöpfer, daß er nicht sei wie dieser. Ich kam nicht dazu; aber wer beschreibt meine Überraschung, als ich zwei Tage später trotzdem die Verwahrung eines Berdach las? Auch den gibt's natürlich nicht. Wohl aber scheint es außer mir schon Leser zu geben, die allmählich darauf kommen, was man alles mit der ‚Neuen Freien Presse' machen kann. Noch sind freilich der Gläubigen mehr, deren Hand respektvoll zittert, wenn sie das Blatt ergreift.

Und es wird weiter beobachtet. Man muß nachtragen, daß ein Herr versichert, die Scherben einer zerbrochenen Vase seien »gegen Süden geflogen« und das verschüttete Wasser habe »eine Strichspur Nordsüd gezeigt«. Daß bei einer Pokerpartie die Karten nach allen Richtungen geflogen seien. Und daß ein Papagei unruhig wurde. Und daß in einer Kegelbahn ein Rollen vernehmbar war. Ich auch! Ich auch! Wer in diesem Sommer nicht geimpft wurde, darf jetzt wenigstens einen Stoß verspüren. Und wenn die Redaktionstelephone besetzt sind, teilen sie sich's untereinander mit. Die Wiener begrüßen den Weltuntergang mit einem Halloh! Halloh! »Durch das Erdbeben entstand ein Ansturm der Telephonabonnenten, die Verbindungen haben wollten, um das Elementarereignis anderen mitzuteilen.« Als der erste Ruck kam, trübte kein metaphysischer Gedanke die Reinheit ihres Vorstellungslebens. Ein Volk von Tarockspielern blickte nicht auf, als das Schicksal Ultimo ansagen wollte. Bloß das Mitteilungsbedürfnis, das schon in erdbebenfreien Tagen häuserhoch aufklatscht, wuchs ins Gigantische. Nur nicht hinwerden, ohne daß der andere es erfährt! Da habts mein letztes Kranl, aber in der Zeitung muß es stehen! Nein, das war doch kein tellurisches, das war ein kosmisches Erdbeben. Das war die Dummheit! Und es war eine Probe, wie sich der Wiener beim Weltuntergang, der in diesem Jahr bestimmt stattfindet, benehmen wird. Das kann schön werden! Wir werden uns wieder einmal so benehmen, daß wir uns vor dem Ausland schämen müssen. Eine Schlamperei wird herrschen, die ohne Beispiel sein dürfte. Die Flüsse werden zu spät stehen bleiben und die Erde wird sich unpünktlich öffnen. Und alle werden auf einmal dabei sein wollen. Wenn die Redaktionen nicht jetzt schon die Präsenzlisten setzen lassen, werden sie den Einlauf nicht bewältigen können. Dazu werden Ausrufe hörbar werden, die einem die Freude am Untergehen verderben könnten. Der Krach, der is zwida!, wird es etwa heißen. Und einer ruft: Da bleib i nöt, da geh i ham ... Kein Entrinnen! Ein Komet taucht auf, zieht zuerst vor der ‚Neuen Freien Presse‘ den Schweif ein, verrichtet aber dann sein Werk. Die Sternenbanerstierer gehen um. Wiener Pülcher, Wiener Würsteln, Wiener Madeln, alles liegt durcheinander. Die wachsende Kohlennot erscheint, noch einmal zieht der Dr. Koritschoner mit G'spiel und Musi vorüber. Und das Verhängnis kommt mit dem großen Reibsackl ... Alles tot. Nur der letzte Mensch, ein Lokalredakteur, ruft mit gellender Stimme in das Chaos: Man bemerkte u. a. Angelo Ei— — Weiter kam er nicht.

Karl Kraus.

Herausgeber und verantwortlicher Redakteur: Karl Kraus.
Druck von Jahoda & Siegel, Wien III. Hintere Zollamtsstraße 3

DIE FACKEL

NR. 246—47 WIEN, 12. MÄRZ 1908 IX. JAHR

Oskar Wildes letzte Veröffentlichung.

Damit der guten Gesellschaft Mitteleuropas, die heute in ihrer Eigenschaft als »Nachwelt« das Andenken eines von ihrer Gesinnung Gemordeten ästhetisch besudelt, der Appetit beim Essen, die Ruhe im Schlafe, die Lust bei der Paarung und die Illusion bei den Dichterehrungen vergehe, schließe ich die Vorstellung eines Lebens der Schönheitstrunkenheit durch diesen Ton des Jammers ab, durch diesen Blick des Grauens. Karl Kraus.

Vorbemerkung des Übersetzers: Am 25. Mai 1895 wurde Oskar Wilde zu zweijähriger Zuchthausstrafe verurteilt. In den letzten Monaten seiner Haft schrieb er sein »De profundis«, das aber erst nahezu acht Jahre später veröffentlicht wurde. Am 27. Mai 1897, unmittelbar nach seiner Entlassung aus dem Gefängnis, richtete er an den Daily Chronicle den berühmten Brief über »den Fall des Schließers Martin«. Anfangs des Jahres 1898 erschien die »Ballade vom Zuchthaus zu Reading«. Und am 24. März 1898 erschien, wieder im Daily Chronicle, der hier folgende Brief über die Gefängnisreform. Das ist alles, was aus Wildes Feder, von jenem schicksalsvollen 25. Mai 1895 an bis zu seinem Tode, am 30. November 1900, gedruckt wurde. Dieser Brief, der in deutscher Sprache bisher nicht erschienen ist, stellt also die letzte Veröffentlichung Wildes dar.

Wilde hatte sicherlich keinerlei literarische Aspirationen bei Verfassung dieses Briefes. Die Sprache ist, wenige Stellen ausgenommen, von strenger, fast kahler Schlichtheit. Aber gerade diese gewaltig beherrschte Ruhe ist es, die den Meister verrät. Keine leidenschaftlich donnernde Anklage könnte mächtiger, erschütternder wirken als diese einfache Aufzählung von Tatsachen. Man begreift nicht, daß nach Veröffentlichung dieses und des ähnlich gehaltenen Briefes über den »Fall Martin« nicht ganz England in einem Schrei des Entsetzens sich vereinigte. Dies ist vielleicht nur so zu erklären, daß Wilde damals in England ein Verachteter, ein Geächteter war, vor dessen Stimme man sich die Ohren zuhielt. Aber jeder Mensch wird mit Schrecken und mit Staunen in die verschlossene Welt der Gefängnisse hineinblicken. Er wird sich fragen, ob das bei einem zivilisierten Volke möglich ist. Er wird sich fragen, ob dieses Volk das Recht hat, gegen die Greuel der russischen Gefängnisse zu protestieren. Die Reform, die damals vor das Parlament kam, wurde, so viel ich weiß, im Jahre 1899 Gesetz. Ihr Inhalt, und inwiefern sie den hier geschilderten Übeln abhalf, ist mir leider nicht bekannt.

Neben dem allgemein menschlichen hat der Brief aber auch ein biographisches Interesse. Obgleich Wilde nur ein- oder zweimal flüchtig von sich spricht, obgleich keine einzige persönliche Klage den ruhigen Fluß seiner Diktion unterbricht, bleibt uns immerfort der Gedanke gegenwärtig, daß er selbst alle diese Qualen an seiner Person erfahren hat, daß sie ihn, den geistig hochstehenden, an ein raffiniert genußreiches Leben gewöhnten Mann, in unausdenkbarer Weise treffen mußten. Daß er dem Wahnsinn entging, der nach seiner Schilderung das Los einer großen Anzahl von Gefangenen ist, erscheint als ein Wunder. Und er entging nicht nur dem Wahnsinn, er schrieb »De profundis«! Um diese Zeit war ihm allerdings durch einen humanen Direktor schon eine Erleichterung gewährt worden.

Ein Satz dieses Briefes muß den damaligen Lesern rätselhaft und unvereinbar mit seinem sonstigen Inhalt erschienen sein: »Glücklicherweise sind die anderen Dinge (die man im Gefängnis lernt) manchmal von höherem Wert«. Keiner von den Lesern konnte damals, sieben Jahre vor dem Erscheinen von »De profundis«, wissen, was mit diesen Dingen von höherem Wert gemeint war. Keiner konnte wissen, daß die Hölle des Gefängnisses für den unglücklichen Mann ein Purgatorium geworden war, in dem alles vernichtet wurde, was niedrig und unrein in seiner Natur gewesen, so daß der edle Kern in voller Reinheit daraus hervorging. Unter den Dingen von höherem Wert, die das Gefängnis ihn gelehrt hatte, stand ihm zuhöchst die Erkenntnis von dem Wert des Leides. »Das Leid und alle Lehren, die wir ihm danken, das ist meine neue Welt«. »Der Schmerz ist die edelste Regung, deren der Mensch fähig ist«. So heißt es in »De profundis«.

Aber nicht alle Menschen sind aus dem Metall Wildes; viele brechen zusammen unter der furchtbaren Last der neuen Lehre. Für diese erhebt er seine Stimme in diesem schönen und ergreifenden Brief. Er unterschreibt ihn: »Der Autor der Ballade vom Zuchthaus zu Reading«. Dieses großartige Gedicht hatte Wilde kurz vorher nicht unter seinem Namen, sondern unter dem Pseudonym C 33 — der Nummer, die er als Gefangener in Reading trug — erscheinen lassen, und er wollte sein Inkognito offenbar beibehalten. Aber dieses Inkognito hatte niemand getäuscht. Es gab nicht so viele Menschen in England, die ein solches Gedicht schreiben konnten, daß man lange hätte raten müssen, wer sein Autor war. Der vorliegende Brief verrät fast nirgends – nur die ironische Überschrift ist einigermaßen Wildisch – den Künstler, dessen Prosa einst in tausend Facetten funkelte. Aber er ist eine Tat.

L. R.

Wer heute froher Laune bleiben will, lese dies nicht.

An den Herausgeber des Daily Chronicle.

Geehrter Herr!

Ich erfahre, daß das Gefängnisreformgesetz des Ministers des Innern diese Woche zur ersten oder zweiten Lesung kommen soll, und da Ihr Blatt das einzige in England ist, das ein wirkliches und waches Interesse an dieser wichtigen Frage bekundet, so hoffe ich, daß Sie mir, als einem, der über eine lange persönliche Erfahrung von dem Gefängnisleben in England verfügt, gestatten werden, darauf hinzuweisen, welche Neuerungen in unserem gegenwärtigen unsinnigen und barbarischen System vor allem nötig sind.

Aus einem Leitartikel, der vor etwa einer Woche in Ihrem Blatte erschien, entnehme ich, daß die wesentlichste Reform in einer Vermehrung der Inspektoren und sonstigen offiziellen Persönlichkeiten, die zu unseren Gefängnissen Zutritt haben, bestehen soll. Eine solche Reform ist vollkommen nutzlos und zwar aus einem sehr einfachen Grunde. Der Inspektor oder der Friedensrichter, der ein Gefängnis besucht, kommt dahin zu dem einzigen Zwecke, um zu sehen, ob die Vorschriften gehörig befolgt werden. Er richtet auf nichts anderes seine Aufmerksamkeit, noch hat er die geringste Macht, selbst wenn er auch den Wunsch hätte, auch nur einen Punkt der Verordnungen zu ändern. Diese Verordnungen selbst sind aber das Sinnlose und Grausame. Keinem Gefangenen ist je von einem der offiziellen Besucher eine Erleichterung zu Teil geworden, noch wurde einem je irgend welche Aufmerksamkeit gewidmet. Die Besucher kommen nicht im Interesse der Gefangenen, sondern um darauf zu achten, daß die Vorschriften befolgt werden. Der Zweck ihres Kommens ist, sich von der Zwangsanwendung eines unverständigen und inhumanen Gesetzes zu überzeugen. Und da sie doch etwas zu tun haben müssen, so gehen sie dabei mit großer Genauigkeit zu Werke. Der Gefangene, dem die geringfügigste Vergünstigung zu Teil geworden, fürchtet das Kommen der Inspektoren, und an den Inspektionstagen sind die Gefängnisbeamten grausamer und brutaler gegen die Gefangenen als sonst. Ihr Wunsch ist natürlich, zu zeigen, welch tadellose Disziplin sie aufrechtzuerhalten verstehen.

Die nötigen Reformen sind sehr einfach. Sie betreffen die körperlichen und die geistigen Bedürfnisse jedes der unglücklichen Gefangenen.

Was die ersten betrifft, so gibt es drei vom Gesetze sanktionierte permanente Strafen in den Gefängnissen Englands:

1. Hunger;
2. Schlaflosigkeit;
3. Krankheit.

Die Kost, die den Gefangenen gegeben wird, ist ganz unangemessen, zum größten Teil von widerlicher Art, in ihrer Gesamtheit ungenügend. Jeder Gefangene leidet Tag und Nacht Hunger. Eine gewisse Menge von Nahrung wird Lot um Lot für jeden einzelnen

Gefangenen abgewogen. Sie reicht eben hin, um, nicht das Leben, aber die Existenz zu erhalten; ununterbrochen nagt jedoch die Qual und die Not des Hungers an dem Gefangenen.

Die Folge dieser Kost — die in den meisten Fällen nur aus dünner Suppe, schlecht gebackenem Brot, Fett und Wasser besteht — ist Krankheit in der Form unaufhörlicher Diarrhöe. Diese Krankheit, die schließlich bei den meisten Gefangenen chronisch wird, ist eine anerkannte Institution in unseren Gefängnissen. In Wandsworth zum Beispiel — wo ich zwei Monate eingekerkert war, bis ich ins Spital gebracht werden mußte, wo ich weitere zwei Monate blieb — gehen die Schließer zwei- bis dreimal im Tage mit einer starken Medizin herum, die sie den Gefangenen als etwas Selbstverständliches verabreichen. Nach einer Woche solcher Behandlung übt die Medizin, wie zu sagen kaum nötig, keine Wirkung mehr aus, und der unglückliche Gefangene ist ein Raub der schwächendsten, niederdrückendsten und demütigendsten Krankheit, die man sich vorstellen kann. Wenn er dann, wie es oft vorkommt, aus körperlicher Schwäche die vorgeschriebene Zahl von Umdrehungen am Rad oder an der Mühle nicht leistet, so wird er wegen Trägheit angezeigt und in der strengsten und grausamsten Weise bestraft.

Das ist aber noch nicht alles; die hygienischen Einrichtungen in den englischen Gefängnissen sind im höchsten Grade ungenügend. In früherer Zeit war jede Zelle mit einer Art Latrine versehen; diese Latrinen sind aber abgeschafft worden und bestehen nicht mehr. Statt dessen bekommt jeder Gefangene einen kleinen Zinnkübel. Dreimal im Tage ist es ihm gestattet den Kübel auszuleeren; aber er hat keinen Zulaß zu den Waschbecken des Gefängnisses, ausgenommen die eine Stunde täglich, die ihm für den Spaziergang gewährt wird. Und nach fünf Uhr abends darf er seine Zelle unter gar keinen Umständen, aus was immer für einer Ursache mehr verlassen. Ein

Mensch, der an Diarrhöe leidet, befindet sich daher in einer so unendlich widerwärtigen Lage, daß es unnötig ist, dabei zu verweilen, daß es unziemlich wäre, dabei zu verweilen. Die Qualen des Elends, die die Gefangenen infolge der empörenden hygienischen Einrichtungen durchmachen, sind unbeschreiblich. Und die Luft der Zellen, die durch die ganz unzureichende Ventilation nicht verbessert wird, ist derart verpestet und erstickend, daß es nichts Seltenes ist, daß die Schließer, wenn sie des Morgens auf ihrem Rundgang aus der frischen Luft hereinkommen, von heftigem Unwohlsein befallen werden. Ich habe das selbst in mindestens drei Fällen mitangesehen, und mehrere Schließer haben mir diesen Umstand als eines der widerlichsten Dinge geschildert, die ihr Beruf im Gefolge habe.

Die Kost, die den Gefangenen gegeben wird, sollte ausreichend und gesund sein. Sie dürfte nicht von der Art sein, die unaufhörliche Diarrhöe hervorzurufen, die zuerst eine akute Krankheit, später ein chronisches Leiden wird. Die hygienischen Einrichtungen der Gefängnisse sollten gründlich geändert werden. Jeder Gefangene sollte Zulaß zu den Waschbecken haben, so oft es nötig ist, und sollte seinen Kübel ausleeren dürfen, so oft es nötig ist. Die gegenwärtige Ventilationsart in den Zellen ist vollkommen wertlos. Die Luft kommt durch das dichte Drahtgitter an der Tür und durch die kleine Öffnung in dem kleinen vergitterten Fenster, die zu eng und zu schlecht angelegt ist, um nur halbwegs frische Luft einzulassen. Nur während einer Stunde unter den vierundzwanzig, aus denen der Tag besteht, darf der Gefangene die Zelle verlassen, er atmet also dreiundzwanzig Stunden lang die denkbar verdorbenste Luft ein.

Die Strafe der Schlaflosigkeit existiert nur in chinesischen und englischen Gefängnissen. In China wird sie in der Weise angewendet, daß der Gefangene in einen engen Bambuskäfig gesteckt wird, in England verwendet man dazu die Lattenpritsche. Die Lattenpritsche hat den Zweck, Schaflosigkeit herbeizuführen. Sie hat keine andere Bestimmung, und sie erfüllt diese unfehlbar. Und selbst wenn einem später eine harte Matratze bewilligt wird, wie das im Laufe der Haft zuweilen geschieht, leidet man nach wie vor an Schlaflosigkeit. Denn der Schlaf ist, wie alle gesunden Dinge, eine Gewohnheit. Jeder Gefangene, der auf der Lattenpritsche gelegen hat, leidet an Schlaflosigkeit. Es ist eine empörende und unsinnige Strafe.

Gestatten Sie mir ferner einige Worte über die geistigen Bedürfnisse der Gefangenen. Das gegenwärtige System scheint fast auf die Erschütterung und Zerstörung der geistigen Kräfte abzuzielen. Und Wahnsinn ist, wenn nicht seine Absicht, doch sicherlich seine Folge. Dies ist eine zweifellose Tatsache, und deren Ursachen sind offenkundig genug. Der Bücher und jedes geistigen Zuflusses beraubt, jeder menschlichen und vermenschlichenden Berührung entrückt, zu ewigem Schweigen verurteilt, abgeschnitten von dem Verkehr mit der Außenwelt, behandelt wie ein vernunftloses Tier, gequält, wie auch ein Tier nicht gequält wird, kann der Unglückliche, der in ein englisches Gefängnis gesperrt wird, kaum dem Wahnsinn entgehen. Ich will bei diesen Entsetzlichkeiten nicht verweilen, noch weniger bloß irgend ein flüchtiges Interesse der Rührung für diese Sache erwecken. Ich will also, mit Ihrer Erlaubnis, nur darlegen, was geschehen sollte.

Jeder Gefangene sollte eine angemessene Anzahl guter Bücher bekommen. Gegenwärtig wird einem während der ersten drei Monate überhaupt kein Buch gestattet, ausgenommen eine Bibel, ein Gebetbuch und ein religiöses Gesangbuch. Nachher bekommt man ein Buch wöchentlich. Dies ist nicht nur ganz ungenügend, sondern die Bücher, aus denen die Gefängnisbibliotheken bestehen, sind auch gewöhnlich wertlos. Es sind der Mehrzahl nach schlecht geschriebene, auf niedrigster Stufe stehende sogenannte religiöse Bücher, in kindischer Sprache verfaßt und ungenießbar für Kinder ebensosehr, wie für Erwachsene. Die Gefangenen sollten zum Lesen ermuntert werden, sollten Bücher haben können, so viel sie wollen, und die Bücher sollten gut gewählt sein. Gegenwärtig werden sie von den Gefängnisgeistlichen gewählt.

Nach den jetzt geltenden Verordnungen darf der Gefangene nur viermal im Jahre Besuch empfangen, und jeder Besuch darf nur zwanzig Minuten dauern. Dies ist unrecht. Der Gefangene sollte jeden Monat Besuch bekommen dürfen, und es sollte ihm hiefür eine billige Zeit eingeräumt werden. Die Art, wie der Gefangene gegenwärtig den Verwandten oder Freunden vorgeführt wird, die ihn besuchen, sollte geändert werden. Er wird entweder in einen großen eisernen oder in einen großen hölzernen Käfig gesteckt, der eine kleine mit Draht vergitterte Öffnung hat, durch die der Gefangene schauen kann. Die Besucher befinden sich in einem ähnlichen Käfig, der drei oder vier Fuß entfernt ist, und in dem Zwischenraume stehen zwei Schließer, die das Gespräch mit anhören und die es nach Umständen unterbrechen oder ganz abschneiden können. Ich beantrage, daß der Gefangene mit seinen Verwandten und Freunden in einem Zimmer soll sprechen dürfen. Die gegenwärtige Art ist unbeschreiblich quälend und empörend. Der Besuch eines Bekannten oder Verwandten ist für jeden Gefangenen eine Verschärfung seiner Demütigung und seiner Seelenpein. Viele verbitten sich lieber jeden Besuch, als daß sie sich dieser Qual aussetzen, und ich muß sagen, daß mich das nicht wundert. Wenn ein Gefangener mit seinem Anwalt spricht, so geschieht das in einem Zimmer mit einer Glastür, hinter der der Schließer steht. Wenn er den Besuch seiner Frau, seiner Kinder, seiner Verwandten, seiner Freunde empfängt, so sollte ihm dieselbe Vergünstigung gewährt werden. Gleich einem Affen in einem Käfig vor den Augen derer zur Schau gestellt zu werden, die einen lieben und die man liebt, ist eine fürchterliche und nutzlose Herabwürdigung.

Jedem Gefangenen sollte es gestattet sein, wenigstens einmal monatlich einen Brief zu empfangen und abzusenden. Gegenwärtig darf man nur viermal jährlich schreiben. Dies ist vollkommen ungenügend. Eine der traurigsten Folgen des Kerkerlebens ist, daß es das Herz des Gefangenen zu Stein werden läßt. Die Gefühle der Zuneigung bedürfen, wie alle Gefühle, der Nahrung; sie sterben sehr leicht an Entkräftung. Ein kurzer Brief viermal im Jahr ist nicht genug, um die besseren und menschlicheren Regungen wach zu erhalten, durch die allein der Natur die Empfänglichkeit bewahrt wird für die guten und sanften Einflüsse, die dereinst ein gebrochenes, zerstörtes Dasein vielleicht wieder aufrichten können.

Die Praxis, die Briefe der Gefangenen zu zensurieren und zu verstümmeln, sollte abgeschafft werden. Wenn einer sich in einem Briefe über die Vorgänge im Gefängnisse beklagt, so wird dieser Teil des Briefes mit der Scheere herausgeschnitten; beklagt er sich aber, wenn ihn jemand besucht, durch die Öffnung seines Käfigs, so wird er von den Schließern mißhandelt und jede Woche zur Bestrafung angezeigt, bis die nächste Besuchszeit kommt, um welche Zeit man erwartet, daß er, nicht Weisheit, sondern Verstellung gelernt habe. Und die lernt man immer. Sie ist eines der wenigen Dinge, die man im Gefängnis lernt. Glücklicherweise sind die anderen Dinge manchmal von höherem Wert.

Darf ich Ihren Raum noch für das Folgende in Anspruch nehmen? Sie sagen in Ihrem Leitartikel, daß es dem Gefängnisgeistlichen nicht gestattet sein sollte, außerhalb des Gefängnisses einen Beruf oder eine Beschäftigung zu haben. Dies ist aber eine Sache ohne jede Wichtigkeit. Die Gefängnisgeistlichen sind vollkommen unnütz. Sie sind im Ganzen von guten Absichten geleitete, aber törichte, ja alberne Menschen. Sie sind von gar keinem Wert für den Gefangenen. Einmal in sechs Wochen etwa dreht sich der Schlüssel an der Zellentür, und der Geistliche tritt ein. Man steht natürlich ehrerbietig da. Er fragt, ob man die Bibel gelesen habe. Man antwortet »Ja« oder »Nein«, wie es eben sein mag. Er zitiert dann einige Bibelstellen und geht wieder. Manchmal läßt er einen Traktat zurück.

Diejenigen, denen es nicht gestattet sein sollte, außerhalb des Gefängnisses irgend eine Beschäftigung zu haben, das sind die Gefängnisärzte. Gegenwärtig haben diese Ärzte fast immer eine mehr oder minder ausgedehnte Privatpraxis und sind häufig auch noch in anderen Instituten angestellt. Die Folge davon ist, daß die Gesundheit der Gefangenen vollkommen vernachlässigt und daß auf die sanitäre Beschaffenheit der Gefängnisse gar nicht geachtet wird. In ihrer Gesamtheit betrachte ich die Ärzte noch heute, wie schon seit meiner frühen Jugend, als die humanste Berufsklasse, die es überhaupt gibt. Aber ich muß die Gefängnisärzte ausnehmen. Sie sind, soweit ich sie selbst kennen lernte, und nach dem, was ich von ihnen im Spital und anderwärts sah, roh von Gemüt, brutal im Benehmen und vollkommen gleichgiltig gegen die Gesundheit der Gefangenen oder ihr Schicksal überhaupt. Wenn den Gefängnisärzten jede andere Praxis untersagt wäre, wären sie gezwungen, an der Gesundheit und den Lebensbedingungen der ihnen anvertrauten Menschen einiges Interesse zu nehmen.

Ich habe versucht, hier einige der Reformen darzulegen, die ich in unserem Gefängnissystem für notwendig halte. Sie sind einfach, leicht durchführbar und human. Sie sollen natürlich nur einen Anfang darstellen. Aber es ist hohe Zeit, daß der Anfang gemacht werde, und er kann nur herbeigeführt werden durch einen starken Druck der öffentlichen Meinung. Dieser soll durch Ihr einflußreiches Blatt hervorgerufen und gefördert werden.

Aber um selbst diese Reformen zur Wirkung zu bringen, bleibt noch viel zu tun. Und die erste und vielleicht schwierigste Aufgabe ist, die Gefängnisdirektoren menschlicher, die Gefangenwärter erträglicher, die Gefängnisgeistlichen christlicher zu machen.

Empfangen Sie, usw.

Der Autor der »Ballade vom Zuchthaus zu Reading«.

Das Wesen der Musik.

Der Trieb der Verständigung, der aus allen Elementen der Sinnlichkeit eine Sprache bilden will, bemächtigt sich auch der in die Wahrnehmungen gelegten Affekte und macht sie konventionell und trügerisch. Jede Art von Sprache ist auf ihrer ersten Stufe Gefühlsvortäuschung, etwas der Schauspielerei sehr nahe Verwandtes. Mit der mehr und mehr vervollkommneten und verkürzten Mitteilungstechnik werden aber die sinnlichen Substrate immer knapper und flüchtiger. Die Raschheit der Verständigung fordert den geringsten physischen Kraftaufwand: die ausdrucksvolle, ausgreifende Bewegung sänftigt sich zur kurzen Geberde, der Schrei dämpft sich zum Laut, das Bild verblaßt und schrumpft zum Schriftzeichen ein, der Affekt wird durch die Bedeutung ersetzt, die Phantasie durch den Verstand. Und es würde allmählich eine totale Intellektualisierung aller Gefühlswerte platzgreifen, wenn der Strom der Entwicklung, dem Theoretiker zuliebe, in einem einzigen Bette glatt und hemmungslos dahinflösse. Dieser Strom aber teilt sich in unzählige Arme, bildet Inseln und Sandbänke. Und Schnellen und Katarakte komplizieren seinen Lauf mit Wogen, Stürzen und glitzerndem Gischt ... Wenn einer der Entwicklungsströme allzujäh den Tiefen der Erkenntnis zustürzt, dann wird sein Wasser von den granitenen Gründen zurückgeschleudert, — und ein Teil zerstäubt zu leuchtenden Tröpfchen und schwebt eine Weile als anmutige Wolke über dem Brausen des Kessels. Diese Wolke ist die Kunst. In der kalten und schaurigungewohnten Region des Geistes fror es den Menschen und er sehnte sich zurück nach der wärmeren Heimat der bedenkenlosen Affekte, und wenn Geberde, Wort und Zeichen seinen Intellekt müde gemacht haben, möchte er sich an dem Gefühlswert erholen, den diese Träger des Gedankens noch aus der Zeit in sich schließen, da sie erst Bewegung, Schrei und Bild waren. Und weil Geberde, Wort und Zeichen als solche durch Zweck und Konvention der Mitteilung verflacht, oberflächlich gemacht wurden und an unmittelbarer gefühlsweckender Wirkung sehr verarmt sind, müssen sie auf künstliche Weise wieder möglichst verstärkt und ausdrucksvoll gemacht werden. Mittel hiezu sind: Verstärkung der physischen Sinnlichkeit, beim Worte z. B. Macht, Umfang, Schmelz der Stimme (Rhetorik), der Gleichklang (Poetik) und Begleitung durch künstlichen Schall (Instrumentalistik), beim optischen Zeichen räumliche Ausdehnung (Monumentalistik) und Begleitwirkung der Farbe (Koloristik), bei der Geberde die Nachahmung der bei extremen Affekten beobachteten extremsten Bewegungen (Naturalistik) und Begleitwirkung durch Maskierung (Mimik mit Einschluß des Kostüms); dann die besondere Anordnung der Sinneseindrücke, die Rhythmisierung, u.sw. der Bewegung (Gestik, Tanz), des Schalles (Rhythmik, Melodik), der Form (Symmetrik, Architektonik), des Klanges und der Farbe (Harmonik); schließlich die Kumulierung der Eindrücke, die Kombination der der Künste (Szenik, Gesamtkunstwerk). Es ist klar, daß solche Künste, insbesondere die kombinierten, nur vermöge eines außerordentlich festen Systems von Konventionen sich entwickeln können.*) Jede Geste, jede Stimmnuance, jede rhythmische und melodische Folge, jeder Klang, jede Farbe hat in den Anfängen der Kunstentwicklung eine feststehende, unantastbare Bedeutung. Und jede Neuerung wird hier als schlimmste Ketzerei betrachtet. Wieviel Willkür aber fordert die Konvention! Wieviel Verbiegungen, Vertauschungen, Umkehrungen des ursprünglichen Sinnes, welche babylonische Verwirrung für den, der außerhalb der Konvention steht! Man denke sich einen aus dem Grabe erstandenen alten Römer in einer lateinisch gesungenen großen Oper italienischen Stils, man spiele einem hochkultivierten Chinesen eine Beethovensche Symphonie vor, man stelle einen vornehmen Perser vor ein Bild des Murillo . . .

In den Künsten wird der sinnliche Eindruck alsbald zum Symbol, zum Träger einer Gefühlsbedeutung. Und wie weit diese Gefühlssymbolik — die künstlerische Wieder-Vergefühlung der durch ihre Vergeistigung zum größten Teil entfühlten Akustik und Optik durch Umsymbolisierung des Verstandesmäßigen ins Gefühlsmäßige — wie weit solche Symbolik der Symbole von sinnlicher Wahrnehmung der Realität entfernt ist, möge man daraus ermessen, wieviel Konvention und Symbolik bereits in der scheinbar so objektiven Anschauung und Empfindung des nackten menschlichen Körpers enthalten ist, wie verschieden derselbe weibliche Körper auf einen Norweger und Japaner wirkt. Von allen Kunstkonventionen aber entsteht die musikalische als letzte und komplizierteste. Sie hat die Konventionen der Bewegung und des Wortes zur direkten Voraussetzung. Denn der Gesang, ohne den die Entstehung einer absoluten Musik fast undenkbar wäre, besteht aus Rhetorik und Rhythmik. Das Lied war ursprünglich nichts anderes als skandierter Vortrag

*) Vergleiche hiezu meinen Artikel »Die Voraussetzungen des Theaters«, ‚Fackel' Nr. 219–220.

und die ursprüngliche Melodik war eine mehr als bescheidene. Daß der »Geist« der Musik ein entlehnter ist, nämlich der Geist des Wortes, wurde ja in neueren Epochen von ihr zu leugnen versucht, daß ihr elementar Körperliches nichts anderes ist als rhythmisierte Bewegung, konnte sie ohne Selbstverleugnung schlechterdings nicht wegdisputieren. Der innige Zusammenhang von Musik und Bewegung liegt ja auch heute noch ganz offen zutage. Blutumlauf, Gang, Marsch, Lauf und Tanz lieferten der Musik die typischen Rhythmen und man könnte im Groben und Großen die Musik als einen in erstaunlich vollkommenem Maße geglückten Versuch erklären, Bewegung in besonderer, lustvoller Weise hörbar und ohne Anstrengung mit Genuß fühlbar zu machen.

•

Während die Melodik und Harmonik sich auf der Grundlage des Gesanges ausbildeten, nimmt die Instrumentalistik zunächst von der reinen Bewegung ihren Ausgangspunkt. Wenn Arbeiter einen Pfahl in den Boden treiben und gemeinsam im selben Tempo das Seil des Fallgewichtes heben und loslassen sollen, so schreien sie im Rhythmus »hoch-rück« oder es übernimmt einer — der Aufseher — die Angabe des Taktes und ersetzt den ermüdenden Schrei durch Händeklatschen oder Stampfen: dies ist dann die primitivste Instrumental-Musik. Und wenn er — zur Schonung der Hände oder Füße — zwei Hölzer aneinanderschlägt, ist dies das primitivste Instrument. Das erste aller Instrumente ist das unstimmbare und im wörtlichsten Sinne monotone Schlagwerk: die Trommel. Die Urform der Trommel mögen etwa zwei Hölzer oder auch zwei Schwerter oder Speere zum Aneinanderschlagen gewesen sein. Später erst dürfte der Gong erfunden worden sein und aus verschieden gestimmten und stimmbaren Trommeln entstanden eine ganze Reihe von Musikinstrumenten. (Die Geschichte der Musikinstrumente, soweit sie bis ins Prähistorische verfolgbar ist, und die Vergleichung der Musikinstrumente bei wilden Völkern müßte dem Psychologen die dankenswertesten Aufklärungen — nicht nur musiktheoretischer Natur — geben!)

Der elementare und technische Körper der Musik bildete sich mit dem geschärften Sinn für Bewegung und Rhythmik und mit der wachsenden Geschicklichkeit der Bewegung und ihrer künstlichen Mechanisierung aus. Als ursprünglichste Musik darf wohl das Singen oder Trommeln zu gleichmäßiger Muskelarbeit, zu rituellen oder kriegerischen Märschen (die feierliche Prozession, der Kriegszug) und zum festlichen und sinnlichen Tanze angesehen werden. Dieser Hauptarm der Musik, der seine eigentliche Wirkung aus der Rhythmik ableitet, trifft in erster Linie das Nervensystem. Diese Musik wirkt tonisch. Sie soll die Müdigkeit des Arbeiters durch den Reiz auf das motorische Nervensystem überwinden; sie soll die Länge der Arbeitszeit durch die rhythmische Interpunktierung kürzen; sie soll den Gang des Priesters, regelmäßig, ungewöhnlich, eindrucksvoll, den Gang des Kriegers elastisch, rasch, entschlossen machen; sie soll die Menge festlich, das Heer kriegerisch stimmen. Sie soll endlich auch ein Ventil für gehemmte Bewegungslust sein: man tanzte zum erstenmal da, wo man lieber über ein Feld gelaufen wäre, ein Weib umarmt, einen Feind bekämpft, ein Tier gejagt, ein Pferd geritten hätte, man tanzte, weil kein Feld zum Durchlaufen, kein Weib, kein Feind, kein Beutetier, kein Pferd da war und man sich nicht anders zu helfen wußte. Und wo man nicht einmal tanzen kann, wirkt auch das bloße Hören von Tanzrhythmen als Erlösung.

Der andere Hauptarm der Musik nimmt seinen Ausgangspunkt von der im Worte eingeschlossenen Gefühlssymbolik, von der Rhetorik, vom gesanglichen Vortrag. Diese Musik wirkt hauptsächlich auf die Phantasie und erleichtert die Gefühlsimagination.

Sie belebt das Wort durch eine ebenso falsche als brutale gefühlsmäßige Interpretation, sie macht das eindeutige, knappe Wort (den Text einer Erzählung oder eines Gebetes) vieldeutig und dadurch vielbedeutend. Sie ersetzt den abstrakten Realismus des Wortes durch den Konkretismus imaginärer Gefühle, sie »erhebt«, indem sie die Phantasie beweglich macht und mit ihrer sinnlichen Brutalität die Schranken der Logik und Wirklichkeit wegtaucht. Diese Musik erlaubt es dem Durchschnittsmenschen, sich für kurze Zeit an Hochgefühlen zu berauschen, sich bedeutsam und erhaben zu fühlen, das Bewußtsein der Macht und Freiheit auszukosten, sich zum schaffenden Phantasten, zum Künstler, emporzuschrauben. Diese Musik ist ein Narkotikum. Daß sie der Anregung und Stütze des Wortes auch dort, wo sie scheinbar absolut — für sich — auftritt, nicht entbehren kann, ersieht man daraus, daß sie eigentlich erst in Verbindung mit dem Schauspiel, zuerst als Chor-, dann als Sologesang (Oper), erstarkte und so weit sich vervollkommnete, daß sie es endlich wagen durfte, ohne das unmittelbar begleitende Wort verstanden werden zu wollen. Dies wäre jedoch ohne vorherige lange und innige Verbindung mit dem Worte niemals möglich geworden. Erst wenn die Konvention des Wortes durch lange Übung und vielfach modifiziert in die Konvention der Tongeberde übergegangen ist, erst wenn die Musik das Wort verdaut, einverleibt hat, ist sie imstande, auf fremden Füßen wie auf eigenen zu stehen, »absolut« zu sein.

•

Wenn man bedenkt, welch langer und mühevoller Übung es bedurfte, für den Klang jedes einzelnen Instrumentes eine akustische Konvention zu finden und diese Konvention wieder mit der Konvention und Symbolik des Wortes übereinzustimmen, die Instrumente untereinander in Einklang zu bringen und überdies noch eine Konvention für den ganzen technischen Körper — das Orchester — zu erreichen, dann ist es begreiflich, daß man das Resultat solch ungeheurer, vieltausendjähriger Arbeit, die neuere Musik — indem man alle ihre Vorbedingungen und Vorstufen vergißt — für ein unbegreifliches Wunder, für einen Ausfluß der Gottheit oder des Weltenwillens hält. Welche Kunst gebietet aber auch über eine Resonanz von so zwingender sinnlicher Wirkung, wie es der moderne Instrumentalkörper ist!

Die Instrumente dienten zuerst nur zur Regulierung, zur Führung der Gesangsstimmen, aber allmählich und schrittweise erfolgte das Überwuchern der fast unbegrenzte Möglichkeiten in sich bergenden instrumentalen Akustik über die der Menschenstimme und das völlige Übertragen der Gesangssymbolik auf die Instrumente. Diese absolut gewordene Musik ist am weitesten von ihrem Ausgangspunkte, von der Natur, vom »Wesen« der Dinge entfernt; sie ist die äußerste Verflüchtigung der realen Affekte, sie ist das Produkt vielfacher, ununterbrochener Umdeutung von Zeichen für Affekte, sie ist die konventionellste Symbolik, die überhaupt möglich ist. Sie ist vom logischen Gedanken, vom realen Gefühl und vom klar vorgestellten Bilde gleich weit entfernt, sie ist irrealer als diese Kategorien und daher zugleich allgemeiner und leichter deutbar. Sie ist etwas extrem Subjektives und daher in ihrer Objektivation unverständlich und unendlich vieldeutig. Sie kann nicht verstanden, aber leicht und vielfach gefühlsmäßig gedeutet werden. Und gerade seiner Vieldeutigkeit halber wird das Substrat solcher Mitteilung immer wieder für ein reales Objekt genommen, dem die empfundenen Affekte als Eigenschaften anhaften. Die Musik symbolisiert Gefühle, das sinnliche Substrat der Musik löst sie im Hörer subjektiv aus und der Hörer empfindet sie als objektiv real. Und dies gelingt umso leichter, als eine Kritik des Empfindens unmöglich ist. Wo es kein Verstehen gibt, glaubt jeder richtig zu verstehen, weil er **sich** mühelos in das umfängliche Schema einstellen kann. **Die Musik vermittelt die leichteste Möglichkeit der Gefühlsschwelgerei ohne intellektuelle und moralische Zensur.** In ihr vermag alle Gefühlssehnsucht sich schrankenlos, ohne logische Bedenken, ohne Scham und andere ethische oder soziale Hemmungen auszutoben. Dies ist das eigentliche Geheimnis der Musikwirkung. Musik ist ein Ventil für alle Gefühle, die sonst unerlaubt sind, die in Form von Gedanken, spontanen Affekten oder deutlichen Phantasien sündhaft oder böse wären. In Form von Musikmachen oder -hören darf die prüdeste Jungfrau alle Zügel schießen lassen, so ungestüm sexuell wie ein brünstiger Faun oder so raffiniert erotisch sein wie ein überwitzter Wüstling. In Form von musikalischer Erregung darf der korrekteste Staatsbürger so wild, zerstörungslustig und revolutionär sein wie der wütigste Anarchist. Das eine ist keine Sünde, das andere kein Verbrechen, das Gefühl ist so täuschend verwandelt, daß niemand — auch der Fühlende nicht — es weiß; das eine heißt etwa »Tristan« oder »Salome«, das andere heißt vielleicht »Neunte« oder »Siegfried« und bedeutet (nach der maßgebenden Auffassung der Musikgelehrten) natürlich ganz andere — entgegengesetzte! — Dinge. Während aber die Musik für verpönte Gefühle ein Ventil ist, ist sie für den geplagten Intellekt ein Asyl. In der Musik ruht der Geist aus. Und dies ist der Sinn und die große Rechtfertigung nicht nur der Musik, sondern der Kunst überhaupt, daß sie dem Geiste Erholungspunkte bietet, daß sie zu jenen Pausen einladet, in denen der Geist nicht nur ruht, in denen er auch wächst und für seine schwierigsten Aufgaben Kräfte sammelt. Die Kunst teilt diese hohe Bestimmung mit dem Weibe. Aber wie die Geschlechtslust, so kann auch der Kunstgenuß zur Leidenschaft entarten und Leid statt Lust, Schwäche statt Kraft bringen. Einen, der in geschlechtlicher Leidenschaft die Zügel über sich selbst verliert und zum Hörigen seiner Passion wird, nennt man mit Recht einen Weibsknecht. Ich nenne daher die, denen die Kunst zum unentbehrlichen Narkotikum geworden ist, Kunstknechte. Und solche haben so wenig Anrecht auf den Titel vollwertiger Kulturmenschen wie Weibsknechte. Mir ist sogar der Lüstling noch lieber als der Künstling. (Man darf auch den Hersteller einzelner Kunstwerke, den Kunstwerker, nicht mit dem Künstler verwechseln, der ein Initiator und selbstherrlicher Gewaltmensch ist.) Und gerade die Musik fordert zahllose Opfer, weit mehr als der Alkohol. In der Musik ruht der Geist sehr häufig so gründlich aus, daß die unter dem Namen Musikerkretinismus wohlbekannten Verblödungserscheinungen gezeitigt werden. Die Musik gestattet die zeitweilige Rückkehr des Intellekts auf eine Vorstufe seiner Entwicklung, in der an Stelle der scharfen Unterscheidung der verschiedenen Kategorien der Realität ein gewisser Dämmerzustand herrscht, in welchem Denken, Vorstellen und Fühlen noch wenig differenziert sind. »Musik bespült die Gedankenküste. Nur wer kein Festland bewohnt, wohnt in der Musik.« (Karl Kraus.) Es gibt aber nur sehr wenige, die Festland bewohnen und es ist leichter, angenehmer, romantischer und sogar künstlerischer, sich von den Wellen der Gefühlskonvention tragen zu lassen, als auf den Beinen eigenen Denkens zu wandern.

Karl Hauer.

Der Selbandere.*)

Ich kenne einen Reporter, der berühmter Männer Umgang genossen und sogar Ibsen besucht hat, nur leider erst in den Tagen, als der altersschwache Dichter schon nicht mehr im Vollbesitz seiner früheren Grob-

*) Aus dem ‚Simplicissimus‘.

heit war. Im Grand-Hotel von Christiania, wo Ibsen seine gewohnte Leseecke lange nicht bezogen hatte, betrachtete man den ruhigen Verlauf des Empfangs als einen Beweis der Verschlechterung seines Zustandes. Der Dichter, der in gesunden Jahren kaum zu einem Kopfnicken zu bewegen war, hatte sich von einem Wiener Journalisten interviewen lassen. Das war der Anfang vom Ende, und der Tag ließ nicht lange auf sich warten, da der Publikation authentischer und durch keinen Zwischenfall getrübter Ibsen-Erinnerungen nichts mehr im Wege stand.

Zahlreich sind die Fälle, in denen unser Freund den Zeitpunkt wahrzunehmen verstanden hat, wo der Kräfteverfall einen leidenden Dichter gegen jede Art von Annäherung wehrlos macht. Ein Beispiel aber, daß die ungewohnte Duldung nicht bloß das Symptom eines Schwächezustands, sondern auch eine Vermehrung der Leiden bedeuten kann, bot das Ende Otto Erich Hartlebens. Als dieser sich mit seiner kranken Leber durch die Wälder Karlsbads schleppte und auch nicht mehr wie einst imstande war, einen nüchternen Gesellen zu verscheuchen, da schien unser Freund in der Pflicht treuer Gefolgschaft förmlich aufzugehen. Wer den Ruhm mit der dreimal gespaltenen Zeile mißt, wird sagen, daß keiner von beiden es zu bereuen hatte. Denn Hartleben starb zwar, aber der Begleiter veröffentlichte Erinnerungen an ihn. So oft sich der Todestag Hartlebens jährte, verrichtete er diesen Akt der Pietät. Und auch diesmal ging er hin und legte ihm Stilblüten aufs Grab, als wär's ein Kranz von Immortellen. Er nannte ihn kurz Otto Erich und begann seinen Nachruf mit der Behauptung, sie seien einmal nach einer Probe »selbander hinaus in den schönen Herbsttag an den rebenbewachsenen Saum der Stadt gewandert«. Das ist leider nur zu wahr. Aber wenn auch das Andenken Hartlebens durch solche Enthüllung nicht gerade gefeiert wird, so muß man doch sagen, daß echter Pietät Schmeichelei noch weniger frommt. Wer ihn freilich gekannt hat, weiß, daß er in so einem Fall wenigstens das Wort »selbander« nicht gebraucht hätte. Otto Erich hätte nur zugegeben, daß er die Absicht hatte, an einem schönen Herbsttag an den rebenbewachsenen Saum der Stadt zu wandern, und daß sich ihm einer von jenen angeschlossen hat, die zwölf auf ein Dutzend gehen — wobei man aber immer noch vorsichtshalber nachzählen muß —, einer von jenen, die nicht nur hinter den Kulissen stehen, sondern auch sonst hinter allem, wo den dort nicht Beschäftigten der Eintritt verboten sein sollte; einer von jenen, die ihr Hohlmaß aufstellen, wenn's vom Ruhm eines andern tropft, einer, der kein eigenes Selbst hat, mit einem Wort, ein Selbanderer. Immerhin, der gemeinsame Spaziergang ist nicht in Abrede zu stellen; die Sitte besteht, und alle Dichter, die Wien besuchen, müssen sich ihr fügen. Es ist jenes Spazieren, das für den einen Teil nicht ehrenvoll ist, aber wenigstens dem andern Gewinn bringt. Wenn ein Dichter in Wien ankommt, so ist nicht immer ein Träger auf dem Bahnhof, der ihm sein Gepäck abnimmt, aber immer ein Interviewer, der ihn nach seiner Weltanschauung fragt. Und im Hotel erscheint auf einmaliges Läuten wieder nur ein Interviewer, und auf dreimaliges kein Hausknecht, der Abhilfe schaffen könnte. Man sollte nun glauben, wenn ein Dichter in solcher Lage zum Stock greift, daß dies nicht immer eine Einladung zum Spazierengehen bedeuten müsse. Aber die Dichter haben sich schließlich der weniger sympathischen Auffassung anbequemt und sind auf die Versicherung hin, daß das Leben in Wien trotzalledem gemütlich sei, selbander über die Ringstraße gezogen. Hartleben, so erfahren wir, habe bei solch einer Gelegenheit plötzlich ausgerufen: »Dieses Wien ist doch eine einzige Stadt!«. Der Begleiter meint nun allerdings, Otto Erich habe die Schönheiten Wiens gemeint, aber Otto Erich meinte den Begleiter, dessen Spezies eben dieser Stadt ihre besondere Eigenart gibt. Hier, wo alles auf intime

Wirkung berechnet ist, schafft auch noch die äußerste Zurückhaltung Intimität. Jedes Wort, das man spricht, wird aufgehoben, jedes Wort, das man nicht spricht, wird nachgeholt, und es entwickelt sich nach dem Tode des Sprechers eine rege Beziehung, deren Herzlichkeit in der Literaturgeschichte schon deshalb bemerkt werden muß, weil sie mit der Entfernung vom Sterbetage zunimmt. Otto Erich sei in den letzten Jahren wortkarg gewesen, sagen seine Freunde. Aber ein Füllhorn von Vertraulichkeiten, jokosen Bemerkungen und Material für künftige Anekdoten hat er über den Selbandern ausgeschüttet. So verriet er ihm auch, wer das Modell zu seiner »Angèle« war. Ein Mädchen, »das sich nicht des besten Leumunds erfreute«. Otto Erich nahm sie zu sich, wurde auf Veranlassung seines Onkels zur Polizei zitiert und sagte dem Beamten, der ihm seine Lebensweise vorhielt: »Das Mädchen ist meine Braut«. — »Wie heißt Ihre Braut?« fragte der Beamte. Und Otto Erich wußte nur den Vornamen... Aber die Geschichte ist durch einen Druckfehler um ihre Pointe gebracht. Nicht der Beamte hatte jene indiskrete Frage an Otto Erich gestellt, sondern der Begleiter, und zwar war er ihm in dem Moment, als Hartleben Angèle als seine Braut bezeichnete, mit der Frage ins Wort gefallen: »Wie heißt ? Ihre Braut ?...« In Karlsbad spielte sich der Verkehr eingestandenermaßen schon in weniger freundlichen Formen ab. Hartleben war krank und brauchte Ruhe. Der Arzt hatte ihm drei Becher verordnet, die man auf den nüchternen Magen immerhin leichter verträgt, als einen einzigen Interviewer. Der aber wich nicht von seiner Seite. Hartleben sollte Bewegung machen, da er aber allein spazieren gehen wollte und nicht selbander, so blieb ihm nichts übrig, als die Absicht aufzugeben oder wenn er doch die Waldluft genießen wollte, einen Wagen zu nehmen. Wer weiß, ob der Zwang zu solcher Kurwidrigkeit nicht den Verfall seiner Kräfte, und anderseits der Drang, Hartleben-

Erinnerungen zu schreiben, nicht die Möglichkeit ihres Erscheinens beschleunigt hat. Zwar gelang es Otto Erich nicht immer, gegen das Gebot des Arztes zu handeln und einem Begleiter zu entkommen, der seinen Schritt verfolgen konnte, weil er seinen Tritt nicht fürchten mußte. Wenn der Begleiter nicht nachgab, war die Lebensweise Otto Erichs wieder in kurgemäße Bahnen gelenkt und seine Gesundheit nur mehr durch üble Laune gefährdet. Was jener selbst nicht leugnen kann. Denn er erzählt, Otto Erich »wollte statt des vorgeschriebenen Spazierganges in den Wald fahren, wovon ich ihn zu seinem Ärger abhielt. Bald fand er sich ins Kurleben, und wir pilgerten allmorgens hinaus nach dem Kaiserpark«. Nun, ich weiß zufällig, wie dieses Kurleben Otto Erich angeschlagen hat; denn auch ich habe jenen Sommer in Karlsbad verbracht. Der Dichter hat sich oft zu mir und einem seiner näheren Bekannten über die lästigen Begleiterscheinungen der Karlsbader Kur beklagt. Die Waldwege sind dort mit allzu liebevoller Deutlichkeit bezeichnet. Auf Schritt und Tritt weisen dem Spaziergänger gelbe Tafeln die Richtung nach dem Aberg, dem Findlaters-Tempel, nach Ecce homo, Jägerhaus und Kaiserpark, und immer wieder nach denselben Zielen. Und wenn man sich ohnedies schon zurechtfindet, bietet sich sogar immer wieder derselbe Begleiter an, und man verwünscht die gelben Flecke, die einem einen Weg weisen, den man endlich einmal verfehlen möchte. In den Karlsbader Wäldern hatte Hartleben nur den einen Wunsch, einer Tafel zu begegnen, die ihm den Weg ins Labyrinth wiese! Ruhe brauchte er, nichts als Ruhe. Der Biograph gibt es schadenfroh zu: Otto Erich habe sich, um in Karlsbad »unbehelligt leben zu können«, als »Reisender aus Salò« in die Kurliste eingetragen. Daraus habe diese irrtümlich einen »Geschäftsreisenden« gemacht, dem man auch alsbald eine Kurtaxe vorschrieb, wie sie diesem Beruf angemessen sei. Und der wirkliche Geschäftsreisende, jener, der Hartleben-Erinnerungen an den Mann bringt, blieb von der Kurtaxe befreit, wie es bekanntlich wieder diesem Beruf angemessen ist. Schließlich sei zwar das Mißverständnis aufgeklärt worden; aber Ruhe hatte Otto Erich erst recht nicht. Er trug sich eine zeitlang mit dem Gedanken, seine Erinnerungen an einen Wiener Reporter zu Papier zu bringen. Aber auch dazu sollte er nicht gelangen. Wenn man, wie ich, gesehen hat, wie mißmutig der Dichter bei seinem Frühstück im Kaiserpark saß, so gewinnt die Mitteilung des Biographen, die Blicke der Gäste seien oft auf eine heitere Ecke durch Hartlebens lautes Lachen gelenkt worden, den Anschein starker Übertreibung. Oder es war eben das Lachen der Verzweiflung, das ein Mann lacht, dem nicht mehr viele Sommer blühen und der wieder einen verpfuscht sieht. Wer war ihm über die Leber gekrochen? Der Selbandere macht aus dem Mißbehagen Otto Erichs kein Hehl. Die erste Begegnung in Karlsbad beschreibt er uns mit den Worten: »Dort traf ich ihn eines Morgens unverhofft, wie er sich schüttelte und weit im Bogen ausspie.« »Das ist ein Gesöff! meinte er unwillig«, als er des Wiener Bekannten ansichtig wurde ... Nein, es ist kein Zweifel, die Karlsbader Kur hat Otto Erich Hartleben nicht vertragen.

Seine Tage waren gezählt, und die Stunde nicht mehr fern, da der Stolz, mit einem berühmten Dichter zu verkehren, der Genugtuung weicht, sich an ihn erinnern zu können. Rasch tritt der Reporter den Menschen an. Es ist eine eigentümliche Witterung, die ihn an die Stelle führt, wo einer liegt, bei dem nach Ausspruch der Ärzte der Eintritt der Unsterblichkeit jeden Augenblick erwartet werden kann ... Er aber, der Selbandere, lebt seit Jahrtausenden. Man sagt, er sei Spezialkorrespondent in Golgatha gewesen und habe dort als Vertreter eines einflußreichen Blattes Gelegenheit gehabt, mit einer der beteiligten Personen bis zu dem Moment zu verkehren, da die Worte »Es ist vollbracht« gesprochen wurden.

Sprüche.

Wer dir die Ruhe ließ,
Gab dir halb das Paradies;
Und wer dir einen Weg zum Himmel wies,
So halb dich in die Hölle stieß.

•

Glosse zu »Geschlecht und Charakter«.

Sie trägt das lichte Haar in vollem Knoten;
Spricht tändelnd gern mit blonden Idioten;
Liebt Obersschaum und Budapester Zoten.

Ich wär' geneigt, bei Euerm Schein, Eroten,
Mein Mannes-Ich auf sie zu projizieren
Und sie, die seelenlos, zu animieren,
Von meinem M ihr was zu injizieren.

Du lachst? Mein Freund, das Lachen ist verboten,
Wo Philosophen logisch deduzieren.

•

Raum und Zeit
Präsentieren uns die Ewigkeit.
Liebe und Haß
Verzapfen Welttr[illegible]k frisch vom Faß.
Jedoch die vier: so Zeit als Raum
Und Liebe und Haß sind nur angestellt
Als Kellnergesinde beim Herrn der Welt:
Dem großen Traum.

•

Gewichtger Dinge schweren Tritt zu hören,
Verwehrt er leichten Weisen streng das Ohr;
Er sieht die Welt nur durch das Höllentor.
Ich muß und mag den Kerl darin nicht stören.

•

Die Wissenschaftlichen.

Wahrheit! ächzt Ihr. Sie ist nicht den Kiesel wert,
Der die Ruhe stiller Brunnenwasser stört.

•

*Ob du dich auch von der Herde drängst
In mühseligem Dichselberquälen: —
Mach dir's doch endlich klar: du bist einmal Hengst
Und darfst beschälen.

*

Wie auch der Sinn nach Ehre sehnt und süchtet,
Nichts, was dir selber innig nicht entstammt, gedichtet!
(Schließlich kannst du aber auch der Welt
Von Zeit zu Zeit was hinschmeißen, was ihr gefällt.)

Robert Adam.

Weibliche Attentäter.

Es sei gestattet, Frauen, die um verlassener Liebe willen gewalttätig werden, zusammenfassend Vitrioleusen zu nennen. Wenn man bedenkt, wie hochgefeiert eine Corday in der Geschichte lebt und wie geringschätzig von der Vitrioleuse gesprochen wird: man käme nie auf die Idee, daß ein böslich verlassenes Mädchen, wenn es den einstmals Geliebten mit Schwefelsäure überfällt, um Frauen und Treue weit mehr verdient ist als irgend eine politische Mörderin, die doch nur tut, was Männer besser können. Das Weib ist schlimm geknechtet durch das, was geschrieben Recht ist. Dort aber, wo Recht nicht einmal das wenige gibt, was Legitimität dem Weibe zugestehen mußte, herrscht die Brutalität des Mannes in absoluter Monarchie. Es ist noch kein Gentleman um seinen Klub gekommen, weil er die Geliebte mit seinen Geschlechtskrankheiten beteilte. Daß man schleunigst das Weite sucht, wenn man kann, sobald ihr Rock vorne zu kurz und hinten zu lang wird, versteht sich gar von selbst. Und was soll man von dem Edeln sagen, der seiner Gesponsin verbietet, beim Akt etwas zu empfinden, weil er so dem Kindersegen zu entgehen hofft?

Unter solchen Umständen geht es in dieser absoluten Monarchie nicht anders zu als in Rußland: sie wird nur durch die Furcht vor Attentaten etwas gemildert. Darum wirkt die rührende Gestalt, die in tiefster Qual zur Waffe oder Säure greift weit mehr für Frauenrecht und -würde als zwölf Sekundarärztinnen. Die Frauen sollten ihr ein Denkmal setzen. Aber das geschieht nicht, denn die Vitrioleuse arbeitet dem Interesse der Männer entgegen, und Frauen lobpreisen nur, was ihnen der Mann zu preisen befiehlt, studieren bekanntlich auch nur deshalb Medizin, weil einige Männer die »Masofeministen«, es gerne sehen.

Wie die Hysterie einmal alles vergiftet, so wird auch die Vitrioleuse zur Megäre, wenn sie nicht aus einem offenbar triftigen Beweggrund handelt, sondern in Dolch und Revolver, in Zeugenaussagen, beleidigenden Briefen, im Schwingen der Peitsche lebt und genießt. Wie die Biene sterben muß, wenn sie sticht, so schließt die Vitrioleuse mit dem Attentat ihr Liebesleben ab. Nach der Tat ist sie apathisch, läßt sich willenlos abführen und verurteilen; selten ist eine so seelenstark, daß nach Verkehrung einer großen Liebe in großen Haß noch Hoffnung auf neuen Frühling bleibt. Die hysterische Vitrioleuse, vor der uns Gott bewahren möge, ist das Katastrophenweib. Dieses ist nach der Tat in ekstatischer Erregung, man sage geradezu in Orgasmus, die Katastrophe ist ihr Akt und ginge es mit rechten Dingen zu, so müßte nach dem Überfall ein Kind in ihrem Leibe wachsen. Sie mordet uns, aber sie meint es ganz anders und es ist sehr ungalant. wirklich zu sterben, wenn man vom Katastrophenweib angeschossen wird. Die Ursache ihrer Tat liegt tief versteckt im Unbewußten und was sie für Ursache vorgibt, ist so geringfügig und unsicher, daß der Verfolgungswahn nahe scheint, in dem die Verrückte einen wildfremden Mann überfällt und dann erzählt, er habe sie verführt.

Mörderinnen, die vom geliebten Manne zu ihrer Tat verleitet werden, nenne man Medien. Ihre Psychologie gleicht der von Hypnotisierten, die gegen jeden den Mordstahl zücken, auf den der Hypnotiseur sie hetzt. Die Vitrioleuse mordet, weil erst ihr innerstes Lieben gemordet wurde; das Katastrophenweib ist pervertiert und spendet statt Liebe den Tod; Lukrezia vergiftet, weil ihrs der geliebte Cesare befahl. Sie steht in keinerlei Verhältnis zu ihrem Opfer; sie liebt es nicht und sie haßt es nicht, sie ist eine treue Dienerin ihres Herrn. Klytaemnestras Tat erklären die tragischen Dichter durch die um Iphigeniens Verlust gekränkte Mutterliebe. Geschworene würden freilich eher freisprechen, wenn mütterliche Rache das Motiv gewesen, als wenn es eine ehebrecherische Liebe war. Aber nie läßt sichs ein Medium, das hypnotische Befehle ausführt, genügen zu sagen: ich hab's getan, weil der Hypnotiseur befahl, in Klytaemnestras Fall, weil sie den Aegist liebte, sondern stets geben sie wahre und erfundene Dinge als Gründe an und glauben selber, daß es mit diesen Gründen seine Richtigkeit habe. Sie wollen es nicht wahr haben, daß der einfache Befehl eines Geliebten oder eines Svengali zu so schwerer Tat genüge. Man wird darum gut tun, die vorgebrachten Gründe einer Attentäterin, sei es nun gekränkte Mutterliebe oder gar politisches Motiv, in den Wind zu schlagen, wenn der Einfluß eines Geliebten, scilicet eines Hypnotiseurs, nachweisbar ist. Von den berühmten politischen Attentätern dürfte besonders jene Epicharis hierhergehören, deren Freund einen unglücklichen Putsch gegen Nero angezettelt hatte und deren Tapferkeit der große Tacitus rühmt.

Das Buch Judith ist eine Dichtung. Aber wir wissen längst, daß Volkslieder gewichtiger zu nehmen sind als überliefernde Geschichtsschreiber, die manchmal lügen, während das Volkslied niemals lügt, höchstens symbolisiert und eine unangreifbare innere Wahrheit birgt. Danach hat sich in Juda folgendes zugetragen:

Zur Zeit als Holofernes die Stadt Bethulien belagerte, wohnte dortselbst eine junge Frau von ebenso wunderbarer Schönheit als strengem Lebenswandel. Sie war seit drei Jahren und vier Monaten Witwe, hatte die Trauerkleider niemals abgelegt und fastete viel und betete auf dem Dache ihres Hauses. Das Volk dürstete und hungerte; aber doch nicht so lange wie Judith, die seit vierzig Monaten dürstete und dennoch das Gesetz nicht übertrat. Die Juden neigten zur Übergabe der Stadt oder gar zum Bruch der Speisegesetze, denn alles war verzehrt, was Gott zu essen erlaubt hatte. In dieser Not faßte Judith einen ungeheueren Entschluß. Sie sprach zu ihrem Gott in einem herrlichen Gebet, und dieses ist der Anfang ihres Gebetes: Herr, Gott meines Vaters Simeon, dem du das Schwert in die Hand gabst zur Bestrafung der Heiden, die gelöst hatten die Scham der Jungfrau zur Schande und entblößten ihre Hüfte zur Schmach und entweihten die Scham zur

Beschimpfung, da du doch gesagt: nicht so soll es sein, und sie taten es dennoch.

Wofür du ihre Führer dem Morde preisgabst und ihr Lager, das von der Sünde wußte, dem Blute und du schlugest Knechte samt Herren und die Führer auf ihren Thronen.

Und gabst ihre Weiber zur Beute und ihre Töchter der Gefangenschaft und alle Rüstungen zur Plünderung für die von dir geliebten Söhne, die für dich geeifert hatten und die Beschimpfung ihres Blutes verabscheuten und dich um Hilfe anriefen; Gott, mein Gott, höre mich, die Witwe.

Aus diesem Gebete wird deutlich genug, daß Judith wußte und im Geist erwog, was den Fraueu bevorstand, wenn erst die Heiden in Bethulien eingedrungen waren. Nicht immer wird solche Aussicht von den bedrohten Frauen fürchterlich empfunden, wenn man einigen bekannten Anekdoten glauben darf. Für Judiths Bewußtsein freilich ist diese Zukunft unerträgliche Schmach. Wer aber bürgt uns für ihr Unbewußtsein? Die Schrift schweigt über ihre Ehe mit Manasse, den zur Zeit der Gerstenernte ein Sonnenstich verdarb. Die neuere analytische Psychologie behauptet, daß überzärtliche Gattinen, überzärtliche Mütter, übertraurige Witwen durchaus nicht die besten Frauen und Mütter seien, sondern daß dem Übermaße im Bewußtsein ein heimlicher Haß des Unbewußtseins, ein verdrängter Haß die Wage halte (Freud). Es ist für eine schöne junge Frau durchaus nicht natürlich, nach einer kurzen kinderlosen Ehe endlos im Witwenschleier zu trauern. Hebbel hat das Geheimnis dieser Ehe noch vertieft. In seiner Tragödie wird Judiths Ehe gar nicht vollzogen, ihre andauernde Kasteiung wird noch rätselhafter oder in einem gewissen Winkel betrachtet, umso klarer. Angenommen, Judith habe ihren Mann gehaßt, mißachtet oder verwünscht und sich wegen solcher Sünde selber zu ewigem Wittum und Entbehrung verurteilt. Das Unbewußte spricht: du hattest nichts an deinem Mann; mehr als einmal hast du ihn tot gewünscht; nun dein Wunsch in Erfüllung gegangen: lebe und lache. Das Bewußtsein erwidert mit der Stimme des Herrn: weil du so frevelhafte Wünsche und Gelüste hegst, sollst du ewig in Trauergewändern einhergehen und fasten an allen Tagen, ausgenommen dem Sabbath und den anderen Festtagen, an denen Fasten verboten ist. Seit drei Jahren und vier Monaten verzehrt sich Judith in diesem Kampfe. Da erwächst den unterdrückten Mächten der Unterwelt Sukkurs: gewaltsame Schändung steht bevor. Auch muß Judith erleben, daß nicht alle Menschen das Gesetz so ernst nehmen wie sie; denn schon beschließen einige, die Speisegesetze zu übertreten und hungern doch erst seit einigen Tagen. Im alten Kriege des frommen Bewußtseins gegen das unfromme Verdrängte erneuert sich die Schlacht. Begierde hie und aufgezwungenes Gewissen dort, das ist der ewige Frauenkrieg und bis hierher unterscheidet sich Judith nicht von anderen Frauen. Ihre glorreiche Natur zeigt sich aber darin, daß sie ad personam diesen Kampf durch eine unerhörte Idee beendigt, durch ein Kompromiß, das mit einer mutigen Tat beide Teile zufriedenstellt; es ist recht, daß sie unsterblichen Ruhm dafür erntet. Sie war die schönste Frau der Stadt und mußte drauf gefaßt sein, nach dem Falle Bethuliens dem Holofernes selber vorgeführt zu werden als seine Kebsin. Da er das schlimme Wittum enden sollte, konnte das Unbewußte ihm nicht gram sein; das Bewußtsein haßte ihn als Feind ihres Volkes und als Feind ihrer Ehre. Könnte man aber nicht lieben und hassen zugleich? Könnte man nicht lieben, um besser hassen zu können? Und aus der Schändung eine Ehrung machen? Als sie so weit gekommen war, legte sie zum erstenmal das Witwenkleid ab, salbte ihren Leib mit feiner Myrrhe und machte sich sehr schön. Und sie ging hinaus und liebte ihn und fing ihn ein wie eine Buhlerin und haßte ihn dabei und hieb ihm den Kopf ab wie eine Heldin.

Judiths Tat ist der klassische Fall für politische Attentate der Frau. Sie hat ihr Volk errettet. Wäre ihr Unbewußtes nicht geil und lüstern gewesen, sie hätte es nicht vermocht. Uns wird überliefert, ein Weib habe der Allgemeinheit zuliebe sogar die tief eingewurzelte Scham überwunden. Die da wissen, daß des Weibes Scham nicht tief eingewurzelt ist, erwidern: die tief eingewurzelte Sehnsucht nach dem Mann hat die einzig dastehende Möglichkeit zu ihrer Erfüllung ergriffen. Diese Annahme verkleinert die elementare Größe der jüdischen Heldin nicht, präzisiert nur die Stellung der Frau in unseren Staatswesen. Die Frau hat von unserer Gesellschaftsordnung nur Schaden gehabt. Als man von ihr Keuschheit, Treue, Scham noch nicht verlangte, war ihr das Leben leichter. Darum reicht der Frauen Interesse an der männlichen Ordnung der Dinge ins Unbewußtsein nicht hinab. Ihr Unbewußtsein ist anarchisch. Ihres Urwesens Kreise berühren sich nur selten mit den Bahnen, die Mannesgebot ihnen vorgeschrieben. Wenn es geschieht, entsteht ein Elementarereignis daraus.

Judiths Hinterhalt war durchaus weiblich. Es galt, den Feind durch Liebreiz zu umstricken. Das ist bei den modernen weiblichen Attentätern anscheinend nicht mehr der Fall. Wanda Dobrodzicka, die Angeklagte unserer Tage, ist ihrem Opfer gar nicht von Angesicht zu Angesicht gegenüber getreten, sondern hat von einem Balkon des zweiten Stockwerkes ihre Bombe geworfen. Ihr Porträt war kürzlich in der Zeitung. Sie sieht verhärmt aus, gealtert vor der Zeit, ähnlich wie von Trunkenbolden verprügelte Frauen. Sie hat offenbar viel gelitten und — hat zu wenig geküßt. Das hat sie mit Judith gemeinsam, die nach kurzer Ehe vierzig Monate trauerte. Charlotte Corday wohnte zwei Jahre lang bis kurz vor ihrem Attentat in einem Zimmerchen zu Caën und las und sann; aller Welt fiel die Zurückgezogenheit des jungen Mädchens auf. Wjera Sassulitsch, die im Jahre 1878 auf den Stadthauptmann von Petersburg schoß, brachte zwei Jahre ihres Lebens vor der Tat in Einzelhaft in der Peter und Paulsfestung zu. Tatjana Leontiew, die vor mehr als Jahresfrist den Privatier Müller an Stelle des Ministers Durnowo, dem ihr Anschlag galt, erschoß, ist jetzt im Irrenhaus, war es auch durch längere Zeit vor der Tat. Und selbst dem Hirtenmädchen von Dom Remy muß man das eine Verdienst lassen – wenn es ein Verdienst ist —, daß keines Mannes Lippen sie je berührt haben.

Die Vereinsamung der weiblichen Attentäter politischer Observanz mag freiwillig oder unfreiwillig sein, das Endergebnis ist das gleiche und heißt Sexualablehnung: sie wollen nicht küssen. Die einen ziehen sich deshalb in die Einsamkeit zurück, die andern richten in aufgedrängter Einsamkeit die Liebeslust nach innen und finden in ihrer Phantasie den mystischen Bräutigam, der ihnen schnell so teuer wird, daß sie ihm ewig treu bleiben. Wir hören bei politischen Attentaten zwar immer schwungvolle Reden über des Vaterlandes Not, jedoch sehr wenig über die innere Persönlichkeit der Frauen, die so beträchtlich von Frauenart abweichen. Darum kann eine Erklärung der Sexualablehnung im einzelnen Falle fast nirgends gegeben werden. Jeanne d'Arc wurde im Gefängnis untersucht und es zeigte sich, daß alle weiblichen Organe auf kindlicher Stufe stehen geblieben waren. Hier wenigstens kommt man ohne Psychologie aus. Sie küßte nicht, weil das Weib in ihr niemals erwachte. Aber die üppige Judith, die herrlich schöne Corday, die überspannte Leontiew sind anders zu werten. Ihr Leben ist ein Kampf des Verdrängten mit dem Bewußtsein. Was wüßten wir von dem Kampfe, der in den Eingeweiden der Erde wütet, wenn er nicht dann und wann als Erdbeben Länder und Städte verwüstete? Die weiblichen Attentäter sind die feuerspeienden Berge der eingeschmiedeten weiblichen Libido. Das soll hier noch einigermaßen wahrscheinlich werden, aber weiter kann man in einer allgemeinen Abhandlung nicht kommen. Die Kußlust ist verdrängt, an ihre Stelle tritt die Phantasie. Man müßte einer Jeden die Seele nach dem Geheimsten liebevoll durchforschen, wenn man ergründen wollte, wie das geschah.

Es ist eine weitere Gemeinsamkeit weiblicher Attentate, daß sie meistens den Zweck verfehlen, sei es durch Treffunsicherheit (Sassulitsch, die ihr Opfer in den Unterleib schoß, obgleich die Distanz kaum einen Schritt betrug), Verwechslung des Opfers mit einem Unschuldigen (Leontiew), schlechte Auswahl des Opfers (Corday, die den niedergehenden Marat statt des weit gefährlicheren Robespierre erstach). Die Dobrodzicka freilich war am Versagen ihrer Bomben unschuldig. Sie waren nicht von ihr konstruiert, ein Mitglied des Komitees hatte sie ins Haus gebracht. Die Dobrodzicka gehört anscheinend zu dem Mädchentypus, der jetzt in Rußland und besonders in Polen überwuchert: Dynamit im Muff, im Ärmel und im Strumpf. Sie konstruieren die Bomben nicht selber und auch das Attentat nicht selber. Sie sind Medien und ihre Ahnin ist die Epicharis. Man wird das leichter zugeben, wenn man das Zusammenleben polnischer und russischer Studenten beiderlei Geschlechtes kennt. Die Frau muß sich dem Manne anbequemen. Wenn er ihr Rosen schenkt, dann muß sie riechen dran und wenn er ihr Bomben gibt, dann muß sie sie werfen. Dieselben Frauen, die jetzt den Kopf voll Revolution und Meuchelmord haben, würden Schäferspiele feiern, wenn sie der Mann zur Fahrt nach der Insel Cythere abholen würde. Die Dobrodzickaklasse besteht nicht aus kantigen Individualitäten, sie ist ein Typus, bei dem es auch ohne Sexualverdrängung zugeht, und wer die slavischen Studentinnen in den Schweizer Hörsälen sieht — es wäre ungalant, sie des genaueren zu beschreiben — der wird zugeben, daß man bei keiner sicher weiß, ob sie nicht eine Bombe im Täschchen hat.

Sie handeln im Einverständnis mit Männern wie Männer.

Judith, Corday, die Sassulitsch, wahrscheinlich auch die Leontiew handeln heimlich ohne einen einzigen Mitschuldigen. Sie benehmen sich wie Frauen, wir wollen einmal sagen wie Vitrioleusen. Judith sagt zu den Ältesten der Stadt: ich will etwas Ungeheueres tun, aber mehr kann ich nicht sagen. In diesem klassischen Falle ist offenbar, warum sie schweigt. Sie ist imstande, die Tat auszuführen, aber weibliche Scham hindert sie, davon zu sprechen, denn sie hat eine sexuelle Handlung vor. Wie, wenn alle politischen Attentate oder doch sehr viele von ihnen sexuelle Handlungen wären?

Küsse, Bisse, das reimt sich;
Drum kann man eines für das andere nehmen. (Kleists Penthesilea).

Für diesen Fall wären die Frauen en question nicht sowohl Vitrioleusen als Katastrophenweiber. Am Ende sind sie beides und alles: nur nicht politische Helden.

Charlotte Corday las in ihrer freiwilligen Einsamkeit zahllose Bücher und folgte auch dem Gange der Revolution. Niemals trat sie zu einem Manne in zartere Beziehungen. Man hat genug danach geschnüffelt nnd nichts gefunden. Sie erließ vor dem Attentate pompöse Aufrufe an die Nation, verteidigte sich stolz und bestieg mit wunderbarer Ruhe das Schaffot. Auffallend an den von ihrer Hand erhaltenen Schriftstücken sind die schweren orthographischen Fehler, (z. B. ne les ayes pas anstatt ne l'essayez pas und andere fast in jeder Zeile). Sollte eine Frau den inneren Zusammenhang mit dem, was sie schrieb, gefunden haben, die den äußeren Zusammenhang nicht fand, obgleich sie jahrelang litteris et artibus incubit? Der rhapsodische Ton könnte ihr, der Urenkelin des großen Corneille, leicht angeflogen gekommen sein, die innere Bildung fehlte. Marat galt in der Normandie als sagenhafter Wüterich. In Wahrheit war sein Ansehen im steilen Niedergang. Hätte sie nur einen einzigen Girondisten beiläufig um Rat gefragt, il lui aurait indiqué un autre, nämlich den furchtbaren Robespierre. Aber sie hielt ihr Unternehmen geheim vor aller Welt und verstand nicht mehr von Politik als irgend ein normannisches Landmädchen. Zur Heldin wurde sie nicht durch weiteren Blick, sondern durch Erlebnis. Aber nicht durch äußeres, wie ihre Richter und viele Geschichtsschreiber wähnten, da sie sagten, Cordays Geliebter sei im Kampfe gegen Marat gefallen, sondern durch inneres Erlebnis; denn sie hatte keinen wirklichen Geliebten. Ob nicht irgend ein phantastischer Geliebter im Kampfe gegen einen illusionierten, einen symbolisierten Marat gefallen war, wofür dann der leibliche Marat bluten mußte: wer kann das wissen? Jeder ihrer Schritte dröhnt, weil unter ihm die ungeheure Resonnanz der großen Revolution mitschwingt. Wie sollte in diesem Getöse die zarte Stimme ihres Unbewußten gehört werden? Ihr Bewußtsein ist erfüllt von Vaterland und antiker Seelengröße. Jedoch ihr letzter Brief ist sonderbar. Als nämlich der Henker zu ihr in die Zelle trat, woselbst sie sich gerade zum ewigen Gedächtnis malen ließ, da bat sie um einige Minuten Zeit und schrieb im Angesichte des Todes: »Le citoyen Doulcet de Pontecoulant est un lache d avoir refusé de me defendre, lorsque la chose etait si facile. Celui qui la(!) fait s'en est aquité avec toute la dignité possible, je lui en conserve ma reconnaissance jusqu'au dernier moment.«

Sie hatte Doulcet de Pontecoulant, den sie vor einigen Jahren daheim flüchtig kennen gelernt hatte, zu ihrem Verteidiger bestellt. Dieser erfuhr nichts von dem Wunsche der Corday und wird also mit Unrecht beschuldigt. Dieser Brief vor dem Tode bedeutet mehr als er scheint. Wie sprechen doch sonst die Helden, wenn sie zum Schaffot gehen? »Geht mutig in den Tod, wie ich euch ein Beispiel gebe«, mit einer letzten Pose gehen sie ab. Dieses Mädchen, das bis zum letzten Augenblick alle weibliche Schwäche unterdrücken konnte, deren Bild den Eingang von Thiers Geschichte der französischen Revolution schmückt, verläßt den Schauplatz mit einem privaten Racheakt an einem Manne, den sie kaum kennt. Vielleicht deutet dieser Brief auf ein Phantasieleben, von dem wir sonst nichts erfahren. Hysterische lieben und morden, gebären und stillen und alles das in der Einsamkeit ihres Gemütes.

Diese Andeutungen sind alles, was über den Fall Corday im Sinne dieser Abhandlung geboten werden kann. Judith und Corday stehen insofern im äußersten Gegensatze, als bei der Jüdin alles Handeln deutbar ist, die Beweggründe der Französin aber aufs spurenärmste verdrängt sind, wozu denn die Biographen ihr wesentliches beigetragen, da sie alles Menschliche in die Nebensache geschoben haben.

Bei Wjera Sassulitsch, die auf Trepow schoß, weil er den gefangenen Nihilisten Bogoljubow hatte peitschen lassen, nahm man natürlich anfangs an, jener Bogoljubow sei ihr Liebhaber gewesen. Das liegt nun einmal in der menschlichen Natur; sie sollte sich durch Tatsachen von dieser Bahn nicht abbringen lassen. Denn allerdings kannte die Sassulitsch den Nihilisten gar nicht und erfuhr erst aus der Zeitung von seiner Entehrung. Aber das ist kein Gegenbeweis. War nicht Holofernes Judiths Geliebter lange bevor sie vor sein Angesicht trat, schon seitdem der Gedanke sie beschäftigte, daß sie nach Einnahme der Stadt in seine Hände fallen würde? Und will man bezweifeln, daß Pontecoulant, dem Cordays letzte Worte galten, die tiefste Bedeutung für dieses Mädchens Seele hatte, ob sie ihn gleich kaum kannte? Die Sassulitsch war zwei Jahre lang in Einzelhaft gesessen. Rund um sie waren andere Gefangene, natürlich auch Männer. Weder eine Nonne noch sonst ein Weib ist imstande, in dieser Lage sich einer phantastischen Liebe zu erwehren, sei es nun der süße Bräutigam Jesus Christ oder ein unbekannter Mitgefangener. Dieser unbekannte Geliebte heißt sofort Bogoljubow, wenn von einem gefangenen Bogoljubow in der Zeitung steht, daß er geprügelt worden sei. Das Unbewußtsein rächt den mystisch Geliebten, das Bewußtsein wird zu diesem Zwecke Nihilistin, und die Geschworenen sprechen frei, weil sie die Eiswüsten Sibiriens, die Kasematten der Gefängnisse, die Knechtung des Landes sehen.

Es wird berichtet, daß die Sassulitsch zu ihrer Tat eine schwarze Toilette wählte und daß sie alle Gegenstände, angefangen von dem Samthute bis zu den geringsten Kleinigkeiten zum ersten Male trug. Warum das? Brutus und Cassius haben das nicht getan. Man frage Judith, warum sie sich schmückte, als sie zu Nebukadnezars Feldherrn hinausging. Man frage die Corday, die sich festlich putzte und deren Bewußtsein angab, daß sie gehofft habe, bei Marat leichter vorzukommen, wenn sie vornehm scheine. Die Sassulitsch muß die Antwort schuldig bleiben. Und die Leontiew, die seit mehreren Wochen bei der table d'hôtes in Interlaken erschienen war, legte zum Feste ihres Attentats gleichfalls eine funkelneue Toilette an, die sie sich zu diesem Zwecke hatte machen lassen. Weibliche Attentäter empfinden also die Toilette bei ihrer Tat als wesentlich. Sie erscheinen bei Attentaten nur in Festkleidung. Sie rächen sich an dem Opfer wegen einer mehr weniger phantastischen Liebe zu einem anderen (Medium), sie treten aber auch in persönliches Verhältnis zum Opfer, als hätten sie mit ihm aus triftigen Gründen abzurechen (Vitrioleuse), sie kleiden sich, sie handeln heimlich, als hätten sie eine sexuelle Handlung vor (Katastrophenweiber). Danach wäre zu behaupten, daß weibliche Attentäter oftmals nur scheinbar politisch, in Wirklichkeit aber schwer verständliche Kombinationen aller drei eingangs unterschiedenen Spielarten seien.

Heute, wo die Leontiew im Irrenhause lebt, wird eine psychiatrische Beleuchtung gerade ihrer Tat berechtigter scheinen als zur Zeit ihres Prozesses, bei dem das politische Elend des großen Reiches Rußland für sie vor Gericht stand. Weil ihr Opfer Durnowo vor Monatsfrist im Hotel Jungfrau gewohnt hatte, ging sie hin und erschoß einen unschuldigen Bankier namens Müller, der dem Minister nicht im mindesten ähnlich war. Sogar die Barttracht war grundverschieden. Als die Leontiew gefragt wurde, ob sie nicht bedauere, einen Unschuldigen geopfert zu haben, da erwiderte sie: »was liegt in dieser furchtbaren Zeit an dem Leben des einzelnen«. Und fügte hinzu: »er war ein Kapitalist, ich habe eine gute Tat getan«. An der Table d'hôtes zu Interlaken sitzen fast nur Vertreter des Kapitalismus. Sie waren alle in Gefahr. Gesetzt den Fall, der Leontiew wären im letzten Augenblick Zweifel aufgestiegen, ob der vor ihr Durnowo sei, sie hätte dem zögernden Finger an der Feder des Browning gesagt: drück los, sie sind alle reif für die Kugel, Durnowo, Müller und Schulze. Wie leicht wird diesem selber wohlhabenden Mädchen der politische Wahnsinn geglaubt, der dem Kapitalismus zu schaden wähnt, wenn er einen Kapitalisten über den Haufen schießt, der in einem reichen Mann sogleich einen todeswürdigen Verbrecher sieht. Man gibt wohl zu, daß die Attentäterin aus dunkelm Drange mordet, aber man meint, daß dieser Drang unter dem Eindruck politischer Greuel entstanden sei. Möchte man nicht lieber glauben, daß im Verborgensten ihrer Seele ein Haß gegen den Mann als solchen sich wälzt und gierig nach dem Vorwand greift, der feindliche Handlung gegen den Mann sanktioniert? Das Bewußtsein ist schnell mit erlogenen Vorwänden bei der Hand: trifft sie den Durnowo, dann zeugt das bei Pogroms vergossene Blut für sie, trifft sie den Bankier Müller, dann sitzt das Riesengespenst des Kommunismus als Verteidiger hinter ihr; sagte sie aber die Wahrheit, wie sie vielleicht jetzt tut, wo ihr Bewußtes und Unbewußtes sich verwirrt: man sperrte sie ins Irrenhaus. Bis dahin wird ihre Tat beklatscht. Aber des Weibes Problem lautet niemals: wie rette ich mein Volk? sondern allezeit:

wie werde ich mit dem Manne fertig? Das gesunde Weib löst das Problem: es liebt den Mann. Das kranke Weib verschmäht den Mann, tut als hätte er sie verschmäht und rächt sich. Der Teufel kenne sich in diesem Hexenkessel aus. Die Leontiew wurde zur überaus milden Strafe von drei und einem halben Jahre verurteilt. Da stampfte sie mit dem Fuße, weil sie gerne eine größere Strafe gehabt hätte und sagte: man hat mich nicht ernst genommen Man nahm ihre angeblichen Beweggründe, den Sozialismus, den Terrorismus, den Maximalismus so ernst, daß man den Meuchelmord am Unschuldigen beinah verzieh. Dennoch fand sie, daß man sie nicht ernst genommen habe und sie fand das mit Recht. Indem man ihr die schwere Strafe nicht ließ, nahm man ihr das Kind ihrer Tat und ein Kind muß man nach einer solchen Tat bekommen, das stand der Leontiew vermutlich fest. Denn wenn Frauen das Höchste tun, was ihres Lebens Zweck ist, dann bekommen sie ein Kind; und Tatjana hatte doch eine sehr große Tat getan.

Wie mehrfach hervorgehoben wurde, darf eine Mordtat in Rußland nicht mit demselben Entsetzen beurteilt werden, wie eine Mordtat an ruhigem Ort. Revolutionszeiten bringen atavistische Zustände. Dem Urmenschen lauerte der Tod in tausend Formen; bei Tag und Nacht von seinesgleichen, aus jedem Dickicht von wilden Tieren. Der Wilde trägt diese Unsicherheit mit kindlicher Angst und kindlichem Gleichmut. Er schaudert nicht, wie wir schaudern würden, wenn seinen Vater eine Riesenschlange erdrosselte und seinen Sohn ein feindlicher Pfeil erschoß. So ist es auch in Rußland, im Paris der Schreckensherrschaft, wo der Tod durch die Gassen ritt, nicht so ungeheuerlich, vor einen hinzutreten und ihn zu beseitigen wie anderswo. Das erklärt vielleicht das gehäufte Auftreten von weiblichen Attentätern in Rußland. Aber das kann uns Westeuropäer nicht beruhigen, angesichts dessen, was hysterische Weiber bei uns treiben. Die Wertung menschlicher Güter, deren höchstes das Leben ist, wird von außen durch politische Stürme verändert; was aber sind die Stürme da draußen gegen die inneren Gluten der hysterischen Weiber? Und wenn diese Bedeutung der Hysterie weiterhin so wenig gewürdigt wird wie bisher, wenn man die Weiber zu Amtsärztinnen ernennt, ihnen Vereinsrecht, Stimmrecht konzediert, dann mag einer mit Grauen in die ungeheuerste innere Revolution der Zukunft sehn, in die Revolution des Unbewußten. Eine halb irrsinnige Frau läßt den Geliebten unter dem Weihnachtsbaume schwören, daß er ihr den unerträglichen Ehegemahl ermorden werde. Für sie ist das eine effektvolle und phantastische Szene im Kerzenschimmer. Sie meint es nicht so schlimm. Aber in derselben Nacht klafft eine wirkliche Schußwunde an der Stirne des Gemahls. Ein Rudel hysterischer Weiber kettet sich vor dem englischen Parlament an ein Gitter, schreit nach Wahlrecht, zerkratzt den Policemen das Gesicht und man gibt ihnen — das Wahlrecht. Der Verstand bleibt einem stehen. Glaubt man denn, daß die Frauen diese fortwährenden Mißverständnisse gutmütig ertragen werden? Sie werden unsere Irrenhäuser bevölkern, sie werden die nächste Generation, deren früheste Erziehung ihnen ausgeliefert ist, vom Keim an verderben, sie werden uns niederknallen oder von ihren Geliebten niederknallen lassen, sie werden eine große Revolution machen; denn es ist kein Vergnügen, eine Frau zu sein, wenn es keine Männer gibt.

Dr. Fritz Wittels (Avicenna).

Girardi.

Er will zur deutschen Bühne übergehen und kehrt — abgesehen von einem kurzen Gastspiel, das er nicht rückgängig machen kann — wahrscheinlich nicht mehr nach Wien zurück. Das ist keine Theaternachricht. Aber die Bedeutung der Neuigkeit reicht auch über den Leitartikel hinaus. Denn der Leitartikel dient bloß dazu, uns über die kulturellen Sorgen mit politischem Kinderspiel hinüberzuschwindeln, wie einst das Theater dazu gedient hat, uns über die politischen Sorgen zu beruhigen.

Wenn heute in Pilsen um eine Straßentafel gerauft wird, so ist das eine Angelegenheit, die in den Leitartikel gehört. Wenn aber der Wiener Kultur das Herz herausgeschnitten wird, so ist es ein Lokalfall, und einer, über den man schweigt. Gäb's eine Presse, die als Arzt den Puls der kranken Zeit fühlt, anstatt als Spucknapf deren Auswurf zu übernehmen, sie zeigte jetzt ein sorgenvolles Gesicht. In keiner Rubrik dürfte über anderes als über das lokale Symptom einer tödlichen Krankheit gesprochen werden. Wenn sich der öffentliche Schwachsinn wochenlang an die Affäre eines rabiaten Tenoristen klammert, so ist dieses Interesse ein Kulturdokument: hier ist unser Horizont mit der Lampenreihe abgesteckt. Aber ein grelles Blitzlicht erhellt ihn, wenn wir beim Fall Girardi gleichmütig bleiben. Unsere Theatromanie ist eine kulturelle Angelegenheit; aber eine viel wichtigere ist unsere Teilnahmslosigkeit an einem kulturellen Skandal, der nur zufällig in der Theatersphäre spielt. Wenn der Wiener Kultur das Herz herausgeschnitten wurde und sie dennoch weiter leben kann, so muß sie wohl tot sein.

Sollte das Warenhaus Wertheim in Berlin nächstens auf die Idee verfallen — und es bedarf nur dieser Anregung —, uns den Stephansturm abzukaufen, weil es doch unbedingt notwenig ist, daß ein erstklassiger Bazar in der Abteilung für Türme auch das beliebte Wiener Genre auf Lager hält, so würden wir uns geschmeichelt fühlen, wenn wir es nicht für selbstverständlich hielten. Diese Weltausstellungsreife der Wiener Eigenart, das ethnographische Interesse, das man jetzt allerwärts an uns nimmt, diese Zärtlichkeit der Berliner für uns — dies alles ist fast so tragisch wie unsere Unempfindlichkeit gegen solches Schicksal. Wir freuen uns, wie sie Stück für Stück von uns ausprobieren und immer mehr Wohlgefallen an unseren Spezialitäten empfinden und so sehr an allem, was wir haben, teilnehmen, daß sie uns eines Tages ganz haben werden. Sie setzen den Wiener auf ihren Schoß, schaukeln ihn und beruhigen ihn darüber, daß er nicht untergeht. Das macht beiden Teilen Spaß und ist ein Zeitvertreib, der über den langweiligen Ernst eines Fäulnisprozesses hinweghilft. Wir sind auf unsere Tradition stolz gewesen, aber wir waren nicht mehr imstande, die Spesen ihrer Erhaltung aufzubringen. Unsere Gegenwart war tot, unsere Zukunft ungewiß, aber unsere Vergangenheit war uns noch geblieben. Sollten wir auch die verkommen lassen? Da war es doch klüger, sie einem Volk in Kommission zu geben, das keine Vergangenheit hat, aber eine hinreichend starke Gegenwart, um sich den Luxus einer fremden Vergangenheit leisten zu können. Wir mußten im Luxus darben. Darum war es besser, unsere Tradition in eine G. m. b. H. umwandeln zu lassen. Als Ausstellungsobjekt wird unsere Echtheit erst zur Geltung kommen; es war ein Irrwahn, von ihr leben zu wollen. Bis die Hypertrophie der maschinellen Entwicklung, der die Gehirne nicht gewachsen sind, zum allgemeinen Krach führt, ist es das Schicksal der von Müttern gebornen, rindfleischessenden Völker von den maschinengebornen und maschinell genährten Völkern verschlungen zu werden. In Berlin ißt man, um zu leben, ißt angeblich schlecht und wird tatsächlich fett davon. In Wien lebte man, um zu essen, und verhungerte dabei. Denn da man vom Essen allein nicht leben kann, so ißt man schließlich vom Leben. In Berlin aber lebt man, weil man das Leben nicht der Notdurft, sondern die Notdurft dem Leben unterordnet. Wir haben ein Jahrhundert dem Glauben gelebt, daß es nur in Wien die wahren Kipfel gebe. Aber nun stellt sich heraus, daß man in Berlin seit der Einigung Deutschlands durch Bismarck auch über das richtige Kipfelrezept verfügt. Auch die Echtheit läßt sich als Surrogat herstellen, und die Nerven fahren wohl dabei, wenn man nicht für jede Mehlspeise wie für eine Gottesgabe danken und nicht jede Unart eines Kellners als Ausdruck einer individualistischen Lebensanschauung bewundern muß.

Freilich ist es nicht die echte Echtheit, aber selbst die ist nicht unerschwinglich: sie sitzt den Wienern so lose, daß man sie ihnen einfach abknöpfen kann. Wir haben dem Aufputz des Lebens dieses selbst geopfert, und jene biegen sich das Geschmeide bei, das an unserem Leichnam hängt. Unser ganzer idealer Lebenszweck wandert nun mit Girardi nach Berlin, wo er den Geschmack des Borstenviehs und den am Schweinespeck verbessern wird. Wir sind hinter künstlerischen Fassaden obdachlos geworden, und diese werden nun den Berliner Häusern gute Dienste tun. Auf das »Fahr mer Euer Gnaden?« gibts nur mehr die Antwort: Nach Berlin!, und wenn Alexander Girardi dort seit zwei Monaten an jedem Tag das Fiakerlied singen muß, so klingt es wie eine Friedensbedingung, die die Eroberer einem unterjochten Staat diktiert haben. Preußen führt den Stolz unseres Individualismus als Kriegsgefangenen durch die Siegesallee; denn »so wie die zwa trappen, wern's no net g'segn haben!« Diese Österreicher sind doch dolle Kerls, aber wenn wir ihnen die Fiaker Bratfisch und Mistviecherl nehmen, dann haben wir sie endgiltig um die Großmachtstellung gebracht!

Das mag preußischer Optimismus glauben. Aber die Okkupation Girardis ist wirklich eine vaterländische Schmach. Nicht weil wir einen der begabtesten Menschendarsteller, die je auf einer Wiener Bühne gestanden sind, verlieren werden. Das wäre eine Theatersache. Und eine solche, die etwa schon jene ernsthaften Esel nicht kümmert, die die Bedeutung eines Schauspielers an der Literatur, die er fördert, messen. Girardi wiegt mehr als die Literatur, die er vernachlässigt. Er läßt sich von einem beliebigen Sudler ein notdürftiges Szenarium liefern und in dieses legt er eine Geniefülle, deren Offenbarung erhebender ist als die Bühnenwirkung eines literarischen Kunstwerks, dessen Weihen doch erst der Leser empfangen kann. Es ist gleichgiltig, ob Girardi ein Buch oder eine Buchbinderarbeit für seine künstlerischen Zwecke benützt. Spielt er einmal Literatur, umso besser. Sein Valentin ist gewiß das größte Ereignis des Wienerischen Theaters, und wenn man sich daran erinnert, daß nach diesem Vollmenschen der Siebenmonatsschauspieler Kainz sich an die Rolle gewagt hat, dann möchte man wohl mit den Zähnen knirschen über den verkommenen Geschmack einer Bevölkerung, die nicht einmal der Gedanke an solche Gefahr gemahnt hat, ihr Ureigenstes an künstlerischem Besitz besser zu hüten. An den Schmarren, den Girardi zubereitet, wagt sich kein Stümper, und unsere genießende Erinnerung dieser Gestalten, die eben keines Autors Gestalten sind, bleibt ungetrübt. Girardi ist eine der liebenswertesten und seltensten Persönlichkeiten, die je die dramatische Gelegenheit zu schöpferischer Darstellung benützt haben. Wenn er in einer klebrigen Posse in seiner hinreißenden Betonung etwa den Satz sprach: »Geben Sie jedem Menschen eine Million, lassen Sie ihn in einem Ringstraßenpalais wohnen und die soziale Frage ist gelöst«, so war er mir ein weiserer Sozialpolitiker als sämtliche Führer der deutschen und österreichischen Sozialdemokratie zusammen. Denn der Text war ein seichter Spaß, aber der Akzent war die tiefste Verspottung demagogischer Phrase. Freilich, der Verlust eines Künstlers, der solche Wirkung vermag, wäre an und für sich bloß ein Verlust am künstlerischen Kapital unseres Theaterlebens. Und solche Verluste stehen in den letzten Jahren auf unserem Repertoire. Unser ganzer Theaterhumor ist landflüchtig geworden. Die moderne Wiener Librettoschmierage, die »Lustige Witwe« und der »Mann mit den drei Frauen«, lassen den Individualitäten nicht einmal mehr einen Quadratmeter Raum, um auf der Bühne selbst zu produzieren. Die Impotenz läßt den Unfug schöpferischen Humors nicht aufkommen. Die ausgestattete Humorlosigkeit der neuberlinischen Posse gelangt bei uns zu Ehren und jene noch nestroyfähige Komik, die im Zeitalter der Karczags nur mehr in der Provinz hin und wieder ein Obdach findet, ist vom Theater an der Wien direkt nach Berlin übersiedelt. Der vorzügliche Herr Sachs, dessen Hausknechte in »Jux« und »Früheren Verhältnissen« — durch ihre Ursprünglichkeit und durch ihre Stilechtheit — theaterhistorischen Wert haben, konnte hier keine Beschäftigung finden, und ähnlich wird es Herrn Straßmeyer ergehen, der unser letzter Nestroyspieler ist. Für Wien ist kein Platz mehr in Wien, weil er dem unaufhörlichen Zufluß aus Budapest gehört, und weil wir uns nur mehr an der szenischen Gewandtheit eines Kommishumors ergötzen, den uns der geistesverwandte Feuilletonismus psychologisch verklärt. Für unsere Echtheiten beginnt sich aber die Berliner Warenhauskundschaft zu interessieren. Adele Sandrock ist im Bazar des Herrn Reinhardt ausgestellt. Denn man muß dort neuestens auch Leoparden haben, nachdem so lange nur Konservenbüchsen, orthozentrische Kneifer, Krawatten und Tischlampen verlangt worden sind. Die Berliner sind auf den Geschmack der Persönlichkeiten gekommen, der märkische Sand hat Verständnis für die Schönheit der Berge, und der feuerspeiende Matkowsky, dessen Schlacken wertvoller sind als alle Schätze des naturalistischen Flachlands, fühlt sich nicht mehr vereinsamt. Wenn jetzt auch Girardi hinübergeht, so ist das eine für uns schmerzliche Theatersache, nicht weniger fühlbar im Wiener Kunstleben als der Abgang eines der letzten Burgtheatergroßen.

Nur, daß der Abgang Girardis eben doch mehr als eine Theatersache bedeutet. Denn er bedeutet, daß Wien selbst nach Berlin gegangen ist. Wie groß muß der Überdruß am Österreichischen sein, wenn auch schon Österreich aus Österreich auswandert! Lebt ein Körper noch, der die Umsapfung seines Blutes tonlos erträgt? Ich habe kein Gefühl für den stolzen Besitz der Ringstraße an sich selbst. Aber die Ringstraße müßte dieses Gefühl haben. Daß die Donau jetzt über Passau nach Berlin fließt und in die Nordsee mündet, ist eine Angelegenheit, die der Donau nahegehen müßte. Aber sie denkt sich: Da kann man halt nix machen, und wenn man den Wienern erzählte, Österreich habe sich nach Königgrätz verpflichtet, den Girardi an Preußen auszuliefern, sie glaubten's und wären nur froh, den Karczag behalten zu dürfen. Und schon geht der Besitzer von Kastans Panoptikum mit dem Plan um, die Ambraser Sammlung zu erwerben, und der Gemeindevorstand von Rixdorf hat beschlossen, zur Belebung der Gegend den Wienerwald anzukaufen. Und wenn schließlich alle österreichischen Schätze, Besonderheiten, Vorzüge und Fehler in preußischem Besitz sind, dann erst wird es sich bewahrheiten, daß der Wiener nicht untergeht; er geht nämlich über ... Und während Berlin, das den musikalischen Genuß bisher nur in Form des Grammophons gekannt hat, sich allmählich auch den Luxus der Musik gönnt, geben uns Wienern von dem lieben Menschen Alexander Girardi nur mehr ein paar Grammophonplatten Kunde. Er war Lokalpatriot genug, uns vor seiner Übersiedlung etwas hineinzusingen. Ich lasse mir die alten Lieder manchmal aufspielen, denn, klangen sie stets wie der Abschied versinkender Herrlichkeit, so gibt ihnen jetzt das Geräusch des von der Maschine eingefangenen Lebens einen schaurig ergreifenden Ton. »Doch sagt er, lieber Valentin, mach keine Umständ', geh —« und vor allem: »Ein Aschen! Ein Aschen!«

Karl Kraus.

Herausgeber und verantwortlicher Redakteur: Karl Kraus.
Druck von Jahoda & Siegel, Wien III. Hintere Zollamtsstraße 3.

Die Fackel

Nr. 248 WIEN, 24. MÄRZ 1908 IX. JAHR

Er soll sich aufhängen!

Die vortreffliche Schauspielerin Annie Dirkens, die beim Wiener Publikum durch die temperamentvolle und natürliche Art ihrer Amtsehrenbeleidigungen ungemein beliebt ist und unter deren Leistungen uns vor allem der Hinauswurf eines frechen Exekutionsorgans in dankbarer Erinnerung steht, ist kürzlich zu tausend Kronen verurteilt worden, weil sie einem Finanzwachaufseher eine bessere Beschäftigung gewünscht hatte, als Automobile aufzuhalten, nämlich sich aufzuhängen. Sie hat also für die Armen Wiens gespielt, und das ist immer noch besser, als wenn sie zum Beispiel dem Pensionsfonds der Konkordia den Reinertrag einer Vorstellung hätte abliefern müssen. Immerhin ist es doch auch ein Zwang zur Wohltätigkeit, gegen den man die Künstlerin in Schutz nehmen muß. Vor allem deshalb, weil die Unbill, die ihr widerfuhr, von einer geistigen Bedenklichkeit ist, die selbst auf dem Niveau der Wiener Bezirksjustiz verblüfft. Dieses auch an und für sich den Dimensionen des Mark Twain-Humors angepaßte Strafausmaß wurde angewendet, wiewohl nur ein Amtseid die inkriminierte Äußerung bestätigte, während der Eid eines Offiziers sie nachdrücklich bestritt. Daß der Richter mit der Absicht der Verurteilung in die Verhandlung eingetreten war, hat ihm der Verteidiger aus dem Konzept einer vollständigen Urteilsbegründung nachgewiesen, das dem Akt schon vor der Verhandlung beilag. Ein so vollgiltiger Beweis richterlicher Unbefangenheit gegenüber dem Beweisverfahren konnte also kein Grund sein, den Richter wegen Befangenheit abzulehnen. Und der Antrag, der darauf abzielte, war nur geeignet, ihn in jener Objektivität zu bestärken, die für einen der plausibelsten Wünsche des Wiener Lebens eine Strafe von 1000 Kronen parat hat.

Wer von uns hat nicht schon im Innersten gewünscht, daß ein Finanzwachaufseher sich aufhänge? Frau Annie Dirkens hatte nur den Mut, diesen Wunsch auszusprechen, aber der Richter strafte sie wegen Aufforderung zum Selbstmord eines Amtsorgans. Wir wünschen täglich, stündlich, daß der oder jener unserer Nebenmenschen, der gerade unser Nervensystem alteriert, daß jeder Büttel, der seinen Machtwahn an uns austobt, jeder Finanzer, der uns mit seinen Verzehrungssteueransprüchen länger molestiert als notwendig, jeder Richter, der uns mehr fragt, als angenehm ist, sich aufhänge. Ein Schuft, wers leugnet. Ich erkläre feierlich, daß ich seit Jahren keinen andern Wunsch mehr habe. Daß er mir so selten in Erfüllung geht, ist kein Grund, ihn immer zu unterdrücken. Natürlich darf man ihn nicht in jeder Situation äußern. Denn sonst kommt uns die Justiz über den Hals und bestraft nicht den, der uns ärgert, sondern uns wegen des Ärgers. Sie glaubt nämlich, daß durch den Ausdruck des Ärgers das Rechtsgut der »Ehre« gefährdet werde. Wenn ich nun sage, daß dieses Rechtsgut mir gestohlen werden kann, so wird sie dies für eine Aufforderung zum Diebstahl halten. Aber das macht nichts; denn vor allem kann mir eine Justiz gestohlen werden, die von der Ansicht ausgeht, daß eine verbale Aufwallung dem, der sie verursacht hat, Nachteil bringe. Wenn einer mir nachruft, ich solle mich aufhängen, so empfinde ich das wahrhaftig als eine viel geringere Störung meines inneren Friedens, als wenn er mich auf einem Gedankengang anhält, um Feuer zu wünschen, nach meinen Sommerplänen zu fragen, oder mir zu versichern, daß er die ‚Fackel' immer sogleich nach dem Erscheinen kaufe. Daß die Geistlosigkeit einen attakiert, in ihre Welt zieht und mit Kolbenstößen einem in den Rücken fährt, wenn man die gesellschaftsfeindliche Absicht hat, nachzudenken, ist eine Sache der Gemütlichkeit, und kein Gesetzgeber wird sich dazu verstehen, einen Kerl für strafbar zu erklären, der mir plötzlich auf der Straßenbahn erzählt, der Mann, der soeben ausgestiegen sei und mit dem er die Ehre hatte zu sprechen, sei der Verwaltungsrat der Kretinose-Aktiengesellschaft oder der Direktor der vereinigten Banalitäts-Werke. Ich aber werde gestraft, wenn ich dem Menschenfreund daraufhin zumute, sich aufzuhängen. Kürzlich hat einer fünf Tage Arrest bekommen, weil er beim Telephon ungeduldig war. Die Äußerung dieser Ungeduld wurde als planvolle Amtsehrenbeleidigung bestraft. Aber man kann sich solches Walten der bezirksgerichtlichen Justiz nur aus einer Auffassung des Gesetzes als eines Erziehungsmittels erklären. Nicht die Ehre des Beleidigten soll geschützt, sondern die Manieren des Beleidigers sollen gebessert werden. Daß diese Auffassung die Justizköpfe beherrscht, geht schon daraus hervor, daß sie bei solchen Gelegenheiten wie fasziniert auf die »Vorbestraftheit« starren. Handelte es sich um den Ehrenschutz, so müßte nach dem Sinne, den ich der Gesetzlichkeit unterschiebe, das Vorbeleidigtsein des Beleidigten und nicht das Vorbestraftsein des Beleidigers »als erschwerend« bei der Strafbemessung berücksichtigt werden. Ist eine Telephonistin schon einmal gekränkt worden, so hat sie Anspruch auf intensiveren Schutz, der auch nur jenem Amtsdiener gebührt, der nachweisen kann, daß er schon einmal hinausgeworfen wurde. Und ein Beamter, der zum Beleidigtwerden neigt, müßte irgendwie besonders kenntlich gemacht sein, damit die schwerere Strafe nicht den treffe, der ihn seinerseits zum erstenmal beleidigt hat. Aber die Gesetzgebung, die das Volk aus der Volksschulweisheit bedient, behandelt die Staatsbürger nicht anders, als die Schule die Buben: Wer's zum zweitenmal tut, muß nachsitzen. Diese Straferschwerungen des Lebens sind von der ausgemachtesten Torheit diktiert. Anstatt als mildernden Umstand die vielen Beleidigungen, die einer nicht begeht, ihm anzurechnen, wird er vom Staat ausgeplündert, wenn er in einem an Ärgernissen und Quälereien reichen Leben fünfmal gewünscht hat, daß ein Steuerexekutor sich aufhänge. Du lieber Himmel! Habt ihr eine Ahnung, welchen unverbrauchten Schatz an Amtsehrenbeleidigungen ich in meinem Herzen trage!

Frau Baronin Dirkens-Hammerstein, vorbestraft, ist zu 1000 Kronen verurteilt worden, weil sie mit demselben Temperament, mit dem sie auf der Bühne die liebenswürdigsten Gestalten ausstattet, *einen* Finanzwachaufseher bedient hatte. Das ist eine Leistung für einen Staat, in dem sich sonst schlechtere Schauspielerinnen mehr erlauben dürfen. Aber diese österreichischen Anläufe zur Rücksichtslosigkeit, diese gelegentliche Bereitwilligkeit, ohne Ansehen der Person eine Dummheit zu begehen, sind immerhin eine angenehme Abwechslung in dieser Monotonie einer Schlamperei, die auf alle Ermahnungen zu einem beschleunigten Tempo des Staatslebens immer nur die gekränkte Frage bereit hat: *Schiab i denn nöt eh an?* Der Anblick eines Regiments, in dem die einen Brust heraus und die anderen Knie heraus schreiten, hat etwas von Falstaffs Truppe. Nur daß Falstaff die Ehre eindeutiger definiert. Der hügelige Charakter des Wiener Terrains prägt sich vor allem in der Verschiedenartigkeit der Strafen aus, die die Wiener Bezirksgerichte wegen Ehrenbeleidigung verhängen. In Simmering bekommt eine Schauspielerin tausend Kronen, in der Leopoldstadt hätte sie wegen derselben Äußerung zwanzig bekommen, denn dort bekommt ein Theaterdirektor zehn, der eine Schauspielerin mit dem Fuß hinausgestoßen hat. Der Appellsenat setzt den Hobel an und hobelt alle gleich. Aber es ist eben Tischlerarbeit. Und die Lebensfremdheit ohne Schliff und Politur, die allen gemeinsam ist, bleibt bestehen. Der Richter, der den Rat, einer solle sich aufhängen, für eine Aufforderung zum Tode durch den Strang ansah, führte unter den Gründen des Schuldspruchs die Unglaubwürdigkeit der angeklagten Schauspielerin an. Unglaubwürdig erschien sie ihm deshalb, weil aus den Akten hervorgehe, daß sie älter sei, als sie angegeben habe. Einer solchen Frau ist auch eine Amtsehrenbeleidigung zuzutrauen. Wenn man dazu noch bedenkt, daß sie sich auf der Bühne schminkt und zum Beispiel in der Operette »Die Fledermaus« sich für etwas ausgibt, was sie gar nicht ist, so mag sie froh sein, daß sie so glimpflich davongekommen ist. Denn nicht jedes Gefängnis ist ein fideles Gefängnis und für die Launen einer muntern Adele hat nur die Psychologie des Gerichtsdieners Frosch einiges Verständnis.

Karl Kraus.

Der Tag des Herrn.

Seit meiner frühen Jugend ist mir der Sonntag immer als etwas Frostiges, Störendes und Unsinniges erschienen. Man mag die überstürzte, lärmende Betriebsamkeit des modernen Lebens aufs grimmigste verabscheuen, der bloß äußerlichen Ruhe des Sonntags kann man sich doch nicht freuen. Wenn ein System der Hast plötzlich zum Stillstand kommt, ergibt dies nicht den Eindruck des Friedens und der Würde, sondern den Eindruck einer Katastrophe. Es ist, wie wenn ein in rasender Fahrt dahinsausender Zug mit einem jähen Ruck unvermutet anhält. Es folgt eine unheimliche Stille und man fragt sich ängstlich, was denn geschehen sei. Und trotzdem wir dieses sonntägliche Anhalten der donnernden Maschine werktäglicher Zwecktätigkeit schon gewöhnt sind, hinterläßt es stets von neuem die Impression unerfreulicher, trübseliger Kahlheit, so vergnüglich und festlich der Sonntag auch tut, so lärmend er sich auch manchmal geberdet. Ein feineres Nervensystem empfindet das gewalttätige Bremsen, die unmotivierte Verkehrung des ganzen Lebensbildes nicht beruhigend und wohltätig, sondern belastend und aufregend. Warum hält die Menschheit wohl an dieser mittelalterlichen Institution fest, die keinerlei ersichtlichen Nutzen, aber in Menge kostspielige Betriebsstörungen, empfindliche Irritationen des Nervenlebens und ärgerliche Ausschreitungen des Pöbels bringt? Warum müssen an diesem einen Tage alle Räder des Wirtschaftslebens ausgeschaltet sein, warum muß an diesem einen Tage die ganze Plebs losgelassen werden? Die Erholung, die jedem arbeitenden Menschen zuteil werden soll, wäre sicherer und gründlicher, wenn an jedem Tage einem entsprechenden Bruchteil der Arbeitenden aller Kategorien Arbeitsfreiheit gewährt würde. Es ist neben der Trägheit der Masse vornehmlich der auf diese Trägheit sich stützende lebensfeindliche Starrsinn der Kirche, der jede Forderung der Vernunft schroff zurückweist, wenn er eine jener Einrichtungen opfern soll, die sich seit Jahrhunderten überlebt haben. Außer der Kirche ist der Sonntag nur noch der sozialdemokratischen Partei heilig, denn er ermöglicht ihr die Veranstaltung von Massenaufzügen und -versammlungen.

Der Sonntag ist nämlich der Tag des Herrn. Als Schüler waren wir an diesem Tage vom Drücken der Schulbänke befreit und mußten dafür die Kirchenbänke drücken. Ich weiß nicht, ob die Kirche an Macht verlöre, wenn die Kinder nicht mehr zur Schulmesse geführt würden. Ich weiß nur, daß eine Schulmesse, die samt einer eingeschobenen Predigt eine Stunde, in Dorfkirchen meist noch länger dauert, die noch nicht mit der müden Geduld der Erwachsenen ausgerüsteten Kinder mehr erschöpft als drei Unterrichtsstunden, und daß halbwegs aufgeweckte Schüler von diesen Messen einen vielleicht unbegründeten aber unauslöschlichen Haß gegen alles religiöse Zeremonientum forttragen.

An schönen Sonntagsnachmittagen wurden wir Kinder auf sogenannten Ausflügen mitgenommen. Das war die zweite Qual. Während man uns an Wochentagen in unserer freien Zeit glücklicherweise allein ließ, wurden wir beim Familienausflug unaufhörlich aller Dinge wegen zurechtgewiesen, mußten wie Schafe dahintrotten und durften zur Belohnung in überfüllten Biergärten oder rauchigen Stuben den Erwachsenen trinken zusehen. Den wenigen Menschen, welche das Land nicht aufsuchen, um einen Vorwand für Wirtshäuserbesuch zu haben, sondern um frische Luft und freien Ausblick zu genießen, wird die Natur am Sonntag durch die fortwährende Begegnung mit solchen Familienausflüglern gründlich verleidet.

In späterer Zeit lernte ich den Sonntag vor allem als einen Tag kennen, an dem man die verschiedenen Dinge, die man dringend benötigt, nicht einkaufen und an dem man nicht in Cafés und Gasthäuser gehen kann, weil man keinen Platz darin findet. Ein Sonntag in der Großstadt zumal ist für einen Nervenmenschen, der keine eigene Hauswirtschaft führt, eine Art Verbannung auf die Gasse oder in das enge, ungastliche Mietzimmer. In Wien muß man auf seine gewohnte Lebensweise unbedingt verzichten. Es ist, als ob die Höllenschlünde ihre Bewohner ausgespien hätten, um die Wiener Kaffeehäuser nud Restaurants damit zu füllen. Und diese Höllenschrecken bestehen zum größten Teile aus Leuten, die es nicht nötig hätten, ihre Bedürfnisse in öffentlichen Lokalen zu stillen, aus Ehegatten, die mit Kind und Kegel, mit Tanten und Gouvernanten aus ihrem Heim gezogen kommen. Es handelt sich ihnen auch nicht um Bedürfnisse, sondern ums Vergnügen. Sie pferchen sich in den weiten Sälen, nach Familien und Sippen geordnet, zusammen, führen Begrüßungs- und Erstaunenspantomimen auf, gaffen und paffen, kritisieren, reiben sich aneinander, schmatzen und schwatzen und vollführen einen Heidenlärm, wie es sich für eine Judenschule ziemt. Denn es ist in der inneren Stadt und den angrenzenden Bezirken, in denen ich diese Beobachtungen leider machen mußte, fast ausschließlich die Leopoldstadt, die auf diese Weise den Tag des Herrn feiert. Gehört ihr hauptsächlich das Café, so ist dem christlichen Publikum der Vorstädte am Sonntag das Wirtshaus, und zwar schon am Vormittag, heilig. Man rühmt das Familienleben der Juden als besonders innig und harmonisch. Im Café am Sonntag drückt sich dies auch deutlich, obzwar in nicht sehr ästhetischer Weise, aus. Wenn aber sogar so eingefleischte Familienschwärmer kein anderes festtägliches Vergnügen kennen, als ins Café auszuwandern, dann muß es wohl mit der vielgerühmten Wohltat und Poesie des eigenen Heims nicht so weit her sein. Man könnte eher glauben, dieses Heim wäre ein Käfig, dem alles darin Eingesperrte bei Gelegenheit gierig entweicht, und daß diese Heim-Menschen es schon als ein unbändiges Vergnügen, als ein Fest empfinden, wenn sie nicht daheim sind. Denn sie sind alle riesig vergnügt, ohne andern Grund als den, nicht daheim zu sein. Und sie nehmen scheinbar ganz unverhältnismäßige Opfer, unglaublich gedrängtes Sitzen, Hitze, verdorbene Luft, ohrenzerschmetterndes Getöse, schlechte Speisen und Getränke, langsame Bedienung, hohe Preise und noch vieles andere, dem gegenüber eben das Heim als Paradies gepriesen wird, gerne und freudig auf sich. . . .

Während an Wochentagen der vom Lärm der Gasse und des Marktes angewiderte Mensch ins Café oder Restaurant flüchtet, scheint am Sonntag der Lärm von Gasse und Markt in Café und Restaurant zu flüchten. Allein schon das Schnattern der Weiber ist fürchterlich. Und bilden an Werktagen die Weiber in den Cafés bereits die Hälfte der Gäste, so verfügen sie im Sonntags-Café mindestens über eine zweifellose Zweidrittelmajorität. Geht es so weiter, dann werden die Männer, die bisher im Café Ruhe vor Weibern und Familie suchten, durch Weiber und Familienleben aus dem Café vertrieben werden. Denn am Sonntag bewährt sich die Verpflanzung des Familienlebens ins Café vorzüglich. Die Kinder jeden Alters sind darin, wenn sie nicht gerade zanken oder weinen, so brav und ruhig wie die Engelein, denn es wird ihnen ein Vortrags- und Anschauungsunterricht ohnegleichen geboten. Aus den ungenierten Gesprächen der Erwachsenen, denen sie mit Andacht lauschen, und aus jenen illustrierten Blättern, die im Auslande von anspruchsloseren Lebemännern als feinste Blüte der Wiener Kultur geschätzt werden, lernen sie hier das Leben kennen. Da starren Knaben in kurzen Hosen mit verglasten Augen auf unsäglich alberne Bilder, die in entsetzlicher Monotonie immer wieder halbnackte Weiber in dumm-phantastischen Kostümen darstellen. Da lesen halbwüchsige Mädchen, die im übrigen so abgerichtet werden, daß sie nicht prüde genug tun, nicht genug Schämigkeit heucheln können, mit geröteten Wangen diese Texte voll ordinärer Laszivität und saugen damit eine Weltanschauung ein, die allenfalls den schäbigsten Kommisnaturen angemessen ist. Und die Eltern, Onkel und Tanten sitzen daneben, schauen dem wohlwollend zu und freuen sich, daß die Kleinen sich so nett und artig beschäftigen . . .

Alkohol und Musik entfalten natürlich als die beiden privilegierten Volksnarkotika am Tag des Herrn ihre ausgibigste Wirksamkeit. Sonntags kann jeder beobachten, was ich neulich theoretisch auseinandergesetzt habe, daß die Musik (neben dem

Alkohol) das große Tonikum für alles Unterdrückte, für Weiber und Arbeitssklaven ist, der Zauberstab, der alle Verborgenheiten des Gefühls, der den ganzen Schlamm der Seele bis zum letzten Restchen an die Oberfläche lockt und eine Fröhlichkeit erzeugt, die selbst den nachsichtigsten Menschenfreund wahrhaft traurig stimmen muß.

Das ist der Tag des Herrn. So ehrt das Volk seinen lieben Gott und die Kirche selbst scheint es nicht anders zu wollen. Dagegen ist also nichts zu machen. Aber wir sollten wenigstens nicht so viel und so stolz mit unsern drahtlosen Telephonen und lenkbaren Luftschiffen herumflunkern, denn dies hat für unser Kulturniveau nicht die geringste Bedeutung. Wir leben im Mittelalter. Oder in dem, was wir Mittelalter zu nennen belieben. Ich glaube nämlich nicht, daß es im wirklichen Mittelalter so barbarisch, so stillos, so geistig-unreinlich zugegangen ist.

Karl Hauer.

Die Feministen.

Wüßte ein Mann, der in besserer Zukunft einmal die Geschichte unserer Zeit schreibt, nicht mehr von unseren Frauen, als daß die meisten den Mann beneidet und gewünscht haben, sie wären als Männer geboren: daraus allein könnte er auf eine gründlich verkehrte und gottverfluchte Kultur schließen. Da ein Weib niemals ein Mann werden kann, würde der Geschichtsschreiber sogleich auf die symbolische Bedeutung dieses unerfüllbaren Wunsches verfallen, der in äußerster Knappheit beides ausdrückt: daß unsere Frauen nicht glücklich sind und daß sie nicht wissen, wie zu helfen wäre. Um diese Unzufriedenheit eindringlicher zu symbolisieren steht der Frau noch manches andere Mittel zu Gebote. Erschreckend groß ist die Zahl der unempfindlichen Frauen, die sich selber an der Liebeslust strafen, weil ihnen die Form zuwider ist, in der sie Liebe empfangen dürfen. Die Seltenheit weiblicher Schönheit und Anmut, die beide dort am tiefsten stehen, wo das, was Sittlichkeit genannt wird, am strengsten waltet, bedeutet symbolisch genommen, daß die Frauen durchaus keinen Grund haben, ihre Männer mit Schönheit zu erfreuen, wenn diese Männer ihrerseits den Frauen nicht das Los bereiten, das der Schönheit würdig ist. Die zahllosen zänkischen Weiber, die unter des Fürsten Dach nicht minder hausen als in der Hütte des Bauern, keifen ihr Lebelang aus Rache um ein Glück, das sie nicht kennen, von dem sie aber fühlen, daß es ihnen gebührte. So bringen es die Frauen wenigstens so weit, daß sie nicht allein bleiben in der Unzufriedenheit mit sich selbst, sondern daß auch die Männer mit ihren Frauen unzufrieden sind. Die unzufriedene Frau erfand die sonderbare Krankheit, die ihre Mitmenschen mehr quält als die Kranke selbst, und diese Krankheit wurde von den Männern schon in alter Zeit mit weiser Erkenntnis Hysterie genannt. Blickt man in die Struktur der Krankheit, wie sie Freud beschrieb, so erkennt man, daß diese Erfindung der genialste Ausweg ist, den jemals menschlicher Geist erfand. Die unglücklichen Frauen verzichten auf die Brosamen, die ihnen von der grauen Wirklichkeit geboten werden, verschließen sich wie eine Muschel in sich selbst und indem sie den anderen gegenüber und vielleicht auch ihrem eigenen Bewußtsein krank und leistungsunfähig erscheinen, erleben sie im Innersten alle Wonnen, die nur Gott verleiht. Die Hysterie ist die individuelle Lösung der Frauenfrage.

Die andere individuelle Lösung, die von außen kommt, nämlich das Glück, ist weitaus seltener als die Hysterie, es ist zudem, wie man weiß, eine lockere Dirne; die Hysterie ist eine treue und verläßliche Freundin. Ein Dichter, der vor kurzem über Liebe sprach, bemerkte, daß der Frauen Glück von kurzer Dauer sei, weil ihnen meistens Sanftmut fehlt. Aber wie könnte Sanftmut gedeihen in einer Seele, die jugendlang zwischen Begierde und aufgedrängtem Gewissen kämpft? Im Kriege ist kein Raum für stilles Bescheiden, das frühe Glück ist darum schnell zu Ende, das späte Glück ist ein gerettet Wrack.

Hätten die Frauen nicht zu ihrer Rettung die Hysterie erfunden, so wären sie in ihrer Not auf den Rat der Feministen angewiesen, der zu verschiedenen Zeiten verschieden gelautet hat. Das Lager der Feministen ist ein Zusammenlauf aller Waffen, die darin einig sind, daß der Unterschied zwischen Mann und Frau gar nicht so groß sei, wie er der oberflächlichen Betrachtung scheine. Sie nehmen den Wunsch der Frauen, Männer zu werden, wörtlich, und obgleich die Frau offenbar mit dem Manne nichts anderes gemein haben will als die Sexualfreiheit und die Sexualmacht, wird gerade dieser Sinn des Wunsches von den Feministen in den Hintergrund geschoben und dafür werden politische Rechte, männliche Berufe und ähnliches vorgeschlagen. Berieten die Schuster, wie sie sich in ihrem niederliegenden Gewerbe helfen könnten und einer schlüge vor, das Schusterhandwerk zu lassen und Schneider zu werden, weil es den Schneidern um vieles besser geht: den Rat würde keiner ernst nehmen. Und doch kann ein Schuhmacher jederzeit die Schneiderei erlernen, wenn er will. Aber die Frauen nehmen den Rat der Feministen scheinbar ernst und statt sogleich hysterisch zu werden, was um vieles besser wäre, weil es ohne Lärm geschieht, landen sie erst nach einem geräuschvollen Umweg im Hafen der Hysterie, wie mans im gepriesenen Amerika am besten sehen kann, wo diese Krankheit bis zum Himmel reicht, seitdem im Lande weibliche Bürgermeister, Bahnbeamte, Hospitalleiterinnen überhand genommen haben.

Die katholische Kirche hat solchen Umweg glorreich vermieden. Sie gibt der Gläubigen den süßesten Bräutigam, den wundervollen Trost der unbefleckten Empfängnis, braune Bilder auf goldenem Grunde, Weihrauchwolken im gotischen Kirchenschiff. In Orgelton und Glockenklang, in Prozession mit fliegenden Fahnen, im Glauben an schwer faßbare Dogmen wandelt sichs gar selig. Nicht von Frauen werden die Modernisten der Kirche Lorbeeren ernten, Frauen sind die feste Stütze des römischen Felsens. Denn die Kirche gibt den Frauen reichlich, was der Frauen ist.

Die nüchterne Religion, die in unseren Tagen die Armen zu sich kommen läßt, fragt auch die Frauen, was sie wünschen, und da die Frauen mit dem uralten symbolischen Seufzer antworten, zeigt sich die Religion des Rechenstifts phantastischer als alles Brimborium je vor ihr und nimmts auf ihr Programm: jawohl, die Frauen sollen werden wie Männer.

Diesem Programm schließen sich Ehemänner an, denen ihre Frauen aus irgend einem Grunde zuwider sind, so daß sie dringend eine andere Frau wünschen. Sie gestehen sich nämlich nicht zu, daß ihre Frau abscheulich oder zänkisch oder dumm oder flatterhaft oder eifersüchtig, mit einem Worte unerträglich sei, sondern sie sehen von ihrem häuslichen Elend ab und finden, daß die Frauenbewegung ihre Berechtigung habe. Diesen Armen braucht man nichts anderes von den Zielen der streitenden Frauen zu sagen, als daß die Frau der Zukunft nicht so sein werde wie sie heute ist, und sie sind auf Tod und Leben für den Rummel. Denn sie sind fest überzeugt, daß es schlimmer nicht werden kann, als es jetzt ist. Wir wollen einmal sagen: er betrügt seine Frau mit der unbekannten Frau der Zukunft, von der er nichts weiß, als daß sie anders ist. Mit diesem imaginären Ehebruche geht es wie mit den Seitensprüngen des Fleisches: man staunt oft, an wie minderwertiges Material ein verdrossener Ehemann sich wegwirft.

Dem Programme der Feministen schließen sich Jünglinge an, die durchaus in der Frau ein höheres Wesen sehen wollen und denen die Wirklichkeit nicht hielt, was die Illusion versprach. Von den drei Auswegen, das Weib zu nehmen wie es ist, das Weib zu verachten oder ein illusioniertes starkes Zukunftsweib anzubeten, ist der letzte der bequemste. Denn hier kann der Schwärmer weiter schwärmen. Man sollte sich nicht so sehr verwundern, daß italienische Dichter ihr Leben lang ein Frauenbild besangen, das sie nur einmal sahen. Hätten sie die Idole gar nicht gesehn, die lebenslängliche Treue wäre noch leichter gewesen. Sie wäre aber unmöglich gewesen, wenn Dante Beatricen etwa geheiratet hätte: Beatrice wäre vielleicht in dieser Lage am glücklichsten geworden. Frauenschwärmer sind um nichts besser als Frauenverächter; im Grunde genommen bedeuten beide *dasselbe*. Schade, daß die Frauen sich so gerne anschwärmen lassen.

Ein sehr großer Teil der Feministen besteht aus Spießbürgern, die auf ein fortschrittliches Programm en bloc eingeschworen sind. Sie meinen, daß man alles emanzipieren müsse: die Juden, die Neger und also auch die Frauen. Denn es ist außer den Frauen heutigentags kaum mehr etwas zu emanzipieren übrig geblieben, das Arsenal von Phrasen aber, die vor hundert und vor fünfzig Jahren einen guten Sinn hatten, brach liegen zu lassen, erscheint dem Leitartikelmenschen nicht ökonomisch. Er putzt sie blank und bewirft mit ihnen jeden, der zwar sonst nicht konservativ, in diesem einen Punkte aber, was die Vermännlichung der Frauen anbelangt, lieber mit den Klerikalen geht, die sich an den Spruch ihres Kirchenvaters halten: mulier taceat in ecclesia. Es ist leichter, einen solchen Rückschrittler und Reaktionär zu nennen, als sich mit seinen Gründen abzufinden und es ist auch politischer. Denn, wenn einer auch nur fälschlich zum Reaktionär gestempelt werden kann, hört keiner mehr von denen, die sich fortschrittlich nennen, auf seine Motive.

Die gefährlichsten Feministen gehören der Arbeiterpartei an. Sie haben nämlich eine wissenschaftliche Grundlage. Seitdem das Buch von Bebel über die Frau erschienen ist, also seit dreißig Jahren, hat die Frauenrechtlerei eine heilige Schrift. Wer den Wert der großen Persönlichkeit hochschätzt, wo immer er sie findet, muß Bebel ehren, weil dieser Patriarch für Hunderttausende einen Propheten, einen Messias bedeutet. Auch sein Buch ist voll feurigen Temperaments. Es ist bedeutend als Ausdruck eines Willens, es ist kläglich, was seinen psychologischen Erkenntniswert betrifft. Um das zu glauben, genügt die Durchsicht der Überschriften, deren eine lautet: »Die Prostitution, eine notwendige soziale Institution der bürgerlichen Welt«. Der starre Dogmatismus dieses Mannes zeigt sich am besten darin, daß er sein Buch in zwanzig oder mehr Auflagen unverändert herausgab. Es war die heilige Schrift der Frauenrechtler: an Gottes Wort wird nichts geändert.

Hinter der sozialen Not der Arbeiter, die alle Fragen ökonomisch fassen, taucht die sexuelle Not auf. Der Arbeiter kennt die sexuelle Not am wenigsten von allen Ständen und um so weniger, je schlechter es ihm geht. Vorausgesetzt, daß die Frauenfrage im Kerne oder zum größeren Teile eine sexuelle Frage ist, kann gerade der Arbeiter und seine Gewerkschaft zu ihrer Lösung nicht berufen sein. Der Arbeiter mißbraucht die Frauen zu seinen Parteizwecken, er schleppt sie mit sich wie die Germanen ihre Frauen in die Schlacht mitnahmen. Und wie es die Ehre des germanischen Weibes war, bei der Wagenburg ein schreckenerregendes Geschrei zu erheben, so stärken auch die sozialistischen Frauen die Stellung der Partei, aber die Frau als Sexualwesen geht dabei leer aus. Es müßte in den Hirnen der Sozialistenführer sonderbar aussehen, wenn sie die Frauenrechtlerei nicht als den unsichersten Punkt ihres Programmes empfänden. Aber sie müssen ihn dennoch betonen, denn die unzufriedenen Frauen, an die Arbeiterbataillone angekoppelt, erhöhen deren Macht und das gibt beim Politiker den Ausschlag.

Die unerbittlichsten Feministen endlich sind die, deren Liebe einer emanzipierten Frau gehört. Hier braucht nicht wiederholt zu werden, daß solche Liebe mit Masochismus und Sadismus häufig nah verwandt ist. Natürlich nicht immer. Niemand wird es einem alternden Universitätsprofessor etwa verargen, wenn er weibliche Hörer und Helfer gern um sich sieht. Niemand dem Spitalsarzt, der andere Frauen kaum sieht, wenn er seine Kollegin liebt. Das sind versöhnliche Seiten der Frage. Aber man wird alle diese als befangen ablehnen, wenn prinzipiell erörtert wird, ob die Vermännlichung der Frauen ein Ziel der Zukunft ist.

Holzwege gibt es in der Weltgeschichte nicht. Auf irgend einem Umwege wird auch die Frauenbewegung von heute zu ihrem Ziele kommen, nämlich zum Ziele der Sexualfreiheit. Früher wird sie nicht stille stehn. Daß es aber einmal Feministen gegeben hat, wird den glücklicheren Frauen ein Gelächter sein.

Fritz Wittels.

Der Festzug.*)

Ich weiß, ich weiß — Sie hatten schon in Wien
Die Fenster, die Balkons voraus gemietet . . .
Die Schlacht hätt' ich mit Schimpf verlieren mögen,
Doch das vergeben mir die Wiener nicht,
Daß ich um ein Spektakel sie betrog.

Wallenstein.

Die Erwartung war auf das höchste gestiegen. Seit dreißig Jahren hatte die Stadt keinen Festzug gesehen. In ödem Einerlei waren also die letzten Dezennien der politischen Geschichte vergangen. Ereignisse, bei denen man nicht dabei sein kann und die man weder sieht noch hört, wirken nur auf die Phantasie und bewirken demnach, daß man sich unter ihnen nichts vorstellt. Der Streit der Nationen vermochte nur dort Interesse zu wecken, wo er als Straßenexzeß in Erscheinung trat, und bei jedem Verfassungsbruch gähnte die Bevölkerung, weil sie sich ihn als das Krachen einer Lawine gedacht hatte

*) Aus dem ‚Simplicissimus'. Diese Satire wurde geschrieben, als die kaiserliche Ablehnung des Festzuges noch nicht zurückgezogen war.

und nicht einmal ein zerrissenes Papier zu Gesicht bekam. Das öffentliche Leben bot keine Abwechslung mehr. Man war dermaßen ausgehungert, daß man die Überraschung auch dort suchte, wo sie bestimmt nicht zu finden war. Blieb einer stehen und sah zum Dach eines Hauses hinauf, so war er sicher, mehr Zulauf zu finden, als ein Agitator, der den Versammelten von der Schädlichkeit eines neuen Handelsvertrags sprechen wollte, und man mochte lieber von jenem zum besten gehalten sein als von diesem zum besseren geführt. Nur das Unmittelbare wirkte auf die Lebensanschauung des Volkes, und es ist statistisch nachgewiesen worden, daß damals bei gleicher Häufigkeit ein gefallenes Droschkenpferd größeres Aufsehen erregt hat als eine gestürzte Regierung. Da es kein öffentliches Leben gab, so mußte das Privatleben für öffentliche Zwecke herangezogen werden, und es war dafür gesorgt, daß jeder Bürger Sonntags erfuhr, was für ein Huhn der Nachbar im Topfe hatte. Das Selbstbewußtsein wurde nur mehr durch die Eitelkeit unterhalten und das soziale Gefühl durch die Neugierde; und wenn sich diese Triebe glücklich paarten, so ward eine Eigenschaft daraus, die alle Gegensätze verband: die Loyalität. Die Bevölkerung hatte aus den Zeitungen erfahren, daß es im Staatsleben drunter und drüber gehe, und in diesen bösen Zeiten sah sie um so vertrauensvoller zu der Person des Landesvaters auf, von der man in den Zeitungen gelesen hatte, daß sie das einigende Prinzip darstelle. Nur der Patriotismus vermochte noch einige Farbe ins graue Dasein des Staatsbürgers zu bringen, der zu allen Lasten j—a sagt. Der Patriotismus ist ein Gefühl, bei dem die Schaulust viel mehr auf ihre Rechnung kommt, als zum Beispiel beim Männerstolz vor Königsthronen, während anderseits das größere Aufsehen, das unstreitig bei einer Revolution entsteht, mit Unbequemlichkeiten verbunden ist, die einer patriotischen Demonstration erspart bleiben. Aber noch ein Gefühl gibt es, das dem Patriotismus nahe verwandt ist: das ist die Liebe zu den fremden Monarchen. Wenn sie zu Besuch kommen, so gibt's manches zu sehen und zu hören, und die Loyalität, die keine politischen Grenzen kennt, ist jene Basis, auf der sich ein Komitee in der Stille und ein Spalier im Strom der Welt bildet. Aber wieviel wertvolle Schaulust ist bei solchen Gelegenheiten unbefriedigt geblieben, wie wenigen war es bisher vergönnt, sich selbst davon zu überzeugen, ob die Potentaten wirklich, wie eine Überlieferung behauptete, elastischen Schrittes den Eisenbahnwaggon verließen. Man nahm es gläubig hin und begnügte sich im übrigen damit, von den Schutzleuten zurückgedrängt zu werden, wenn der hohe Gast an der Seite des Landesvaters in offenem und bei ungünstiger Witterung in geschlossenem Wagen vorbeifuhr. Das sind die Augenblicke, in denen die Seele eines serbischen Hoflieferanten ihren Höhenflug nimmt, in denen der Mensch nachdenkend inne wird, warum und zu welchem Ende er Honorarkonsul ist, und in denen ein ahnungsvolles Hoffen erkennt, daß es Dinge zwischen Himmel und Erde gibt, deren Anblick uns der nüchterne Alltag vorenthält, nämlich Fahnen und Girlanden.

Aber der Patriotismus ist leider auch ein Gefühl, das oft länger brachliegt, als für die Gesundheit aller Beteiligten zuträglich ist. Seit Jahrzehnten wußten die Freunde des Volks, was ihm fehle. Von allen Bildungsbestrebungen war es seit jeher die populärste, ein Komitee zu bilden, und es gab eines, dessen Absichten tiefer als die irgend eines anderen in den wahren Bedürfnissen der Bevölkerung wurzelten. Es war das »Festzugskomitee«, das sich aus einem intuitiven Erfassen kommender Möglichkeiten vor Jahrzehnten schon in Permanenz erklärt hatte. Es hatte sogar die Eventualität eines vaterländischen Sieges in Aussicht genommen, sich aber vornehmlich an eine bekannte Devise gehalten, die kriegerischen Erfolgen eine Vermehrung der Hausmacht auf dem nicht mehr ungewöhnlichen Wege der Heirat vorzieht. Das Festzugskomitee, das sich im Laufe der Jahre an Enttäuschungen gewöhnt hatte, gab die Hoffnung dennoch nicht auf, endlich in Aktion zu treten. Wenn alle Ordensbänder reißen und alle Ereignisse ungeschehen bleiben, so mußte ja doch einmal wenigstens der Gedenktag eines Ereignisses anbrechen, und auf dessen Verherrlichung konnte sich dann der ganze Eifer werfen, der durch Jahrzehnte lahmgelegt war, und die Knopflöcher würden all den Zierrat gar nicht fassen können, der an einem Tag zur Entschädigung für dreißigjährige Geduld auf sie einstürmen würde.

Das Jahr war gekommen und der Tag war nah. Eine fieberhafte Erregung hatte sich aller beteiligten Kreise bemächtigt. Nur ein Gedanke beherrschte alle Köpfe, setzte alle Füße in Bewegung: Der Festzug. Das Volk braucht einen Festzug. Das ist die große Gelegenheit, wo endlich Alle dabei sein können! Es wird der größte Sieg sein, der je errungen wurde, wenn es uns gelingt, die glorreiche Vergangenheit des Vaterlandes in lebenden Bildern darzustellen. Da reckt sich die Residenz aus ihrer alten Lethargie und aus den Provinzen hagelt es Kundgebungen. Ein Erfolg des Komitees, der an und für sich schon alle Erwartungen übertrifft. Aber das Komitee weiß, daß es noch viel Arbeit geben wird, um alle Schichten für einen Plan zu gewinnen, der für einen einzigen Tag die Lösung der sozialen Frage verheißt. Wie sollte der Adel zögern, mitzuspielen, das Bürgertum, zu zahlen und das Volk, zuzuschauen? Das Komitee tagt ohne Unterbrechung und sendet seine Werber von Haus zu Haus. Die Kunst hat sich augenblicklich in den Dienst des patriotischen Gedankens gestellt. Die Schönheitstrunkenheit, die keinen eigenen Gedanken auszudrücken hat, lechzt nach der Gelegenheit, sich in einem Prunkgewand zu zeigen. Prinz Eugen, der edle Ritter, hat noch keinen verlassen, der ihn in künstlerischen Nöten angerufen hat, und wenn es gar zu Aachen in seiner Kaiserpracht im altertümlichen Saale König Rudolfs heilige Macht zu kostümieren gilt, dann, wie der Sterne Chor um die Sonne sich stellt, umsteht die ganze Künstlergenossenschaft geschäftig den Herrscher der Welt. In allen Ateliers wird gemalt, geschneidert und gejubelt. Die meisten Menschen, denen man auf der Straße begegnet, blicken schon zuversichtlich in die glorreiche Vergangenheit, in den Wirtshäusern fühlt sich jeder Speisenträger als Pfalzgraf des Rheins. Die Hoffnung auf den Festzug hat einen Patriotismus geweckt, der um seiner selbst willen leben will und längst den Zweck vergessen hat, dem er dienen, und die Person, die er ehren soll. Die Gesinnung hat nicht den Plan, sondern der Plan hat die Gesinnung erschaffen. Und wenn's an dem Tag, an dem sie zum Ausbruch gelangen soll, nicht bloß Orden regnen sollte, das Volk würde seinen Glauben an die Vorsehung verlieren ...

Da erscheint eine offizielle Kundgebung, die den Dank jener höchsten Stelle, der die Huldigung zugedacht ist, verlautbart: Man sei von den Beweisen echter Loyalität gerührt, wünsche aber nicht, daß dieses Jahr auf geräuschvolle Weise gefeiert, sondern daß aller Aufwand von Energie, Zeit und Geld, den ein Festzug koste, wohltätigen Zwecken vorbehalten werde ... Das Blatt, auf dem die Mitteilung solchen Wunsches geschrieben steht, wird ins Komiteezimmer gebracht. Für einen Augenblick herrscht Totenstille. Alle Anwesenden starren wie gelähmt vor sich hin. Ein Fanatiker des historischen Kostüms fühlt sich in jene Partie der Geschichte des Herrscherhauses versetzt, die den Einzug Albas in die Niederlande bedeutet. Oder sie stehen da, wie die Ochsen am Weißen Berg. Das hatte man nicht erwartet. »Dank vom Haus ... !« bringt endlich der Präsident hervor, aber es verschlägt ihm die Rede. Er hat in unverminderter körperlicher Frische das Jubeljahr erlebt, und nun soll die Arbeit eines ganzen Lebens dahin sein! Nein, das kann nicht ernst gemeint sein, auch die Suppe, in die einem gespuckt wird, wird nicht so heiß gegessen, wie sie gekocht wurde. Die höchste Stelle kann nicht so unpatriotisch denken, daß sie einen Festzug verhindern sollte. Er wird zustandekommen. Und wenn das Reich sich auflöst, das Komitee löst sich nicht auf! Wer ist so feig, es in der Stunde der Gefahr im Stiche zu lassen? Und wie Ein Mann erhebt sich die Versammlung und beschließt, auszuharren. Schon melden sich einige Mißvergnügte zum Wort, die erklären, daß sie eher aus dem Staatsverband als aus dem Komitee austreten würden. Einer fordert zur Steuerverweigerung auf. Ein anderer rät zur Mäßigung und verspricht, die Sache durch einen befreundeten Abgeordneten im Wege der Interpellation zur Sprache bringen zu lassen. Ein dritter entgegnet, daß damit wenig erreicht sei, weil die Entschließungen der Krone vom Parlament nicht diskutiert werden können. Immerhin, meint ein anderer, werde die Sache zur Sprache kommen, und man müsse auch dafür sorgen, daß in Volksversammlungen und in der Presse agitiert werde. Ein Verblendeter, der den Mut hat, zu erklären, er tue da nicht mit, man müsse anerkennen, daß der Wunsch des alten Landesvaters von der Liebe zu seinen Völkern diktiert sei, wird mit dem Zuruf »Aber der Fremdenverkehr!« unterbrochen und hinausgeworfen. Endlich gelingt es einem, einen Vorschlag zu machen, der einstimmig angenommen wird: man solle es vorläufig in Güte versuchen und durch Protektion einer Hofdame die Freigabe des Festzuges zu erreichen trachten. Die nächste Sitzung wird für Montag einberufen und in ihr wird das Resultat des Vermittlungsversuches bekanntgegeben werden...

Ein trauriges Resultat. Die höchste Stelle war von ihrer Meinung, daß man sie durch Akte der Wohltätigkeit besser ehre und durch diese dem Volke besser diene als durch den Festzug, nicht abzubringen.

Als das Komiteemitglied, das mit der Hofdame bekannt ist und deshalb durch dreißig Jahre sich des größten Ansehens erfreute, die Nachricht bringt, erhebt sich ein beispielloser Tumult. Unartikulierte Schreie, aus denen nur eine starke Nichtachtung für Hofdamen hervorzugehen scheint, werden hörbar. Und dafür habe man dreißig Jahre gekämpft! Und ob denn, fragt einer höhnisch, der Wunsch der höchsten Stelle uns Verbot sein müsse? Und was es denn die höchste Stelle angehe, wenn man ihr zu Ehren einen Festzug veranstalte? Der Fanatiker des historischen Kostüms hofft, daß es ihm gelingen werde, wenigstens in einer Wallenstein-Gruppe darzustellen, wie man die Bevölkerung um ein Spektakel betrügt. Einer schlägt für den äußersten Fall eine praktikable Verbindung von Festwagen und Barrikade vor ... Die Erregung pflanzt sich auf die Straße fort, in den Kaffeehäusern gibt es nur ein Gesprächsthema. Ein Blatt veranstaltet eine Extraausgabe, die die alarmierende Nachricht bringt, daß die höchste Stelle nicht nur den Festzug, sondern auch alle anderen Ovationen ablehne, und an dem Wunsch, daß die Feier durch wohltätige Spenden begangen werde, *festhalte*. Damit ist die letzte Hoffnung begraben. Es beginnt im Volke zu gären. Droschkenpferde fallen und man beachtet sie nicht. Einer sieht zum Dach eines Hauses hinauf und findet keine Teilnehmer. Dagegen läuft alles einem Agitator zu, der in einer Versammlung über den Handelsvertrag sprechen will. Der Bürger fühlt jetzt, wo ihn der Schuh drückt. Das politische Interesse wächst von Tag zu Tag. Das Festzugskomitee hat sich noch immer nicht aufgelöst. Aber es sieht sich genötigt, zur Neuwahl eines Präsidenten zu schreiten, denn der frühere ist nach dreißigjähriger patriotischer Tätigkeit wegen Majestätsbeleidigung verhaftet worden.

Karl Kraus.

Herausgeber und verantwortlicher Redakteur: Karl Kraus.
Druck von Jahoda & Siegel, Wien III. Hintere Zollamtsstraße 3.

DIE FACKEL

NR. 249 WIEN, 31. MÄRZ 1908 IX. JAHR

SAUBENGELS.

Mit Recht wird man von mir ein objektives Urteil über den durch das Wort »Saubengels« im deutschen Reichstag hervorgerufenen Journalistenstreik nicht erwarten. Ich bin in dieser Sache durchaus befangen und bis zur fixen Idee hat sich in mir die Überzeugung entwickelt, daß die Kultur, die von der Presse verbreitet wird, eine Saubengel-Kultur ist. Ich weiß nicht, ob der Zentrumsabgeordnete, der den Ausdruck gebraucht hat, diese Anschauung ausdrücken wollte, oder ob er bloß einzelnen Personen, die für die Gemeingefährlichkeit der Sache nicht verantwortlich sind, Unrecht getan hat. Wenn aber selbst dies der Fall war, so bin ich der Ansicht, daß die Abwehr der Berliner Journalistentribüne und die internationale Unterstützung, die sie gefunden hat, so ziemlich das Ausmaß der Frechheit bezeichnet, dessen sich die bewohnte Erde zu den Leuten versehen mußte, die sogar den journalistischen Beruf verfehlt haben. Denn dieser bedeutet die Pflicht, einem zahlenden Publikum mit Meinungen und Tatsachen aufzuwarten. Und nicht die Gefälligkeit gegenüber den der Kritik ausgesetzten Personen und den der Meldung würdigen Ereignissen. Hinter dem Journalistenstreik steht der erpresserische Dünkel aller mit Druckerschwärze hantierenden Individuen, daß die Publizität ein Verhältnis zwischen dem Schreibenden und dem Beschriebenen und nicht bloß ein Verhältnis zwischen dem Schreibenden und dem Lesenden sei. Diese Wahnvorstellung könnte in jedem einzelnen Falle vernichtet werden, wenn nicht in jedem einzelnen Falle das noch viel Ungeheuerlichere erlebt würde, daß sie gerade von jenen genährt wird, die ihr mit dem Schuhabsatz ins Gesicht treten sollten, von den der Kritik ausgesetzten Personen. Sie gehen durchaus auf die Ansicht ein, daß es nicht auf die Taten, sondern auf die Meldungen ankomme. Wenn die Journalisten zu schreiben aufhören, so hören jene auf, zu handeln. Der deutsche Reichstag schweigt, und der Reichskanzler schweigt, weil die Parlamentsberichterstatter die Federn niedergelegt haben. Ein Schimpfwort ist gefallen, und die Folge ist, daß sich die beschimpfte und die beschimpfende Partei zu einem Bündnis gegen das Publikum vereinigen. Und es finden sich Geister, denen die Einstellung des Parlamentarismus hier durch die Zerstörung des Prinzips der »Öffentlichkeit«, auf dem er basiere, begründet scheint. Das heißt also, daß keine Gerichtsverhandlungen mehr stattfinden können, weil die Gerichtssaalreporter am Erscheinen verhindert sind, und daß keine Eisenbahnzüge mehr abgehen, weil der Eisenbahnbetrieb doch »öffentlich« ist und die Redaktionen — setzen wir den absurden Fall — beschlossen haben, die Fahrplaninserate abzulehnen. Aus dem Recht der Öffentlichkeit zur Teilnahme an staatlichen Handlungen wurde eine conditio sine qua non für die staatlichen Handlungen. Die »Öffentlichkeit« besteht in der Anwesenheit von Reportern. Selbst Ausschluß der Öffentlichkeit bei Gerichtsverhandlungen bedeutet bei uns noch Zulassung der Reporter, aber wenn die Reporter sich freiwillig zurückziehen, kann auch eine öffentliche Gerichtsverhandlung nicht mehr stattfinden. Unter allen Umständen wird die Öffentlichkeit, auf die es ankommt, dumm gemacht. Aber die Öffentlichkeit will ja gar nichts anderes. In Berlin erscheinen die Blätter ohne Parlamentsnachrichten, und das Publikum sagt nicht: Wir haben abonniert und eure Verpflichtung, die bestellte Ware zu liefern, wird davon nicht tangiert, ob einer eurer Heimarbeiter euch in eurer Ehre verletzt hat. Was geht uns überhaupt eure Ehre an? Die Informiertheit ist eure Ehre, und ihr könnt beleidigt sein, wenn ihr die Ermordung eines Präsidenten der französischen Republik verschlafen habt, oder wenn ihr eine Rede des Herrn Gröber nicht so richtig wiedergegeben habt, wie es sich gebührt, aber nicht, wenn er euch Saubengels genannt hat. Jetzt erst seid ihr beleidigt, weil ihr ohne Nachrichten erscheint! . . . Nein, so spricht das Publikum nicht. Die Abonnenten lassen sichs gefallen, daß es keine Meldungen gibt. Aber sie sind auch Staatsbürger und lassen sichs gefallen, daß es keinen Fortschritt gibt, der gemeldet werden könnte. Sie lassen sichs gefallen, daß die von ihnen bezahlten Abgeordneten und Beamten schweigen, weil die von ihnen bezahlten Journalisten schweigen. Man stelle sich vor, daß ein Lakai die Kleider der Herrschaft zu putzen sich weigert, weil der Schneider, der sie lieferte, ihn gekränkt hat, und daß der Schneider darauf erklärt, er liefere der Herrschaft keine Kleider mehr, solange der Lakai sie nicht putze. Und man stelle sich vor, daß die Herrschaft sich das gefallen läßt und nackt ausgeht. Oder der Diener weigert sich das Essen zu servieren, weil die Köchin grob war, und die Köchin hört zu kochen auf, weil die Speisen ja doch nicht auf den Tisch kommen. Und die Herrschaft schmeißt nicht beide Teile hinaus, sondern verhungert . . . Schauspieler müssen spielen, auch wenn den Kritikern die Freikarten entzogen wurden. Aber Fürst Bülow schwieg, weil die Presse nicht vertreten war. Bismarck hätte gesprochen, und zwar über den Größenwahn der Leute, die ihren Beruf verfehlt haben. Und wenn Moltke schwieg, so war das nicht die Folge eines Journalistenstreiks. Aber Bülow verzichtete auf das Wort, weil keine Reporter da waren. Am andern Tag sprach er, weil der Kronprinz da war. Der Kronprinz hätte es sonst dem Kaiser verweigern können, in den Reichstag studienhalber zu gehen, weil der Kanzler schweigt. Und der Kaiser hätte die Regierung niederlegen können, solange der Kronprinz nicht studieren will, weil der Kanzler schweigt, solange die Reporter streiken. Wiewohl die Aussicht, daß in Deutschland künftig nur mehr Seine Reden veröffentlicht werden, viel Verlockendes hat . . . Daß in Wien keine Raubmörder mehr erwischt werden, wenn die Presse beschließt, die Nachrichten über die verdienstvolle Tätigkeit des Chefs des Sicherheitsbureaus zu unterdrücken, darauf sind wir gefaßt und bereiten uns auf diesen Ausnahmszustand seit langem vor. Aber auf die Einführung des Absolutismus wegen Streiks der Parlamentsreporter war die deutsche Öffentlichkeit nicht vorbereitet. Sie hat wieder einmal zugelernt und weiß jetzt, daß die Weltgeschichte aufhören muß, wenn sichs die Staatsmänner mit den Stenographen verderben. »So gut, wie heute einer ungeniert die deutsche Presse beschimpfen kann, ebenso gut könnte schon morgen jemand ein fremdes Heer oder eine fremde Flotte oder gar einen fremden Herrscher beschimpfen«, so hätte, meint ein deutsches Blatt, der Reichskanzler sprechen müssen. Aber dann könnte wenigstens ein Krieg ausbrechen, der doch ausgeschlossen wäre, wenn man zum Beispiel die Kriegsberichterstatter beleidigt hätte . . . Die Weltgeschichte beruht eben auf einem Austausch von Gefälligkeiten zwischen den sechs Großmächten und der siebenten. Abgeordnete sind dazu da, »Informationen« zu liefern, die man ans Publikum weitergibt. »In übertriebener Auffassung der Mitteilungspflicht glaubt man Nachrichten durch Hochachtung honorieren zu müssen. Was Wunder, wenn schließlich derart umworbene Informationsquellen sich als die Spender alles Heils betrachten und auf jene hinabblicken, die, um zu schöpfen, sich bücken.« So schreiben jetzt die Journalisten über die Abgeordneten. Aber die Leser fühlen nicht, wie gut sich diese Erkenntnis auf ihr eigenes Verhältnis zu den Journalisten anwenden läßt. In Deutschland und in Österreich. Auch hier, heißt es, seien die Beziehungen zwischen Parlament und Presse noch nicht geregelt, »wenngleich in letzter Zeit das Gleichgewicht einigermaßen. hergestellt ist«. Wenn sich nämlich hierzulande ein Journalist bücken will, um in einem Abgeordneten verehrungsvoll zu verschwinden, so findet er ihn nicht; denn dieser hat sich Gottseidank schon zu dem Journalisten gebückt und ward nicht mehr gesehn. Ein Berichterstatterstreik — so wohltuend die Lahmlegung der journalistischen wie der parlamentarischen Tätigkeit bei uns wäre — ist hier unmöglich. Er würde auch das Bild der Situation kaum verändern. Denn wenn sich schon ein Abgeordneter dazu aufraffte, »Saubengels« hinaufzurufen, ich glaube nicht, daß deshalb Herr Mendl Singer aufhören würde, nicht schreiben zu können.

* * *

AUS DEM SAUTROG DER ZEIT.

»Die Öffentlichkeit hat aber nun gerade genug von diesen unsauberen Geschichten ... Jeder Tag bringt andere Nachrichten, und mit diesen Nachrichten wird das internationale Publikum in Spannung erhalten. Das Publikum möchte aber endlich in Ruhe gelassen werden; es hat genug von diesen Sachen... Es muß ein Ende gemacht werden mit diesen fürstlichen Skandalgeschichten.« Wo können diese Sätze stehen? Selbstverständlich nur im ‚Neuen Wiener Journal'. Auf der ersten Seite. Und wo können spaltenlange Meldungen stehen, unter den Spitzmarken: »Florentinische Gerüchte«, »Toselli über das Warschauer Konzert«, »Der toskanische Hof und Frau Toselli«, mit Worten wie »böser Unfriede«, »arg enttäuscht«, »unheilbarer Riß«, »erstorbene Liebe«, »wäre Toselli klüger gewesen«, »wie die Fama erzählt«, »neuer Gegenstand ihrer Anbetung«? Selbstverständlich im ‚Neuen Wiener Journal'. Auf der dritten Seite. Auf der ersten unterscheidet man wieder, was in der ersten Spalte steht: »Die Herrschaften lassen auf offenem Markt waschen«, und in der dritten Spalte: »Das alles sind nicht Privatsachen«. Auf der dritten Seite wird wieder die Befürchtung ausgedrückt, die schönen Nachrichten könnten von den Beteiligten bestritten werden. Aber darum seien sie doch »nicht weniger wahr«. »Die nächste Zukunft wird uns recht geben« ... Jetzt ist die Frage offen, wie sich die Beteiligten gegenüber dem ‚Neuen Wiener Journal' eigentlich verhalten sollen. Zwei liegen im Bett, da öffnet der Reporter die Tür und ruft: Die Öffentlichkeit hat nun gerade genug von diesen unsauberen Geschichten! Geht hin und erzählt, was er gesehen hat. Man sagt ihm: Kusch, das sind Privatsachen. Nein, sagt er, das sind keine Privatsachen. Man sagt ihm, daß es nicht wahr ist. Darauf war er gefaßt. Die Dementierung einer Sexualaffäre betrachtet der Reporter als einen Eingriff in sein Privatleben. Aber die Wahrheit wird nicht verdunkelt werden. Und sie sind doch im Bett gelegen! Dafür steht jeder Galilei vor der Inquisition. Die Zukunft wird ihm recht geben! ... Die Beteiligten wissen also nicht, wie sie sich verhalten sollen. Und doch gibt es einen Ausweg aus dem Dilemma, seine Privatsachen öffentlich erörtert zu sehen oder der Sensationslust beschuldigt zu werden, wenn man sie dementiert: Gehst du zum Weibe, vergiß die Peitsche für den Reporter nicht!

*

Der Festzug ist also bewilligt, die Revolution abgesagt, und alles wäre in schönster Ordnung, wenn nicht — — Noch wissen sie es nicht, noch ahnen sie es nicht; aber ich will's erzählen. Als ich meine Satire »Der Festzug« geschrieben hatte, war nicht nur von der kaiserlichen Bewilligung noch nicht die Rede, sondern es hatten sich auch die Vorboten jenes über den schwarzgelben Horizont heraufziehenden Gewitters noch nicht eingestellt, das ich malte und das unfehlbar niedergegangen wäre, wenn nicht doch im letzten Moment u. s. w. Ich erschrak förmlich über die Richtigkeit meiner Wetterprognose, als ich ein paar Tage, nachdem ich bloß auf Grund meines rheumatischen Leidens jene Darstellung abgefaßt hatte, Notizen las, in denen die folgenden Worte standen: »Die Wiener Bevölkerung könne nicht ruhig zusehen, daß der Kaiser Prag und dessen Jubiläumsausstellung besuche, während Wien... Der unbedingte Wunsch der gesamten Wiener Bevölkerung, ihren Kaiser öffentlich aus diesem denkwürdigen Anlasse zu ehren... Der Genossenschaftsvorsteher gab dem Minister in drastischer Weise ein Stimmungsbild über die gegenwärtig in den Kreisen der Mitglieder der Wiener Gewerbegenossenschaften herrschende Erregung... auf das bestimmteste erwarten, daß den loyalen Gefühlen der Bevölkerung in diesem Jahre Rechnung getragen werde... werden sich die Genossenschaften durch nichts abhalten lassen... sich dafür einsetzen, daß die Festlichkeiten unter allen Umständen in Wien stattfinden... Nach bewegter Debatte... Schädigung der Wiener Hotelindustrie, worunter auch die Hotelbediensteten leiden müßten... könne es weder vor dem Ausland noch vor der Nachwelt rechtfertigen...« Also wegen der Nachwelt und der Hotelbediensteten gab der Kaiser schließlich nach. Es hatte nichts genützt, daß der Minister den Deputationen versichert hatte, es sei der ausdrückliche Wunsch des Kaisers u. s. w. Denn es war eben der unbedingte Wunsch der Bevölkerung u. s. w. Und es kommt ausschließlich auf die Rechnung an, die den loyalen Gefühlen der Bevölkerung getragen wird. Diese Rechnung wird man freilich, auch wenn sie gemacht wird, ohne den Wirt gemacht haben. Denn — — Es ist schrecklich, was ich jetzt sagen werde, aber da ich nun einmal seit den Türkenkriegen und dem Fürsten Starhemberg der erste Mann bin, der Wien entsetzt, so will ich's sagen. Noch wissen sie es nicht, noch ahnen sie es nicht, aber keine Macht der Erde kann mich abhalten, schon jetzt den folgenden Wermutstropfen in den Freudenbecher zu tun: Der Kaiser ist indigniert über die Pression jenes Galaspießertums, das zu drohen begann, wenn man es nicht hochrufen lassen wolle. Der Kaiser ist nicht gewillt, diesen Festzug als Huldigung aufzufassen, und wird der Stimmung, in die ihn die Zwangsloyalität versetzt hat, jenen Ausdruck geben, der in der ‚Wiener Zeitung' nicht zu finden sein wird. Wie verlautet, steht dem Komitee eine besondere festliche Enttäuschung bevor.

•

Aus keiner Faschingszeitung ist das folgende entnommen:

›. . . Wir reproduzieren nun im nachstehenden eine Zuschrift des Schauspielers, die umso interessanter ist, als er darin mitteilt, daß er erst durch unsere Mitteilung davon erfuhr, daß seine Gattin tatsächlich eine Scheidungsklage gegen ihn angestrengt habe. Die Zuschrift lautet: ‚Sehr verehrte Redaktion! . . . Meine Frau erblickte in den häufigen Proben für die Operette ›Ein Tag am Mars‹, die sie in so großer Zahl für überflüssig hielt, eine Lieblosigkeit meinerseits und glaubte in meinem wiederholten Fernbleiben vom Hause eine Erkaltung meiner Gefühle für sie zu erblicken. Sie äußerte sich in unzähligen grundlosen Eifersuchtsszenen. . . Als ich bei der letzten derartigen Szene durch aus der Luft gegriffene Beschuldigungen maßlos gereizt wurde und ausrief: ›Das kann ich nicht mehr ertragen!‹, da u. s. w. . . . Ich war also auf das höchste erstaunt, aus Ihrer Zeitung zu erfahren, daß meine Frau gegen mich eine einseitige Scheidungsklage, zu der sie nicht den geringsten Grund hat, einreichen will . . . Wie die Angelegenheit nun verlaufen wird, weiß ich selbst noch nicht, da ich den ganzen Zusammenhang nicht recht verstehen und begreifen kann. . .'‹

Natürlich weiß es das Blatt. — Auch die politischen Communiqués, die eine Theaterdirektion ausgibt, sind aus keiner Faschingszeitung entnommen:

›Der Minister ist bei der heutigen Probe nicht erschienen. Wenige Minuten vor drei Uhr verständigte er die Direktion telephonisch, daß er nicht in der Lage sei, der Probe beizuwohnen. Eine erst heute für den Nachmittag einberufene Ministerratssitzung, der man eine längere Dauer voraussagen könne, hindere ihn zu kommen. Auf die Einladung des Direktors, an der morgen stattfindenden Probe teilzunehmen, erwiderte der Minister, auch das sei ihm unmöglich, da er morgen einer Sitzung der christlich-sozialen Vereinigung beiwohnen müsse. Er sagte aber sein Erscheinen zu der samstägigen Probe zu.‹

•

Es tagt — aber bloß eine Enquete zur Bekämpfung der Geschlechtskrankheiten. Ein Satz aus dem Sitzungsbericht: »Universitätsprofessor Dr. Finger besprach die Fragen der Reglementierung vom medizinischen Standpunkte. Er müsse die Abolitionisten darauf verweisen, daß es nur auf dem langen Wege der Evolution möglich sei, der Prostitution den Boden zu untergraben.« So hat er's vielleicht nicht gesagt. Indeß, ein verkürzter Bericht charakterisiert oft besser als ein genauer. Was den Herren alles ein Fremdwort ist! Aber die Prostitution fürchtet weder die Evolution noch die Abolition, noch die Reglementierung, noch die medizinische Wissenschaft, noch den Professor Finger. Sie ist gesund trotz den Geschlechtskrankheiten, sie ist eine Naturerscheinung, und das einzige, was in ihrem Reich als eine soziale Einrichtung besteht, ist die Syphilis.

•

Schlimmer, als daß eine wohlsituierte Frau, die in einem Greißlerladen ein Stück Salami zu sich gesteckt hat, wegen Diebstahls angeklagt wird, ist die Heuchelei, die ihr Verständnis für pathologische Ursachen krimineller Handlungen also ausdrückt: »Auf dem Kommissariat sagte die Frau, sie habe nicht gewußt, was sie tue; sie sei zur Zeit vorübergehend leidend, und solche Epochen wirken oft auf eine Frau sehr stark« ... Nun, epochemachend sind diese Dinge nicht, aber immerhin bedeutungsvoll genug, um endlich die Erkenntnis vom Unterschied der Geschlechter, von dem Wahnwitz ihrer Gleichstellung vor Gericht und von der verbrecherischen Gefährlichkeit aller Frauenrechtlerei zu fördern. Wenn die Frauen dazu angehalten werden, in allen Berufen ihren Mann zu stellen, so werden die Männer naturnotwendig dazu gebracht, ihr Weib zu stellen. Eine absolute Konkurrenzfähigkeit ist aber schon deshalb nicht zu erzielen, weil sie mit einer von keinem Parlament der Welt abzuschaffenden Regelmäßigkeit wenigstens für einige Tage im Monat sistiert ist. Fluch einer Weltordnung, die die Frauen auch dann noch in den Daseinskampf hinaushetzt! Das Blut komme über sie, das in diesem Kampfe vergossen wird! Denn es ist grausamer Betrug, das Opfer, das die Natur verlangt, in der Notwehr gegen eine in Waffen starrende Welt entrichten zu lassen.

*

Was im Sautrog der Zeit nicht alles Platz hat! Wie Kraut und Rüben liegen das liberale Futter und die Abfälle einer feudalen Lebensanschauung durcheinander. Die Redakteure fressen alles. Sie lassen etwa »eine Dame der Wiener Gesellschaft über den Fall Wahrmund« zu Wort kommen:

»Mit dem regsten Interesse und der aufrichtigsten Teilnahme verfolge ich die Berichte über den Fall Wahrmund und finde in der Hetze, welche man gegen diesen tapferen Mann der Wissenschaft angezettelt hat, einen traurigen Beweis, wie sehr die Elemente der Finsternis eifrig am Werke sind, das Licht der freien Wissenschaft zu verlöschen. Ich frage nun, ob es nicht möglich wäre, einen Zusammenschluß aller freidenkenden Frauen, besonders aller Mütter, denen das geistige Wohl ihrer Kinder, das durch Fortschreiten dieser traurigen Verhältnisse arg bedroht erscheint, am Herzen liegt, anzustreben, zu einem Protest gegen die maßlosen Übergriffe der Klerikalen und einer Sympathiekundgebung an Professor Wahrmund. Sollen die Töchter jener Mütter, welche bei Aufhebung des Konkordats jubelten, über die geistige Freiheit, welche der Jugend eröffnet war, ruhig zusehen, wenn ihre eigenen Kinder wieder der Finsternis entgegengehen?«

Wie? Die Mütter haben bei Aufhebung des Konkordats gejubelt? Ich höre schlecht. Aber wenn's wahr ist, so haben hoffentlich die Töchter andere Interessen und jubeln lieber bei der Einführung des Konkubinats. Was geht denn die Frauen überhaupt die »Finsternis« an? Auch wir wollen eine Sinnlichkeit nicht, die das Licht scheut, aber was hat das mit den Übergriffen in der Politik zu tun? Ein Zusammenschluß aller freidenkenden Frauen wäre ein grauenvoller Jour! Viel sympathischer ein Zusammenschluß aller freidenkenden Mädchen gegen die Mißhandlung ihres Geschlechtslebens und aller denkenden Freimädchen gegen ihre Ausbeutung.

Wer ist denn diese Dame der Wiener Gesellschaft, die die Berichte über den Fall Wahrmund dermaßen aufgeregt haben, daß sie sich dem Liberalismus in die Arme wirft? Ich rate auf die Witwe des seligen Bachsteiner... Und schon wird dem Redakteur der ‚Neuen Freien Presse' durch ein und dieselbe Spalte ein anderes Futter in den Trog gesteckt. Kaum hat jene Dame sich darüber aufgehalten, daß das Licht der freien Wissenschaft auf ihrem Nachtkastel verlöscht worden sei, so sind wir schon mitten drin im finstersten Mittelalter. Denn das Festzugskomitee verkündet, daß der Graf Khevenhüller sich bereit erklärt hat, zur Gruppe 8 »ein Fähnlein Reisiger« beizustellen, »das er aus eigenen Mitteln mit Benützung der im Besitze des Geschlechtes befindlichen Waffen und Embleme ausrüstet«. Man hofft, »daß auch andere Adelsgeschlechter diesem Beispiel folgen werden.« Der Redakteur frißt alles. Und auch dem Leser graust vor nichts. Ein liberales Blatt, das immer nur sechzehn Fähnlein aufgebracht hatte, um sie als Bürstenabzüge in die Bankbureaus zu senden, freut sich über das hochherzige Entgegenkommen eines Grafen, die Welt spielt Mittelalter, sie gestattet den Weibern, sich als Politiker zu kostümieren, aber sie verwehrt es ihnen, aus eigenen Mitteln mit Benützung der im Besitze des Geschlechtes befindlichen Waffen und Embleme mitzutun.

*

Herr Harden ist bekanntlich ein Fachmann für Hysterie. Er veröffentlicht die verehrungsvollen Briefe, die Herr Dr. Frey an die Gräfin Moltke schrieb, und ruft aus: »Nicht ein Wort bisher von Hysterie; nicht die leiseste Andeutung. Tiefste Verehrung«. Herr Harden glaubt also, daß Verehrung die gerade entgegengesetzte Diagnose zur Feststellung der Hysterie sei. Eine Hysterikerin kann man nicht verehren, und wenn man ihr beruhigende Briefe schreiben will, so hat man ihr zu schreiben, sie möge sich aus ihrer Ehescheidungsaffäre nichts machen, sie sei und bleibe ja doch hysterisch, das müsse ihr der Neid lassen. Sagt man einer solchen Patientin zur Beruhigung, daß man sie verehre, so beweist es, daß man sie verehrt, und verehrt man sie, so kann sie nicht hysterisch sein. So weit Herr Harden, der erweislich Wahre. Aber auch Herr Dr. Frey ist ein Fachmann für Hysterie. Er hat im Berliner Prozeß sowohl die Verehrung wie die Hysterie, also den Widerspruch selbst zugegeben und gesagt: »Hohe Intelligenz, tiefe geistige Bildung, hohes ethisches Empfinden, tiefe Religiosität und Vorurteilslosigkeit sind die Erscheinungen, die ich an ihr beobachtete. Andererseits habe ich die ganz ausgesprochenen Merkmale der Hysterie beobachtet«. Herr Harden glaubt, daß eine Patientin, die eine Pseudo-Appendizitis hat, nicht hysterisch, sondern eine Hochstaplerin sei, weil es erweislich wahr ist, daß sie keine Blinddarmentzündung hat. Wie kann man eine Person, von der man so etwas weiß, verehren? Und Herr Dr. Frey bezeichnet eine Patientin, die an hohem ethischen Empfinden leidet, nicht deshalb, sondern trotzdem als eine Hysterikerin. Er schließt sich also der Anschauung des Herrn Harden an. Besonders hat ihm die tiefe Religiosität, die er an ihr »beobachtet« hat, imponiert. Zu seinem Leidwesen erfuhr er später, daß die Besitzerin einer so außerordentlich schönen Weltanschauung krank sei. Wie schade!

•

Herr Harden ist noch immer sehr böse darüber, daß Graf Moltke in der zweiten Verhandlung »zum Eid über Triebe, Regungen, Wünsche, die vielleicht nie über die Schwelle des Bewußtseins krochen, sie niemals überkriechen mochten«, zugelassen worden ist. In der ersten Verhandlung hat bloß Herr Harden über die Vorgänge im Unbewußten des Grafen Moltke ausgesagt.

•

Herr Harden gegen Dernburg: »Ich habe mich eine Weile für den Mann interessiert, weil er mir die Mißachtung, in der er bei seinen Kollegen stand, nicht zu verdienen und seine Hirnleistung, trotz Inkohaerenz und Hemmungmangel, mir merkwürdig schien«. Das ist so schön gesagt wie gedacht. Es ist schön, einem einst Verteidigten die Knüppel zu zeigen, die die Angreifer ihm damals zwischen die Beine warfen. Der Staatssekretär ist von Herrn Harden abgerückt und Herr Harden zögert deshalb keinen Moment, zu enthüllen, daß jener ein unfähiger Kolonialdirektor sei. Aber Herr Harden ist stolz darauf, ihn dazu gemacht zu haben. »Vielleicht fragt er den Vorgesetzten einmal, woher die Anregung kam, den Posten einem Bankmann zu geben.« Das ist nun eine fatale Zwickmühle. Über den Widerspruch zwischen vormaliger Begeisterung (auch in einem für die ‚Neue Freie Presse' gelieferten Artikel) und heutiger Objektivität käme man hinweg: Herr Dernburg hat sich eben undankbar gezeigt. Wie hilft man sich aber, wenn jetzt einerseits zu lesen ist: »Der Bankier, der nicht fühlte, wie komisch er als Inhaber der Kommandogewalt wirke . . ., war nicht mein Mann«, und auf der nächsten Seite: man müsse zugeben, daß man, ohne ihn, Herrn Harden, »nicht auf den Gedanken gekommen wäre, die Kolonialverwaltung einem Bankmenschen zu übertragen«. Über solchen Widerspruch kommt ein Schriftsteller nur hinweg, indem er die Gegensätze in den sprachlichen Nebel taucht . . . Deutsche, Deutsche, seit fünfzehn Jahren hält Ihr den Mann für einen Schriftsteller, der auf der Glatze seines Geistes Locken dreht. Will er den tiefen Gedanken ausdrücken: Ich hoffte den Skandal zu vermeiden, oder: Ich wollte kein neues Spektakel bieten, so braucht er nur »Spektakulum« und »Skandalon« zu sagen, und Ihr gönnt ihm beide.

•

In einem Berliner Blatt beklagt sich ein Leser

darüber, daß im ‚Morgen‘, der Zeitschrift für deutsche Kultur, die folgenden Sätze stehen:

»Nicht derart, daß, wenn jemand ihn fragte, ob er an den menschlichen Fortschritt glaube, er dann mit einem herzlichen Ja antworten würde.« — »Clemenceau entstammt einem alten Republikaner.« — »Er hielt sich an der Macht laut des unbedingten Vertrauens, daß sein Monarch an ihm nährte.« — »So wenig Preis ein Mann wie Bismarck an Orden gesetzt haben mag.« — »Bei näherer Überlegung habe ich ihn (den Ausdruck) insofern bezeichnend gefunden, wie es recht wenige Menschen gibt, von denen es jemand einfallen könnte, sie als Naturmächte zu charakterisieren.« — »Er hat es verstanden ... mit der Motivierung abzuschlagen, daß, wenn er keinen französischen Orden trägt, würde es eine Beleidigung sein ...« — »Der Schalk hinter den Ohren von Jaurès legte ihm seine Hände vor die Augen, und so mußte er durch die Finger damit sehen.«

Die Sätze gehören Herrn Georg Brandes. Wahrscheinlich hat er sie in schlechtem Dänisch geschrieben und die Redaktion des ‚Morgen‘ bemühte sich um eine möglichst pietätvolle Übersetzung. Herr Björnson schreibt ein besseres Norwegisch. Aber die Redaktion des ‚Morgen‘ ist schon einmal im Geleis drin und übersetzt darum:

»Ich will wirklich versuchen, ob ich ein gutes Wort über seine Wahrheitstreue schreiben kann, denn, so wie er behandelt wird, empört mich.«

•

Daß die ‚Zeit‘ an ein christlich-soziales Konsortium verkauft worden sei, ist nicht wahr. »Diese Nachricht stellt sich als ein perfides Konkurrenzmanöver dar, dessen Absicht darauf hinausläuft, unmittelbar vor dem Quartalswechsel in den Kreisen unserer Abonnenten und Inserenten Verwirrung zu stiften.« Wie macht man das? Immerhin scheint es möglich zu sein, und die Panik verläuft erdbebenartig. »Ich war gerade mit der Lektüre Ihres Blattes beschäftigt, als ich die Nachricht hörte und infolgedessen nicht schlafen konnte. Meine Kinder hatten nicht das geringste bemerkt, während wieder meine Frau behauptet u. s. w.«

•

Einer unserer kundigsten Thebaner, jener F. S., der zu den passenden Worten immer ein Urteil findet, schreibt über eine Tragödin:

»Es ist eine Schauspielerin, die dem Wilden und Leidenschaftlichen zustrebt, weil sie fühlt, daß dort ihre Kraft und ihre Wirkung blüht. Was unterwegs liegt, interessiert sie einstweilen noch nicht. So gibt es weite Strecken, die leer sind. Dann wieder Momente, die glühend aufleuchten. ... Sie spricht vortrefflich. Sie hat die Fähigkeit, die Worte plastisch zu formen, sie tönen zu lassen, eine Rede zu gliedern und zu steigern...

Ein Hymnus auf die Wolter? Nein, ein objektives Urteil über ein Fräulein Feldhammer:

Wenn sie aufhört, sich nur ihrem Temperament anzuvertrauen, aufhört, auf ihre Stimmgewalt stolz zu sein..., dann kann man eine gute Heroine an ihr gewinnen.«

*

Er ist aber auch lebenskundig. Denn er verwahrt sich dagegen, daß im Burgtheater harmloser Blödsinn, in dessen Welt »die Sinnlichkeit nicht weiter getrieben wird als bis zur Verlobung«, immer mit der Marke »Komtessenstück« zum Verschleiß gelangt. Die Komtessen sollten sich das nicht gefallen lassen. »Diese ganze Mädchensorte gerät ja nach und nach in den Verruf, nur von Kukuruz zu träumen.« Aber wie harmlos ist erst das Gemüt eines Kritikers, der gerade solche Mädchenträume als das Muster der Harmlosigkeit anführt!

*

»Störend war, daß in einemfort von den Leuten ‚Landprediger' gesagt wird. Sie können doch ‚Prediger' sagen. Landprediger ist ein ungeschickter, wörterbuchmäßig erklärender Ausdruck für das englische ‚minister'. Nun, im letzten Shawstück war dieses gar einmal ohneweiters mit dem deutschen ‚Minister' übersetzt. Dagegen ist ‚Landprediger' immerhin ein Fortschritt.«

So schreibt der Kritiker Ludwig Hevesi. Aber wer ist denn der vortreffliche Shaw-Übersetzer? Nach seinen Aufführungen heißt's immer, er habe sich die größten Verdienste um Shaw erworben. Erst wenn ein anderer auch nicht übersetzen kann, wird diesem zum Trost Meister Trebitsch als eine Art Klassiker des speziellen Unvermögens zitiert.

*

»Ein Yogi ist ein Mann, der durch religiöse Übungen den Standpunkt höchster Vollkommenheit erreicht hat: Das Aufgehen der eigenen Seele in dem Geist des Weltalls. . . . Ein Dickicht irgendwo im Wald in einem andern Erdteil. Und ein Wesen aus anderen Welten hält dort Gottesdienst. Eine Anbetung der Natur, ihres Werdens und Wirkens. . .«

Wo steht das? Na natürlich in einem Varietéreferat! Und wer läutert uns? Eine Tänzerin! Wenn nicht glücklicherweise in der Umgebung das Wort »Metternich« gesperrt gedruckt wäre und wenn man nicht erführe, daß auch andere Persönlichkeiten der Wiener Gesellschaft anwesend waren, als die Seele in dem Geist des Weltalls aufging, man würde sich im Dickicht der transzendentalen Wälder verirrt glauben. So aber streift die Seele den Ronacher ab, und es passiert ihr weiter doch nichts.

*

Der Verlag der ‚Fackel' hat die folgende Zuschrift erhalten:

E. B. Nr. 56. A.

Hamburg, im März 1908.

Ersuche ergebenst um recht baldgefällige Übersendung Ihres Blattes vom 29. Februar 1908, enth. auf S. 16—24 den Aufsatz von Karl Kraus: Das Erdbeben. — Ihre Kosten bitte ich u. s. w.

Hochachtungsvoll

die Hauptstation für Erdbebenforschung am Physikalischen Staatslaboratorium u. s. w.

Was sagt die ‚Neue Freie Presse' zu dieser Ehrung? Das ist ihr doch noch nicht passiert; und selbst ein Fachmann wie Herr Berdach kann auf solche Anerkennung in Geologenkreisen nicht hinweisen. Das Ausland wird auf mich aufmerksam.

*

Aber auch die ‚Neue Freie Presse' erlebt Ehren:

»Wollen Sie die Güte haben, Ihrem liebenswürdigen Mitarbeiter Otto Ernst, dem Liebling aller Freunde echten Familienlebens, den Dank einer großen Lesergruppe zu verdolmetschen, welche sein Feuilleton geradezu mit Begeisterung aufgenommen hat.... Otto Ernst hat uns allen aus der Seele gesprochen.... Sein Feuilleton ist sicherlich realistisch geschrieben, aber ein feiner Schmelz von Idealismus macht seine Arbeit direkt zu einem Gedichte auf die Unbeflecktheit unserer Jugend und wir sind überzeugt, daß sein Mahnruf die Wirkung nicht verfehlen wird.

Wollen Sie ihm den Ausdruck unserer Verehrung, ihm aber und seiner lieben Familie, insbesondere der süßen Appelschnute, unsere herzlichsten Grüße übermitteln. Im Auftrage unserer Tisch- und Lesegesellschaft: Gustav Lederer. Mährisch-Ostrau, 15. Februar 1908.«

Es gibt also nicht nur ein echtes Familienleben, es gibt auch noch Freunde eines echten Familienlebens, mehr als das, es gibt sogar einen Liebling aller Freunde echten Familienlebens. Und es gibt auch Mehlspeisen, die ein feines Schmalz direkt zu einem Gedicht macht. Gott erhalte trotzdem der Mährisch-Ostrauer Jugend ihre Unbeflecktheit: möge sie nie sich selbst enttäuschen! Immerhin, Mährisch-Ostrau wird auf die ‚Neue Freie Presse' aufmerksam.

•

Ob Herr Meister in Bukarest durchgefallen ist oder nicht, ist bis heute nicht aufgeklärt. Aber einer der Direktoren des Theaters an der Wien hat vor Gericht als Zeuge ausgesagt: »Er ist durchgefallen, wir haben zu seinen Gunsten die Kritik beeinflußt«. Es ist also möglich, daß er durchgefallen ist. Aber ist es denn auch möglich, die Kritik zu beeinflussen? Da die Erklärung des Theaterdirektors in den Zeitungen stand, müssen es die Leser glauben. Natürlich ist damit noch nicht gesagt, daß es auch möglich ist, die Kritik dieser Zeitungen selbst zu beeinflussen. Der leiseste Versuch, der anläßlich der Aufführung des »Mannes mit den drei Frauen« gewagt wurde, ist gründlich fehlgeschlagen. Die Wiener Presse hat in der objektivsten Weise den sensationellen Erfolg des Werkes festgestellt. Die Beeinflussung der Kritik hat nichts genützt, Herr Bauer ist trotzdem durchgefallen.

•

Die Frechheit wird immer üppiger. In jenem Wiener Blatt, das ausschließlich vom Diebstahl an seinen Kollegen lebt und darum das Standesbewußtsein klafterdick aufträgt, las ich kürzlich die Notiz:

»(Der »unorthographische« Gesandte.) Im Schaufenster eines allerersten lithographischen Instituts der Haupt- und Residenzstadt Berlin prangt folgende Visitenkarte:

Otto v. Mühlberg

Kgl. preußischer Gesandter beim päbstlichen Stuhle.

Hartes b, a, Strichelchen, hartes b, so buchstabiert ein boshafter Journalist dem Herrn Gesandten vor.«

Das ist ja natürlich eine ganz belanglose Sache. Daß die Schreibart »päbstlich« nicht eine unorthographische, sondern bloß die ältere ist, muß der in eine Redaktion verwehte Kommis nicht wissen. Daß aber ein Gesandter sich von einem »boshaften« Laufburschen der öffentlichen Meinung eine Lektion geben lassen muß, ist auch nicht weiter auffallend. Und daß dergleichen noch von der Schere eines Diebsblattes extra ausgeschnitten wird, ist ein Spaß für sich. Aber symptomatisch ist der Fall für dieses intellektuelle Protzentum, das aus den tiefsten Tiefen der Unwissenheit seinen Hochmut bezieht. Es wird nicht eher Ruhe sein, als bis man den Saubengels jedem einzeln die Bildung vom Kopf herunterhaut.

*

Unter dem Titel »Wie eine Blatternepidemie entstehen kann« druckt das sozialdemokratische Blatt eine höchst scherzhafte Notiz ab, die schon durch reichsdeutsche bürgerliche Blätter die Runde gemacht hat. Einer gibts dem andern weiter und alle halten sich die Seiten vor Lachen. In Rom sei kürzlich eine Panik ausgebrochen, weil »alte Weiber jeglichen Geschlechtes von einer Epidemie der schwarzen Pocken sprachen«. Es habe viel Lärm um nichts gegeben:

»Traf ich dieser Tage einen Hospitalarzt, der Humor hat. Er fragte mich: ‚Brauchen Sie einen Lustspielstoff?‘ Und er erzählte: Vom Pyramidenland kam eine Chanteuse, die an den Schwarzpocken gelitten hatte und die Krankheitskeime wohl noch in sich trug. In Rom erwartete sie ein reicher Bürgerssohn. Der erkrankte gar bald an dem gefährlichen Übel. Gleich darauf seine Dienstmagd; dieser folgte ihr Ehegatte und dann dessen Freund und schließlich noch ein älterer Beamter. Alle Erkrankten wurden isoliert. Man spürte ihren mehr oder weniger freundschaftlichen Verbindungen nach, kam so auf die Quelle des Übels, die Chanteuse, und lud aus Vorsicht alle Insassen der Pension, in der diese wohnte, ein, die Pension mit der Poliklinik zu vertauschen. Von den zuerst Erkrankten erlagen zwei. Die übrigen sind außer Gefahr.«

Hahaha! habe noch nie so viel gelacht. Ein Lustspielstoff. Eine Chanteuse schleppt die Blattern ein — das ist ja heiter, als ob die Blattern eine venerische Krankheit wären. Ja, »die Franzosen«! Entweder man hat sie oder sie machen ein Lustspiel daraus. Wenn aber eine Chanteuse auch die Blattern bekommt, so wird man das doch nicht ernst nehmen? Und wenn sie sie an einen Bürgerssohn abgibt, so ist das für ein sozialdemokratisches Blatt höchstens eine bourgeoise Angelegenheit, die die Herrschaften unter sich ausmachen sollen. Ein Spitalarzt, der Sinn für Humor hat, würde sich vor Lachen schütteln, wenn die Blattern etwa in der Josefstadt ausbrächen und zum Beispiel Herr Maran sie bekäme. Da lassen sich die stärksten Wirkungen herausholen. Nur sechs Leute sind in Rom erkrankt und nur zwei gestorben. Also kein Grund zur Aufregung. Eine ordentliche Epidemie, die auf sich hält, kann doch nicht entstehen, wenn eine Chanteuse erkrankt ist. In solchem Falle verzichtet man auf den Impfstoff und nimmt eben mit dem Lustspielstoff vorlieb.

•

Der Freiherr von Schlicht, Wolf Graf Baudissin, tritt allnächtlich in einem Kabarett auf, dessen Darbietungen wohl die Sprache, aber nicht den charakteristischen Humor der Taborstraße haben. Und nicht den Erzähler Freiherrn v. Schlicht, aber den Grafen Baudissin sich dieser Art von Kunstideal opfern zu sehen, ist betrübend. Denn er zieht für sie buchstäblich sein Hemd aus. In einer Zeitung war nämlich behauptet worden, daß er zum Frack ein Plastron trage. In einem rührend scherzhaften Schreiben wehrt sich der Edelmann gegen diesen Vorwurf. »Zu meiner Ehrenrettung habe ich«, beteuert er, »vor den versammelten Damen und Herren der ‚Hölle‘ die Weste geöffnet und siehe da, es war kein Plastron, sondern ein ganzes Hemd, sogar mit festen Manchetten.« Und in einem Postskriptum: »Das Hemd, das ich heute in der ‚Hölle‘ vorzeigte, war sogar das Premierenhemd — selbstverständlich in gewaschenem Zustande.« Mehrere hervorragende Kabarettiers bezeugen durch Unterschrift die Wahrheit dieser Angaben. »Mögen die Leser selbst darüber urteilen«, schließt die Zeitung; und das Publikum drängt sich, das Hemd des Grafen Baudissin zu besichtigen. Ein amerikanisches *Blatt* würde die Geschichte betiteln: »Graf zeigt Hemd«. Aber in den Sautrog der europäischen Zeit will sie noch immer nicht passen. Jedennoch, man wird sich an derlei Unordnung gewöhnen müssen, bis das große Changement glücklich durchgeführt ist. Die Feudalaristokraten gehören auf die Börse und ins Kabarett, die Wechselreiter ziehen in die Schlacht.

•

Demokratie.

Der Gott, der Eisen wachsen ließ,
das ist mir schon der rechte!
Er segnete die Parvenüs,
er wollte keine Knechte.

Scheint einem die Gesellschaft mies,
er wechsle nur die Stelle:
Das Himmelreich den Parvenüs,
dem Edelmann die Hölle!

•

Was wird aber erst der deutsche Reichstag tun, wenn sich die richtigen Saubengels über ihn aufhalten, weil sie mit den Journalisten verwechselt wurden?

Karl Kraus.

Herausgeber und verantwortlicher Redakteur: Karl Kraus.
Druck von Jahoda & Siegel, Wien III. Hintere Zollamtsstraße 3.